Jörn-Michael Goll
Die Gewerkschaft Erziehung und Wissenschaft und das NS-Erbe

Beiträge zur Geschichte der GEW

Herausgegeben von Marlis Tepe
im Auftrag der Max-Traeger-Stiftung

Jörn-Michael Goll

Die Gewerkschaft Erziehung und Wissenschaft und das NS-Erbe

Mit einem Vorwort von Marlis Tepe

Der Autor

Dr. Phil. Jörn-Michael Goll ist wissenschaftlicher Mitarbeiter am Lehrstuhl Geschichte des 19. bis 21. Jahrhunderts der Universität Leipzig. Seine Arbeitsschwerpunkte liegen auf dem Gebiet der Geschichte des Nationalsozialismus, der Alltagsgeschichte im geteilten Deutschland sowie der Einheits- und Transformationsgeschichte.

Das Werk einschließlich aller seiner Teile ist urheberrechtlich geschützt. Jede Verwertung ist ohne Zustimmung des Verlags unzulässig. Das gilt insbesondere für Vervielfältigungen, Übersetzungen, Mikroverfilmungen und die Einspeicherung und Verarbeitung in elektronische Systeme.

Dieses Buch ist erhältlich als:
ISBN 978-3-7799-6485-8 Print
ISBN 978-3-7799-5804-8 E-Book (PDF)

1. Auflage 2021

© 2021 Beltz Juventa
in der Verlagsgruppe Beltz · Weinheim Basel
Werderstraße 10, 69469 Weinheim
Alle Rechte vorbehalten

Herstellung: Myriam Frericks
Satz: Datagrafix, Berlin
Druck und Bindung: Beltz Grafische Betriebe, Bad Langensalza
Printed in Germany

Weitere Informationen zu unseren Autor_innen und Titeln finden Sie unter: www.beltz.de

Inhalt

Vorwort		7
1	**Einführung**	9
2	**Einblick – Das Kriegsende und die deutsche Gesellschaft**	20
	2.1 Hunger und Not	21
	2.2 Schuld und Schweigen zwischen Ende und Neubeginn – Überlegungen zum Umgang mit der Vergangenheit	24
3	**Rückblick – Die Lehrerschaft und der Nationalsozialismus**	30
	3.1 Enttäuschte Hoffnungen in der Weimarer Republik	30
	3.1.1 Lehrer zwischen Kaiserreich, Revolution und Demokratie	30
	3.1.2 Aufstiegshoffnungen und Abstiegsängste	36
	3.1.3 Die vagen Heilsversprechen der Nationalsozialisten	48
	3.2 Zuspruch und Widerspruch während der nationalsozialistischen Herrschaft	69
	3.2.1 Gleichschaltung der Lehrerschaft und ihrer Organisationen	69
	3.2.2 Ausdruck nationalsozialistischer Überzeugung? – Lehrkräfte im NSLB und in der NSDAP	88
	3.2.3 Kontinuitäten, Blockaden und Brüche – Die Schul- und Bildungspolitik der Nationalsozialisten und ihre Folgen für die Lehrerschaft	106
	3.2.4 Überzeugte und Angepasste – Lehrkräfte im Schulalltag	116
	3.2.5 Zwischen Agitation und Agonie – Die Lehrerschaft im Krieg	143
	3.2.6 Einzelfälle – Verweigerung durch aktiven Widerstand und Exil	160
	3.3 Zwischenbilanz	172
4	**Aufbruch – Gesellschaft, Schule und Lehrerschaft in der Nachkriegszeit und das Handeln der GEW**	179
	4.1 Entnazifizierung unter alliierter Kontrolle	179
	4.1.1 Grundlegende Entwicklungen in der amerikanischen Zone	182
	4.1.2 Besonderheiten in der britischen Zone	188
	4.1.3 Besonderheiten in der französischen Zone	191
	4.1.4 Auswirkungen der Entnazifizierung	193
	4.2 Reorganisation des Schulwesens	197
	4.2.1 Ausgangsbedingungen für den Schulbetrieb	198
	4.2.2 Die Entnazifizierung der Lehrerschaft – Dimensionen und Auswirkungen	202

	4.3 Wiederentstehen von Lehrerverbänden, Gründung und Aufbau der GEW	221
	4.3.1 Personen und Strukturen zwischen Kontinuitäten und Brüchen	221
	4.3.2 Die „Leeren" der Geschichte im Selbstbild der jungen GEW	238
	4.4 Neue Zeiten – alte Schule? NS-Vergangenheit im gewerkschaftlichen Alltag	252
	4.4.1 Rechtshilfe bei Entlassungen und Wiedereinstellungen – Das Beispiel des Verbands Badischer Lehrer und Lehrerinnen	252
	4.4.2 Umgang mit Restitutionsfragen	276
	4.5 Zwischenbilanz	286
5	**Umbruch – Die GEW und die NS-Vergangenheit in den ersten Jahrzehnten der Bundesrepublik**	**293**
	5.1 Aus – und vorbei? Die Rückkehr der NS-Vergangenheit in der jungen Bundesrepublik	294
	5.1.1 Überblick: Gesellschaftliche Diskurse und Debatten um das NS-Erbe	296
	5.1.2 Schweigen – und verschweigen? Reaktionen auf die Rückkehr der Vergangenheit	311
	5.2 Kritik – und Selbstkritik? Konflikte um die politische Jugendbildung	322
	5.2.1 Lehrkräfte und politische Jugendbildung	323
	5.2.2 Lehrplan- und Schulbuchfragen – Georg Eckert und die GEW	338
	5.3 Diplomatie – und Diskurs? Beziehungen zur israelischen Lehrergewerkschaft	350
	5.4 Evolution – und Revolution? Der Generationenwandel in der GEW und die Konsequenzen	363
	5.4.1 Abgang der Gründergeneration	363
	5.4.2 Auswirkungen des Generationenwandels	367
6	**Schluss**	**380**
7	**Ausblick**	**388**
8	**Danksagung**	**391**
	Personenverzeichnis	**393**
	Literaturverzeichnis	**396**

Vorwort

75 Jahre nach dem Ende des Zweiten Weltkrieges und der Befreiung von der nationalsozialistischen Diktatur durch die alliierten Streitkräfte rückt die Auseinandersetzung mit dem deutschen Faschismus erneut in den Fokus der Erinnerungskultur und der historischen Wissenschaft. Zahlreiche staatliche Institutionen und Ministerien haben in den letzten Jahren ihre Geschichte zur Zeit des Nationalsozialismus und ihren Umgang damit nach 1945 untersuchen lassen. Auch manche wirtschaftlichen Unternehmen haben sich nach einigem Zögern dieser historischen Verantwortung gestellt. Für die Gewerkschaftsbewegung und ihre Organisationen schien hier kein Nachholbedarf zu bestehen, galten sie und die aus ihren Reihen stammenden antifaschistischen Widerstandskämpfer und Widerstandskämpferinnen doch als Opfer des NS-Terrors. Doch diese Erzählung beschreibt die historische Verantwortung der Gewerkschaften nur unvollständig. Dies gilt zumal für die Gewerkschaft Erziehung und Wissenschaft (GEW), deren Vorläuferorganisationen vor 1933 nur zu einem kleinen Teil zur sozialistisch orientierten Arbeiterbewegung zählten. Anders als die Arbeiterverbände des Allgemeinen Deutschen Gewerkschaftsbundes (ADGB) schalteten sich viele Organisationen der Lehrerinnen und Lehrer mehr oder weniger gezwungen selbst gleich und gingen im Nationalsozialistischen Lehrerbund (NSLB) auf. Etwa 97 Prozent der Lehrkräfte waren schließlich Mitglied in dieser NS-Organisation. Wie stark war die NS-Ideologie in ‚der Lehrerschaft' verankert? Wie gingen die nach 1945 neu gegründeten Bildungsgewerkschaften mit diesem „Erbe" um? Welche Rolle spielte der Nationalsozialismus in den Debatten der GEW? Stellte sie sich der Problematik, dass sich unter den eigenen Mitgliedern und Funktionären und Funktionärinnen ehemalige Nazis befanden, setzte sie sich gar für deren Rehabilitierung ein? Ab wann begann eine kritische Auseinandersetzung mit diesen Themen innerhalb der Gewerkschaft?

Dieses Bündel von Fragen greift die vorliegende Studie auf. Der Geschäftsführende Vorstand der GEW hat die unter der Leitung von Detlev Brunner durchgeführte Untersuchung angeregt und ihre Realisierung materiell gefördert. Anlass für das an der Universität Leipzig angesiedelte Projekt waren nicht zuletzt die kontroversen Diskussionen, die in der GEW in den letzten Jahren insbesondere um die Person Max Traegers, dem ersten Vorsitzenden der GEW, entbrannten. War er ein „Nazi-Kollaborateur" oder im Gegenteil gar ein Mann des Widerstandes? Eignet er sich als Vorbild und als Namensträger der GEW-eigenen „Max-Traeger-Stiftung"? Diese Auseinandersetzungen waren eher emotional und von Polemik und Rechthaberei geprägt, als von einer sachlichen Debatte um die historische Verantwortung der GEW. Es ist das Verdienst der beiden Leipziger Historiker und insbesondere des Verfassers Jörn-Michael Goll, mit dieser in den historischen Kontext einordnenden Untersuchung einen Weg zum sachlichen Diskurs jenseits von Polarisierung zu öffnen. Dabei treten unbequeme Fakten zu Tage, vor allem der Befund, dass sich die GEW mit einer kritischen Stellungnahme zur eigenen Geschichte lange Zeit schwergetan hat. Das Buch präsentiert Antworten auf die gestellten Fragen, es bildet damit ein Fundament für die weitere offene und wissenschaftlich fundierte Debatte. Diesem Ziel fühlt sich die GEW verpflichtet. Gerade angesichts aktueller Entwicklungen die von Antisemitismus, Verharmlosung der NS-Verbrechen und rechtsterroristische Gewalt und Mord in unserer Gesellschaft gekennzeichnet sind, sind klare Positionen zu Demokratie und Solidarität von uns erforderlich.

Marlis Tepe
Vorsitzende der GEW

1 Einführung

Die Gewerkschaft Erziehung und Wissenschaft (GEW) ist mit ihren rund 280.000 Mitgliedern die größte Bildungsgewerkschaft in Deutschland. Bei ihrem Einsatz für ein fortschrittliches, inklusives Bildungssystem gehören demokratische Prinzipien und Werte, ein klares Nein zu Rassismus, Antisemitismus und Homophobie zu den integralen Bestandteilen ihres heutigen Selbstbildes.[1] Die GEW kann auf eine traditionsreiche Vergangenheit blicken, die zurückgeht bis in die Zeit des Vormärz. Damals schlossen sich an verschiedenen Orten engagierte Lehrkräfte mit dem Ziel zusammen, für ein freiheitliches, einheitliches und säkulares Bildungssystem einzutreten, in dem die soziale Kluft zwischen Volksschullehrer- und Philologenschaft überwunden werden sollte. Mit dem im Jahr 1871 gegründeten Deutschen Lehrerverein (DLV) und weiteren, in der Weimarer Republik gegründeten Verbänden, etwa der 1919 ins Leben gerufenen Freien Deutschen Lehrergewerkschaft als „sozialistische Alternative" zum DLV, gab es zahlreiche Verbände, die für die GEW bis heute wichtige historische Bezugspunkte darstellen.

Gerade von der Gründergeneration der GEW wurden diese historischen Wurzeln nach den Erfahrungen des Krieges oft und gerne betont. Die Zeit des Nationalsozialismus hingegen, in der sich die Vorläuferorganisationen der GEW entweder selbst auflösten oder – in den allermeisten Fällen – sich im Nationalsozialistischen Lehrerbund (NSLB) selbst „gleichschalteten", blieb trotz derart weitreichender Folgen in der Rückschau der Protagonisten weitgehend ausgespart. Diese Tatsache überrascht zunächst wenig, war doch das „Verschweigen" oder „Verdrängen" der unmittelbaren Vergangenheit in der Nachkriegszeit offenbar allgegenwärtig. Doch auch noch Jahrzehnte später fristen die „dunklen Jahre" der organisierten Lehrerschaft ein Nischendasein in der Erinnerungskultur der GEW. Die über viele Jahre hinweg versäumte Konfrontation der Bildungsgewerkschaft mit der NS-Zeit wiegt schwer. Zum einen vertritt sie heute Werte, die einer rassistischen und nationalistischen Weltanschauung diametral entgegenstehen, zum anderen ist die Entstehung der GEW auf vielerlei Weise eng mit der NS-Zeit verknüpft. Die Gründungsgeschichte der GEW wurde nicht auf einem leeren Blatt verfasst. Neben den bereits erwähnten und oft hervorgehobenen Einträgen von demokratischen, sozialistischen und reformorientierten Vorläufern finden sich darauf auch Aufzeichnungen zu weniger ehrhaften, oftmals beschämenden Ereignissen und Entwicklungen, die aber – gewollt oder ungewollt – in struktureller,

---

1 Gewerkschaft Erziehung und Wissenschaft: Bildung ist MehrWert! Die GEW stellt sich vor, 2015, www.gew.de/index.php?eID=dumpFile&t=f&f=27728&token=95f0d5e956752401b-f69759e2d600d53f654f4c2&sdownload=&n=GEW-Selbstdarstellung_web.pdf, S. 5

organisatorischer, finanzieller und personeller Hinsicht einen entscheidenden Einfluss auf die Gründung und Entwicklung der Bildungsgewerkschaft hatten.

Die vorliegende Untersuchung möchte diese Zusammenhänge aufzeigen und genauer beleuchten, wo und wie genau die Zeit des Nationalsozialismus das Wesen der GEW mitgeprägt und mitbestimmt hat. Bei der Rekonstruktion dieses „NS-Erbes" steht weder die Suche nach „Schuldigen", noch nach „Helden" im Vordergrund. Vielmehr lässt sich die Studie von dem Anspruch leiten, Zusammenhänge und Strukturen nachzuzeichnen sowie Handlungsspielräume und -motive ausgewählter Akteure aufzuzeigen. Sie verweigert sich bewusst einem auktorialen Erzählstil und erhebt folglich insbesondere in ihren Wertungen keinen Anspruch auf „Alternativlosigkeit". Stattdessen will sie offenlegen, was geschehen ist, daraus Fragestellungen ableiten und – wenn möglich – Erklärungen anbieten. Ausdrücklich soll mit der Untersuchung kein Schlussstrich unter die fortlaufende Debatte um die Verantwortung der GEW in Bezug auf ihre eigene Vergangenheit gezogen werden. Ihr Anliegen besteht vielmehr darin, einer offenen und wissenschaftlich fundierten Aufarbeitung der Geschichte der GEW ein solides Fundament zu geben.

Über die Geschichte der am 1. Oktober 1948 gegründeten Gewerkschaft Erziehung und Wissenschaft ist bis heute nur eine recht überschaubare Zahl an Veröffentlichungen erschienen. Diesbezügliche Abhandlungen sind in ihrem Umfang größtenteils recht begrenzt. Zudem konzentrieren sie sich fast ausschließlich auf schul-, ereignis- oder organisationsgeschichtliche Aspekte, wobei die nationalsozialistische Vergangenheit und die sich daraus ergebenden Konsequenzen für die GEW kaum in den Blick genommen werden.[2] Auch eine Monografie von Wolfgang Kopitzsch, der 1983 die Grundzüge der Geschichte der GEW erstmals

---

2   Vgl. bspw. Hinrich Wulff: Schule und Lehrer in Bremen 1945–1965. Geschichte des Vereins Bremer Lehrer und Lehrerinnen in der Gewerkschaft Erziehung und Wissenschaft. Ein Beitrag zur Sozial- und Geistesgeschichte des Lehrerstandes in unserer Zeit. Bremen 1966; Ernst Reuter: Vom Standesverband zur Gewerkschaft. In: Die Deutsche Schule 66, 1974, S. 325–331; Heinrich Rodenstein: 25 Jahre GEW. In: Die Deutsche Schule 66, 1974, S. 313–316; Wilhelm Brinkmann: Die Berufsorganisationen der Lehrer und die „pädagogische Selbstrolle". Zur Professionalisierungs- und Deutungsfunktion der Gewerkschaft Erziehung und Wissenschaft und des Deutschen Philologenverbandes 1949–1974. In: Manfred Heinemann (Hrsg.): Der Lehrer und seine Organisation (Deutsche Gesellschaft für Erziehungswissenschaft Historische Kommission Veröffentlichungen der Historischen Kommission der Deutschen Gesellschaft für Erziehungswissenschaft). Stuttgart 1977, S. 393–408; Renate Morell: Organisierte Volksschullehrerbewegung vom Ende des Zweiten Weltkriegs bis zur Konstituierung der „Gewerkschaft Erziehung und Wissenschaft" Marburg 1977; Werner Hohlfeld: Geschichte der Lehrerbewegung in Niedersachsen. Von 1945–1976 (Bd. 2). Hannover 1979; Erwin Ratzke: Die Stellung des Lehrerverbandes Niedersachsen (Gewerkschaft Erziehung und Wissenschaft) in der niedersächsischen Schulpolitik 1946–1954 (Europäische Hochschulschriften / European University Studies / Publications Universitaires Européennes, Bd. 120). Frankfurt am Main 1982; August Fryen: Vom Lehrerverein im alten Regierungsbezirk Osnabrück zur Gewerkschaft Erziehung und Wissenschaft. 1837–1979 (Regionale Schulgeschichte, Bd. 1). Oldenburg 1988.

ausführlich darlegte, stellt in dieser Hinsicht keine Ausnahme dar.³ Kopitzschs Ausführungen zur Vorgeschichte der GEW, die bei ihm die Zeitspanne vom Kaiserreich bis 1945 umfasst, nehmen gerade einmal elf Seiten ein. Auf den anschließenden 300 Seiten zur Entstehung und Entwicklung der GEW bis zum Jahr 1975 bleibt der Aspekt zum Umgang der Gewerkschaft mit dem NS-Erbe fast gänzlich ausgespart. Ausführlicher reflektiert wurde die Bedeutung der NS-Vergangenheit für die GEW erst ab den 1990er Jahren. So stellte etwa Hans-Georg Meyer in seiner „Skizze zur Geschichte der GEW" thesenhaft fest, dass eine Aufarbeitung des Nationalsozialismus in der GEW nach dem Kriege nicht stattgefunden habe.⁴ Lautstärker und nachhaltiger wurden innerhalb der GEW die Ausführungen von Benjamin Ortmeyer diskutiert, der seit Anfang der 1990er Jahre immer wieder eine intensivere Beschäftigung mit der nationalsozialistischen Vergangenheit angemahnt hatte und 1999 in einem offenen Brief an die damalige GEW-Bundesvorsitzende Eva Maria Stange und den Hauptvorstand der GEW dazu aufrief, das NS-Erbe der Gewerkschaft kritisch zu reflektieren und mögliche Schlussfolgerungen zu diskutieren.⁵ Ausgehend von Hamburg, wo durch zufällige Archivfunde ein Streit darüber entbrannte, ob es sich bei einem 1935 durch die Gesellschaft der Freunde des vaterländischen Schul- und Erziehungswesens (einem Vorläuferverband des heutigen GEW-Landesverbands Hamburg) veranlassten Kauf einer Immobilie, die unmittelbar an das Curiohaus angrenzt, um einen „Arisierungsfall" handelte,⁶ entwickelte sich eine bundesweit innerhalb und außerhalb der GEW geführte Kontroverse um den generellen Umgang der Bildungsgewerkschaft mit ihrer NS-Vergangenheit.⁷ Dabei rückte vor allem Max Traeger in den Fokus, der

---

3 Wolfgang Kopitzsch: Gewerkschaft Erziehung und Wissenschaft 1947–1975 (Max-Traeger-Stiftung. Forschungsberichte, 15). Heidelberg 1983.
4 Hans-Georg Meyer: Skizze zur Geschichte der GEW. In: Rainer Zech (Hrsg.): Individuum und Organisation (Projekt Kollektive-Autobiografie-Forschung. Gesellschaftliche Widersprüche und Subjektivität, Bd. 3). Hannover 1990, S. 152–192, S. 191.
5 Benjamin Ortmeyer: Die GEW und die Nazi-Zeit. „Die GEW muss ihre eigene Tätigkeit kritisch überprüfen". Offener Brief an die Bundesvorsitzende der GEW und den Hauptvorstand der GEW anlässlich des 60. Jahrestages des Novemberpogroms 1938. Witterschlick 1999.
6 Beispielhaft für die unterschiedlichen Positionen seien hier genannt: Bernhard Nette/Stefan Romey: Die Lehrergewerkschaft und ihr „Arisierungserbe". Die GEW, das Geld und die Moral. Hamburg 2010; Frank Bajohr: „Arisierung" in der Öffentlichkeit, oder: Was haben der FC St. Pauli, der FC Schalke 04, die GEW Hamburg und die Freie Hansestadt Hamburg gemeinsam? In: Foschungsstelle für Zeitgeschichte in Hamburg (Hrsg.): Forschungsstelle für Zeitgeschichte in Hamburg 1997–2007. Hamburg 2007, S. 80–93; Jörg Berlin: ro19 – Arisierung in Hamburg? Zum Streit um das Haus Rothenbaumchaussee 19 („Ro19") ; eine Kritik der Thesen von Bernhard Nette. Norderstedt 2011.
7 Vgl. bspw. Saskia Müller/Benjamin Ortmeyer: Die ideologische Ausrichtung der Lehrkräfte 1933–1945. Herrenmenschentum, Rassismus und Judenfeindschaft im Nationalsozialistischen Lehrerbundes. Eine dokumentarische Analyse des Zentralorgans des NSLB. Weinheim/Basel 2016.

in den 1930er Jahren als wichtiger Vertreter der „Gesellschaft der Freunde" sowohl mit der „Arisierungsfrage" als auch mit der Überführung der Hamburger Lehrerorganisation in den NSLB in Verbindung stand. Träger bestimmte nach 1945 zugleich als erster Vorsitzender des GEW-Hauptvorstands die Gründungs- und Entstehungsgeschichte der Gewerkschaft wesentlich mit, weshalb er auch zum Namensgeber der GEW-eigenen Stiftung bestimmt wurde.[8]

Die bisher erschienen Beiträge zur Wertung der Person Max Traeger, einer möglichen Umbenennung der „Max-Traeger-Stiftung" sowie zum Umgang der GEW mit diesen Gegebenheiten haben leider wenig zur Versachlichung der Debatte um den generellen Umgang der GEW mit ihrem NS-Erbe beigetragen. Stattdessen sind durch die allgemeine Fokussierung auf einzelne Personen oder Sachverhalte, durch Auslassungen, fehlende Kontextualisierungen und vorschnelle Schlussfolgerungen oftmals sehr einseitige Darstellungen entstanden. Diese sehen sich mit Vorwurf konfrontiert, als „Stückwerk" oder „Kampfschrift" den heute gestellten historiographischen Ansprüchen nicht zu genügen, sondern stattdessen durch „Polemik" und „Rechthaberei" zu überzeugen versuchen.[9] Zur Wissenschaftlichkeit gehört aber immer auch eine angemessene Form des Diskurses, die auf diese Art nicht erreicht werden kann.[10] Daher ist Jan Kellershohn vom Institut für soziale Bewegungen an der Ruhr-Universität Bochum beizupflichten, wenn er feststellt: „Die derzeitige Polarisierung ist für keine Seite wünschenswert und droht, eine erstrebenswerte und lebendige Diskussionskultur erstarren zu lassen."[11] Folglich will die hier vorliegende Untersuchung einen anderen Weg einschlagen. Sie setzt auf eine ausführliche und genaue Bestimmung der Rahmenbedingungen, unter denen die verschiedenen Akteure ihre Entscheidungen trafen und handelten, bevor daraus Einschätzungen und möglicherweise auch Beurteilungen formuliert werden.

---

8   Die verschiedenen Standpunkte werden beim Vergleich der folgenden Veröffentlichungen deutlich: Micha Brumlik/Benjamin Ortmeyer (Hrsg.): Max Traeger – kein Vorbild. Person, Funktion und Handeln im NS-Lehrerbund und die Geschichte der GEW. Weinheim 2017; Hans-Peter d. Lorent: Max Traeger. Biografie des ersten Vorsitzenden der Gewerkschaft Erziehung und Wissenschaft (1887–1960) (Beiträge zur Geschichte der GEW). Weinheim/Basel 2017.

9   Gisela Miller-Kipp: Rezension zu: de Lorent, Hans-Peter: Max Traeger. Biografie des ersten Vorsitzenden der Gewerkschaft Erziehung und Wissenschaft (1887–1960). Weinheim 2017. / Brumlik, Micha; Benjamin Ortmeyer (Hrsg.): Max Traeger – kein Vorbild. Person, Funktion und Handeln im NS-Lehrerbund und die Geschichte der GEW. Weinheim 2017. www.hsozkult.de/publicationreview/id/reb-26702 (zuletzt abgerufen am 28.04.2020).

10 Vgl. Hartmut Häger: Rezension zu: Micha Brumlik, Benjamin Ortmeyer: Max Traeger – kein Vorbild. Person, Funktion und Handeln im NS-Lehrerbund und die Geschichte der GEW. Beltz Juventa (Weinheim und Basel) 2017, 2018, www.socialnet.de/rezensionen/23416.php (zuletzt abgerufen am 28.04.2020).

11 Jan Kellershohn: Biographische Illusionen und (Vor)Bilder. Max Traeger und die Aufarbeitung der GEW-Vergangenheit. In: Hamburg macht Schule – Zeitschrift für Hamburger Lehrkräfte und Elternräte, 2017, H. 3, S. 52–53, hier S. 53.

Für den zeitlichen und thematischen Kontext der Studie, der sich von der Weimarer Republik über das „Dritte Reich" bis zur jungen Bundesrepublik erstreckt, liegen eine Reihe von Untersuchungen vor. Dies gilt insbesondere für die Zeit der NS-Herrschaft im Allgemeinen wie auch für das Gebiet des NS-Schulwesens im Speziellen, für die Nachkriegszeit – etwa dem Kriegsende, der Besatzungszeit, dem Wiederaufbau des Schulwesens – wie für die Gründung der beiden deutschen Staaten und deren Strategien zur „Vergangenheitsbewältigung". Während für die NS-Zeit insgesamt eine fast unüberschaubare Anzahl von Gesamt- und Überblicksdarstellungen vorliegt, finden sich zum Themenkomplex Schulen, Schülerschaft und Lehrkräfte im Nationalsozialismus deutlich weniger Titel. Teilweise beziehen sie sich auf die generellen Geschehnisse im „Dritten Reich",[12] teilweise sind sie lokalgeschichtlich ausgerichtet.[13] Blickt

---

12 Grundlegende und zum Teil umfangreiche Studien erschienen u. a. von: Rolf Eilers: Die nationalsozialistische Schulpolitik. Eine Studie zur Funktion der Erziehung im totalitären Staat 1962; Wilfried Breyvogel: Volksschullehrer und Faschismus – Skizze zu einer sozialgeschichtlichen Erforschung ihrer sozialen Lage. In: Manfred Heinemann (Hrsg.): Der Lehrer und seine Organisation (Deutsche Gesellschaft für Erziehungswissenschaft Historische Kommission Veröffentlichungen der Historischen Kommission der Deutschen Gesellschaft für Erziehungswissenschaft). Stuttgart 1977, S. 317–343; Michael H. Kater: Hitlerjugend und Schule im Dritten Reich. In: Historische Zeitschrift 228, 1979, H. 1, S. 572–623; Manfred Heinemann (Hrsg.): Erziehung und Schulung im Dritten Reich. Teil 1: Kindergarten, Schule, Jugend, Berufserziehung (Veröffentlichungen der Historischen Kommission der Deutschen Gesellschaft für Erziehungswissenschaft). Stuttgart 1980; Marion Klewitz: Lehrersein im Dritten Reich. Analysen lebensgeschichtlichen Erzählungen zum beruflichen Selbstverständnis (Materialien). Weinheim 1987; Hans-Jochen Gamm (Hrsg.): Führung und Verführung. Pädagogik des Nationalsozialismus (List Bibliothek). München 3. Aufl. 1990; Wolfgang Keim (Hrsg.): Pädagogen und Pädagogik im Nationalsozialismus – Ein unerledigtes Problem der Erziehungswissenschaft (Studien zur Bildungsreform). Frankfurt am Main 3. Aufl. 1991; Benjamin Ortmeyer: Schulzeit unterm Hitlerbild. Analysen, Berichte, Dokumente. Frankfurt am Main 2000; Reinhard Dithmar/Wolfgang Schmitz (Hrsg.): Schule und Unterricht im Dritten Reich (Interdisziplinäre Forschung und fächerverbindender Unterricht, Bd. 7). Ludwigsfelde 2. Aufl. 2003; Harald Scholtz: Erziehung und Unterricht unterm Hakenkreuz 2009; Klaus-Peter Horn/Jörg-W. Link (Hrsg.): Erziehungsverhältnisse im Nationalsozialismus. Totaler Anspruch und Erziehungswirklichkeit. Bad Heilbrunn 2011; Gert Geißler: Schulgeschichte in Deutschland. Von den Anfängen bis in die Gegenwart. Frankfurt am Main 2. Aufl. 2013; Jörg-W. Link/Wilfried Breyvogel: Die Volksschullehrer und ihr Verhältnis zur nationalsozialistischen ‚Volksgemeinschaft'. In: Dietmar v. Reeken/Malte Thießen (Hrsg.): „Volksgemeinschaft" als soziale Praxis. Neue Forschungen zur NS-Gesellschaft vor Ort (Nationalsozialistische Volksgemeinschaft, Bd. 4). Paderborn/München 2013, S. 241–253; Jörg-W. Link: „Erziehung zum Führervolk" – Zur Volksschule im Nationalsozialismus. In: Historia Scholastica, 2015, S. 17–30.

13 Untersuchungen mit lokalgeschichtlichem Schwerpunkt, die sich für die vorliegende Arbeit als gewinnbringend herausgestellt haben, sind: Hinrich Wulff: Geschichte der bremischen Volksschule. Bad Heilbrunn 1967; Friedrich Dickmann/Hanno Schmitt: Kirche und Schule im nationalsozialistischen Marburg (Marburger Stadtschriften zur Geschichte und Kultur, Bd. 18). Marburg 1985; Reiner Lehberger/Hans-Peter d. Lorent (Hrsg.): „Die

man auf die Nachkriegszeit, so lassen sich die grundlegenden Entwicklungen mit der vorhandenen Literatur gut nachzeichnen. Fragen im Kontext der Entnazifizierung, die für die vorliegende Untersuchung von besonderer Bedeutung sind, werden dabei ebenso breit diskutiert wie jene im Zusammenhang mit der allgemein festzustellenden Reintegration „großer und kleiner Nazis" in die bundesdeutsche Gesellschaft.[14] Die seit einigen Jahren verstärkt aufgekommenen institutionsgeschichtlichen Untersuchungen haben diesbezüglich wichtige Details zutage gefördert. Viele dieser Studien konzentrieren sich allerdings stark auf personelle Kontinuitäten in einzelnen Ämtern und Behörden, weswegen sie für die vorliegende Arbeit nur partiell Verwendung finden.[15] Von größerer Bedeutung

---

Fahne hoch". Schulpolitik und Schulalltag in Hamburg unterm Hakenkreuz (Ergebnisse, Bd. 35). Hamburg 1986; Albin Dannhäuser (Hrsg.): Erlebte Schulgeschichte 1939 bis 1955. Bayerische Lehrerinnen und Lehrer berichten. Bad Heilbrunn 1997; Edgar Weiß/Elvira Weiß: Pädagogik und Nationalsozialismus. Das Beispiel Kiel. Kiel 1997; Fritz Schäffer: Ein Volk – ein Reich – eine Schule. Die Gleichschaltung der Volksschule in Bayern 1933–1945 (Miscellanea Bavarica Monacensia, Bd. 175) 2001; Klaus Klattenhoff/Gerhard Schäfer/Helmut Sprang/Paul Weßels (Hrsg.): Beiträge zur Schulgeschichte Ostfrieslands (Regionale Schulgeschichte, Bd. 10,3). Oldenburg 2007; Uwe Schmidt: Hamburger Schulen im „Dritten Reich". Hamburg 2010; Kathrin Stern: Ländliche Elite und Volksgemeinschaft – Ostfrieslands Volksschullehrkräfte im „Dritten Reich". In: Totalitarism and Democracy 10, 2013, H. 1, S. 17–36; Jörg Fligge: Lübecker Schulen im „Dritten Reich". Eine Studie zum Bildungswesen in der NS-Zeit im Kontext der Entwicklung im Reichsgebiet. Lübeck 2014; Jürgen Finger: Eigensinn im Einheitsstaat. NS-Schulpolitik in Württemberg, Baden und im Elsass 1933–1945 2016; Benjamin Ortmeyer (Hrsg.): Berichte gegen Vergessen und Verdrängen. Von 100 überlebenden jüdischen Schülerinnen und Schülern über die NS-Zeit in Frankfurt am Main. Frankfurt am Main 4. Aufl. 2016; Ingeborg Wiemann-Stöhr: Die pädagogische Mobilmachung (Klinkhardt Forschung). Bad Heilbrunn 2018.

14 Vgl. insbesondere. Clemens Vollnhals (Hrsg.): Entnazifizierung. Politische Säuberung und Rehabilitierung in den vier Besatzungszonen 1945–1949. München 1991; Hans Braun/Uta Gerhardt/Everhard Holtmann (Hrsg.): Die lange Stunde Null. Gelenkter sozialer Wandel in Westdeutschland nach 1945. Baden-Baden 2007; Wilma R. Albrecht: Entnazifizierung. Der verfehlte politische Neubeginn in Westdeutschland nach dem zweiten Weltkrieg. München 2008; Dierk Hoffmann: Nachkriegszeit. Deutschland 1945–1949 (Kontroversen um die Geschichte). Darmstadt 2011; Wolfgang Brenner: Zwischen Ende und Anfang. Nachkriegsjahre in Deutschland. München 2016.

15 Für die vorliegende Untersuchung wurden insbesondere folgende Titel näher betrachtet: Eckart Conze/Norbert Frei/Peter Hayes/Moshe Zimmermann (Hrsg.): Das Amt und die Vergangenheit. Deutsche Diplomaten im Dritten Reich und in der Bundesrepublik. München 2010; Manfred Görtemaker/Christoph Safferling: Die Akte Rosenburg. Das Bundesministerium der Justiz und die NS-Zeit. Bonn 2017; Frank Bösch/Andreas Wirsching (Hrsg.): Hüter der Ordnung. Die Innenministerien in Bonn und Ost-Berlin nach dem Nationalsozialismus (Schriftenreihe / Bundeszentrale für Politische Bildung, Band 10295). Bonn 2018; Alexander Nützenadel (Hrsg.): Das Reichsarbeitsministerium im Nationalsozialismus. Verwaltung – Politik – Verbrechen (Schriftenreihe / Bundeszentrale für Politische Bildung, Band 10147). Bonn 2018; Stefan Creuzberger/Dominik Geppert (Hrsg.): Die Ämter und ihre Vergangenheit. Ministerien und Behörden im

sind dagegen die zahlreich erschienenen wissenschaftlichen Arbeiten, die den politischen und gesellschaftlichen Umgang mit der NS-Vergangenheit in beiden deutschen Staaten bzw. im vereinten Deutschland breit gefasst dokumentieren.[16] Insgesamt kann die vorliegende Untersuchung stark davon profitieren, dass über viele Aspekte der „Vergangenheitspolitik"[17] ein solides Wissen existiert. Für den Bereich der „Umerziehungs-" bzw. Bildungspolitik, speziell der Reorganisation des Schulwesens in Deutschland, ist die Zahl meist lokal bzw. regional ausgerichteter Studien ebenfalls recht groß. Auch hier lassen sich viele Hinweise ausfindig machen, die für diese Studie von Nutzen sind.[18]

---

geteilten Deutschland 1949–1972 (Schriftenreihe / Bundeszentrale für Politische Bildung, Band 10320). Bonn 2018.

16 Vgl. etwa Jürgen Danyel (Hrsg.): Die geteilte Vergangenheit. Zum Umgang mit Nationalsozialismus und Widerstand in den beiden deutschen Staaten (Zeithistorische Studien, Bd. 4). Berlin 1995; Michael T. Greven (Hrsg.): Der Krieg in der Nachkriegszeit. Der Zweite Weltkrieg in Politik und Gesellschaft der Bundesrepublik. Opladen 2000; Peter Reichel: Vergangenheitsbewältigung in Deutschland. Die Auseinandersetzung mit der NS-Diktatur in Politik und Justiz (Beck'sche Reihe, Bd. 1416). München 2. Aufl. 2007; Peter Reichel/Harald Schmid/Peter Steinbach (Hrsg.): Der Nationalsozialismus. Die zweite Geschichte. Überwindung, Deutung, Erinnerung. München 2009; Arnd Bauerkämper: Das umstrittene Gedächtnis. Die Erinnerung an Nationalsozialismus, Faschismus und Krieg in Europa seit 1945. Paderborn/München 2012; Torben Fischer/Matthias N. Lorenz (Hrsg.): Lexikon der „Vergangenheitsbewältigung" in Deutschland. Debatten- und Diskursgeschichte des Nationalsozialismus nach 1945 (Histoire, Bd. 53). Bielefeld 3. Aufl. 2015; Norbert Frei/Christina Morina/Franka Maubach/Maik Tändler: Zur rechten Zeit. Wider die Rückkehr des Nationalismus. Berlin 2. Aufl. 2019.

17 Norbert Frei hat den Begriff der „Vergangenheitspolitik" mit seinem gleichnamigen Standardwerk geprägt. Vgl. Norbert Frei: Vergangenheitspolitik. Die Anfänge der Bundesrepublik und die NS-Vergangenheit. München 2. Aufl. 2003.

18 Vgl. insbesondere Karl-Heinz Füssl: Die Umerziehung der Deutschen. Jugend und Schule unter den Siegermächten des Zweiten Weltkriegs 1945–1955 (Sammlung Schöningh zur Geschichte und Gegenwart). Paderborn/München 2. Aufl. 1995; Winfried Müller: Schulpolitik in Bayern im Spannungsfeld von Kultusbürokratie und Besatzungsmacht 1945–1949 (Quellen und Darstellungen zur Zeitgeschichte, Bd. 36). München 1995; Sybille Deffner: Die Nachkriegswirren im bayerischen Volksschulwesen 1945–1954 unter besonderer Berücksichtigung der amerikanischen Re-educationsbemühungen. Dargestellt anhand konkreter Verhältnisse und Geschehnisse bevorzugt im bayerischen Franken 2001; Birgit Braun: Umerziehung in der amerikanischen Besatzungszone. Die Schul- und Bildungspolitik in Württemberg-Baden von 1945 bis 1949. Münster 2004; Stefanie Rönnau: Zwischen Tradition und Neuerung. Die Einrichtung des allgemeinbildenden Schulwesens in Schleswig-Holstein nach dem Zweiten Weltkrieg (1946–1951). Kiel 2004; Josef Kaufhold/Klaus Klattenhoff (Hrsg.): Entnazifizierung der Lehrerschaft in Ostfriesland (Regionale Schulgeschichte, Bd. 10.5). Oldenburg 2016; Anja Bilski: Die Entnazifizierung des Düsseldorfer Höheren Schulwesens nach 1945. Demokratisierung und personelle Säuberung im Umfeld von Wiederaufbau und Reorganisation des Schulwesens einer Großstadt in der britischen Zone (Düsseldorfer Schriften zur neueren Landesgeschichte und zur Geschichte Nordrhein-Westfalens, Bd. 87). Essen 2016.

Gleichwohl zeigt sich gerade bei der Beschäftigung mit der GEW, dass die Aufarbeitung der NS-Vergangenheit auch 75 Jahre nach Kriegsende noch längst nicht als abgeschlossen angesehen werden kann. Wie bereits angedeutet wurde, muss in Bezug auf das NS-Erbe der Bildungsgewerkschaft von zahlreichen „blinden Flecken" gesprochen werden. Die GEW stellt hierbei aber keine Ausnahme dar. Stattdessen kann festgestellt werden, dass die allermeisten Gewerkschaften und auch der größte Teil der außergewerkschaftlichen Interessenorganisationen bis heute kaum Anstrengungen unternommen haben, ihr eigenes Handeln oder das ihrer Vorläufer im Nationalsozialismus nicht nur aus einer „Opferperspektive" heraus darzustellen, sondern vielmehr (selbst-)kritisch zu reflektieren und Verantwortung zu übernehmen.[19] Auch die größte Dachorganisation von Gewerkschaften in Deutschland, der Deutsche Gewerkschaftsbund (DGB) stellte im diesem Punkt lange Zeit keine Ausnahme dar.[20]

Nicht zuletzt aufgrund der eingangs geschilderten Spannungen und Kontroversen innerhalb der GEW hat sich der Hauptvorstand dazu entschlossen, die nötigen finanziellen Mittel bereitzustellen, um die Geschichte der Bildungsgewerkschaft konsequent und umfassend aufarbeiten zu lassen. Die vorliegende Arbeit kann als „Pionierstudie" angesehen werden. Sie soll dazu beitragen, einige der bestehenden Wissenslücken, die sich innerhalb der Gewerkschaftsgeschichte bezüglich der NS-Vergangenheit auftun, zu schließen.

Für die Untersuchung wurden unterschiedliche Quellen ausgewertet, darunter die wichtigsten (Verbands-)Zeitschriften, insbesondere die „Allgemeine Deutsche Lehrerzeitung", „Erziehung & Wissenschaft" und „Die Deutsche Schule". Des Weiteren wurden die noch überlieferten frühen Bestände des GEW-Hauptvorstands und einzelner Landesverbände zurückgegriffen, die sich mehrheitlich im Archiv der sozialen Demokratie (AdsD) in Bonn befinden. Da abgesehen von

---

19 Vgl. Michael Schneider: Erinnerungskulturen der Gewerkschaften nach 1945. Bestandsaufnahme und Perspektiven. Arbeitspapier aus der Kommission „Erinnerungskulturen der sozialen Demokratie". Düsseldorf 2018; Stefan Berger (Hrsg.): Gewerkschaftsgeschichte als Erinnerungsgeschichte. Der 2. Mai 1933 in der gewerkschaftlichen Erinnerung und Positionierung nach 1945 (Veröffentlichungen des Instituts für Soziale Bewegungen, Schriftenreihe A, Darstellungen, Band 60). Essen 2015.

20 Lange Zeit bestanden auch zu der größten Dachorganisation von Gewerkschaften in Deutschland, dem Deutschen Gewerkschaftsbund, große Wissenslücken, was dessen Umgang mit der NS-Vergangenheit betraf. Nachdem auf zwei historisch-politischen Konferenzen in den Jahren 1979 und 1983 die Frage der Kapitulation der Gewerkschaften vor dem Nationalsozialismus erstmals breiter diskutiert wurde, wobei die Thematik der Anpassung bzw., Kollaboration ehemaliger Gewerkschafter mit den Nationalsozialisten ausgespart blieb, erschien erst im Jahr 2004 eine Studie, die den Umgang des DGB mit der NS-Vergangenheit für die 1950er und 1960er Jahre kritisch in den Blick nahm. Vgl. Thomas Köcher: „Aus der Vergangenheit lernen – für die Zukunft arbeiten!"? Die Auseinandersetzung des DGB mit dem Nationalsozialismus in den fünfziger und sechziger Jahren (Schriftenreihe / Hans-Böckler-Stiftung). Münster 2004.

den Unterlagen des Hauptvorstands keine Findbücher zu den Aktenkonvoluten der einzelnen Landesverbände existieren, war eine gezielte Recherche leider erheblich erschwert, wenn nicht gar in Teilen unmöglich. Hinzu kommt, dass die Akten der GEW keinesfalls lückenlos überliefert sind. Besonders aus den einzelnen Landesverbänden fehlen wichtige Unterlagen für die Anfangsjahre bis auf wenige Ausnahmen fast gänzlich. Dennoch sind im AdsD relevante Akten in ausreichender Zahl zugänglich, die für den hier behandelten Untersuchungszeitraum herangezogen werden können. Als besonders wertvoll erwiesen sich die umfangreichen, vollständig transkribierten Wortprotokolle der ersten Vertreterversammlungen und Kongresse sowie zahlreiche Arbeitspapiere und Aufzeichnungen des Hauptvorstands und einzelner Landesverbände. Eine Besonderheit sind die Bestände mit der Bezeichnung „Vor Detmold", die vor allem sehr alte Dokumente aus der unmittelbaren Nachkriegszeit beinhalten. Angelegt wurden die drei Aktenordner umfassenden Unterlagen von Fritz Thiele, einem der Gründerväter der GEW. Sie gestatten direkte Einblicke in die Entstehungsgeschichte der Gewerkschaft und wurden ebenfalls für die Studie umfassend ausgewertet.

Mögliche ergänzende Quellen, die im Rahmen von weiteren Archivbesuchen gegen Ende des zeitlich klar umrissenen Forschungsprojekts ausfindig gemacht werden sollten, konnten aufgrund der ab März 2020 bestehenden massiven Einschränkungen des öffentlichen Lebens im Kontext der Corona-Pandemie nicht mehr mit einbezogen werden. Dies ist ohne Frage bedauerlich. So ließen sich etwa ein für März 2020 geplanter erneuter Besuch im Archiv der sozialen Demokratie sowie eine anschließende Sichtung von Unterlagen im Bundesarchiv Berlin, bei dem unter anderem die NSDAP-Mitgliederkartei herangezogen und ausgewertet werden sollte, um (zumindest formale) Hinweise auf den Belastungsgrad einzelner Funktionsträger innerhalb der jungen GEW zu erarbeiten, nicht mehr durchführen. Nichtsdestotrotz konnten mit den bis dahin berücksichtigten Materialien alle wesentlichen Aspekte und Themenbereiche der Untersuchung bearbeitet werden.

Die Studie folgt einem chronologischen Aufbau. Um Erkenntnisse zu den eingangs genannten Fragestellungen zu erlangen, werden in einem ersten Schritt zunächst die Rahmenbedingungen benannt, unter denen die durch Diktatur und Krieg zerrüttete deutsche Gesellschaft sich neu zu ordnen begann. Schon zu dieser Zeit waren Fragen nach Schuld und Verantwortung immanent. Sie fanden ihren Ausdruck in der bis heute gebräuchlichen Umschreibung des Kriegsendes als „Stunde Null", weshalb dieser Begriff und die damit zusammenhängenden Schwierigkeiten einleitend diskutiert werden sollen.

In einem zweiten Schritt wird das eigentliche „NS-Erbe" der GEW ausführlich dargelegt. Im Zentrum steht dabei die Frage, wie sich die Lehrerschaft im Nationalsozialismus mehrheitlich positionierte und verhielt. Um dies bestimmen zu können, rückt zunächst die Zeit vor 1933 in den Blick. Die allermeisten Lehrkräfte, die in den zwölf Jahren des „tausendjährigen Reiches" und auch in der

Nachkriegszeit an den Schulen unterrichteten, taten dies bereits in der Weimarer Republik, wenn nicht gar schon im Deutschen Kaiserreich. Die Wertmaßstäbe und Erfahrungen, die Lehrerinnen und Lehrer in dieser Zeit erworben haben, müssen berücksichtigt werden, um wichtige Erklärungsansätze und Urteilsgrundlagen für ihr Handeln in der NS-Zeit erarbeiten zu können.

Das dritte Kapitel widmet sich dann der Zeit des Nationalsozialismus und analysiert zunächst die Auswirkungen der Gleichschaltungsmaßnahmen auf die Lehrerschaft. Sichtbarste Folge war, dass die Lehrerverbände und mit ihnen die einzelnen Lehrkräfte nahezu geschlossen in den Nationalsozialistischen Lehrerbund NSLB eintraten. Ob und inwiefern eine Zugehörigkeit zum NSLB als Ausdruck einer Affinität zum Nationalsozialismus verstanden werden kann, gilt es anschließend zu klären. Im weiteren Verlauf soll ein ausführlicher Blick auf die Schul- und Bildungspolitik des NS-Regimes weitere Erkenntnisse darüber zutage fördern, ob die Mehrheit der Lehrerschaft die Initiativen und Maßnahmen der Nationalsozialisten in diesem Bereich begrüßten oder gar ideell bzw. materiell von ihnen profitierte. Um das Verhältnis der Lehrkräfte zum Nationalsozialismus einschätzen zu können, erscheint es unerlässlich, auch ihr alltägliches Handeln im Schulalltag in den Blick zu nehmen, was anschließend geschieht. Wie sehr dabei der Zweite Weltkrieg sowohl die Politik des Regimes wie auch die Lebenswelt der Lehrkräfte veränderte, soll ebenfalls erläutert werden, bevor abschließend auf das Ausmaß und die Konsequenzen von widerständischem Verhalten unter der Pädagogenschaft eingegangen wird. So lässt sich annäherungsweise der „Preis" bestimmen, den Lehrerinnen und Lehrer zu zahlen bereit sein mussten, wollten sie sich den Forderungen der nationalsozialistischen Machthaber nicht nur im Kleinen widersetzen, sondern konsequent verweigern.

Nachdem das „NS-Erbe" der Lehrerschaft umrissen wurde, erfolgt im anschließenden Kapitel ein genauer Blick auf die Nachkriegszeit, in der die GEW gegründet und aufgebaut wurde. Charakteristisch und in unmittelbarem Zusammenhang mit der NS-Vergangenheit stehend waren insbesondere die Vorgänge um die Entnazifizierung, die zunächst von den alliierten Siegermächten eingeleitet, wenig später dann durch deutsche Stellen fortgesetzt und bald darauf auch wieder beendet wurden. In gebotener Kürze werden dabei die Besonderheiten in den einzelnen Besatzungszonen verdeutlicht und die wichtigsten allgemeinen Auswirkungen der Entnazifizierung benannt, um anschließend auf die Reorganisation des Schulwesens sowie auf die Dimensionen und Auswirkungen der Entnazifizierung in Bezug auf die Lehrerschaft einzugehen. Nachdem diese Rahmenbedingungen beschrieben sind, wird aufgezeigt, wie die Gründung von Lehrerverbänden im besetzten Deutschland vonstattenging und unter welchen Voraussetzungen die GEW ihre Arbeit aufnahm. Besonderes Augenmerk wird auf die Frage gelegt, welche Personen den Auf- und Ausbau vorantrieben und welchen Einfluss die NS-Vergangenheit auf die Arbeit der Organisation hatte. An welche Normen und Werte die GEW in ihrem Selbstbild anknüpfte und welche Lehren in diesem Zusammenhang aus den Erfahrungen im „Dritten Reich" gezogen wurden, soll dabei ebenso erörtert werden. In einem weiteren Schritt wird anhand von zwei Beispielen konkretisiert, wie die nationalsozialistische Vergangenheit den gewerkschaftlichen Alltag prägte. Zum einen wird aufgezeigt, wie die GEW Rechtshilfe bei Entlassungen und Wiedereinstellungen im Zuge der Entnazifizierung leistete – wovon auch nachweislich NS-belastete Lehrkräfte profitierten. Zum anderen soll erläutert werden, wie die GEW mit Restitutionsfragen umgegangen ist, wie sie sich also darum bemühte, die noch existierenden Geld- und Sachwerte der in den NSLB überführten alten Lehrervereine zurückzugewinnen.

Im letzten ausführlichen Kapitel der Arbeit wird untersucht, ob die NS-Vergangenheit die Arbeit der Gewerkschaft auch dann noch mitbestimmte, als mit der formalen Beendigung der Entnazifizierungsmaßnahmen und dem weitgehenden Abschluss von Restitutionsverfahren die ersten „großen Fragen" der Nachkriegszeit scheinbar geklärt waren. Zunächst soll in diesem Zusammenhang untersucht werden, wie sich die GEW zu den gesellschaftlichen Debatten und Diskursen zur NS-Vergangenheit positionierte, die ab den 1950er Jahren in der Bundesrepublik aufkamen – ausgelöst etwa durch die Gründung neonazistischer Parteien, durch antisemitische Tendenzen in Teilen der Gesellschaft oder durch die NS-Prozesse in Ulm, Jerusalem und Frankfurt sowie damit verbundenen Fragen der „Wiedergutmachung". Darüber hinaus wird überprüft, ob neben allgemeinen Stellungnahmen zu diesen gesamtgesellschaftlichen Aspekten der „Vergangenheitsbewältigung" innerhalb der GEW auch Selbstkritik geübt wurde, was den Umgang der Gewerkschaft und ihrer Mitglieder mit der NS-Vergangenheit betraf. Debatten um die politische Jugendbildung sowie Lehrplan- und Schulbuchfragen, die nach Gründung der Bundesrepublik auf der politischen Agenda standen, stellen hierfür geeignete Beispiele dar. In einem weiteren Schritt wird dieser Aspekt vertieft, indem auf die Beziehungen der GEW zur israelischen Lehrergewerkschaft hingewiesen wird. Diese entwickelten sich aus dem Kontext der politischen Jugendbildung heraus und waren für das internationale Ansehen der Bildungsgewerkschaft von maßgeblicher Bedeutung. Hierbei soll auch die Frage beantwortet werden, ob und inwiefern die NS-Vergangenheit in den internationalen Beziehungen der GEW eine Rolle spielte. In einem letzten Punkt wird schließlich auf den Generationenwandel im Zuge der 1968er-Bewegung eingegangen. Geklärt wird in diesem Zusammenhang, welche Auswirkungen der Abgang der Gründergeneration auf den Umgang der GEW mit ihrem NS-Erbe hatte.

Am Ende werden die zentralen Ergebnisse zusammengefasst und in Bezug auf die Fragestellungen der Untersuchung diskutiert. Ein kurzer Ausblick auf wichtige Forschungsdesiderate, die auch nach dieser Studie weiterhin bestehen bleiben, schließt die Arbeit ab.

2 Einblick – Das Kriegsende und die deutsche Gesellschaft

„Werter Herr Lehrer. Ich konnte am Mittwoch mein Kind nicht zur Schule schicken, denn meine Kinder hatte[n] fast 18 Std. nichts gegessen, und ich mußte erst gehen um was zu holen. Mit Gruß gez. Frau Richling, Duderstadt, d. 21.6.1946".[21]

Diese Entschuldigung einer Mutter für ihr Kind findet sich im Landeshauptarchiv Niedersachsen, einsortiert und abgelegt unter der Rubrik „allgemeine Angelegenheiten der Schulverwaltung und der Lehrerschaft". Völlig unscheinbar ist die Botschaft auf einem auf dünnem, beigefarbenem Stück Papier festgehalten, das kaum größer ist als eine Visitenkarte. Dennoch, oder besser gerade deshalb, lassen sich die Umstände erahnen, die ein Jahr nach Kriegsende in weiten Teilen Deutschlands geherrscht haben müssen. Das Schreiben zeugt von Knappheit, auch an Papier, vor allem aber an Lebensmitteln. Es stellt keine Ausnahme dar, sondern fügt sich ein in eine Vielzahl anderer Quellen aus jener Zeit, anhand derer sich der Mangel der Nachkriegsjahre veranschaulichen lässt. Über das Kind, das an jenem Mittwoch nicht zur Schule gehen konnte, und die Mutter, die damals offensichtlich Mühe hatte, ihre Familie ausreichend zu ernähren, ist heute nichts mehr bekannt. Beide teilten ein Schicksal, das ganz offenbar alltäglich war in jener Zeit.

Die Zeit, in der die nationalsozialistische Herrschaft beendet war und durch das Interregnum der alliierten Besatzer abgelöst wurde, scheint 30 Jahre nach der Wiedervereinigung und 75 Jahre nach Kriegsende in weite Ferne gerückt zu sein. Damit verbundene Erlebnisse und Geschichten von Hunger und Not, vom Ende und Neubeginn und nicht zuletzt vom Umgang mit der eigenen, oft schuld- und schambehafteten Vergangenheit, sind heute nur noch schemenhaft im kollektiven Gedächtnis präsent. Sie werden überlagert von den Geschehnissen der unmittelbar vorausgehenden NS-Zeit oder den sich anschließenden Ereignissen wie dem Wirtschaftswunder, der deutschen Zweistaatlichkeit und Wiedervereinigung. Doch auch wenn die unmittelbare Nachkriegszeit im Schatten des „Dritten Reiches" steht, auch wenn sie lange zurückzuliegen scheint, so ist sie doch von entscheidender Bedeutung, will man die oft beschriebenen Geschehnisse, die vor ihr lagen und nach ihr kamen, sorgfältig einordnen.

---

21 Entschuldigungsschreiben vom 21.06.1946, LNH HA, Nds. 20 Hildesheim, Acc. 166/86, Nr. 519, zit. n.: Maren Büttner/Sabine Horn (Hrsg.): Alltagsleben nach 1945. Die Nachkriegszeit am Beispiel der Stadt Göttingen. Göttingen 2010, S. 142.

2.1 Hunger und Not

Der Schrecken des Krieges, der mit Abermillionen Toten unvorstellbares Leid über die gesamte Welt brachte, fiel am Ende auf die Deutschen selbst zurück. Zwar lassen sich mit Zahlen, seien sie auch noch so eindrucksvoll, die schmerzhaften Erfahrungen unzähliger Menschen nicht beschreiben. Dennoch verweisen sie auf die Dimensionen der Zerstörungen und Verwerfungen, die der Krieg ihnen hinterlassen hatte: Allein Deutschland verzeichnete über sechs Millionen Kriegstote – 5,2 Millionen Soldaten der Wehrmacht und 1,2 Millionen Zivilisten kamen durch die Kämpfe ums Leben.[22] Im Mai 1945 war ein Fünftel des gesamten Wohnraums in Deutschland durch den Krieg zerstört. Treffend konstatiert der Historiker Michael Wildt, dass von der „Volksgemeinschaft" am Ende des NS-Regimes nur eine „Trümmergesellschaft" übrig geblieben war.[23] Allein durch die Westzonen irrten über vier Millionen ehemalige Häftlinge und Zwangsarbeiter, insgesamt 25 Millionen Deutsche befanden sich auf der Flucht oder in Kriegsgefangenschaft.[24] Schon diese Umstände lassen erahnen, mit welchen Einschränkungen und Sorgen das tägliche Leben in der unmittelbaren Nachkriegszeit behaftet gewesen sein muss. Dabei konnten die konkreten Probleme, mit denen die Menschen umzugehen hatten, von Fall zu Fall stark variieren. Die Not verteilte sich nicht gleichmäßig über das besiegte und besetzte Land. Es gab Ausgebombte und jene, die ihr Hab und Gut weitgehend über den Krieg retten konnten. Es gab alte Menschen und kinderreiche Familien, die den Versorgungsengpässen weit weniger gewachsen waren als Junge und Alleinstehende. Überwunden geglaubte Gegensätze zwischen Stadt und Land, wie sie noch bis zu Beginn des 20. Jahrhunderts weit verbreitet waren, traten plötzlich wieder deutlich hervor. In ihrer Not waren die Menschen nicht gleich, im Gegenteil: Die Not hatte die Unterschiede in der Gesellschaft wieder viel stärker sichtbar werden lassen.[25]

Was, trotz aller Unterschiede zwischen Stadt und Land, in jener Zeit viele Deutsche wohl am stärksten betroffen haben dürfte, war der Hunger, der die meisten Menschen nicht etwa während des Krieges ereilte, sondern erst im Anschluss.[26] Im Gegensatz zu den zerstörten Wohnungen, den Flüchtlingen und den vermissten, gefangenen oder gefallenen Soldaten – Schicksalsschläge, die

---

22 Vgl. Brenner: Zwischen Ende und Anfang (Anm. 14), S. 31.
23 Vgl. Michael Wildt: Verdrängung und Erinnerung, 2012, www.bpb.de/izpb/151963/verdraengung-und-erinnerung?p=all (zuletzt abgerufen am 01.11.2017).
24 Vgl. Brenner: Zwischen Ende und Anfang (Anm. 14), S. 17–18.
25 Vgl. Karl-Heinz Rothenberger: Hungerjahre. Die pfälzische Nachkriegsgesellschaft als Zwei-Klassen-Gesellschaft. In: Gerhard Nestler (Hrsg.): Die Pfalz in der Nachkriegszeit. Wiederaufbau und demokratischer Neubeginn (1945–1954) (Beiträge zur pfälzischen Geschichte, Bd. 22). Kaiserslautern 2004, S. 31–53, S. 32.
26 Wildt: Verdrängung und Erinnerung (Anm. 23); Büttner/Horn: Alltagsleben nach 1945 (Anm. 21), S. 15.

bereits inmitten oder gegen Ende des Krieges auf die Menschen in der Heimat einwirkten – kam der Hunger für viele unerwartet. Bis in die letzten Kriegstage hinein funktionierte die Versorgung weiter Teile der Bevölkerung noch ohne große Probleme. Doch als die Waffen schwiegen brach diese fragile Ordnung zusammen, da die Lebensmittellager entweder unzugänglich oder schnell leergeräumt waren und die Wirtschaft sowie die Verteilungssysteme nun endgültig zum Erliegen kamen.[27] Ungünstige klimatische Bedingungen verschärften die Versorgungsengpässe zusätzlich. Der Winter 1946/47 gehörte in weiten Teilen Deutschlands zu den strengsten des Jahrhunderts. Drei Monate Frost und Temperaturen bis zu minus 20 Grad ließen Flüsse gefrieren und legten die Schifffahrt still. Lebensmitteltransporte der Alliierten mussten teilweise eingestellt werden, die Kälte erlaubte keine Hamsterfahrten mehr und Kartoffelmieten konnten aufgrund des eisigen Bodens nicht geöffnet werden. Der Sommer 1947 hingegen war der heißeste und trockenste seit einem Vierteljahrhundert. Verbrannte Weiden zwangen zum Abschlachten des Viehs, Kartoffeln wuchsen vielerorts nur zur Größe von Tischtennisbällen heran. Die Ernte 1947 erreichte gerade einmal rund 40 Prozent des Umfanges der Vorkriegsernten.[28] Folglich stellte der Hunger in den ersten Nachkriegsjahren ein Massenphänomen dar.[29] In Extremfällen wurde die Unterernährung der Menschen zur tödlichen Gefahr, wie etwa der folgende Bericht zeigt:

> „1947 starben 160 der 700 Insassen der Irrenanstalt Düsseldorf-Grafenberg an den Folgen der Mangelernährung. Die Menschen hatten drei Monate lang nicht mehr gehabt als das, was ihnen als Normalverbraucher aufgrund ihrer Lebensmittelkarten zugeteilt wurde. Sie waren gestorben, weil sie sich darüber hinaus nichts hatten organisieren können."[30]

Ob über den Schwarzmarkt oder mittels Hamsterfahrten aufs Land – für viele Menschen gehörte die Beschaffung von Nahrung und die Duldung des Mangels in den ersten Nachkriegsjahren zum wesentlichen Bestandteil des täglichen Lebens.[31] Franz Friedel, ein Stadtamtmann aus Kaiserslautern, notierte im Februar 1946 in sein Tagebuch:

> „Alle Menschen sind magerer geworden. Bekannte, die man einige Wochen nicht gesehen hat, erkennt man manchmal kaum wieder. Ich selbst habe zeitweise noch

---

27 Brenner: Zwischen Ende und Anfang (Anm. 14), S. 18–19.
28 Rothenberger: Hungerjahre (Anm. 25), S. 51–52.
29 Brenner: Zwischen Ende und Anfang (Anm. 14), S. 18–19.
30 Ebd., S. 124.
31 Dass sich jeder nur um sich selbst oder seine unmittelbaren Angehörigen kümmerte, prägte das Selbstbild des Landes sogar bis tief in die fünfziger Jahre hinein. Vgl. Harald Jähner: Wolfszeit. Deutschland und die Deutschen 1945–1955. Berlin 2019, S. 10.

hundert Pfund gewogen [...] Wie leben wir eigentlich? Morgens zum Frühstück zwei messerrückendicke Scheiben trockenes Mischbrot (Gerste und Schwarzmehl). Dazu schwarzen Ersatzkaffee (zwei Kaffeelöffel auf einen Topf Wasser), manchmal mit etwas entrahmter Milch. Mittags eine Gemüsebrühe als Suppe, manchmal mit einem bisschen Fett geschmalzt, meist aber nicht. [...] Abends: dasselbe, ergänzt manchmal durch eine dünne Scheibe Brot. [...] Das geht nun seit vielen Monaten so [...]."32

Der tägliche „Überlebenskampf" hatte physische, für viele Menschen jedoch auch psychische Folgen. „Es war eine Zeit mit einer gedrückten Grundstimmung. Die Sorge um die ständig bedrohte Existenz beherrschte das alltägliche Denken, und zwar in einem solchen Maße, dass politische Fragen weitgehend in den Hintergrund traten."33 Diese Haltung spiegelt sich auch in einem Kommentar wider, der in der Kölnischen Rundschau am 15. August 1947 abgedruckt ist. Hier ist zu lesen:

„Wir sehen uns der tödlichen Erkenntnis gegenüber: Nicht Parteien oder Gewerkschaften bestimmen unser Leben, nicht junge demokratische Regierungen oder die Besatzungsmacht, sondern einfach der Hunger, nichts als Hunger."34

Viktor Agartz, Gewerkschafter und von 1946 bis 1947 Leiter des Zwei-Zonen-Wirtschaftsrates in Minden (Westfalen), sprach in diesem Zusammenhang von einer „Moral der 1000 Kalorien". Es gab keine Solidarität mehr, sittliche Normen lösten sich ebenso auf wie rechtliche.35 Auch Jahre nach der Gründung der Bundesrepublik, als die Versorgung der Bevölkerung längst wieder weitgehend sichergestellt war, hielt das allgemeine Desinteresse an der Politik weiter an. „Der Rückzug ins Private, die Konzentration auf den eigenen engen Bereich und aufs eigene Fortkommen war ein grundlegendes Merkmal der westdeutschen Mentalität jener Jahre. In den ersten Jahren der Bundesrepublik richteten die Westdeutschen ihre Energie darauf, der Misere von Kriegs- und Nachkriegszeit zu entkommen. Weniger der Aufbau einer neuen, besseren Gesellschaft war ihr Ziel als vielmehr die Wiedererrichtung dessen, was man vor dem Krieg, in den Friedensjahren des ‚Dritten Reiches', schon einmal erreicht zu haben glaubte."36

---

32 Rothenberger: Hungerjahre (Anm. 25), S. 50.
33 Ebd., S. 31.
34 Kölnische Rundschau vom 15. August 1947, zit. n.: Büttner/Horn: Alltagsleben nach 1945 (Anm. 21), S. 131.
35 Brenner: Zwischen Ende und Anfang (Anm. 14), S. 127.
36 Dominik Geppert: Die Ära Adenauer (Geschichte kompakt: Neuzeit). Darmstadt 2002, S. 84.

2.2 Schuld und Schweigen zwischen Ende und Neubeginn – Überlegungen zum Umgang mit der Vergangenheit

Wie lassen sich die damaligen Umstände, wie lässt sich das Handeln jener Zeit, das Leben zwischen Hoffnung und Verzweiflung, zwischen Zusammenbruch und Neubeginn, zwischen Schuldbewusstsein und schamhaftem Schweigen, in Worte fassen? Über Schuld- und Unschuld und die darüber geführten und nicht geführten Debatten wird im späteren Verlauf der Studie noch ausführlich zu sprechen sein. Stattdessen soll an dieser Stelle zunächst nur ein Begriff aufgerufen werden, in dem sich treffend und unscharf zugleich die Gefühlswelten und Verhaltensweisen jener Zeit verdichten: der Begriff der „Stunde Null". So viel zitiert und nicht minder umstritten diese Wortschöpfung auch ist, so lässt sich an ihr gerade aufgrund dieser Merkmale beispielhaft verdeutlichen, wie vielfältig und zugleich problematisch die Deutungsangebote waren und sind, wenn es um die Bewältigung oder Aufarbeitung der NS-Vergangenheit geht.

Das Ende der NS-Herrschaft und damit das Ende des Zweiten Weltkriegs in Europa als „Stunde Null" zu bezeichnen, ist keine im Nachgang geschaffene Formulierung von Historikern. Bereits in zeitgenössischen Schilderungen war von einem „Nullpunkt" die Rede, wenn es um das Ende des Krieges geht. Der evangelische Theologe Karl Barth sprach schon im Januar 1945 in einem Vortrag in Basel von einem „Nullpunkt", an dem die Deutschen stünden. Wie der Bremer Bürgermeister Theodor Spitta, der im Dezember 1945 ebenfalls von einem „Nullpunkt" redete, brachte er diesen Begriff in den Zusammenhang mit einem völligen Neubeginn.[37] „Viele Zeitgenossen verwendeten den Begriff ‚Stunde Null', um die Erleichterung, die besondere Ruhe und den Augenblick der Stille nach Kriegsende zu beschreiben. Sie erlebten das Kriegsende als Befreiung und Aufbruch. Andere empfanden dagegen Erschöpfung, Lähmung und Ohnmacht, Sorge und Trauer um verstorbene Verwandte, in Trümmern liegende Städte oder den Verlust der Heimat. Das Grundgefühl schwankte zwischen euphorisch beschworenem Neuanfang und pessimistischer Gegenwartseinschätzung des ‚Nichts'."[38] Darüber hinaus wurde mit der „Stunde Null" auch der Moment der Konfrontation mit der deutschen Schuld an den begangenen Verbrechen, insbesondere dem Holocaust, zum Ausdruck gebracht.[39] Die Suche nach dem Neuen, der Bruch mit dem, was war und letztlich auch die Frage nach dem Umgang mit der eigenen Schuld, beschäftigte schon in den ersten Nachkriegsjahren auch eine junge Generation von Schriftstellern. Die „Gruppe 47", unter ihnen bekannte Namen wie Heinrich Böll, Hans Werner Richter, Wolfgang Weyrauch, Wolfdietrich

---

37 Fischer/Lorenz: Lexikon der „Vergangenheitsbewältigung" in Deutschland (Anm. 16), S. 44.
38 Nicolas Berg: Zwischen Legende und Erfahrung: Die „Stunde Null". In: Kriegsende in Deutschland (GEO). Hamburg 2005, S. 206–213, hier S. 213.
39 Ebd., S. 209.

Schnurre und Günter Eich, trat für die Erneuerung der deutschen Literatur nach dem Zweiten Weltkrieg ein und beeinflusste durch ihr Wirken nachhaltig den Kulturbetrieb in Westdeutschland. Die „Stunde Null" avancierte so von einem zeitgenössischen Ausdruck zum geflügelten Begriff. Bis heute kommt er immer wieder in literarischer Form, in publizistischen Beiträgen und wissenschaftlichen Abhandlungen vor.[40]

Wie ist die anhaltende Konjunktur dieses Begriffs zu erklären? Eine mögliche Antwort für den Erfolg liegt vermutlich in einer offensichtlichen Schwäche. Die „Stunde Null" erscheint schillernd und mythisch – und damit unpräzise und vieldeutig. Sie ist „als Vokabel einer Ideologie, als deutsches Masternarrativ, als Ausdruck realer Erfahrungen oder eines Tatsachenbefundes, als Legende oder auch als Metapher gedeutet worden [und] hat die Funktion, zwischen Bruch und Kontinuität sowie zwischen der positiven und negativen emotionalen Besetzung dieser Pole in teils täuschender Weise zu vermitteln."[41] Die „Stunde Null" dient gewissermaßen als „Scharnier" zwischen dem was war und dem was kommt, zwischen „Ende" und „Neuanfang" – und kaschiert auf diese Weise letztlich beides.[42] Gerade weil sich die unterschiedlichen Erfahrungswirklichkeiten mir all ihren Widersprüchen in der „Stunde Null" kollektiv versinnbildlichen lassen, wurde und wird der Begriff immer wieder benutzt. Doch der genuin konstruktive Charakter des Begriffs verblasst mit fortgesetztem Gebrauch und die „Stunde Null" erscheint immer mehr so, als hätte es diesen Punkt, der die Vergangenheit von der Zukunft trennt, wirklich gegeben. In diesem Sinne birgt die „Stunde Null" heute mehr denn je auch die Gefahr der Exkulpation. „Indem der Ausdruck immer weiter fortgeschrieben wird, erscheint die Entlastung von der Schuld oder die eigentlich unmögliche Befreiung von der Vergangenheit als gegebene Tatsache."[43]

Natürlich hat es die „Stunde Null" nie gegeben. Schon in ihrer zeitlichen Dimension lässt sie sich nicht fassen.[44] Lediglich machtpolitisch lässt sich die „Stunde Null" auf ein festes Datum präzisieren: die Nacht vom 8. auf den 9. Mai, als die vollständige Kapitulation der Wehrmacht in Kraft trat und Deutschland in den Vorstellungen mancher Zeitgenossen aufgehört hatte zu existieren. Individuell kann sie die Jahre zwischen 1945 und 1949 umfassen, oder aber nur die Zeit zwischen Mai und Sommer 1945. Mitunter ist mit ihr ein ganz konkretes, individuell erfahrenes Ereignis verbunden, etwa der Einmarsch alliierter Truppen in

---

40 Fischer/Lorenz: Lexikon der „Vergangenheitsbewältigung" in Deutschland (Anm. 16), S. 44; Martin Sabrow: Die „Stunde Null" als Zeiterfahrung. In: Aus Politik und Zeitgeschichte 70, 2020, S. 31–38.
41 Fischer/Lorenz: Lexikon der „Vergangenheitsbewältigung" in Deutschland (Anm. 16), S. 44.
42 Berg: Zwischen Legende und Erfahrung: Die „Stunde Null" (Anm. 37), S. 207.
43 Fischer/Lorenz: Lexikon der „Vergangenheitsbewältigung" in Deutschland (Anm. 16), S. 45.
44 Sabrow: Die „Stunde Null" als Zeiterfahrung (Anm. 40), S. 32–33.

den Heimatort, die Befreiung aus einem Konzentrationslager, die Nachricht vom Tod eines Angehörigen oder der Verlust von Hab und Gut.[45] Doch selbst derart einschneidende Ereignisse stellten im Leben der Menschen keinen vollständigen Bruch dar. „Niemand fing 1945 ganz von vorne an. Selbst dann, wenn er oder sie allen äußeren Besitz verloren hatte und sein Eigentum sich auf das beschränkte, was er auf dem Leibe trug. Seinen Werdegang, die Geschichte seines Lebens nahm er unauslöschlich mit in die Gegenwart."[46] Das Vergangene blieb gegenwärtig und wirkte in die Zukunft.

Auch wenn das Kriegsende von Vielen am Ende herbeigesehnt wurde, wirkte die Zukunft auf einen Großteil der Menschen zunächst bedrohlich. „[D]er überwiegende Teil der Deutschen empfand das Kriegsende 1945 nicht als Befreiung, sondern als radikale Umwälzung ihrer materiellen und ideellen Werte."[47] Diese Empfindung wurde oftmals verstärkt durch die schamhafte Erinnerung an die Vergangenheit. „Die meisten Deutschen wollten ihre frühere Begeisterung für Hitler nicht mehr wahrhaben, wollten sich nicht erinnern, wie sie über seine ‚Erfolge' gejubelt und wie viel Hoffnung sie auf eine schöne neue Welt für sich und ihre Kinder gesetzt haben, die durch deutsche Eroberungszüge und die Ausplünderung Europas aufgebaut werden sollte. Niemand wollte sich den Horror vor Augen führen, den ihre eigenen Väter, Söhne oder Brüder über die Völker Osteuropas gebracht hatten, geschweige denn den Nachrichten (oder an Tatsachen grenzenden Gerüchten) nachgehen, die ihnen über die Ermordung der Juden zu Ohren gekommen waren. Die abscheuliche Unmenschlichkeit, für die Deutschland verantwortlich war, wurde verdrängt und dem Bewusstsein entzogen. Was blieb und in der Erinnerung brodelte, war das Ende, das Elend im Untergang des Dritten Reichs."[48] Schon wenige Monate nach Kriegsende analysierte der in Flensburg in Kriegsgefangenschaft geratene Generalmajor im Führerhauptquartier Erich Dethleffsen recht bezeichnend, in welcher Gefühlswelt sich der Blick auf das Vergangene für viele Deutsche abgespielt haben mag:

„Noch liegen erst wenige Monate seit dem Zusammenbruch hinter uns. Wir haben noch nicht den zeitlichen, wohl auch nicht den geistigen Abstand genommen, um auch nur einigermassen [sic!] objektiv beurteilen zu können, was Irrtum, was Schuld und Verbrechen, was unentrinnbares Schicksal war. Noch sind wir Deutschen zu sehr in Voreingenommenheit verstrickt. Erst langsam, erschreckend und widerstrebend

---

45 Berg: Zwischen Legende und Erfahrung: Die „Stunde Null" (Anm. 38), S. 208–209.
46 Götz Hütt: Eine deutsche Kleinstadt nach dem Nationalsozialismus. Zur Geschichte und Nachgeschichte der NS-Zeit in Duderstadt und im Untereichsfeld. Norderstedt 2017, S. 32.
47 Erik K. Franzen: Konträre Erinnerung? Krieg und Kriegsende im öffentlichen und privaten Gedächtnis seit 1945. In: Kriegsende in Deutschland (GEO). Hamburg 2005, S. 214–219, hier S. 214.
48 Ian Kershaw: Das Ende. Kampf bis in den Untergang – NS-Deutschland 1944/45. München 2014, S. 520.

erwachen wir aus der Agonie der letzten Jahre und erkennen wir uns selbst und unsere Situation. Wir suchen nach Entlastung, um uns der Verantwortung an all dem, was zu dem hinter uns liegenden Krieg, seinen grausigen Opfern und furchtbaren Folgen geführt hat, zu entziehen. Wir glauben uns genarrt, verführt, missbraucht. Wir berufen uns darauf, nach bestem Wissen und Gewissen gehandelt und von all den scheusslichen [sic!] Verbrechen wenig oder nicht gewusst zu haben. Und es haben auch Millionen davon nicht gewusst; besonders diejenigen nicht, die jahrelang an der Front für Heimat, Haus, Hof und Familie gekämpft haben und glaubten, nur ihre Pflicht zu tun. Aber wir schämen uns auch, dass wir uns haben verführen und missbrauchen lassen und dass wir nichts gewusst haben. Scham findet im menschlichen Leben ihre Ausdrucksform zunächst meist in Trotz oder in würdeloser Selbstbesudelung; erst allmählich und langsam in Reue. So ist es auch bei Völkern. Wir erleben das jetzt in unserem Volk."[49]

Die Deutschen sahen sich mehrheitlich als „Opfer" – und die Konstruktion der „Stunde Null" half ihnen, diese Sicht zu bestärken und die Vergangenheit, die ihre Opferrolle in Frage zu stellen drohte, von sich zu weisen.[50] „Die zeitgenössische Sehnsucht nach dem ‚Schlussstrich' – einer Abkehr von jeglicher politischen und persönlichen Haftung und Verantwortung für das Vergangene – ist somit ebenfalls im ‚Nullpunkt'-Begriff enthalten. [...] Die ‚Stunde Null' war eben auch eine mentale Passage, mit der man das gerade Geschehene in die Vergangenheit schob und dadurch zu neutralisieren versuchte."[51]

Ein weiterer zentraler Bestandteil dessen, was in der „Stunde Null" zum Ausdruck kommt, ist der Moment der Stagnation und der Stille. Die unmittelbare Nachkriegszeit wird heute auch als „Zeit des Schweigens" über die Vergangenheit bezeichnet. Es wäre zu einfach, dieses Schweigen als allgegenwärtig zu verstehen. Auch war es nicht allein der Ausdruck einer kollektiven Ablehnung der Verantwortung für das Gewesene, also lediglich ein „Verschweigen" der Schuld. Das Schweigen wurde vereinzelt bereits unmittelbar nach Ende des Krieges durchbrochen,[52] vor allem aber war es mehrdeutig. Neil Gregor hat hierzu einen interessanten Erklärungsansatz formuliert: Die in weiten Teilen nicht vernehmbare Auseinandersetzung mit der eigenen Schuld entsprach demzufolge nicht nur dem Wunsch, die Vergangenheit unter den Teppich zu kehren, belastete Eliten und NS-Verbrecher zu integrieren oder die Bundesrepublik in das westliche Verteidigungsbündnis einzubinden. „Vielmehr drückte sich in dem Schweigen auch die Schwierigkeit aus, für die Schrecken des Krieges und den NS-Terror, für die Verbrechen des Holocaust und die totale Niederlage eine Sprache zu finden.

---

49 Erinnerungen von Erich Dethleffsen, in: BA/MA, Nr. 648/1, NL Dethleffsen, Erinnerungen, Bl. 1, zit. n. ebd., S. 517–518.
50 Vgl. ebd., S. 520.
51 Berg: Zwischen Legende und Erfahrung: Die „Stunde Null" (Anm. 38), S. 210–211.
52 Verwiesen sei hier beispielsweise auf Victor Klemperer und Eugen Kogon.

Diese und andere schwerwiegenden Erfahrungen prägten die Westdeutschen über Jahrzehnte, sodass die Ereignisse im ‚Dritten Reich' schwer aussprechbar blieben. Demnach erklärt sich das Schweigen weniger mit politischem Opportunismus und Verdrängungsneigungen als mit dem einfachen Grund, dass viele Ereignisse der NS-Zeit einfach schwer zu erzählen waren."[53] Sie waren auch schwer zu erzählen, weil sich in der Nachkriegsgesellschaft alle Menschen mit ihren unterschiedlichsten Vergangenheiten wiederfanden oder neu kennenlernten. „Im besetzten Deutschland trafen sich alle. Die Lebenden und die Toten. Die Opfer und die Täter."[54] Das Schweigen, oder besser: der schamhafte Umgang mit der Vergangenheit, hatte in diesem Sinne auch eine integrative Funktion. Man schwieg, um gemeinsam nach vorne zu blicken und voranzukommen. „Wenn also die unangenehmen Wahrheiten der NS-Zeit oft allenfalls vorsichtig umschrieben wurden – und zwar nicht nur von ehemaligen Tätern, sondern ebenso von unbelasteten Gruppen und Opfern – zeigte sich in dieser Vorsicht dennoch kein einvernehmliches Schweigen. Vielmehr war sie der Preis, der für den gemeinsamen Wiederaufbau einer funktionierenden Demokratie auf lokaler Ebene gezahlt werden musste. Das Schweigen verdeckte tiefe soziale Verwerfungen und verkörperte damit alles andere als die Spuren eines Konsenses in der NS-Zeit."[55]

Auch die alliierten Besatzungsmächte wussten um die tiefen Gräben, die in der „Zusammenbruchsgesellschaft"[56] der Nachkriegszeit existierten. Ganz bewusst planten sie zum Beginn ihrer Herrschaft ein Moratorium, eine Zeit des Schweigens und Innehaltens ein. „Jedenfalls ist festzuhalten, dass es nicht etwa eine deutsche Idee war, bei Kriegsende die ‚Stunde Null' zu setzen, also fast alle gesellschaftlichen Lebensbereiche (West)Deutschlands zunächst zum Stillstand zu bringen – die Politik und Verwaltung, die Wirtschaft, die Justiz, die Schulen und Hochschulen, um nur einiges zu nennen. Offensichtlich war es eine amerikanische Idee, durch die Schließung, Stilllegung oder Indienstnahme fast sämtlicher Institutionen Deutschlands ein Moratorium für den Übergang im Zeichen des Neuanfangs zu schaffen."[57] In diesem Sinne sollte die „Stunde Null" auch „das Ende oder doch die tiefe Infragestellung einer Vielzahl von sozialen

---

53 Neil Gregor: Das Schweigen nach 1945 und die Spuren der ‚Volksgemeinschaft': Zu den Grenzen eines Forschungskonzepts. In: Dietmar v. Reeken/Malte Thießen (Hrsg.): „Volksgemeinschaft" als soziale Praxis. Neue Forschungen zur NS-Gesellschaft vor Ort (Nationalsozialistische Volksgemeinschaft, Bd. 4). Paderborn/München 2013, S. 341–352, hier S. 342–343.
54 Brenner: Zwischen Ende und Anfang (Anm. 14), S. 35.
55 Gregor: Das Schweigen nach 1945 und die Spuren der ‚Volksgemeinschaft': Zu den Grenzen eines Forschungskonzepts (Anm. 53), S. 351.
56 Brenner: Zwischen Ende und Anfang (Anm. 14), S. 95.
57 Hans Braun/Uta Gerhardt/Everhard Holtmann: Die „lange Stunde Null". Exogene Vorgaben und endogene Kräfte im gesellschaftlichen und politischen Wandel nach 1945. In: Hans Braun/Uta Gerhardt/Everhard Holtmann (Hrsg.): Die lange Stunde Null. Gelenkter sozialer Wandel in Westdeutschland nach 1945. Baden-Baden 2007, S. 7–26, hier S. 9.

Beziehungen, Verhaltensweisen, Einstellungen und Werten" signalisieren.[58] Das Schweigen, ob es nun opportunistisch war oder nicht, war auch von außen gewollt. „Mitglieder der ganzen Gesellschaft waren schuldig geworden, die Schuld war zugleich gesellschaftlich und individuell – aber für den neuen Staat hatte man nun mal keine anderen Menschen als die vorhandenen. Ein Teil der von außen verlangten Distanzierung von der Vergangenheit mündete eben in jenes Schweigen, das uns heute so unlauter erscheint."[59] Dennoch muss an dieser Stelle nochmals betont werden, dass die aus heutiger Sicht offenkundige „Nicht-Bewältigung" der Vergangenheit in jener Zeit nicht nur mit moralischen Kriterien analysiert werden sollte. Es gab auch strukturelle und systemische Faktoren, die eine offene und konsequente Auseinandersetzung mit der Vergangenheit schwierig gestalteten. „Das eigentliche Dilemma der Nachkriegsgesellschaft lag darin begründet, dass man als Einzelner, als Berufsgruppe und als Gesellschaft weitermachte, als ob man mit sich identisch sei, und zugleich neu anzufangen hatte, als ob man nicht derselbe geblieben wäre."[60]

In Bezug auf den hier zu untersuchenden Teil der Gesellschaft, den der Lehrerinnen und Lehrer, stellt sich im Folgenden zunächst die Frage, woher sie kamen, welche Vergangenheiten und welches Erbe sie in diese – wie gezeigt wurde – komplexe Gegenwart der Nachkriegszeit einbrachten. Dies soll im Folgenden untersucht werden.

---

58 Jürgen Kocka: Arbeiten an der Geschichte. Gesellschaftlicher Wandel im 19. und 20. Jahrhundert (Kritische Studien zur Geschichtswissenschaft, Band 200). Göttingen 2. Aufl. 2012, S. 258.
59 Berg: Zwischen Legende und Erfahrung: Die „Stunde Null" (Anm. 38), S. 207.
60 Ebd., S. 206.

3 Rückblick – Die Lehrerschaft und der Nationalsozialismus

Das Verhältnis „der" Lehrerschaft zum Nationalsozialismus eindeutig zu beschreiben, ist im Grunde genommen nicht zu bewerkstelligen, ohne unhaltbare Pauschalisierungen in Kauf zu nehmen. Zu differenziert ist das Bild, das sich von der hier zu untersuchenden Berufsgruppe ableiten lässt. Es entspricht daher eher dem Anspruch der Untersuchung, grundlegende Tendenzen aufzuzeigen, wie sich die Lehrerschaft mehrheitlich zum Nationalsozialismus positioniert hat und auf augenscheinliche Besonderheiten, Ausnahmen und Widersprüche entsprechend hinzuweisen. Eine Unterscheidung zwischen Volksschullehrern und Philologen wird demensprechend auch nur dann vorgenommen, wenn hier auffällige Eigenheiten existieren. Es sei jedoch bereits vorweggenommen, dass sich die lange Zeit angenommene Verschiedenartigkeit der beiden Lehrergruppen in Bezug auf ihre Haltung zum Nationalsozialismus bei näherer Betrachtung nicht aufrechterhalten lässt.

Zu Beginn erscheint es sinnvoll, zuallererst die Zeit vor der eigentlichen „Machtergreifung" für die gesamte Lehrerschaft in den Blick zu nehmen. Die im Nationalsozialismus aktiven Lehrkräfte wurden zu großen Teilen noch im Deutschen Kaiserreich beruflich sozialisiert, ihre Erfahrungen aus dem Ersten Weltkrieg – ob in den Schützengräben oder an der „Heimatfront" – wirkten mit ihren Folgen weit in die Zeit der Weimarer Republik hinein, in der sich ihr Berufsleben maßgeblich abspielte.

Wie positionierten sich Lehrerinnen und Lehrer zur Weimarer Demokratie? Welche beruflichen Perspektiven bot ihnen die junge Republik? Und wie verhielten sie sich zum aufkommenden Nationalsozialismus? Diese Fragen sollen im Folgenden nachgegangen und untersucht werden.

3.1 Enttäuschte Hoffnungen in der Weimarer Republik

3.1.1 Lehrer zwischen Kaiserreich, Revolution und Demokratie

Nach den einschneidenden Erlebnissen des Ersten Weltkriegs und den sich anschließenden revolutionären Entwicklungen im besiegten Deutschland knüpfte die Weimarer Republik auf dem Gebiet der Bildungspolitik zwar in wesentlichen Teilen an die Entwicklungen der Kaiserzeit an, bot aber durch ihre parlamentarisch-demokratische Verfasstheit und Parteienpluralismus viel Spielraum für unterschiedlichste Erwartungshaltungen was die Zukunft betrifft. Während demokratisch oder sozialistisch gesinnte Pädagogen hofften, ihre lang gehegten reformorientierten Konzepte nun in die Tat umsetzen zu können, erwarteten zentrumsnahe Pädagogen eine Stärkung des klerikalen Einflusses auf das Schulwesen, während konservative Lehrer die Wiederbelebung des „deutschen Nationalbewusstseins" an den Schulen forderten, wie es seit der Reichsgründung 1871 gepflegt wurde.[61] Für die Lehrerschaft wie für die gesamte Gesellschaft galt somit, dass sich der bereits im Kaiserreich angelegte Konflikt zwischen autoritärem Nationalismus und demokratischer Idee in den Jahren der Weimarer Republik verschärfte. Doch trotz bestehender schulpolitischer Divergenzen und Unzulänglichkeiten verhielt sich die Mehrheit der Lehrer dem jungen Staat gegenüber zunächst weitgehend loyal und war im Wesentlichen auf die Wahrung und Mehrung des eigenen Besitzstandes sowie auf soziale Distinktion bedacht. Dies spiegelt sich wider bei der näheren Betrachtung der Lehrerorganisationen jener Zeit, die sich ganz überwiegend auf die Vertretung berufsständischer Interessen konzentrierten, wenngleich die Geschichte der Lehrerbewegung traditionell niemals unpolitisch war, wie ein kurzer Rückblick verdeutlicht.

Die Gründung des ersten großen überregionalen Lehrerverbandes geht zurück auf die Zeit des Vormärz. Im Jahr der Revolution, genauer im September 1848, konstituierte sich in Eisenach der „Allgemeine Deutsche Lehrerverein" (ADLV).[62] Unter dem Vorsitz zweier Gymnasiallehrer, Hermann Köchly und Wilhelm Zschetzsche, wurde an die Paulskirchenversammlung eine Petition gerichtet. Die Versammlung möge mit der Beratung schulischer Verfassungsgrundsätze warten, bis eine Lehrerversammlung darüber gehört worden sei. Das Programm des Vereins sprach sich für die Simultanschule, die Unentgeltlichkeit des Schulwesens, die Aufhebung der Privatschulen und die Hochschulbildung aller Lehrer, auch der Volksschullehrer, aus. Zweck des Vereins war laut Satzung die „Verbrüderung aller Lehrer".[63] Diese Forderungen und Grundsätze des ADLV sind ein Ausdruck der Widrigkeiten, denen sich weite Teile der Lehrerschaft bis dahin ausgesetzt sahen: Die große Masse der Volksschullehrerschaft stand bis zu diesem Zeitpunkt de facto unter kirchlicher Aufsicht und lebte unter prekären Verhältnissen. Unterdessen ging der klerikale Einfluss an höheren Schulen seit

---

61 Jürgen Kocka konstatiert für das Kaiserreich eine Zunahme „überregionaler und überlokaler Nation-bezogener Inhalte" im öffentlichen Bildungswesen, vor allem in den Volksschulen, die für mehr als 90 % der Heranwachsenden die einzige Schulerfahrung darstellten. Der Kaiserkult trat neben das Königslob, der Krieg von „70/71" wurde als heilige Feuertaufe der Nation stilisiert, nationalliberale Schullehrer setzten sich durch. Erst recht galt das für den Geschichtsunterricht, der 1872 in Preußen obligatorisch wurde. Vgl. Kocka: Arbeiten an der Geschichte (Anm. 58), S. 246.
62 Meyer: Skizze zur Geschichte der GEW. (Anm. 4), S. 152.
63 Sozialistisches Büro Offenbach (Hrsg.): Materialien zur Geschichte der politischen Lehrerbewegung I (1789–1933). Arbeitsgruppe „Geschichte der Lehrerbewegung" (Marburg) (Reihe Roter Pauker, Bd. 7). Offenbach 1973, S. 7.

dem frühen 19. Jahrhundert zurück, Gymnasiallehrer wurden fortan an staatlichen Universitäten ausgebildet und begannen zaghaft auch materiell von diesem Wandel zu profitieren. Dennoch stand bei vielen der kleinen, auf die Region begrenzen Lehrervereine, die bis dahin gegründet wurden, neben der Erörterung pädagogischer Fragen und dem Wunsch nach Geselligkeit das Selbsthilfe- und Unterstützungswesen (etwa in Form von Witwen- und Waisenkassen zur Absicherung im Sterbefall) im Vordergrund.[64] Viele Staaten im Deutschen Bund beobachteten den Zusammenschluss von Lehrkräften mit Skepsis und reagierten schließlich mit Unterdrückung. So wurden beispielsweise in Bayern 1832 alle Lehrervereine verboten. Preußen folgte 1842. Vier Jahre darauf ließen fast alle deutschen Staaten Feiern anlässlich des hundertsten Geburtstags Pestalozzis verbieten, die sich zu politischen Kundgebungen der Lehrerschaft auszuweiten drohten. Repressionen gegen die organisierte Lehrerschaft nahmen im selben Maß zu, wie dort das demokratische Potential anwuchs.[65] Die Gründung des ADLV ist damit auch Ausdruck einer Hoffnung, dass sich die eben benannten Missstände unter nationalstaatlichen und demokratischen Verhältnissen beseitigen ließen. Doch das Scheitern der Revolution führte zur Restauration der politischen Verhältnisse. Die Lehrerschaft wurde mitunter gar als Brandstifter der Revolution tituliert. So äußert etwa der Preußenkönig Friedrich Wilhelm IV. im Jahr 1849 vor Seminardirektoren:

„All das Elend, das im verflossenen Jahre über Preußen hereingebrochen, ist Ihre, einzig Ihre Schuld, die Schuld der Afterbildung, der irreligiösen Menschenweisheit, die Sie als echte Weisheit verbreiten, mit der Sie den Glauben und die Treue im Gemüte meiner Untertanen ausgerottet und deren Herzen von mir abgewandt haben."[66]

Die politische Stigmatisierung in Folge der gescheiterten Revolution führte zu einer langanhaltenden Phase der Entpolitisierung innerhalb der Lehrervereine. Der ADLV war nach dem Scheitern der Revolution in ganz besonderem Maße seiner ideologischen Grundlage beraubt, denn „[m]it dem Hinschwinden des Gedankens einer politischen Einigung Deutschlands schwand auch der Gedanke einer deutschen Einheitsschule und damit die Grundlage eines Vereins von

---

64 Rainer Bölling: Zur Entwicklung und Typologie der Lehrerorganisation in Deutschland. In: Manfred Heinemann (Hrsg.): Der Lehrer und seine Organisation (Veröffentlichungen der Historischen Kommission der Deutschen Gesellschaft für Erziehungswissenschaft). Stuttgart 1977, S. 23–37, hier S. 24.
65 Sozialistisches Büro Offenbach: Materialien zur Geschichte der politischen Lehrerbewegung I (1789–1933) (Anm. 63), S. 6.
66 Rede des preußischen Königs Friedrich Wilhelm IV. vor Seminardirektoren im Februar 1849, zit. n.: ebd., S. 7.

Lehrern aller Schulformen […] dahin."[67] Folgerichtig wandelte sich der im Niedergang befindliche und schließlich verbotene ADLV zu einer jährlich zusammentretenden „Allgemeinen Deutschen Lehrerversammlung" um, die vornehmlich Fragen des inneren Schulbetriebs und der Erziehung erörterte, wobei jedoch zumindest der Gedanke der Gemeinsamkeit des Standes auch in den Jahren bis 1871 erhalten blieb.[68]

Die Einheit der deutschen Nation war mit der Gründung des Deutschen Kaiserreichs vollbracht. Zugleich erfüllte sich damit eine zentrale Forderung der frühen Lehrerorganisationen. Das Vereins- und Verbandswesen der Lehrerschaft erhielt infolgedessen eine neue Dynamik. Als sich am 18. Dezember 1871 in Berlin der Deutsche Lehrerverein (DLV) gründete, verzichteten die Mitglieder im Gegensatz zu 1848 zwar weitgehend auf politische Forderungen, dennoch griff der DLV mit der Losung „Hebung der Volksschule durch Hebung der Volksbildung"[69] eine Forderung auf, die unter Industriellen und Teilen der Politik bereits verlautbart und in der Öffentlichkeit diskutiert wurde. Der DLV entwickelte sich in kurzer Zeit zum größten Berufsverein der Pädagogen, insbesondere der Volksschullehrerschaft. Rund drei Viertel aller männlichen Volksschullehrer waren schließlich im DLV organisiert. Insgesamt zählte er etwa 150.000 Mitglieder. Dass nicht alle Volksschullehrer dem Verein beitraten, hatte vornehmlich politische und religiöse Gründe. So gab es grundsätzliche Meinungsverschiedenheiten über die Frage der Staatsschule, der staatlichen Einheitsschule und des Religionsunterrichts.[70] In der Folge bildeten sich konfessionelle Lehrervereine, die sich mit Gründung des „Katholischen Lehrerverbands des Deutschen Reiches" 1889 und dem „Verband Deutscher Evangelischer Schul- und Lehrervereine" 1890 reichsweit zusammenschlossen. Die hier zu beobachtende Ausdifferenzierung der Lehrerorganisationen setzte sich aber auch außerhalb konfessioneller Fragen fort. Die Gründung des „Vereinsverbands akademisch gebildeter Lehrer Deutschlands" im Jahr 1903, der mit 30.000 Mitgliedern die maßgebliche Standesorganisation der männlichen Lehrer an höheren Schulen darstellte und 1921 unter dem Namen „Deutscher Philologenverband" (DPhV) bekannt wurde, ist eine Konsequenz aus dem oben beschriebenen Umstand, dass es seit dem 19. Jahrhundert zur fortgesetzten Hebung des Ausbildungsniveaus, der Besoldung und damit des sozialen Status von Philologen und damit zu einer scharfen Zweiteilung in höhere

---

67 Ilse Gahlings: Die Volksschullehrer und ihre Berufsverbände. Ein Beitrag zur Verbandssoziologie und zur Soziologie d. Lehrerschaft (Schule in Staat und Gesellschaft). Neuwied am Rhein/Berlin 1967, S. 63.
68 Sozialistisches Büro Offenbach: Materialien zur Geschichte der politischen Lehrerbewegung I (1789–1933) (Anm. 63), S. 8; Gahlings: Die Volksschullehrer und ihre Berufsverbände (Anm. 67), S. 65.
69 Sozialistisches Büro Offenbach: Materialien zur Geschichte der politischen Lehrerbewegung I (1789–1933) (Anm. 63), S. 9.
70 Gahlings: Die Volksschullehrer und ihre Berufsverbände (Anm. 67), S. 63–64.

und niedere Schulen kam.[71] Darüber hinaus ist auch eine interessenpolitische Zersplitterung zu beobachten, die sich im Kaiserreich weiter fortsetzte und zur Gründung von Lehrervereinen beispielsweise nach Schulform („Deutscher Verein für das mittlere Schulwesen", „Bund Deutscher Taubstummenlehrer" etc.), nach Stellung innerhalb der Schule („Preußischer Rektorenverein", „Deutscher Klassenlehrerverein" etc.) oder nach Fachgruppen („Deutscher Germanistenverband", „Verband Deutscher Geschichtslehrer" etc.) führte. Auch das Aufkommen der Frauenbewegung drückte sich im Lehrerverbandswesen aus. So schlossen sich 1890 Lehrerinnen zum „Allgemeinen Deutschen Lehrerinnenverein" zusammen. Dieser war zwar schulformübergreifend organisiert, dennoch war es nicht der einzige Verein, in dem sich Lehrerinnen organisierten. Schon 1885 hatte sich beispielsweise der „Verein katholischer deutscher Lehrerinnen" gegründet, von dem sich wiederum 1909 der „Verein katholischer deutscher Philologinnen" abspaltete. Die bei den Lehrerorganisationen zu beobachtende Ausdifferenzierung wurde staatlicherseits nach dem Motto „divide et impera" durchaus gefördert und von vielen Lehrern auch zunehmend als Problem erkannt. Zugleich ist sie jedoch als Ausdruck eines immer differenzierteren Beschäftigungssystems im Zuge der Industrialisierung zu begreifen, der sich auch für andere Berufsgruppen in jener Zeit feststellen lässt.[72]

War es in der Zeit des Deutschen Kaiserreichs zwar bereits zur Gründung von vielen (weitgehend unpolitischen) Interessen- und Fachverbänden gekommen, so stieg in der Weimarer Republik die Zahl der Interessenvertretungen im Bildungsbereich noch weiter an. Beispielsweise sind im Teilnehmerverzeichnis der Reichsschulkonferenz von 1920 unter der Rubrik „Berufs- und Standesvertretungen" nicht weniger als 85 Verbände von der „Berufsorganisation der Kindergärtnerinnen" bis zum „Verband deutscher Hochschulen" aufgeführt. Dennoch war diese Auflistung keineswegs vollständig. Nicht aufgeführt wurden etwa Zusammenschlüsse wie der „Verein enthaltsamer Philologen deutscher Zunge", der hier nur genannt wird, um das breite Spektrum der Organisationsmöglichkeiten zu veranschaulichen.[73] Ein genuines Produkt der Weimarer Republik waren Lehrervereinigungen mit allgemeinpolitischer Zielsetzung, die sich in dieser Zeit ebenfalls gründeten. Da es ihnen nicht um die Vertretung spezifischer Lehrerinteressen, sondern um gemeinsame politische Überzeugungen ging, waren in ihnen gewöhnlich Lehrerinnen und Lehrer aller Schularten vertreten. Gemessen an den Mitgliederzahlen der eben vorgestellten großen Verbände, waren die politischen Lehrervereinigungen marginal. Mitglieder bzw. Sympathisanten von SPD, USPD und KPD schlossen sich 1919 zum „Verband sozialistischer Lehrer

---

71 Rainer Bölling: Volksschullehrer und Politik (Kritische Studien zur Geschichtswissenschaft, Bd. 32). Göttingen 1978, S. 15.
72 Bölling: Zur Entwicklung und Typologie der Lehrerorganisation in Deutschland (Anm. 64), S. 25–28.
73 Ebd., S. 23.

und Lehrerinnen Deutschlands und Deutsch-Österreichs" (VsL) zusammen. Lag die Zahl der Mitglieder anfangs bei etwa 10.000, so waren es schon 1920 deutlich weniger, als der VsL seine Umbenennung zur „Freien Lehrergewerkschaft Deutschlands" beschloss. Zu einer gewissen Größe gelangte hingegen die „Arbeitsgemeinschaft sozialdemokratischer Lehrer und Lehrerinnen" (AsL), die im April 1919 ins Leben gerufen wurde und die Anfang der 1930er Jahre ca. 7.000 Mitglieder umfasste. Auch am äußerst rechten Rand des politischen Spektrums bildeten sich Lehrervereinigungen. So gründete sich 1921 der „Bund völkischer Lehrer Deutschlands", der jedoch nie über eine Mitgliederzahl von 900 hinauskam. Etwa zur gleichen Zeit kam auch der „Deutschnationale Lehrerbund" auf, verlässliche Angaben über seine Mitgliederzahl existieren jedoch nicht mehr. Erst gegen Ende der 1920er Jahre gründete sich mit dem Nationalsozialistischen Lehrerbund eine politische Lehrerorganisation, die bis 1932 zwar nicht über eine Mitgliederzahl von 6.000 hinauskam, die aber – wie später noch zu zeigen sein wird – im Zuge der „Machtergreifung" Bedeutung erlangen und sich zur alleinigen Lehrerorganisation im Nationalsozialismus entwickeln sollte.[74] Mit den hier vorgestellten Mitgliedszahlen der politischen Lehrerverbände lassen sich keine Angaben zum Grad der Politisierung von Lehrerinnen und Lehrern ableiten. Auch wird damit nicht erfasst, welche politische Einstellungen unter den Pädagogen dominierten und in welchen Parteien sie sich mehrheitlich engagierten. Eine seriöse Einschätzung ist mit den bisher von der Forschung erschlossenen Quellen nur schwer möglich. In der Literatur finden sich jedoch einige Hinweise, die eine gewisse Orientierung bieten können. Rainer Bölling sieht bei der zahlenmäßig bedeutendsten Gruppe der Volksschullehrerschaft eine gewisse Affinität zu nationalistischen und liberalen Parteien, wobei er für die Zeit nach der Jahrhundertwende eine stärkere Hinwendung der Lehrerschaft zu linksliberalen Strömungen als zur nationalliberalen Deutschen Volkspartei (DVP) feststellt.[75] Insbesondere auf dem Lande gab es auch eine nennenswerte Anzahl konservativ eingestellter Volksschullehrer.[76] Für die Philologen attestiert Wilfried Breyvogel einen ausgeprägten Monarchismus, der auch nach 1918 anhielt. Er verortet sie im Parteienspektrum überwiegend bei der Deutschnationalen Volkspartei (DNVP) und der DVP.[77]

Ein bedeutender Grund für das Aufkommen politischer Lehrerorganisationen war freilich auch, dass das demokratische Weimarer System die freie Meinungsäußerung in breiterem Maße zuließ und beförderte, als dies im Kaiserreich der Fall war. Weitere Gründe für die wiedereinsetzende Politisierung – nicht nur der Lehrerschaft, sondern weiter Teile der Gesellschaft – sind jedoch in den

---

74 Ebd., S. 32–34.
75 Bölling: Volksschullehrer und Politik (Anm. 71), S. 9.
76 Ebd., S. 10.
77 Breyvogel: Volksschullehrer und Faschismus – Skizze zu einer sozialgeschichtlichen Erforschung ihrer sozialen Lage (Anm. 12), S. 322.

Folgewirkungen des Ersten Weltkriegs und der sich anschließenden Revolution von 1918/19 zu sehen. „Fest eingegrabene innen- und außenpolitische Interessenpositionen verhinderten tiefergreifende Reformen […]. Die durch das Burgfriedens-Versprechen mit seinen egalisierenden Implikationen hochgeschraubten Erwartungen sahen sich enttäuscht. In der ‚belagerten Festung' Deutschland setzten Verarmungsvorgänge ein, die sich der staatlichen Gegensteuerung entzogen und Ungleichheit verschärften."[78] Die Lehrerschaft sah sich am Ende des Ersten Weltkriegs mit einer hohen Zahl von beschäftigungslosen Kolleginnen und Kollegen konfrontiert. Die im Friedensvertrag von Versailles vereinbarte Abtretung von Gebieten hatte zur Folge, dass eine Vielzahl an Lehrkräften aus diesen Regionen in die junge Republik strömte. Zugleich – auch das eine unmittelbare Folge des Krieges – war ein nicht unbedeutender Rückgang der Schülerzahlen zu verzeichnen.[79] Die Zahl der Volksschüler ging vom Schuljahr 1921/22 bis 1926/27 von fast 9 auf 6,7 Millionen zurück, um dann bis 1931/32 wieder leicht anzusteigen auf 7,6 Millionen.[80] Die Frage nach der beruflichen Zukunft wurde für Teile der Lehrerschaft in der Weimarer Republik somit zur Existenzfrage. Doch unter die Gefühle der einhellig als Demütigung empfundenen Kriegsniederlage, der persönlichen Schicksalsschläge und der materiellen Entbehrungen mischten sich besonders bei Lehrkräften der jüngeren Generation auch Hoffnungen auf eine bessere Zukunft, auf neue Freiheiten und gesellschaftlichen Aufstieg.

3.1.2 Aufstiegshoffnungen und Abstiegsängste

Zwar kann an dieser Stelle keine detaillierte Sozialgeschichte der Lehrerinnen und Lehrer in der Weimarer Republik erfolgen, dennoch sollen einige grundlegende Angaben zur sozialen Situation der Lehrerschaft in dieser Zeit gemacht werden, um besser einschätzen zu können, wie sich das Verhältnis der Lehrerschaft zum Nationalsozialismus entwickelte.

Wie mit den bisherigen Ausführungen verdeutlicht wurde, handelte es sich bei Lehrerinnen und Lehrern keinesfalls um eine homogene soziale Gruppe. Der soziale Status wurde neben anderen Faktoren[81] maßgeblich dadurch bestimmt, ob Lehrer an höheren Schulen oder an Volksschulen unterrichteten.[82] Bei den

---

78 Kocka: Arbeiten an der Geschichte (Anm. 58), S. 252.
79 Kopitzsch: Gewerkschaft Erziehung und Wissenschaft 1947–1975 (Anm. 3), S. 24.
80 Bölling: Volksschullehrer und Politik (Anm. 71), S. 27.
81 Etwa wirkte sich das jeweilige Dienstalter oder die Anstellung an einer städtischen oder ländlichen Schule auf den sozialen Status aus.
82 Lehrer an Berufs- und Mittelschulen befanden sich hier in einer Mittelstellung. Diese Lehrergruppen werden aufgrund ihrer im Vergleich zu den beiden genannten Kategorien marginalen Frequentierung jedoch hier nicht genauer vorgestellt. Vgl. Bölling: Volksschullehrer und Politik (Anm. 71), S. 16.

bisher vorliegenden Arbeiten zu Fragen der sozialen Situation von Lehrkräften in der Weimarer Republik dominieren eindeutig Untersuchungen zur Gruppe der Volksschullehrerschaft. Dies ist einerseits dadurch zu erklären, dass es sich bei ihr um die zahlenmäßig bedeutendste Gruppe handelte, wurden von ihr doch über 90 Prozent aller Schülerinnen und Schüler unterrichtet.[83] Andererseits gerieten Fragen nach der Stellung der Volksschullehrerschaft in dieser Zeit in besonderem Maße in Bewegung. Ihr gesellschaftlicher und sozialer Status wurde in Weimar neu verhandelt und war damit besonders eng verbunden mit den politischen und ökonomischen Entwicklungen jener Zeit.[84]

„Nachdem der kaiserliche ‚Obrigkeitsstaat' im November 1918 zusammengebrochen und an seine Stelle der ‚Volksstaat' in Form einer parlamentarischen Demokratie getreten war, hielt die Mehrzahl der Volksschullehrer alle Voraussetzungen für gegeben, um die seit langem angestrebten Ziele ihrer gesellschaftlich isoliert begriffenen Berufsgruppe in kurzer Zeit zu verwirklichen."[85] Rückblickend lassen sich die in der Weimarer Republik entstandenen Reformimpulse tatsächlich als beachtenswerte „Kulturleistung"[86] bezeichnen: „Das Ende der erbittert bekämpften geistlichen Schulaufsicht und des Heiratsverbots für Lehrerinnen,[87] der Aufschwung der Reformpädagogik, wichtige Schritte hin zur Akademisierung der Lehrerbildung, das Beamtenverhältnis, Verbesserungen des Einkommens, anfangs auch Demokratisierung der Schulverwaltung, all dies waren deutliche Fortschritte, die der Lehrstand der Weimarer Republik verdankte."[88] Doch ganz so eindeutig sind und waren die Erfolge und Errungenschaften für die Lehrerschaft nicht zu bewerten – weder in der Retrospektive, noch von den Zeitgenossen selbst.[89] Zu unbestreitbaren Verbesserungen traten von Beginn an auch Enttäuschungen, Rückschläge und Kompromissformeln hinzu, die einer grundlegenden Reform des Schulwesens in der Weimarer Republik letztlich im Wege standen. Diese Ambivalenz zeigt sich bereits in den Verhandlungen zur Weimarer Verfassung. Die darin enthaltenen Schulartikel 142 bis 149 und 174, insbesondere der Artikel 146,[90] stellen einen Kompromiss

---

83 Ulrike Gutzmann: Von der Hochschule für Lehrerbildung zur Lehrerbildungsanstalt (Schriften des Bundesarchivs, Bd. 55). Düsseldorf 2000, S. 7.
84 Zwar waren auch Philologen von Inflation, Deflationspolitik und Arbeitslosigkeit betroffen, jedoch nicht in vergleichbarer Intensität. Demensprechend beziehen sich die folgenden Ausführungen im Grundsatz auf die Volksschullehrerschaft.
85 Bölling: Volksschullehrer und Politik (Anm. 71), S. 227.
86 Wulff: Geschichte der bremischen Volksschule (Anm. 13), S. 103.
87 Gemeint ist das „Lehrerinnenzölibat" – eine 1880 im Deutschen Reich eingeführte rechtliche Regelung, die eine Unvereinbarkeit von Ehe und Beruf für Lehrerinnen festschrieb.
88 Schäffer: Ein Volk – ein Reich – eine Schule (Anm. 13), S. 51.
89 Fligge: Lübecker Schulen im „Dritten Reich" (Anm. 13), S. 395.
90 In Artikel 146 heißt es: „(1) Das öffentliche Schulwesen ist organisch auszugestalten. Auf einer für alle gemeinsamen Grundschule baut sich das mittlere und höhere Schulwesen auf. Für diesen Aufbau ist die Mannigfaltigkeit der Lebensberufe, für die Aufnahme eines

zwischen der Sozialdemokratischen Partei Deutschlands (SPD), dem Zentrum und der Deutschen Demokratischen Partei (DDP) dar, bei dem insbesondere die SPD ihre Forderungen nach einem säkularen und einheitlichen Schulsystem, wie es weite Teile der Lehrerschaft seit langem forderten, aufgab, um eine Zustimmung des Zentrums zum Versailler Vertrag zu erreichen, während sich die DDP in Schulfragen eine Begrenzung der Kompetenzen des Reiches zugunsten der Länder durchsetzen konnte. Die Ergebnisse dieses Verhandlungsprozesses gingen als „Weimarer Schulkompromiss" in das historische Gedächtnis ein.[91] Ein vorgesehenes Reichsschulgesetz, das die in der Verfassung verankerten Grundsätze zur konkreten Anwendung verhelfen sollte und die schulpolitischen Alleingänge der Länder hätte begrenzen können, kam trotz jahrelanger Vorbereitungen und eingehender Beratungen bis 1933 nicht zustande. Lediglich ein „Großes Grundschulgesetz" wurde im April 1920 verabschiedet.[92] „Der Versuch, Teile des Schulsystems zentral zu regeln, blieb also in seinen Anfängen stecken, wobei nicht zuletzt die Frage der Kosten eine Rolle spielte, da die Länder alle durch Reformen entstehenden Mehrkosten auf das Reich abzuwälzen suchten bzw. sich ohne entsprechende Reichszuschüsse für außerstande erklärten, die Schulartikel der Verfassung durchzuführen."[93] Es fehlte dem Reich und den Ländern am gemeinsamen Willen, einen tragfähigen Kompromiss zu entwickeln.[94] In Ländern, in denen dennoch ernsthafte Versuche unternommen wurden, die angedachten Reformen grundlegend umzusetzen, scheiterten entsprechende Vorhaben nach

---

Kindes in eine bestimmte Schule sind seine Anlage und Neigung, nicht die wirtschaftliche und gesellschaftliche Stellung oder das Religionsbekenntnis seiner Eltern maßgebend. (2) Innerhalb der Gemeinden sind indes auf Antrag von Erziehungsberechtigten Volksschulen ihres Bekenntnisses oder ihrer Weltanschauung einzurichten, soweit hierdurch ein geordneter Schulbetrieb, auch im Sinne des Abs. 1, nicht beeinträchtigt wird. Der Wille der Erziehungsberechtigten ist möglichst zu berücksichtigen. Das Nähere bestimmt die Landesgesetzgebung nach den Grundsätzen eines Reichsgesetzes. (3) Für den Zugang Minderbemittelter zu den mittleren und höheren Schulen sind durch Reich, Länder und Gemeinden öffentliche Mittel bereitzustellen, insbesondere Erziehungsbeihilfen für die Eltern von Kindern, die zur Ausbildung auf mittleren und höheren Schulen für geeignet erachtet werden, bis zur Beendigung der Ausbildung." Kai Riedel: documentArchiv.de. Die Verfassung des Deutschen Reichs („Weimarer Reichsverfassung") vom 11. August 1919, 2004, www.documentarchiv.de/wr/wrv.html (zuletzt abgerufen am 28.02.2018).

91 Sozialistisches Büro Offenbach: Materialien zur Geschichte der politischen Lehrerbewegung I (1789–1933) (Anm. 63), S. 15.
92 Marie-Luise Worster/Monika Gühne: Grundzüge der nationalsozialistischen Schulpolitik in Thüringen von 1930 bis 1933. In: Dietfrid Krause-Vilmar (Hrsg.): Lehrerschaft, Republik und Faschismus. Beiträge zur Geschichte der organisierten Lehrerschaft in der Weimarer Republik (Erziehung und Bildung). Köln 1978, S. 212–256, hier S. 213.
93 Eilers: Die nationalsozialistische Schulpolitik (Anm. 12), S. 50.
94 Willi Feiten: Der Nationalsozialistische Lehrerbund. Entwicklung und Organisation (Beiträge zum Aufbau und zur Organisationsstruktur des nationalsozialistischen Herrschaftssystems). Weinheim 1981, S. 24.

wenigen Jahren aus politischen Gründen.[95] Die Schule wurde in der Weimarer Republik so letztlich zu einem Spielball unterschiedlicher Positionen und Ideologien der Parteien in den jeweiligen Ländern.

Die Uneinheitlichkeit des Bildungssystems hatte unmittelbare Folgen für die Ausbildung der Lehrerinnen und Lehrer. „Die Neuordnung der Lehrerbildung war nicht nur ein zentrales Thema der gesamten Schulreform und Schulpolitik, sondern spielte zugleich eine Schlüsselrolle im gesellschaftlichen Emanzipationskampf der Volksschullehrer. Wohl nirgends wird die Interdependenz von Schul- und Standespolitik so deutlich wie in ihrem Ringen um die Akademisierung der Lehrerbildung, in dem gerade die Jahre der Weimarer Republik eine Zeit des Umbruchs mit bedeutenden Fortschritten aber auch voller enttäuschter Hoffnungen darstellten."[96] Wie schon im Kaiserreich blieb die Lehrerausbildung Sache der Länder. In Preußen begann die Schulverwaltung ab 1926 mit der Gründung von pädagogischen Akademien. Von den geplanten 30 Hochschulen für die Volksschullehrerausbildung nahmen bis 1932 allerdings nur 15 den Lehrbetrieb auf. Anschließend wurden im Zuge von Sparmaßnahmen acht etablierte Akademien wieder geschlossen.[97] Andere Länder wie Sachsen und Thüringen schufen spezielle Ausbildungsinstitute, die mit der Universität in Verbindung standen. Hier, wie auch in Braunschweig, Bremen und Hamburg, wurden tatsächlich nennenswerte bildungspolitische Verbesserungen erzielt. Aufgrund sich ändernder politischer Mehrheiten mussten sie aber häufig bereits nach kurzer Zeit wieder zurückgenommen oder zumindest eingeschränkt werden.[98] Nur marginale Bildungsreformen gab es in Württemberg und Bayern, wo in Ausbildungsfragen die alte Form der Lehrerseminare weiterpraktiziert wurde.[99] Zusammenfassend bleibt festzuhalten, dass eine durchgreifende Reform des Schulwesens in der Zeit der Weimarer Republik scheiterte, obwohl sie anfangs durchsetzbar schien. Es blieb bei einer Zweiteilung des Schulaufbaus, die Schulpolitik blieb weitgehend Sache der Länder und stand nach wie vor zum Teil unter klerikalem Einfluss. Einer leistungsfähigen und stark ausdifferenzierten Oberschule stand eine weitgehend kirchlich ausgerichtete, in ländlichen Gebieten oft durch ein- oder

---

95 Als Beispiel kann hier Thüringen genannt werden, wo 1921 unter einer sozialdemokratischen Koalitionsregierung (unter Tolerierung durch die Kommunistische Partei Deutschlands) mit der „Greilschen Schulreform" ein Reformvorhaben beschlossen wurde, das unter anderem die Überwindung des Dualismus zwischen niederem und höherem Schulwesen vorsah. Im Zuge der Reichsexekution gegen Thüringen und dem damit verbundenen Regierungswechsel kam es allerdings bereits ab 1924 zur Zurücknahme derartiger Reformen. Vgl. Worster/Gühne: Grundzüge der nationalsozialistischen Schulpolitik in Thüringen von 1930 bis 1933 (Anm. 92), S. 215–217.
96 Bölling: Volksschullehrer und Politik (Anm. 71), S. 10.
97 Feiten: Der Nationalsozialistische Lehrerbund (Anm. 94).
98 Kopitzsch: Gewerkschaft Erziehung und Wissenschaft 1947–1975 (Anm. 3), S. 23.
99 Eilers: Die nationalsozialistische Schulpolitik (Anm. 12), S. 53.

zweiklassige „Zwergenschulen" charakterisierte Volksschule mit insgesamt niedrigem Leistungsniveau gegenüber.[100]

Unmittelbar mit der Entwicklung des Bildungssystems verknüpft war die Entwicklung der Besoldungspolitik in Bezug auf die Lehrerschaft. Für die Volksschullehrerschaft waren mit der Forderung nach einer Neugestaltung des Ausbildungssystems neben sozialen Statusfragen auch die ganz konkrete Erwartung einer finanziellen Besserstellung verbunden. Auch auf diesem Gebiet kann allenfalls von zeitweiligen Fortschritten gesprochen werden, die in der Anfangsphase der Weimarer Republik erreicht wurden, ehe die Verbesserungen im Zuge der ökonomischen Krisenerscheinungen in den 1920er Jahren zurückgenommen wurden und sich die Lehrkräfte schließlich mit schmerzhaften, zum Teil existenzbedrohenden finanziellen Einbußen konfrontiert sahen.

Im Deutschen Kaiserreich hatten neben den Philologen auch die Volksschullehrkräfte von einer spürbaren finanziellen Besserstellung profitiert. Zahlen aus Preußen verdeutlichen diese Entwicklung: Das durchschnittliche Realeinkommen eines Volksschullehrers im städtischen Raum stieg zwischen 1886 und 1911 um 20 Prozent, ein Landlehrer verdiente 1911 sogar 50 Prozent mehr als 25 Jahre zuvor,[101] wobei die Verbraucherpreise für Nahrung, Wohnung, Bekleidung etc. weitgehend konstant blieben oder nur moderat anstiegen.[102] Zwar ist in diesem Zeitraum allgemein eine Steigerung der Löhne und Gehälter zu beobachten, doch die Einkommenszuwächse der Lehrerschaft fielen überdurchschnittlich hoch aus. In absoluten Zahlen ist diese Entwicklung noch deutlicher erkennbar. Der durchschnittliche Jahresverdienst eines Arbeitnehmers aus dem Bereich Industrie, Handel und Verkehr betrug um 1910 real etwa 790 Mark. Ein Volksschullehrer verdiente zu diesem Zeitpunkt bereits das Doppelte. Gymnasiallehrer wiederum bezogen seit ihrer Einreihung in den höheren Dienst ab 1909 2.700 bis 7.200 Mark jährlich – also im Endgehalt mehr als doppelt so viel wie Volksschullehrer. Die allgemeine Verbesserung der Einkommenssituation ging also mit einem weiteren Auseinanderdriften der Lohn- und Gehaltsgruppen einher. Nun aber begannen die Volksschullehrer nachdrücklich, ihre Besoldungsforderungen am Einkommen der Gymnasiallehrer zu orientieren.[103]

Im Jahrzehnt nach der Revolution von 1918 wurde die Besoldung von Beamten und Lehrern grundsätzlich neu geregelt und unterlag dabei einer Vielzahl von Änderungen. „Das Reichsbesoldungsgesetz vom 30. April 1920, das den Rahmen für die Besoldungsgesetze der Länder abgab, sah 13 Besoldungsgruppen mit aufsteigenden Gehältern vor, zu denen Ortszuschlag, Kinderbeihilfen und

---

100 Worster/Gühne: Grundzüge der nationalsozialistischen Schulpolitik in Thüringen von 1930 bis 1933 (Anm. 92), S. 214.
101 Bölling: Volksschullehrer und Politik (Anm. 71), S. 24.
102 Thomas Rahlf (Hrsg.): Deutschland in Daten. Zeitreihen zur historischen Statistik. Bonn 2015, S. 206.
103 Bölling: Volksschullehrer und Politik (Anm. 71), S. 24.

ein Teuerungszuschlag gewährt wurden. Eingangsstufe für den höheren Dienst, dem die Gymnasiallehrer zugehörten, war Gruppe X mit einem Grundgehalt von 8.400–12.600 Mark. Die Verwaltungssekretäre (jetzt Obersekretäre), die den Volksschullehrern vor 1918 als normative Bezugsgruppe dienten, befanden sich in Gruppe VII, wo das Grundgehalt mit 6.200–9.300 Mark 74% desjenigen der Gymnasiallehrer betrug. Die Volksschullehrerverbände unter Führung des Deutschen Lehrervereins forderten jetzt aber die Einstufung in Gruppe IX, wo ca. 90% des Grundgehalts des höheren Dienstes gezahlt wurden, da die Gleichstellung mit den Verwaltungssekretären ihnen mittlerweile ‚als ein falscher Maßstab' erschien."[104] Doch bereits die Festlegung der Volksschullehrergehälter auf dem im Reichsbesoldungsgesetz festgelegtem Niveau war in den Ländern nicht widerspruchslos durchzusetzen. Der preußische Kultusminister Konrad Haenisch warnte während der Aushandlung der Lehrergehälter vor einer Zurückstufung der Volksschullehrergehälter. Seine mahnenden Worte, die er in einem Schreiben an alle Ministerkollegen im März 1920 richtete, sehen die Gefahren vorher, die mit einer Abwertung des Volksschullehrerstandes einhergehen würden:

„Wird dies Versprechen [Gleichstellung der Volksschullehrer mit den Verwaltungssekretären, d. Verf.] jetzt nicht endlich eingelöst, so wird eine grenzenlose Verbitterung und das Gefühl unbegründeter Zurücksetzung bei allen Lehrern ohne Unterschied der Konfession und der Parteistellung Platz greifen. Jegliches Vertrauen zur gegenwärtigen Staatsregierung wäre in der Lehrerschaft vernichtet, die Staatsregierung würde die beste Hilfstruppe verlieren, die sie notwendig braucht, um die Volksmassen für die neue Staatsordnung dauernd zu gewinnen, die Agitation von rechts und links hätte dann bei den Lehrern und durch sie bei großen Volkskreisen ein leichtes Spiel."[105]

Haenisch sah in der Volksschullehrerschaft einen entscheidenden Hebel zur Festigung der Demokratie in Deutschland und konnte unter Zuhilfenahme dieses Argumentes seine Ministerkollegen offenbar überzeugen.

Die festgesetzten Volksschullehrergehälter entsprachen zwar nicht den vom DLV geforderten 90 Prozent des Grundgehalts im höheren Dienst, doch bald schon sah sich die gesamte Lehrerschaft mit einem weit größeren Problem konfrontiert, das darüber hinaus die gesamte Gesellschaft in der Weimarer Republik ins Wanken brachte: Das Geld verlor zunehmend an Wert. „Die Besoldungssätze von 1920 erfuhren in der Zeit der Inflation insgesamt 44 Änderungen, blieben aber immer mehr hinter der atemberaubenden Entwicklung der Preise zurück. Bei der Währungsreform Ende 1923 betrug das Realeinkommen der Volksschullehrer und anderer mittlerer Beamter noch 40–50% dessen von 1913, während das wöchentliche Durchschnittseinkommen in Industrie und Handel nur um

---

104 Ebd., S. 29.
105 Ebd., S. 29–30.

30 % unter den Stand von 1913 sank. Erst durch die Besoldungserhöhungen des Jahres 1924 stieg beispielsweise das reale Grundgehalt eines verheirateten Beamten mit zwei Kindern in der Besoldungsgruppe VIII wieder auf 74 % dessen von 1913. Zugleich wurden aber die Abstände zwischen den Besoldungsgruppen wieder vergrößert, so daß ein Volksschullehrer nach dem Stand vom Dezember 1924 nur noch knapp 60 % vom Grundgehalt eines Gymnasiallehrers bezog."[106] Die Hyperinflation, eine Folge der durch den Ersten Weltkrieg verursachten enormen Schuldenlast, warf die Lehrerschaft in Besoldungsfragen somit um viele Jahre zurück und zementierte die Einkommensunterschiede zwischen Volksschul- und Gymnasiallehrern auf unbestimmte Zeit. Mit einer Besoldungsreform in den Jahren 1927/28 ging darüber hinaus auch der erst 1920 mit dem Reichsbesoldungsgesetz eingeführte Grundsatz verloren, die Beamtengehälter in allen Ländern weitgehend einheitlich zu gestalten. Zu einem gravierenden Auseinanderdriften der Lehrergehälter kam es in den Folgejahren jedoch nicht mehr. Die Gründe hierfür waren aber alles andere als erfreulich: Mit Beginn der Weltwirtschaftskrise und der von Reichskanzler Heinrich Brüning eingeführten Notverordnungspolitik wurden sämtliche Länder ab Mitte 1930 gezwungen, in ihrem Haushalten signifikante Kürzungen vorzunehmen – Kürzungen, die sich auf die soziale Lage der Lehrerschaft folgenreich auswirkten und ihr Verhältnis zur Republik, das zu diesem Zeitpunkt – wie eben aufgezeigt – bereits belastet war, noch weiter negativ beeinflusste.

Die Zeit der Präsidialkabinette, die mit der Kanzlerschaft des Kabinetts Brüning eingeleitet wurde, war Ausdruck und Reaktion auf eine gesamtgesellschaftliche Krise, die angesichts der akut auftretenden politischen und sozialen Spannungen am Ende auch weite Teile der Beamtenschaft erfasste. „Die Krisenfestigkeit, auf die das Beamtentum bisher so stolz gewesen war, ging zunehmend verloren."[107] Lehrerinnen und Lehrer waren als Teil der Beamtenschaft von Rezession und Deflationspolitik doppelt betroffen: Wie alle anderen Lohn- und Gehaltsabhängigen sahen sie sich mit Preiserhöhungen, dem Abbau von Sozialleistungen und indirekten Steuererhöhungen konfrontiert. Zusätzlich war jedoch ihre Lohnentwicklung unmittelbar an den öffentlichen Sektor als ihrem „Arbeitgeber" gebunden.[108] Gegenüber 1928 sanken die Nettoreallöhne der Lehrerschaft bis Anfang 1933 im Durchschnitt um gut ein Drittel.[109] Einzelne Lehrergruppen waren unterschiedlich stark von den Gehaltskürzungen betroffen – Volksschullehrer

---

106 Ebd., S. 30.
107 Hildegard Caspar: Der Deutsche Lehrerverein in der Weltwirtschaftskrise 1930–1933. In: Dietfrid Krause-Vilmar (Hrsg.): Lehrerschaft, Republik und Faschismus. Beiträge zur Geschichte der organisierten Lehrerschaft in der Weimarer Republik (Erziehung und Bildung). Köln 1978, S. 145–211, hier S. 163.
108 Ebd., S. 149.
109 Ebd., S. 165.

stärker als Philologen,[110] Lehrerinnen stärker als Lehrer,[111] in Einzelfällen betrugen die Kürzungen bis zu 43 Prozent.[112]

Sparmaßnahmen im Schulbereich betrafen aber nicht nur die Gehälter. Reichsweit sollten Lehrerstellen abgebaut werden, insbesondere im Volksschulbereich. Im Zuge dessen wurden akademische Lehrerbildungseinrichtungen geschlossen, Klassenfrequenzen gesteigert und die Zahl der Unterrichtspflichtstunden erhöht. Schulklassen mit bis zu siebzig und mehr Schülern bei gleichzeitiger Arbeitszeitverlängerung um zwei bis vier Stunden wöchentlich wurden für viele Volksschullehrer am Ende der Weimarer Republik zur Regel.[113] Hinzu kam – zumindest in Preußen – die „freie Versetzbarkeit aller Lehrer", die im Zuge der Notverordnungen erzwungen worden war, um die verfügbare Lehrerschaft möglichst flexibel einsetzen zu können.[114]

Von Stellenkürzungsmaßnahmen war die sogenannte Junglehrerschaft besonders stark betroffen. Als Junglehrer wurden Lehramtsanwärter bezeichnet, die noch keine feste Anstellung im Schuldienst gefunden hatten. In den einzelnen Ländern war die „Junglehrernot" verschieden stark ausgeprägt. In Preußen, dem größten Land der Weimarer Republik, war sie stets präsent.[115] Hier zeichnete sich bereits vor 1914 ein Lehrerüberschuss ab, der jedoch mit der Einziehung vieler Lehrer zum Kriegsdienst zwischenzeitlich verschleiert wurde. Zwar fanden viele Lehrer im Krieg den Tod, doch allein durch die vermehrte Einstellung weiblicher Lehrkräfte wurde diese Lücke geschlossen. Hinzu kam, dass mit den Gebietsabtretungen im Zuge des Versailler Vertrags mehr als 10.000 Flüchtlingslehrer in das verkleinerte Staatsgebiet strömten. Die Zahl der stellenlosen Schulamtsbewerber lag in Preußen im Frühjahr 1920 noch bei ca. 7.300 und stieg bis zum Schuljahr 1925/26 auf nahezu 30.000 an. Anschließend sank sie bis Ende der 1920er Jahre auf ca. 8.000, um dann infolge der Sparmaßnahmen während der

---

110 Wilfried Breyvogel: Die soziale Lage und das politische Bewusstsein der Volksschullehrer (Monographien, Bd. 20). Königstein 1979, S. 205.

111 So wurde die Grundvergütung für weibliche Lehrkräfte bereits im Jahr 1931 durch eine Einzelverordnung zusätzlich um zehn Prozent gekürzt. Vgl. Morell: Organisierte Volksschullehrerbewegung vom Ende des Zweiten Weltkriegs bis zur Konstituierung der „Gewerkschaft Erziehung und Wissenschaft" (Anm. 2), S. 2.

112 Breyvogel: Die soziale Lage und das politische Bewusstsein der Volksschullehrer (Anm. 110), S. 183.

113 Morell: Organisierte Volksschullehrerbewegung vom Ende des Zweiten Weltkriegs bis zur Konstituierung der „Gewerkschaft Erziehung und Wissenschaft" (Anm. 2), S. 2.

114 Ebd.

115 In Preußen fand sich im Januar 1933 für jeden zweiten Junglehrer keine Verwendung. Ähnlich hoch war der Anteil arbeitsloser Junglehrer in Hessen. Dagegen lag die Quote nicht eingestellter Junglehrer in Sachsen beispielsweise bei 17,5 Prozent, in Württemberg bei 4,3 Prozent und in Anhalt bei nur 2,5 Prozent. Vgl. Breyvogel: Die soziale Lage und das politische Bewusstsein der Volksschullehrer (Anm. 110), S. 193.

Weltwirtschaftskrise erneut auf über 15.000 anzusteigen.[116] Arbeitslose Junglehrer erhielten je nach Land pro Monat zwischen 25 und 75 Reichsmark als „Fortbildungszuschuss" – lediglich in Hessen bekamen sie überhaupt keine staatliche Unterstützung.[117] Doch auch mit 75 Reichsmark ließ sich das Existenzminimum schwerlich sichern. „Es ist für die Weimarer Zeit belegt, daß Junglehrer bis an die Grenze zum Lumpenproletariat ‚absanken' und Tätigkeiten wie Straßenfeger oder Leichenwäscher übernahmen."[118] Zu den arbeitslosen Junglehrern kamen zehntausende Lehramtsabsolventen, die als „Hilfslehrer", „Auftragslehrer" und „Ersatzlehrer" teilweise über zehn Jahre lang auf eine Verbeamtung warteten und dabei am untersten Ende der Gehaltsskala standen. „Hatte das der Beamtenhierarchie zugrunde liegende Prinzip: je mehr Dienstjahre, desto mehr Einkommen und Sicherheit, die Junglehrer auf später vertrösten können, so mußte gerade diese Gruppe die immanente Umkehrbarkeit des Prinzips drastisch erfahren: die am schlechtesten bezahlte und am wenigsten gesicherte Gruppe der Beamten bzw. -anwärter fiel am schnellsten ganz aus dem ‚Sicherungsnetz' des Berufsbeamtentums heraus."[119] In der Folge forderten Junglehrer von beamteten Lehrern eine Art „Lastenausgleich", was diese jedoch mehrheitlich zurückwiesen. Von Land zu Land wirkte sich die allgemeine Stellenknappheit unterschiedlich drastisch aus. Akademisch ausgebildete Junglehrer hatten im Gegensatz zu Junglehrern mit Seminarausbildung einen Anspruch auf finanzielle Besserstellung sowie auf sofortige Übernahme in den Schuldienst. Entsprechend wurden sie bevorzugt und konnten auf eine schnellere Verbeamtung hoffen.[120]

Der Beamtenstatus verlor durch die Notverordnungspolitik allerdings deutlich an Attraktivität. Erhebliche Folgen hatte die wenig bekannte „Dietramszeller Notverordnung", die der Reichspräsident Paul von Hindenburg am 24. August 1931 an seinem Urlaubsort unterzeichnete. Formell nur als „Ermächtigung der Länder und nachgeordneter Gebietskörperschaften zur Durchführung von Maßnahmen zum Haushaltsausgleich" formuliert, verbargen sich für die Lehrerschaft dahinter schwerwiegende rechtliche und politische Einschnitte. „Rechtlich waren mit der Ermächtigung die Sicherungen des Beamtenrechtes praktisch aufgehoben, politisch die seit 1918 ausgebildeten, auf das parlamentarische System hin entworfenen Formen der Einflußnahme des Lehrervereins, z. B. Eingaben an den Landtag, Lobbyismus, Beeinflussung von der Berufsorganisation nahestehenden

---

116 Bölling: Volksschullehrer und Politik (Anm. 71), S. 28.
117 Breyvogel: Die soziale Lage und das politische Bewusstsein der Volksschullehrer (Anm. 110), S. 193.
118 Breyvogel: Volksschullehrer und Faschismus – Skizze zu einer sozialgeschichtlichen Erforschung ihrer sozialen Lage (Anm. 12), S. 326.
119 Morell: Organisierte Volksschullehrerbewegung vom Ende des Zweiten Weltkriegs bis zur Konstituierung der „Gewerkschaft Erziehung und Wissenschaft" (Anm. 2), S. 3.
120 Feiten: Der Nationalsozialistische Lehrerbund (Anm. 94), S. 36.

Abgeordneten, weitgehend wirkungslos geworden."[121] Der Beamtenstatus bot letztlich auch keine absolute Sicherheit vor Arbeitslosigkeit: Acht Monate vor der „Machtergreifung", im Mai 1932, verabschiedete der Reichstag auf Antrag des Zentrums mit verfassungsändernder Mehrheit ein Gesetz, das Dienstbehörden ermöglichte, Beamte zu entlassen, wenn deren wirtschaftliche Versorgung gesichert erschien.[122] Die durch derartige Maßnahmen und Entwicklungen ausgelöste Krise warf Lehrerinnen und Lehrer teilweise in Lebensbedingungen zurück, wie sie im 19. Jahrhundert herrschten.[123] Am Ende der Weimarer Republik war die Lehrerschaft somit tief verunsichert und gespalten. Einig waren sich weite Teile jedoch in der bitteren Enttäuschung, dass sowohl der Staat als auch die Interessenverbände der Lehrer scheinbar nicht fähig waren, wirksame Antworten auf die allgemeine Staatskrise zu finden.

Betrachtet man die Stellung der Lehrerverbände in der Weimarer Republik, so muss zunächst nochmals deutlich hervorgehoben werden, „daß sich die deutsche Lehrerschaft auch weiterhin in eine Reihe von Einzelverbänden zersplitterte, deren politische und pädagogische Wirkungen in den meisten Fällen nur gering waren. Lediglich die größten Verbände, z.B. der DLV und seine regionalen Gliederungen waren in der Lage, Einfluß zu nehmen."[124] Doch selbst die Leitungsgremien des mitgliederstärksten Vereins mussten letztlich erkennen, dass ihre Handlungsspielräume angesichts der allumfassenden Wirtschaftskrise begrenzt waren. „Der Deutsche Lehrerverein [...] reagierte auf die permanente Verschlechterung der Lebens- und Arbeitsbedingungen seiner Mitglieder in den für eine ständische Berufsorganisation charakteristischen Formen: individuelle Hilfeleistungen in Einzelfällen und strategisch-politische Ohnmacht gegenüber weitreichenden gesellschaftlichen Veränderungen, die durch die traditionellen Reaktionsweisen des Verbandes – lautstarke Kritik an staatlicher Politik bei gleichbleibenden Loyalitätsbeteuerungen – nicht mehr beeinflußbar waren."[125] Die krisenhaften gesellschaftlichen Entwicklungen führten im DLV zu anhaltenden Auseinandersetzungen. Wie sollte man sich zur Notverordnungspraxis positionieren? Galt es, die Sparpolitik als „patriotische Pflichterfüllung" hinzunehmen oder als Ganzes zu kritisieren? Uneinigkeit in solch grundsätzlichen Fragen schwächte die Verhandlungspositionen der Lehrkräfte in dieser Krisenzeit

---

121 Volker Lenhart: Geschichte der Lehrerbewegung in Baden 1926–1976. Offenburg/Bühl/Baden 1977, S. 19.
122 Durch das „Gesetz zur Änderung von Vorschriften auf dem Gebiet des Beamten-, des Besoldungs- und Versorgungsrechts" vom 30. Juni 1933 wurde diese Kann-Bestimmung unter den Nationalsozialisten in eine Verpflichtung umgewandelt.
123 Breyvogel: Die soziale Lage und das politische Bewusstsein der Volksschullehrer (Anm. 110), S. 184.
124 Kopitzsch: Gewerkschaft Erziehung und Wissenschaft 1947–1975 (Anm. 3), S. 25.
125 Morell: Organisierte Volksschullehrerbewegung vom Ende des Zweiten Weltkriegs bis zur Konstituierung der „Gewerkschaft Erziehung und Wissenschaft" (Anm. 2), S. 5–6.

nachhaltig.[126] Der DLV befand sich in einem Dilemma. Anspruch des Vereins war es, möglichst viele Lehrerinnen und Lehrer in seinen Reihen zu versammeln. Nicht zuletzt aus diesem Grund betonte die Vereinsleitung stets das Gebot der „politischen Neutralität". Von diesem Selbstverständnis eines ausschließlich an Erziehung und Schule interessierten Berufsvereins wich sie in ihren Verlautbarungen zu keiner Zeit ab – auch nicht in Phasen und Situationen, in denen eine klare politische Standortbestimmung angebracht gewesen wäre.[127] Allerdings gab es de facto für die DLV-Leitung im Parteienspektrum von Weimar „politische Bündnispartner", insbesondere bei der DDP und der SPD. Doch diese Parteien konnten auf Reichsebene stets nur in Koalition mit der Zentrumspartei regieren, die wiederum zu den „schärfsten Kritikern" der Forderungen gehörte, die der Deutsche Lehrerverein aufstellte.[128] Von Beginn an waren also für Liberale und Sozialdemokraten erhebliche Konzessionen auf kultur- und bildungspolitischem Gebiet unvermeidbar, was, wie bereits aufgezeigt, erstmals im „Weimarer Schulkompromiss" deutlich wurde. Hinzu kam eine weitere Schwierigkeit, die ebenfalls in Zusammenhang mit dem politischen Neutralitätsgebot stand: die parteipolitischen Präferenzen der Spitze deckten sich nicht notwendigerweise mit denen der Basis. Nachgewiesenermaßen zeigte eine nicht unbedeutende Zahl an Volksschullehrern Sympathien für rechte und nationalistische Parteien, insbesondere auf dem Land,[129] wo die Mehrheit der Volksschullehrer lebte und unterrichtete.[130] Solange der DLV in den Augen dieser Mitglieder erfolgreich operierte, indem er ihren schulpolitischen Forderungen einen gewissen Nachdruck verleihen und Erfolge erzielen konnte, stellten allgemeinpolitische Divergenzen mit der Führung kein akutes Problem dar. Ab Ende der 1920er Jahre, als die begrenzen Handlungsspielräume des Lehrervereins offen zutage traten, wurden solche Gegensätze jedoch bedeutsam. In vielen Fällen führten die enttäuschten Hoffnungen „nur" zu einer allgemeinen Resignation und Entpolitisierung. Doch eine wachsende Zahl an Volksschullehrern machte – anders als die DLV-Leitung – nicht nur die Zentrumspartei als Hauptverantwortlichen für die

---

126 Breyvogel: Volksschullehrer und Faschismus – Skizze zu einer sozialgeschichtlichen Erforschung ihrer sozialen Lage (Anm. 12), S. 328.
127 Dietfrid Krause-Vilmar: Einführung: Der aufziehende Faschismus und die Lehrerschaft in Deutschland. In: Dietfrid Krause-Vilmar (Hrsg.): Lehrerschaft, Republik und Faschismus. Beiträge zur Geschichte der organisierten Lehrerschaft in der Weimarer Republik (Erziehung und Bildung). Köln 1978, S. 7–24, hier S. 11.
128 Bölling: Volksschullehrer und Politik (Anm. 71), S. 190.
129 Ebd., S. 193–194.
130 Weit mehr als die Hälfte aller Volksschullehrer (57,5 Prozent) waren Mitte der 1920er Jahre in Gemeinden mit weniger als 10.000 Einwohnern beschäftigt, etwa zwei Drittel davon in Dörfern mit weniger als 2.000 Einwohnern. Gemessen an der Gesamtbevölkerung (53,3 Prozent) waren sie hier leicht überrepräsentiert. Vgl. ebd., S. 28.

schulpolitische Misere aus, sondern stellte den parlamentarischen Verfassungsstaat als Ganzes in Frage.[131]

Eine zunehmende Skepsis gegenüber dem demokratischen System trat spätestens am Ende der Weimarer Republik auch bei anderen Lehrerorganisationen offen zutage – wenn sie nicht, wie im Fall des Deutschen Philologenverbands, seit je her für einen beachtlichen Teil ihrer Mitglieder immanent war.[132] Eine der wenigen Ausnahmen stellt der 1922 gegründete und vor allem in Süddeutschland agierende „Deutsche Republikanische Lehrerbund" (DRLB) dar, der sich bereits im Jahr 1930 gegen die „nationalsozialistische Gefahr" wandte und seine Mitglieder zu einem aktiven Einschreiten gegen jeden Berufskollegen aufforderte, der seine amtliche Stellung „zu offener und versteckter Bekämpfung der Republik mißbraucht".[133] Letztlich war der DRLB zu unbedeutend (genaue Mitgliedszahlen lassen sich nicht mehr ermitteln), um der von ihm erkannten Gefahr wirksam entgegentreten zu können. Ebenfalls zu schwach und oftmals zerstritten waren die gewerkschaftlich organisierten Lehrergruppen. Die „Gewerkschaft deutscher Volkslehrer, ab 1928/29 „Allgemeine Freie Lehrergewerkschaft Deutschlands" (AFLD), erreichte mit anfangs 10.000 Mitgliedern zwar eine gewisse Größe, doch ihr Handeln war nach der Umbenennung stark nach innen gerichtet, um „kommunistische Tendenzen", verkörpert durch Lehrerkollegen, die mit der Kommunistischen Partei Deutschlands (KPD) sympathisierten, abzuwehren. Antiparlamentarische Entwicklungen von rechts beobachtete die AFLD-Leitung weniger intensiv.[134] Generell wurden Adolf Hitler und seine Anhänger von vielen Gewerkschaftsfunktionären lange Zeit unterschätzt. Sie galten als „politische Rattenfänger subproletarischer, minderwertiger Volksschichten", die nur vorübergehend in Zeiten der Krise eine gewisse Bedeutung erlangt hätten.[135] Unabhängig von der Einschätzung der tatsächlichen Gefahr, die Zeitgenossen von rechtsextremen Strömungen ausgehen sahen: Konstatiert werden muss, dass deren Parolen ab Ende der 1920er Jahre in der gesamten Gesellschaft vermehrt Anklang fanden – auch bei einigen Lehrerinnen und Lehrern.

---

131 Ebd., S. 195.
132 Krause-Vilmar: Einführung: Der aufziehende Faschismus und die Lehrerschaft in Deutschland (Anm. 127), S. 9–10.
133 Ebd., S. 17.
134 Ebd., S. 24.
135 An dieser Einschätzung änderte sich auch nichts, als die Nationalsozialisten 1932 zur stärksten Partei im Reichstag aufstiegen und der Straßenterror gegen die Arbeiterschaft zunahm. Vgl. Bernd Martin: Die deutschen Gewerkschaften und die nationalsozialistische Machtübernahme. Von der Anpassungspolitik während der Präsidialkabinette zur Selbstausschaltung im totalitären Staat. In: Geschichte und Wissenschaft im Unterricht 36, 1985, S. 605–632, hier S. 609.

3.1.3 Die vagen Heilsversprechen der Nationalsozialisten

Ebenso wenig wie der Nationalsozialismus über eine ausgeprägte, geschlossene Gesellschaftstheorie verfügte, stellte er insgesamt ein monolithisch strukturiertes Gebilde dar. Die Bildungsvorstellungen der Nationalsozialisten waren dementsprechend unvollständig, uneinheitlich und zum Teil widersprüchlich. Die wenigen Grundlagen, die auf dem Gebiet der Erziehung und Bildung von Nationalsozialisten formuliert wurden, orientieren sich vor allem an rudimentären Gedanken Adolf Hitlers, der in seinem hetzerischen Pamphlet „Mein Kampf" an einigen Stellen diesbezügliche Aussagen formuliert hat. Ganz überwiegend hat er sich hierbei Vorstellungen und Ideen aus „völkischen" und national-konservativen Kreisen bedient, die weit ins 19. Jahrhundert zurückreichen. Zudem übernahm er Ansichten aus lebensreformerischen Erneuerungsbewegungen und Teilen der kulturkritischen Reformpädagogik, die sich in Reaktion auf die Lebenswirklichkeit des industriellen Zeitalters gebildet hatten.[136] „Diesen geistigen Bewegungen war die Flucht aus der Moderne und die Bildung eines romantisch-verschwommenen Lebensideals gemeinsam. Sie suchten eine neue ‚organische Lebensordnung', die sie im Volk, im Bauerntum und in der germanischen Vorzeit verwirklicht sahen."[137] Hitlers Anschauungen basierten zudem unübersehbar auf subjektiven Erfahrungen und gängigen Ressentiments – gerade was seine Einstellungen zu Schule und Bildung betrifft. Kaum zu verkennen ist seine offensichtliche Geringschätzung des Lehrerstands aufgrund seines eigenen Schulversagens, seine Abneigung gegenüber der höheren Bildung und den „Intellektuellen" insgesamt, sein sprachlicher und gedanklicher Militarismus sowie sein plumper Pragmatismus was die Aufgaben der Schule betrifft, die in erster Linie rassistischen und sozialdarwinistischen Zweckbestimmungen genügen sollte, um dem höheren Ziel, der Errichtung eines totalitären Führerstaats, den Weg zu bereiten.

Es verwundert auf den ersten Blick, dass Hitlers „Bildungsvorstellungen" auf manche Lehrerinnen und Lehrer attraktiv gewirkt haben konnten, ruft man sich einige seiner Aussagen hierzu ins Gedächtnis. So schreibt Hitler in „Mein Kampf", der „völkische Staat" habe „seine gesamte Erziehungsarbeit in erster Linie nicht auf das Einpumpen bloßen Wissens einzustellen, sondern auf das Heranzüchten kerngesunder Körper." Erst in zweiter Linie käme dann „die Ausbildung der geistigen Fähigkeiten. Hier aber wieder an der Spitze die Entwicklung des Charakters, besonders die Förderung der Willens- und Entschlußkraft, verbunden mit der Erziehung zur Verantwortungsfreudigkeit, und als Letztes die wissenschaftliche Schulung." Hitler forderte somit dazu auf, die bis dahin geläufige „Rangordnung" der Erziehungsfelder umzukehren. Mit der Betonung der

---

136 Gutzmann: Von der Hochschule für Lehrerbildung zur Lehrerbildungsanstalt (Anm. 83), S. 22.
137 Eilers: Die nationalsozialistische Schulpolitik (Anm. 12), S. 1.

körperlichen Erziehung vor der Charakterbildung und Wissensvermittlung befand er sich allerdings im Widerspruch mit nahezu allen pädagogischen Traditionen der Neuzeit. Selbst sein damaliger Parteigenosse Gottfried Feder kritisierte, die „Übertreibung der Leibesübung". Sie sei für die „Entwicklung des Volkes zu höherer Kultur" eher schädlich. Nur vereinzelt gab es Pädagogen, auf die sich Hitler mit seinen Ansichten stützen konnte, etwa Otto Stählin, ein Erlanger Professor für Klassische Philologie und Gymnasialpädagogik, der 1917, inmitten des Ersten Weltkriegs, in einer seiner Schriften forderte, die körperliche Erziehung an die erste Stelle der deutschen Erziehungsaufgaben zu stellen. Sie sei Grundlage und Voraussetzung für alles andere.[138] Die Schule, so Hitler, müsse „unendlich mehr Zeit freimachen für die körperliche Ertüchtigung." Es ginge nicht an, „die jungen Gehirne mit einem Ballast zu beladen, den sie erfahrungsgemäß nur zu einem Bruchteil behalten", wobei zudem meist anstatt des Wesentlichen die unnötigen Nebensächlichkeiten hängen blieben. Es dürfe kein Tag vergehen, an dem der junge Mensch nicht mindestens vormittags und abends je eine Stunde lang körperlich geschult werde. Besondere Wertschätzung zeigte Hitler gegenüber dem Boxsport. Mit der Faszination für das Boxen war er allerdings nicht allein. Eine Reihe von Zeitgenossen der Weimarer Republik, auch der politischen Linken wie Berthold Brecht und George Grosz, waren von den charakterbildenden Eigenschaften des Boxens überzeugt. Hitlers Überzeugung zufolge gab es „keinen Sport, der wie dieser den Angriffsgeist in gleichem Maße fördert, blitzschnelle Entschlußkraft verlangt, den Körper zu stählerner Geschmeidigkeit erzieht." Ein junger, gesunder Knabe solle auch Schläge ertragen lernen. Es sei nicht die Aufgabe des „völkischen Staates", eine „Kolonie friedsamer Ästheten und körperlicher Degeneraten aufzuzüchten." Nicht im ehrbaren Spießbürger oder in der tugendhaften alten Jungfer sehe der „völkische Staat" sein Menschheitsideal, sondern „in der trotzigen Verkörperung männlicher Kraft und in Weibern, die wieder Männer zur Welt zu bringen vermögen." Hitler konstruiert in seinem Pamphlet gar einen Zusammenhang zwischen dem Verlauf der Revolution von 1918/19 und dem Boxsport: „Würde unsere gesamte geistige Oberschicht einst nicht so ausschließlich in vornehmen Anstandslehren erzogen worden sein, hätte sie an Stelle dessen durchgehends [sic!] Boxen gelernt, so wäre eine deutsche Revolution von Zuhältern, Deserteuren und ähnlichem Gesindel niemals möglich gewesen". Besonders die höhere Schulbildung hätte grundsätzlich nicht Männer herangezogen, „sondern vielmehr Beamte, Ingenieure, Techniker, Chemiker, Juristen, Literaten und, damit diese Geistigkeit nicht ausstirbt, Professoren."[139] Mit der an mehreren Stellen in „Mein Kampf" formulierten Missachtung der „alteingesessenen Beamtenschaft" versuchte Hitler an verbreitete gesellschaftliche

---

138 Christian Hartmann/Thomas Vordermayer/Othmar Plöckinger/Roman Töppel (Hrsg.): Hitler, Mein Kampf. Eine kritische Edition. München/Berlin 2016, S. 1041–1043.
139 Ebd., S. 1045–1049.

Ressentiments gegen Staatsdiener anzuknüpfen. Vor allem im gewerblichen Mittelstand – aber auch unter beschäftigungslosen Junglehrern – dürfte das sicherere Einkommen von Beamten Neid hervorgerufen haben.

Kritik an der Beamtenschaft gehörte zwar nicht zum „gängigen Repertoire" der „deutschen Rechten".[140] Insbesondere Hitlers Angriffe gegenüber dem Professorenstand fügten sich jedoch ein in einen weit verbreiteten Antiintellektualismus damaliger völkischer Kreise.[141] Auch das Schulsystem der Weimarer Zeit orientierte sich seiner Überzeugung nach am falschen Ideal des Intellekts. „Treue, Opferwilligkeit, Verschwiegenheit" seien Tugenden, die ein großes Volk nötig brauche und deren Anerziehung und Ausbildung in der Schule wichtiger sei als „manches von dem, was zur Zeit unsere Lehrpläne ausfüllt." Wieder rekurriert Hitler dabei auf den Verlauf des Ersten Weltkriegs, indem er schreibt: „Wenn unserer Jugend in den Volksschulen etwas weniger Wissen eingetrichtert worden wäre, und dafür mehr Selbstbeherrschung, so hätte sich dies in den Jahren 1915/1918 reich gelohnt."[142] Ganz deutlich wird hier, dass Hitler die schulische Bildung auch als Vorbildung für den Heeresdienst im Sinne einer „Wehrerziehung" verstand. Die Umgestaltung schulischer Erziehungsziele musste seiner Überzeugung nach nicht notweniger Weise mit großen Veränderungen im (strukturellen) Schulaufbau einhergehen. Ihm ging es um eine neue Ideologie, die von den Schulen verbreitet werden sollte:[143]

> „Es genügt, wenn der einzelne Mensch ein allgemeines, in großen Zügen gehaltenes Wissen als Grundlage erhält, und nur auf dem Gebiet, welches dasjenige seines späteren Lebens wird, gründlichste Fach- und Einzelausbildung genießt. [...] Die hierdurch erreichte Kürzung des Lehrplans und der Stundenzahl kommt der Ausbildung des Körpers, des Charakters, der Willens- und Entschlußkraft zugute."[144]

Neben dem Schulsport sah Hitler besonders im (didaktisch und methodisch veränderten) Geschichtsunterricht Potenziale, die es auszubilden galt: „Der Kampf, der heute tobt, geht um ganz große Ziele: eine Kultur kämpft um ihr Dasein, die Jahrtausende in sich verbindet und Griechen- und Germanentum gemeinsam umschließt."[145] In pathetischer Weise stellt er fest, dass Erziehung stets dazu beizutragen hat, ein „unerschütterliches Nationalgefühl" in der Jugend zu verankern. Ein Nationalgefühl, das freilich dem „völkischen Staat" zugutekommen soll, der keine Egoismen und kein Standesbewusstsein mehr kennt. „Planmäßig ist der Lehrstoff nach diesen Gesichtspunkten aufzubauen, planmäßig die Erziehung so

---

140 Ebd., S. 730–731.
141 Ebd., S. 586.
142 Ebd., S. 1059–1061.
143 Ebd., S. 1064.
144 Ebd., S. 1073.
145 Ebd., S. 1075.

zu gestalten, daß der junge Mensch beim Verlassen der Schule nicht ein halber Pazifist, Demokrat oder sonst was ist, sondern ein ganzer Deutscher."[146] Dass dieses „Deutschsein" und dessen Hitlers Ansicht nach inhärenter „Volksgemeinschaftsgedanke" eng an „rassische" Voraussetzungen gebunden ist, wird in „Mein Kampf" auch für das Erziehungswesen besonders betont:

> „Die gesamte Bildungs- und Erziehungsarbeit des völkischen Staates muß ihre Krönung darin finden, daß sie den Rassesinn und das Rassegefühl instinkt- und verstandesmäßig in Herz und Gehirn der ihr anvertrauten Jugend hineinbrennt. Es soll kein Knabe und kein Mädchen die Schule verlassen, ohne zur letzten Erkenntnis über die Notwendigkeit und das Wesen der Blutsreinheit geführt worden zu sein."[147]

Waren die rassischen Voraussetzungen erfüllt, so sollte in Zukunft allein das „Talent" und nicht weiter die sozialen Voraussetzungen ausschlaggebend dafür sein, ob ein Kind in den Genuss einer höheren Bildung kommt. Der Staat habe die Aufgabe, „aus der Summe aller Volksgenossen die fähigsten Köpfe herauszuholen und zu Amt und Würden zu bringen." Hitler stellt damit eine Forderung auf, die bereits seit 1919 fester Bestandteil der Weimarer Verfassung war. In Artikel 146 wurde bestimmt, dass „für die Aufnahme eines Kindes in eine bestimmte Schule" allein „Anlage und Neigung", nicht aber „die wirtschaftliche Stellung oder das Religionsbekenntnis seiner Eltern maßgebend" sein dürfe – tatsächlich aber waren die Verhältnisse anders und die Überwindung von Klassenschranken gehörte zu den zentralen Forderungen vieler Parteien des äußersten Spektrums, rechts wie links.[148] Eine Besonderheit der nationalsozialistischen Interpretation dieses weitverbreiteten Postulats bestand allerdings darin, dass die „Auslese" der „Talentiertesten" an ideologische und vor allen Dingen rassistische Vorbedingungen geknüpft sein sollte.

Hitlers Bildungsvorstellungen lassen sich also auf wenige Kernbereiche zusammenfassen. Seine Aussagen bildeten das Dogma der NS-Pädagogik. Von den Anhängern der „nationalsozialistischen Bewegung" wurden sie vor und nach der „Machtergreifung" unentwegt wiederholt, interpretiert und zum Teil auch konkretisiert. Neben Alfred Baeumler gehörte Ernst Krieck zu den bekanntesten Erziehungstheoretikern, die sich dem nationalsozialistischen Ideenkonglomerat verschrieben hatten. Sie und andere NS-„Bildungsexperten" bemühten sich darum, Widersprüche zu umgehen und aufzulösen, die sich aus den Ausführungen Hitlers ergaben. So lassen sich beispielsweise die sozialdarwinistischen Prinzipien der „Auslese", die Hitler im Kontext der Formung und Entwicklung der „Rasse" anwendet, streng genommen nicht durch „Erziehung", sondern nur

---

146 Ebd., S. 1083.
147 Ebd., S. 1087.
148 Ebd., S. 1094–1095.

durch „Züchtung" erreichen. „Krieck sieht den Rassebegriff nicht in dem Maße biologisch festgelegt wie Hitler, sondern als ‚Typus des Seins und Verhaltens'. Mit dieser Definition konnten die Maßstäbe für die Auslese vor allem um die Werte politischer, sozialer, kultureller, gesellschaftlicher und geschichtlicher Art erweitert werden. Ausgehend von der Einheit des Menschen aus Körper, Geist und Seele, ließ Krieck nicht den Naturwissenschaften bei der Formung der Rasse die Hauptaufgabe zukommen, sondern den Methoden der ‚seelisch-geistigen Beeinflussung'. Auch diese sollte Züchtungscharakter haben."[149] Kriecks Äußerungen folgend waren Erzieherinnen und Erzieher, die durch ihre Arbeit ja eine „seelisch-geistige Beeinflussung" an Kindern und Jugendlichen vornahmen, von zentraler Bedeutung im künftigen „völkischen Staat", was daher einer Aufwertung des gesamten Lehrerstandes gleichkam. Der „völkische Staat" wie auch die „Volksgemeinschaft" waren Begrifflichkeiten, die wiederum viel Spielraum für Interpretationen zuließen. Krieck verband die ganzheitlichen, „organischen" Wesenszüge, die den Vorstellungen eines „völkischen Staates" entsprechen, mit seinen Vorstellungen des Bildungsprozesses:

> „Jedes Glied eines Volkes findet ein dem Volk, dem Blut und der Lage angemessenes Weltbild als objektive und verpflichtende Gegebenheit vor, und indem es in die reife Gliedschaft am Volke emporwächst, wächst es zugleich in das vorgefundene Weltbild hinein, nimmt es dieses Bild als inneren Gehalt in sich auf, entfaltet daran eigene Art, Richtung und Kraft, wandelt es nach seiner besonderen Stellung und Aufgabe ab. Es kommt damit nicht nur zu seiner persönlichen Reife, sondern auch zur Querbindung in der völkischen Lebensgemeinschaft. Das ist der organische Prozeß der ‚Bildung', der Auseinandersetzung zwischen Glied und Lebensganzheit. [...] Für jedes Weltbild sind Rasse, Blut, Volkstum, natürliche und geschichtliche Lage ebenso die entscheidenden überpersönlichen Mächte wie für das Leben seiner Träger."[150]

Das Bildungsziel sollte Krieck folgend in der Aneignung des für die „Volksgemeinschaft" gültigen Weltbildes liegen. Die „Volksgemeinschaft", die von Teilen der Weltkriegsteilnehmer in ihrer Abwandlung als „Frontgemeinschaft" als scheinbar echte Erfahrung empfunden und in den 1920er Jahren vor allem unter Anhängern der Jugendbewegung zunehmend idealisiert wurde, konnte als anzustrebende Form des Gemeinwesens interpretiert werden, in der Klassen- und Standesschranken gefallen waren und das Leben in einer modernen und konfliktfreien Gesellschaft möglich wurde. Eine derartige Interpretation der „Volkgemeinschaft", die eine Abkehr vom „Standesdünkel" beabsichtigte, könnte vor

---

149 Tobias Dittrich/Maren Thiemer: Ausbildung von Volksschullehrern im Nationalsozialismus unter besonderer Berücksichtigung von Überfüllung und Mangel. München 2014, S. 12–13.
150 Ernst Krieck, Nationalpolitische Erziehung, Leipzig 1932, zit. n Eilers: Die nationalsozialistische Schulpolitik (Anm. 12), S. 2.

allem auf Volksschullehrer attraktiv gewirkt haben, die seit langem eine Angleichung an den Philologenstand anstrebten.[151] Noch mehr dürfte bei Junglehrern, die unter den Verwerfungen der Weimarer Republik oft zu leiden hatten, ein derartiges Verständnis der „Volksgemeinschaft" ein geeigneter Nährboden für die politische Propaganda der Nationalsozialisten gewesen sein.[152]

Zwar lassen sich auf die eben beschriebene Weise Erklärungsansätze finden, warum NS-Bildungsvorstellungen bei Teilen der Lehrerschaft Anklang finden konnten. Dennoch muss nochmals klar herausgestellt werden, dass die NSDAP bis zum Ende der Weimarer Republik kein konkretes pädagogisches Konzept entwickelt hatte, das über die schemenhaften Vorstellungen und Theoriegebilde, wie sie hier in ihren Ansätzen skizziert wurden, hinausging. „Die Aussage Hitlers, erst müsse man die Macht haben, dann werde man weitersehen, war auch auf den Bereich Schule und Erziehung gerichtet."[153] Die eigentliche Attraktivität der NSDAP für Lehrerinnen und Lehrer lag offensichtlich weniger darin, umsetzbare Konzepte zur Bewältigung der „Bildungskrise" anbieten zu können, als vielmehr in dem Umstand, ein Sprachrohr zu sein für all diejenigen Pädagogen, die bis 1933 das Vertrauen in die Demokratie, in das Weimarer „System" und ihre Vertreter nie gewonnen oder bereits wieder weitgehend verloren hatten und eine gegenläufige Entwicklung herbeisehnten. „Die nationalsozialistische Ideologie war gekennzeichnet durch ihre Antihaltungen gegenüber den aus Weimarer Zeit stammenden gesellschaftlichen Vorstellungen: Antiindividualismus, Antiintellektualismus, Antiliberalismus und antidemokratische Auffassungen, an deren Stelle ein auf einen autokratischen Führer ausgerichteter Kult trat, womit das in den verschiedensten Lebensbereichen durchgesetzte sog[enannte] Führerprinzip von Führung und Gefolgschaft verbunden war."[154] Die unmittelbaren tagespolitischen Stellungnahmen der NSDAP und ihrer Anhänger zu Fragen der Bildung am Ende der Weimarer Republik spiegeln diese Antihaltungen wider. Wie die NSDAP verfügte auch die NS-nahe Lehrerorganisation, der Nationalsozialistische Lehrerbund, anfangs kaum über konkrete bildungspolitische Konzepte, sondern agitierte zunächst allgemeinpolitisch gegen die Republik. Ruft man sich dessen Geschichte und Wirken in der Weimarer Republik vor Augen, wird dieser Befund nachhaltig verdeutlicht.

Hans Schemm, ein in Bayreuth geborener und ansässiger Volksschullehrer, lud im Januar 1927 zu einer ersten Versammlung nationalsozialistisch gesinnter Lehrer ein. Ganze 23 Pädagogen aus Franken, Sachsen und Thüringen folgten seinem Ruf nach Hof an der Saale in das Lokal „Hopfenblüte", wo sie ihn zu

---

151 Dittrich/Thiemer: Ausbildung von Volksschullehrern im Nationalsozialismus unter besonderer Berücksichtigung von Überfüllung und Mangel (Anm. 149), S. 20.
152 Ebd., S. 15.
153 Mareike Speck: Erziehung im Nationalsozialismus. Hamburg 2015, S. 5.
154 Gutzmann: Von der Hochschule für Lehrerbildung zur Lehrerbildungsanstalt (Anm. 83), S. 10.

ihrem „Führer" wählten. Von Beginn an war es nicht Schemms Absicht, einen „klassischen" Verband zu gründen, der die Interessen seines Standes gegenüber der Politik vertrat. Vielmehr war er getragen von dem Willen, in seinem Berufsstand nichts mehr und nichts weniger als eine „Kampftruppe Adolf Hitlers" zu formieren, „wie es jeder SA- oder SS-Sturm darstellte."[155] Seinen Aufruf richtete er demnach auch nicht an die Masse der Erzieher, sondern an den überschaubaren, ausgewählten Kreis jener Pädagogen, die wie Schemm bereits zum damaligen Zeitpunkt überzeugte und politisch aktive Nationalsozialisten waren.

Schemm, der als Soldat am Ersten Weltkrieg teilgenommen hatte und 1919 mit dem Freikorps von Franz Ritter von Epp (Freikorps Epp) an der Niederschlagung der Münchner Räterepublik beteiligt war, fand am 1. Dezember 1919 eine dauerhafte Anstellung als Volksschullehrer. Im März 1923 kam er erstmals in Kontakt mit der kurz zuvor gegründeten Ortsgruppe der NSDAP in Bayreuth. Ein halbes Jahr später lernte er, noch vor dem Putschversuch im November, Adolf Hitler persönlich kennen. Nach dessen Entlassung aus der Festungshaft wurde Schemm Führer der Bayreuther Ortsgruppe der NSDAP sowie Gauleiter der „Bayerischen Ostmark" und entfaltete, parallel zur NSDAP, als ein in seinen Kreisen charismatisch und visionär geltender, rhetorisch talentierter Redner zunächst im bayerischen Franken eine intensive und breit gefächerte Agitation.[156] Auf einem weiteren Treffen in Hof wurde der NS-Lehrerbund am 21. April 1929 offiziell als Verband an die NSDAP angeschlossen, doch erst nach dem vierten Reichsparteitag der NSDAP in Nürnberg vom 1. bis 4. August 1929 begann sich der Geltungsbereich des NS-Lehrerbundes über Bayern, Sachsen und Thüringen hinaus auf das ganze Land auszudehnen.[157] Unter Mitwirkung von Fritz Wächtler, Lehrer und Landtagsabgeordneter aus Vippachedelhausen bei Weimar, der 1932 zum Volksbildungsminister in Thüringen und 1935 zum Nachfolger von Hans Schemm berufen werden sollte, erstellte die Führung des NS-Lehrerbundes ein erstes „Schulprogramm der NSDAP", das sie 1930 in der „Nationalsozialistischen Lehrerzeitung" veröffentlichte. Folgende Standpunkte wurden darin präsentiert:

„[1] Kompromißloser Kampf im Rahmen der Gesamtorganisation der NSDAP mit dem Ziel: Eroberung der politischen Macht im Deutschen Reich und in den Ländern. [2] Weltanschauliche Durchbildung im Sinne der nationalsozialistischen Idee auf erzieherischem, kulturellem, religiösem und künstlerischem Gebiet. [3] Schaffung der organisatorischen und personellen Grundlagen im Reich und in den Ländern, um den späteren Ausbau auf den erwähnten Gebieten zu festigen und zu untermauern.

---

155 Die Erklärung, eine „Kampftruppe Adolf Hitlers" zu sein, findet sich in einem Schreiben der Reichsleitung des NSLB vom 19.9.1932; BA Koblenz, NS 12/765, zit. n. Feiten: Der Nationalsozialistische Lehrerbund (Anm. 94), S. 41–42.
156 Uwe Schmidt: Lehrer im Gleichschritt. Der Nationalsozialistische Lehrerbund Hamburg. Hamburg 2006, S. 11.
157 Feiten: Der Nationalsozialistische Lehrerbund (Anm. 94), S. 45.

[4] Kampf für die akademische Lehrerbildung. [5] Rücksichtsloser Kampf gegen die zum großen Teil liberalistischen, marxistisch und demokratisch verseuchten Lehrervereine in den Ländern wie im Reich. [6] Kampf dem Kulturbolschewismus auf breitester Grundlage im Hinblick auf alle Lebensgebiete. [7] Erfassung aller deutschgesinnten Geistlichen beider Konfessionen in einer Arbeitsgemeinschaft innerhalb des NS-Lehrerbundes und schärfster Kampf gegen die weltmachtpolitischen Tendenzen des Zentrums und der Bayerischen Volkspartei."[158]

Aus den Forderungen wird klar ersichtlich, dass es dem NS-Lehrerbund zunächst um die Unterstützung der NSDAP ging, die zu dieser Zeit erste bedeutende Wahlerfolge verbuchen konnte. Erst in zweiter Hinsicht wurden Ansprüche formuliert, die im weiteren Sinne Erziehungsfragen ansprachen. Darüber hinaus kam die Protest- und Antihaltung des Verbands gegenüber den etablierten Lehrervereinen wie auch dem allgemeinen „geistigen Klima" der Weimarer Demokratie zum Ausdruck. Interessant dabei ist insbesondere die siebte Forderung, die direkt an die Kirchen adressiert war. Eine ambivalente Haltung verdeutlicht sich hier. Einerseits wird das Angebot einer Kooperation postuliert, andererseits wird deutlich gemacht, dass der Einfluss der Kirchen, wie er angeblich in der Zentrumspartei und der Bayerischen Volkspartei zum Ausdruck kommt, aufs Schärfste zurückzuweisen sei. Ambivalenz und Mehrdeutigkeit, gepaart mit populistischen Allgemeinplätzen, wie sie der eben aufgeführte Forderungskatalog beinhaltete, stellten ein Charakteristikum des NSLB in der Zeit vor 1933 dar. Wie die NSDAP selbst, deren parteiinterne Flügel von Gregor Strasser bis Hermann Göring reichten, war das Wesen des NS-Lehrerbundes vor der reichsweiten „Machtergreifung" noch nicht klar gefestigt. Im Gegensatz zu anderen NS-Organisationen und -Verbänden, die sich Anfang der 1930er Jahre herausbildeten, wollte der NS-Lehrerbund zwar als Parteiverband fungieren, ohne dabei jedoch den Status eines Standesvereins anzustreben, wie dies etwa beim „Nationalsozialistischen Deutschen Ärztebund" der Fall war.[159] Das Wirken des NSLB war in den Jahren bis 1933 beschränkt: nach innen im Aufbau seiner Verbandsstruktur sowie in seiner Stellung in Abgrenzung zu anderen NS-Verbänden (etwa dem NS-Beamtenbund) und nach außen auf die Propagierung der NS-Weltanschauung sowie auf die Kritik an den berufsständischen Lehrerorganisationen, allen voran dem Bayerischen und dem Deutschen Lehrerverein – ohne dabei selbst bildungspolitische Konzeptionen vorzulegen. Doch eben weil der NS-Lehrerbund bis dahin kein klares Bildungskonzept entwickelt hatte, konnten mit dem Nationalsozialismus sympathisierende Lehrer die verschwommenen

---

158 Vom NSLB 1930 veröffentlichter „Vorschlag für das Schulprogramm der NSDAP" in der Nationalsozialistischen Lehrerzeitung, 1930, 4. Folge, S. 8., zit. n. ebd., S. 44.
159 Ebd., S. 45.

erziehungspolitischen Konzeptionen unterschiedlich gewichten und nach eigenem pädagogischen oder politischen Gutdünken interpretieren und für gut heißen.[160]

Im Zentrum der Kritik, die der NSLB gegenüber den anderen Lehrerorganisationen äußerte, stand durchweg der Deutsche Lehrerverein. Dieser war als Standesorganisation der Volksschullehrerinnen und Volksschullehrer, sowohl was seine Mitgliederzahl als auch seine öffentliche Wahrnehmung betraf, dominant gegenüber anderen Verbänden. Besonders bemängelt wurde das politische Neutralitätsgebot, das sich der DLV selbst auferlegt hatte. Stattdessen trat der NS-Lehrerbund für Gegenteiliges ein: er bezeichnete sich explizit als politisch, als Fürsprecher des Nationalsozialismus. „Wenn also von seiten des NSLB festgestellt wurde: ‚Zunächst ist es ein logischer Unsinn, politisch neutral sein zu wollen, wenn man Schulpolitik treiben will. Und ebenso unsinnig ist es, wenn eine Organisation, die Standespolitik treiben will, politisch neutral sein will. Das geht nicht', so mag das scheinbar eindeutigere Bekenntnis: ‚Bei uns ist das anders: Wir sind bewußt politisch' gegenüber der unglaubwürdigen und hilflosen Verbandspolitik des DLV offen und ehrlich gewirkt haben."[161] Die Führung des Deutschen Lehrervereins versuchte die Kritik der Nationalsozialisten zu parieren, indem sie sich – in Abgrenzung zum NSLB – klar zu demokratischen Grundwerten bekannte. Der erste Vorsitzende Georg Wolff, 1933 maßgeblich an der Überführung des Deutschen Lehrervereins in den NS-Lehrerbund beteiligt, verurteilte auf der 40. Vertreterversammlung des DLV im Jahr 1932 noch die „politische Verhetzung" der Jugend durch die Nationalsozialisten. Volkstum und Volksgemeinschaft seien in Einklang zu bringen mit dem Wert der Persönlichkeit und der Freiheit des Geistes.[162] Die Reaktion des NSLB auf die geäußerte Forderung ließ nicht lange auf sich warten. „Die Delegierten, die an der Vertreterversammlung des Deutschen Lehrervereins 1932 in Rostock teilgenommen hatten, wurden in der Nazipresse verhöhnt als ‚Schafsgesichter, die blöken und meckern, die dauernd fordern und nicht ernstlich arbeiten wollen, geboren werden, in Ferien gehen und sterben;' in einem gesunden Staat würde man solchen Schwätzern mehr Arbeit geben und ab und zu eine Kaltwasser-Kur."[163]

Generell stand der Deutsche Lehrerverein in den Augen der NSLB-Anhänger stellvertretend für eine zum Scheitern verurteilte Pädagogik, ihre führenden Vertreter galten ihnen als Repräsentanten einer politischen Elite des verhassten,

---

160 Ebd., S. 37.
161 Morell: Organisierte Volksschullehrerbewegung vom Ende des Zweiten Weltkriegs bis zur Konstituierung der „Gewerkschaft Erziehung und Wissenschaft" (Anm. 2), S. 27–28.
162 Fligge: Lübecker Schulen im „Dritten Reich" (Anm. 13), S. 412.
163 Hans-Peter d. Lorent: „Laßt hinter Euch die Welt des Intellekts". Der Nationalsozialistische Lehrerbund. In: Reiner Lehberger/Hans-Peter d. Lorent (Hrsg.): „Die Fahne hoch". Schulpolitik und Schulalltag in Hamburg unterm Hakenkreuz (Ergebnisse, Bd. 35). Hamburg 1986, S. 119–124, hier S. 119.

krisenhaften politischen Systems, vor das sie sich schützend stellten.[164] „Erziehung vom Kinde aus", ein beliebter zeitgenössischer Ansatz der Montessori- und Reformpädagogik, war für die Nationalsozialisten ein Schlagwort der „liberalen Anarchie". „Schülerräte" und „Versuchsschulen" standen für die „liberale und marxistische Vernichtungsarbeit" im Schulwesen. Nicht der Lern-, auch nicht der Arbeits-, sondern der ‚Charakterschule' gehöre ihnen zufolge die Zukunft.[165] Das „Führerprinzip", wie es im Nationalsozialismus gelte, solle auch an Schulen angewendet werden.[166] Durch ein einheitliches Schul- und Erziehungssystem sollten bei Kindern bis zum 14. Lebensjahr „alle Klassengegensätze durch das Bewußtsein des gemeinsamen Blutes" überwunden werden. An die Volksschule sollte eine Höhere Schule „mit schärfster geistiger Auslese" anschließen.[167] Hier wird die alles umfassende und an alle appellierende Rhetorik der Nationalsozialisten deutlich: Strenge Hierarchien, Führertum und Elitenbildung stehen scheinbar nicht im Widerspruch zur Überwindung von Klassengegensätzen in einer einheitlichen, deutschen Volksgemeinschaft. Aggressiv formuliert zielte diese Sprache darauf ab, „die fehlende Programmatik zur Durchführung nationalsozialistischer Reformen im Schulwesen zu kaschieren."[168] In der Tat lassen sich die programmatischen Forderungen auf die eben benannten Aspekte begrenzen, ergänzt um den Punkt der Akademisierung der Lehrerbildung[169] als konkrete Voraussetzung für ein einheitliches Schul- und Erziehungssystem.

Wenn auch weite Teile der Leitung im Deutschen Lehrerverein und in anderen Lehrerorganisationen die unsachliche und destruktive Kritik des NSLB richtig einordnen konnten und dessen programmatischen Schwächen erkannten, so begannen doch Teile der Lehrerschaft, darunter auch etliche Mitglieder des DLV, sich der NS-Propaganda zu öffnen. „Die rücksichtslosen Attacken des NSLB gegen die ‚Verknöcherungen der Vorstände' des DLV, die ‚frisches Blut' brauchten, trafen auf innerverbandliche Disparierungsmomente."[170] Ohne in Schulfragen verbindliche Positionen zu beziehen, gelang es dem NS-Lehrerbund immer öfter, unzufriedene Mitglieder der etablierten Lehrervereine für die NS-Bewegung und für den NSLB zu interessieren.[171] Zu Beginn waren es wohl vor allem die prekär beschäftigten und arbeitslosen Junglehrer, auf die die Propaganda des NSLB

---

164 Hermann Schnorbach (Hrsg.): Lehrer und Schule unterm Hakenkreuz. Dokumente des Widerstands von 1930 bis 1945 (Buch des Monats). Bodenheim 2. Aufl. 1995, S. 27.
165 Geißler: Schulgeschichte in Deutschland (Anm. 12), S. 545–546.
166 Schmidt: Lehrer im Gleichschritt (Anm. 156), S. 17.
167 Ebd., S. 16.
168 Ebd., S. 20.
169 Fritz Schäffer: Nationalsozialistischer Lehrerbund (NSLB), 1929–1943 – Historisches Lexikon Bayerns, 2017, www.historisches-lexikon-bayerns.de/Lexikon/Nationalsozialistischer_Lehrerbund_(NSLB),_1929-1943 (zuletzt abgerufen am 23.06.2017).
170 Morell: Organisierte Volksschullehrerbewegung vom Ende des Zweiten Weltkriegs bis zur Konstituierung der „Gewerkschaft Erziehung und Wissenschaft" (Anm. 2), S. 27.
171 Schnorbach: Lehrer und Schule unterm Hakenkreuz (Anm. 164), S. 27.

besonders abzielte und die dafür auch besonders empfänglich waren. Sie standen den krisenhaften Entwicklungen in der Spätphase der Weimarer Republik machtlos gegenüber und sahen ihre Interessen in den traditionellen Verbänden nicht mehr aufgehoben. Darüber hinaus konnten jedoch auch andere Lehrergruppen beobachten, wie sich das geistig-politische Klima jener Zeit wandelte und der Zuspruch für die NS-Bewegung – zwar noch auf niedrigem Niveau, aber kontinuierlich – anwuchs. Auch im schulischen Alltag wurde das Klima insgesamt politischer und rauer. „Die zunehmende Abwanderung der Jugendlichen in reaktionäre und faschistische Organisationen und die damit verbundene Verschärfung des Umgangstons in der Schule selbst führten die Lehrer zu der Einsicht ihrer prekären Lagen."[172] Dass sich in den Reihen des DLV auch eine wachsende Anhängerschaft der NSDAP bzw. des NSLB befand, wirkte sich seit 1931 auch auf die Meinungsbildungsprozesse innerhalb der Leitung aus. Wieder fehlte es an einer klaren Standortbestimmung des Lehrervereins, der nun nicht nur der ökonomischen Krise, sondern zunehmend auch den antidemokratischen Kräften nichts Wirksames mehr entgegensetzen konnte oder wollte.[173] „Vorstöße für eine entschlossenere Haltung des DLV gegenüber den Nationalsozialisten wurden wiederholt mit Gründen wie Beschränkung auf kulturpolitische Fragen oder Rücksichtnahme auf die nationalsozialistischen Mitglieder abgewehrt. Die DLV-Vertreterversammlung lehnte im Mai 1932 in Rostock einen Antrag zur Verpflichtung auf die Verteidigung der parlamentarischen Demokratie ab. Sie leistete damit den nationalsozialistischen Kräften Vorschub und förderte die Desintegration in den eigenen Reihen."[174]

Im NS-Lehrerbund hingegen ließ die zwar inhaltsarme aber dennoch wirksame Propaganda- und Agitationsarbeit die Zahl der Verbandsmitglieder kontinuierlich ansteigen. Waren es Ende 1929 gerade einmal 200,[175] verfügte der NS-Lehrerbund Ende 1931 bereits über 2.000 eingeschriebene Mitglieder, vier Monate später waren es bereits 5.000 und im Oktober 1932 konnte das 10.000ste Mitglied vermerkt werden. Verglichen mit den großen Lehrerverbänden sind diese Zahlen noch immer unbedeutend, die Zuwachsraten waren aber dennoch beachtlich – umso mehr, wenn man bedenkt, dass alle Lehrer, zumindest formal, in einem Treueverhältnis zum Staat standen und diejenigen, die sich in diesem Zeitraum offen zum Nationalsozialismus bekannten und im NSLB aktiv waren,

---

172 Morell: Organisierte Volksschullehrerbewegung vom Ende des Zweiten Weltkriegs bis zur Konstituierung der „Gewerkschaft Erziehung und Wissenschaft" (Anm. 2), S. 28.
173 Krause-Vilmar: Einführung: Der aufziehende Faschismus und die Lehrerschaft in Deutschland (Anm. 127), S. 11.
174 Schnorbach: Lehrer und Schule unterm Hakenkreuz (Anm. 164), S. 27.
175 Jürgen Finger: Konkurrenzkampf und Richtungsstreit im Prozess der „Gleichschaltung". Der Nationalsozialistische Lehrerbund (NSLB) in Bayern 1933/34. In: Andreas Wirsching (Hrsg.): Das Jahr 1933. Die nationalsozialistische Machteroberung und die deutsche Gesellschaft (Dachauer Symposien zur Zeitgeschichte) 2009, S. 250–277, hier S. 253.

sich in weiten Teilen des Reiches zumindest „formal" strafbar machten: In Folge eines Runderlasses des Preußischen Innenministers vom 30. Juli 1930 war es Angehörigen des öffentlichen Dienstes unter Androhung von Entlassungen verboten, der NSDAP oder einer ihr nahestehenden Organisation anzugehören. Erst ein heute weltfremd anmutendes Urteil des preußischen Oberverwaltungsgerichts stellte im Oktober 1932 fest, dass die Betätigung von Beamten für die NSDAP nicht verbietbar sei, da die NSDAP keinen gewaltsamen Systemsturz betreibe.[176] Bis dahin fanden Zusammenkünfte der NS-nahen Lehrerschaft in Preußen jedoch unter der Verwendung von Tarnbezeichnungen statt. Man traf sich als „Volkspädagogische Arbeitsgemeinschaft" oder kam als „Völkischer Lehrerbund" zusammen. Trotz solcher Einschränkungen ist es dem NSLB gelungen, bereits vor 1933 renommierte Pädagogen als Mitstreiter und Werberedner zu gewinnen. Neben dem bereits erwähnten Erziehungstheoretiker Ernst Krieck wurde unter anderem auch der bekannte, aus Bremen stammende Reformpädagoge Heinrich Scharrelmann bereits frühzeitig Mitglied im NS-Lehrerbund, nachdem er 1931 aus dem Deutschen Lehrerverein ausgetreten war.[177]

Im Gefüge der NS-nahen Organisationen und Verbände versuchte der NS-Lehrerbund seine Stellung bis 1933 zu festigen und reichsweit Präsenz zu zeigen. Analog zur Partei wurde der NSLB in Gaue gegliedert, über Bezirksgeschäftsstellen und Ortsgruppen, die sich nochmals in Schulzellen unterteilten, sollte der Verband auch auf lokaler Ebene vertreten sein. Tatsächlich war der NS-Lehrerbund in den einzelnen Teilen des Reiches allerdings nicht annähernd gleichwertig vertreten. In der preußischen Provinz Brandenburg wurde beispielsweise erst in der zweiten Jahreshälfte 1932 überhaupt mit dem Aufbau eines Netzwerks von Ortsgruppen begonnen.[178] Doch auch in einem der ältesten Gauverbände, in der Pfalz, schienen auf organisatorischem Gebiet noch im Herbst 1932 desolate Zustände geherrscht zu haben. „Als der ehemalige Gauleiter der Pfalz, Fritz Wambsganß, im Oktober 1932 nach dem Rücktritt und Parteiausschluss seines Vorgängers dessen Leitung übernahm, war die Mitgliederkartei alles andere als vollständig, und die Beiträge wurden nicht kassiert. Der Lehrerbund war zerrissen ob des Ausschlusses seines ehemaligen Gauführers und von verfeindeten Cliquen durchsetzt. Die personalen Strukturen des NSLB hatten sich dort wie im Rest Bayerns und des Reichs teilweise erst 1933 einigermaßen gefestigt – administrative Strukturen bestanden entweder nicht oder waren mangelhaft."[179]

Doch zumindest auf Reichsebene herrschten bis 1933 klare Verhältnisse. Hans Schemm konnte sich bis dahin zum unumstrittenen Anführer des Verbandes

---

176 Hartwin Spenkuch: Preußen – eine besondere Geschichte. Staat, Wirtschaft, Gesellschaft und Kultur 1648–1947. Göttingen 2019, S. 245.
177 Feiten: Der Nationalsozialistische Lehrerbund (Anm. 94), S. 48–49.
178 Finger: Konkurrenzkampf und Richtungsstreit im Prozess der „Gleichschaltung" (Anm. 175), S. 255.
179 Ebd., S. 254.

entwickeln und auch im Fortgang seine Machtfülle ausweiten. Er war nicht nur offiziell zum Reichsleiter (ab 1933 „Reichswalter") des NSLB ernannt worden, in dessen Folge er 1934 zugleich Leiter des Hauptamtes für Erzieher der NSDAP werden sollte,[180] sondern auch Reichstagsabgeordneter sowie ab 1933 bayerischer Kultusminister[181] und Gauleiter der Bayerischen Ostmark, die auf Anordnung Hitlers aus den bisherigen Gaugebieten Niederbayern, Oberpfalz und Oberfranken gebildet wurde. „Die Ernennung Schemms [zum Gauleiter der Bayerischen Ostmark, d. Verf.] bedeutete für den NSLB zugleich eine Stärkung seiner Position, da er im Vergleich zu den übrigen [NS-nahen, d. Verf.] berufsständischen Organisationen durch die in der Parteihierarchie besser respektierte Stellung Schemms als Gauleiter der NSDAP in der Lage war, in seinen Beziehungen zu anderen parteipolitischen Organisationen auf dem Feld rivalisierender Kompetenzstreitigkeiten seine verbandspolitischen Ziele und Forderungen mit mehr Nachdruck zu verfolgen."[182]

Die erste handfeste Bewährungsprobe für die praktische NS-Schulpolitik und die Arbeit des NSLB trat mit den Wahlerfolgen der Nationalsozialisten in den Ländern Thüringen und Braunschweig ab 1930, in Anhalt, Oldenburg und Mecklenburg-Schwerin ab 1932 ein. Hier stellte die NSDAP die Regierung oder war an ihr beteiligt. Schon für die Zeit vor der reichsweiten „Machtergreifung" lässt sich somit in der Tendenz beobachten, auf welche Weise die nationalsozialistischen Bildungsvorstellungen praktisch umgesetzt werden sollten und wie die etablierten Lehrervereine – freilich noch unter halbwegs demokratischen Bedingungen – darauf reagierten.

Am folgenreichsten für die spätere Entwicklung der Schulpolitik dürfte die Regierungsbeteiligung der NSDAP in Thüringen gewesen sein. Gleich zwei NS-Größen, die nach 1933 im „Dritten Reich" erheblichen Einfluss auf das Erziehungswesen erhalten sollten, waren hier in schulpolitischen Fragen aktiv: Zum einen Wilhelm Frick, ab 23. Januar 1930 Staatsminister für Inneres und Volksbildung und nach der „Machtübernahme" Reichsminister des Innern, zum anderen Fritz Wächtler, ab 1932 Volksbildungsminister in Thüringen und ab 1935 Reichswalter des NS-Lehrerbundes.

Aus den Landtagswahlen in Thüringen am 8. Dezember 1929 ging die NSDAP mit 11,3 Prozent der Stimmen als drittstärkste Kraft hervor (hinter der SPD mit

---

180 Das Amt des Reichswalters des NSLB und das des Leiters des Hauptamtes für Erzieher bei der NSDAP wurde in Personalunion vergeben. Entsprechendes galt auf Gauebene für den Gauwalter des NSLB, der zugleich Leiter des Gauamtes für Erzieher bei der NSDAP war. Vgl. Henning Heske: Und morgen die ganze Welt. Erdkundeunterricht im Nationalsozialismus. Norderstedt 2015, S. 66.
181 Benjamin Ortmeyer: Rassismus und Judenfeindschaft in der NSLB-Zeitschrift „Deutsches/Nationalsozialistisches Bildungswesen". 1933–1943. Frankfurt am Main 2016, S. 48.
182 Feiten: Der Nationalsozialistische Lehrerbund (Anm. 94), S. 50.

32,3 Prozent und dem Landbund mit 16,4 Prozent).[183] In einer Koalition mit dem Landbund, der DVP, der Wirtschaftspartei und der DNVP stellte die NSDAP mit Wilhelm Frick einen Minister. Unter den Nationalsozialisten war der Entschluss zur Regierungsbeteiligung jedoch alles andere als unumstritten. Warnende Stimmen kamen unter anderem von Otto Strasser, der (damals noch gemeinsam mit seinem Bruder Gregor Strasser und Joseph Goebbels) den „linken Flügel" der NSDAP vertrat. Er sah einen Gegensatz des Ministers Frick voraus „zwischen dessen beeideter Pflicht als Vertreter des ‚Systems' und seiner inneren Pflicht als Nationalsozialist. [...] Als Mitglied einer Regierung wäre schließlich die NSDAP mitverantwortlich an dem ‚System', verantwortlich für die deutschen Zustände, für kapitalistische Ausbeutung und Erfüllungspolitik. Als Mitglied einer Landesregierung verantwortlich für die Durchführung dieser Reichspolitik."[184] Zweifel an der Richtigkeit der Politik der NSDAP sollten im Juli 1930 dazu führen, dass Otto Strasser und einige seiner Anhänger sich von der Partei trennten. Aus machtpolitischem Kalkül insistierte Hitler jedoch auf die Regierungsbeteiligung. Wie Frick sah er darin eine Möglichkeit, den Machtanspruch der Nationalsozialisten zu reklamieren, zu festigen und zu erweitern. Ganz in diesem Sinne stand dann auch die Verabschiedung eines „Ermächtigungsgesetzes" im Zentrum der politischen Aktivitäten der neuen Landesregierung. Vordergründig diente es der Durchsetzung einer Verwaltungsreform, mit deren Hilfe bis zum 30. September 1930 Einsparungen zur Konsolidierung des desolaten Landeshaushalts vorgenommen werden sollten. Darüber hinaus gab es der Regierung aber auch die Möglichkeit, in fast völliger Handlungs- und Entscheidungsfreiheit Gesetze und Verordnungen zugunsten der eigenen Machtbefugnisse abzuändern.[185]

Gegen die Stimmen von SPD und KPD trat das Thüringer Ermächtigungsgesetz am 29. März 1930 in Kraft. Auf dem Gebiet der Schulpolitik wurden dadurch Sparvorhaben umgesetzt, die auch die Arbeitsbedingungen der Lehrerschaft rapide verschlechterten. An erster Stelle stand die Kürzung von Lehrerstellen, die allein in Thüringen im Haushalt 1930/31 vier Fünftel des gesamten Beamtenstellenabbaus betrugen. Darüber hinaus wurde mit dem „Gesetz über Lehrerbesoldung" das Gehalt für den größten Teil der Lehrerschaft zurückgestuft und der Besoldungsunterschied zwischen Volksschullehrern und Studienräten wesentlich auf bis zu 2000 Reichsmark pro Jahr vergrößert. Zugleich wurde die Volksschullehrerausbildung stark eingeschränkt. Seit Ostern 1930 betrug die Studiendauer nur noch zwei statt bisher drei Jahre. Derartige Kürzungsmaßnahmen erfolgten zwar auch aufgrund von Sparvorgaben der Reichsregierung, denen sich die Länder nicht entziehen konnten, dennoch ist festzuhalten, dass

---

183 Worster/Gühne: Grundzüge der nationalsozialistischen Schulpolitik in Thüringen von 1930 bis 1933 (Anm. 92), S. 218.
184 Ebd., S. 220.
185 Ebd., S. 221–222.

die Einsparungen „bei weitem über die vom Reichssparkommissar gemachten Vorschläge hinausgingen."[186] Die praktische Politik des NS-Volksbildungsministers Wilhelm Frick und seiner Partei in Thüringen stand damit in eklatantem Widerspruch zur reichsweiten Propaganda der NSDAP und des NS-Lehrerbundes. So wurde etwa in der Nationalsozialistischen Lehrerzeitung im Juni 1931 verkündet:

> „Von unseren Gegnern wird immer wieder versucht, Lehrerstellen an der Volksschule besonders auch in den Städten einzusparen. Uns Nationalsozialisten ist das Kind das kostbarste Gut des Volkes. Eine Einsparung bedeutet Überfüllung der Klassen und damit Schädigung des Kindes, der Zukunft der Nation, bedeutet gerade Schädigung der Kinder, deren Eltern die volle Schwere des Krieges, des Umsturzes, der Inflation, der Arbeitslosigkeit und des Young-Elends [die Folgewirkungen des Young-Plans, d. Verf.] getroffen hat. Demgemäß sind auch die entsprechenden Anträge unserer erfüllungssüchtigen Gegner zu behandeln, die lieber die Zukunft Deutschlands verludern lassen, als die Zahlung an die internationale Judenbank einzustellen."[187]

Doch nicht nur finanzpolitisch, auch strukturell wurden in Thüringen Veränderungen vorgenommen, die der allgemeinen Agitation der Nationalsozialisten im Schulbereich zuwiderliefen. Beispielhaft ist hier das „Gesetz über den Aufbau des öffentlichen Schulwesens in Thüringen (Schulaufbaugesetz)" zu erwähnen. Die wichtigste Veränderung, die damit einher ging, war, dass der erste Artikel des bisherigen Schulaufbaugesetzes wegfiel, der die Struktur des Schulwesens als Einheitsschule vorsah. Bei der Abstimmung über das Gesetz im Landtag am 18. März 1930 kritisierte Max Greil, SPD-Abgeordneter und von 1921 bis 1924 Volksbildungsminister in Thüringen, den neuen Gesetzentwurf scharf:

> „Die Verabschiedung eines Gesetzes mit dem Titel ‚Schulaufbaugesetz' ist eine grausame Ironie auf die Tatsache, daß zur Zeit in Thüringen – wie in keinem anderen Deutschen Land – das gesamte Schulwesen in rücksichtsloser Weise abgebaut wird. Das sogenannte ‚Schulaufbaugesetz' bringt keinen organischen und planmäßigen Aufbau des öffentlichen Schulwesens; es bringt nichts weiter als eine völlig planlose und zusammenhanglose Aufzählung verschiedener Schularten. Es beseitigt das Wort Einheitsschule aus der Thüringer Schulgesetzgebung. Es führt die Mittelschule als besondere Schulart – neben Volksschule und höherer Schule – ein. Das bedeutet die Wiederherstellung der in der Vorkriegszeit üblichen ständischen Dreigliederung des öffentlichen Schulwesens: die Volksschule für die Kinder des Proletariats, die

---

186 Ebd., S. 237.
187 Nationalsozialistische Lehrerzeitung (NSLZ), Kampfblatt des Nationalsozialistischen Lehrerbundes, 8. Folge, Juni 1931, S. 8., zit. n.: ebd., S. 236.

Mittelschule für die Kinder des Mittelstandes, und die höhere Schule für die Kinder des besitzenden Bürgertums!"[188]

Gegen die Stimmen von KPD und SPD trat das neue Schulaufbaugesetz am 10. April 1930 in Kraft. So wurde in Thüringen unter Wilhelm Frick entgegen der reichsweiten Forderung der Nationalsozialisten nach einem einheitlichen Schul- und Erziehungssystem die alte Gliederung des Schulwesens aus der Kaiserzeit wieder verankert. Die dürftigen Rechtfertigungsversuche der Regierung konnten diesen offensichtlichen Widerspruch nicht ausräumen. So betonte der DVP-Abgeordnete Georg Witzmann am 10. April 1930 im Landtag,

„daß die Lage in Thüringen das Erbe der Politik früherer Regierungen sei, womit man sich nun auseinanderzusetzen habe; daß die Bestimmungen der Greilschen Schulreform nie mit Leben erfüllt worden seien, daß es sich also nicht um einen Abbau im Schulwesen handele, sondern um eine realistische Feststellung der gegebenen Tatsachen unter Berücksichtigung der finanziellen Lage."[189]

Die hier kurz aufgeführten Beispiele verdeutlichen, dass die praktische Schulpolitik unter maßgeblicher Einflussnahme der Nationalsozialisten in Thüringen stark abwich von den reichsweit zu vernehmenden Forderungen der Partei. Auf NS-affine Teile der Lehrerschaft dürfte mit diesem Vorgehen kaum zustimmende Effekte erzielt worden sein. In einem anderen Punkt jedoch, der ebenfalls stets zum Kernbestandteil der NS-Propaganda gehörte, blieb sich die NSDAP auch in Thüringen treu: Sie setzte auf die Wirkung von Symbolik, die ihren Anspruch auf die Beseitigung der herrschenden Umstände unterstrich. In diesem Kontext wurde am 16. April 1930 der Erlass für ein „Thüringisches Schulgebet" verabschiedet. Zur Begründung war im Amtsblatt des Thüringischen Ministeriums für Volksbildung zu lesen:

„Die deutsche Not findet ihre Ursache nur zum Teil in wirtschaftlicher Bedrängnis. Art- und volksfremde Kräfte versuchen seit langem die geistig-sittlich-religiösen Grundlagen unseres deutschen Denkens und Fühlens zu zerstören, um das deutsche Volk zu entwurzeln und es so leichter beherrschen zu können. Unser deutsches Volk wird nur dann jenen gefährlichen Einflüssen erfolgreich Widerstand leisten können, wenn es die religiös-sittlichen Triebkräfte seines Wesens sich rein bewahrt und sie der heranwachsenden Jugend überliefert. [...] Untrennbar mit dem deutschen Volkstum ist das Christentum verbunden. [...] Wir leben in einem Staate und Volke, dessen Mehrheit dem Christentum angehört. Die heranwachsende christliche deutsche Jugend ist Trägerin und Gestalterin des deutschen Schicksales. Sie hat ein Recht darauf,

---

188 Rede von Max Greil im Thüringer Landtag vom 18. März 1930, zit. n.: ebd., S. 242.
189 Ebd., S. 239.

auch in der Schule Gelegenheit zu bekommen, vom allmächtigen Vater im Himmel Hilfe und Kraft zu erbitten zur Befreiung ihres Volkes und Vaterlandes."[190]

Das Schulgebet widerspiegelt die ambivalente Haltung der Nationalsozialisten in Bezug auf die Kirchen in jener Zeit, denen hier (trotz der grundsätzlichen Forderung nach einer weltlichen Schule) ein gewisser Einfluss zugestanden wird, allerdings primär, um dadurch wesentliche Elemente der nationalsozialistischen Propaganda zu befördern. So heißt es beispielsweise in dem Gebet:

> „Drum mach uns frei von Betrug und Verrat / Mache uns stark zu befreiender Tat! […] Ich glaube, du strafst unsres Landes Verrat / und segnest der Heimat befreiende Tat! / Deutschland, erwache zur Freiheit! […] Und gib uns Deutschen wieder Kraft / die Freiheit uns und Frieden schafft!"[191]

Zeilen wie diese verdeutlichen, dass bei dem Gebet antirepublikanische Agitation gegenüber kirchlicher Liturgie deutlich im Vordergrund stand. Zwar wurde der Erlass zum Schulgebet nach wenigen Monaten durch eine Entscheidung des Staatsgerichtshofs vom 11. Juni 1930 in Teilen für verfassungswidrig erklärt, dennoch hielt Innenminister Frick es für selbstverständlich, dass auch künftig „der Lehrer im Schulgebet des Schicksals von Volk und Vaterland in angemessener Form gedenkt, so oft es ihm Herzensangelegenheit ist".[192]

Neben dem Schulgebetserlass sollten weitere von Frick initiierte Maßnahmen verdeutlichen, dass an Thüringer Schulen eine „neue Zeit" angebrochen war. So wurden etwa am 1. August 1930 die staatlichen Schulen zur „Weckung und Pflege des kolonialen Gedankens" verpflichtet. Nachdem es Thüringer Lehrern bereits seit dem 25. September 1930 verboten war, kommunistischen Parteien anzugehören, weil darin eine „Verletzung der im Beamtenverhältnis begründeten Treuepflicht" gesehen wurde,[193] war es künftig laut einer Bekanntmachung zum „Schutz der Jugend gegen kommunistische Wühlarbeit" vom 20. Februar 1931 auch Thüringer Schülerinnen und Schülern verboten, Uniformen und Abzeichen „kommunistischer Organisationen" zu tragen, deren Schriften zu verteilen und an kommunistischen Jugendversammlungen teilzunehmen. Entsprechende Vorkommnisse sollten unverzüglich gemeldet werden. Kurz darauf wurden Ende März 1931 unter Einführung neuer Strafen die „Bestimmungen zur Schulzucht" verschärft, um so unter anderem die „Gewöhnung der Schüler an die Erfüllung

---

190 Amtsblatt des Thüringischen Ministeriums für Volksbildung, 9. Jahrgang, 1930, S. 39 f., zit. n.: ebd., S. 243.
191 Thüringisches Schulgebet (Auszüge), zit. n.: ebd.
192 Amts- und Nachrichtenblatt für Thüringen, Regierungsblatt, 10. Jahrgang, 1930, S. 270, zit. n.: ebd., S. 244–245.
193 Ebd., S. 246.

der Gebote der Sittlichkeit und des Anstandes" sowie „die Erziehung zu pflichtgetreuer und gewissenhafter Arbeit" zu erreichen.[194]

Die NSDAP selbst ließ in Thüringen die eingeforderten Gebote der „Sittlichkeit und des Anstandes" im Landtag offenbar vermissen, denn aufgrund vielfacher Beleidigungen und Verleumdungen der Nationalsozialisten gegenüber den Oppositionsparteien kündigte die DVP ihre Zusammenarbeit mit der NSDAP auf. Ein Misstrauensvotum gegen Wilhelm Frick und Willy Marschler, Mitglied der NSDAP-Landtagsfraktion und Staatsrat in der bisherigen Regierung, verlief erfolgreich und führte im April 1931 zu einer Regierungsumbildung. Das Volksbildungsministerium wurde bis zur Landtagswahl vom 31. Juli 1932 vom bisherigen Wirtschaftsminister Wilhelm Kästner geleitet, der 1933 im Zuge der (Selbst-)Auflösung der Wirtschaftspartei der NSDAP beitreten sollte. Die Schulpolitik änderte sich unter Kästners Führung nicht grundlegend.[195] Auch der zwischenzeitliche Gang der NSDAP in die Opposition wirkte sich nicht negativ auf die Wählergunst aus – im Gegenteil: mit über 42 Prozent der Stimmen konnten die Nationalsozialisten ihr vorheriges Wahlergebnis beinahe vervierfachen, im 6. Landtag stellten sie unangefochten die Mehrheit. Gemeinsam mit dem Landbund, der gut acht Prozent der Stimmen auf sich vereinigen konnte, bildeten die Nationalsozialisten eine neue Regierung, in der das Volksbildungsministerium vom späteren NSLB-Reichswalter Fritz Wächtler geführt wurde. Wächtler setzte die Politik Fricks und Kästners konsequent fort. Unter seiner Führung verschärften sich die bisher aufgezeigten Tendenzen der Schulpolitik vor allem im ideologischen Bereich weiter. So gehörten beispielsweise auf seine Anordnung hin die inhaltlichen Bestimmungen des Versailler Vertrags künftig zum Lehrplan. Ab der siebten Klasse sollte an allen Schulen in der jeweils letzten Wochenstunde ein „Wechselspruch" mit folgendem Inhalt abgehalten werden:

„Ein Schüler oder der Lehrer: Hört den Artikel, den Deutschlands Feinde ersannen, um uns auf ewig zu schänden: ‚Die alliierten und assoziierten Regierungen erklären, und Deutschland erkennt an, daß Deutschland und seine Verbündeten als Urheber für alle Verluste und Schäden verantwortlich sind, die die alliierten und assoziierten Regierungen und ihre Staatsangehörigen infolge des Krieges, der ihnen durch den Angriff Deutschlands und seiner Verbündeten aufgezwungen wurde, erlitten haben.' Die Klasse: Die deutsche Schande soll brennen in unserer Seele bis zu dem Tage der Ehre und Freiheit."[196]

---

194 Ebd., S. 245–246.
195 Ebd., S. 246.
196 Amtsblatt des Thüringischen Ministeriums für Volksbildung, 11. Jahrgang, 1932, Nr. 12, S. 87 f., zit. n.: ebd., S. 250.

Weigerungen zur Durchführung dieses Rituals, die es offenbar bis 1933 gegeben hat, wurden nach der „Machtergreifung" mit einer Verfügung beantwortet, die die Nichtbeteiligung von Lehrern und Schülern an dem Wechselspruch unter Strafe stellte.[197]

Auch wenn hier die Entwicklungen in Thüringen nur angedeutet werden konnten, so wurde dennoch deutlich erkennbar, dass die Regierungsbeteiligung der NSDAP den allermeisten Lehrerinnen und Lehrer keine sozialen und beruflichen Verbesserungen brachte. Stattdessen wurde die ohnehin bereits krisenhafte Situation im Schulwesen durch zusätzliche Einsparungen weiter verschärft. Der weiter oben angedeutete Widerspruch zwischen dogmatischer NS-Propaganda und praktischer NS-Schulpolitik trat bei der NSDAP in Thüringen offen zutage – nichtsdestotrotz führte das augenscheinliche „Versagen" der Nationalsozialisten in diesem Politikbereich nicht zu einem Rückgang in der Wählergunst, im Gegenteil. Wie sind diese diskrepanten Vorgänge zu erklären? Eine Antwort könnte sein, dass der Bereich Schulpolitik – gemessen an der gesamtgesellschaftlichen Situation, nur eine relativ geringe Bedeutung zugemessen wurde. Die Krise im Bildungsbereich war eben nur eine von vielen Schieflagen, mit denen sich das Land und die Republik konfrontiert sah. Mit Verweis auf die Vorgängerregierungen versuchte die NSDAP in Thüringen zudem die Verantwortung für die desolaten Zustände auf die „Systemparteien" abzuschieben. Die sichtbaren Erfolge ihrer eigenen praktischen Politik verlagerte sie auf die Zukunft. Was für die Gegenwart blieb, waren symbolhafte Handlungen, die auf diese Zukunft verweisen und einen Bruch mit der Vergangenheit dokumentieren sollten. Vieles spricht dafür, dass diese emotional geprägte Symbolpolitik für die Wahlerfolge viel bedeutsamer war als ihr tatsächliches, objektiv nachprüfbares Handeln. Aufschlussreich wären sicherlich Dokumente, anhand derer sich tiefergehende Einschätzungen rekonstruieren ließen. Wie reagierten etwa der NS-Lehrerbund und die „etablierten" Lehrerorganisationen auf das Handeln der NS-Partei? Für Thüringen liegen umfassende Forschungserkenntnisse dieser Art leider nicht vor. Allerdings wurden bereits ähnliche Fragen für den Freistaat Oldenburg untersucht, wo die NSDAP ab Juni 1932 allein regierte, nachdem sie bereits seit Mai 1931 mit 19 Sitzen als Oppositionspartei die stärkste Fraktion im Landtag stellte. Zusammenfassend können hier in Bezug auf die Schulpolitik ähnliche Entwicklungslinien skizziert werden wie für Thüringen. Auch in Oldenburg waren die konkreten Inhalte des NS-Erziehungsprogramms „dürftig" und indifferent, auch hier fehlte es oft an Abstimmung und Übereinstimmung mit der Reichsleitung der NSDAP und auch hier war der Bildungsbereich von erheblichen Kürzungsmaßnahmen betroffen.[198]

---

197 Ebd.
198 Hilke Günther-Arndt: Volksschullehrer und Nationalsozialismus. Oldenburgischer Landeslehrerverein und Nationalsozialistischer Lehrerbund in den Jahren der politischen und wirtschaftlichen Krise 1930–1933 (Oldenburger Studien, Bd. 24). Oldenburg 1983, S. 51.

Wie in Thüringen versuchten die Nationalsozialisten auch in Oldenburg, ihre defizitäre Bildungspolitik mit einem aggressiven Regierungsstil zu kompensieren. Für Heinz Spangemacher, „alter Kämpfer" der NSDAP und seit 16. Juni 1932 oldenburgischer Staatsminister für Justiz, Kirchen und Schulen, hatte die „Umformung der Lehrer zu gläubigen und entschiedenen Nationalsozialisten" eindeutig Vorrang vor der Konzeption von Inhalten für ein konsistentes Schul- und Erziehungsprogramm.[199] Mit der „Zerschlagung der politischen Staatsgewalt durch den Nationalsozialismus" sei die „Quelle des ehemals Undeutschen", die bis in die Schule hineinreiche, nicht versiegt und deshalb gelte es „aufzuräumen". So unkonkret und oberflächlich derartige Aussagen auch waren – beim NSLB Oldenburg wurden sie durchgehend begrüßt. Allerdings lässt sich auch beobachten, dass der NS-Lehrerbund vor Ort durchaus die „lehrerfeindlichen" Kürzungsmaßnahmen, die parallel zur populistischen Agitation vorgenommen wurden, beanstandete und einen „spürbaren Vertrauensverlust" auf Seiten der Volksschullehrerschaft beklagte.[200] Der Oldenburger Landeslehrerverein (OLLV), in dem ein Großteil der Volksschullehrerschaft bis dahin organisiert war, reagierte auf die neuen Machthaber anfangs gelassen. „Entsprechend der Maxime, daß der Lehrerverein Regierungen vor allem im Hinblick auf ihre Leistungen für Schüler und Lehrer beurteile, setzte der OLLV vorerst seine Arbeit in gewohnter Weise fort. Auf der Vorstandssitzung am 7. Juli 1932 wurde über eine erste Besprechung mit der neuen [NSDAP-]Regierung berichtet. Das Protokoll vermerkt dies ohne weitere Angaben, als habe es sich um Routineangelegenheit gehandelt."[201] Doch bereits wenige Wochen später kam es zu deutlichen Spannungen – nicht nur wegen der unter Spangemacher betriebenen Besoldungs-, Steuer- und Personalpolitik, die mit Einkommenskürzungen und Entlassungen verbunden war, sondern auch aufgrund zahlreicher Gängelungen, denen sich jene Volksschullehrer ausgesetzt sahen, die sich augenscheinlich nicht zum Nationalsozialismus bekennen wollten und insbesondere in kleineren Ortschaften mit sehr hohem NSDAP-Stimmenanteilen dadurch in eine unheilvolle Außenseiterstellung gerieten.[202] Zum offenen Protest von Vertretern des OLLV gegen die neuen Machthaber kam es aber erst, als ihnen ersichtlich wurde, dass die NS-Landesregierung den NSLB zur alleinigen „staatsoffiziellen Lehrerorganisation" machen wollte und Lehrer mit NSDAP-Parteibuch angehalten wurden, im OLLV eine „Zelle" zu bilden, um ihn „unterwandern" und letztlich „ausschalten" zu können.[203]

Auf der turnusmäßigen Hauptversammlung des Oldenburger Landeslehrervereins am 1. Oktober 1932, bei der etwa 800 der gut 1000 Mitglieder anwesend waren, machten zahlreiche Wortmeldungen und Redebeiträge deutlich, dass sich

---

199 Ebd., S. 56.
200 Ebd., S. 54.
201 Ebd., S. 55–56.
202 Ebd., S. 58.
203 Ebd., S. 57–61.

die große Mehrheit öffentlich klar von den Praktiken und Plänen der Nationalsozialisten distanzierte und dagegen Einspruch erhob.[204] Dies drückte sich auch bei den Vorstandswahlen des Landeslehrervereins aus, die Mitte November 1932 stattfanden. Die „NS-Fraktion" im OLLV, allesamt zugleich Mitglieder im NS-Lehrerbund, stellte eine eigene Liste mit Kandidaten auf und konkurrierte damit gegen den Vorschlag des amtierenden Vorstands. Die Nationalsozialisten gingen im Vorfeld davon aus, dass etwa 50 Prozent der Stimmen auf ihre Bewerber entfallen würden. Am Ende entschieden sich jedoch nur rund 15 Prozent der Mitglieder bei der geheimen Briefwahl für die NS-Liste.[205]

Zumindest für den Kleinstaat Oldenburg kann somit für die Zeit vor der eigentlichen „Machtergreifung" keine Rede davon sein, dass Volksschullehrer – freilich noch unter halbwegs „rechtsstaatlichen" Bedingungen – eine außerordentlich große Anfälligkeit für den Nationalsozialismus aufwiesen. Einiges spricht dafür, dass diese Einschätzung auf andere Gebiete der Weimarer Republik übertragbar ist.[206] Die von den Nationalsozialisten betriebene Schulpolitik vor 1933 verschärfte die ohnehin prekäre Stellung der Lehrerschaft weiter und konzentrierte sich in erster Linie auf symbolische Handlungen, die Lehrern und Schülern gleichermaßen auf die „neue Zeit" einschwor, die mit ihrem Machtantritt einhergehen sollte. In der Folge leiteten die neuen Machthaber im Rahmen der ihnen zur Verfügung stehenden Mittel repressive Maßnahmen gegen jene Lehrerinnen und Lehrer ein, die weder als Anhänger, noch als Opportunisten, sondern als Gegner eingeschätzt wurden. Doch erst in den Wochen und Monaten nach dem 30. Januar 1933, als die Regierung der „nationalen Erhebung" mittels einer gewaltigen Propaganda- und Terrorwelle reichsweit gefestigt werden sollte, ist bei der deutlichen Mehrzahl von Funktionären der etablierten Lehrerorganisationen ein tiefgreifender Gesinnungswandel zu beobachten, der von Zustimmung bis Resignation reichte und am Ende zur Selbstauflösung und „Gleichschaltung" der traditionsreichen Standesorganisationen führte.

---

204 Ebd., S. 61.
205 Ebd., S. 66–67.
206 Nach einem (allerdings nicht genauer belegten) Hinweis von Breyvogel erhielten beispielsweise „NS-Listen" bei den Wahlen zu den Lehrerkammern im Dezember 1932 und im Januar 1933 in Hamburg und Frankfurt sowie im Regierungsbezirk Wiesbaden zehn bis zwölf Prozent der Lehrerstimmen. Vgl. Wilfried Breyvogel: Die staatliche Schul- und Lehrpolitik und die Lehrervereine als Interessenorgane der Volksschullehrer. In: Manfred Heinemann (Hrsg.): Sozialisation und Bildungswesen in der Weimarer Republik (Veröffentlichungen der Historischen Kommission der Deutschen Gesellschaft für Erziehungswissenschaft, Bd. 1). Stuttgart 1976, S. 281–290, hier S. 289.

3.2 Zuspruch und Widerspruch während der nationalsozialistischen Herrschaft

3.2.1 Gleichschaltung der Lehrerschaft und ihrer Organisationen

Dass am 30. Januar 1933 mit der Ernennung Adolf Hitlers zum Reichskanzler eine Zeitenwende eingeleitet wurde, die in eine Diktatur und in den Zweiten Weltkrieg münden sollte, war für die allermeisten Deutschen zunächst kaum vorstellbar. Damals wie zu allen anderen Zeiten blieb der „Zukunftshorizont" der Zeitgenossen prinzipiell offen.[207] Während einzig die KPD – wenn auch vergeblich – zum Massenstreik aufrief, mahnten die Führer der Gewerkschaften zu „kühlem Blut" und Besonnenheit. Auch die SPD-Führung betonte, den Kampf gegen die neuen Machthaber ausschließlich auf dem Boden der Verfassung führen zu wollen. Sogar der Direktor des „Centralvereins deutscher Staatsbürger jüdischen Glaubens", Ludwig Holländer, wandte sich gegen jedwede Panikstimmung und rief die Mitglieder am 2. Februar 1933 – zwei Monate vor den gewaltsamen NS-Boykottmaßnahmen gegen jüdische Geschäfte, Banken, Arztpraxen und Kanzleien dazu auf, ihre Ruhe nicht zu verlieren, die ihnen das „Bewusstsein untrennbarer Verbundenheit mit allen wirklich Deutschen" gebe.[208] Tatsächlich verhielten sich viele Deutsche während des „Judenboykotts" entgegen den Erwartungen der Nationalsozialisten überwiegend passiv oder lehnten die Ausschreitungen sogar ab.[209] Nichtsdestotrotz sollte die gesellschaftliche Umgestaltung hin zu einer totalitären Staatsordnung in der darauffolgenden Zeit eine revolutionäre Dynamik entwickeln, die alle Lebensbereiche umfasste und auch in den Schulen rasch wirksam wurde. Die neuen Machthaber planten auf diesem Gebiet mit der Vereinheitlichung und Zentralisierung der Schulverwaltung zum einen eine institutionelle Umstrukturierung des Erziehungswesens. Zum anderen sollte durch Maßnahmen des Zwangs und der Verlockung eine „Ausrichtung" der Schüler- und Lehrerschaft nach der nationalsozialistischen Weltanschauung durchgesetzt werden.

Die ersten „Gleichschaltungsmaßnahmen" im Bereich der Schule betrafen zunächst die Schulverwaltungen. Hier wurden die Schlüsselstellen sämtlicher Verwaltungsebenen rasch durch Nationalsozialisten besetzt. „Alle Kultus- und Volksbildungsministerien, die nicht schon vor 1933 unter der Führung der NSDAP standen, waren nun davon betroffen."[210] Auch auf der mittleren Verwaltungsebene, insbesondere im Bereich der Regierungsdirektoren, kamen nun

---

207 Frank Biess: Republik der Angst. Eine andere Geschichte der Bundesrepublik. Reinbek bei Hamburg 2019, S. 19–20.
208 C. V.-Zeitung vom 2.2.1933, zit. n.: Michael Wildt: Geschichte des Nationalsozialismus (Grundkurs neue Geschichte, Bd. 2914). Göttingen 2008, S. 72–73.
209 Ebd., S. 80.
210 Dittrich/Thiemer: Ausbildung von Volksschullehrern im Nationalsozialismus unter besonderer Berücksichtigung von Überfüllung und Mangel (Anm. 149), S. 45–46.

Nationalsozialisten in die Verantwortung.[211] Auf der Ebene der unteren Schulverwaltung unterlagen zuallererst Schulratsstellen einer personalpolitischen Überprüfung, bevor sich auch die Masse der allgemeinen Lehrerschaft mit den „Gleichschaltungsmaßnahmen" konfrontiert sah – wenn auch, je nach Region, Schulform und Position, in höchst unterschiedlicher Form.

Die wichtigste „gesetzliche Grundlage", welche die personalpolitischen Interventionen rechtfertigen und „legal" erscheinen lassen sollte, war stets das am 7. April 1933 erlassene „Gesetz zur Wiederherstellung des Berufsbeamtentums".[212] Es wurde unter maßgeblicher Anleitung von Wilhelm Frick, dem bereits mehrfach erwähnten Thüringer Volksbildungsminister, der inzwischen zum Reichsinnenminister avanciert war, auf den Weg gebracht. Anders als der Titel suggeriert wurde mit dem Gesetz de facto das Ziel verfolgt, missliebige Beamte aus rassistischen oder politischen Gründen aus dem Dienst zu entfernen. In einzelnen Paragraphen wurden unterschiedliche Kriterien aufgestellt, die deren Suspendierung legitimieren sollten. Gemäß Paragraph 2 sollten Staatsdiener entlassen werden, die nach Kriegsende verbeamtet wurden, „ohne die für ihre Laufbahn vorgeschriebene oder übliche Vorbildung oder sonstige Eignung zu besitzen". Davon betroffen waren vor allem jene, denen die Nationalsozialisten unterstellten, sie seien lediglich durch „parteipolitische Ämterpatronage der System-Parteien" in ihre Positionen gelangt (von den Nationalsozialisten wurden diese als „Parteibuch-Beamte" diffamiert). Nach Paragraph 3 sollten Beamte, die „nicht arischer Abstammung" waren, in den Ruhestand versetzt werden. In erster Linie waren mit dieser Bestimmung jüdische Staatsdiener gemeint. Auf Betreiben des damaligen Reichspräsidenten Paul von Hindenburg waren jene jüdische Beamte vorerst ausgenommen, die im Ersten Weltkrieg von Beginn an „an der Front für das Deutsche Reich oder für seine Verbündeten gekämpft haben oder deren Vater oder Söhne im Weltkrieg gefallen sind". Mit der Verkündung der Nürnberger Rassegesetze 1935 wurde diese Sonderbestimmung aufgehoben. Ebenfalls entlassen werden konnten Beamte, „die nach ihrer bisherigen politischen Betätigung nicht die Gewähr dafür bieten, daß sie jederzeit rückhaltlos für den nationalen Staat eintreten", was die Nationalsozialisten vor allem öffentlich Bediensteten unterstellten, die mit der KPD oder der SPD sympathisierten. Sowohl für jüdische als auch für politisch missliebige Beamte galt, dass ihnen ein Ruhegeld nur dann zustand, wenn sie bis zur Inkraftsetzung des Gesetzes „mindestens eine zehnjährige Dienstzeit vollendet haben". Auf diesen mehr oder minder klar auf bestimmte Personengruppen abzielenden Paragraphen folgen Absätze, die zwar weniger offensiv und aggressiv formuliert waren, dafür aber potenziell alle

---

211 Eilers: Die nationalsozialistische Schulpolitik (Anm. 12), S. 67.
212 Alle folgenden Zitate aus dem Gesetz sind entnommen aus: Kai Riedel: dokumentArchiv. de. Gesetz zur Wiederherstellung des Berufsbeamtentums vom 7. April 1933, 2004, www.documentarchiv.de/ns/beamtenges.html (zuletzt abgerufen am 09.05.2018).

Staatsdiener betreffen konnten. So musste laut Paragraph 5 jeder Beamte „die Versetzung in ein anderes Amt derselben oder einer gleichwertigen Laufbahn, auch in ein solches von geringerem Rang und planmäßigem Diensteinkommen" hinnehmen. Alternativ konnten Betroffene nur die Versetzung in den Ruhestand beantragen. Paragraph 6 sah schließlich vor, dass Beamte zur „Vereinfachung der Verwaltung" in den Ruhestand versetzt werden konnten, auch wenn sie noch nicht dienstunfähig waren. Stellen, die aus diesem Grunde freigeworden sind, durften laut dem Gesetz nicht erneut besetzt werden.

Zur Durchführung des Berufsbeamtengesetzes bekamen auch Lehrerinnen und Lehrer reichsweit Fragebögen ausgehändigt, die sie wahrheitsgemäß auszufüllen hatten. Darin wurde unter anderem erfragt, ob und wenn ja welchen politischen Parteien, Verbänden und Organisationen sie angehörten oder ob sie bzw. nahe Angehörige an Kämpfen im Weltkrieg teilnahmen, um so Schlussfolgerungen auf ihre mögliche politische Gesinnung ableiten zu können. Zudem mussten den Fragebögen Papiere zum Nachweis der „arischen Abstammung" beigefügt sein.[213] Für Preußen ist dokumentiert, dass die Befragung ausnahmslos bei der gesamten Lehrerschaft vorgenommen wurde. Abschließend haben Kommissionen aus „zuverlässigen Parteigenossen" die Bögen ausgewertet und „Verdächtige" an das Kultusministerium gemeldet, wo im Anschluss über die weitere berufliche Laufbahn der Befragten entschieden wurde.[214] Das Ausmaß der Entlassungen lässt sich heute (noch) nicht (oder nicht mehr) präzise rekonstruieren. Dennoch liegen aus verschiedenen Ländern zumindest einzelne Zahlen vor, aus denen sich weitere Schlussfolgerungen ziehen lassen.

So geht aus der Literatur hervor, dass die Bestimmungen des Berufsbeamtengesetzes in Preußen offenbar strenger umgesetzt wurden als in anderen Ländern.[215] Hier mussten bis 1934 von 622 Schulleitern aller Schularten 83 ihre Ämter aufgeben. Allein im höheren Schulwesen wurden bis zu diesem Zeitpunkt etwa 16 Prozent aller Rektoren ausgetauscht.[216] Die Maßnahmen waren jedoch 1934 nicht beendet. Bis 1937 wurde an höheren Schulen fast 46 Prozent des gesamten Lehrerbestandes entlassen oder versetzt. An preußischen Volks- und Mittelschulen waren dagegen nur drei Prozent der Beamten von dem Gesetz unmittelbar betroffen – allerdings traf das Berufsbeamtengesetz

---

213 Reiner Lehberger: Der „Umbau" der Hamburger Volksschule: eine Dokumentation schulpolitischer Maßnahmen in der Frühphase der NS-Zeit. In: Reiner Lehberger/Hans-Peter d. Lorent (Hrsg.): „Die Fahne hoch". Schulpolitik und Schulalltag in Hamburg unterm Hakenkreuz (Ergebnisse, Bd. 35). Hamburg 1986, S. 15–33, hier S. 20.
214 Dittrich/Thiemer: Ausbildung von Volksschullehrern im Nationalsozialismus unter besonderer Berücksichtigung von Überfüllung und Mangel (Anm. 149), S. 47.
215 Eilers: Die nationalsozialistische Schulpolitik (Anm. 12), S. 68.
216 Geißler: Schulgeschichte in Deutschland (Anm. 12), S. 547.

dort insbesondere Lehrerinnen und Lehrer in entscheidenden Positionen.[217] So verlor etwa jeder fünfte Schulrat im Bereich der Volksschulaufsicht seinen Posten.[218] Insgesamt 155 Stellen wurden in diesen wichtigen Verwaltungsbereichen somit neu besetzt.[219] Auch an den preußischen Hochschulen für Lehrerbildung, an denen die Ausbildung sämtlicher Volksschullehrer stattfand, wurden 60 Prozent der Lehrkräfte ausgewechselt.[220] Insgesamt kann für Preußen jedoch festgestellt werden, dass ein großer Teil der allgemeinen Volksschullehrerschaft von den Repressalien verschont blieb – ob sie von Seiten des neuen Regimes als weniger relevant und damit unbedeutender eingeschätzt wurde als die Philologenschaft oder ob sie sich rascher und deutlicher zum Nationalsozialismus bekannte, muss an dieser Stelle offen bleiben. Es wäre jedoch falsch, aus den Verhältnissen in Preußen eine generelle Nähe fast aller Volksschullehrer zum NS-Staat abzuleiten. Blickt man in andere Länder, weichen die Zahlen deutlich ab. In Thüringen beispielsweise waren etwa 10 Prozent aller Volksschullehrer von Entlassungen oder Maßregelungen (Versetzungen und Herabstufungen) betroffen.[221] In Sachsen, wie Thüringen einst eine „rote Hochburg" der SPD (und zum Teil der KPD), wurden mehrheitlich Volksschullehrer, nicht Philologen, entlassen[222], wenngleich die Zahl der insgesamt entlassenen Lehrerinnen und Lehrer mit drei Prozent recht gering ausfiel.[223] Marginale Auswirkungen hatte das Berufsbeamtengesetz für Lehrerinnen und Lehrer offenbar in Bayern, wo sich „trotz Anlegung eines scharfen Maßstabes in der Lehrerschaft keine größeren Entlassungsaktionen hätten durchführen lassen".[224] Signifikant sind die Entlassungen dagegen in Zentren der Schulreform wie Braunschweig, Baden und insbesondere Hamburg.[225] In der Hansestadt wurden auf Grundlage des Gesetzes beispielsweise 55 Prozent aller Schulleiter ausgewechselt, in Berlin dagegen „nur" 15 Prozent.[226] Aus Hamburg liegen zudem Angaben vor, welcher Paragraph des Berufsbeamtengesetzes für die Durchführung der

---

217 Michael Grüttner: Brandstifter und Biedermänner. Deutschland 1933–1939 (Schriftenreihe / Bundeszentrale für Politische Bildung, Band 1651). Bonn 2015, S. 418.
218 Geißler: Schulgeschichte in Deutschland (Anm. 12), S. 547.
219 Günther Böhme/Christine Hamann: Schulalltag zwischen Ideologie und Wirklichkeit. Erinnerungen an die Schulzeit im Nationalsozialismus und ihr historischer Hintergrund. Idstein 2001, S. 56.
220 Eilers: Die nationalsozialistische Schulpolitik (Anm. 12), S. 69.
221 Geißler: Schulgeschichte in Deutschland (Anm. 12), S. 547.
222 Eilers: Die nationalsozialistische Schulpolitik (Anm. 12), S. 69.
223 Geißler: Schulgeschichte in Deutschland (Anm. 12), S. 547.
224 Eilers: Die nationalsozialistische Schulpolitik (Anm. 12), S. 69.
225 Geißler: Schulgeschichte in Deutschland (Anm. 12), S. 547.
226 Heidemarie Kemnitz/Frank Tosch: Zwischen Indoktrination und Qualifikation – Höhere Schule im Nationalsozialismus. In: Klaus-Peter Horn/Jörg-W. Link (Hrsg.): Erziehungsverhältnisse im Nationalsozialismus. Totaler Anspruch und Erziehungswirklichkeit. Bad Heilbrunn 2011, S. 109–134, hier S. 113.

einzelnen Maßnahmen angewendet wurde: „Bis Ende des Jahres 1935 betrug die Gesamtzahl der nach dem BBG entlassenen oder in den Ruhestand versetzten Lehrer 637, davon angeblich nur 25 ‚politische Fälle'. 48 Lehrer wurden aus rassenpolitischen Gründen, das Gros, nämlich 555, wurde nach Paragraph 6 BBG aus dem Dienst entfernt. Ihre Stellen wurden zum großen Teil entgegen den Bestimmungen des Paragraphen 6 BBG mit jungen Lehrern nachbesetzt."[227] Der Großteil missliebiger Hamburger Lehrerkräfte wurde von den Nationalsozialisten demnach nicht als politische Opponenten behandelt, sondern unter Wahrung ihrer Versorgungsansprüche in den (vorzeitigen) Ruhestand versetzt. Häufig legten die NS-Schulpolitiker älteren Lehrpersonen diese Entscheidung offenbar als ein Akt „nationaler Tat" nahe, um so aktiv jungen Berufsanwärtern Platz zu machen.[228] Auch rechtfertigten Nationalsozialisten die Entlassungen, insbesondere wenn es sich um verheiratete Lehrerinnen handelte, als gerechte Maßnahme gegen einen geradezu dekadenten Lebenswandel, den man ihnen zu unterstellen versuchte. So ist beispielsweise in der „Hamburger Lehrerzeitung" des NS-Lehrerbundes zu lesen:

> „Es geht nicht mehr an, daß wir in Hamburg 254 verheiratete Lehrerinnen im Staatsdienst beschäftigen, wenn noch 340 nicht angestellte männliche Lehrkräfte auf der Straße liegen. Es geht nicht mehr an, daß Lehrerinnen, verzeihen Sie das harte Wort, als Nutznießerinnen des Marxismus aufgrund ihres Gehaltes Ostern nach Rom, im Sommer gen Nordland, im Herbst an die Riviera, im Winter in die Berge fahren, während verheiratete, brotlose Junglehrer nicht einmal das Fahrgeld haben, wenn sie zur Behörde gerufen werden."[229]

Mittels verhältnismäßig „milder" Entscheidungspraktiken, gepaart mit sozialen Appellen und wirksamer Propaganda gelang es den Nationalsozialisten, zum Teil massive Eingriffe in die Personalstrukturen vorzunehmen, ohne zugleich öffentlichkeitswirksame Proteste zu evozieren. Die Vermeidung öffentlichen Aufsehens lag als Motiv augenscheinlich auch dann vor, wenn jüdische Lehrerinnen und Lehrer nicht nach Paragraph 3 („nichtarische Abstammung"), sondern nach Paragraph 6 in den vorzeitigen Ruhestand versetzt wurden, was nachweislich auch geschehen ist.[230] Dass entgegen den Bestimmungen dieses Paragraphen freigewordene Lehrerstellen fast immer neu besetzt wurden, hat sicher weiter zur Akzeptanz oder wenigstens zur Hinnahme der Anwendung des

---

227 Schmidt: Hamburger Schulen im „Dritten Reich" (Anm. 13), S. 50–51.
228 Geißler: Schulgeschichte in Deutschland (Anm. 12), S. 547.
229 Hamburger Lehrerzeitung, Nr. 20/1933, S. 282, zit. n.: Lorent: „Laßt hinter Euch die Welt des Intellekts" (Anm. 163), S. 124.
230 Derartige Fälle sind etwa für Franken dokumentiert, wo jüdische Lehrer „zur Vereinfachung der Verwaltung" nach § 6 in den Ruhestand versetzt wurden. Vgl. Schäffer: Ein Volk – ein Reich – eine Schule (Anm. 13), S. 62.

Berufsbeamtengesetzes, insbesondere unter Junglehrern aus dem Bereich der Volksschulen, geführt.

Ohne Zweifel waren bei einer nicht unbedeutenden Zahl von Lehrern ohnehin ideologische Affinitäten zum Nationalsozialismus vorhanden. Doch die Ankündigung einer personellen Säuberung in den Schulen, wofür das Gesetz nun eine legale Möglichkeit bot, dürfte angesichts der allgemein angespannten Wirtschafts- und Arbeitsmarktlage der entscheidende Grund für die in Lohn und Brot stehenden Lehrerschaft gewesen sein, sich nicht offen gegen das neue Regime zu stellen, sondern zumindest eine opportunistische Haltung einzunehmen.[231] Der durch das Berufsbeamtengesetz beförderte oder erzwungene Konformismus fügt sich ein in eine Reihe weiterer vorausgegangener und nachfolgender Regierungsmaßnahmen, die allesamt das geistige Klima im Allgemeinen wie an den Schulen nachhaltig veränderten. Bereits die Verordnung des Reichspräsidenten „Zum Schutz von Volk und Staat", die im Zuge des bis heute undurchsichtig erscheinenden Reichstagsbandes gut einen Monat zuvor am 28. Februar 1933 erlassen wurde, hatte zur Folge, dass demokratische Grundrechte außer Kraft gesetzt waren, die Presse- und Versammlungsfreiheit massiven Eingriffen unterlag und offensichtliche Kritiker des Regimes beinahe willkürlich in „Schutzhaft" genommen werden konnten.[232] Die Reichstagsbrandverordnung blieb bis zum Ende des NS-Regimes in Kraft und verstetigte den „rechtlichen Ausnahmezustand", der fortan in Deutschland herrschte. Zugleich diente sie der Geheimen Staatspolizei als „formale Legitimation" für die von ihr vorgenommenen Verhaftungen und Verfolgungen deutscher Staatsbürger.[233] Einschüchternde Wirkung auf all diejenigen Lehrer, die der NSDAP kritisch gegenüberstanden, dürften auch die „Gleichschaltungsmaßnahmen" gegenüber den Ländern und Kommunen gehabt haben. Nach den Reichstagswahlen am 5. März 1933 wurden in Hamburg, Bremen, Hessen, Baden, Württemberg, Sachsen, Bayern und anderen Ländern innerhalb weniger Tage Reichskommissare eingesetzt und nationalsozialistisch geführte Landesregierungen erzwungen. Ähnliche Maßnahmen fanden zugleich in zahlreichen Kommunen statt.[234] Darauf folgte am 23. März das sogenannte „Ermächtigungsgesetz", das der Regierung ermöglichte, eigenmächtig Gesetze zu erlassen – auch solche, die verfassungsändernden Charakter hatten. Mit dem „Vorläufigen Gesetz zur Gleichschaltung der Länder mit dem Reich" vom 31. März und dem „Zweiten Gesetz zur Gleichschaltung der Länder mit dem Reich" vom 7. April, jenem Tag, an dem auch das Berufsbeamtengesetz in Kraft trat, wurde diese Reichsregelung auf die Länder übertragen. In sämtlichen deutschen Ländern, bis auf Preußen, waren nun „Reichsstatthalter" eingesetzt. Zumeist

---

231 Günther-Arndt: Volksschullehrer und Nationalsozialismus (Anm. 198), S. 77.
232 Böhme/Hamann: Schulalltag zwischen Ideologie und Wirklichkeit (Anm. 219), S. 42.
233 Wildt: Geschichte des Nationalsozialismus (Anm. 208), S. 77.
234 Ebd.

waren sie identisch mit den jeweiligen Gauleitern der NSDAP. Sie konnten fortan unabhängig von den jeweiligen Landesparlamenten Gesetze beschließen.[235] Spätestens jetzt, als die Herrschaft der NSDAP auch die Landes- und Kommunalverwaltungen einschloss, dürfte jeder Lehrkraft unmissverständlich klar geworden sein, dass das neue Regime die Zentralisierung und Neuausrichtung sämtlicher Institutionen nach dem „Führerprinzip" mit rasanter Dynamik und gegen jeden Widerstand durchzusetzen gedachte.[236]

Es waren aber bei weitem nicht nur Maßnahmen des Zwangs und der Gewalt, die entscheidend zur Etablierung einer auf Volk, Rasse und Führer gegründeten Diktatur beitrugen. Die von der NSDAP propagierte „Volksgemeinschaft" war mit zahlreichen „Inklusionsangeboten" und pathetischen Symbolen ausgestattet und aufgeladen, die von vielen „Volksgenossen" gerne angenommen und begrüßt wurden. Dies dürfte für die Konsolidierung des neuen Regimes – auch auf dem Gebiet des Schulwesens – wenigstens ebenso entscheidend gewesen sein.[237] Die von den Nationalsozialisten oft zitierte „nationale Bewegung", die mit der Errichtung des „Dritten Reichs" einherging, war unter anderem an den Schulen besonders rasch und wortwörtlich „sichtbar": An vielen deutschen Schulen wurden Lehrkräfte und Schülerschaft künftig mit Bannern empfangen, auf denen etwa die vielsagenden Worte des NSLB-Reichswalters Schemm „Wissen ist Blei, Charakter ist Gold!" zu lesen waren – ein Spruch, der als Parole für das künftige Bildungswesen im „Dritten Reich" verstanden werden sollte.[238] Vom 13. März an repräsentierte zudem nicht mehr die schwarz-rot-goldene Fahne der Weimarer Republik den neuen Staat, stattdessen wurde die alte kaiserliche schwarz-weiß-rote Fahne gemeinsam mit der Hakenkreuzflagge an allen staatlichen zivilen Gebäuden und somit auch an den Schulen gehisst. „Diese Flaggen", so hieß es in einem entsprechenden Erlass des Reichspräsidenten,

> „verbinden die ruhmreiche Vergangenheit des Deutschen Reiches und die kraftvolle Wiedergeburt der Deutschen Nation. Vereint sollen sie die Macht des Staates und die innere Verbundenheit aller nationalen Kreise des deutschen Volkes verkörpern!"[239]

Auf lokaler Ebene beschlossen Magistrate und Stadtverordnetenversammlungen im ganzen Reich zudem die Umbenennung von Straßen, Plätzen und öffentlichen Gebäuden, darunter befanden sich auch viele Schulen. In Marburg beispielsweise

---

235 Ebd., S. 78.
236 Böhme/Hamann: Schulalltag zwischen Ideologie und Wirklichkeit (Anm. 219), S. 42–43.
237 Wildt: Geschichte des Nationalsozialismus (Anm. 208), S. 77.
238 Deutschland-Berichte der Sozialdemokratischen Partei Deutschlands, Sopade – Juni 1937. Bericht vom 08.07.1937, S. 107–125, hier S. 111.
239 Erlaß des Reichspräsidenten über die vorläufige Regelung der Flaggenhissung, 12.3.1933, RGBl. I, 1933, S. 103, zit. n.: Wildt: Geschichte des Nationalsozialismus (Anm. 208), S. 79.

wurde aus der „Oberrealschule" die „Adolf-Hitler-Schule"[240], die „Volksschule Süd" hieß ab jetzt „Horst-Wessel-Schule" und die „Volksschule Nord" bekam den Namen des von den Nationalsozialisten zum Märtyrer stilisierten „Albert Leo Schlageter".[241] Die Umbenennungen wurden entsprechend aufwändig zelebriert. Im Verwaltungsbericht 1933/34 des Marburger Magistrats werden beispielsweise die Feierlichkeiten an der Adolf-Hitler-Schule festgehalten, die traditionell am Schuljahresanfang stattfanden, der im Jahr 1933 zudem auf den 1. Mai fiel – dem Tag, an dem die Nationalsozialisten den „Tag der Arbeit" zum offiziellen Feiertrag erklärten, um tags darauf die Gewerkschaften zu zerschlagen:

> „Die Aula war [...] besonders festlich mit Fahnen, Standarten und Grün geschmückt. Ein großes Bild des Führers, umrahmt von den Fahnen des Dritten Reiches und von Blattschmuck waren vor dem Rednerpult aufgestellt. Als Ehrengäste konnte der Direktor der Schule begrüßen: Herrn Bürgermeister Voss, die Stadträte Dr. Scheller und Niederehe, die zugleich als Vertreter der NSDAP erschienen waren, ferner ein SA-Sturm mit [ca. 40] Fahnen. Nach einer musikalischen Einleitung durch ein Klaviertrio sprach der Direktor über die Bedeutung des 1. Mai, der ein Tag des Bekenntnisses des gesamten deutschen Volkes zum deutschen Arbeiter und zur nationalen Arbeit sein müsse. Von 9–10 Uhr wurde dann die Übertragung der Feier im Berliner Lustgarten mit der Ansprache des Herrn Reichspräsidenten und des Herrn Ministers Dr. Goebbels gehört. Im Anschluß hielt der Direktor die Festrede, die der Verleihung des Namens Adolf-Hitler-Schule galt. Nach einem Dank an die NSDAP und die städtischen Körperschaften schilderte er die Persönlichkeit und das Werk Adolf Hitlers. Er feierte ihn als den Erzieher des deutschen Volkes und versprach, das die Erziehung an der Schule in Adolf Hitlers Geist gestaltet werden solle".[242]

Auf diese Weise öffentlich durchgeführte Ergebenheitserklärungen fanden damals an vielen Schulen statt. Ob die Lehrerschaft von dem „revolutionären Pathos" wirklich ergriffen wurde, der von solchen Veranstaltungen ausgehen sollte, darf bezweifelt werden. Allerdings kann angenommen werden, dass derart unmissverständliche Bekenntnisse zum Nationalsozialismus, wie sie in jenen Tagen von vielen Schulleitern geäußert wurden, einschüchternd auf all jene Lehrkräfte gewirkt haben mussten, die der Indienstnahme der Schulen durch das neue Regime mit Skepsis begegneten. Darüber hinaus ist anzunehmen, dass andere offen sichtbare Zeichen des Wandels an den Schulen selbst von diesen Skeptikern begrüßt worden sind: Die neue Regierung veranlasste mit der Aufhebung der Brüningschen Sparverordnung an vielen Schulen, wenn auch in unterschiedlichem

---

240 Nicht zu verwechseln mit den „Adolf-Hitler-Schulen" der NSDAP.
241 Dickmann/Schmitt: Kirche und Schule im nationalsozialistischen Marburg (Anm. 13), S. 169.
242 Verwaltungsbericht 1933/34 des Marburger Magistrats, zit. n.: ebd., S. 171.

Maße, die Durchführung von Reparatur- und Sanierungsmaßnahmen, die zum Teil seit vielen Jahren beantragt, jedoch stets mit Verweis auf fehlende Mittel abgewiesen wurden. Nicht nur vereinzelt bekamen Schulhäuser aus der Kaiserzeit nach mehr als 30 Jahren nun erstmals einen neuen Anstrich und frisches Inventar. Auch derartige „Sofortmaßnahmen" dürfen in ihrer symbolischen und propagandistischen Wirkung auf die Lehrerschaft nicht unterschätzt werden.[243]

Die eigentümliche Mischung aus politischen Druck, der mitunter in Zwang und Verfolgung umschwenken konnte, und Angeboten zur Integration, verbunden mit symbolischen Gesten und konkreten Maßnahmen, die eine „neue Zeit" bekundeten, lässt sich auch beim Verfahren zur Gleichschaltung der Lehrerorganisationen beobachten. Anders als beispielsweise bei den Gewerkschaften ging dieser Prozess jedoch schleichender und zumeist ohne offensichtlichen Zwang vonstatten. Zwar waren von den Verfolgungen nach dem Reichstagsbrand und den „legalisierten" personalpolitischen Veränderungen im Zuge des Berufsbeamtengesetzes mitunter auch Funktionäre der etablierten Lehrerverbände betroffen, doch bei weitem nicht alle mussten entmachtet und ersetzt werden. Stattdessen ist zu beobachten, dass sich viele unter den nun herrschenden Bedingungen rasch anpassten und zum Teil auch aktiv mithalfen, ihre Verbände und Organisationen im Sinne der Nationalsozialisten zu integrieren[244] – meist in der (zuletzt unbegründeten) Hoffnung, auf diese Weise eine „Zerschlagung" und damit auch einen Entzug ihrer Vermögenswerte verhindern zu können.

Nach der „Machtergreifung" hielt der Führer des NS-Lehrerbundes, Hans Schemm, die Zeit für gekommen, die von ihm gegründete und trotz beachtlicher Erfolge gegenüber den etablierten Lehrerverbänden noch immer ein Nischendasein führende Organisation weiter auszubauen und als zentrale Instanz im NS-Bildungssystem zu etablieren. Als ersten Schritt zur Erreichung dieses Ziels schwebte ihm die Schaffung einer „einheitlichen Erzieherfront" vor Augen. Am 8. und 9. April 1933 lud Schemm dafür die etablierten Lehrerverbände zu einer gemeinsamen Tagung mit dem NSLB nach Leipzig.[245] Im Pfauensaal des Leipziger Zoos (dem heutigen Bachsaal der Kongresshalle) versammelten sich daraufhin insgesamt 3.500 Vertreter aller großen Lehrerverbände. Einzig die katholischen Verbände fehlten – sie hatten keine Einladung nach Leipzig erhalten und sollten im Umfeld der Verhandlungen zum Staatskirchenvertrag zwischen dem Heiligen Stuhl und dem Deutschen Reich („Reichskonkordat") separat angesprochen werden. Schemm verkündete den Anwesenden in Leipzig seine Absicht, sich in Einzelverhandlungen mit den jeweilgen Verbänden über

---

243   Ebd., S. 178.
244   Nachgewiesen ist dies beispielsweise für Hamburg, wo sich im Vorstand des örtlichen NSLB viele „altbekannte" Personen wiederfanden. Vgl. Lorent: „Laßt hinter Euch die Welt des Intellekts" (Anm. 163), S. 120.
245   Eilers: Die nationalsozialistische Schulpolitik (Anm. 12), S. 77.

ihren Einbezug in den NS-Lehrerbund verständigen zu wollen.[246] Die geplante Überführung der Organisationen in eine neue „Erziehergemeinschaft" sollte sich an Richtlinien orientieren, die Schemm bereits Ende März veröffentlicht hatte. Diese ließen keinen Zweifel daran, dass es alleine der NSLB sein sollte, der die Führung der gesamten Lehrerschaft für sich beanspruchte.[247] In einem ersten Schritt wurden alle Lehrerverbände dazu aufgerufen, die entscheidenden Ämter und Schriftleitungen der jeweiligen Verbandspresse in die Hände der in den Verbänden bereits tätigen Nationalsozialisten zu legen.[248] Der Tagung in Leipzig kam dabei in erster Linie eine symbolische Funktion zu. „Rückblickend deutete Schemm das Treffen in Leipzig als das ‚Potsdam der deutschen Erzieher'. So wie der ‚Tag von Potsdam' das neue Deutschland symbolisieren sollte, so wollte Schemm in Leipzig eine ‚einheitliche deutsche Erzieherfront' dokumentieren."[249] Diese eigentümliche Darstellung der Leipziger Ereignisse entsprach zwar nicht den tatsächlichen Gegebenheiten, dennoch muss klar festgehalten werden, dass eine Mehrheit der alten Verbände bereits vor oder kurze Zeit nach der Leipziger Tagung durch entsprechende Beschlüsse und Ergebenheitsadressen an den

---

246 Feiten: Der Nationalsozialistische Lehrerbund (Anm. 94), S. 56.
247 Die am 30. März 1933 in München veröffentlichten Richtlinien lauteten: „(1) Ziel ist die Schaffung einer einheitlichen deutschen Erziehergemeinschaft auf der Grundlage eines echten Christentums, einer bewußten nationalen Erziehung und einer wahren Volksgemeinschaft. (2) Träger dieser allein möglichen Erziehungsidee ist geschichtlich und seinem Ideengehalt nach der NS-Lehrerbund. Er ist daher die alleinige Vertretung der deutschen Lehrerschaft. (3) Zur praktischen Verwirklichung dieser Grundsätze ist ein zweifaches Ziel zu erreichen: Ausscheidung der in den bisher bestehenden Lehrervereinen verankerten marxistischen, liberalistischen und rein intellektualistischen Bestrebungen. Völlige Entpolitisierung der bisher bestehenden wirtschaftlichen und gewerkschaftlichen Organisationen der Lehrerschaft durch Abkehr von der damit verknüpften tages- und kulturpolitischen Tätigkeit. (4) Überführung dieser zu ihrer eigentlichen Aufgabe zurückgeleiteten Verbände unter die Zentralleitung des NS-Lehrerbundes, der somit gesetzmäßig wie gewerkschaftlich die organisatorische Grundlage der gesamten Lehrerschaft darstellt. (5) Für die Lehrerpresse ergibt sich die Notwendigkeit einer Neugestaltung im Sinne der Vereinheitlichung und Einsparung. In sämtlichen Redaktionen der Lehrerpresse ist dafür zu sorgen, daß die Leitung auf Personen übergeht, welche der Staatsgewalt eine Garantie dafür bieten, daß keine alten Tendenzen Eingang finden können. (6) Die Garantie ist noch dadurch zu verstärken, daß die NS-Lehrerzeitung als Zentralorgan der somit geschaffenen alleinigen Erzieherorganisation an die Stelle der Allgemeinen Deutschen Lehrerzeitung tritt. Über die Namengebung wird später zu entscheiden sein. Dieses Zentralorgan ist richtungsgebend für alle deutschen Lehrerzeitungen. Damit ist auch der Mißstand beseitigt, daß einzelne Zweige der gemeinsamen Organisation abweichende weltanschauliche oder politische Einstellungen aufweisen. (7) Das Ziel der Organisation ist entsprechend der prinzipiellen Zusammensetzung des NS-Lehrerbundes die Vertretung der Lehrerschaft aller Schularten, um durch diese Gemeinschaft die Einheit der gesamten Erziehungsarbeit zu manifestieren." Zit. n.: ebd., S. 56–57.
248 Ebd., S. 57.
249 Ebd.

NS-Lehrerbund und die Führer des „Dritten Reiches" ihre Bereitschaft signalisierten, sich den Nationalsozialisten anzuschließen.[250]

Die Entwicklungen im Deutschen Lehrerverein, im Jahr 1933 mit knapp 138.000 Mitgliedern die mit Abstand größte Lehrerorganisation, sind für eine Vielzahl an Lehrerorganisationen beispielhaft.[251] Leo Raeppel, DDP-Mitglied, Geschäftsführer des DLV und Schriftleiter der „Allgemeinen Deutschen Lehrerzeitung" (ADLZ), äußerte sich in der Verbandszeitung vom 11. Februar 1933 nur am Rande zur neu im Amt befindlichen „Regierung der nationalen Konzentration" und sah den weiteren politischen Entwicklungen gelassen entgegen.[252] Nur wenige Wochen später, nach den Reichstagswahlen vom 5. März und der anschließenden staatsstreichförmigen Unterwerfung der noch nicht nationalsozialistischen regierten Länder, wich die bis dahin geübte Zurückhaltung der Vereinsleitung einem andienenden Aktionismus: Raeppel legte die Schriftleitung der ADLZ nieder, der geschäftsführende Ausschuss des Deutschen Lehrervereins erklärte sich Mitte März 1933 zur Mitarbeit am „Neuaufbau" des Reiches bereit und forderte seine Mitglieder auf, sich als „lebendige Glieder der Volksgemeinschaft willig und treu in den Dienst der deutschen Jugend- und Volkserziehung" zu stellen.[253] Die gegenwärtigen „Gleichschaltungsmaßnahmen" vor Augen glaubte die Leitung des DLV offenbar, durch Loyalitätsbekundungen dieser Art die Selbstständigkeit ihrer Organisation noch retten zu können. Doch dies sollte sich letztlich als illusorisch erweisen. Angehörige des „linken Flügels" innerhalb des DLV zogen bereits ihre Konsequenzen. Am 16. März trat der Vorstand des Bremischen Lehrervereins zurück und machte einer Vereinsführung Platz, die aus Nationalsozialisten bestand. Drei Tage darauf stellten die Vorstandsmitglieder des Sächsischen Lehrervereins, von denen mehrere bereits vorübergehend in „Schutzhaft" genommen worden waren, ihre Ämter zur Verfügung.[254]

Tiefgreifende Personalveränderungen, die durch die Verhängung von Schutzhaft erzwungen werden mussten, waren allerdings die Ausnahme.[255] Stattdessen wird aus einem Rundschreiben vom 1. April 1933 ersichtlich, wie umfassend die Anpassungsbereitschaft des DLV inzwischen war. In Hinblick auf die bevorstehende Reichstagung des NSLB am 8. und 9. April in Leipzig, zu der auch Vertreter des DLV erschienen waren, heißt es:

---

250 Ebd.
251 Bölling: Volksschullehrer und Politik (Anm. 70), S. 58.
252 Vgl. Allgemeine Deutsche Lehrerzeitung (ADLZ) Nr. 6 vom 11.2.1932, S. 108 ff. Zit. n.: ebd., S. 219.
253 Kopitzsch: Gewerkschaft Erziehung und Wissenschaft 1947–1975 (Anm. 3), S. 26.
254 Bölling: Volksschullehrer und Politik (Anm. 71), S. 220.
255 Finger: Konkurrenzkampf und Richtungsstreit im Prozess der „Gleichschaltung" (Anm. 175), S. 251.

„Soweit es in den Verbänden noch nicht geschehen ist, ist dafür Sorge zu tragen, daß der Wille der Vereinsmitglieder in der Auswahl der Vertreter so zum Ausdruck kommt, wie es der heutigen Wunschrichtung in den Mitgliederkreisen entspricht. Soweit also die Vertreterwahlen schon vor längerer Zeit getätigt worden sind, würde es sich wohl empfehlen, den Verbänden Gelegenheit zu geben, die Vertreter neu zusammenzusetzen bzw. bestätigen zu lassen. Es ist ferner empfehlenswert, allen Ortsvereinen die beabsichtigten Maßnahmen zur Kenntnis zu bringen, damit alles im Rahmen unserer Satzungen verläuft und die Mitglieder das Bewußtsein haben, daß der Vereinswille in vollem Umfange zum Ausdruck kommen soll."[256]

Durch eine entsprechende Vorauswahl der Vertreter des DLV sollten die „beabsichtigten Maßnahmen" des NSLB in Leipzig bestätigt und der uneingeschränkte Beitrittswille des Deutschen Lehrervereins in die vom NS-Lehrerbund dominierte „Deutsche Erziehergemeinschaft" bekundet werden.

Unmittelbar nach der Leipziger Tagung begannen im kleinen Kreis Verhandlungen zwischen DLV und NSLB zur Überführung des Vereins. Nach den Vorstellungen des Leiters des NSLB, Hans Schemm, sollten die bestehenden großen Lehrerverbände eine Vereinbarung treffen, sich möglichst am gleichen Tag aufzulösen und ihre Mitglieder sowie ihr Vereinsvermögen in den NSLB zu überführen. Da es sich bei den Lehrerverbänden jedoch um juristische Personen handelte, deren Vermögenswerte formal den vereinsrechtlichen Schutzvorschriften unterlagen, erwies sich dieser Weg als nicht gangbar, denn eine juristisch unzweifelhafte Liquidation würde viele Monate Zeit in Anspruch nehmen. Um dennoch die „Deutsche Erziehergemeinschaft" schnell aus der Taufe zu heben, vereinbarten die Verhandler, in allen Verbänden und Zweigvereinen Mehrheitsbeschlüsse herbeizuführen, mit denen die jeweiligen Vorstände ermächtigt werden würden, den korporativen Eintritt ihrer Verbände in den NSLB zu erklären. Vereinsrechtlich kam dieser Vereinbarung keine Bedeutung zu, aber sie brachte die Übertragung aller pädagogischen, schul- und standespolitischen Kompetenzen von den alten Lehrerorganisationen auf den NSLB demonstrativ zum Ausdruck. Zusätzlich zum kooperativen Beitritt sollten die Vereinsleitungen auf ihre Mitglieder einwirken, sich möglichst vollzählig als Einzelmitglieder dem NSLB anzuschließen – ohne dadurch die Mitgliedschaft im alten Verein aufzugeben, durch die allein sie weiterhin an dessen sozialen Einrichtungen teilhaben konnten. Um den Entschluss der DLV-Mitglieder zum Eintritt in den NSLB weiter zu erleichtern, war eine NSLB-Aufnahme zudem nun nicht mehr an die Zugehörigkeit zur NSDAP gebunden. Voraussetzung war nur noch die Abgabe einer Erklärung, dass man keiner anderen Partei angehöre. Um ausschließen zu können, dass „Juden, Freimaurer und für die neue Staatgewalt untragbare Mitglieder" in

---

256 DLV-Rundschreiben Nr. 242 vom 1.4.1933, zit. n.: Bölling: Volksschullehrer und Politik (Anm. 71), S. 221.

den NS-Lehrerbund eintraten, sollten in die Satzungen der alten Lehrerverbände entsprechende „Reinigungsparagraphen" eingefügt werden.[257]

Der DLV sowie eine Vielzahl weiterer Lehrerorganisationen setzten in den nun folgenden Wochen das oben beschriebene Vorgehen ohne Abstriche in die Tat um. In allen Landesverbänden wurden rein nationalsozialistische oder von Nationalsozialisten beherrschte Vorstände eingesetzt, die durchweg ihre Absicht bekräftigten, dem NSLB beitreten zu wollen.[258] Die große Mehrzahl der „einfachen" Mitglieder hielt sich an deren Empfehlungen und trat in dieser Zeit in den NSLB ein.[259] Dies alles geschah vor dem Hintergrund einer allgemeinen Entwicklung, die den Anpassungsdruck auf die Lehrerverbände massiv erhöhte. Den Lehrern nahestehende Organisationen, etwa der Deutsche Beamtenbund (DBB), versicherten in dieser Zeit ebenfalls, an der „Aufbauarbeit" und dem „Wiederaufstieg der Nation" mitzuarbeiten. Dennoch wurde der DBB kurz darauf gleichgeschaltet. An seine Stelle trat künftig der „Reichsbund der deutschen Beamten", der bis 1945 als NS-Verband die „Einheitsorganisation der Beamtenschaft" darstellen sollte. Die freigewerkschaftlich organisierten Beamten, die sich seit 1922 im Allgemeinen Deutschen Beamtenbund zusammengefunden hatten, beschlossen am 6. April 1933, ihren Bund aufzulösen und in Verhandlungen mit der Beamtenabteilung der NSDAP einzutreten.[260] Diese Entscheidung erfolgte auch in Reaktion auf die eindeutigen Signale der neuen Machthaber, denen zufolge sich Beamte in den gegenwärtigen „schweren Notzeiten" nicht beschweren, sondern eifrig und diszipliniert ihren Dienst verrichten sollten, wie es der damalige Reichskommissar für das preußische Innenministerium, Herman Göring, in entsprechenden Erlassen formulierte.[261] Auch die Lehrerschaft dürfte sehr genau beobachtet haben, wie die Nationalsozialisten einerseits den 1. Mai zum

---

257 Ebd., S. 221–222.
258 Feiten: Der Nationalsozialistische Lehrerbund (Anm. 94), S. 58.
259 Beispielsweise unterschrieben bis zum 13. Mai 1933 von den 3.076 Mitgliedern des Berliner Lehrervereins nicht weniger als 2.530 das ihnen vom Vereinsvorstand zugesandte Formular zur Aufnahme in den NSLB. Vgl. Bölling: Volksschullehrer und Politik (Anm. 71), S. 222–223.
260 Michael Schneider: Unterm Hakenkreuz. Arbeiter und Arbeiterbewegung 1933 bis 1939 (Geschichte der Arbeiter und der Arbeiterbewegung in Deutschland seit dem Ende des 18. Jahrhunderts, Bd. 12). Bonn 1999, S. 90.
261 Bereits am 28. Februar 1933 hatte Göring einen Erlaß herausgegeben, in dem es u. a. hieß: „Es mehren sich die Fälle, in denen Beamte, auch der Schutzpolizei, Anlaß zu haben glauben, unmittelbar bei mir Beschwerden über und Anzeigen gegen ihre Vorgesetzten anzubringen. Ein solches Verhalten ist für Beamte unmöglich und wird von mir auf keinen Fall geduldet werden. In den gegenwärtigen schweren Notzeiten hat sich der Beamte durch verstärkten Diensteifer und eiserne Disziplin auszuzeichnen und nicht seine Aufgabe darin zu sehen, seine Vorgesetzten zu kritisieren und damit ihre Autorität zu untergraben und zu erschüttern." Vgl. Hans-Werner Laubinger: Beamtenorganisationen und Gesetzgebung. Die Beteiligung der Beamtenorganisation bei der Vorbereitung beamtenrechtlicher Regelungen. Speyer/Mainz 2004, S. 115–116.

nationalen Feiertag erhoben und andererseits tags darauf die Gewerkschaften zerschlugen,[262] ebenso wie sie die Entwicklungen bei den Parteien verfolgt haben dürften, die sich – jenseits von SPD und KPD, allesamt ohne große Widerstände im Juni und Juli 1933 selbst auflösten.[263]

Den vorläufigen symbolischen Höhepunkt der „Gleichschaltung" der Lehrerschaft markierte die Einberufung einer Tagung in Magdeburg, auf der unter Führung des NS-Lehrerbundes die von Hans Schemm angekündigte „Deutsche Erziehergemeinschaft" offiziell gegründet werden sollte. Unmittelbar vor der Veranstaltung, die vom 8. bis 9. Juni stattfinden sollte, trat der „alte" Deutsche Lehrerverein im Rahmen einer Vertreterversammlung letztmalig zusammen. Am 6. Juni billigte der im DLV organisierte Preußische Lehrerverein einstimmig seinen kooperativen Beitritt zum NSLB, tags darauf wurde der Beitritt des gesamten DLV zum NSLB ohne Gegenstimmen beschlossen.[264] Zum neuen Vorsitzenden wurde der Leiter des NSLB, Hans Schemm, gewählt. Die „gestaltgebende Versammlung der deutschen Erzieherschaft", die anschließend auf der Reichstagung des NSLB einberufen wurde, sollte die Geschlossenheit der anwesenden Lehrerverbände unterstreichen. Nach (getrennten) Festgottesdiensten für Protestanten und Katholiken bekundete Schemm in einer pathetischen Rede den Willen, unerbittlich zu zerstören, was sich der „Volksgemeinschaft" und der „Volkwerdung" entgegenstellen wollte – Worte, die nicht nur als Absichtserklärung, sondern durchaus auch als Drohung verstanden werden sollten.[265] Im Anschluss wurden die Vorstände der anwesenden Lehrerverbände zur Unterzeichnung einer Urkunde aufgerufen. Diese war als Begrüßungstelegramm an Adolf Hitler deklariert, enthielt jedoch auch die eindeutige Verpflichtung der Unterzeichner, dem NSLB als Einzelmitglieder beizutreten und ihre Verbände korporativ der deutschen Gesamterzieherorganisation anzuschließen. Die genaueren organisatorischen und wirtschaftlichen Maßnahmen, die daraufhin einzuleiten waren, sollten dagegen späteren Regelungen vorbehalten bleiben. „Die Bedeutung des Magdeburger Abkommens, das nur soweit es für den NSLB vorteilhafte Positionen herausstellte von begrifflicher Klarheit war, war in seiner Tragweite von den unterzeichnenden Verbänden nicht erkannt worden."[266] Auch die anwesenden Vertreter jener wenigen Verbände, die sich bis dahin der Gleichschaltung noch immer zu widersetzen versuchten, leisteten schließlich ihre Unterschrift.[267] Das Hauptziel des NSLB, die faktische Liquidierung der alten Lehrerorganisationen, war nach der Magdeburger Versammlung in weiten Teilen erreicht. 159 Lehrer- und Lehrerinnenvereine, von denen zwei Drittel allerdings nur regional begrenzt

---

262 Wildt: Geschichte des Nationalsozialismus (Anm. 208), S. 81.
263 Ebd., S. 81–82.
264 Schnorbach: Lehrer und Schule unterm Hakenkreuz (Anm. 164), S. 74.
265 Bölling: Volksschullehrer und Politik (Anm. 71), S. 223.
266 Feiten: Der Nationalsozialistische Lehrerbund (Anm. 94), S. 61.
267 Bölling: Volksschullehrer und Politik (Anm. 71), S. 224.

tätig waren, traten der Deutschen Erziehergemeinschaft bei.[268] Bis Ende 1933 hatten sich 43 der bestehenden 48 Verbände, in denen sie organisiert waren, aufgelöst.[269] Der NSLB verzeichnete zu diesem Zeitpunkt 220.000 Mitglieder, was einer Mitgliedsdichte von 95 % aller Lehrkräfte – einschließlich der Lehrerinnen und Lehrer an höheren Schulen – entsprach.[270] Mitlieder alter Lehrervereine, die bis dahin noch nicht in den NS-Lehrerbund eingetreten waren, wurden zu Beginn des Jahres 1934 faktisch zum Eintritt gezwungen, „wenn sie nicht ihrer Rechte an die Kassen verlustig erklärt werden wollten und gleichzeitig die sonstigen Folgen, wie Dienstentlassung usw. wegen ‚nationaler Unzuverlässigkeit' auf sich nehmen wollten."[271]

Auch wenn der Deutsche Lehrerverein als „Stammorganisation" der „Reichsfachschaft der Lehrer an Volksschulen im NSLB" zunächst noch mit einigen Sonderrechten ausgestattet fortbestand,[272] so markierte die Tagung von Magdeburg das Ende des Vereins als selbstständiger Verband. Darauffolgende Auseinandersetzungen um die endgültige Vereinheitlichung der deutschen Erzieherschaft und um die Behandlung der zum Teil beträchtlichen Vermögenswerte der inkorporierten Verbände[273] dauerten in einzelnen Fällen zwar noch über Jahre

---

268 Finger: Konkurrenzkampf und Richtungsstreit im Prozess der „Gleichschaltung" (Anm. 175), S. 251.
269 Heske: Und morgen die ganze Welt (Anm. 180), S. 65.
270 Jörg-W. Link: „Erziehungsstätte des deutschen Volkes" – Die Volksschule im Nationalsozialismus. In: Klaus-Peter Horn/Jörg-W. Link (Hrsg.): Erziehungsverhältnisse im Nationalsozialismus. Totaler Anspruch und Erziehungswirklichkeit. Bad Heilbrunn 2011, S. 79–106, hier S. 81.
271 Deutschland-Berichte der Sozialdemokratischen Partei Deutschlands, Sopade – September–Oktober 1934. Bericht vom 6.11.1934, S. 68.
272 Morell: Organisierte Volksschullehrerbewegung vom Ende des Zweiten Weltkriegs bis zur Konstituierung der „Gewerkschaft Erziehung und Wissenschaft" (Anm. 2), S. 44.
273 Feiten äußert sich zu den Gründen, warum einzelne inkorporierten Verbände nicht sofort vollständig liquidiert wurden, folgendermaßen: „Der entscheidende Hinderungsgrund für die sofortige Liquidation der alten Verbände lag in ihren teilweise recht beträchtlichen Vermögenswerten – insbesondere Grundvermögen – die in ihrer Substanz geschützt und den Mitgliedern in vollem Umfange erhalten werden mußten. Die alten Lehrervereine. waren fast ausschließlich im Vereinsregister der zuständigen Gerichte eingetragen und unterstanden somit in ihren Satzungen und Zweckbestimmungen für Vermögensübertragungen gesetzlichen Vorschriften, die vom NSLB nicht umgangen werden durften. Nach den 1933 geltenden Steuergesetzen mußten bei der Auflösung der Lehrerverbände und dem damit verbundenen Vermögensübergang von einer Rechtspersönlichkeit auf eine andere – hier von den Verbänden an den NSLB – beträchtliche Grunderwerbs- oder Schenkungssteuern an die Finanzverwaltung entrichtet werden. Obwohl einzelne Verbände, wie zum Beispiel der Preußische Lehrerverein, der wohl unter allen früheren Lehrervereinen über die größten Vermögenswerte verfügte, bereits im September 1933 in Eingaben an das Reichsfinanzministerium in eigener Initiative um den Erlaß der beim Vermögensübergang an den NSLB fällig werdenden Steuer baten, war eine Ausnahmeregelung nicht möglich. Bis der NSLB in seinem Organisationsgefüge die erforderlichen Maßnahmen zur

hinweg an, wurden aber von Vertretern geführt, die den Führungsanspruch der Nationalsozialisten zu keinem Zeitpunkt in Frage stellten.[274] Fast alle Lehrervereine versuchten mit Beginn der „Gleichschaltung", ihre Organisation durch Anpassung zu retten. Zudem appellierten sie an die Geschlossenheit der Vereine, was dazu führte, dass sich diejenigen Mitglieder, die der neuen Regierung kritisch gegenüberstanden, zur Zurückhaltung aufgefordert sahen.[275] Bei einer Vielzahl von Volksschullehrern kann jedoch davon ausgegangen werden, dass sie die Maßnahmen der Nationalsozialisten zumindest im Ansatz für notwendig und letztlich auch für angebracht erachteten. Was verlangte der Nationalsozialismus anderes, dürfte sich womöglich manch ein Volksschullehrer gefragt haben, als eine überschaubare, vielleicht unschöne, aber erforderliche Phase politischer „Aufräumarbeit", um danach das zu garantieren, was dem beruflich-politischen Selbstverständnis der Mehrheit der Volksschullehrer immer als Ziel vor Augen stand: die Harmonie einer Volksgemeinschaft, in der Klassenauseinandersetzungen ebenso überflüssig sein würden wie der Streit um Neutralität oder Parteinahme von Schule und Lehrerschaft?[276] Unter den Bedingungen fehlender Rechtsicherheit und prekärer ökonomischer Verhältnisse, verbunden mit Maßnahmen

---

Vermögensübernahme alter Verbände in die Wege leiten konnte, blieben die dem NSLB korporativ beigetretenen Verbände, soweit sie Träger eigenen Verbandsvermögens waren, de jure als Rechtspersönlichkeit bestehen. Dabei nahmen die Verbände eine Umbenennung in Organisationsträger des NSLB wie z. B. ‚Abteilung Wirtschaft und Recht' in den einzelnen NSLB-Gauen vor. Für den Wechsel der Verbandsidentität zu den genannten Organisationsträgern des NSLB [...] war in erster Linie der Gedanke bestimmend, durch die Erhaltung der juristischen Identität des bisherigen Vermögensträgers die Entrichtung von Steuern zu vermeiden. Daneben spielte aber auch zweifellos der Wunsch eine Rolle, innerhalb des jeweiligen NSLB-Gaues, der selbst über keine eigene Rechtsfähigkeit verfügte, eine juristische Person zu besitzen, die dann weiterhin Träger der Verbandsvermögen sein konnte, als dessen eigentlicher Besitzer sich der einzelne NSLB-Gau fühlte. Diese Entwicklung hatte jedoch insbesondere bei den regionalen Lehrerverbänden den vom NSLB sicher nicht beabsichtigten Nebeneffekt, daß sie infolge dieser verwickelten Rechtslage in vielen Fällen durch die Möglichkeit, einen eigenen Vorstand zu wählen und verbandsinterne Versammlungen mit entsprechender Beschlußfassung durchzuführen, einen Teil ihrer früheren Verbandspersönlichkeit und -autonomie beibehalten konnten." Feiten: Der Nationalsozialistische Lehrerbund (Anm. 94), S. 62–63.

274 Die juristische Abwicklung der Gleichschaltung der Lehrerverbände zog sich wegen der häufig verschachtelten Vermögensverhältnisse und der von den Vereinen unterhaltenen Sozialeinrichtungen jahrelang hin. Nach einem Bericht des NSLB-Gau Weser-Ems vom 28. Februar 1936 an das Hauptamt für Erzieher waren beispielsweise der Oldenburgische Lehrerverein und die vor allem von ihm getragene Oldenburgische Lehrerkrankenkasse sowie der Oldenburgische Pestalozziverein noch nicht aufgelöst, das Vermögen des Lehrervereins betrage rund 13.500 Reichsmark. Vgl. Günther-Arndt: Volksschullehrer und Nationalsozialismus (Anm. 198), S. 81.
275 Lenhart: Geschichte der Lehrerbewegung in Baden 1926–1976 (Anm. 121), S. 43–44.
276 Morell: Organisierte Volksschullehrerbewegung vom Ende des Zweiten Weltkriegs bis zur Konstituierung der „Gewerkschaft Erziehung und Wissenschaft" (Anm. 2), S. 18–19.

des Zwangs und der Gewalt sowie einer wirksamen, mit starken Symbolen ausgestatteten Propaganda, die einen Weg aus der für viele recht trostlosen Gegenwart versprach, schwand nicht nur bei vielen Lehrerinnen und Lehrern, sondern mehr oder weniger bei allen bürgerlichen Gruppen die Resilienz gegenüber dem neuen Regime.

Auch das Verhalten führender Vertreter des Deutschen Philologenverbandes oder des Bayerischen Lehrervereins, die sich zu diesem Zeitpunkt nicht oder noch nicht bereit erklärten, mit ihrer Organisation der „deutschen Erziehungsgemeinschaft" und damit faktisch dem NSLB beizutreten, ist nicht als Widerstand gegen die neuen Machthaber zu bewerten. Die Bedenken aus den Reihen des Deutschen Philologenvereins rührten aus dem Umstand, dass sie in der vom NS-Lehrerbund propagierten Gesamterzieherorganisation schon rein zahlenmäßig eine Majorisierung der Volksschullehrer befürchteten, was dem „elitären" Standesbewusstsein vieler seiner Mitglieder zuwiderlief.[277] Als Zugeständnis wurde, ähnlich wie für den Deutschen Lehrerverein, innerhalb des NSLB eine „Reichsfachschaft" (Reichsfachschaft der Lehrer an höheren Schulen") eingerichtet, die vorübergehend mit einigen Privilegien ausgestattet wurde, bevor dann zum Jahreswechsel 1934/35 auch hier die organisatorische Eingliederung und der individuelle Beitritt der Philologen zum NS-Lehrerbund vollzogen war.[278] Davon abgesehen dokumentieren frühzeitige Ergebenheits- und Loyalitätsadressen an die NS-Regierung,[279] dass die Funktionärsebene des Philologenverbands die von den Nationalsozialisten ausgerufene „nationale Revolution" ausdrücklich begrüßten.[280] Ähnlich wie im Bayerische Lehrerverein (BLV) erwuchsen ihre Autonomiebestrebungen nicht aus einer politisch oppositionellen Haltung, sondern erfolgten in weitgehender Übereinstimmung mit der NS-Ideologie und ihren diffusen Bildungsgrundsätzen.[281] Die auch heute noch ins Feld geführte Behauptung, der Philologenverband oder der Bayerische Lehrerverein habe durch die nachhaltige Weigerung, dem NSLB beizutreten, sein widerständisches Verhalten gegen den Nationalsozialismus dokumentiert,[282] entbehrt daher bei näherer Betrachtung jeder Grundlage. Am Beispiel des BLV lässt sich dies besonders deutlich veranschaulichen: Dessen Vorsitzender Josef Bauer, am 25. April 1933 von der Vertreterversammlung ins Amt berufen, war nicht nur Mitglied des bayerischen Landtags, Stadtschulrat und Schulreferent in München, sondern bis zu seiner Wahl auch Gauamtsleiter des NSLB

---

277 Feiten: Der Nationalsozialistische Lehrerbund (Anm. 94), S. 65.
278 Finger: Konkurrenzkampf und Richtungsstreit im Prozess der „Gleichschaltung" (Anm. 175), S. 263.
279 Fligge: Lübecker Schulen im „Dritten Reich" (Anm. 13), S. 420.
280 Krause-Vilmar: Einführung: Der aufziehende Faschismus und die Lehrerschaft in Deutschland (Anm. 127), S. 10–11.
281 Bölling: Volksschullehrer und Politik (Anm. 71), S. 222.
282 Vgl. bspw. Ortmeyer: Rassismus und Judenfeindschaft in der NSLB-Zeitschrift „Deutsches/Nationalsozialistisches Bildungswesen" (Anm. 181), S. 46.

München-Oberbayern. Als Teilnehmer des Marsches auf die Feldherrenhalle 1923 und NSDAP-Mitglied Nr. 34 gehörte er zu den „alten Kämpfern" der Nationalsozialisten. Dass er seinen Posten als Gauamtsleiter des NSLB zugunsten des BLV-Vorsitzes aufgab, hatte wohl damit zu tun, dass er sich im BLV bereits zuvor ganz erheblichen Einfluss sichern konnte und zudem persönliche ökonomische Interessen am Erhalt des Lehrervereins hatte. „Bauer hatte im BLV – mit seinen Versicherungen und Immobilien, seiner auflagenstarken Lehrerzeitung und dem in der Fläche vertretenen Vereinsnetz – eine Machtposition erlangt, die er so schnell nicht aufgeben würde."[283] Er torpedierte im Folgenden alle weiteren Gleichschaltungsmaßnahmen, die auf eine Auflösung des BLV hinausliefen. Im Gegensatz zu manch anderen „Widersachern" verschaffte ihm seine politische Vergangenheit eine Legitimität, die die NSLB-Führung nicht ohne weiteres anzweifeln konnte. „Seine Argumentation griff regelmäßig geläufige Topoi der NS-Propaganda auf: nicht alles Alte sei schlecht gewesen; Totalität bedeute nicht Gleichmacherei; Ziel sei ein sich entwickelnder Organismus (der BLV), keine Organisation (der NSLB) […] Mit ihm an der Spitze sei der BLV bereits gleichgeschaltet[284] – weitere Maßnahmen erübrigten sich also."[285] Bauer war aufgrund seiner Stellung innerhalb der NSDAP gut vernetzt mit zahlreichen Parteigrößen und wurde auch von einer Mehrheit der BLV-Mitglieder bestärkt, an den Autonomiebestrebungen des Vereins festzuhalten. Seine widerspenstige Haltung gegenüber der NSLB-Führung wird auch durch den Umstand nachvollziehbar, dass der NSLB in dieser frühen Phase des „Dritten Reiches" bei weitem noch nicht seine endgültige Position im pluralistischen Machtgefüge der Partei und des Staates gefunden hatte. Zahlreiche Ämter und Institutionen, von denen später noch ausführlicher die Rede sein wird, wollten im Bereich des Bildungs- und Erziehungswesens ihren Einfluss geltend machen und Bauer versuchte aus persönlichen Überzeugungen sowie aus eigennützigen Motiven offenbar, sie gegeneinander auszuspielen, um die Stellung seines Vereins und seine eigene Machtposition zu stärken. Zunächst schien diese Strategie aufzugehen, doch auf Dauer gelang es ihm nicht, in der politischen Heimat des NSLB-Gründers und bayerischen Kultusministers Hans Schemm die Autonomie des BLV zu bewahren. „Im Sommer 1934 wurde schließlich ein Modus Vivendi gefunden, der den Bayerischen Lehrerverein auf den sozialen und wirtschaftlichen Bereich reduzierte und als ‚Abteilung Wirtschaft und Recht, Bayerischer

---

283 Finger: Konkurrenzkampf und Richtungsstreit im Prozess der „Gleichschaltung" (Anm. 175), S. 261.
284 In der Tat waren bis Mitte 1933 auch alle wichtigen Ämter über den Vorsitz hinaus mit als linientreu geltenden Nationalsozialisten besetzt. Eine neue Satzung betonte die Verbundenheit mit dem Nationalsozialismus. Sowohl vom Zweck als auch in der Struktur und Zusammensetzung war der BLV ab dieser Zeit ein „eindeutig nationalsozialistisch orientierter Verband". Schäffer: Ein Volk – ein Reich – eine Schule (Anm. 13), S. 109.
285 Finger: Konkurrenzkampf und Richtungsstreit im Prozess der „Gleichschaltung" (Anm. 175), S. 261–262.

Lehrerverein e. V.' in den NS-Lehrerbund integrierte. Dass der BLV vor seiner restlosen Auflösung im Jahr 1938[286] noch als „Fachschaft Volksschulen im NSLB Bayern" fungieren sollte, ist als nur noch formales Zugeständnis zu werten, da die weltanschauliche und pädagogische Fortbildung dem NSLB vorbehalten blieb".[287]

Nur ganz wenige Vereine verhielten sich auch bei näherer Betrachtung zumindest in Teilen resistent. Dazu zählte neben kleinen Organisationen wie der „Freien Lehrergewerkschaft" und dem „Bund Entschiedener Schulreformer" auch der „Allgemeine Deutsche Lehrerinnenverein", mit gut 40.000 Mitgliedern am Ende der Weimarer Republik eine der größeren Interessenvertretungen der weiblichen Lehrerschaft im Deutschen Reich. Die erste Vorsitzende des Vereins, Emmy Beckmann, trat in den letzten Jahren der Weimarer Republik aktiv in der Öffentlichkeit gegen die NS-Bewegung auf und prangerte insbesondere die frauenfeindlichen Parolen der NSDAP an.[288] Wie viele andere Lehrerorganisationen auch bekundete der Lehrerinnenverein nach der „Machtergreifung" zwar seine Bereitschaft zur Mitarbeit an den anstehenden „nationalen Aufgaben",[289] dennoch stimmten die Mitglieder des Lehrerinnenvereins noch im Mai 1933 mit einem klaren „Nein" gegen die Einführung eines „Arierparagraphen" in ihrer Satzung.[290] Wenn auch nicht so eindeutig wie etwa der Bund Entschiedener Schulreformer oder die Freie Lehrergewerkschaft, verweigerte letztlich auch der Allgemeine Deutsche Lehrerinnenverein die Zustimmung zur geforderten „Gleichschaltung" und entzog sich im Frühjahr 1933 durch Auflösung dem Zugriff des NSLB.[291] Auch in den Reihen des „Vereins katholischer deutscher Lehrerinnen" (VkdL) fanden sich keine Vertreterinnen, die bereit gewesen wären, die Organisation gemäß den Vorgaben in den NS-Lehrerbund zu überführen. Stattdessen gelang es dem Vorstand in langwierigen Verhandlungen mit dem Reichsinnenministerium und dem NSLB, gemäß Artikel 31 des Reichskonkordates als karitative Organisation anerkannt zu werden. Aufgrund dieses Artikels waren solche katholischen Organisationen geschützt, die ausschließlich religiösen, rein

---

286 Schäffer: Ein Volk – ein Reich – eine Schule (Anm. 13), S. 124.
287 Finger: Konkurrenzkampf und Richtungsstreit im Prozess der „Gleichschaltung" (Anm. 175), S. 262–263.
288 Bernhard Nette/Stefan Romey: Perspektive Hamburg: „Es ist Zeit für die ganze Wahrheit". In: Micha Brumlik/Benjamin Ortmeyer (Hrsg.): Max Traeger – kein Vorbild. Person, Funktion und Handeln im NS-Lehrerbund und die Geschichte der GEW. Weinheim 2017, S. 72–157, hier S. 112.
289 Hans Bergemann/Simone Ladwig-Winters: Der Prozess der „Gleichschaltung" der Lehrerverbände sowie die Diskriminierung und Verfolgung Berliner Lehrkräfte im Nationalsozialismus. Abschlussbericht. Berlin 2016, S. 47.
290 Nette/Romey: Die Lehrergewerkschaft und ihr „Arisierungserbe" (Anm. 6), S. 87.
291 Sozialistisches Büro Offenbach: Materialien zur Geschichte der politischen Lehrerbewegung I (1789–1933) (Anm. 63), S. 27; Bergemann/Ladwig-Winters: Der Prozess der „Gleichschaltung" der Lehrerverbände sowie die Diskriminierung und Verfolgung Berliner Lehrkräfte im Nationalsozialismus (Anm. 289), S. 49–52.

kulturellen und karitativen Zwecken dienten und als solche kirchlichen Behörden unterstellt waren. Unter diesen Voraussetzungen musste der VKdL seine gesamte berufs- und schulpolitische Arbeit einstellen. Den Mitgliedern wurde unterdessen rasch klar, dass der NSLB seinen Alleinvertretungsanspruch als Lehrerorganisation immer mehr durchsetzen würde. Bis der VKdL durch einen Sondererlass im Rahmen des am 27. Mai 1937 ergangenen „Gesetzes über die Auflösung der Beamtenvereinigungen" von der Geheimen Staatspolizei (Gestapo) aufgelöst wurde, waren von insgesamt 20.000 Lehrerinnen bereits 9.000 Einzelmitglied im NSLB geworden.[292] Der „Katholische Lehrerverein" (KLV), in dem die männlichen katholischen Lehrer organisiert waren, hatte sich bereits auf der Magdeburger Tagung am 8. Juni 1933 kooperativ dem NSLB angeschlossen. Nachdem der Leiter des NS-Lehrerbundes die Vereinsführung per Erlass dazu aufforderte, vollzog der KLV am 2. August 1933 seine Auflösung und überführte seine Mitglieder, die zu diesem Zeitpunkt – wie große Teile der Lehrerschaft insgesamt – bereits in einem sich „lawinenartig" verstärkenden Prozess als Einzelmitglied in den NS-Lehrerbund eintraten[293], endgültig in die zuständige „Reichsfachschaft der Lehrer an Volksschulen im NSLB".[294]

3.2.2 Ausdruck nationalsozialistischer Überzeugung? – Lehrkräfte im NSLB und in der NSDAP

Wie ist der Umstand zu bewerten, dass die Lehrerschaft – mit wenigen Ausnahmen – im Zuge der „Machtergreifung" und Machtsicherung der Nationalsozialisten geschlossen in den NSLB eintrat und ein erheblicher Teil zudem Mitglied in weiteren Gliederungen, Organisationen und Verbänden der NSDAP wurde? Reicht die bloße Feststellung dieser Tatsachen aus, um davon sprechen zu können, dass der überwiegende Teil der Lehrerinnen und Lehrer die nationalsozialistische Herrschaft begrüßte und ihre Ideologie verinnerlichte?

Aufgrund der aufgezeigten Entwicklungen und Rahmenbedingungen zu Beginn des „Dritten Reiches" konnte bereits festgestellt werden, dass Lehrkräfte unter erheblichem Druck standen, sich den neuen Verhältnissen – zumindest „formal" anzupassen und die geforderten „Gleichschaltungsmaßnahmen" umzusetzen. Doch erst als sich das NS-Regime mit angedrohten und zum Teil auch angewandten Maßnahmen des Drucks, des Zwangs und der Gewalt fest etablierte und ein konformes Verhalten unmissverständlich einforderte, kamen Lehrerorganisationen und Lehrkräfte diesem Appell vollends nach. Welche Konsequenzen haben sich aus der NSLB-Mitgliedschaft für einzelne Lehrerinnen und

---

292 Feiten: Der Nationalsozialistische Lehrerbund (Anm. 94), S. 66.
293 Schäffer: Ein Volk – ein Reich – eine Schule (Anm. 13), S. 97.
294 Gahlings: Die Volksschullehrer und ihre Berufsverbände (Anm. 67), S. 76.

Lehrer tatsächlich ergeben? Wie kam es, dass sie oftmals in weitere NS-Organisationen eintraten? Warum entschlossen sich zudem viele Lehrerinnen und Lehrer, Mitglied der NSDAP zu werden? Erst wenn diese und angrenzende Fragen aufgerufen und geklärt worden sind, lassen sich einige belastbare Schlüsse ziehen, mit deren Hilfe das Verhältnis zwischen Lehrerschaft und Nationalsozialismus in seinen Grundzügen charakterisiert werden kann.

Aus der Zeit zu Beginn des Jahres 1939, sechs Jahre nachdem die Nationalsozialisten den NSLB faktisch zur alleinigen Lehrerorganisation in Deutschland erklärten, sind Klagen überliefert, die vom schwäbischen Gauamtsleiter des NS-Lehrerbundes, Max Josef Reiser, stammen:

> „Was hilft mein ganzer Kampf um das Ansehen des Lehrerstandes, wenn mir dauernd diejenigen, für die ich kämpfen soll, in den Rücken fallen. Was nützt die so eifrige Betonung der nationalsozialistischen Einstellung und Haltung, wenn nicht nur die HJ, sondern auch ich selbst feststellen muss, dass ein gewisser Prozentsatz immer noch himmelweit vom Nationalsozialismus entfernt ist. Was hilft aller Besuch von Schulungen, alles Tragen von Abzeichen und Spiegeln, wenn die Haltung und Überzeugung nicht mit der nationalsozialistischen Weltanschauung im Einklang steht. Es ist wirklich kein Wunder, wenn man da allmählich zu der Überzeugung kommt, dass alles nur Tarnung ist, um die heißersehnte Beförderung nicht zu verlieren, um ungestörter seinen alten verwurzelten Neigungen nachzukommen und trotzdem auch dabei gewesen zu sein."[295]

Auch wenn nicht belegbar ist, inwieweit es sich bei der Mitgliedschaft vieler Lehrkräfte im NS-Lehrerbund nur um „Tarnung" handelte – viele mögen auch „glühende" Nationalsozialisten gewesen sein, die ihre Überzeugung durch den Eintritt in den NSLB zusätzlich unterstreichen wollten – so lässt sich aufgrund der Äußerung Reisers doch erahnen, dass eine Mitgliedschaft im NSLB bei etlichen Lehrern nicht mit einer restlosen Verinnerlichung nationalsozialistischer Überzeugungen einhergehen musste, sondern durchaus auch als aufgezwungene Tortur empfunden werden konnte, der man sich so gut es ging entziehen wollte.[296] Die Arbeitsschwerpunkte, denen sich der NS-Lehrerbund spätestens mit der endgültigen Herausbildung seiner Strukturen nach der Übernahme der Amtsgeschäfte durch Fritz Wächter ab 1935 verschrieben hatte, lagen aber gerade in „weltanschaulichen Schulungsaufgaben der gesamten Lehrerschaft", verbunden mit dem Ziel, möglichst jedes Mitglied zum überzeugten Nationalsozialisten

---

295 Äußerungen des NSLB-Gauamtsleiters von Schwaben, Max Josef Reiser, aus einer Bekanntmachung vom März 1939, zit. n.: Schäffer: Ein Volk – ein Reich – eine Schule (Anm. 13), S. 90.

296 Deutschland-Berichte der Sozialdemokratischen Partei Deutschlands, Sopade – September–Oktober 1934 (Anm. 271), S. 69.

zu erziehen.[297] In Anbetracht des oben genannten Zitats stellt sich die Frage, wie „erfolgreich" und „effektiv" diesbezügliche Bemühungen des NS-Lehrerbundes tatsächlich waren.

Auf die „freiwillige" Anpassungsbereitschaft der zu weiten Teilen noch von der Weimarer Zeit geprägten Lehrerschaft wollte sich das NS-Regime dabei von Beginn an nicht verlassen. Stattdessen stand ab 1933 eine „systematischen Umerziehung" der Lehrkräfte auf dem Plan, die in angeordneten Lehrgängen und Lagern auf die Ideologie des Nationalsozialismus eingeschworen werden sollten.[298] Von Beginn an buhlten dabei unterschiedliche Instanzen von Staat und Partei durch die Entwicklung eigener Initiativen und Konzepte um eine führende Position im Bereich des Bildungs- und Erziehungswesens. Nachdem der NSLB insbesondere in den ersten Jahren des „Dritten Reichs" hier in ständiger Konkurrenz und zum Teil auch in „verordneter Kooperation" mit anderen Stellen, insbesondere dem 1934 gegründeten Reichserziehungsministerium („Reichsministerium für Erziehung, Wissenschaft und Volksbildung") stand, wurde vom 6. Mai 1936 an die „nationalsozialistisch-politische Schulung der gesamten Erzieherschaft" durch einen Erlass des Reichserziehungsministers Bernhard Rust „mit Genehmigung des Stellvertreters des Führers" auf den NS-Lehrerbund als alleinige Instanz übertragen.[299] Die „fachliche Weiterbildung" der Lehrkräfte, die im Nationalsozialismus gewiss nicht frei oder auch nur fern von ideologischen Einflüssen war,[300] fiel offiziell in den Zuständigkeitsbereich (halb-)staatlicher Stellen, allen voran der Schulaufsichtsbehörden und dem „Deutschen Zentralinstitut für Erziehung und Unterricht",[301] das eng an das Reichserziehungsministerium angebunden war.[302] Davon unbeeindruckt führte der NS-Lehrerbund aber auch nach 1936 noch selbst „fachliche Weiterbildungen" durch. Während des Krieges wurden sie gegenüber den weltanschaulichen Schulungen sogar

---

297 Feiten: Der Nationalsozialistische Lehrerbund (Anm. 94), S. 153.
298 Grüttner: Brandstifter und Biedermänner (Anm. 217), S. 432.
299 Heske: Und morgen die ganze Welt (Anm. 180), S. 66.
300 Beispielsweise wurden bereits ab Sommer 1933 vom Zentralinstitut für Erziehung und Unterricht Fortbildungen und Schulungen in „Rassekunde" angeboten und durchgeführt. Vgl. Andreas Kraas: Lehrerlager 1932–1945. Politische Funktion und pädagogische Gestaltung. Ban Heilbrunn 2004, S. 84.
301 Bereits vor 1933 bearbeitete das Zentralinstitut neben anderen Aufgaben die fachliche Weiterbildung der Lehrer aller Schularten in Kursen, Tagungen, Fahrten. Diese Arbeit wurde auch nach 1933 fortgesetzt, nur liefen die alten Arbeitsthemen mit dem Programm von 1933 aus. In Anpassung an die herrschende Ideologie erschienen Volkskunde, Heimatkunde, Rassenkunde, Vor- und Frühgeschichte, Volksmusik als Themenkreise auf dem Programm Im Krieg übernahm das Zentralinstitut allerdings mit der „nationalsozialistische Schulung der Lehrkräfte in den eroberten Ostgebieten" doch auch weltanschauliche Schulungsaufgaben. Diesem neuen Aufgabengebiet entsprach die Gründung einer Zweigstelle in Prag am 18.6.1940. Vgl. Eilers: Die nationalsozialistische Schulpolitik (Anm. 12), S. 5–6.
302 Ebd., S. 4.

dominant – und dennoch konnte der NS-Lehrerbund bis zu seiner Stilllegung im Jahr 1943 dieses schulpraktische Feld nie für sich vereinnahmen.[303]

Eine nicht nur für den NSLB, sondern für alle NS-Verbände und -Organisationen charakteristische Form der Schulungsmaßnahmen war das Lager, wobei diese Erziehungsform keine nationalsozialistische „Erfindung" darstellt, sondern durch die reformpädagogisch und jugendbewegt orientierte „Arbeitslagerbewegung" bereits in der Weimarer Republik an Popularität gewann und von den neuen Machthabern lediglich aufgegriffen und umgeformt wurde.[304] „Im Lager wurde Ein- und Unterordnung eingeübt. Wer ins Lager kam, gab seine Selbstbestimmung auf und musste sich den verordneten Zwängen beugen. [...] Viele Teilnehmer reagierten pragmatisch auf die verordnete Entmündigung und die herrschenden Zwänge des Lagerlebens und versuchten, den Aufenthalt pragmatisch umzufunktionieren und in ihrem Sinne zu nutzen. Entsprechende Nischen waren geduldet und wiederum funktionalisiert, denn sie boten die Möglichkeit, das Lager im Rahmen der verordneten Zwänge auch positiv zu erleben und zu erinnern. Dies war durchaus im Sinne der Betreiber", urteilt Andreas Kraas, der sich ausführlich mit NS-Lehrerlagern beschäftigt hat.[305] In jedem Fall stellte das Lager eine bewusst inszenierte Ausnahmesituation dar. Je nach persönlicher Disposition wurde die verordnete „Kameradschaft" in den Lagern, wo Oberstudiendirektoren und Junglehrer den gleichen militärischen Ritualen, Zwangssport und „Heimatabenden" unterlagen, entweder geschätzt oder als schwere Last empfunden. Im Kern zielte das Lager darauf ab, insbesondere die junge, nachkommende Lehrergeneration auf den Nationalsozialismus einzustellen. Bereits im August 1934, kurz nach seiner Ernennung zum Reichserziehungsminister, stellte Bernhard Rust in seiner Rede auf der Reichstagung des NSLB unmissverständlich klar:

„Die junge Lehrergeneration geht mir durch die Kolonnen, durchs Lager, oder der Staat macht von ihr keinen Gebrauch."[306]

Bereits zwei Monate zuvor hatte er im Beisein des NSLB-Leiters Hans Schemm öffentlich verkündet, dass er die Lehrerschaft alljährlich ohne Unterschied sammeln und wissenschaftlich, wehrsportlich und nationalpolitisch „überholen" wolle.[307] Diesen Aussagen folgend ging es Rust bei den Lagerschulungen der ersten Jahre nach 1933 vor allem darum, die Lehrkräfte zum Zweck der Machtsicherung

---

303 1940 fanden in den Gauen 196 weltanschauliche und 103 fachliche Schulungsveranstaltungen statt. 1941 wurden bereits 235 fachliche gegenüber 252 weltanschaulichen Veranstaltungen durchgeführt. Kraas: Lehrerlager 1932–1945 (Anm. 300), S. 235.
304 Ebd., S. 294.
305 Ebd., S. 303.
306 Rede auf der Reichstagung des NSLB in Frankfurt am Main Anfang August 1934 in: Die Völkische Schule 1934, S. 457, zit. n.: ebd., S. 72.
307 Ebd.

für das neue Regime gefügig zu machen. Nur denjenigen stellte er eine Weiterbeschäftigung in Aussicht, die bereit waren, sich auf diese Weise dem Nationalsozialismus anzunähern.[308] Der NS-Lehrerbund orientierte sich bei der Konzeption seiner Schulungslager zunächst weitgehend an diesen Grundsätzen des Reichserziehungsministers, doch die von Rust vorgesehene turnusmäßige „Überholung", nach der jeder Lehrer mindestens einmal im Jahr ein Lager besuchen sollte, erwies sich von Beginn an als illusorisch. Die dafür erforderliche Vielzahl an Schulungsstätten, von denen der NSLB im Jahr 1937 immerhin 41 unterhielt,[309] sowie die dafür aufzubringenden Finanz- und Personalmittel waren weder zu Beginn noch zu einem späteren Zeitpunkt vorhanden. Bis Anfang 1935 beschränkte sich der ohnehin begrenzte Teilnehmerkreis bei den NSLB-Lagern noch auf „Freiwillige".[310] Auch wenn sich die Schulungsabteilung des NSLB offiziell immer am Grundsatz der freiwilligen Teilnahme orientieren sollte, erhöhten andere Stellen in den Folgejahren doch den Druck. Für mehrere Länder bzw. Gaue ist belegt, dass die zuständigen Kultus- und Volksbildungsminister bzw. Reichsstatthalter Lehrkräfte massiv bedrängten, an Schulungslagern des NSLB teilzunehmen. Jenen, die sich trotz Aufforderung weigerten, wurden ernsthafte Konsequenzen angedroht, die von beruflichen Degradierungen bis hin zur möglichen Einlieferung in ein Konzentrationslager reichen konnten.[311] Ob solche Drohungen am Ende wirklich Anwendung fanden, muss offenbleiben. Belegbar ist dagegen, dass die Lehrerschaft – ob bedrängt oder begeistert – aufgrund fehlender Mittel zunächst mitunter in „Massenlagern" geschult werden musste, in denen zum Teil mehrere tausend Teilnehmer zusammenkamen. Dadurch ergaben sich jedoch zwangsläufig Nischen, die wiederum dem beabsichtigten „Gemeinschaftserlebnis" zuwiderliefen. Die Teilnehmerzahl pro Schulung musste dementsprechend verringert werden, wollte man die Effektivität der Lagerschulungen erhöhen. Folgerichtig wird in einem NSLB-Rundschreiben mit dem Titel „Die Schulungsarbeit des Amtes für Erzieher (NSLB)" vom 19. September 1935 eingeschätzt:

> „Nach den Berechnungen der Hauptamtsleitung ist die allgemein-weltanschauliche Überholung jedes einzelnen deutschen Erziehers nur alle 3–4 Jahre möglich, selbst dann, wenn während der Unterrichtszeit eine laufende Schulung garantiert ist."[312]

Um die Frage, in welchem Umfang, in welcher Zeit und mit welchen finanziellen Mitteln die Lehrerlager durchzuführen seien, wurde zwischen NSLB und

---

308 Ebd., S. 72–73.
309 Eilers: Die nationalsozialistische Schulpolitik (Anm. 12), S. 4.
310 Feiten: Der Nationalsozialistische Lehrerbund (Anm. 94), S. 177.
311 Ebd.
312 Rundschreiben mit dem Titel „Die Schulungsarbeit des Amtes für Erzieher (NSLB)" vom 19. September 1935, in: BArch NS 12/1146, S. 8, zit. n.: Kraas: Lehrerlager 1932–1945 (Anm. 300), S. 106.

Reichserziehungsministerium oft gestritten. Der NS-Lehrerbund wies dabei immer wieder auf bestehende Hemmnisse der Lehrerschaft hin. Abgesehen von der Tatsache, dass bereits die Form des Lagers einige Lehrer abgeschreckt haben dürfte, kam hinzu, dass die Schulungen zu einem erheblichen Teil über Teilnehmerbeiträge finanziert werden mussten und zudem ganz überwiegend während der Ferienzeit stattfanden, weil sich ab der zweiten Hälfte der 1930er Jahre an vielen Schulen zunächst ein latenter, nach Ausbruch des Krieges ein unübersehbarer Lehrermangel bemerkbar machte, [313] woraufhin das Reichserziehungsministerium seit 1934 Beurlaubungen für NSLB-Schulungen durch entsprechende Verfügungen stark einschränkte.[314] Abstimmungsdefizite und Interessenkonflikte traten jedoch nicht nur zwischen Reichserziehungsministerium und NS-Lehrerbund auf, auch innerhalb des NSLB war man über Jahre hinweg von einer einheitlich koordinierten Lagerschulung noch weit entfernt. Die „Überholung der Lehrerschaft" wurde in den ersten Jahren nach 1933 von jedem Gau in eigener Verantwortung organisiert. Je nach Region variierten die Schulungsmaßnahmen daher sowohl in ihrer Intensität als auch in ihrer „Qualität" stark. „Die Dauer der einzelnen Lagerveranstaltungen reichte von Wochenendlehrgängen, die aber bald als unproduktiv eingestellt wurden, bis zu solchen von acht Wochen."[315] In entsprechenden Berichten der NSLB-Zentrale folgen auf überwiegend „positive" Einschätzungen auch Klagen über einen „Mangel an allen Grundlagen der Organisation".[316] Erst nachdem in der Hauptabteilung Schulung des NSLB im Verlauf des Jahres 1935 ein einheitliches „lagerpädagogisches Konzept" formuliert wurde, fand in den Folgejahren schrittweise eine reichsweite Angleichung der Schulungsmaßnahmen statt. Im Gegensatz zu der vom Reichserziehungsministerium geforderten „Überholung" stand dabei jedoch eine „Auslese" der Lehrerschaft im Zentrum der Schulungstätigkeit. „Während Rust die Lehrerschaft ‚lediglich' mit dem Nationalsozialismus vertraut machen wollte, sie im Sinne von ‚reparieren' zu ‚überholen' gedachte […], war das Ziel des NSLB-Schulungskonzeptes die ‚Neuformung'".[317]

Möglicherweise ist dieser „Strategiewechsel" auch als ein Resultat zu verstehen, dass man innerhalb des NSLB zur Einsicht kam, alle Teile der Lehrerschaft weder gleichzeitig noch gleichermaßen zu überzeugten Nationalsozialisten „umformen" zu können. Jedenfalls folgte das „weltanschaulich-politische Schulungskonzept" fortan dem Prinzip der „Auslese" und sah eine Einteilung der Schulungsmaßnahmen in drei Kategorien vor. Während sogenannte „A-Schulungen" als Ferien- und Breitenschulungen mit unterschiedlichen Schwerpunktsetzungen und Teilnehmergruppen angelegt waren, durch die alle Lehrer zunächst erfasst

---

313 Feiten: Der Nationalsozialistische Lehrerbund (Anm. 94), S. 181–182.
314 Kraas: Lehrerlager 1932–1945 (Anm. 300), S. 104.
315 Feiten: Der Nationalsozialistische Lehrerbund (Anm. 94), S. 177.
316 Teilnehmerbericht über ein „Zeltlager" in Heringsdorf, an dem im Juni 1935 7.000 (!) Lehrkräfte teilnahmen, zit. n.: Kraas: Lehrerlager 1932–1945 (Anm. 300), S. 76–77.
317 Ebd., S. 224.

und mit den Grundlagen der NS-Politik und -Ideologie vertraut gemacht werden sollten (wobei offenbar häufig Hitlers „Mein Kampf" als Studienlektüre diente[318]) zielten „B-Schulungen" darauf ab, eine immer noch recht große Teilnehmerzahl dazu anzuhalten, die NS-Weltanschauung stärker zu verinnerlichen. Dagegen waren „C-Schulungen" einer relativ kleinen Gruppe „ausgewählter" Lehrer vorbehalten, die aufgrund ihrer „Bewährung" und positiven Beurteilung in „A- und B-Schulungen" geeignet erschienen, der NS-Partei oder dem NSLB künftig als Funktionäre zur Verfügung zu stehen.[319] „Das schlug sich auch in der Arbeitsweise nieder: ‚Volksgemeinschaft' (‚Gemeinschaftsarbeit' – ‚Gemeinschaftslager') für die A-Schulung, ‚Erziehergemeinschaft' (‚Gruppenarbeit' – ‚Gruppenlager') für die B-Schulung und ‚Einzel-Persönlichkeit mit Führereignung' (‚Einzelarbeit' – ‚Einzelzimmer') in der C-Schulung […]."[320]

Um der Frage nachzugehen, welche Effekte die Lagerschulungen des NSLB auf die Lehrerschaft hatte, sollen in aller Kürze deren quantitative und qualitative Dimensionen aufgezeigt werden. Zumindest für das quantitative Ausmaß der Lagerschulungen sind vereinzelte Statistiken des NSLB überliefert. Schenkt man ihnen Glauben, so zeigt sich, dass die Anzahl der Lehrgänge zwar immense Ausmaße annahm, wobei jedoch eine jährliche Schulung der Lehrerschaft – wie bereits erwähnt – nie erreicht werden konnte. Bis Kriegsbeginn hatten rund 4.000 Lager stattgefunden. Von diesen entfielen 2.000 auf die Kategorie „A-Schulung", 1.590 waren „B-Schulungen" und in 445 Fällen wurden diese als „C-Schulung" deklariert. Die Gesamtkosten der Schulungsarbeit beliefen sich bis dahin auf ca. 8 Millionen Reichsmark, von denen 2 Millionen aus Eigenmitteln der Lehrerschaft stammten.[321] Jedes Lager umfasste zwischen 30 und 100 Teilnehmer, wobei in „A-Schulungen" in der Regel größeren Gruppen gebildet wurden als in „B-" oder gar „C-Schulungen". Nach Kriegsbeginn kam die Schulungstätigkeit aufgrund einer Verfügung des „Stellvertreters des Führers", Rudolf Heß, unter Verweis auf die allgemeine Kriegslage und die dadurch bedingten Einsparungs- und Rationalisierungsmaßnahmen vorübergehend zum Stillstand, bevor sie 1940 vor allem in Form von Wochenendkursen, Kurzlehrgängen und Arbeitstagungen bis zur Stilllegung des NSLB im Jahr 1943 wieder aufgenommen wurde. Insgesamt erfasste der NSLB zwischen 1933 und 1943 etwa 350.000 Personen als Schulungsteilnehmer. Bei 300.759 NSLB-Mitgliedern (Stand 30. September 1938) entsprach dies im Durchschnitt etwas mehr als einem Lageraufenthalt je Lehrkraft. Dabei ist zu bedenken, dass das Ausmaß der Schulungen in den einzelnen Gauen sehr unterschiedlich ausfiel. Beispielsweise lag das Verhältnis von Geschulten zur Mitgliederzahl für die Jahre 1933 bis 1938 im NSLB-Gau Pommern

---

318 Feiten: Der Nationalsozialistische Lehrerbund (Anm. 94), S. 182–183.
319 Kraas: Lehrerlager 1932–1945 (Anm. 300), S. 224–227.
320 Ebd., S. 225.
321 Feiten: Der Nationalsozialistische Lehrerbund (Anm. 94), S. 182.

bei 200 Prozent, in Berlin dagegen bei nur 13 Prozent.[322] Hinzu kommt, dass Teilnehmer von „C-Schulungen" in der Regel zuvor mindestens eine „A-Schulung" und auch eine „B-Schulung" absolviert haben mussten. Aufgrund solcher Umstände ist davon auszugehen, dass der überwiegende Teil der Lehrkräfte während der gesamten Zeit der NS-Herrschaft entweder gar nicht oder lediglich einmal mit einem Schulungslager des NSLB konfrontiert wurde. Ob es unter diesen Umständen gelang, der Mehrheit der Lehrerschaft durch Lagerschulungen die menschenverachtenden Prinzipien des Nationalsozialismus – bestehend aus dessen „'Rassevorstellungen', antisemitische[r] Hetze, Gemeinschaftsdenken und Führerprinzip"[323] – nachhaltig zu vermitteln, erscheint daher mehr als fraglich.

Letztlich bleiben alle Aussagen zur indoktrinierenden Wirkung der Schulungslager auf die Lehrerschaft spekulativ. Belastbare Quellen stehen nicht oder nicht mehr zur Verfügung.[324] „Generell war wohl die persönliche Disposition [der Lehrerperson, d. Verf.] für Akzeptanz oder Ablehnung des Lagers entscheidend: Knüpfte sie schnell Kontakte in der verunsichernden Atmosphäre des Lagers oder zog sie sich zurück und wurde von der Gruppe ausgeschlossen? Konnte sie pragmatisch auf die Anforderungen reagieren?"[325] Begrüßte sie die Gleichbehandlung der Teilnehmer über alle Schulformen und Stellungen hinweg? Je nach persönlicher Einstellung konnte das Lager „eine unangenehme Randerscheinung, eine lästige Pflicht, möglicherweise aber auch eine politische und fachliche Orientierung oder sogar eine lang und positiv erinnerte Erfahrung von ‚Kameradschaft' und ‚Arbeit an der Volksgemeinschaft'" darstellen.[326] Lehrer, die den Nationalsozialismus ohnehin begrüßten, dürften durch Schulungslager in ihrer Einstellung bestärkt worden sein. Möglicherweise trugen die NSLB-Lager auch dazu bei, aus ihnen engagierte, überzeugte, bisweilen auch fanatische Nationalsozialisten zu machen. Doch opportunistische, passive oder gar resistente Haltungen unter den Lehrkräften waren durch einmalige Schulungen sicherlich nicht nachhaltig zu verändern.

Neben der Durchführung von Schulungen und Lehrgängen stand dem NS-Lehrerbund ein weiteres Instrument zur „weltanschaulichen Ausrichtung" der Lehrerschaft zur Verfügung: Im Zuge der Übernahme der traditionellen Lehrerverbände führte der NSLB von ihnen herausgegebene erziehungswissenschaftliche Zeitungen sowie deren Verbandspresse in der Regel fort und richtete sie, etwa

---

322 Kraas: Lehrerlager 1932–1945 (Anm. 300), S. 255.
323 Ortmeyer: Rassismus und Judenfeindschaft in der NSLB-Zeitschrift „Deutsches/Nationalsozialistisches Bildungswesen" (Anm. 181), S. 51.
324 Möglicherweise aussagekräftige Ergebnisse wären letztlich nur durch Evaluierung von – leider nicht erhaltenen – Schulungsteilnehmerbeurteilungen oder anhand des im Regelfall ebenfalls nicht oder nur unzureichend dokumentierten individuellen situativen Verhaltens der Geschulten zu erarbeiten. Vgl. Kraas: Lehrerlager 1932–1945 (Anm. 300), S. 254.
325 Ebd., S. 300.
326 Ebd., S. 301.

durch personelle Umbesetzungen in der verantwortlichen Zeitschriftenleitung, im nationalsozialistischen Sinne neu aus. Viele regionale Lehrerzeitschriften führte der NS-Lehrerbund als Gauzeitschriften weiter. Bereits vor 1933 verfügte der NSLB zudem über verbandseigene Publikationen. Schrittweise entwickelte sich der NS-Lehrerbund so zum größten Herausgeber von pädagogischen Zeitschriften und Lehrerzeitungen im „Dritten Reich".[327] Als die ideologisch einheitliche „Ausrichtung" der Fachpresse 1937 weitgehend abgeschlossen war, umfasste der NSLB-Zeitschriftenapparat 73 Zeitschriften und 12 Beilagenblätter, darunter Zeitschriften für die jeweiligen Gaue, für die einzelnen NSLB-Fachschaften und -Sachgebiete sowie Schülerzeitschriften, von denen die illustrierte Schülerzeitung „Hilf mit!" die größte Verbreitung fand.[328] Vor dem Kriegsbeginn wurden jährlich insgesamt etwa 4 Millionen vom NS-Lehrerbund herausgegebene Zeitschriftenexemplare in Umlauf gebracht.[329] Davon entfielen alleine rund 320.000 Exemplare auf die „Reichszeitung der deutschen Erzieher".[330] Unter dem Titel „Nationalsozialistische Lehrerzeitung" 1929 durch Hans Schemm begründet und ab 1938 als „Der deutsche Erzieher" bis kurz vor Kriegsende fortgeführt, galt sie als wichtigstes „weltanschauliches Kampforgan"[331] des NSLB. Dass in diesem Blatt wie auch in den anderen NSLB-Zeitschriften nationalsozialistisches Gedankengut verbreitet und offene antisemitische Hetze betrieben wurde, ist ausführlich und vielfach belegt.[332] Weit unsicherer dagegen ist, wie die NSLB-Presse Eingang in das Denken und Handeln der Lehrerinnen und Lehrer gefunden hat. Wie schon im Falle der Lagerschulungen lassen sich hierüber keine eindeutigen, tragfähigen Aussagen treffen. Sicherlich lieferten solche Publikationen den vom Nationalsozialismus überzeugten wie den opportunistisch eingestellten Lehrkräften klare „Orientierungshilfen", wie sie sich – wenigstens vor ihren Klassen – verhalten, welche gesellschaftlichen Standpunkte sie einnehmen und wie sie ihren Unterricht gestalten sollten.

---

327 Neben der Herausgabe eigener Publikationen war der NSLB darüber hinaus auch ganz grundsätzlich mit der „Beobachtung und Begutachtung" der pädagogischen Literatur beauftragt. Vgl. Klaus-Peter Horn (Hrsg.): Pädagogische Zeitschriften im Nationalsozialismus. Selbstbehauptung, Anpassung, Funktionalisierung (Bibliothek für Bildungsforschung, Bd. 3). Weinheim 1996, S. 93–116.

328 Heske: Und morgen die ganze Welt (Anm. 180), S. 66; Deutschland-Berichte der Sozialdemokratischen Partei Deutschlands, Sopade. Bericht vom 14.04.1939, S. 37–66, hier S. 59.

329 Feiten: Der Nationalsozialistische Lehrerbund (Anm. 94), S. 118.

330 Helmut Wilhelm Schaller: Der Nationalsozialistische Lehrerbund. Geschichte nationale und internationale Zielsetzungen. In: Archiv für Geschichte von Oberfranken, 2002, H. 82, S. 329–362, hier S. 340.

331 Ebd., S. 347.

332 Zu nennen sind hier die zu dieser Thematik zahlreich erschienenen wissenschaftliche Publikationen der Forschungsstelle NS-Pädagogik an der Goethe-Universität Frankfurt am Main.

Für die „Reichszeitung der deutschen Erzieher" ordnete die NSLB-Leitung ab 1934 den „Pflichtbezug" an, was aufgrund des Umstands, dass jedes Mitglied des NS-Lehrerbundes ohnehin ein Exemplar samt entsprechender Gauzeitschrift kostenlos zugestellt bekam,[333] verwundert. Wie ist dieser Umstand zu verstehen und zu interpretieren? Sollte dadurch lediglich die „vorbildhafte" Funktion der Zeitung unterstrichen werden? Oder erfolgte die Einstufung als „Pflichtlektüre" deshalb, weil das nach außen erkennbare Verhalten vieler Lehrer in den Augen der NSLB-Leitung von den Einstellungen, wie sie in der „Reichszeitung" vermittelt wurden, abwich? Wurde das Blatt von der Lehrerschaft nicht angemessen verinnerlicht? Als die kostenlose Zustellung mit Wirkung vom 1. April 1938 auf Anordnung des Reichsleiters für die Presse, Max Amann, mit Rücksicht auf den eineinhalb Jahre zuvor verkündeten Vierjahresplan verboten und der „Zwangsbezug" abgestellt wurde, sank die Auflage sofort von 320.000 auf 240.000 Exemplare. „Trotz aller Bemühungen und intensiver Werbeaktionen, in deren Verlauf die Mitglieder auch persönlich angesprochen wurden, ließ sich das Ergebnis nicht aufbessern. In Einzelaktionen wurden den Gauleitungen, bzw. Gauwaltungen des NSLB die Mitglieder gemeldet, die entweder die weitere Annahme verweigerten oder eine neue Bestellung nicht aufgaben. Allein bei der Gauwaltung des NSLB in Karlsruhe gingen 1938 daraufhin über 10.000 namentliche Hinweise ein."[334] Ob den Gemeldeten durch ihr Verhalten negative Konsequenzen entstanden, lässt sich leider nicht mehr rekonstruieren. Auch die Frage, ob es dem NSLB gelang, über Schulungen, Lehrerlager und Presseerzeugnisse Ansichten, Einstellungen und Handlungsweisen der NS-Ideologie so zu vermitteln, dass diese von der der Mehrheit der Lehrerschaft auch nachhaltig verinnerlicht und umgesetzt wurden, bleibt am Ende offen. Noch weniger jedoch kann aufgrund der bis hierhin dargelegten Umstände eine NSLB-Mitgliedschaft als Ausdruck einer durchgängig vorhandenen Affinität der Lehrerinnen und Lehrer zum Nationalsozialismus verstanden werden. Der NS-Lehrerbund blieb offenbar für Viele über Jahre hinweg nichts weiter als ein notweniges Übel.[335]

Wie verhält es sich jedoch bei Mitgliedschaften von Lehrkräften in der NSDAP und (womöglich zusätzlich) in weiteren NSDAP-Gliederungen und

---

333 Feiten: Der Nationalsozialistische Lehrerbund (Anm. 94), S. 118.
334 Ebd.
335 So ist etwa in einem Bericht der Sopade noch drei Jahre nach der „Gleichschaltung" über den NS-Lehrerbund zu lesen: „Der nationalsozialistische Lehrerbund bedeutet dem Lehrer nicht im entferntesten das, was ihm früher der Lehrerverein war, der ihm zugleich Gewerkschaft und Fortbildungsstätte für das Berufliche war. Der sachlich-fachliche Gehalt, die berufliche Anregung fehlt und ist durch politische Phrasen ersetzt. Unter dem Schatten des Systems, das gegenseitiges Misstrauen züchtigt, hat der gesellige Zusammenhang unter den Lehrern auf dem Lande fast ganz aufgehört, worüber insbesondere die Lehrerfrauen klagen." Deutschland-Berichte der Sozialdemokratischen Partei Deutschlands, Sopade – Februar 1936. Bericht vom 09.03.1936, S. 40–63, hier S. 42.

-Verbänden? Auch hier wäre es voreilig, darin einen klaren Beleg zu erkennen, dass zumindest diese den „harten Kern"[336] überzeugter Nationalsozialisten unter der Lehrerschaft darstellten.[337] Auf den ersten Blick sprechen die „nackten Zahlen" allerdings eine eindeutige Sprache: 1936 gehörte fast jedes dritte NSLB-Mitglied der NSDAP an. Die Quote lag damit fast doppelt so hoch wie beispielsweise im Reichsbund der deutschen Beamten, wo zum damaligen Zeitpunkt etwa 17 Prozent zugleich Mitglied der NS-Partei waren. Gut jeder zweite Lehrer mit Parteibuch war nicht nur einfaches Mitglied, sondern engagierte sich aktiv für die NSDAP und in deren Gliederungen.[338] Nach Angaben der Reichswaltung des NSLB aus dem Jahr 1937 kamen aus dem Lehrerstand sieben Gauleiter und -Stellverteter, 78 Kreisleiter und 2 668 Ortsgruppen und Stützpunktleiter – insgesamt also 2.753 „Hoheitsträger" der NSDAP. Hinzu kamen aus den Reihen des NSLB demnach 40.446 „politische Leiter",[339] darunter viele Lehrer und – in diesem Fall – auch Lehrerinnen, die sich als „Führer" und „Führerinnen" in der Hitlerjugend betätigten.[340] Würde man zweifelhaftere Quellen hinzuziehen und ihnen Glauben schenken, dann kamen sogar 160.000 „politische Funktionäre, Führer und Unterführer" der NSDAP aus den Reihen der Lehrer.[341]

Ganz unabhängig von der Frage der Nachprüfbarkeit derartiger Angaben stellt sich grundsätzlich die Frage, wie solche Statistiken zu bewerten sind? Kann daraus auf eine „weitgehende Nähe der Lehrerschaft zum Nationalsozialismus"[342] geschlossen werden? Lässt sich dadurch belegen, dass die Lehrerschaft „besonders" anfällig für den Nationalsozialismus war? Bei genauerer Betrachtung zeigt sich zumindest, dass voreilige Schlussfolgerungen unangebracht erscheinen.

---

336 Müller/Ortmeyer: Die ideologische Ausrichtung der Lehrkräfte 1933–1945 (Anm. 7), S. 13.
337 Zur Problematik der Bewertung von NSDAP-Mitgliedschaften vgl. auch Wolfgang Benz (Hrsg.): Wie wurde man Parteigenosse? Die NSDAP und ihre Mitglieder. Frankfurt am Main 2009.
338 Feiten: Der Nationalsozialistische Lehrerbund (Anm. 94), S. 147.
339 Ebd.
340 Gottfried Uhlig: Der Beginn der antifaschistisch-demokratischen Schulreform 1945–1946 (Monumenta paedagogica, Bd. 2). Berlin 1965, S. 22.
341 Die Zahl von 160.000 „political functionaries, leaders, and subleaders" wurde bereits 1940 von Hans Gerth, einem in die USA emigrierten Soziologen, in einem Aufsatz mit dem Titel „The Nazi Party: Its Leadership and Composition" genannt, der im „American Journal of Sociology" veröffentlicht wurde. Seine Angaben lassen sich allerdings nicht überprüfen. Eindeutige Nachweise und Belege führte er hierzu nicht auf, sondern verweist auf einen allgemeinen Artikel des Berliner Tageblatts (Ausgabe 210 vom 5. Mai 1937) mit dem Titel „Erzieherschaft und Partei". Später griffen dennoch einzelne Autoren auf Angaben Gerths zurück. Vgl. Seeligmann: Vorläufer des Nationalsozialistischen Lehrerbundes (NSLB) S. 306; Benjamin Ortmeyer, Schicksale jüdischer Schülerinnen und Schüler in der NS-Zeit – Leerstellen deutscher Erziehungswissenschaft?, Witterschlick/Bonn 1998, S. 111.
342 Eilers: Die nationalsozialistische Schulpolitik (Anm. 12), S. 74.

Nimmt man zunächst die Zahl der Parteimitglieder unter den NSLB-Mitgliedern unter Einbeziehung des Beitrittsdatums in den Blick, so fällt auf, dass die ganz überwiegende Mehrheit der Lehrerinnen und Lehrer erst im Zuge der „Gleichschaltungsmaßnahmen" der Nationalsozialisten in die NSDAP eintrat. Eine Analyse der NSLB-Mitgliederkarteien der Gaue Hessen-Nassau und Kurhessen der Jahre 1933 bis 1943 hat ergeben, dass 80 Prozent aller Beitritte von NSLB-Mitgliedern zur NSDAP im April und Mai 1933 erfolgten. Bis zur Stilllegung des NS-Lehrerbundes im Jahr 1943 lag die Quote der Parteianhänger unter den dortigen Mitgliedern relativ konstant bei etwa 25 Prozent und entsprach damit in etwa dem reichsweiten Verhältnis im NSLB.[343] Eine mögliche Erklärung, warum diese Quote im weiteren Verlauf der NS-Herrschaft nicht weiter anstieg, könnte der Umstand liefern, dass im Juni 1933 – unmittelbar vor dem aufwändig inszenierten Zusammenschluss der Lehrervereine auf dem NSLB-Treffen in Magdeburg – vom Gebot der „doppelten Mitgliedschaft" abgerückt wurde, demzufolge der Eintritt in den NSLB eine NSDAP-Mitgliedschaft voraussetzte. Bis dahin verstand sich der NSLB als Parteiorganisation der NSDAP, doch fortan sollte er der Einheitsverband aller Lehrer sein.[344] Hans Schemm, der erste Leiter des NSLB, sah in der Zurücknahme des Doppelmitgliedschaftsgebots demgemäß eine notwendige Bedingung für den erfolgreichen Aufbau seiner „Gesamterzieherorganisation". Er ging sogar davon aus, dass eine Parteimitgliedschaft von den meisten Lehrern gar nicht angestrebt werden würde.[345] Diese Annahme erstaunt umso mehr, wenn man bedenkt, dass die NSDAP mit Wirkung zum 1. Mai 1933 ohnehin eine allgemeine und bis 1937 andauernde Mitgliedersperre verhängte, um den massenhaften Zustrom von „Märzgefallenen" in die Partei zu stoppen, der nach den Reichstagswahlen im März 1933 einsetzte und die Verwaltung der NSDAP an ihre Kapazitätsgrenzen führte.[346] Die im Juni 1933 erfolgte „Öffnung" des NSLB für Nichtparteimitglieder war auch aus diesem Grund eine notwendige Maßnahme, die dennoch innerhalb der NSDAP zunächst nicht unumstritten

---

343 Breyvogel: Die soziale Lage und das politische Bewusstsein der Volksschullehrer (Anm. 110), S. 200.
344 Günther-Arndt: Volksschullehrer und Nationalsozialismus (Anm. 198), S. 41.
345 Feiten: Der Nationalsozialistische Lehrerbund (Anm. 94), S. 145.
346 Rund 1,6 Millionen Menschen wurden zwischen 1. Januar und 1. Mai 1933 Mitglied der NSDAP, ein Großteil davon nach den Reichstagswahlen im März 1933 und hiervor wiederum 1,3 Millionen zum letztmöglichen Termin, dem 1. Mai. Diese Parteimitglieder wurden im Jargon der NSDAP auch als „Märzgefallene" bezeichnet, wohl in Anspielung auf die revolutionären – demokratisch gesinnten – Demonstranten, die am 18. März 1848 vor dem Berliner Schloss ums Leben kamen. Im Gegensatz zu den „alten Kämpfern" wurde den „Märzgefallenen" von Seiten der Partei häufig unterstellt, nicht aus Überzeugung, sondern aus opportunistischen Gründen in die NSDAP eingetreten zu sein. Vgl. Björn Weigel: „Märzgefallene" und Aufnahmestopp im Frühjahr 1933. Eine Studie über den Opportunismus. In: Wolfgang Benz (Hrsg.): Wie wurde man Parteigenosse? Die NSDAP und ihre Mitglieder. Frankfurt am Main 2009, S. 91–109, hier S. 94–95.

blieb. Robert Ley, neben seinem Amt als Leiter der Deutschen Arbeitsfront auch Reichsorganisationsleiter der NSDAP, befürchtete durch den Beitritt von Nichtparteimitgliedern offenbar eine Aufweichung der von ihm zu betreuenden Parteiorganisationen, worunter auch der NS-Lehrerbund fiel, und sprach sich am 13. Dezember in einer Verfügung dafür aus, dass den Gliederungen und angeschlossenen Verbänden der NSDAP nur Parteigenossen angehören sollten.[347] Dem entgegnete Schemm mit dem Hinweis, dass der Mitgliederbestand des NSLB auf eine „verschwindend kleine Zahl" zurückgeschraubt werden würde und es wieder zu einer Neugründung der alten Lehrerverbände kommen müsse, würde man Leys Verfügung umsetzen.[348] Einen Schlusspunkt der innerparteilichen Diskussion um die Doppelmitgliedschaft war mit der Schaffung des „Hauptamtes für Erzieher" bei der NSDAP im Jahr 1934 gegeben, das als „Nahtstelle zwischen NSLB und Partei"[349] fungieren sollte, indem es für die Betreuung und politische Führung des NSLB zuständig wurde. Analog zur Reichsebene wurden entsprechende „Ämter für Erzieher" in den einzelnen Gauen, Kreisen und ggf. Kreisabschnitten eingerichtet. Fast überall wurden diese Ämter von den jeweiligen NSLB-Gau-, Kreis- und Kreisabschnittsleitern übernommen. Eine solche Personalunion bestand auch bei Hans Schemm und nach seinem Tod bei Fritz Wächtler, die fortan neben dem Amt des Reichswalters NSLB das Hauptamt für Erzieher anführten, was ihre persönlichen Kompetenzen und in Folge dessen auch den Kompetenzbereich des NSLB erweiterte, indem insbesondere die bereits erwähnte weltanschaulichen Schulungstätigkeit sowie weitere Aktionsfelder des NSLB, etwa die Kontrolltätigkeit im Bereich der Schrifttumspolitik, ausgebaut werden konnten.[350] Der politische Einfluss der NSDAP auf den NS-Lehrerbund galt durch diese Maßnahmen offenbar als ausreichend gesichert, eine erneute Diskussion um die Frage der Doppelmitgliedschaft fand bis 1943 nicht mehr statt. Allgemein setzte sich bei der NSDAP scheinbar immer mehr die Ansicht durch, „ein Beamter brauche nicht Mitglied der Partei zu sein, habe aber durch sein Verhalten zu beweisen, daß er sich zum Nationalsozialismus bekenne."[351] Festzuhalten bleibt: Allein mit der Mitgliedschaft in der NSDAP – zumal für die Zeit der „Gleichschaltung", in der ein Großteil der Eintritte erfolgte – lässt sich eine weitgehende Nähe oder besondere Anfälligkeit für den Nationalsozialismus nicht hinreichend belegen.

---

347 Die einzelnen Bestimmungen dieser Verfügung sind abgedruckt in: Rhein-Ruhr, Mitteilungsblatt des NSLB Gau Essen, Februar 1934, S. 27.
348 Vgl. Nationalsozialistische Erziehung, Kampf- und Mitteilungsblatt des NSLB im Bereich Norddeutschland, Januar 1934, Nr. 4, o. S., zit. n.: Feiten: Der Nationalsozialistische Lehrerbund (Anm. 94), S. 146.
349 Ebd., S. 141.
350 Ebd., S. 142.
351 Ebd., S. 147.

Zu bewerten bleibt noch der Umstand, dass Lehrerinnen und Lehrer neben dem NS-Lehrerbund oftmals weiteren NS-Gliederungen, -Organisationen und -Verbänden angehörten. Nach einer Erhebung vom 1. Mai 1936 traten 23 Prozent der männlichen Mitglieder des NSLB einer oder mehreren Gliederungen und „betreuten Organisationen" der NSDAP bei (darunter SA, SS, NS-Kraftfahrkorps, NS-Fliegerkorps, NS-Marinebund), unter den Mitgliedern mit NSDAP-Parteibuch waren es sogar 52 Prozent. Über 10.500 Lehrer, die allermeisten unter 40 Jahre alt, waren damals für die HJ und das Jungvolk tätig, 14.000 hatten an Lehrgängen des NS-Fliegerkorps teilgenommen, „um die Jugend dem Luftsport zuzuführen"[352]. Von den weiblichen NSLB-Mitglieder engagierten sich zu dieser Zeit 7.400 im BDM und bei den Jungmädeln. Auch gab es damals etwa 27.000 Lehrerinnen, die Mitglied in der NS-Frauenschaft waren, davon 74 als Gau- und Kreisfrauenschaftsleiterinnen und über 1200 als Ortsfrauenschaftsleiterinnen.[353] Von den NS-Verbänden, in den Lehrerinnen und Lehrer neben dem NSLB eingetreten sind, war die NS-Volkswohlfahrt mit Abstand am bedeutendsten. Zwar lassen sich keine eindeutigen Zahlen für das gesamte Reichsgebiet rekonstruieren, doch aus einzelnen Lokal- und Regionalstudien geht hervor, dass die dortige Lehrerschaft bis 1945 annähernd geschlossen dem NSV angehörte, unabhängig davon, ob es sich bei ihnen um Volksschullehrkräfte[354] oder Lehrerinnen und Lehrer an höheren Schulen[355] handelte. Im Zuge der fortschreitenden Aufrüstung im „Dritten Reich" und spätestens mit Beginn des Krieges rückte darüber hinaus der (zivile) „Luftschutz" immer stärker ins Bewusstsein der Bevölkerung, weswegen sich Mitgliedschaften von Lehrerinnen und Lehrer im Reichsluftschutzbund (RLB) ab Mitte der 1930er Jahre häuften, ohne jedoch jemals die Dimensionen der NSV-Mitgliedschaften zu erreichen.[356] Wie sind solche Angaben zur Mitgliedschaft von Lehrerinnen und Lehrern in NS-Verbänden zu interpretieren? Sicher ist es ratsam, unterschiedliche Deutungsmöglichkeiten zu berücksichtigen. So bot die Mitgliedschaft in Verbänden grundsätzlich „entweder eine zusätzliche Unterstreichung oder eine Alternative gegenüber der Parteizugehörigkeit."[357] Vom Nationalsozialismus überzeugte Lehrkräfte engagierten sich gewiss ganz bewusst in zahlreichen NS-Organisationen, um in Übereinstimmung

---

352 Statistisches Material über die aktive Mitarbeit der deutschen Lehrer an der nationalsozialistischen Lebensgestaltung nach einer Erhebung vom 1. Mai 1936, in: Johann von Leers und Heinrich Hansen: Der deutsche Lehrer als Kulturschöpfer, Frankfurt 1939, Verlag Diesterweg, S. 164f., zit. n.: Gamm: Führung und Verführung (Anm. 12), S. 201.
353 Ebd.
354 Stern: Ländliche Elite und Volksgemeinschaft – Ostfrieslands Volksschullehrkräfte im „Dritten Reich" (Anm. 13), S. 32–33.
355 Gisela Brodesser: Spuren der Diktatur. Studie über das politische Schicksal und das Verhalten von Karlsruher Gymnasiallehrern während des Dritten Reiches und die Ergebnisse ihrer Entnazifizierung. Karlsruhe 2000, S. 254.
356 Ebd., S. 249.
357 Ebd., S. 246.

mit dem Regime den stets propagierten „Sozialismus der Tat" zu praktizieren. Doch dies ist mit Sicherheit nicht als alleiniges Motiv zu unterstellen. Manch einem Lehrer bot der Verweis auf eine Mitgliedschaft in der NSV die Möglichkeit, seinen Nichteintritt in die NSDAP gegenüber Kollegen und Vorgesetzten mit Parteibuch zu rechtfertigen, ohne dadurch in Verruf zu geraten, gegenüber dem Regime unkooperativ zu sein.[358] Insbesondere für die Mitgliedschaft in der Volkswohlfahrt wurde in der gesamten Bevölkerung öffentlich, etwa auf Plakaten, geworben, um „notleidenden Volksgenossen" zu helfen. Lehrer dürften hier unter einem besonderen Erwartungsdruck gestanden haben, denn als Beamte und Staatsdiener sollten sie Vorbild sein.[359] Der politische Anpassungsdruck auf Lehrerinnen und Lehrer blieb auch nach den anfänglichen „Säuberungsmaßnahmen" der NS-Herrschaft bestehen. Wollten sie sich nicht dem Vorwurf der „Asozialität" ausgesetzt sehen[360], mussten weiterhin durch allerlei Gesten ihre „Treue" zum Regime bekunden. Dazu gehörte auch die Übernahme von „freiwilligen" Werbungs- und Sammlungsaufträgen, wie sie beispielsweise die NSV durchführte.[361] Ein „Erlaß über den Pflichtenkreis der Lehrer (Lehrerinnen) und Erzieher (Erzieherinnen) im nationalsozialistischen Staat", wie er am 10. Juni 1936 vom Bayerischen Staatsministerium für Unterricht und Kultus als nachgeordnete Behörde des Reichserziehungsministeriums herausgegeben wurde, unterstreicht die staatliche Erwartungshaltung und lässt zugleich erkennen, dass Lehrerinnen und Lehrer offenbar nicht immer aus freien Stücken bereit waren, dieser nachzukommen. So heißt es in dem Erlass unter anderem:

„Der Pflichtenkreis des Lehrers und Erziehers im nationalsozialistischen Staat geht über den Unterricht, die fachliche Weiterbildung und die herkömmlichen schulischen Nebengeschäfte weit hinaus. Mannigfache neue Aufgaben treten heute an die Erzieherschaft heran, z. B. die Betreuung der Jugend, wie sie in der Hand des Jugendwalters zusammengefaßt ist, die Volkstumsarbeit, das Schullandheim und die Jugendherberge, der Wehrsport, der Wandertag; die Gestaltung der Schulfeiern und des Staatsjugendtages; die gebende oder mindestens empfangende Beteiligung an der weltanschaulichen und fachlichen Schulungsarbeit des NS-Lehrerbundes in den Fachgruppen und in den Schulungslagern, die Teilnahme am kameradschaftlichen Leben

---

358 Bruno Schonig: Lehrerinnen und Lehrer im Nationalsozialismus: Lebensgeschichtliche Dokumente – kritische Verstehensversuche. In: Wolfgang Keim (Hrsg.): Pädagogen und Pädagogik im Nationalsozialismus – Ein unerledigtes Problem der Erziehungswissenschaft (Studien zur Bildungsreform). Frankfurt am Main 3. Aufl. 1991, S. 89–111, hier S. 96.
359 Geißler: Schulgeschichte in Deutschland (Anm. 12), S. 552.
360 Klewitz: Lehrersein im Dritten Reich (Anm. 12), S. 117.
361 Schnorbach: Lehrer und Schule unterm Hakenkreuz (Anm. 194), S. 59; Deutschland-Berichte der Sozialdemokratischen Partei Deutschlands, Sopade – September–Oktober 1934 (Anm. 271), S. 71.

des NS-Lehrerbundes, der Besuch von öffentlichen Veranstaltungen der NSDAP, das Interesse für ihre Volksbildungsarbeit, ihr Schrifttum und ihre Presse; die Förderung der NS-Volkswohlfahrt und des Winterhilfswerks, des Reichsluftschutzbundes, wenn möglich durch tätige Mitarbeit; Opfersinn und Mithilfe auch bei kleineren Anlässen, wie z. B. beim Verkauf von Losen oder Schriften u. ä. zu gemeinnützigen Zwecken." Einschränkend heißt es dann: „Selbstverständlich wird nicht verlangt, daß der einzelne Erzieher sich auch auf allen genannten Arbeitsfeldern betätigt, wohl aber wird verlangt, daß er seine Aufgeschlossenheit für die tragenden Kräfte des heutigen öffentlichen Lebens durch die Tat bekundet. An vielen Schulen stellen sich dem Anstaltsleiter (Schulleiter) zur Mitarbeit bisher nur ganz wenige Lehrkräfte zur Verfügung, oft dieselben, die durch ihren Einsatz bei SA., SS., HJ. oder als Politische Leiter schon stark genug beansprucht sind. Hier muß ein gründlicher Wandel Platz greifen! […] Eine Straßensammlung des Winterhilfswerks ist Ehrensache des ganzen Lehrkörpers."

Der Erlass schließt mit einigen Bemerkungen, aus denen der Handlungsdruck auf die Lehrerschaft nochmals deutlich hervorgeht, indem formuliert wird:

„Nach dem Führergrundsatz ist es Sache des Anstaltsleiters (Schulleiters), die Überbürdung einzelner abzustellen und Säumige heranzuziehen. Bei der dienstlichen Beurteilung der Lehrkräfte durch das Ministerium fällt deren Einstellung zu den genannten Aufgaben erheblich ins Gewicht. Ich hoffe jedoch zuversichtlich, daß es des äußeren Druckes nicht bedürfen wird. Es gilt sich freizumachen von der Vorstellung, als ob die neuen Pflichten eine ärgerliche und wesensfremde Belastung, ja Belästigung seien. […] Die Lehrkräfte sind alljährlich bei Schuljahresbeginn und bei sonstigen Anlässen auf den vorstehenden Erlaß hinzuweisen."[362]

Neben der generellen Erwartungshaltung des Regimes gegenüber Lehrerinnen und Lehrern, sich durch ihre Mitgliedschaft in Organisationen einzubringen, gehörten vor allem männliche Volksschullehrer in ländlichen Gegenden zur „Funktionselite" ihrer jeweiligen Gemeinde. In kleinen Ortschaften und Dörfern, in denen die Mehrzahl der Volksschullehrer unterrichtete, übernahmen sie oft „ehrenamtlich" kirchliche, administrative und kulturelle Aufgaben, beispielsweise als Protokollführer im Gemeinderat oder Leiter von Gesangs- und Turnvereinen usw. Diese „elitäre Rolle in den dörflichen Vereinen und Organisationen" ließ Landlehrkräfte mitunter zu wichtigen nationalsozialistischen Akteuren werden, auf deren Mitwirkung beispielsweise die Nationalsozialistische Volkswohlfahrt angewiesen war. Manch ein Lehrer dürfte so zu einem überzeugten „Volkslehrer" im Sinne der Nationalsozialisten geworden sein. Allerdings muss auch betont werden, dass

---

362 Amtsblatt des Bayerischen Staatsministerium für Unterricht und Kultus 1936, S. 344, zit. n.: Schnorbach: Lehrer und Schule unterm Hakenkreuz (Anm. 163), S. 120.

die NSV vor allem als Fürsorgeorganisation wahrgenommen wurde,[363] ob durch ihre Sammlungsaktivität beim Winterhilfswerk oder bei der erweiterten Kinderlandverschickung im Zuge des Luftkriegs über Deutschland[364] – auch wenn sie unbestritten bis zuletzt die rassistischen und sozialdarwinistischen Ziele der NS-Ideologie propagierte und verfolgte.[365] Auch der Reichsluftschutzbund, der erst 1944 vom Reichsluftfahrtministerium in die Zuständigkeit der NSDAP überging, galt als eher „unpolitische" Einrichtung, selbst wenn auch hier nicht von der Hand zu weisen ist, dass Lehrerinnen und Lehrer, die – ob freiwillig oder von ihren Vorgesetzten dazu verpflichtet – an ihren Schulen im Falle eines Luftangriffs Maßnahmen zur Sicherung der Schülerschaft zu ergreifen, mittelbar als Stütze des Regimes dienten und an dessen Verbrechen indirekt beteiligt waren.[366]

Letztlich bleibt es unmöglich, anhand von Mitgliederzahlen und -statistiken die politische Einstellung „der Lehrerschaft" treffend zu charakterisieren. „In den durch die Diktatur gezogenen Grenzen reicht das politisch-ideologische Erscheinungsbild der Lehrpersonen [...] von robusten, in Uniform auftretendem Nationalsozialisten über die Karrieristen bis zum reinen Fachmann, der sich formal anpasst und politischer Inanspruchnahme ausweicht, wo er kann."[367] Berücksichtigt man die in diesem Teilkapitel zusammengetragenen Umstände, so spricht jedoch einiges dafür, dass opportunistische Motive für die meisten Staatsdiener, Lehrerinnen und Lehrer eingeschlossen, sowohl für den Parteieintritt als auch für das Engagement in NS-Gliederungen, -Organisationen und -Verbänden letztendlich bestimmend gewesen sein dürften. Bereits 1933 begegneten NSDAP-Funktionäre dem massenhaften Eintritt der Beamtenschaft mit großem Misstrauen. In der Parteistatistik der NSDAP mit Stand vom 1. Januar 1935 wird folgerichtig kommentiert,

> „daß die Parteieintritte seitens der Beamten nach der Machtübernahme das Vierfache von dem betragen, wie es vor der Machtübernahme der Fall war. Bei den Lehrern ist die Anzahl der Partei-Eintritte nach der Machtübernahme sogar 6 mal so groß als vor der Machtübernahme. Hier handelt es sich zweifellos bei einem größeren Teil der Beamten und Lehrer um Konjunkturritter".[368]

---

363 Stern: Ländliche Elite und Volksgemeinschaft – Ostfrieslands Volksschullehrkräfte im „Dritten Reich" (Anm. 13), S. 34.
364 Armin Nolzen: Die NSDAP und die deutsche Gesellschaft im Zweiten Weltkrieg. In: Kriegsende in Deutschland (GEO). Hamburg 2005, S. 186–193, hier S. 192.
365 Stern: Ländliche Elite und Volksgemeinschaft – Ostfrieslands Volksschullehrkräfte im „Dritten Reich" (Anm. 13), S. 35–36.
366 Brodesser: Spuren der Diktatur (Anm. 355), S. 249.
367 Geißler: Schulgeschichte in Deutschland (Anm. 12), S. 551.
368 Partei-Statistik, Stand: 1.1.1935, Bd. I, S. 70–75, zit. n.: Breyvogel: Volksschullehrer und Faschismus – Skizze zu einer sozialgeschichtlichen Erforschung ihrer sozialen Lage (Anm. 12), S. 333–335.

Auf der anderen Seite blieb die Mitgliedschaft in der Partei und das Engagement in NS-nahen Organisationen für das Regime immer auch ein entscheidender Gradmesser für die Loyalität der Lehrkräfte, mit dem über Einstellungen, Beförderungen oder Sanktionen entschieden wurde. Verdiente Parteigenossen innerhalb der Lehrerschaft wurden protegiert. So forderte beispielsweise das bayerische Kultusministerium am 13. März 1937 alle Bezirksregierungen auf, Lehrer zu melden, die Mitglied der Partei, der HJ, des BDM oder einer anderen Gliederung waren. Außerdem sollten die Träger des Goldenen Parteiabzeichens gemeldet werden. Solche Anfragen blieben nicht folgenlos. Dokumentiert ist beispielsweise, dass das Kultusministerium im Einvernehmen mit dem Reichsfinanzministerium und dem Reichsinnenministerium für „alte Kämpfer" vereinzelt sogar eigens Lehrerstellen schuf. Eine geläufigere Form der Belohnung war die „Verbesserung des Ernennungsdienstalters" um einige Jahre, mit der eine Gehaltsverbesserung verbunden war.[369] Auch ist nachgewiesen, dass Lehrer, die 1933 im Zuge der „Gleichschaltungsmaßnahmen" aus dem Schuldienst entlassen wurden, nach dem allgemeinen Aufnahmestopp 1937 in die NSDAP eintraten und – wohl in Reaktion des Staates auf den allgemeinen Lehrermangel ab Ende der 1930er Jahre – in Folge wieder in den Schuldienst berufen wurden. Wie sind die Haltungen solcher Lehrkräfte zum NS-Regime letztlich zu charakterisieren und zu bewerten? Ist ein Lehrer, der zwar kein NSDAP-Mitglied, dafür jedoch „förderndes Mitglied der SS" war und in der Erinnerung seiner Schüler stets sein Abzeichen, das ihn als solches auswies, am Revers trug,[370] weniger überzeugter Nationalsozialist gewesen als ein Lehrer mit Parteibuch, der – zumindest in der Wahrnehmung seiner Schüler – eher zurückhaltend mit politischen Äußerungen umgegangen ist?[371] Ohne die individuelle Motivlage zu kennen oder wenigstens zu erahnen, ist kein abschließendes Urteil möglich. Dass der Zwang zur Loyalität gegenüber dem Regime für Lehrerinnen und Lehrer kein maßgeblicher Faktor für ihren Beitritt in die NSDAP war, wie es gelegentlich in der Literatur zu lesen ist,[372] kann dagegen bezweifelt werden. Es gab durchaus Berufsgruppen, die unter einem nicht annähernd großen Loyalitätszwang zum Nationalsozialismus standen wie die Lehrer und dennoch eine wesentlich höhere Mitgliedschaftsrate in NS-Organisationen aufwiesen.[373] Unbestritten

---

369 Schäffer: Ein Volk – ein Reich – eine Schule (Anm. 13), S. 86–87.
370 Böhme/Hamann: Schulalltag zwischen Ideologie und Wirklichkeit (Anm. 219), S. 146–147.
371 Ebd., S. 157.
372 Vgl. Eilers: Die nationalsozialistische Schulpolitik (Anm. 12), S. 74.
373 So gehörten beispielsweise von allen „reichsdeutschen Ärzten" etwa 45 Prozent der NSDAP an – 20 Prozent mehr als bei den Lehrkräften. Im Jahr 1937 waren 26 Prozent aller männlichen Ärzte SA-Mitglieder, verglichen mit elf Prozent aller Pädagogen. In der SS waren zu diesem Zeitpunkt 7,3 Prozent aller männlichen Ärzte, verglichen mit 0,4 Prozent der Lehrerschaft. Vgl. Kater: Hitlerjugend und Schule im Dritten Reich (Anm. 12), S. 609–610.

war der Druck, aber auch die Bereitschaft unter Lehrerinnen und Lehrern groß, sich durch Eintritt in die NSDAP und ihre Gliederungen, Organisationen und Verbände formal zum nationalsozialistischen Staat und seiner Weltanschauung zu bekennen.[374] Daraus kann jedoch nicht geschlussfolgert werden, dass von Beginn an weite Teile der Lehrerschaft in ihren weltanschaulichen Überzeugungen mit den Ideen des Nationalsozialismus übereinstimmten und damit als überzeugte Nationalsozialisten angesehen werden können. Zwar hatten sich große Teile der Lehrerschaft schon vor der „Machtübernahme" nicht offen gegen die NSDAP gestellt – und auch nach 1933 änderte sich an dieser Haltung im Grundsatz nichts. Doch wie im Folgenden verdeutlicht werden wird, lagen die Gründe hierfür kaum in einer stetig wachsenden Zustimmung für das Regime und seiner praktischen (Schul-)Politik. Vielmehr unterlag das Bildungswesen in den zwölf Jahren des „Dritten Reichs" einigen Wandlungsprozessen, die auf die Mehrheit der Lehrerinnen und Lehrer am Ende mit Sicherheit enttäuschend gewirkt hat.

3.2.3 Kontinuitäten, Blockaden und Brüche – Die Schul- und Bildungspolitik der Nationalsozialisten und ihre Folgen für die Lehrerschaft

Bereits an vorausgegangenen Stellen wurde herausgearbeitet, dass die Bildungsvorstellungen der Nationalsozialisten vor 1933 alles andere als ausgereift waren und sich in erster Linie an völkisch-nationalistisch ausgeprägten „Grundpfeilern" ausrichteten, wie sie allen voran Adolf Hitler formulierte. Seine rudimentären Überlegungen in diesem Bereich dienten zahlreichen Funktionsträgern im NS-Bildungsbereich als Orientierung. Jenseits der vor 1933 bekundeten Heilsversprechen setzte das Regime im Bereich der Bildung auf symbolische Handlungen und nötigenfalls auch auf Druck und Gewalt, um der Institution Schule ein neues Gesicht zu verleihen. Was für den NSLB als einen zentralen Akteur bereits angedeutet wurde, gilt für die NS-Schul- und Bildungspolitik im Ganzen: Sie unterlag von 1933 bis 1945 fortwährenden Entwicklungsprozessen, knüpfte mitunter aber auch an opportun erscheinenden Traditionen an. Ambitionierte Reformvorhaben wurden angekündigt, umgesetzt wurden sie jedoch nur in Teilen. Ein Grund hierfür ist in der Anlage der Herrschaftsstrukturen des Regimes zu suchen. Auch wenn bereits in der Weimarer Republik institutionelle Rivalitäten und Kompetenzüberschneidungen im Bildungswesen existierten, nahmen während der Zeit des Nationalsozialismus Unstimmigkeiten über konkrete Maßnahmen und

---

374 Deutschland-Berichte der Sozialdemokratischen Partei Deutschlands, Sopade – Juni 1937 (Anm. 238), S. 120–121.

deren Umsetzung nochmals spürbar zu[375] – auch mit dem Ergebnis, dass sich mitunter Blockaden ergaben, die bis dahin bestehende Strukturen eher festigten als veränderten. Ein weiterer Grund für das Scheitern einer konsequenten Neuausrichtung der Schulpolitik ist in veränderten Rahmenbedingungen zu suchen, wobei die Auswirkungen des Krieges ab 1939 sicherlich den gewichtigsten Faktor darstellen. Auf die in Aussicht gestellten Reformen, deren teilweise Umsetzung einerseits sowie deren Aufhebung oder Zurücknahme andererseits, reagierten die meisten Lehrkräfte sehr wahrscheinlich nicht mit Gleichgültigkeit. Stattdessen dürften die Entwicklungen in der NS-Schulpolitik für jeden Lehrer und jede Lehrerin je nach Zeitpunkt und persönlicher Disposition mit euphorisch begrüßt worden sein oder am Ende auch Niedergeschlagenheit und Resignation ausgelöst haben. Weiterhin ist zu erwarten, dass sich derartige Gefühlserfahrungen auch auf die innere Haltung jeder einzelnen Lehrkraft zum Nationalsozialismus ausgewirkt haben dürften. Hierbei sind verschiedenste Variationen vorstellbar: Gegner des Regimes konnten in ihrer ablehnenden Haltung weiter bestärkt werden oder zu Angepassten und Anhängern werden. Auch gegenteilige Entwicklungen sind denkbar: Überzeugte Nationalsozialisten blieben dem Regime trotz allem bis zuletzt treu oder begannen am Nationalsozialismus zu zweifeln. Genauso wenig wie Zahlen und Statistiken konkrete Informationen über tatsächliche Einstellungen der Lehrerschaft zum Nationalsozialismus bereithalten, gelten diesbezügliche Diagnosen stets für den gesamten Zeitraum der NS-Herrschaft, geschweige denn darüber hinaus. Den allgemeinen Entwicklungen folgend waren Einstellungen und Haltungen einem beständigen Wandel unterworfen.

Betrachtet man den strukturellen Aufbau des Schulwesens in den ersten Jahren nach 1933, so sucht man einschneidende Veränderungen zunächst vergeblich. Zumindest bis 1936 erweist sich das Schulsystem im „Dritten Reich" stattdessen als kontinuierliche Fortführung des Schulaufbaus, wie er bereits in der Weimarer Republik angelegt wurde: Volksschulen, die allermeisten konfessionell geprägt, blieben weiterhin die dominierende Schulart, höhere Schulen wiesen noch immer eine außerordentliche Angebotsvielfalt auf, die meisten reformpädagogischen Landerziehungsheime bestanden weiter fort[376] – nun allerdings unter veränderten Zielsetzungen und ausgerichtet auf die NS-Ideologie[377] – sogar Privat- und Konfessionsschulen blieben zunächst bestehen. Als einzige „sichtbare" Neuerung wurden ab 1933 die ersten „Nationalpolitischen Erziehungsanstalten" (NAPOLA) eröffnet, die jedoch einem sehr überschaubaren Kreis von

---

375 Zur Polykratie im NS vgl. Rüdiger Hachtmann: Polykratie – Ein Schlüssel zur Analyse der NS-Herrschaftsstruktur? Version 1.0, 2018, http://docupedia.de/zg/Hachtmann_polykratie_v1_de_2018 (zuletzt abgerufen am 28.04.2020).
376 Thomas Kerstan: Lernen für den Führer. In: Die Zeit, 2012, 45/2012.
377 Link: „Erziehungsstätte des deutschen Volkes" – Die Volksschule im Nationalsozialismus (Anm. 270), S. 87.

Schülern vorbehalten waren.[378] Die vor 1933 angekündigte „Zentralisierung" des Schulsystems, die Einführung von Gemeinschaftsschulen,[379] die den kirchlichen Einfluss auf das Schulwesen zurückdrängen sollten, und die Umwandlung der Lehrerschaft in eine geschlossene, ideologisch gefestigte „Erzieherfront" waren nicht über Nacht zu erreichen.[380] Strittige Fragen, die bei einer derartigen Schulreform zweifellos aufgekommen wären, sollten die allgemein angestrebte innenpolitische Konsolidierung nicht gefährden,[381] dessen waren sich die führenden NS-Bildungspolitiker bewusst. So äußerte sich der vor Gründung des Reichserziehungsministeriums für das Schulwesen maßgeblich verantwortliche Innenminister Wilhelm Frick im Mai 1933 vor den Kultusministern der deutschen Länder zum „Kampfziel der deutschen Schule" wie folgt:

> „In den letzten drei Monaten haben wir in einem in der deutschen Geschichte unerhörten Ausmaß und unerhörten Tempo die politische Macht im Reich erobert und gegen gewaltsame Umsturzversuche weitestgehend gesichert. Jetzt stehen wir vor der schwierigen Aufgabe, auf lange Sicht diese Macht auch innerlich derart zu festigen, daß in alle Zukunft ein Rückfall in die Fehler der Vergangenheit unmöglich wird. Dazu muß die Grundlage in der Erziehung unseres Volkes geschaffen werden. Sie legt den Grundstein für Jahrhunderte. Ihre Aufgabe ist es, die Volksgenossen schon vom frühesten Lebensalter an so zu erfüllen mit dem, was der Sinn unseres Volkstums und der ganzen Nation ist, daß die einmal gewonnene Erkenntnis in Fleisch und Blut übergeht und auf Generationen hinaus durch nichts mehr zerstört werden kann […]."[382]

Die bildungspolitische Ausrichtung des „Tausendjährigen Reiches", wie es die Nationalsozialisten propagierten, sollte nach Fricks Ansicht nicht durch unüberlegten Aktionismus gefährdet werden. Auch Bernhard Rust, dem 1934 mit der Gründung des Reichserziehungsministeriums entscheidende Kompetenzen bei der Ausrichtung des Schulwesens zufielen, hielt an dem Grundsatz einer langsamen Reform fest. In einem 1935 veröffentlichten Aufsatz mit dem Titel „Grundlagen der nationalsozialistischen Erziehung" schreibt er:

---

378 Kemnitz/Tosch: Zwischen Indoktrination und Qualifikation – Höhere Schule im Nationalsozialismus (Anm. 226), S. 120–121.
379 Allgemein zur Einführung von Gemeinschaftsschulen und den damit verbundenen Konflikten mit den Kirchen vgl. Franz Sonnenberger: Der neue „Kulturkampf". Die Gemeinschaftsschule und ihre historischen Voraussetzungen. In: Anton Grossmann/Elke Fröhlich-Broszat (Hrsg.): Bayern in der NS-Zeit. Studien und Dokumentationen : BAND III: Herrschaft und Gesellschaft im Konflikt. Berlin/Boston 2018, S. 235–327.
380 Riccardo Bavaj: Der Nationalsozialismus. Entstehung, Aufstieg und Herrschaft (Schriftenreihe, Band 1749). Bonn 2016, S. 102.
381 Scholtz: Erziehung und Unterricht unterm Hakenkreuz (Anm. 12), S. 46.
382 Ansprache des Reichsinnenministers Wilhelm Frick an die Kultusminister der deutschen Länder im Mai 1933, zit. n.: Böhme/Hamann: Schulalltag zwischen Ideologie und Wirklichkeit (Anm. 219), S. 49.

„Der Weg zur neuen Schule wird nicht mit Siebenmeilenstiefeln durchschritten. Die Zeiten eines neuen Erziehungsaufbaus für ein Volk sind vergleichbar mit denen, mit denen man in der Forstwirtschaft rechnet. [...] Mit um so größerer Vorsicht und Verantwortung muß darum die verantwortliche Staatsführung für das Erziehungswesen zu Werke gehen."[383]

So dauerte es dann auch einige Jahre, bis 1937 durch das Reichserziehungsministerium einheitliche „Richtlinien für den Unterricht in den vier unteren Jahrgängen der Volksschule" herausgegeben wurden. Weitere zwei Jahre später, am 15.12.1939, folgten dann unter dem Titel „Erziehung und Unterricht in der Volksschule" die Richtlinien für die gesamten Jahrgänge der Volksschule. Dass die Neuordnung der unteren Klassenstufen (Grundschule) vorgezogen wurde, hing mit einer beabsichtigen Reform der Höheren Schulen zusammen, deren Richtlinien im Jahr 1938 festgelegt wurden. In deren Folge setzte tatsächlich ein Vereinheitlichungsprozess ein, indem die Vielzahl höherer Schulformen – 1937 existierten noch rund 70 verschiedene[384] – auf zwei Grundtypen (Oberschule und als „Sonderform" das altsprachliche Gymnasium) reduziert werden sollte.[385] Das Hauptaugenmerk bei der Umgestaltung des Schulwesens lag von Beginn an auf den höheren Schulen, während „die nationalsozialistische Grundschule zwar ideologisch überformt wurde, strukturell aber unverändert blieb und wie die Weimarer Grundschule weiterhin didaktisch z.B. durch das (sicherlich aufgewertete) Heimatprinzip, den erziehenden Unterricht und den Gesamtunterricht geprägt wurde."[386] Insbesondere für angehende Volksschullehrer dürfte aber eine andere Veränderung, die ebenfalls im Zuge der Reformen erfolgen sollte, von entscheidenderer Bedeutung gewesen sein: Reichsweit wurde nun die Vereinheitlichung und Professionalisierung der Volksschullehrerausbildung an sogenannten „Hochschulen für Lehrerbildung" durchgesetzt. In Preußen gingen diese zwar schon 1933 aus den bereits existierenden „Preußischen Akademien" hervor, doch erst im Zuge der Entwicklung gleichartiger Schulrichtlinien wurden sie bis Ende der 1930er Jahre in allen Teilen des Reiches etabliert.[387] 1936 standen immerhin bereits 16 Hochschulen zur Verfügung, an denen laut Statistischem Jahrbuch für das Deutsche Reich etwa 4.400 männliche und ca. 700 weibliche

---

383 Bernhard Rust über die „Grundlagen der nationalsozialistischen Erziehung", zit. n.: Eilers: Die nationalsozialistische Schulpolitik (Anm. 12), S. 113.
384 Ebd., 52
385 Torsten Gass-Bolm: Das Gymnasium 1945–1980 (Moderne Zeit, Bd. 7). Göttingen 2005, S. 75.
386 Link: „Erziehungsstätte des deutschen Volkes" – Die Volksschule im Nationalsozialismus (Anm. 270), S. 86.
387 Ebd., S. 90–91.

Lehramtsanwärter eingeschrieben waren.[388] Angesichts der Vielzahl an Lehrkräften, die an den Schulen unterrichteten, war die Zahl der nach dem neuen System ausgebildeten Lehrer zwar gering, allerdings stellten diese laut Einschätzung der im Exil befindlichen Vorstands der SPD „tatsächlich eine sehr zuverlässige Avantgarde des Regimes" dar. „Sie sind mit nationalsozialistischer Gesinnung und Ideologie vollgepfropft. Sie fühlen sich als die Kämpfer des Führers, als die SA der nationalsozialistischen Pädagogik."[389] Dieser neue Geist machte auch vor der Ausbildung der Lehrkräfte an Höheren Schulen keinen Halt: Sie verbrachten die ersten beiden Semester ihres Studiums nun gemeinsam mit angehenden Volksschullehrern an den Hochschulen für Lehrerbildung – das Regime setzte so zudem ein sichtbares Zeichen, dass es offenbar tatsächlich bestrebt war, die gesamte Lehrerschaft einheitlich auf den NS-Staat auszurichten.[390]

Die in Kraft gesetzten Schulrichtlinien der Jahre 1937 bis 1939 markierten den Abschluss der Aufbau- und Konsolidierungsphase der am NS-Bildungswesen beteiligten Instanzen. Sie sind eher als Produkt eines mehrjährigen Aushandlungsprozesses zu verstehen, denn als Ausdruck bis dahin ungeklärter Machtstrukturen. Unbestritten waren polykratische Effekte, die mitunter zu einem ineffizienten Neben- und Gegeneinander geführt haben, auch im Bereich des NS-Bildungssystems zu verzeichnen. Dennoch greift dieses Paradigma zu kurz, um die Entwicklungen treffend zu charakterisieren. Vielfach lässt sich eine arbeitsteilige Kooperation aller Behörden beobachten, deren konsensuales Ziel stets darin bestand, die nationalsozialistische Herrschaft zu festigen, auch wenn es zwischen potenziell rivalisierenden Organisationen immer wieder zu Auseinandersetzungen kam. So waren vor allem in den frühen Jahren des „Dritten Reichs" Konflikte des Reichserziehungsministeriums mit dem Reichsinnenministerium und mit dem Reichsministerium für Volksaufklärung und Propaganda unter Joseph Goebbels, der selbst das Kulturressort angestrebt hatte, keine Seltenheit. Als auf ministerieller Ebene bis 1936/37 eine Konsolidierung sich überschneidender Macht- und Interessensphären stattfand, verlagerten sich die Auseinandersetzungen um die Bildungspolitik, indem vor allem verschiedene Dienststellen der NSDAP ihren Einfluss verstärken und den ohnehin existierenden Dualismus zwischen Staat und Partei in der Erziehungskompetenz zu ihren Gunsten beeinflussen wollten.[391] Neben dem bereits ausführlich vorgestellten NS-Lehrerbund ist in diesem Zusammenhang die Dienststelle des Führers Rudolf Heß (nach dessen ominösem Englandflug 1941 in „Parteikanzlei" unter Leitung von

---

388 Deutschland-Berichte der Sozialdemokratischen Partei Deutschlands, Sopade – Juli 1937. Bericht vom 06.08.1937, S. 1–19, hier S. 18.
389 Ebd., S. 19.
390 Kemnitz/Tosch: Zwischen Indoktrination und Qualifikation – Höhere Schule im Nationalsozialismus (Anm. 226), S. 118.
391 Dittrich/Thiemer: Ausbildung von Volksschullehrern im Nationalsozialismus unter besonderer Berücksichtigung von Überfüllung und Mangel (Anm. 149), S. 43.

Martin Bormann umbenannt) besonders hervorzuheben. Diese verfügte über umfassende Befugnisse in der Gesetzgebung und in der Beamtenpolitik: Gesetze, die im Reichsgesetzblatt erschienen, bedurften ebenso ihrer Zustimmung wie jede Ernennung und Beförderung von Reichs- und Landesbeamten des höheren und mittleren Dienstes. Einen wenigstens ähnlich großen Einfluss auf das Erziehungswesen im NS-Staat hatte inzwischen auch die Reichsjugendführung der NSDAP. Mit dem „Gesetz über die Hitler-Jugend" vom 1. Dezember 1936 wurde sie Oberste Reichsbehörde. Insbesondere die Hitler-Jugend (HJ) sollte den Schulalltag fortan maßgeblich mitprägen, worüber an anderer Stelle noch zu sprechen sein wird. Doch auch die Beziehungen zwischen dem Reichserziehungsministerium und der Reichsjugendführung sind nicht als fortwährende Konfliktgeschichte zu begreifen, sondern in erster Linie als kooperatives Miteinander zu verstehen, bei dem viele Tätigkeiten, insbesondere die „Erweiterte Kinderlandverschickung" während des Krieges, arbeitsteilig gestaltet wurden.[392]

Festzuhalten bleibt: Von einer „systematischen" Reform des Schulwesens kann im Nationalsozialismus lediglich während einer kurzen, etwa vier Jahre andauernden Phase gesprochen werden, die 1936 mit dem „Gesetz über die Hitler-Jugend" eingeleitet, mit der Verabschiedung reichseinheitlicher Schulrichtlinien fortgesetzt und mit zunehmender Dauer des Krieges abgebrochen wurde. Eine durchgreifende Vereinheitlichung oder Neuordnung konnte in dieser kurzen Zeit nicht erreicht werden. Stattdessen dürften die kriegsbedingten Veränderungen der Schulstrukturen sämtliche am Schulwesen beteiligten Akteure zu den prägendsten Erfahrungen gezählt haben. Von nun an gingen erziehungspolitische Aktivitäten in erster Linie von der Parteikanzlei unter Martin Bormann aus, der zahlreiche drastische Entscheidungen auf dem Gebiet des Schulwesens per „Führerbefehl" anordnete.[393] Beispielsweise wurde im November 1940 auf direkten Befehl Hitlers mit der Übernahme der (österreichischen) Hauptschule im „Großdeutschen Reich" als Pflichtschule für alle Schüler begonnen, die von der Schule und auch von der Partei als „zur Auslese gehörig" bezeichnet wurden – trotz vielfach bekundeter Skepsis und Kritik vor allem aus Volksschullehrerkreisen, deren Einfluss auf den einzuschlagenden Bildungsweg ihrer Schüler sich dadurch deutlich verringerte.[394] Außerdem standen die Hauptschulen, zumal schulgeldfrei, in direkter Konkurrenz zu Mittelschulen, die erst wenige Jahre zuvor nach preußischen Vorbild reichsweit im Entstehen begriffen waren und nun

---

392 Armin Nolzen/Marnie Schlüter: Das Reichsministerium für Wissenschaft, Erziehung und Volksbildung im nationalsozialistischen Herrschaftssystem. In: Klaus-Peter Horn/Jörg-W. Link (Hrsg.): Erziehungsverhältnisse im Nationalsozialismus. Totaler Anspruch und Erziehungswirklichkeit. Bad Heilbrunn 2011, S. 341–355.
393 Scholtz: Erziehung und Unterricht unterm Hakenkreuz (Anm. 12), S. 48.
394 Ebd., S. 80–81.

wieder aufgelöst werden sollten.³⁹⁵ Eine umfassende Einführung der Hauptschule hätte den strukturellen Aufbau des Schulsystems tatsächlich stark verändert, doch aus organisatorischen und kriegsbedingten Gründen wurde sie auf die Zeit nach dem „Endsieg" aufgeschoben.³⁹⁶ 1942 wechselten daher im „Altreich" nur etwa sechs Prozent der Schüler von der Volksschule in die Hauptschule über.³⁹⁷ Nicht vertagt wurde dagegen die etwa zur gleichen Zeit angeordnete Rücknahme der akademischen Ausbildung der Volksschullehrerschaft. Bis Ende 1941 waren ca. zehn Prozent der Volksschullehrer an insgesamt 26 Hochschulen ausgebildet worden, fortan schulte man sie an „Lehrerbildungsanstalten".³⁹⁸ Dem „Blut-und-Boden"-Mythos der Nationalsozialisten folgend wurden diese in großer Zahl – bis Ende 1942 entstanden 225 Einrichtungen – vor allem in ländlichen, bevorzugt grenznahen Gebieten des Reiches etabliert.³⁹⁹ Die Akademisierung der Volksschullehrerausbildung – und damit auch die Gleichstellung mit Lehrern höherer Schulen – war damit endgültig beendet. Angekündigt hatte sich diese Entwicklung bereits kurz nach Kriegsbeginn, denn angehende Gymnasiallehrer studierten bereits zu diesem Zeitpunkt wieder ausschließlich an Universitäten. Per Erlass des Reichserziehungsministeriums vom 27. November 1939 wurde das zweisemestrige Studium an Hochschulen für Lehrerbildung für sie aufgehoben.⁴⁰⁰

Die Ausbildung der Volksschullehrkräfte hatte fortan fachschulischen Charakter und das Regime übte währenddessen einen spürbaren politischen Druck auf die Seminaristen aus. So war die Hitler-Jugend maßgeblich an der Auswahl künftiger Lehrerinnen und Lehrer beteiligt. Zudem organisierte sie den Tagesablauf an den neuen Ausbildungsstätten, der zum Teil Züge des „Lagerlebens", wie es weiter oben für den NS-Lehrerbund bereits beschrieben wurde, erinnerte.⁴⁰¹ Darüber hinaus verfügte der Leiter der Parteikanzlei, Manfred Bormann, dass alle Absolventen der Lehrerbildungsanstalten neben dem Lehrerberuf zur Übernahme politischer Leitungsaufgaben verpflichtet waren, entweder als HJ-Führer

---

395 Dittrich/Thiemer: Ausbildung von Volksschullehrern im Nationalsozialismus unter besonderer Berücksichtigung von Überfüllung und Mangel (Anm. 149), S. 44.
396 Scholtz: Erziehung und Unterricht unterm Hakenkreuz (Anm. 12), S. 84.
397 Ottwilm Ottweiler: Die nationalsozialistische Schulpolitik im Bereich des Volksschulwesens im Reich. In: Manfred Heinemann (Hrsg.): Erziehung und Schulung im Dritten Reich. Teil 1: Kindergarten, Schule, Jugend, Berufserziehung (Veröffentlichungen der Historischen Kommission der Deutschen Gesellschaft für Erziehungswissenschaft). Stuttgart 1980, S. 193–215, hier S. 204.
398 Scholtz: Erziehung und Unterricht unterm Hakenkreuz (Anm. 12), S. 62.
399 Otto Peters: Meine Lehrer im „Dritten Reich". Versuch einer autobiografischen Rekonstruktion (Erinnerungen, Bd. 7). Münster/New York 2007, S. 17–18.
400 Kemnitz/Tosch: Zwischen Indoktrination und Qualifikation – Höhere Schule im Nationalsozialismus (Anm. 226), S. 119.
401 Dittrich/Thiemer: Ausbildung von Volksschullehrern im Nationalsozialismus unter besonderer Berücksichtigung von Überfüllung und Mangel (Anm. 149), S. 43.

oder „in einem anderen Parteidienst".[402] Neben dem zwanghaften Charakter hatte diese Bestimmung zudem eine erheblich gesteigerte Arbeitsbelastung zur Folge.

Durch die Erweiterung der Aufgabenfelder bei gleichzeitiger Senkung des Ausbildungsniveaus waren sämtliche Fortschritte, die für die angehende Volksschullehrerschaft in der Weimarer Zeit durchgesetzt wurden, zunichte. Der Lehrerberuf insgesamt verlor in der Zeit des Nationalsozialismus mehr und mehr an Attraktivität. Ganz besonders galt dies für den Beruf des Volksschullehrers. Bereits 1938 konnte der Lehrerbedarf für diese dominierende Schulart nicht einmal zur Hälfte gedeckt werden. Durch Einberufungen ab Kriegsbeginn verschärfte sich diese Situation weiter.[403] Ein wichtiger Grund für die personellen Engpässe lag in der Gehaltsentwicklung der Lehrkräfte. Schon im Jahr 1934 führte eine Anpassung der Beamtenbesoldung der Länder an die Reichsbesoldung zu teils erheblichen Lohnkürzungen bei der Lehrerschaft. Zahlen zur Besoldung der Lübecker Lehrerschaft zeigen beispielsweise, dass 20 prozentige Nettolohnverluste keine Seltenheit waren.[404] Bis Kriegsbeginn verbesserte sich die Einkommenssituation nicht. Nach den ersten fünf Dienstjahren verdiente ein akademisch ausgebildeter Schulamtsbewerber in Preußen und Sachsen durchschnittlich 184 Reichsmark monatlich, in Bayern nach drei Dienstjahren und abgelegter Anstellungsprüfung 112 Reichsmark im Monat. Das entsprach etwa dem Lohnniveau von staatlich geprüften Gesundheitspflegerinnen oder von Zeichnern bei Plankammern.[405] „Volksschullehrer zu werden, eine ‚Hochschule für Lehrerbildung' zu besuchen, beabsichtigt mit nachteiligen Folgen für die Personalsituation der Schulen nur ein kleiner Teil der Abiturienten."[406] Auch das im April 1940 für Volksschullehrer neu eingeführte Reichsbesoldungsrecht führte zu keiner signifikanten Aufwertung ihrer Bezüge.[407] Den immer weniger nachgefragten Beruf sollten daher gelockerte Zugangsvoraussetzungen attraktiver machen: Abiturienten sollten künftig reichsweit innerhalb nur eines Jahres Volksschulabsolventen innerhalb von fünf Jahren zu Volksschullehrern ausgebildet werden können.[408]

---

402 Rundschreiben der Parteikanzlei der NSDAP Nr. 111/1941 in: BArch, NS 22/739, zit. n.: Scholtz: Erziehung und Unterricht unterm Hakenkreuz (Anm. 12), S. 102.
403 Reiner Lehberger: „Frei von unnötigem Wissen". Die Ausbildung Hamburger Volksschullehrer in der NS-Zeit. In: Reiner Lehberger/Hans-Peter d. Lorent (Hrsg.): „Die Fahne hoch". Schulpolitik und Schulalltag in Hamburg unterm Hakenkreuz (Ergebnisse, Bd. 35). Hamburg 1986, S. 132–145, hier S. 139.
404 Fligge: Lübecker Schulen im „Dritten Reich" (Anm. 13), S. 405–408.
405 Geißler: Schulgeschichte in Deutschland (Anm. 12), S. 558–559.
406 Ebd., S. 560.
407 Ebd., S. 559.
408 Link: „Erziehungsstätte des deutschen Volkes" – Die Volksschule im Nationalsozialismus (Anm. 270), S. 90–91.

Gegen Ende des Krieges wurden die Anforderungen und Ausbildungszeiten noch weiter herabgesetzt.[409]

Wenn nicht durch den Krieg bedingt, so doch durch ihn begründet, setzte ab 1940 die Kinderlandverschickung ein, in Folge dessen mehr und mehr Schüler – und Lehrer – in Internate und Lager verlegt wurden, was den Zugriff des Regimes auf diesen Personenkreis nochmals wesentlich erleichterte. Die Institution Schule rückte dadurch noch weiter in die unmittelbare Nähe des Herrschaftsapparats.[410] Aber erst die unmittelbaren Auswirkungen der Kriegshandlungen, an deren Ende der Untergang der NS-Herrschaft stand, veränderten den Charakter des Schulwesens nachhaltig. Wie an anderer Stelle noch verdeutlicht wird, stellten sie Lehrkräfte wie Schülerinnen und Schüler auf eine Art und Weise unter den Einfluss und in den Dienst des NS-Regimes, wie es den Bildungs- und Erziehungsvorstellungen fanatischer Nationalsozialisten um Adolf Hitler von Beginn am ehesten entsprochen haben dürfte.[411]

Wie lassen sich mit Blick auf Lehrerinnen und Lehrer die Entwicklungen der NS-Bildungspolitik und des NS-Bildungssystem bis in die Zeit des Krieges, der im Allgemeinen wie im Besonderen auf dem Gebiet der Schule als Ausnahmezustand angesehen werden muss, abschließend bewerten? Angesichts der Vielzahl (teils drastischer) administrativer Maßnahmen, die ab 1933 in allen gesellschaftlichen Bereichen ergriffen wurden, um demokratische Prinzipien aufzubrechen und eine totalitäre Herrschaft zu errichten und zu festigen, erwiesen sich die Strukturen auf dem Gebiet des Schulwesens in den ersten Jahren der NS-Herrschaft als überraschend beständig. Lehrer, die mit den Nationalsozialisten sympathisierten und sich von der „Machtergreifung" einen radikalen Wandel des Schulsystems versprachen, mussten sich in diesem Punkt in Geduld üben. Andere, die den neuen Machthabern mit Skepsis begegneten und einen Bruch mit gewachsenen und bewährten Traditionen befürchteten, sahen sich möglicherweise etwas beschwichtigt. Nur für eine verhältnismäßig kleine Zahl an Lehrern waren die Veränderungen im Bildungssystem von Beginn an mit einschneidenden beruflichen Zäsuren verbunden: Für jene, die im Zuge des Berufsbeamtengesetzes ihren Beruf verloren, versetzt oder zurückgestuft wurden und für jene, die durch den Regimewechsel als Junglehrer eine Anstellung fanden oder als Anhänger der NSDAP Leitungsfunktionen übernahmen. Doch für den Großteil der Lehrerschaft konnte eine echte Loyalität zu den neuen Machthabern weder erzwungen noch erkauft werden. Die „geschlossene deutsche Erzieherfront", wie sie dem NS-Lehrerbund vorschwebte, existierte nach Abschluss der Gleichschaltungsmaßnahmen bestenfalls formal und von einer vollständigen Vereinheitlichung des Schulwesens kann zu keiner Zeit gesprochen werden, auch wenn 1934

---

409 Scholtz: Erziehung und Unterricht unterm Hakenkreuz (Anm. 12), S. 54–55.
410 Ebd., S. 48.
411 Ebd., S. 49.

mit dem „Gesetz über den Neuaufbau des Reiches" der föderale Staatsaufbau aufgehoben und mit der Gründung des Reichsministeriums für Wissenschaft, Erziehung und Volksbildung eine machtvolle Instanz zur Zentralisierung des Schulwesens geschaffen wurde. Zwar waren mit der Herausgabe der reichsweiten Schulrichtlinien in den Jahren 1937 bis 1939 zentrale Vorgaben für die inhaltliche Gestaltung des Unterrichts verbunden, doch regionale Eigenheiten, die sowohl strukturell wie auch bezogen auf Teile der Lehrpläne und Lernmittel nicht immer den Absichten der zentralen Instanzen entsprachen,[412] blieben zumindest zum Teil auch darüber hinaus bestehen.[413] Solche „gaueigenen Bestimmungen" wurden von einzelnen Reichstatthaltern sogar vehement verteidigt, besonders in Bayern, Sachsen und Württemberg.[414]

Aufgrund kleiner Freiräume, die sich entgegen der lautstarken Propaganda des Regimes und ihrer Vertreter an jeder einzelnen Schule in geringerem oder größerem Umfang auftaten oder fortbestanden, hing die Frage der nationalsozialistischen Durchdringung des Schulwesens maßgeblich von der Gesinnung und dem praktischen Verhalten der einzelnen Lehrkräfte ab. In Anbetracht der in diesem Abschnitt skizzierten Entwicklungen der NS-Schulpolitik erscheint es kaum wahrscheinlich, dass insbesondere Volksschullehrer sich durch Maßnahmen des Regimes besonders bestätigt, gewürdigt oder anerkannt sahen. Rechtliche und materielle Verbesserungen ließen auf sich warten oder wurden wieder zurückgenommen, stattdessen erhöhte sich der Zugriff des Staates im Verlauf des Krieges durch Maßnahmen des Zwangs. Junge männliche Lehrer, deren Sozialisation im Jugendalter zur Zeit des „Dritten Reichs" stattfand und die im Sinne der nationalsozialistischen Ideologie an ihren Beruf herangeführt wurden, standen kaum vor einer Schulklasse. Fast durchweg wurden sie zum Kriegsdienst verpflichtet und übten den Lehrerberuf – wenn überhaupt – erst nach dem Krieg aus. Die meisten Pädagogen, die während des Nationalsozialismus an deutschen Schulen unterrichteten, hatten dies schon vor 1933 getan.[415] Gerade mit Blick auf die Weimarer Republik, von der sich die Mehrheit der Lehrerinnen und Lehrer resigniert abgewandt hatte, dürften viele die Entwicklungen im Nationalsozialismus früher oder später erneut als Enttäuschung, gegen Ende des Krieges sogar als katastrophalen Rückschritt empfunden haben. Derartige Vermutungen zur inneren Haltung der Lehrerschaft gegenüber dem NS-Regime lassen freilich keine direkten Rückschlüsse auf ihr alltägliches Handeln zu, das nicht notwendiger Weise ihren Überzeugungen entsprochen haben muss. Angesichts solcher möglichen

---

412 „Mit gewissem Erfolg beharren Gauleiter auf einem ‚gaueigenen' Schul- und Hochschulwesen, das im Auftrag des Reiches eigenverantwortlich handelt, so in Bayern, Sachsen und Württemberg." Geißler: Schulgeschichte in Deutschland (Anm. 12), S. 554.
413 Ottweiler: Die nationalsozialistische Schulpolitik im Bereich des Volksschulwesens im Reich (Anm. 397), S. 195.
414 Geißler: Schulgeschichte in Deutschland (Anm. 12), S. 555.
415 Bavaj: Der Nationalsozialismus (Anm. 380), S. 103.

Diskrepanzen erscheint es daher lohnend, den Schulalltag von Lehrerinnen und Lehrern näher zu betrachten. An den Schulen und im Unterricht sollte sich zeigen, ob sie sich durch ihr tägliches Handeln zu Komplizen des Regimes machten oder ob sie versuchten, die an sie gestellten Aufgaben der politischen Indoktrination zu unterlaufen. Schulen sind aber nicht nur als die eigentlichen „Tatorte" zu begreifen, sie waren vielfach auch die eigentlichen „Lebensmittelpunkte" von Lehrerinnen und Lehrern. Durch den alltäglichen Kontakt mit Schülerinnen und Schülern, mit Kolleginnen und Kollegen, innerhalb und außerhalb des Unterrichts, lassen sich am ehesten Aussagen zum „Charakter", zur inneren Einstellung einzelner Lehrerpersönlichkeiten rekonstruieren.

3.2.4 Überzeugte und Angepasste – Lehrkräfte im Schulalltag

Wie tief ging die Identifikation der Lehrenden mit dem nationalsozialistischen System? Wie groß war ihre Anpassungsbereitschaft, wie groß auch der Mut zu partieller Verweigerung? Wer Fragen wie diese beantworten möchte, steht vor einer Vielzahl quellenbedingter Herausforderungen. Aus amtlichen Dokumenten lassen sich Alltagserfahrungen an Schulen schwerlich rekonstruieren. Naheliegender sind Berichte und Erinnerungen von Zeitzeugen. Doch deren Schilderungen haben stets subjektiven Charakter, sind schwer zu überprüfen und nicht ohne weiteres verallgemeinerbar. So liefern etwa die „Deutschland-Berichte" der Exil-SPD (Sopade) zwar lebensnahe Einblicke in den Schulalltag, gleichwohl muss aber stets beachtet werden, dass diese auf Beobachtungen sozialdemokratischer Berichterstatter basieren, die sicher auch von dem Wunsch beseelt waren, dass die Bevölkerung das NS-Regime mehrheitlich ablehnte. Andere Zeitzeugen wie ehemalige Lehrer oder Schüler, die sich rückblickend an ihre Schulzeit erinnern, tun dies oftmals mit bedeutendem zeitlichem Abstand. Zudem erinnern sie sich dabei nicht an „die" Lehrer, sondern an „ihre" Lehrer, nicht an „die" Schulzeit, sondern an „ihre" Schulzeit. Die von ihnen geäußerten Beschreibungen können präzise sein oder sehr bruchstückhaft, zuweilen entspringen sie womöglich der Fantasie.

Betrachtet man die vorliegenden Untersuchungen, in denen Zeitzeugen zu ihrer Schulzeit im Nationalsozialismus befragt werden, so fällt auf, dass viele dieser ehemaligen Schülerinnen und Schüler ihren Schulalltag weitgehend unpolitisch in Erinnerung haben.[416] Erklärt werden kann diese zunächst irritierende Tatsache mitunter dadurch, dass eintretende Veränderungen häufig von einem

---

416 Link: „Erziehungsstätte des deutschen Volkes" – Die Volksschule im Nationalsozialismus (Anm. 269), S. 98–99; Schmidt: Hamburger Schulen im „Dritten Reich" (Anm. 13), S. 315; Scholtz: Erziehung und Unterricht unterm Hakenkreuz (Anm. 12), S. 23; Heidi Rosenbaum: „Und trotzdem war's 'ne schöne Zeit". Kinderalltag im Nationalsozialismus. Frankfurt am Main/New York 2014, S. 153–154.

Alltagsgeschehen überlagert wurden, das die politische Funktionalisierung der Schule nur bedingt bewusst werden ließ.[417] Kinder, die in die Zeit des Nationalsozialismus hineingeboren wurden, hatten zudem keinen Vergleichsmaßstab, für sie war die NS-Zeit „normal" und alltäglich. Andere Zeitzeugen wiederum beschreiben sehr wohl einen „geistigen Wandel" an ihren Schulen. Wird davon gesprochen, dann sehr häufig im Zusammenhang mit dem Verhalten von Lehrerinnen und Lehrer. Doch selbst bei diesen Zeitzeugen fallen entsprechende Aussagen höchst unterschiedlich aus. „Es gab aus Schülersicht die überzeugten Nationalsozialisten, ‚Nazi-Lehrer/in' oder die eher unpolitischen und auch die Lehrer, die Distanz und Kritik gegenüber dem nationalsozialistischen Regime zeigten."[418]

Will man den Schulalltag von Lehrerinnen und Lehrern im „Dritten Reich" rekonstruieren und zu verallgemeinerbaren Aussagen kommen, genügt es also keinesfalls, sich einzig auf Zeitzeugenaussagen zu verlassen. Doch auch durch das Hinzuziehen weiterer Quellen aus dem direkten Schulalltag, beispielsweise Schulchroniken, Festschriften, Konferenzprotokolle, Lehrberichte, Lehrbücher, Schülerarbeiten oder Fotografien, lässt sich „der" Schulalltag nicht befriedigend rekonstruieren.[419] Jeder Schulpraktiker, Protokollschreiber und historisch Interessierte weiß „wie subjektiv, verkürzt und eingeschränkt diese Quellen sind. Das ‚wahre' Leben spielt sich häufig zwischen den Zeilen oder außerhalb des Protokolls ab."[420] So manche Geste, so manches gedachte Wort und so manche beifällige Bemerkung einer Lehrkraft lässt sich schlicht nicht mehr auffinden, so bedauerlich dies auch ist und so wichtig dies auch wäre. Es kann bei der Rekonstruktion des Schulalltags von Lehrerinnen und Lehrern folglich nur darum gehen, sich dem Alltag unter Beachtung vielfältiger Quellen aus unterschiedlichen Perspektiven anzunähern und dabei mit pauschalen Aussagen sparsam umzugehen, auch wenn ein solch differenziertes Vorgehen, das pauschale Verurteilungen und

---

417 Geißler: Schulgeschichte in Deutschland (Anm. 12), S. 598.
418 Böhme/Hamann: Schulalltag zwischen Ideologie und Wirklichkeit (Anm. 218), S. 33, 154; Reiner Lehberger: „Hamburg: Schule unterm Hakenkreuz". Zu einem regionalgeschichtlichen Projekt von Lehrergewerkschaft und Universität. In: Wolfgang Keim (Hrsg.): Pädagogen und Pädagogik im Nationalsozialismus. Ein unerledigtes Problem der Erziehungswissenschaft (Studien zur Bildungsreform). Frankfurt am Main 3. Aufl. 1991, S. 147–160, hier S. 155–156.
419 Link: „Erziehungsstätte des deutschen Volkes" – Die Volksschule im Nationalsozialismus (Anm. 269), S. 95–96; Dickmann/Schmitt: Kirche und Schule im nationalsozialistischen Marburg (Anm. 13), S. 178–179; Link: „Erziehung zum Führervolk" – Zur Volksschule im Nationalsozialismus (Anm. 12), S. 24.
420 Hans-Peter d. Lorent: Schulalltag unterm Hakenkreuz. Aus Konferenzprotokollen, Festschriften und Chroniken Hamburger Schulen von 1933–1939. In: Reiner Lehberger/Hans-Peter d. Lorent (Hrsg.): „Die Fahne hoch". Schulpolitik und Schulalltag in Hamburg unterm Hakenkreuz (Ergebnisse, Bd. 35). Hamburg 1986, S. 91–117, hier S. 91.

verharmlosende Rechtfertigungen ausschließt, Gefahr laufen kann, in die eine oder andere Richtung missverstanden zu werden.[421]

Dass es „den" Schulalltag nicht gegeben hat, wird allein schon dann ersichtlich, wenn man sich die Vielzahl an Schulen vor Augen führt, die in diesem Fall damit gemeint wären. Statistische Angaben zum Bereich der Volksschulen, die in dieser Untersuchung besonders beachtet werden, lassen dies bereits erahnen: In den letzten Jahren vor Beginn des Zweiten Weltkriegs gab es im Deutschen Reich ca. 51.000 Volksschulen. Etwa 180.000 Lehrerinnen und Lehrer unterrichteten dort ca. 7,5 Millionen Schülerinnen und Schüler, die in knapp 190.000 Klassen zusammengefasst waren.[422] Nur gut zehn Prozent der Volksschulen waren dabei voll ausgebaute achtklassige Volksschulen,[423] in denen Mädchen und Jungen zumeist getrennt unterrichtet wurden.[424] 60 Prozent waren dagegen noch ein- bzw. zweiklassig.[425] Mehrheitlich handelte es sich bei Volksschulen also um Landschulen, in denen koedukativ und jahrgangsübergreifend unterrichtet wurde. Abgesehen von entlegenen „Zwergschulen", in denen eine Lehrkraft wenige Kinder in allen Fächern unterrichtete, umfassten die Schulklassen in der Regel 50, zum Teil auch über 70 Schülerinnen und Schüler, die von nur wenigen Lehrerinnen und Lehrern Unterricht erhielten.[426] Dieser Blick auf die äußeren Schulverhältnisse im Bereich der Volksschulen lässt somit zwar eine grundlegende Charakterisierung zu, allerdings wird auch deutlich, dass es sich um eine heterogene Schulform handelt, deren Gestalt von Ort zu Ort sehr unterschiedlich sein konnte – nicht zuletzt aufgrund der Tatsache, dass oft nur wenige Lehrerinnen und Lehrer den Charakter der Schule prägten. Administrative Maßnahmen zur Umgestaltung des Schulwesens konnten sich demzufolge unterschiedlich auswirken, auch wenn sie im Grundsatz von jeder Schule beachtet werden mussten.

Nimmt man einzelne Anordnungen, Bestimmungen und Erlasse in den Blick, die ab 1933 für das Schulwesen ausgegeben wurden, und vergleicht diese mit der grundlegenden NS-Schul- und Bildungspolitik, wie sie weiter oben beschrieben wurde, so ergibt sich ein beinahe widersprüchlicher Eindruck. Im Gegensatz zu

---

421 Schmidt: Hamburger Schulen im „Dritten Reich" (Anm. 13), S. 341.
422 Link: „Erziehung zum Führervolk" – Zur Volksschule im Nationalsozialismus (Anm. 12), S. 18; Renate Fricke-Finkelnburg (Hrsg.): Nationalsozialismus und Schule. Amtliche Erlasse und Richtlinien 1933–1945. Wiesbaden 1989, S. 22; Geißler: Schulgeschichte in Deutschland (Anm. 12), S. 590.
423 Link: „Erziehung zum Führervolk" – Zur Volksschule im Nationalsozialismus (Anm. 12), S. 18.
424 Link: „Erziehungsstätte des deutschen Volkes". Die Volksschule im Nationalsozialismus (Anm. 270), S. 79–80.
425 Link/Breyvogel: Die Volksschullehrer und ihr Verhältnis zur nationalsozialistischen ‚Volksgemeinschaft' (Anm. 12), S. 243.
426 Ottweiler: Die nationalsozialistische Schulpolitik im Bereich des Volksschulwesens im Reich (Anm. 395), S. 201; Rosenbaum: „Und trotzdem war's 'ne schöne Zeit" (Anm. 416), S. 473; Geißler: Schulgeschichte in Deutschland (Anm. 12), S. 590.

den langwierigen Entscheidungsfindungsprozessen in grundlegenden Fragen, etwa was die Verortung der Volksschulen zwischen Mittelschulen und Hauptschulen oder die Ausbildung von Volksschullehrkräften betraf, wurden auf regionaler und lokaler Ebene unmittelbar nach der „Machtergreifung" viele Maßnahmen eingeleitet, deren Ziel es war, die konkreten Verhältnisse in den einzelnen Schulen im nationalsozialistischen Sinne umzuformen. So wurden beispielsweise von der Hamburger Schulaufsichtsbehörde bereits 1933 etwa 40 Erlasse herausgegeben, von denen sich die meisten auf die regimekonforme Politisierung des Unterrichts und des Schullebens bezogen.[427] „Wenn es denn bei den Volksschulen auch einen ‚Umbruch' gab, so muss dieser wohl eher die inneren Verhältnisse betreffen und damit auf curriculare und didaktische Neuordnungen verweisen."[428]

Zuallererst wurden Maßnahmen mit hoher symbolischer Wirkung erlassen, die die formalen Abläufe und Gegebenheiten im Schulalltag veränderten. Dass Symbolik in der nationalsozialistischen Herrschaftspraxis einen hohen Stellenwert besaß, wurde von der Geschichtswissenschaft bereits anhand vieler Beispiele verdeutlicht. Auch in dieser Untersuchung wurde schon an mehreren Stellen darauf hingewiesen. Nach dem Willen des NS-Regimes sollte an den Schulen ein „neuer Geist" Einzug halten. Dies zeigte sich aber nicht nur am Beispiel der bereits aufgezeigten „Gleichschaltungsmaßnahmen", die die Lehrerschaft unmittelbar betrafen, etwa deren „Überführung" in den NS-Lehrerbund. Mindestens ebenso bedeutend war eine Vielzahl kleinerer und größerer Veränderungen im Schulalltag, die nicht nur den Lehrkräften, sondern ebenso der Schülerinnen und Schülern bewusst machen sollten, dass in der Schule neue Zeiten angebrochen waren.

Besonders deutlich wurde dies bei der Durchführung von Feierlichkeiten. Bereits unmittelbar nach der Ernennung Adolf Hitlers zum Reichskanzler am 30. Januar 1933 initiierten zahlreiche Schulleitungen Kundgebungen, die der eben ins Amt berufenen Regierung der „nationalen Revolution" gewidmet waren. Spontan organisierte Feiern zu bedeutenden politischen Ereignissen aber auch turnusmäßig begangene Gedenktage und Fahnenappelle waren jedoch kein Novum in Schulen. Besonders in der Zeit des Kaiserreichs (z. B. Sedantag, Kaisergeburtstag) aber auch während der Weimarer Republik (z. B. Volkstrauertag) unterbrachen derartige Anlässe des Öfteren den Unterrichtsalltag.[429] Die Nationalsozialisten schufen im Laufe der Zeit allerdings eine Vielzahl weiterer Anlässe, die feierlich begangen werden sollten. Zudem wurde deren Gestaltung

---

427 Schäffer: Ein Volk – ein Reich – eine Schule (Anm. 13), S. 215; Lehberger: „Hamburg: Schule unterm Hakenkreuz" (Anm. 418), S. 154.
428 Link: „Erziehungsstätte des deutschen Volkes" – Die Volksschule im Nationalsozialismus (Anm. 270), S. 80.
429 Wolfram Müller: Sprechchöre, Goebbels-Reden und Flaggenappelle. Die „Feierpraxis" in den höheren Schulen Hamburgs 1933–1939. In: Reiner Lehberger/Hans-Peter d. Lorent (Hrsg.): „Die Fahne hoch". Schulpolitik und Schulalltag in Hamburg unterm Hakenkreuz (Ergebnisse, Bd. 35). Hamburg 1986, S. 34–48, hier S. 34.

immer aufwändiger inszeniert. Zum „Tag der Machtergreifung", zum „Führergeburtstag" und zum „Heldengedenktag", wie der Volkstrauertag von nun genannt werden sollte, gesellten sich unter anderem der „Tag der nationalen Arbeit", der „Muttertag", der „Tag des deutschen Volkstums", der „Staatsjugendtag", der „Gedenktag für die Gefallenen der Bewegung" oder die an „altgermanisches Brauchtum" anknüpfende „Sommersonnwendfeier". Je nach Region kamen weitere Feierstunden mit lokalem Bezug hinzu. Infolgedessen wurden beispielsweise an einer gewöhnlichen Hamburger Oberschule an nicht weniger als 18 Tagen im Jahr Feiern abgehalten, oft in Verbindung mit Fahnenappellen, welche in jedem Fall zum Schuljahresbeginn durchgeführt wurden – stets umrahmt mit dem Absingen des Deutschland- und des „Horst-Wessel-Liedes".[430] An vielen Schulen wurde auch das Ende des Schuljahres entsprechend zelebriert, mancherorts sogar jede einzelne Schulwoche feierlich mit Appell und Flaggenhissung eingeleitet.[431] Derartige Rituale wurden umfassend in den Schulalltag integriert.[432] Es kam nach wenigen Jahren zu einer solchen Flut von Schulfeiern, dass zu Recht von einer regelrechten „Feiermanie" der Nationalsozialisten gesprochen werden kann.[433] Unterrichtsausfälle, die unweigerlich damit verbunden waren, stießen zwar auch auf Kritik,[434] wurden jedoch aufgrund der angestrebten propagandistischen und indoktrinierenden Wirkung der Feiern in Kauf genommen. Dienten Feiern zu Beginn des „Dritten Reichs" vor allem einer nach außen gerichteten Propaganda und Werbung, zielten sie (zumindest bis in die ersten Kriegsjahre) in erster Linie auf das „innere Erleben" der NS-Ideologie ab, bei der nicht die „verstandesmäßige Erfassung", sondern das „Feiererlebnis" im Mittelpunkt stand, das Lehrer und Schüler mit dem Regime verbinden sollte.[435] „Eine geschickt angewendete psychologische Dramaturgie, die auf Emotionen abzielte, Raumgestaltung, Fahnenschmuck, der Einsatz von Sprechchören, Wechselrufen, Liedern, Gedichten, Reden sorgte dafür, daß sich die Feiern zu rationalitätsfernen pseudosakralen Beschwörungs- und Verpflichtungsritualen überhöhten. Für diesen Zweck war der Sprechchor ein wichtiges Gestaltungsmittel. Er wurde bei der Inszenierung nationalsozialistischer Feiern und Kundgebungen häufig eingesetzt. Markante Sätze, Verpflichtungsformeln, Versprechungen und Beschwörungen wurden im Chor gesprochen, im Wechsel – als Frage und Antwort – gerufen, was die Eindringlichkeit verstärkte, die Massenwirkung hervorhob und jedem Beteiligten

---

430 Ebd., S. 37; Rosenbaum: „Und trotzdem war's 'ne schöne Zeit" (Anm. 416), S. 167–168.
431 Böhme/Hamann: Schulalltag zwischen Ideologie und Wirklichkeit (Anm. 219), S. 127.
432 Link/Breyvogel: Die Volksschullehrer und ihr Verhältnis zur nationalsozialistischen ‚Volksgemeinschaft' (Anm. 12), S. 248.
433 Schäffer: Ein Volk – ein Reich – eine Schule (Anm. 13), S. 218.
434 Ebd.
435 Müller: Sprechchöre, Goebbels-Reden und Flaggenappelle (Anm. 429), S. 34.

das Gefühl vermitteln sollte, Glied einer völkischen und einigen Gemeinschaft zu sein."[436]

Das bei diesen Gelegenheiten stets eingeforderte Bekenntnis zum Nationalsozialismus und zum „Führer" wurde Lehrkräften wie Schülern zudem tagtäglich durch die Einführung des Hitlergrußes abverlangt. Aus einer Anordnung des preußischen Kulturministers vom 22. Juli 1933 geht hervor, dass Beamte, Angestellte und Arbeiter von Behörden künftig „im Dienst und innerhalb der dienstlichen Gebäude und Anlagen durch Erheben des rechten Armes" zu grüßen hatten. Von Beamten wurde zudem erwartet, dass sie auch außerhalb des Dienstes in gleicher Weise grüßen. Ausdrücklich waren Lehrerinnen und Lehrer in diese Bestimmung mit eingeschlossen, wenn es abschließend heißt: „Diese Anordnung erstreckt sich auch auf die Lehrer und den Grußverkehr in den Schulen."[437] In Preußen trat die Regelung mit sofortiger Wirkung in Kraft, bis Ende des Jahres übernahmen alle übrigen Teile des Reiches die Einführung des Hitler-Grußes an ihren Schulen.[438] Der Personenkult um Hitler als „Retter der Nation" und „Führer der Bewegung" war an den Schulen nicht nur deshalb überall präsent. Klassenzimmer sollten mit NS-Symbolen, Spruchbändern und dem Bild des „Führers" ausgestattet werden.[439] Dabei wurde auch auf kleine Details geachtet, wie eine Anordnung des Reichserziehungsministeriums vom 20. September 1935 verdeutlicht, die vorgab, dass bei der Neuanschaffung von Hitler-Bildern für die unteren Klassen solche gekauft werden sollten, „die ihn zusammen mit Kindern zeigen".[440] Die herausragende Bedeutung des „Führers" wurde weiterhin dadurch unterstrichen, dass Lehrer und Schüler im Unterricht regelmäßig Rundfunkübertragungen von Hitlerreden anhören sollten.[441]

Das auf diese Weise permanent suggerierte Bekenntnis zum Nationalsozialismus erhielt für Lehrerinnen und Lehrer einen zusätzlich verpflichtenden Charakter, indem sie seit 1934, nach dem Ableben des Reichspräsidenten Paul von Hindenburg, ihren persönlichen Diensteid nicht weiter auf die Verfassung, sondern auf den „Führer des Deutschen Reiches und Volkes Adolf Hitler" leisten mussten, dem sie „treu und gehorsam" untergeben sein sollten.[442]

Das Führerprinzip, das Machtstrukturen im Nationalsozialismus nach dem hierarchischen Prinzip neu ausrichtete, beschränkte sich jedoch nicht auf die Reichs- oder Länderebene, sondern wurde auch auf Kreis- und Provinzialebene

---

436 Dickmann/Schmitt: Kirche und Schule im nationalsozialistischen Marburg (Anm. 13), S. 186.
437 Fricke-Finkelnburg: Nationalsozialismus und Schule (Anm. 422), S. 226.
438 Rosenbaum: „Und trotzdem war's 'ne schöne Zeit" (Anm. 416), S. 124–125.
439 Ebd., S. 522.
440 Schäffer: Ein Volk – ein Reich – eine Schule (Anm. 13), S. 216.
441 Rosenbaum: „Und trotzdem war's 'ne schöne Zeit" (Anm. 416), S. 476.
442 Fligge: Lübecker Schulen im „Dritten Reich" (Anm. 13), S. 397–398; Böhme/Hamann: Schulalltag zwischen Ideologie und Wirklichkeit (Anm. 219), S. 59.

immer konsequenter durchgesetzt. Auch an den Schulen wurden sämtliche auf parlamentarisch-demokratischer Grundlage beruhenden Mitwirkungs- und Beschlussrechte kollegialer Organe sukzessive beseitigt und durch das Führerprinzip ersetzt.[443] So waren Eltern fortan an der Mitgestaltung des Schulgeschehens durch Elternvertreter ausgeschlossen.[444] „Lehrerversammlungen" wurden abgeschafft und zur „Dienstbesprechung" erklärt.[445] Der Schulleiter war künftig an den Schulen alleiniger Entscheidungsträger und Dienstvorgesetzter aller Lehrer, wofür er mit umfassenden Rechten und Pflichten ausgestattet wurde.[446] Im Schulaufsichtsgesetz, erlassen am 14. März 1938, wird die neue Rolle des Schulleiters verbindlich fixiert. Nicht erst seit dieser Zeit hatte er die Aufgabe, „die Lehrkräfte und Schüler seiner Schule im Geiste des Nationalsozialismus zu einer Erziehungsgemeinschaft zu formen und einheitlich zu führen".[447] Seine „Erziehungsaufgaben" beschränkten sich also keineswegs auf Schülerinnen und Schüler, sondern erstreckten sich auch auf die Lehrkräfte. Er war angehalten, sich über die politische Einstellung seiner Lehrerinnen und Lehrer zu unterrichten, der vorgesetzten Schulbehörde jedes nonkonforme Verhalten zu melden und über die Entwicklung seiner Schule regelmäßig Rechenschaft abzulegen.[448]

Ungeachtet dessen, was in den Schulen an ideologischer Beeinflussung durch die Vermittlung entsprechender Unterrichtsinhalte geschah – worüber noch zu sprechen sein wird – kann bereits festgestellt werden, dass die Nationalsozialisten dem Schulwesen bei der politischen Indoktrination von Kindern und Jugendlichen eine große Bedeutung beigemessen haben. Die Schulleiter sollten diesen Prozess vor Ort in Gang setzen und seine Durchführung beaufsichtigen. Ihre Machtfülle war zwar groß, doch sie wurde zumindest durch eine andere wichtige Instanz in Frage gestellt: der Hitlerjugend.

Auch die Jugendorganisation der NSDAP erfüllte von Beginn an erzieherische Aufgaben – zunächst im außerschulischen Bereich, seit der „Machtübernahme" jedoch vermehrt auch innerhalb der Schulen. Reibungspunkte und Konflikte zwischen HJ auf der einen Seite sowie Lehrkräften und Schulleitern auf der anderen Seite waren folglich kaum zu vermeiden. Letzten Endes führten sämtliche Streitigkeiten immer wieder auf die Grundsatzfrage zurück, welcher dieser beiden „Erziehungsinstanzen" eine Vorrangstellung bei der Integration der Jugend in die NS-Gesellschaft zugesprochen bekommen sollte. Führende Nationalsozialisten,

---

443 Geißler: Schulgeschichte in Deutschland (Anm. 12), S. 553; Dickmann/Schmitt: Kirche und Schule im nationalsozialistischen Marburg (Anm. 13), S. 172.
444 Böhme/Hamann: Schulalltag zwischen Ideologie und Wirklichkeit (Anm. 219), S. 47.
445 Geißler: Schulgeschichte in Deutschland (Anm. 12), S. 556.
446 Böhme/Hamann: Schulalltag zwischen Ideologie und Wirklichkeit (Anm. 219), S. 47.
447 Schäffer: Ein Volk – ein Reich – eine Schule (Anm. 13), S. 221.
448 Schmidt: Hamburger Schulen im „Dritten Reich" (Anm. 13), S. 382–383; Geert Platner (Hrsg.): Schule im Dritten Reich, Erziehung zum Tod. Eine Dokumentation. Bonn 4. Aufl. 2005, S. 127.

darunter Erziehungswissenschaftler wie Ernst Krieck und Alfred Baeumler, sprachen sich in diesem Punkt klar für die HJ aus.[449] Der Reichsjugendführer Baldur von Schirach argumentierte, die HJ sei schon aus Gründen des Führerprinzips die Hauptsozialisierungsinstanz. Die Führung durch den Lehrer sei eine „bereitgestellte Führung", eine „Erziehung von oben", während die Führung der HJ eine „Selbstführung" gemäß der Maxime „Jugend muß von Jugend geführt werden", also eine „Erziehung von unten" sei.[450] Diese Einstellung kam letztlich einer grundsätzlichen Ablehnung des traditionellen Schulsystems nahe und barg die Gefahr eines „Zerwürfnisses" mit den Schulpolitikern innerhalb der NSDAP, die an den bisherigen Strukturen, zumindest im Grundsatz, festhalten wollten. Leitende Parteistellen forderten von Schirach und den Reichswalter des NS-Lehrerbundes, Hans Schemm, dazu auf, das drohende Konfliktfeld zu befrieden und rhetorisch zu harmonisieren. Infolgedessen verkündeten sie Anfang 1934 gemeinsam, hinsichtlich der zu leistenden Aufgaben „in völliger Übereinstimmung" zu sein. Die beiden „für die Erziehung der Jugend wichtigsten Organisationen" würden Hand in Hand arbeiten und ergänzten sich in ihrer Erziehungsarbeit zur Erreichung des gemeinsamen Endzieles, das sie in der „Erziehung der Jugend zum Nationalsozialismus als künftige Träger des Staates" sähen.[451] In der Praxis wurde ein vorläufiger modus vivendi dadurch gefunden, dass den in der HJ organisierten Schülern gewisse Sonderrechte zugestanden wurden. Sichtbaren Ausdruck fanden derartige Privilegien etwa in der Einrichtung eines „Staatsjugendtages". Gemäß einem Abkommen zwischen dem Reichserziehungsminister Rust und dem Reichsjugendführer von Schirach war ab August 1934 der Samstag für Angehörige der Hitlerjugend schulfrei, um ihnen Zeit für den „Dienst" in der Jugendorganisation einzuräumen. Für alle anderen Schüler blieb der Sonnabend ein regulärer Schultag, an dem allerdings „nationalpolitischer Unterricht" erteilt werden sollte.[452] Der eigentliche Unterrichtsbetrieb an den Schulen wurde durch den zunehmenden Einfluss der HJ erheblich zurückgedrängt, wie eine Lehrkraft aus Südwestdeutschland zu berichten wusste:

„Durch den Staatsjugendtag fällt praktisch jede Woche ein Schultag aus. Dazu kommt die stärkere Heranziehung der Kinder durch die HJ, die oft abends lange unterwegs sein müssen und dann am Morgen derart abgespannt in die Schule kommen, dass man es einfach nicht übelnehmen kann, wenn sie nicht bei der Sache sind. [...] Aber

---

449 Werner Seidler: Die Hildesheimer Gymnasien im „Dritten Reich". Ein Beitrag zur Ideologisierung von Bildung und Erziehung (Schriftenreihe des Stadtarchivs und der Stadtbibliothek Hildesheim, Bd. 33). Hildesheim 2013, S. 66; Böhme/Hamann: Schulalltag zwischen Ideologie und Wirklichkeit (Anm. 219), S. 53.
450 Seidler: Die Hildesheimer Gymnasien im „Dritten Reich" (Anm. 449), S. 66.
451 Schmidt: Hamburger Schulen im „Dritten Reich" (Anm. 13), S. 411; Scholtz: Erziehung und Unterricht unterm Hakenkreuz (Anm. 12), S. 64.
452 Rosenbaum: „Und trotzdem war's 'ne schöne Zeit" (Anm. 416), S. 131.

auch die Lehrer werden so stark mit unterrichtsfremden Dingen belastet, dass viel auf Kosten des Unterrichts geht."[453]

Durch das Reichsgesetz über die Hitlerjugend vom 1. Dezember 1936 wurde die HJ zur Staatsjugend erhoben und der Staatsjugendtag aufgehoben. Die „Jugendverbandspflicht" ersetzte das bisherige Prinzip der freiwilligen Mitgliedschaft. Zwar war es de facto noch bis März 1939 möglich, sich einer Mitgliedschaft in der HJ zu verweigern,[454] doch davon machten wohl nur sehr wenige Gebrauch.[455] Der annähernd vollständig in der HJ organisierten Schülerschaft wurde künftig an zwei Nachmittagen pro Woche, an denen sie zum „Dienst" verpflichtet war, Unterricht und Hausaufgaben erlassen.[456] Damit war den Ansprüchen der HJ jedoch nicht Genüge getan, denn im Alltag griff die Hitlerjugend noch weit stärker in das Zeitregime der Schulen und damit auch der Lehrkräfte ein. Schülerinnen und Schüler wurden zur Teilnahme an HJ-Sondereinsätzen bei Kundgebungen, Aufmärschen, Feiern und zahlreichen Sammlungen aufgefordert.[457] Kinder und Jugendliche drängten mitunter ihre Lehrer, sie dafür freizustellen. Schlugen diese solche Bitten aus, stellten manche Schüler die politische Einstellung der Lehrkräfte öffentlich in Frage. Die HJ agierte somit an den Schulen mit wachsendem Selbstbewusstsein. Sie verstand sich als Organisation, die den Willen des „Führers" und der Jugend repräsentierte. „Viele HJ-Führer hielten ihre eigene Tätigkeit für wichtiger als die Schule; in den Lehrern sahen sie oftmals Repräsentanten der alten Zeit. Aus Sicht vieler Lehrer war die HJ ein Unruhefaktor, der ihre Autorität und die Leistungsbereitschaft der Schüler unterminierte."[458] Folgerichtig wird in einem Tätigkeitsbericht des NS-Lehrerbundes beklagt, dass die Schule von der HJ in keiner Weise unterstützt werde, ganz im Gegenteil:

„diejenigen Schüler, die dort sogar in führenden Stellungen tätig sind, zeichnen sich in der Schule öfters durch ungebührliches Benehmen und durch Nachlässigkeit aus. Überhaupt muß allgemein festgestellt werden, daß die Schulzucht bedenklich gelockert erscheint."[459]

---

453 Deutschland-Berichte der Sozialdemokratischen Partei Deutschlands, Sopade – Oktober 1936. Bericht vom 10.11.1936, S. 92–99, hier S. 95.
454 Mit der Ernennung der Hitlerjugend zur Staatsjugend per Gesetz im Jahr 1936 war die Zugehörigkeit noch nicht verbindlich. Das änderte sich mit der zweiten Durchführungsverordnung zu diesem Gesetz im März 1939, das die Dienstpflicht aller Jugendlichen festlegte. Rosenbaum: „Und trotzdem war's 'ne schöne Zeit" (Anm. 416), S. 158.
455 Schmidt: Hamburger Schulen im „Dritten Reich" (Anm. 13), S. 425–426.
456 Rosenbaum: „Und trotzdem war's 'ne schöne Zeit" (Anm. 416), S. 152.
457 Ebd., S. 156.
458 Grüttner: Brandstifter und Biedermänner (Anm. 217), S. 422.
459 Ebd.

Alleine aufgrund der bisher aufgezeigten Veränderungen im Schulalltag kann eindeutig festgestellt werden, dass Lehrerinnen und Lehrern tagtäglich die NS-Ideologie vor Augen geführt wurde und sie ständig dazu aufgerufen waren, sich zumindest formal zum Nationalsozialismus zu bekennen, auch wenn ihre Freiheiten und Befugnisse als Lehrerpersönlichkeit gegenüber Schülern und Vorgesetzten dadurch zahlreichen Angriffen und Einschränkungen unterlagen. Die Machtübernahme der Nationalsozialisten wirkte sich jedoch nicht nur auf die formalen Aspekte des Schulalltags aus.

Neben dem „Geist" an den Schulen sollte nach den Vorstellungen des NS-Regimes auch der „Stoff", den die Lehrer zu vermitteln hatten, die Schülerschaft politisch indoktrinieren und einer entsprechenden Umformung unterliegen.[460] Die Veränderung der Unterrichtsinhalte spielte daher von Anfang an eine zentrale Rolle in den bildungspolitischen Überlegungen der neuen Machthaber. Wie bereits aufgezeigt wurde, standen neue, reichsweit einheitliche Richtlinien und Lehrpläne jedoch erst in den späten 1930er Jahren zur Verfügung. Deshalb mussten sich lokale Bildungspolitiker der NSDAP auch bezüglich der Ausgestaltung des Unterrichts zunächst mit „schulpolitischen Sofortmaßnahmen" aushelfen.[461] Auch was Veränderungen der Lehrinhalte betraf, sollte sich Preußen als nationalsozialistischer „Vorreiter" erweisen. Hier wurde bereits im September 1933 ein Erlass zur Vererbungslehre und „Rassenkunde" herausgegeben. Zum 1. Oktober 1933 für die Abschlussklassen aller Schulen verbindlich eingeführt war „Rassenkunde" fortan Prüfungsgegenstand von Abschlussprüfungen. „Damit hatte ein Kernstück nationalsozialistischer Ideologie seinen Platz in den Schulen gefunden."[462] Bis dieses „Kernstück" allerdings vollumfänglich etabliert war, sollten noch mehrere Jahre vergehen: Im Januar 1935 übertrug ein Reichserlass zu „Vererbungslehre und Rassenkunde an den Schulen" die preußischen Bestimmungen auf das gesamte Reichsgebiet.[463] Doch erst mit der Einführung einheitlicher Schulrichtlinien ab 1937 wurde „Rassenkunde" nicht nur als ergänzendes Fach zur Biologie, sondern als fächerübergreifendes Prinzip fester Bestandteil des Schulunterrichts an allen Schulen.[464] Auch wenn Fächer wie Biologie, Erdkunde, Geschichte und Deutsch als besonders geeignet erschienen, um rassebiologische und sozialdarwinistische Inhalte im Unterricht zu vermitteln, sollten letztlich praktisch alle Unterrichtsfächer einer rassenideologischen und damit auch antisemitischen Grundierung unterliegen.[465] Eine Herausforderung für die NS-Schulpolitiker bestand jedoch darin, Lehrern wie Schülern entsprechende Unterrichtsmaterialien zur Verfügung

---

460 Geißler: Schulgeschichte in Deutschland (Anm. 12), S. 572.
461 Grüttner: Brandstifter und Biedermänner (Anm. 217), S. 436–437.
462 Fricke-Finkelnburg: Nationalsozialismus und Schule (Anm. 422), S. 212.
463 Böhme/Hamann: Schulalltag zwischen Ideologie und Wirklichkeit (Anm. 219), S. 177.
464 Fricke-Finkelnburg: Nationalsozialismus und Schule (Anm. 422), S. 212.
465 Bavaj: Der Nationalsozialismus (Anm. 378), S. 102; Geißler: Schulgeschichte in Deutschland (Anm. 12), S. 567.

zu stellen. Dem Mangel an „geeignet" erscheinenden Lehrbüchern wurde auf vielfältige Weise begegnet. Bereits Ende September 1933 empfahl beispielsweise das bayerische Kultusministerium seinen Lehrern zur Unterrichtsvorbereitung die Lektüre und Anschaffung von Werken des bekannten Jenaer Rassentheoretikers Hans F. K. Günther, neben Houston Steward Chamberlain einer der wichtigsten Urheber der nationalsozialistischen Rassentheorie.[466] Zudem wurden von Seiten des Reichserziehungsministeriums ab 1934 für neue Stoffgebiete wie Erb- und Rassenkunde oder für das Fach Geschichte „Ergänzungshefte zu den bestehenden Lehrbüchern" eingeführt.[467] Auch pädagogische Zeitschriften (vor allem des NSLB) und Verlage publizierten in Form von Beilagen Unterrichtsmaterialien oder brachten entsprechende Buchreihen mit Titeln wie „Völkisches Lehrgut" oder „Neuland in der deutschen Schule" heraus, um die Lehrerschaft mit den neuen, rassistisch durchsetzten Unterrichtsinhalten vertraut zu machen.[468] Manche Titel waren auch für den direkten Einsatz an den Schulen bestimmt. So wurde beispielsweise vom „Stürmer"-Verlag ein Bilderbuch mit dem Titel „Der Giftpilz" vertrieben, das bereits den Kleinsten auf übelste Weise die rassistischen Vorstellungen der Nationalsozialisten nahebringen sollte. Viele der angepassten und vom neuen Regime überzeugten Lehrkräfte bedankten sich bei dem Verlag für das neue Angebot, woraufhin „ganze Serien von Danksagungen aus den Lehrerkreisen, jeweils mit vollem Namen und häufig mit Adresse der Schule" im „Stürmer" veröffentlicht wurden.[469] Neben solchen Verlagspublikationen erschienen bereits ab 1935 in Folge eines Erlasses über die „Vererbungslehre und Rassenkunde im Unterricht" zudem regelmäßig ausführliche Listen des Reichserziehungsministeriums, auf denen geeignet erscheinende Lehrmittel aufgeführt waren.[470] Darüber hinaus beförderten die nationalsozialistischen Bildungsplaner den Einsatz neuer Medien, um die intendierte Ideologisierung des Unterrichts weiter voranzubringen. Rundfunkreden von NS-Funktionären, allen voran von Hitler, sowie nationalsozialistisch ausgerichtete Spiel- und Dokumentarfilme waren daher ebenso verbindlicher Bestandteil des Unterrichts.[471]

---

466 Schäffer: Ein Volk – ein Reich – eine Schule (Anm. 13), S. 234.
467 Böhme/Hamann: Schulalltag zwischen Ideologie und Wirklichkeit (Anm. 218), S. 61; Geißler: Schulgeschichte in Deutschland (Anm. 12), S. 574–575.
468 Link: „Erziehungsstätte des deutschen Volkes" – Die Volksschule im Nationalsozialismus (Anm. 269), S. 84–85; Benjamin Ortmeyer: NS-Ideologie in der NSLB-Zeitschrift „Die Deutsche Volksschule" 1934–1944. Eine dokumentarische Analyse (Die schulspezifische ideologische Ausrichtung der Lehrkräfte in der NS-Zeit, Teil 2). Frankfurt am Main 2018.
469 Deutschland-Berichte der Sozialdemokratischen Partei Deutschlands, Sopade. Bericht vom 10.03.1939, S. 89.
470 Fricke-Finkelnburg: Nationalsozialismus und Schule (Anm. 420), S. 212.
471 Link: „Erziehungsstätte des deutschen Volkes" – Die Volksschule im Nationalsozialismus (Anm. 269), S. 82; Deutschland-Berichte der Sozialdemokratischen Partei Deutschlands, Sopade – Juni 1937 (Anm. 237), S. 117.

Es soll an dieser Stelle nicht näher auf die inhaltlichen Veränderungen der einzelnen Unterrichtsfächer eingegangen werden. Hier sei auf die Vielzahl an Literatur verwiesen, die sich mit diesbezüglichen Aspekten detailliert auseinandersetzt[472] Für die vorliegende Untersuchung ist zunächst lediglich grundlegend festzuhalten, dass die NS-Ideologie nicht nur formal-administrativ, sondern auch über veränderte Unterrichtsinhalte Einzug in die Schulen halten sollte. Insbesondere für eine „erfolgreiche" Indoktrination der Schüler im Unterricht war aber zuallererst das Verhalten der einzelnen Lehrkräfte entscheidend. Wie positionierten sie sich zu den aufgezeigten formalen und inhaltlichen Rahmenbedingungen? Welche Gestaltungsspielräume verblieben ihnen im täglichen Unterricht? Erwiesen sich die meisten Lehrerinnen und Lehrer als willfährige Propagandisten des NS-Regimes oder versuchten sie, an den traditionellen Vorstellungen von Schule und Unterricht festzuhalten? Betrachtet man die bisher aufgezeigten Maßnahmen und Vorgaben, die auf Veränderungen im Schulalltag abzielten, so könnte leicht der Eindruck entstehen, Lehrkräfte hätten kaum eine andere Wahl gehabt, als die an sie gerichteten Forderungen innerhalb und außerhalb des Unterrichts zu erfüllen und sich im Alltag entsprechend zu verhalten. Doch trotz aller Anweisungen und Zwänge blieben Lehrkräften auch gestalterische Freiräume erhalten. Auch im Nationalsozialismus bestanden die Vorgaben für den Unterricht nicht per se darin, den Schülern „NS-Ideologeme und -Losungen durch ständiges Wiederholen und Auswendiglernen bis hin zur schließlichen Verinnerlichung"[473] einzuhämmern. Stattdessen gestaltete sich der Schulalltag auch in der NS-Zeit facettenreicher[474], Handlungsspielräume der Pädagogen waren oft größer und staatliche Vorgaben, Kontroll- und Sanktionsmöglichkeiten meist lückenhafter, als die aufgezeigten Rahmenbedingungen dies zunächst vermuten lassen. Im Folgenden wird der Frage nachgegangen, ob und wie sich die formalen und inhaltlichen Veränderungen im Schulalltag im konkreten Handeln der Lehrkräfte widerspiegeln.

Würde man das Verhalten von Lehrerinnen und Lehrern während den zahlreichen Schulfeiern als alleinigen Gradmesser für deren Übereinstimmung mit

---

472 Vgl. bspw. Reiner Lehberger: Fachunterricht und politische Erziehung: Beispiele aus Hamburger Volksschullehrbüchern. In: Reiner Lehberger/Hans-Peter d. Lorent (Hrsg.): „Die Fahne hoch". Schulpolitik und Schulalltag in Hamburg unterm Hakenkreuz (Ergebnisse, Bd. 35). Hamburg 1986, S. 49–69; Lehberger/Lorent: „Die Fahne hoch" (Anm. 13); Burkhard Voigt: Spanisch im Hamburger Oberbau – ein Fach im ideologischen Aufwind? In: Reiner Lehberger/Hans-Peter d. Lorent (Hrsg.): „Die Fahne hoch". Schulpolitik und Schulalltag in Hamburg unterm Hakenkreuz (Ergebnisse, Bd. 35). Hamburg 1986, S. 76–90; Gamm: Führung und Verführung (Anm. 12); Dithmar/Schmitz: Schule und Unterricht im Dritten Reich (Anm. 12); Heske: Und morgen die ganze Welt (Anm. 180).
473 Link: „Erziehungsstätte des deutschen Volkes" – Die Volksschule im Nationalsozialismus (Anm. 270), S. 96.
474 Link: „Erziehung zum Führervolk" – Zur Volksschule im Nationalsozialismus (Anm. 12), S. 18.

dem Regime heranziehen, so ergäbe sich ein eindeutiges Bild: Keine Studie, die über das Verhalten der Lehrerschaft im Nationalsozialismus Auskunft gibt, enthält Schilderungen oder Hinweise darauf, dass Lehrkräfte in diesem Zusammenhang nonkonformes Verhalten an den Tag legten. Bestand die Lehrerschaft deshalb aus überzeugten Nationalsozialisten? Nicht notwendigerweise, denn gerade „schuloffizielle Anlässe" bargen die Gefahr, durch abweichendes Verhalten besonders aufzufallen. Auch gegenüber dem Nationalsozialismus kritisch eingestellte Lehrer beugten sich hier den Vorgaben des Regimes. Die soziale Kontrolle durch anwesende Kollegen, Vorgesetzte und die Schülerschaft war während solcher auf Gemeinschaft anzielender Rituale hoch und es ist kein Fall bekannt, dass Lehrer es wagten, in dieser Situation offen Kritik zu äußern und sicher zu erwartende Sanktionen in Kauf zu nehmen.

Etwas anders stellt sich die Situation dar, wenn man die Vorgaben zum Hitlergruß als Maßstab heranzieht. Auch wenn der im „Heil Hitler" enthaltene Appell an die Gesinnung durch dessen permanente Ausführung in der Alltagsroutine sicherlich bald verlorengegangen sein wird,[475] meinen viele Zeitzeugen, die als Schülerinnen und Schüler die NS-Zeit erlebten, dass sie aus der Art der Ausführung des Hitlergrußes eine zustimmende oder ablehnende Haltung ihrer Lehrerinnen und Lehrer ableiten konnten. So vage dieser Zusammenhang auch sein mag, zumindest lassen sich am Beispiel des Hitlergrußes unterschiedliche Verhaltensweisen von Lehrerinnen und Lehrern dokumentieren. Viele offenbar nationalsozialistisch eingestellte Lehrer nahmen die Grußformel zum Anlass, ihre Schüler zu schikanieren, indem sie penibel auf die korrekte Ausführung des Grußes achteten[476] und sogar außerhalb des Unterrichts auf eine entsprechende Grußerweisung insistierten.[477] Doch es gibt auch andere Beispiele. Einigen Zeitzeugen fiel bei ihren Lehrern auf, dass sie den Hitlergruß betont lässig ausführten[478] oder das obligatorische „Heil Hitler" durch ein lapidares „Setzt euch" ersetzten.[479]

Noch besser verdeutlichen lässt sich die Bandbreite des Lehrerverhaltens, wenn man die Gegebenheiten und Praktiken bei der Durchführung des eigentlichen Unterrichts genauer in Augenschein nimmt. Wie gezeigt wurde, stellte die Bereitstellung von Materialen zur Vorbereitung und Durchführung eines „NS-konformen" Unterrichts die Schulbehörden vor große Herausforderungen. Zwar behalf man sich im Laufe der Jahre durch Verweise auf geeignet erscheinende Literatur und der Herausgabe von Ergänzungsheften und Beilagen in Zeitschriften,

---

475 Scholtz: Erziehung und Unterricht unterm Hakenkreuz (Anm. 12), S. 18.
476 Rosenbaum: „Und trotzdem war's 'ne schöne Zeit" (Anm. 416), S. 139; Platner: Schule im Dritten Reich, Erziehung zum Tod (Anm. 448), S. 94.
477 Rosenbaum: „Und trotzdem war's 'ne schöne Zeit" (Anm. 416), S. 373.
478 Ebd., S. 138; Böhme/Hamann: Schulalltag zwischen Ideologie und Wirklichkeit (Anm. 219), S. 165.
479 Schmidt: Hamburger Schulen im „Dritten Reich" (Anm. 13), S. 327.

doch bei alledem bleibt festzuhalten, dass „klassische" Schulbücher aus der Weimarer Zeit auch im Nationalsozialismus die dominierende Arbeitsgrundlage für Lehrerinnen und Lehrer blieben, auch wenn der preußische Kultusminister und spätere Reichserziehungsminister Rust bereits 1933 neue Schulbücher für die unmittelbare Zukunft angekündigt hatte.[480] Außer mit der Einführung eines reichseinheitlichen Volksschullesebuchs für die Klassenstufen fünf und sechs, das das Reichserziehungsministerium ab Ostern 1935 herausgab[481] und das unter anderem Abschnitte aus Hitlers „Mein Kampf", Hindenburgs Rede an die deutsche Jugend vom 1. Mai 1933, Gedichte von Baldur von Schirach sowie Auszüge aus dem „Tagebuch eines Jagdfliegers" von Herrmann Göring enthielt,[482] „war in den ersten Jahren der NS-Zeit aus behördlicher Sicht nicht mit dem Erscheinen neuer Bücher zu rechnen."[483] Pläne zur Gründung eines „Deutschen Schulbuchverlags", der vergleichbare einheitliche Werke für andere Fächer herausgeben sollte, blieben unausgeführt.[484] An bayerischen Volksschulen gab man beispielsweise selbst für den ideologisch mit am stärksten beanspruchten Geschichtsunterricht noch 1941 zehn alte Lehrbücher – allerdings mit Überarbeitungen – zur Benutzung frei.[485] Viele der bis Kriegsende notgedrungen weiter benutzten Bücher entsprachen zwar nicht den „Idealvorstellungen" nationalsozialistischer Schulbehörden, zugleich waren sie von ihrer ideologischen Seite her aber keinesfalls durchweg gegenläufig zu den Intentionen der Nationalsozialisten.[486] „Ein national gesinnter und die Klassik schätzender Deutschlehrer – und das waren sicher die meisten – musste seinen Unterricht nach 1933 nur wenig umstellen."[487] Lehrerinnen und Lehrer konnten aufgrund zur Verfügung stehender Behelfsmaterialien und trotz alter Schulbücher ohne Zweifel ihren Unterricht formal und inhaltlich so gestalten, wie es den Vorstellungen von NS-Bildungspolitikern entsprach – sie mussten es jedoch nicht.[488]

Auch weil einheitliche Lehrpläne bis in die späten 1930er Jahre hinein nicht vorlagen, war es besonders in den ersten Jahren nach 1933, aber auch darüber hinaus, durchaus möglich, einen weitgehend sachorientierten Unterricht zu

---

480 Lehberger: Fachunterricht und politische Erziehung: Beispiele aus Hamburger Volksschullehrbüchem (Anm. 472), S. 49–50.
481 Fricke-Finkelnburg: Nationalsozialismus und Schule (Anm. 422), S. 22.
482 Deutschland-Berichte der Sozialdemokratischen Partei Deutschlands, Sopade – Februar 1936 (Anm. 335), S. 51.
483 Böhme/Hamann: Schulalltag zwischen Ideologie und Wirklichkeit (Anm. 219), S. 140.
484 Schäffer: Ein Volk – ein Reich – eine Schule (Anm. 13), S. 243.
485 Ebd., S. 231–232.
486 Lehberger: Fachunterricht und politische Erziehung: Beispiele aus Hamburger Volksschullehrbüchem (Anm. 472), S. 50.
487 Gass-Bolm: Das Gymnasium 1945–1980 (Anm. 385), S. 74.
488 Deutschland-Berichte der Sozialdemokratischen Partei Deutschlands, Sopade – Februar 1935. Bericht vom 14.03.1935, S. 46–67, hier S. 47.

halten.[489] Untersuchungen zur Unterrichtspraxis von Lehrern im Nationalsozialismus liefern folglich auch durchaus differenzierte Befunde: Regionale Bildungserlasse und -richtlinien, die nach 1933 für die Schulen herausgegeben wurden, waren zwar verbindlich, doch „[d]amit wird nicht das gesamte Unterrichts- und Erziehungsgeschehen in der Schule beschrieben. Hier gab es mindestens in den ersten Jahren der NS-Zeit individuelle Verhaltensspielräume in den Schulen. Bei einigen Lehrern stand, trotz anderslautender Richtlinien, die traditionelle Wissensvermittlung mit entsprechender pädagogischer Haltung noch im Vordergrund."[490] Auch der Volksschulunterricht war demnach „wesentlich heterogener, facettenreicher und zweifellos anspruchsvoller", als die gebräuchlichen Vorstellungen von nationalsozialistischer Schulpädagogik dies erwarten ließen. Konstatiert wird eine „Gleichzeitigkeit von nationalsozialistischer Durchdringung und Politisierung der Volksschule und traditioneller Unterrichtsentwicklung, die in einer längeren zeitlichen Kontinuität steht. Neu war lediglich die durchgängige Ausrichtung auf die Ideologie des Nationalsozialismus. Der Grad der Politisierung des Unterrichts hing dabei vom Grad der Nazifizierung der Einzelschule – und d. h. bei den zahlreichen einklassigen bzw. wenig gegliederten ländlichen Volksschulen – vom Grad der Nazifizierung des Lehrers ab."[491] Auch mit Blick auf kleine Landschulen wäre es ein Fehler, den Unterricht per se mit „stumpfsinnigem ideologischen Drill, didaktisch-methodischer Einfalt und inhaltlicher Niveaulosigkeit" gleichzusetzen.[492] „Der totale Anspruch einer politischen Formierung überlagerte die Erfordernisse traditioneller Schul- und Unterrichtsentwicklung, ersetzte sie aber nicht."[493]

Erinnerungen von Zeitzeugen über ihre Schulzeit im Nationalsozialismus, spiegeln die Bandbreite unterschiedlicher Verhaltensweisen der Lehrkräfte wider. Hier finden sich zum einen immer wieder Schilderungen über „Goldfasane" – wie Lehrer bezeichnet wurden, die erkennbar als NSDAP-Mitglieder oder -Funktionäre uniformiert und mit Abzeichen und Orden dekoriert im Unterricht erschienen.[494] Zum Teil bekannten sie sich offenbar völlig eindeutig zur NS-Weltanschauung und legten ihren Unterricht entsprechend aus:

---

489 Böhme/Hamann: Schulalltag zwischen Ideologie und Wirklichkeit (Anm. 219), S. 32.
490 Ebd., S. 35; Deutschland-Berichte der Sozialdemokratischen Partei Deutschlands, Sopade – Februar 1936 (Anm. 335), S. 43.
491 Link: „Erziehungsstätte des deutschen Volkes" – Die Volksschule im Nationalsozialismus (Anm. 270), S. 104.
492 Link/Breyvogel: Die Volksschullehrer und ihr Verhältnis zur nationalsozialistischen ‚Volksgemeinschaft' (Anm. 12), S. 247.
493 Link: „Erziehungsstätte des deutschen Volkes" – Die Volksschule im Nationalsozialismus (Anm. 270), S. 80.
494 Rosenbaum: „Und trotzdem war's 'ne schöne Zeit" (Anm. 416), S. 373; Georg Hensel: Der Sack überm Kopf. In: Marcel Reich-Ranicki (Hrsg.): Meine Schulzeit im Dritten Reich. Erinnerungen deutscher Schriftsteller. Köln 1988, S. 109–125, hier S. 115; Marcel Reich-

„Der Erdkundelehrer brachte uns bei, das ganze Mittelmeer gehöre rechtens den Italienern – so wie uns Deutschen der Osten gehöre. Der Biologielehrer zeigte Lichtbilder, die uns den Unterschied der Rassen beweisen sollten, und selbstverständlich war die semitische die verachtenswerteste. Der gleiche Biologielehrer führte uns in die Anstalt für Unheilbare, die ‚Hub', wo die irre-redenden, geifernden, triefenden Kranken – arme, zum Tod bestimmte Geschöpfe – uns Schüler überzeugen sollten, wie berechtigt es war, die ‚Euthanasie' zu vollziehen."[495]

Mindestens ebenso häufig erinnern sich Zeitzeugen jedoch an Lehrerpersönlichkeiten, die mehr oder weniger eindeutig zu erkennen gaben, dass sie nicht vollends mit dem NS-Regime übereinstimmten. Kinder hatten offenbar ein feines Gefühl dafür, „ob die Lehrer im Unterricht etwas aus eigener Ueberzeugung sagen oder nur deshalb, weil sie es eben sagen müssen. Sie spüren es, wenn etwas über Horst Wessel, Schlageter usw. im Unterricht vorgebracht werden muss, ohne dass es mit der inneren Überzeugung des Lehrers übereinstimmt, und sie merken es auch sofort, wenn der Vortrag eines Lehrers auch nur einen Anflug von Ironie zeigt."[496] Häufig soll es sich bei solchen „Nicht-Überzeugten" um ältere Lehrer gehandelt haben,[497] die politisch aus den Traditionen liberaler, konservativer aber auch nationalistischer Parteien kamen.[498] Nur die wenigsten von ihnen wagten es allerdings, sich im Unterricht offen kritisch zu äußern, indem sie beispielsweise Witze über NS-Größen machten,[499] im Biologieunterricht die Schüler von der Unhaltbarkeit der nationalsozialistischen Rassentheorie überzeugen wollten,[500] im Geschichtsunterricht Parallelen zwischen größenwahnsinnigen römischen Tyrannen und Hitler aufzeigten[501] oder auf andere Art von den lehrplanmäßigen Vorgaben abrückten[502], etwa indem sie über Sigmund Freud

---

Ranicki: Geliehene Jahre. In: Marcel Reich-Ranicki (Hrsg.): Meine Schulzeit im Dritten Reich. Erinnerungen deutscher Schriftsteller. Köln 1988, S. 50–66, hier S. 50–51.
495 Hans Bender: Willst du nicht beitreten? In: Marcel Reich-Ranicki (Hrsg.): Meine Schulzeit im Dritten Reich. Erinnerungen deutscher Schriftsteller. Köln 1988, S. 31–39, hier S. 37–38.
496 Deutschland-Berichte der Sozialdemokratischen Partei Deutschlands, Sopade – Oktober 1936 (Anm. 453), S. 95.
497 Platner: Schule im Dritten Reich, Erziehung zum Tod (Anm. 448), S. 83–84.;
498 Ebd., S. 89.
499 Günter Kunert: Die Tortur. In: Marcel Reich-Ranicki (Hrsg.): Meine Schulzeit im Dritten Reich. Erinnerungen deutscher Schriftsteller. Köln 1988, S. 219–228, hier S. 227.
500 Platner: Schule im Dritten Reich, Erziehung zum Tod (Anm. 448), S. 88.
501 Dieter Wellershoff: Ein Allmachtstraum und sein Ende. In: Marcel Reich-Ranicki (Hrsg.): Meine Schulzeit im Dritten Reich. Erinnerungen deutscher Schriftsteller. Köln 1988, S. 146–160, hier S. 155–156.
502 Reich-Ranicki: Geliehene Jahre (Anm. 494), S. 56.

referierten,[503] Radierungen von Käthe Kollwitz im Kunstunterricht besprachen[504] oder ihren Schülern die Grundsätze einer modernen Demokratie erklärten.[505] Abweichende, kritische Äußerungen bargen bei Bekanntwerden immer die Gefahr, vom Dienst suspendiert zu werden.[506]

Die allermeisten Zeitzeugen charakterisieren ihre Schulzeit im Nationalsozialismus als wenig spektakulär. Schilderungen über einen „neuen Geist", der nach 1933 in die Schulen Einzug gehalten haben soll, sucht man oft vergebens.

> „Der Nationalsozialismus schien an meiner Schule – außer beim Frühsport und dem Gemeinschaftsempfang der Führer-Reden – keine wesentliche Rolle zu spielen."[507]

Aussagen wie diese finden sich häufig. Was sind die Gründe für diese zunächst irritierende Feststellung? Sicher täuschen hier so manchen Zeitzeugen die Erinnerungen. Die Bilder und Empfindungen, die in ihren Retrospektiven auftauchen, haben folglich nichts mit dem Terror, der Unterdrückung und Rechtlosigkeit, die die NS-Zeit besonders prägte, zu tun. „Im Rückblick" erscheint ihnen die Schulzeit „weit eher als eine Mischung aus Enge und familiärem Zusammenhalt, aus Idylle, Entbehrung und Widersetzlichkeit, kurz allem, was sie glücklich macht."[508] Viele beschreiben ihren Schulalltag als Routine und Normalität.

> „Wir machten uns keine Sorgen. Keine Spur von politischer Angst. Es ist natürlich leicht, heute zu sagen: Aber die Rassengesetze, der Exodus all der jüdischen Klassenkameraden, der dann einsetzte – war das kein Menetekel, kein Signal für das große Morden, das dann später begann? Natürlich war es das, objektiv und vom Ende her gesehen. Die Ehrlichkeit aber zwingt mich zu sagen: Von uns Unbetroffenen wurde das so dramatisch gar nicht erfahren. Geschichte, wenn sie geschieht, ist eher trivial. Nur selten ist das Leben heroisch; meist ist es banal."[509]

---

503 Barbara König: Die verpaßte Chance. In: Marcel Reich-Ranicki (Hrsg.): Meine Schulzeit im Dritten Reich. Erinnerungen deutscher Schriftsteller. Köln 1988, S. 134–145, hier S. 137.
504 Bender: Willst du nicht beitreten? (Anm. 495), S. 33.
505 Hensel: Der Sack überm Kopf (Anm. 494), S. 115–116.
506 So ist beispielsweise in einem Bericht der Sopade zu lesen: „Kurz nach dem 30. Juni [am 30. Juni 1934 fand der sogenannte „Röhm-Putsch" statt, d. Verf.] hatte ein Studienrat vor seiner Klasse geäußert, dass Deutschland kein Rechtsstaat mehr sei. Wer wurde darauf sofort aus seiner Stellung entfernt." Deutschland-Berichte der Sozialdemokratischen Partei Deutschlands, Sopade – September–Oktober 1934 (Anm. 271), S. 74.
507 Hensel: Der Sack überm Kopf (Anm. 494), S. 115.
508 Joachim Fest: Glückliche Jahre. In: Marcel Reich-Ranicki (Hrsg.): Meine Schulzeit im Dritten Reich. Erinnerungen deutscher Schriftsteller. Köln 1988, S. 188–200, hier S. 188.
509 Horst Krüger: Das Grunewald-Gymnasium. In: Marcel Reich-Ranicki (Hrsg.): Meine Schulzeit im Dritten Reich. Erinnerungen deutscher Schriftsteller. Köln 1988, S. 40–49, hier S. 43–44.

Auch abgesehen von kindlicher Naivität oder jugendlichem Leichtsinn, der viele Zeitzeugen im Schulalltag begleitete, war es für Schüler oft kaum erkennbar, „ob ein Lehrer sich voll mit den Ideen des Dritten Reichs identifizierte oder ob er nur zum Schein mitarbeitete".[510] Diejenigen Lehrkräfte, die nicht ohnehin begeisterte Nationalsozialisten waren, hielten sich zurück. „Am auffälligsten offenbarte sich der Druck, den das Regime ausübte, in der politischen Zurückhaltung der Lehrer. War es stille Renitenz, Ängstlichkeit oder einfach das Bemühen, den Bezirk der Schule vom Geist der Zeit freizuhalten, den viele von ihnen so oft schon hatten kommen und gehen sehen?"[511]

Unbestreitbar wurde der Konformitätsdruck auf die Lehrerschaft im Nationalsozialismus erheblich gesteigert. Viele kritisch eingestellte Lehrerinnen und Lehrer dürften ein Klima der Angst verspürt haben, denn die Gefahr der Bespitzelung und Denunziation war stets präsent und zwang zur Vorsicht bei allen erkennbaren Äußerungen innerhalb und außerhalb des Unterrichts.[512] Lehrerkollegen, Vorgesetzte, Schülerinnen und Schüler und deren Eltern, sie alle hatten täglichen Umgang mit ihnen und standen zudem untereinander in Verbindung, infolgedessen das soziale Umfeld der Lehrkräfte traditionell aus einem beinahe unüberschaubaren personellen Beziehungsgeflecht bestand. Erfassbare und damit auch kontrollierbare Kommunikationsräume gab es für die meisten Lehrenden nicht. „Man politisiert nicht, man hält überhaupt keine Zeitung und wenn man etwas erfahren will, dann fährt man in die nächste grössere Stadt, um sich einmal umzuhören", berichtete beispielsweise ein Lehrer aus Süddeutschland über seinen Schulalltag.[513] Die Angst vor Denunziation herrschte offenbar besonders unter den Lehrkräften selbst. „Wenn ein Kollege neu an die Schule kam [...] da haben wir erst einmal im Lehrerzimmer sondiert".[514] Nach 1933 entpuppten sich oftmals auch „alte Kollegen" als nationalsozialistische Aktivisten und Denunzianten.[515]

„Von den ehemals berühmten Zusammenkünften der Lehrer auf dem Lande in gemütlicher Kaffee- oder Bierrunde war schon lange nichts mehr geblieben. Einer konnte dem anderen nicht trauen, was Parteigesinnung anbetraf. Selbst alte Freundschaften zerbrachen."[516]

---

510 Platner: Schule im Dritten Reich, Erziehung zum Tod (Anm. 448), S. 91.
511 Fest: Glückliche Jahre (Anm. 508), S. 192.
512 Fligge: Lübecker Schulen im „Dritten Reich" (Anm. 13), S. 436; Rosenbaum: „Und trotzdem war's 'ne schöne Zeit" (Anm. 416), S. 139; Deutschland-Berichte der Sozialdemokratischen Partei Deutschlands, Sopade – Juni 1937 (Anm. 238), S. 118.
513 Deutschland-Berichte der Sozialdemokratischen Partei Deutschlands, Sopade – Oktober 1936 (Anm. 453), S. 98.
514 Schmidt: Hamburger Schulen im „Dritten Reich" (Anm. 13), S. 346.
515 Ebd., S. 349.
516 Dannhäuser: Erlebte Schulgeschichte 1939 bis 1955 (Anm. 13), S. 103.

Hermann Röhrs, 1937 Lehrer in einer Hamburger Volksschule und nach dem Krieg Professor für Pädagogik an der Universität Heidelberg, sieht die Schulleitung und das Kollegium als entscheidende Faktoren an, wenn es um die Durchsetzung und Kontrolle der NS-Ideologie an Schulen geht:

> „Es kam entscheidend auf die Schulleitung in Wechselwirkung mit der beaufsichtigenden Behörde an, wieweit die nationalsozialistische ‚Unpädagogik' rücksichtslos in die Praxis umgesetzt wurde. Daher bestand schon ein erheblicher Unterschied von Schule zu Schule. [...] Die Politisierung und Radikalisierung der Schularbeit hing entscheidend vom pädagogischen Profil und der politischen Grundhaltung der Schulleitung und des Kollegiums ab."[517]

Das NS-Schulsystem sah eine hierarchisch geordnete Informationskette vor, um über die Zustände in den Schulen im Bilde zu sein. Lehrkräfte hatten Missstände dem Schulleiter mitzuteilen, dieser wiederum sollte den für sie zuständigem Schulrat informieren, der als „Vollstrecker des Willens der Staatsführung" als „geistige Führer und Berater der Lehrerschaft ihres Bezirks" wirken sollte und Vorkommnisse den „entsprechenden NSDAP-Dienststellen" zu melden hatte.[518] Schulräte waren zwar auch zu regelmäßigen Unterrichtsbesuchen und zu Besprechungen mit Leitern und Lehrern verpflichtet, doch in der Regel erstreckte sich ihre Aufsichtspflicht auf ca. 150 bis 200 Schulen. Eine lückenlose Kontrolle aller Geschehnisse durch die Schulräte war allein aus diesem Grund kaum möglich. Umso wichtiger war es für sie, Hinweise von Seiten der Schulleitung zu erhalten. Wie bereits erwähnt waren von den Entlassungen im Schulbereich im Zuge der „Machtübernahme" der Nationalsozialisten vor allem die Schulleitungen betroffen. Demzufolge wurden insbesondere an dieser Stelle viele der freigewordenen Stellen mit Nationalsozialisten neu besetzt. Viele Schulleiter waren allerdings sogenannte „Märzgefallene", d. h. sie traten frühestens im März 1933 in die NSDAP ein. Hierzu bemerkt die Exil-SPD in einem Bericht: „Die Nazis trauen den meisten von ihnen auch nicht recht und darum lässt die Leitung des NS-Lehrerbundes auch diese Leute dauernd bespitzeln, was schon zur Absetzung von mehreren dieser Herren geführt hat."[519]. Unter den „alten" Schulleitern, die aus der Zeit vor 1933 übernommen wurden, befanden sich viele, deren Überzeugungen gut in die „neue Zeit" hineinzupassen schienen. Soldatische Tugenden, Heimatliebe und Gedenkfeiern – oftmals entsprach all das ihren pädagogischen Vorstellungen und Konzepten.[520] Entsprechend häufig gab es daher Schulleiter, die konsequent auf die nationalsozialistische Ausrichtung ihrer Schulen achteten.

---

517 Schmidt: Hamburger Schulen im „Dritten Reich" (Anm. 13), S. 343.
518 Geißler: Schulgeschichte in Deutschland (Anm. 12), S. 556.
519 Deutschland-Berichte der Sozialdemokratischen Partei Deutschlands, Sopade – September–Oktober 1934 (Anm. 271), S. 64.
520 Schmidt: Hamburger Schulen im „Dritten Reich" (Anm. 13), S. 378–379.

Besonders Überzeugte gaben ihren Kollegen zu Beginn von Konferenzen Schulungsunterricht in nationalsozialistischer Ideologie und Weltanschauung, zum Beispiel über Rassenkunde, Vererbungslehre, Rassenhygiene, Erbgesundheitslehre, Familienkunde und Bevölkerungspolitik.[521] Doch auch jene Schulleiter, die keine glühenden Nationalsozialisten waren, mussten mit dem Regime kooperieren. „Wer in der Zeit von 1933 bis 1945 Schulleiter war, kam – auch dann, wenn er kein hundertprozentiger Nationalsozialist war – gar nicht darum herum, sich mit dem Nationalsozialismus zu arrangieren, in vielfacher Weise Kompromisse mit dem Regime einzugehen und so zu dessen Stabilisierung beizutragen."[522] Es wäre jedoch falsch, durch vorschnelle und pauschale Urteile sämtliche Schulleiter als willige NS-Funktionäre zu betrachten. Auch in dieser Gruppe kommt es auf das Handeln des Einzelnen an und manch ein Schulleiter stellte sich schützend vor seine Lehrer, wenn sie sich der Denunziation ausgesetzt sahen.[523] „Ein Schulleiter konnte seine Schule zu einer Agentur des Regimes machen, indem er dessen Direktiven buchstabengetreu umsetzte, er konnte aber auch nach außen mit den Wölfen heulen, indem er linientreue nationalsozialistische Bekenntnisse von sich gab, und zugleich seine Schule nach innen vor den Zugriffen des Regimes abschirmen. Er konnte jüdische Schüler und Schülerinnen zwingen, im Unterricht widerliche antisemitische Texte zu lesen, und sich gegen die Zuweisung jüdischer Schüler unter Hinweis auf den amtlich verordneten Prozentsatz wehren – oder aber bei der Aufnahme neuer Schüler über rassistische Kriterien hinwegsehen und Schüler schützen, solange das noch möglich war."[524] Um vor Eingriffen des Regimes sicher zu sein, war eine linientreue Außendarstellung von entscheidender Bedeutung. Schulleiter hatten ihre Schulen entsprechend zu repräsentieren,[525] Lehrerinnen und Lehrer hatten sich zumindest äußerlich anzupassen. Unter diesen Bedingungen waren für Lehrkräfte die Folgen von aufgedecktem Fehlverhalten oft überschaubar. „Offene Ablehnung des Systems wurde mit harten Maßnahmen bis zur Entlassung bedroht. Diese Drohung war so massiv, dass sie einen passiven Anpassungsdruck erzeugte. In nur sehr wenigen Fällen musste sie wahr gemacht werden. […] Dagegen reichte eine formale Loyalitätsbekundung, etwa durch Mitgliedschaft im NSLB, der Partei oder einem der anderen angeschlossenen Verbände aus, um vor ernsten Schwierigkeiten sicher zu sein. Eine Identifizierung mit dem System wurde so also kaum erreicht, sondern lediglich Anpassung. Wie sehr sich der einzelne Lehrer dann im Unterricht den ideologischen Zielen der Nationalsozialisten verschrieb und seine Schüler indoktrinierte, hing von dem Grad seiner Überzeugung ab. Solange er nicht aktiv

---

521 Ebd., S. 384; Deutschland-Berichte der Sozialdemokratischen Partei Deutschlands, Sopade – September–Oktober 1934 (Anm. 271), S. 68.
522 Schmidt: Hamburger Schulen im „Dritten Reich" (Anm. 13), S. 378.
523 Ebd., S. 344, 351.
524 Ebd., S. 386–387.
525 Ebd., S. 379.

gegen das Regime agierte und nach außen loyal blieb, hatte er keine ernsthaften Probleme wie Versetzung oder gar Entlassung zu befürchten."[526]

Neben der Schulleitung und dem Kollegenkreis gab es mit der Schülerschaft einen weiteren wichtigen Einflussfaktor für das Verhalten der Lehrerschaft im Nationalsozialismus. Wie bereits erwähnt, etablierte sich die Hitlerjugend als neuer Bestandteil des Schulsystems. Schon aufgrund der veränderten Unterrichtsorganisation, die sich aus den ihr zugesprochenen „Sonderrechten" ergab, entwickelte sich die HJ zu einer festen Instanz im Schulgeschehen. Für die Lehrerschaft war allerdings folgenreicher, dass sich die Präsenz der NS-Jugendorganisation auch ganz unmittelbar auf den Unterrichtsalltag auswirken konnte. Manche der in der HJ organisierten Schüler zweifelten die Autorität ihrer Lehrer an, kritisierten die im Unterricht vermittelten Inhalte und stellten so traditionelle Hierarchien offen in Frage.[527] Letztlich erfuhr das Schulwesen durch die Anwesenheit der HJ eine zusätzliche Politisierung. Jede Lehrkraft im „Dritten Reich" musste sich früher oder später mehr oder minder eindeutig zu ihr positionieren. Nicht zuletzt deshalb lohnt es sich, das Verhältnis zwischen Lehrerschaft und Hitlerjugend etwas genauer in den Blick zu nehmen.

Nicht wenige Pädagogen empfanden die HJ als „Störfaktor", der ihrem traditionellen Verständnis von Schulorganisation widersprach. Anfangs regte sich folglich auch noch deutlich vernehmbarer Widerstand gegen die neue „Erziehungsinstanz". So beklagte manche Lehrkraft die übermäßige Inanspruchnahme der Schüler durch die HJ: „Man habe die Kinder teilweise morgens um 4.00 Uhr aufstehen lassen zum Plakatkleben und sie abends bis nach 10.00 Uhr als ‚Saalschutz' verwandt."[528] Schuladministrative Interventionen, die den Zugriff der HJ zwischenzeitlich einschränkten, wurden dabei nicht nur von Lehrern, sondern zum Teil auch von Eltern und sogar von Schülern begrüßt, die für eine „Wiederherstellung der Autorität der Schule" eintraten.[529] Nicht zuletzt aufgrund effektiver Werbemaßnahmen gelang es der Reichsjugendführung dennoch rasch, immer mehr Schülerinnen und Schüler vom Eintritt in die Hitlerjugend zu überzeugen.[530] Ende 1935, noch vor einer großangelegten Kampagne zur Verpflichtung des Geburtsjahrganges 1926 am „Geburtstag des Führers", gehörten bereits

---

526 Schäffer: Ein Volk – ein Reich – eine Schule (Anm. 13), S. 90.
527 Gamm: Führung und Verführung (Anm. 12), S. 26.
528 Lorent: Schulalltag unterm Hakenkreuz (Anm. 420), S. 99.
529 So konstatierte ein Philologe in der Zeitschrift „Die höhere Schule" am 15. Dezember 1934 „eine neue Freude an der Schulgemeinschaft, da der ganz einseitig auf den jungen Menschen als Führer eingestellte HJ-Betrieb auf die Dauer doch nicht befriedigt." E. Henning: Will Jugend durch Jugend geführt werden? In: Die höhere Schule, Beilage zu Politische Erziehung, Heft 15, Dezember 1934, S. 431, zit. n.: Marianne Doerfel: Der Griff des NS-Staates nach Elite-Schulen. Stätten klassischer Bildungstradition zwischen Anpassung und Widerstand. In: Vierteljahrshefte für Zeitgeschichte 37, 1989, H. 3, S. 401–455, S. 431.
530 Scholtz: Erziehung und Unterricht unterm Hakenkreuz (Anm. 12), S. 84.

3,94 Millionen Jungen und Mädchen, 45,2 Prozent ihrer Altersgruppen, den Gliederungen der HJ an.[531] Jedoch sollte man insbesondere für die ersten Jahre des Nationalsozialismus den Einfluss der Hitlerjugend sehr differenziert betrachten. Der Zeitpunkt, an dem sich die HJ an den einzelnen Schulen als „feste Größe" etablierte, variierte von Ort zu Ort und wurde wohl auch von der jeweiligen Schulform mitbestimmt, wie Zahlen aus Hamburg es nahelegen: „Während 1935, das heißt vor der Zwangsmitgliedschaft der Jugendlichen in der NS-Staatsjugend, der Organisationsgrad der Schüler in der HJ an Gymnasien und an den Landschulen in der Hansestadt Hamburg bereits über achtzig und neunzig Prozent betrug, lag er an den Volksschulen der Hamburger Arbeiterbezirke zum Teil noch unter zwanzig Prozent."[532]

Die nationalsozialistische Beeinflussung der Schülerschaft und damit der Druck auf Lehrerinnen und Lehrer, der von Seiten der HJ auf sie ausgeübt wurde, variierte in den ersten Jahren nach der „Machtergreifung" also noch sehr stark. Doch in den späten 1930er Jahren, als nahezu alle Schüler in der Hitlerjugend organisiert waren, häuften sich damit verbundene Konflikte. „Die HJ wurde zunehmend zu einem Erziehungsfaktor, der mit der Schule in provokativer Form zu rivalisieren begann. Die Schule sollte unter die Kontrolle der politisch geführten Jugend gebracht werden."[533] Das Regime nutzte den schwelenden „Generationenkonflikt", wie er im Verhältnis Lehrer-Schüler ohnehin angelegt ist, indem es ihn politisch aufzuladen und für sich zu instrumentalisieren vermochte. „Die Erfahrung vieler Jugendlicher in der Anfangsphase des Nationalsozialismus war Begeisterung, war doch die damalige NSDAP eine ausgesprochen jugendliche Partei, welche die gegebenen Spannungen zwischen den Generationen für sich auszunutzen verstand."[534] Die Hitlerjugend war – zumindest in den ersten Jahren der nationalsozialistischen Herrschaft – für die Mehrheit der Schülerinnen und Schüler attraktiv.[535] Wer in Aufbruchstimmung war und sich engagieren wollte, konnte in Fahrten, Freizeitaktivitäten, Lagern, Geländespielen und Sportwettkämpfen Tatendrang, jugendliche Kraft, Gemeinschaftsbedürfnis und – nicht zuletzt durch Bekleidung eines Führungspostens – seinen persönlichen Geltungsdrang ausleben.[536] Eine vergleichbare Begeisterung vermochte die Institution Schule, bei der es neben „erzieherischen" Aspekten auch im Nationalsozialismus immer schlicht um die Vermittlung von Wissen ging, bei den meisten Kindern und Jugendlichen nicht auslösen.[537] Kinder und Jugendliche, deren schulische

---

531 Ebd., S. 70.
532 Reiner Lehberger: Die Mühen des aufrechten Ganges. Auch an den Schulen mußte man sich nicht anpassen. In: Die Zeit, 1991, 07/1991.
533 Schmidt: Hamburger Schulen im „Dritten Reich" (Anm. 13), S. 428.
534 Ebd., S. 317.
535 Rosenbaum: „Und trotzdem war's 'ne schöne Zeit" (Anm. 416), S. 522.
536 Schmidt: Hamburger Schulen im „Dritten Reich" (Anm. 13), S. 394.
537 Ebd., S. 392.

Leistungen eher zu wünschen übrig ließen, konnten durch ihr Engagement in der Hitlerjugend Bestätigung finden. Intellektuelle Fähigkeiten waren dort weniger gefragt als schlicht der bedingungslose Einsatz für die „nationalsozialistische Idee". Ralph Giordanos Erinnerungen an einen „Kartoffelbuddeleinsatz" der HJ, an dem der damals 16 jährige „Halbjude" mit seiner Klasse um 1938 teilnehmen musste, verdeutlicht diesen „Prioritätenwandel", der mit dem Wechsel aus dem schulischen Umfeld in die HJ verbunden war.

> „Hier gaben die wild gewordenen HJ-Führer den Ton an, Jungen, die zeugnismäßig eher mittelmäßig oder schlecht waren. Ihnen mussten sich jetzt die Geistesgrößen der Klasse unterordnen."[538]

Ansprüche, die von Seiten der Lehrer und der HJ an die Schüler gestellt wurden, gerieten immer mehr in Gegensatz und führten zu spezifischen Konflikten, in denen die HJ verstärkt als „Lobbyist" ihrer Anhänger fungierte.[539] Für den Interessensausgleich zwischen Lehrerschaft und Hitlerjugend wurden ab 1934 an den Schulen „Schuljugendwalter" eingesetzt. Dabei handelte es sich oft um geeignet erscheinende Junglehrer, die in der Regel vom NS-Lehrerbund ernannt wurden. Ab 1938 wurden „Schuljugendwalter" jedoch durch „Vertrauenslehrer" ersetzt, die von der Schulleitung auf Vorschlag des zuständigen HJ-Bannführers ernannt wurden. Diese mussten nicht nur dem NSLB angehören, sondern sollten „möglichst auch aus der HJ hervorgegangen sein."[540] HJ-Vertrauenslehrer konnten künftig auch auf Prüfungen, Versetzungen, Strafen und die Zumessung von Erziehungsbeihilfen Einfluss nehmen und propagierten ansonsten die Ziele der HJ gegenüber ihren Lehrerkollegen und den Eltern.[541] Zwei Dinge machen diese Veränderung interessant: Zum einen wird an dieser Maßnahme deutlich, wie sich das „Machtgefüge" Ende der 1930er Jahre zugunsten der HJ verschoben hatte, zum anderen wird erkennbar, dass offenbar vor allem junge Lehrkräfte in dieser Zeit vermehrt eine „Doppelrolle" übernehmen sollten, indem sie als Lehrer schulische Belange und zugleich als HJ-Funktionäre die Interessen der NS-Jugendorganisation zu vertreten hatten.

Begeisterte HJ-Mitglieder, die für die NS-Jugendorganisation agierten und agitierten, standen an ihren Schulen immer stärker unter dem Schutz der Partei. Ihr Protest richtete sich nicht gegen die obersten Schulfunktionäre und das konfuse Bildungsprogramm der NSDAP, sondern bezog sich konkret auf Lehrkräfte

---

538 Ebd., S. 395.
539 So setzte sich die HJ beispielsweise dafür ein, das Engagement von Schülern in ihrer Organisation bei der Bewertung der schulischen Leistungen positiv mit zu berücksichtigen. Ebd., S. 422.
540 Ebd., S. 431–432.
541 Geißler: Schulgeschichte in Deutschland (Anm. 12), S. 558; Schmidt: Hamburger Schulen im „Dritten Reich" (Anm. 13), S. 415.

und Schulleiter vor Ort, die aus ihrer Sicht oftmals durch die „Systemzeit" geprägt waren und sich der „nationalen Revolution" nicht hinreichend geöffnet hatten.[542] Viele Lehrer und auch Schulleiter, die sich offensiv für schulische Belange einsetzten, sahen sich angesichts überzeugter HJ-Schüler einer spürbaren Kritik ausgesetzt.[543] Jene, die in Form kleiner Gesten oder Äußerungen innerhalb und außerhalb des Unterrichts Zweifel an ihrer nationalsozialistischen Gesinnung erkennen ließen, wurden von linientreuen Schülern beargwöhnt und mitunter auch denunziert.[544] Die große Mehrzahl der Lehrkräfte hat sich aufgrund solcher Gefahren und nicht zuletzt auch wegen der zunehmenden Kooperationsbereitschaft vieler angepasster Lehrer, die ihrerseits Kollegen, Schüler und Eltern argwöhnisch beobachteten, gefügig verhalten.[545] Viele nahmen somit den Machtzuwachs der Hitlerjugend an den Schulen hin, um nicht in Schwierigkeiten zu geraten.[546]

Die weitgehende Passivität der Lehrerschaft gegenüber der Vereinnahmung der Schulen durch das NS-Regime tritt unter einem anderen Gesichtspunkt noch deutlicher hervor. Die systematische Ausgrenzung, Verfolgung und schließlich Ermordung von Menschen, die das Regime aus rassistischen und „rassebiologischen" Motiven als „Feinde" oder „Parasiten" brandmarkte, spielte sich oft nicht im Verborgenen ab, sondern war von Beginn an ein Hauptziel nationalsozialistischer Politik. Schon im Programm der NSDAP von 1920 heißt es, kein Jude könne „Volksgenosse" und deutscher Staatsbürger sein.[547] Insbesondere die systematische Verfolgung der Juden wie auch der Sinti und Roma, ihre Deportation und letztlich auch der an ihnen begangene Massenmord war ein sozialer Prozess, an dem die deutsche Gesellschaft in vielfältiger Weise beteiligt war und beteiligt sein musste, sollte er so umfassend und bedingungslos umgesetzt werden, wie es tatsächlich geschah.[548] Schulen sind dabei nicht nur als Orte anzusehen, an denen Kindern und Jugendlichen der geistige Nährboden dieser Verfolgungspraxis in Form von Rassenlehre, Eugenik und Antisemitismus vermittelt wurde. Vielmehr waren sie Orte einer rassistischen Praxis des Vollzugs, indem jüdische Schüler und Lehrkräfte, die bis 1933 Teil vieler Schulgemeinschaften waren, vor

---

542 Schmidt: Hamburger Schulen im „Dritten Reich" (Anm. 13), S. 416.
543 Fligge: Lübecker Schulen im „Dritten Reich" (Anm. 13), S. 395; Schmidt: Hamburger Schulen im „Dritten Reich" (Anm. 13), S. 318.
544 Geißler: Schulgeschichte in Deutschland (Anm. 12), S. 552; Fligge: Lübecker Schulen im „Dritten Reich" (Anm. 13), S. 435; Schmidt: Hamburger Schulen im „Dritten Reich" (Anm. 13), S. 322; Deutschland-Berichte der Sozialdemokratischen Partei Deutschlands, Sopade – September–Oktober 1934 (Anm. 271), S. 69.
545 Schmidt: Hamburger Schulen im „Dritten Reich" (Anm. 13), S. 352, 326.
546 Ebd., S. 417.
547 Vgl. 25-Punkte-Programm der NSDAP, abgedruckt in: Johannes Hampel (Hrsg.): Der Nationalsozialismus. Machtergreifung und Machtsicherung 1933–1935 (Bd. 1). München 3. Aufl. 1994, S. 44–45.
548 Schmidt: Hamburger Schulen im „Dritten Reich" (Anm. 13), S. 334.

den Augen von Mitschülern und der Kollegien diskriminiert, isoliert und anschließend aus den Schulen „entfernt" wurden. Während ein erheblicher Teil jüdischer Lehrkräfte durch die Umsetzung des Berufsbeamtengesetzes bereits im Frühjahr 1933 von einsetzenden „Säuberungsmaßnahmen" betroffen war – Ausnahmen galten vorübergehend noch für ehemalige Frontsoldaten, Kriegsversehrte und Eltern oder Kinder von Kriegsgefallenen[549] – verlief die Ausgrenzung jüdischer Schülerinnen und Schüler schleichender. Eine spürbare Veränderung ergab sich im Kontext der Verkündung der „Nürnberger Rassegesetze" im September 1935. Zwar begannen verschiedene Länder bereits vor dieser Zeit mit der „Rassentrennung" an Schulen durch die Schaffung besonderer „Sammelklassen" oder spezieller Schulen.[550] Nun aber erließ das Reichserziehungsministerium eine reichsweite Verfügung über die „Rassentrennung" an den öffentlichen Schulen.[551] Wie es in dem „Runderlaß des Reichsministers Rust über die Errichtung gesonderter jüdischer Schulen" heißt, sollten durch „rassische Übereinstimmung von Lehrern und Schülern" die Voraussetzungen einer „gedeihlichen Erziehungsarbeit" in den deutschen Schulen hergestellt werden.[552] In den nun folgenden Jahren sahen sich immer mehr jüdische Schüler und Lehrer gezwungen, ihre bisherigen Schulen zu verlassen und auf jüdische Gemeinde- oder Privatschulen zu wechseln. Nach der Pogromnacht vom 9. November 1938 wurde allen jüdischen Schülern der Besuch öffentlicher deutscher Schulen verboten – auch jenen, deren Eltern den christlichen Glauben angenommen hatten.[553] In den Kriegsjahren intensivierte das NS-Regime die Ausgrenzungs- und Verfolgungsmaßnahmen weiter. Auf Anordnung des Reichssicherheitshauptamtes mussten Anfang Juli 1942 sämtliche noch verbliebenen jüdischen „Unterrichtseinrichtungen" ihre Arbeit einstellen. 2.785 jüdischen Schülern, die bis zu diesem Zeitpunkt noch in Deutschland lebten, wurde jeglicher Schulbesuch untersagt. Auch jene Schüler, die nach den Nürnberger Gesetzen „Mischlinge ersten Grades" (sogenannte „Halbjuden" mit zwei jüdischen Großelternteilen) waren, wurden ab dem Schuljahr 1942/43 nicht mehr in die Volks-, Mittel- und höheren Schulen, seit Oktober 1944 auch nicht mehr in Berufs- und Fachschulen aufgenommen. In der letzten Phase des Krieges internierten die Nationalsozialisten viele dieser Kinder und Jugendlichen schließlich in „Arbeitserziehungslagern".[554] Unter den Lehrkräften wurden bereits 1937/38 die letzten „Halbjuden" aus den öffentlichen deutschen Schulen entfernt. „Jüdisch versippte" Erzieher, also Lehrerinnen und

---

549 Gass-Bolm: Das Gymnasium 1945–1980 (Anm. 383), S. 72–73.
550 Schäffer: Ein Volk – ein Reich – eine Schule (Anm. 13), S. 256–257.
551 Scholtz: Erziehung und Unterricht unterm Hakenkreuz (Anm. 12), S. 85.
552 Böhme/Hamann: Schulalltag zwischen Ideologie und Wirklichkeit (Anm. 218), S. 177.
553 Scholtz: Erziehung und Unterricht unterm Hakenkreuz (Anm. 12), S. 85.
554 Geißler: Schulgeschichte in Deutschland (Anm. 12), S. 623–625.

Lehrer mit jüdischen Ehepartnern, waren von diesen Maßnahmen ebenfalls betroffen und wurden aus dem öffentlichen Schuldienst entlassen.[555]

1933 gab es allein im Bereich der Volksschulen etwa 29.000 jüdische Schüler und 1.300 jüdische Lehrer.[556] Als „Volljuden" waren sie ganz unmittelbar von den eben beschriebenen Maßnahmen betroffen.[557] Hinzu kamen tausende Kinder und Jugendliche sowie Lehrkräfte, die als „Mischlinge" und „jüdisch Versippte" gebrandmarkt wurden und ebenfalls unter der NS-Herrschaft zu leiden hatten. Nur sehr wenige Lehrkräfte, die zwischen 1933 und 1945 ihren Beruf ausübten, dürften von sich behaupten können, nicht unmittelbar oder doch wenigstens indirekt mit der antisemitischen Verfolgungspraxis des Regimes in Berührung gekommen zu sein. Zeugnisse, dass Lehrerinnen und Lehrer gegen die Diskriminierung, Ausgrenzung und den Ausschluss jüdischer Kollegen und Schüler auch nur leise Einwände erhoben, sind kaum überliefert. Nur die wenigsten Lehrkräfte protestierten, als ihre jüdischen Schüler aus der Schulgemeinde ausgeschlossen wurden,[558] den „Judenstern" tragen mussten[559] oder anderweitig drangsaliert wurden.[560]

„Die Juden waren von den meisten Schulfeiern ausgeschlossen. Sie durften an den Schulausflügen nicht teilnehmen. Private Kontakte zwischen jüdischen und nicht-jüdischen Schülern, vordem gang und gäbe, waren etwa ab 1935 kaum noch üblich. Dies alles, so schien es mir, haben unsere nicht-jüdischen Mitschüler für selbstverständlich gehalten. Jedenfalls habe ich ein Wort der Verwunderung oder gar des Bedauerns nie gehört."[561]

Nicht nur unter Schülerinnen und Schülern, auch innerhalb der Lehrerschaft wurde die systematische Ausgrenzung der Juden offenbar mehr und mehr zur „Normalität".[562]

Wie am Beispiel der antijüdischen Maßnahmen, aber auch an den Ausführungen zu anderen Veränderungen im Schulalltag angedeutet wurde, verstärkte

---

555 Grüttner: Brandstifter und Biedermänner (Anm. 216), S. 417–418; Schäffer: Ein Volk – ein Reich – eine Schule (Anm. 13), S. 255.
556 Link: „Erziehung zum Führervolk" – Zur Volksschule im Nationalsozialismus (Anm. 12), S. 23; Geißler: Schulgeschichte in Deutschland (Anm. 12), S. 620–622.
557 Link: „Erziehung zum Führervolk" – Zur Volksschule im Nationalsozialismus (Anm. 12), S. 23.
558 Fligge: Lübecker Schulen im „Dritten Reich" (Anm. 13), S. 434.
559 Lutz Niethammer/Alexander v. Plato/Dorothee Wierling: Die volkseigene Erfahrung. Eine Archäologie des Lebens in der Industrieprovinz der DDR. 30 biographische Eröffnungen. Berlin 1991, S. 485.
560 Schmidt: Hamburger Schulen im „Dritten Reich" (Anm. 13), S. 364; Deutschland-Berichte der Sozialdemokratischen Partei Deutschlands, Sopade – Juni 1937 (Anm. 238), S. 124.
561 Reich-Ranicki: Geliehene Jahre (Anm. 494), S. 64.
562 Rosenbaum: „Und trotzdem war's 'ne schöne Zeit" (Anm. 416), S. 146.

sich der Zugriff des Regimes auf die öffentlichen Schulen in den unmittelbaren Vorkriegsjahren erheblich. Schon in dieser Zeit hatte sich der Charakter der Schulen gegenüber der Weimarer Zeit spürbar verändert, wenngleich insbesondere für den Unterricht noch immer individuelle Gestaltungsspielräume vorhanden waren.[563] Viele Lehrkräfte erwiesen sich nun als begeisterte Anhänger der Nationalsozialisten, die meisten jedoch verhielten sich unauffällig. Sie passten sich den neuen Gegebenheiten an, manche übten vorsichtig Kritik an den neuen Verhältnissen, ohne sich dabei jedoch der Gefahr auszusetzen, persönliche Nachteile in Kauf nehmen zu müssen. Die weitgehende Passivität der Lehrerschaft ist jedoch in doppelter Hinsicht zu begreifen. Wie die Bevölkerung insgesamt leisteten auch Lehrkräfte mehrheitlich zwar keinen Widerstand gegen die nationalsozialistische Ausrichtung des öffentlichen Lebens, doch ebenso wenig gelang es dem NS-Regime bis dahin, aus den Lehrerinnen und Lehrern mehrheitlich fanatische Eiferer zu machen. Trotz ihres totalen Anspruchs verfügten die Nationalsozialisten bei ihrem Machtantritt über kein geschlossenes Konzept, um den Schulbetrieb stringent neu auszurichten. Eine „fast schon hektisch wirkende Erlassmanie"[564] ist Ausdruck dieser Planlosigkeit. „Liest man die im Laufe der nationalsozialistischen Herrschaft verkündeten Erlasse und Bekanntmachungen, so erschrickt man erst einmal über die scheinbar totale Politisierung, die der Schule in dieser Zeit widerfahren ist. Das Schulleben wurde uniformiert, jeder demokratische Geist verbannt, die Lehrpläne, Lehrmittel, Stundentafeln, die Lehrerbildung, schlichtweg alles wurde unter den Primat der nationalsozialistischen Weltanschauung gestellt. Doch beim zweiten Blick schleichen sich Zweifel am Realitätsbezug der amtlich verkündeten Rhetorik ein. Hätten sich die hier dokumentierten Erlasse und Lehrpläne tatsächlich ungefiltert in die Schulrealität umgesetzt, sie hätten nicht so oft mit pathetischen Appellen an die Erzieher im neuen Deutschland variiert und wiederholt werden müssen."[565] Noch im Jahr 1940 hielt es das Reichserziehungsministerium beispielsweise für nötig, einen Erlass herauszugeben, nach dem sich Lehrer „bei den im engeren Sinne erziehlich wirkenden, insbesondere den nationalpolitischen Stoffen" davor „zu hüten" hatten, „ihre Gesinnung und Willen bildende Wirkung durch Zerreden, Zerfragen, abstrakte Lehre oder gedächtnismäßigen Drill abzuschwächen oder zu vernichten." Die „freudige Bejahung der nationalsozialistischen Weltanschauung durch den Lehrer", sein „überzeugendes Vorbild", sei entscheidend für die erfolgreiche Vermittlung nationalpolitischer Stoffe.[566] Allen Erlassen, Entschlüssen und Appellen

---

563 Deutschland-Berichte der Sozialdemokratischen Partei Deutschlands, Sopade – Juni 1935. Bericht vom 15.07.1935, S. 34–47, hier S. 34.
564 Link: „Erziehung zum Führervolk" – Zur Volksschule im Nationalsozialismus (Anm. 12), S. 20.
565 Schäffer: Ein Volk – ein Reich – eine Schule (Anm. 13), S. 258.
566 Erlass des Reichserziehungsministers: Erziehung und Unterricht in der Volksschule, 1940, zit. n.: Fricke-Finkelnburg: Nationalsozialismus und Schule (Anm. 422), S. 33.

zum Trotz wirkten im Schulalltag der Lehrer offenbar noch immer Traditionen fort, die an die Zeit vor dem Nationalsozialismus anknüpften. Erst unter den Bedingungen des zunehmend „total" geführten Krieges gelang es den Nationalsozialisten, die verbliebenen schulischen Kontinuitäten partiell aufzubrechen.

3.2.5 Zwischen Agitation und Agonie – Die Lehrerschaft im Krieg

Zu keiner Zeit war der Zugriff des Regimes auf die Schulen umfassender als in der Endphase der NS-Herrschaft – und zugleich wurden zu keiner Zeit die charakteristischen Merkmale des Schulwesens mehr entstellt oder gar pervertiert. Der traditionelle gesellschaftliche Auftrag der Schulen als „Bildungsanstalten" verlor nach und nach an Bedeutung, stattdessen hatten sich Schulen, Lehrkräfte und Schülerschaft der totalen Kriegführung unterzuordnen – bis sich die Schulstrukturen schließlich immer weiter auflösten und das NS-Herrschaftssystem kollabierte. Welche Auswirkungen hatten diese Entwicklungen auf die Lehrkräfte? Wie verhielten sie sich angesichts der immer misslicher werdenden Verhältnisse? Lassen sich daraus Rückschlüsse auf ihre Einstellungen zum Nationalsozialismus ziehen?

Wie bei allen anderen Menschen veränderte der Krieg auch die Lebenswelt der Lehrerinnen und Lehrer nachhaltig. Die Einschnitte, welche die Lehrerschaft im Vergleich zu vielen anderen Berufsgruppen in dieser Zeit hinnehmen musste, waren jedoch zum Teil deutlich tiefgreifender. Zu dem persönlichen Leid, das mit individuellen Entbehrungen, Verlusten und Gewalterfahrungen verbunden war und das die Lehrerschaft mit der gesamten Gesellschaft im Krieg teilte, erlebten Lehrerinnen und Lehrer auch im beruflichen Kontext eine schleichende Degeneration, die ursächlich ganz unmittelbar mit den Kriegshandlungen im Zusammenhang stand und zur vollständigen Einstellung jeglichen Schulbetriebs – in vielen Fällen bereits etliche Monate vor der eigentlichen „bedingungslosen Kapitulation" – führte. Doch nicht erst gegen Ende des Krieges, sondern schon unmittelbar zu dessen Beginn, waren vielerorts die Voraussetzungen für einen „normalen" Unterricht nicht mehr gegeben.[567] Erstes sichtbares Zeichen dafür, dass die Schulen durch den Krieg in einen Ausnahmezustand versetzt wurden, waren zahlreiche Einberufungen von Lehrkräften zur Wehrmacht, die – gemeinsam mit mehr als vier Millionen anderen Männern – künftig als Soldaten Kriegsdienst leisten sollten. Das zu Kriegsbeginn ohnehin in vielerlei Hinsicht sich noch im organisatorischen Umbruch befindliche Schulwesen, in dem (wie

---

567 Hans-Peter d. Lorent: Hamburger Schulen im Krieg. Aus Konferenzprotokollen, Festschriften und Chroniken Hamburger Schulen von 1939–1945. In: Reiner Lehberger/ Hans-Peter d. Lorent (Hrsg.): „Die Fahne hoch". Schulpolitik und Schulalltag in Hamburg unterm Hakenkreuz (Ergebnisse, Bd. 35). Hamburg 1986, S. 351–369, hier S. 351.

schon erwähnt) bereits vor 1939 ein latenter Lehrermangel vorherrschte, wurde durch Abkommandierungen von Lehrkräften zur Armee von Beginn an erheblich eingeschränkt.[568] Insbesondere an Volksschulen auf dem Lande, wo ein Lehrer in der Regel mehrere Klassenstufen unterrichtete, nahm die Leistungsfähigkeit der Lehrkörper rapide ab. Bereits kurz nach Kriegsbeginn verringerte sich der allgemeine Personalbestand an Volksschulen um gut ein Drittel. In vielen Fällen musste ein im Schuldienst verbliebener Lehrer fortan mehrere Landschulen parallel versorgen.[569] Mit zunehmender Kriegsdauer verschärfte sich das Personalproblem weiter, 1942 standen bereits 75.000 Lehrer an der Front.[570] Waren es zu Beginn des Krieges vor allem junge Männer, die als „wehrfähig" galten, so wurden diesbezügliche Kriterien immer weiter aufgeweicht. Im Rahmen des „totalen Kriegseinsatzes" hatten sich ab dem 10. August 1944 auch Lehrkräfte der Jahrgänge 1897 bis 1901 für den Wehrdienst bereitzustellen – Lehrer, die zum damaligen Zeitpunkt bereits zwischen 43 und 47 Jahre alt waren.[571]

Ein Mittel, um der Personalknappheit an den Schulen zu entgegnen, sah das Regime in der Reaktivierung von Lehrkräften, die – zum Teil aus Altersgründen, zum Teil aber auch politisch motiviert – nach Inkrafttreten des Berufsbeamtengesetzes 1933 aus dem Dienst entlassen oder in den Ruhestand versetzt wurden.[572] Unter ihnen waren auch viele verheiratete Frauen, die ehemals als „Doppelverdienerinnen" aus den Schulen verwiesen wurden.[573] Ganz offensichtlich zeigt sich an dieser Entwicklung, dass die verantwortlichen nationalsozialistischen Schulpolitiker unter den Bedingungen des Krieges bereit waren, sich gleich von mehreren Prinzipien, die sich aus ihrem politisch-ideologischen Weltbild ableiten ließen, zu verabschieden. Abstriche bei der ideologischen Einstellung von Lehrkräften wurden offenbar in Kauf genommen, um einen mehr oder minder geregelten Schulbetrieb aufrechtzuerhalten.[574] Beispielsweise kam es 1940 in Hamburg zur Wiedereinstellung einer Lehrerin, die „streng katholisch und weder in der Partei noch im NSLB, weltanschaulich also fragwürdig" war. Entscheidend für ihre Wiederverwendung unter den Bedingungen des Krieges waren stattdessen die ihr attestierte „Tüchtigkeit" und „gute Disziplin".[575] Viele der längst pensionierten und reaktivierten Lehrer hatten offenbar mit den Idealen des NS-Regimes, das

---

568 Geißler: Schulgeschichte in Deutschland (Anm. 12), S. 651–652.
569 Ebd., S. 658.
570 Feiten: Der Nationalsozialistische Lehrerbund (Anm. 94), S. 190.
571 Schmidt: Hamburger Schulen im „Dritten Reich" (Anm. 13), S. 484.
572 Geißler: Schulgeschichte in Deutschland (Anm. 12), S. 547; Rosenbaum: „Und trotzdem war's 'ne schöne Zeit" (Anm. 416), S. 156; Schmidt: Hamburger Schulen im „Dritten Reich" (Anm. 13), S. 479–480.
573 Lutz van Dick: Oppositionelles Lehrerverhalten 1933–1945. Biographische Berichte über den aufrechten Gang von Lehrerinnen und Lehrern (Veröffentlichungen der Max-Traeger-Stiftung, Bd. 6). Weinheim/München 1988, S. 493.
574 Eilers: Die nationalsozialistische Schulpolitik (Anm. 12), S. 74.
575 Schmidt: Hamburger Schulen im „Dritten Reich" (Anm. 13), S. 477.

sich junge, aktive und politisch überzeugte „Erziehungsbeauftragte" wünschte, wenig gemein. So erinnert sich beispielsweise der 1929 geborene Schriftsteller Günter Kunert, von den Nationalsozialisten als „Halbjude" gebrandmarkt, an seinen Lehrer als einen gutmütigen alten Herrn, „der über mich Bescheid wußte und mich in Ruhe ließ."[576] Die Folgen der Überalterung des Lehrkörpers waren von einer Tragweite, die sich auf den ersten Blick nicht immer erschließen. So zeigt sich beispielsweise, dass die von den Nationalsozialisten so oft betonte „Leibeserziehung" deutlichen Einschränkungen unterlag. 1941 teilte etwa der Hamburger Landesschulrat Wilhelm Schulz dem Reichserziehungsministerium mit, die zurückgebliebenen Lehrkräfte seien

> „durchweg ältere Damen und Herren, die mit der neuzeitlichen Turnmethodik nicht vertraut sind und deshalb den Forderungen der ‚Richtlinien' trotz guten Willens nicht gerecht werden können."[577]

Nicht nur für den Sportunterricht, vielmehr generell kann in Frage gestellt werden, ob Lehrkräfte, die zum Teil bereits 75 Jahre alt waren und Klassen mit bis zu 70 Schülern betreuen mussten, ihren Unterricht vollumfänglich nach den Maßgaben und im gewünschten Stil des Regimes abhalten konnten – noch dazu in Anbetracht allgemeiner Entbehrungen, die der Krieg für viele mit sich brachte.[578]

Die tendenzielle Überalterung der Lehrerschaft wurde dadurch etwas abgemildert, dass insbesondere im Bereich der Volksschulen immer mehr Frauen eingesetzt wurden. „Mit dem immer akuter werdenden Lehrermangel und dem durch den Krieg bedingten Mangel an männlichem Nachwuchs bot […] gerade der Volksschullehrerberuf für junge Frauen eine besonders attraktive Ausbildungsmöglichkeit."[579] Bereits zwei Jahre nach Kriegsbeginn waren rund ein Drittel der Volksschullehrerschaft und zirka ein Viertel der Lehrkräfte an höheren Schulen weiblich.[580] Der Frauenanteil im Lehrberuf stieg auch in den Folgejahren weiter an. Von über 44.000 reichsweit verfügbaren Ausbildungsplätzen an Lehrerbildungsanstalten waren im Jahr 1944 mehr als 63 Prozent von jungen Frauen belegt.[581] „Vollends entgegen der antimodernistischen Ideologie"[582] entschieden sich die Nationalsozialisten aus pragmatischen Gründen zur sozialen Öffnung insbesondere des Volksschullehrerberufs.[583] Das Ausbildungsniveau

---

576 Kunert: Die Tortur (Anm. 499), S. 221.
577 Schmidt: Hamburger Schulen im „Dritten Reich" (Anm. 13), S. 482.
578 Dannhäuser: Erlebte Schulgeschichte 1939 bis 1955 (Anm. 13), S. 150.
579 Gutzmann: Von der Hochschule für Lehrerbildung zur Lehrerbildungsanstalt (Anm. 83), S. 61.
580 Geißler: Schulgeschichte in Deutschland (Anm. 12), S. 661–662.
581 Scholtz: Erziehung und Unterricht unterm Hakenkreuz (Anm. 12), S. 107.
582 Gass-Bolm: Das Gymnasium 1945–1980 (Anm. 385), S. 77.
583 Geißler: Schulgeschichte in Deutschland (Anm. 12), S. 653.

wurde unterdessen immer weiter abgesenkt. Um fehlende Stellen notdürftig zu besetzen, begannen Schulverwaltungen ab Januar 1940 mit der Einstellung von „Hilfskräften" in den Volksschuldienst.[584] In drei- bis neunmonatigen „Schulhelferlehrgängen" wurden viele Frauen und einige, meist kriegsversehrte Männer im Alter von 19 bis 30 Jahren auf ihren Einsatz vorbereitet. Zwar sollten sie eine „möglichst gehobene Vorbildung" besitzen und ihnen wurde in Aussicht gestellt, nach zweijährigem Berufspraktikum und erfolgreich bestandener Prüfung als vollwertiger Volksschullehrer anerkannt zu werden, doch der Kriegsverlauf ließ derartige Verfahrensweisen nicht zu. Die meisten Schulhelfer besaßen lediglich Volksschulabschlüsse, bis Kriegsende schlossen sie als schlecht bezahlte Hilfskräfte Teile der Lücken, die sich seit Kriegsbeginn in immer mehr Lehrerkollegien von Volksschulen auftaten.[585] Ganz offensichtlich kann in dieser Entwicklung eine Herabstufung der Volksschulen gegenüber den höheren Schulen gesehen werden, wo an den bestehenden Ausbildungsanforderungen – Abitur und mindestens dreijähriges Fachstudium – festgehalten wurde.[586] Gut vier Jahre nach Kriegsbeginn, ab Ende September 1943, wurden schließlich sogar wehrfähige Dozenten der Lehrerbildungsanstalten zum Waffengang einberufen, nachdem zuvor bereits mehrere dieser Einrichtungen zusammengelegt bzw. für militärische Zwecke umfunktioniert wurden.[587] Immer öfter kamen Schulhelfer nun auch aus den Reihen der Hitlerjugend. Vor allem „im Osten des Reiches" sollten sie zur Wehrmacht eingezogene Lehrer ersetzen. Die Reichsjugendführung stilisierte diese ungeschulten BDM-Mädchen, die ohne entsprechende Ausbildung vor beinahe gleichaltrige Schüler gestellt wurden, als „Typ eines neuen Volkserziehers". Es gibt gute Gründe, ihren Einsatz nicht nur als kriegsbedingte Übergangslösung zu verstehen, sondern darin auch eine bewusst eingeführte Praxis zu erkennen, um den „traditionellen" qualifizierten Volksschullehrerstand zu schwächen.[588] Das Prinzip der HJ, „Jugend soll durch Jugend geführt werden", wurde in manchen Schulen gegen Ende des Krieges nicht nur außerhalb, sondern auch während des eigentlichen Unterrichts zur Realität.

Neben grundlegenden Problemen, die sich aus der Personalsituation an den Schulen ergaben, wurden die Lehrkräfte im Krieg vor weitere Herausforderungen gestellt, die ihre Arbeitsbedingungen nachhaltig verschlechterten. Wie bereits aufgezeigt wurde, verlangte man von ihnen zu Beginn des „Dritten Reiches" ein breiteres gesellschaftliches Engagement, sei es im Rahmen einer Parteimitgliedschaft, aufgrund der Zugehörigkeit im NS-Lehrerbund oder als „Funktionseliten" in kleineren Dörfern und Landgemeinden. Nach Kriegsbeginn nahm die

---

584 van Dick: Oppositionelles Lehrerverhalten 1933–1945 (Anm. 573), S. 490.
585 Geißler: Schulgeschichte in Deutschland (Anm. 12), S. 655.
586 Ebd., S. 655–656.
587 van Dick: Oppositionelles Lehrerverhalten 1933–1945 (Anm. 573), S. 506; Geißler: Schulgeschichte in Deutschland (Anm. 12), S. 591.
588 Kater: Hitlerjugend und Schule im Dritten Reich (Anm. 12), S. 618.

außerschulische Beanspruchung der Lehrerschaft deutlich zu. Nach Auffassung der örtlichen Funktionsträger des Regimes sollten Lehrer sich gerade jetzt nicht mehr nur als „Schullehrer", sondern vielmehr im wörtlichen Sinne als „Volkslehrer" begreifen.[589] Dieser zynische Appell an ihren Berufsethos genügte im Allgemeinen als Rechtfertigung für die Belastungen, die der Lehrerschaft von nun an aufgebürdet werden sollten. Aufgrund ihres Bildungsstandes wurden viele Lehrkräfte, die nicht zum Militär verpflichtet waren, zu kriegsbedingten Verwaltungsaufgaben herangezogen. In Orts- und Stadtämtern kümmerten sie sich um neue Quartiere für Ausgebombte, um die Behebung von Bauschäden, um die Lebensmittelversorgung der Kommunen und dergleichen. Teilweise wurden Lehrer auch ganztags für solche Ämter dienstverpflichtet und fielen somit an den Schulen aus.[590] Weitere Beanspruchungen kamen von örtlichen Parteistellen. So wurden Lehrer immer öfter zur Unterstützung der Propagandaarbeit der NSDAP herangezogen, insbesondere auf dem Lande. „Mit dem Ortsgruppenleiter der Partei wird der Landlehrer, wenn er nicht schon selbst diese Parteifunktion innehat, häufig zur politischen Führungsfigur in seiner Dorfgemeinde. Meist ist es ein der Partei angehörender Lehrer, der in solchen Gemeinden Schulungsleiter der NSDAP-Ortsgruppe ist."[591] Doch nicht nur außerhalb, auch im Rahmen der Schularbeit kamen für Lehrerinnen und Lehrer eine Vielzahl zusätzlicher Aufgaben hinzu. Gemeinsam mit ihren Klassen wurden sie zu zahlreichen „Hilfseinsätzen" herangezogen – vor allem, aber bei weitem nicht nur im Rahmen von „Kriegsferien-Einsätzen"[592] wo sie als Erntehelfer zur „Sicherung der Ernährung" beitragen sollten.[593] Die Zahl der Urlaubstage wurde kontinuierlich herabgesetzt. Dienstfrei blieben 1941 bestenfalls 21 Tage im Jahr.[594] Für Hamburg ist nachgewiesen, dass Lehrer ab Mai 1942 nur noch Anspruch auf 14 Tage Erholungsurlaub hatten, für die übrige Zeit hatten sie sich am dienstlichen Wohnsitz aufzuhalten, „um dem Kreisleiter des NSLB zum Einsatz zur Verfügung zu stehen." Offenbar kamen jedoch einige Lehrkräfte solchen Aufforderungen nicht immer nach.[595] Im Rahmen des totalen Kriegseinsatzes wurden zumindest in Hamburg allgemeine Urlaubssperren für alle Bediensteten der Gemeindeverwaltung verhängt. „Angehörige des öffentlichen Dienstes erhielten Urlaub nur noch auf Grund eines ärztlichen Attestes."[596] Reichsweit wurde die Arbeitszeit von Lehrern am 7. September 1944 auf 60 Wochenstunden festgelegt, „verbunden mit

---

589 Dannhäuser: Erlebte Schulgeschichte 1939 bis 1955 (Anm. 13), S. 28.
590 Fligge: Lübecker Schulen im „Dritten Reich" (Anm. 13), S. 758.
591 Geißler: Schulgeschichte in Deutschland (Anm. 12), S. 658.
592 Ebd., S. 659–660.
593 van Dick: Oppositionelles Lehrerverhalten 1933–1945 (Anm. 573), S. 490.
594 Geißler: Schulgeschichte in Deutschland (Anm. 12), S. 659–660; Scholtz: Erziehung und Unterricht unterm Hakenkreuz (Anm. 12), S. 55.
595 Schmidt: Hamburger Schulen im „Dritten Reich" (Anm. 13), S. 480–481.
596 Ebd., S. 482.

dem Eintritt in den Ruhestand mit 70, später sogar mit 72 Jahren."[597] Überstunden wurden unter Kriegsbedingungen zur Regel und blieben – wie bisher – unvergütet.[598] Als Teil der Beamtenschaft war der Zugriff des Regimes auf die Lehrkräfte gegen Ende des Krieges nahezu vollumfänglich. Das zeigt sich auch an der Tatsache, dass diese im Verlauf des Krieges immer häufiger mit Versetzungen konfrontiert waren, sei es, weil Schulen geschlossen wurden oder aufgrund fehlender Lehrkräfte von einer Schließung bedroht waren, oder weil Lehrkräfte zum Aufbau eines „deutschen Schulwesens" in den besetzten Gebieten im Osten benötigt wurden. Der sogenannte „Osteinsatz" war bei den betroffenen Lehrern in der Regel nicht beliebt,[599] offenbar wurde auch mit einer „Versetzung nach Polen" gedroht, wenn Lehrer sich über die beruflichen Zustände beklagten und selbst einen Versetzungsantrag stellten, von dem sie sich eine Verbesserung ihrer Arbeitsbedingungen versprachen.[600] Doch auch angeordnete Versetzungen innerhalb des ursprünglichen „Reichsgebiets" stellten die betroffenen Lehrer vor zahlreiche Probleme. Nicht immer stand geeigneter Wohnraum zur Verfügung, weshalb manch einer in Gasthäusern oder Bauernhöfen Quartier beziehen mussten.[601] In einigen Fällen wurden Lehrkräfte auch „teilversetzt" und arbeiteten an zwei weit auseinanderliegenden Dienstorten. In diesen Fällen hatten sie von ihrem Gehalt zwei ganze Monatsmieten selbst zu zahlen.[602]

Aufgrund all dieser Widrigkeiten stellt sich erneut die Frage, wie „effizient" die Lehrerschaft an der Herrschaftssicherung und Herrschaftsausübung des NS-Regimes überhaupt einbezogen werden konnte. Die eben genannten Einschränkungen und Belastungen dürften ohne Zweifel bei einem Großteil der Lehrerinnen und Lehrer physische und psychische Spuren hinterlassen haben. Manch eine Lehrkraft dürfte die eingetretenen Entwicklungen während des Krieges mit großer Sorge betrachtet und am Erfolg des Nationalsozialismus zunehmend gezweifelt haben – wenn er nicht ohnehin schon den neuen Machthabern mit Distanz begegnete und im Zuge der „Machtergreifung" zwischenzeitlich aus dem Dienst entfernt wurde. Doch jenseits solcher Mutmaßungen über die inneren Zustände der einzelnen Lehrkräfte muss zunächst festgestellt werden, dass Schulen im Krieg immer weniger als Orte betrachtet werden sollten, an denen NS-Ideologie über klassische Unterrichtsformen an Kinder und Jugendliche vermittelt werden konnte. Schulen hatten sich der Fortsetzung des Krieges unter allen Umständen und mit allen Mitteln unterzuordnen, was zur Folge hatte, dass der eigentliche Unterrichtsbetrieb immer stärkeren Beschneidungen und

---

597 Ebd., S. 484.
598 Geißler: Schulgeschichte in Deutschland (Anm. 12), S. 560.
599 Dannhäuser: Erlebte Schulgeschichte 1939 bis 1955 (Anm. 13), S. 157.
600 Ebd., S. 155.
601 Ebd., S. 150.
602 Ebd., S. 153.

Unterbrechungen unterlag und am Ende viele Schulen ganz geschlossen wurden, um verbliebene Ressourcen auf kriegswichtigere Bereiche zu verteilen.

Diese Entwicklung lässt sich zuerst am Beispiel des frühzeitig eintretenden Kohlemangels in den Wintermonaten des Krieges verdeutlichen. Schon im ersten Kriegswinter wurden die Kohlen knapp, „da durch den Einsatz von Transportzügen im Osten die Kohlen auf den Halden liegen blieben. Mancherorts kam es zu stürmischen Szenen vor den Kohlehandlungen. Kohlewagen wurden aufgehalten, und mitunter musste sogar die Polizei einschreiten, damit nicht geplündert wurde."[603] In Lübeck, jedoch vermutlich nicht nur dort, gab es bereits 1940 kurzfristig ausgerufene „Kälteferien".[604] Winter für Winter, zum Teil bis in den März hinein, zwang der Kohlemangel immer wieder dazu, den Unterricht zu kürzen oder in anderen (beheizten) Gebäuden abzuhalten.[605] Im Fortgang des Krieges verschlimmerten sich die Zustände. In der bayerischen Provinz wurden Schulklassen gegen Ende des Krieges offenbar auf Gaststuben verteilt, in denen der Unterricht an kalten Tagen stattfand.[606] Für Hamburg ist nachgewiesen, dass ab Januar 1945 die noch in Betrieb befindlichen Schulen nicht mehr mit Koks beheizt werden durften. Restbestände an Brennmaterial gingen an Krankenhäuser und Lazarette.[607] Ein geregelter Unterricht wurde im letzten Kriegsjahr nicht wieder aufgenommen. Die Schülerschaft sollte stattdessen lediglich zweimal in der Woche an den Schulen erscheinen, um Hausaufgaben entgegenzunehmen. Zwar ist davon auszugehen, dass in vielen Fällen das blanke Überleben der Menschen in den letzten Kriegstagen im Vordergrund stand, doch formal durfte in „Ausweichquartieren", meist beheizte Privatwohnungen von Lehrern oder Schülern, bis zuletzt Unterricht stattfinden.[608] Zugleich ist aber unbestreitbar, dass Schulen, verglichen mit anderen öffentlichen Einrichtungen und Infrastrukturen, als weniger „kriegswichtig" galten. Neben der Versorgung mit Brennstoff im Winter zeigt sich dies ganz allgemein darin, dass Schulgebäude (wie bereits während des Ersten Weltkrieges) für schulfremde Zwecke umgenutzt wurden. Für Lübeck ist dokumentiert, dass diese Entwicklung bereits vor der eigentlichen Mobilmachung einsetzte, indem seit 1938 Turnhallen zur „vorsorglichen Getreidespeicherung"[609] beschlagnahmt wurden. Im Krieg beanspruchte die Wehrmacht dann noch weitere Räumlichkeiten an Schulen. Mitunter wurden in Schulen auch Kriegsgefangene untergebracht.[610] Die Zustände in Lübeck sind aber kein Einzelfall. Vor allem in grenznahen Gebieten, aber nicht nur dort, reklamierten Militär

---

603 Wildt: Geschichte des Nationalsozialismus (Anm. 208), S. 152.
604 Fligge: Lübecker Schulen im „Dritten Reich" (Anm. 13), S. 749.
605 Geißler: Schulgeschichte in Deutschland (Anm. 12), S. 652.
606 Dannhäuser: Erlebte Schulgeschichte 1939 bis 1955 (Anm. 13), S. 189.
607 Schmidt: Hamburger Schulen im „Dritten Reich" (Anm. 13), S. 533.
608 Ebd., S. 533–534.
609 Fligge: Lübecker Schulen im „Dritten Reich" (Anm. 13), S. 744–747.
610 Ebd., S. 749.

und Polizei immer öfter Räumlichkeiten in Schulen, die deshalb nicht weiter für Unterrichtszwecke genutzt werden konnten.[611] Gegen Ende des Krieges wurden viele Schulen sogar vollständig zweckentfremdet. Sie dienten zuletzt als Sammelstellen, wurden zu Notunterkünften umgewandelt, waren Ausgabestellen für Lebensmittelkarten, am Ende dienten sie vermehrt auch als Lazarette.[612]

Alle Schulen, auch diejenigen, die bis in die letzten Kriegstage hinein keinen direkten Eingriffen des Militärs oder der Verwaltung unterlagen, hatten vermehrt Aufgaben zu erfüllen, die letztlich die Fortsetzung des Krieges unterstützen sollten. Wie erwähnt waren Lehrer und Schüler bereits ab 1933 dazu angehalten, durch „Sammlungen" und „Einsätze" einen Dienst an der „Volksgemeinschaft" zu leisten. Im Krieg wurde aus diesem sozialen Appell eine verpflichtende Tätigkeit, die breiten Raum einnahm und den Unterricht erheblich beschnitt.[613] Nach dem Überfall der Wehrmacht auf die Sowjetunion im Sommer 1941 wurden Schulen durch die Herausgabe zahlreicher Erlasse verstärkt in den Dienst der „totalen Mobilmachung" gestellt. Die Sommerferien wurden auf siebeneinhalb Woche ausgedehnt, um Schüler länger bei der „Ernährungsschlacht" einsetzen zu können. Begleitet von ihren Lehrern wurde die Schuljugend nun auch während der Schulzeit immer öfter zu „landwirtschaftlichen Hilfsdiensten" herangezogen. Hinzu kamen Sammelaktionen des Winterhilfswerks oder Aktionen im Geschäftsbereich des Reichskommissars für Altmaterialverwertung, mit denen Eisen, Knochen oder Altpapier zusammengetragen wurde.[614] 1941 sammelten Schulklassen, angeleitet von ihren Lehrern, reichsweit beispielsweise 25 Millionen Kilogramm Wildfrüchte, 10 Millionen Kilogramm Pilze, 5 Millionen Kilogramm Wildgemüse und 2 Millionen Kilogramm Kräuter für Haustee. Diese Ergebnisse wurden 1942 noch übertroffen. Hinzu kamen weitere Hilfsdienste für den Krieg, etwa die verstärkte Seidenraupenzucht an Schulen zur Gewinnung von Fallschirmseide.[615] Schüler der sechsten bis achten Klassenstufe wurden in den letzten Kriegsjahren zudem vermehrt als Flakhelfer zum Luftschutz oder zum Arbeitsdienst abkommandiert. „Bald ist dem Einsatz der inzwischen vollständig von HJ und BDM erfassten Mädchen und Jungen vor allem beim Luftschutz, bei der Post, bei der Ernte, in Nähstunden, bei Sammlungen, im Kindergarten und Kinderhort, bei der Betreuung von Soldaten kaum noch eine Grenze gesetzt."[616] Nach dem Idealbild der Nationalsozialisten sollte

---

611 Geißler: Schulgeschichte in Deutschland (Anm. 12), S. 652.
612 van Dick: Oppositionelles Lehrerverhalten 1933–1945 (Anm. 573), S. 509; Schmidt: Hamburger Schulen im „Dritten Reich" (Anm. 13), S. 476.
613 Rosenbaum: „Und trotzdem war's 'ne schöne Zeit" (Anm. 416), S. 189.
614 Geißler: Schulgeschichte in Deutschland (Anm. 12), S. 658–659; Dannhäuser: Erlebte Schulgeschichte 1939 bis 1955 (Anm. 13), S. 112–113.
615 Feiten: Der Nationalsozialistische Lehrerbund (Anm. 94), S. 189.
616 Geißler: Schulgeschichte in Deutschland (Anm. 12), S. 663.

jeder Schuljunge einem „Homunkulus" entsprechen, „der zugleich Soldat, Schüler und Hitler-Junge war."[617]

Gegen die massiven Einschränkungen der Schularbeit regte sich kein vernehmbarer Widerstand. Manch einem Schulleiter kamen sie vermutlich sogar entgegen, da an einen vollumfänglichen Schulbetrieb angesichts der Vielzahl an Schülern und in Ermangelung verfügbarer Lehrkräfte ohnehin nicht zu denken war.[618] Der Krieg schränkte den regulären Unterricht an vielen Schulen somit zwar ein, gänzlich aufgehoben wurde dadurch jedoch keinesfalls. Allerdings zeigt sich, dass sich der Einfluss des Politischen in dieser Phase der NS-Herrschaft weiter erhöhte. Lehrer hielten zum Teil militärische „Sondervorträge" angesichts großer Feldzüge, andere ließen ihre Schüler Kriegstagebücher schreiben, mitunter zeichneten Landkarten in den Klassenräumen den Kriegsverlauf nach.[619] Das Unterrichtsprogramm wurde einerseits beschnitten, „andererseits mit kriegspropagandistischen Inhalten angereichert."[620] An allen Schulen waren die Lehrkräfte dazu aufgerufen, die Kriegsrhetorik und -propaganda des Regimes in die Klassenzimmer zu tragen. „In Zuständigkeit der Lehrkräfte werden die Schüler in allen Schulen über die ‚Kartoffelkäferabwehr' belehrt. Man warnt sie vor ‚feindlichen Ausländern', vor den unter Spionageverdacht gestellten ‚Fremdarbeitern', ebenso vor Beschädigung der Telegraphen- und Fernsprechleitungen und vor ‚Feindpropaganda'."[621] In einem Runderlass des Reichserziehungsministeriums vom 10. Juli 1944 wird die verstärkte „wehrgeistige Erziehung" an den Schulen verbindlich angeordnet.[622] Darin heißt es: „Im Rahmen der wehrgeistigen Erziehung der deutschen Jugend wird im Unterricht aller deutschen Schulen auf Grund der durch Presse und Rundfunk gegebenen Unterlagen regelmäßig die Kriegslage erörtert und der OKW-Bericht behandelt." Allerdings blieb dabei „[d]ie Auswahl und Behandlung des Stoffes [...] dem selbständigen Ermessen des Lehrers überlassen."[623] Als Orientierungshilfe gab das Reichserziehungsministerium im Einvernehmen mit dem Oberkommando der Wehrmacht fortan monatlich erscheinende „Erläuterungen zur Kriegslage" heraus, die „in einer auf die besonderen Bedürfnisse der Schule abgestimmten Weise" über das

---

617 Harald Scholtz: Schule unterm Hakenkreuz. In: Reinhard Dithmar/Wolfgang Schmitz (Hrsg.): Schule und Unterricht im Dritten Reich (Interdisziplinäre Forschung und fächerverbindender Unterricht, Bd. 7). Ludwigsfelde 2. Aufl. 2003, S. 17–38, hier S. 31.
618 Dannhäuser: Erlebte Schulgeschichte 1939 bis 1955 (Anm. 13), S. 110.
619 Rosenbaum: „Und trotzdem war's 'ne schöne Zeit" (Anm. 416), S. 133–134.
620 Geißler: Schulgeschichte in Deutschland (Anm. 12), S. 658.
621 Ebd., S. 660.
622 Böhme/Hamann: Schulalltag zwischen Ideologie und Wirklichkeit (Anm. 219), S. 182.
623 Runderlass „Erläuterungen zur Kriegslage" des Reichserziehungsministeriums vom 10. Juli 1944, zit. n.: Fricke-Finkelnburg: Nationalsozialismus und Schule (Anm. 422), S. 236.

Kriegsgeschehen berichten und Kindern und Jugendlichen den Glauben an den „Endsieg" vermitteln sollten.[624]

Angesichts der Zustände vor Ort dürfte die NS-Propaganda gegen Ende des Krieges aber weder die Schüler- noch die Lehrerschaft mehrheitlich darüber hinweggetäuscht haben können, dass auf den „totalen Krieg" die „totale Niederlage" folgen würde. Am offensichtlichsten war die militärische Überlegenheit der Alliierten dort, wo britische und amerikanische Flugzeuge immer häufiger und extensiver ihre Bombenlast abwarfen. Vor allem in den Städten, jedoch zunehmend auch auf dem Land, gehörte der „Bombenkrieg" immer öfter zum Schulalltag.[625] Über die generellen Auswirkungen der Luftangriffe auf die Kriegsmoral soll hier nicht weiter gesprochen werden. Stattdessen bleibt jedoch festzuhalten, dass der Luftkrieg zunächst vor allem im urbanen Raum den Schulunterricht massiv einschränkte. Doch auch ländliche Regionen blieben von ihm nicht unberührt, denn dort kam es, vor allem in Folge der „erweiterten Kinderlandverschickung", ebenfalls zu erheblichen Umstrukturierungen im Schulbetrieb.

In durch Bombenangriffe schwer zerstörten Stadtbezirken und außerstädtischen Industriegebieten West- und Norddeutschlands kommt der Unterricht bereits ab 1942/43 teilweise zum Erliegen. Auch in Mitteldeutschland häufen sich wenig später dadurch verursachte Unterrichtsausfälle.[626] Bereits ab 1940 sorgten in vielen Städten nächtliche Fliegeralarme unter anderem für späteren Unterrichtsbeginn.[627] In Hamburg konnten Schulleiter nach Nächten mit „außerordentlich langer Alarmdauer" den Unterricht am Folgetag ganz ausfallen lassen.[628] Schon ab 1941 erfolgten die Angriffe hier und andernorts immer öfter auch am Tage.[629] Das „roud-the-clock bombing" gehörte ab 1943 aufgrund der erreichten Luftüberlegenheit zur gängigen Praxis der alliierten Luftstreitkräfte. Der Unterricht musste ab dieser Zeit in weiten Teilen des Reiches immer häufiger unterbrochen werden. Lehrer und Schüler waren allerorts in „Luftschutzmaßnahmen" eingebunden. Im Alarmfall wurde der Unterricht abgebrochen und Schüler wie Lehrer hatten geeignete Schutzräume aufzusuchen. Waren diese nicht vorhanden,

---

624 Ebd.
625 Vgl. hierzu etwa: Dietmar Süß: Tod aus der Luft. Kriegsgesellschaft und Luftkrieg in Deutschland und England (Schriftenreihe / Bundeszentrale für Politische Bildung, Bd. 1151). Bonn 2011, S. 55–120; Frank Bajohr: Die Reihen fest geschlossen? Zur Erosion der „Volksgemeinschaft" 1943–1945. In: Kriegsende in Deutschland (GEO). Hamburg 2005, S. 194–205, hier S. 199–200.
626 Geißler: Schulgeschichte in Deutschland (Anm. 12), S. 663.
627 Ebd., S. 661.
628 Lorent: Hamburger Schulen im Krieg (Anm. 565), S. 351; Schmidt: Hamburger Schulen im „Dritten Reich" (Anm. 13), S. 528–529.
629 Lorent: Hamburger Schulen im Krieg (Anm. 565), S. 363.

wurden sie nach Hause entlassen.[630] Allein in Kiel, wo der erste alliierte Luftangriff am 20. Juli 1940 erfolgte, wurde bis Kriegsende 633 Mal Fliegeralarm ausgelöst. 90 Mal wurde die Stadt bombardiert.[631] Die zahlreichen dadurch verursachten Unterrichtsunterbrechungen wogen jedoch weit weniger schwer als die tatsächlichen Schäden, die die Bomben – auch an vielen Schulgebäuden – verursachten. In Kiel wurden von den 64 damaligen Schulen der Stadt „26 völlig zerstört und 23 schwer beschädigt."[632] Andere Städte waren ähnlich betroffen. In Berlin fielen bis Kriegsende 42,5 Prozent aller Gebäude für den Schulbetrieb ganz oder großenteils aus.[633] Lediglich im Zeitraum 24. Juli bis 3. August 1943 wurden 277 Hamburger Schulen im Rahmen der „Operation Gomorrha" dem Erdboden gleichgemacht.[634] Jene Schulen, die in den Statistiken als „unbeschädigt" eingestuft wurden, waren jedoch nicht notwendigerweise unversehrt geblieben. So fielen beispielsweise bei einem ersten Angriff englischer Flieger auf Hamburg in der Nacht zum 18. Mai 1940 auch Bomben in der Nähe einer Schule. Dabei wurden fast alle Fensterscheiben zertrümmert. „Einen Monat später gingen Brandbomben auf die Schule nieder, einige durchschlugen das Dach und richteten starke Brandschaden an. Die Schule zählte aber immer noch zu den ‚unbeschädigten Randschulen', die zusätzlich Schüler aus Hamburg aufzunehmen hatten."[635] Auch 20 Schulen in Leipzig, die das Regime als „unbeschädigt" einstufte, wiesen allesamt Dach- und Glasschäden auf.[636] Das Ausmaß der durch Bomben verursachten Zerstörungen an Schulgebäuden und damit einhergehende Einschränkungen und Ausfälle dürften also noch bedeutend umfangreicher gewesen sein, als die ohnehin schon eindrücklichen Statistiken dies auf den ersten Blick nahelegen.

„In den stark vom Bombenkrieg betroffenen Großstädten verwandelte sich die ‚Volksgemeinschaft' immer mehr in eine ‚Trümmergesellschaft', in der Effizienz und Bewältigungskompetenz des nationalsozialistischen Staates abnahmen und der Improvisationskunst des Einzelnen eine herausgehobene Bedeutung zukam."[637] Im Hinblick auf Kinder und Jugendliche in diesen vom Bombenkrieg gezeichneten Gebieten gelang es das NS-Regime allerdings, frühzeitig Maßnahmen einzuleiten, die es ihm ermöglichten, auch unter solch widrigen

---

630 Klattenhoff/Schäfer/Sprang/Weßels: Beiträge zur Schulgeschichte Ostfrieslands (Anm. 13), S. 41; Böhme/Hamann: Schulalltag zwischen Ideologie und Wirklichkeit (Anm. 219), S. 129, 147.
631 Weiß/Weiß: Pädagogik und Nationalsozialismus (Anm. 13), S. 36.
632 Ebd.
633 Uhlig: Der Beginn der antifaschistisch-demokratischen Schulreform 1945–1946 (Anm. 340), S. 25.
634 Schmidt: Hamburger Schulen im „Dritten Reich" (Anm. 13), S. 605.
635 Lorent: Hamburger Schulen im Krieg (Anm. 567), S. 353.
636 Uhlig: Der Beginn der antifaschistisch-demokratischen Schulreform 1945–1946 (Anm. 340), S. 25.
637 Bajohr: Die Reihen fest geschlossen? (Anm. 625), S. 197.

Umständen auf die meisten Schülerinnen und Schüler zugreifen und sie für eine Fortsetzung des immer aussichtsloser werdenden Krieges einsetzen zu können. Dafür griffen die Nationalsozialisten das Ende des 19. Jahrhunderts entwickelte und ursprünglich im sozialfürsorglichen Kontext entstandene Konzept der Kinderlandverschickung (KLV) auf, demzufolge sozial bedürftige und gesundheitlich angeschlagene Stadtkinder zu Erholungsaufenthalten in ländliche Pflegestellen geschickt werden sollten. Im Rahmen der NS-Propaganda wurde diese „traditionelle" Kinderlandverschickung ab 1933 ausgeweitet und im Umfeld der allgegenwärtigen „Volksgemeinschafts"-Propaganda zunehmend ideologisiert. Als durch die alliierten Luftangriffe ab 1940 deutsche Großstädte immer nachhaltiger in Mitleidenschaft gezogen wurden, gab der Reichsleiter der NSDAP, Martin Bormann, auf persönliche Anordnung des „Führers" in einem vertraulichen Rundschreiben an die obersten Reichsbehörden und Parteidienststellen bekannt, dass Kinder und Jugendliche der Gebiete des Deutschen Reiches, die immer wieder von nächtlichen Luftalarmen betroffen wurden, „in die übrigen Gebiete des Reiches" geschickt werden sollten, die als weniger oder nicht gefährdet galten.[638] Unterschieden wurden dabei drei Personengruppen: „1. Mütter mit Kleinkindern, die vornehmlich auf dem Land bei Familien Unterkunft fanden; 2. Kinder bis zu zehn Jahren die ausschließlich in sog. Pflegefamilien gegeben wurden und die Schule am Aufnahmeort besuchten; und 3. Jugendliche ab zehn Jahren bis zum jeweiligen Schulabschluss, die möglichst klassen- oder schulweise verschickt und grundsätzlich in (geschlossenen) KLV-Lager untergebracht und dort auch von den mitverschickten Lehrkräften ihrer Heimatschule bzw. ihres Heimatortes unterrichtet werden sollten."[639] Ausdrücklich wurde darauf hingewiesen, dass die „erweiterte Kinderlandverschickung" auf freiwilliger Grundlage erfolgen sollte. Die Gauleiter waren beauftragt, durch „einheitliche Werbung und Propaganda" eine zustimmende Haltung der Elternschaft zu dem Vorhaben zu erreichen. Auch deshalb sollte im Kontext der KLV nicht von Evakuierungsmaßnahmen sondern – beschönigend – von einer „Landverschickung der Großstadtjugend" gesprochen werden.[640] Koordiniert und geleitet wurde die Aktion vom Reichsjugendführer Baldur von Schirach (später von dessen Nachfolger Arthur Axmann), an der praktischen Durchführung waren die NS-Volkswohlfahrt, die

---

638 „Landverschickung der Jugend luftgefährdeter Gebiete". Rundschreiben des Reichsleiters Bormann vom 27.9.1940 an sämtliche obersten Reichs- und Parteistellen, zit. n.: Gerhard Kock: „Der Führer sorgt für unsere Kinder ..." – die Kinderlandverschickung im Zweiten Weltkrieg. Paderborn/München 1997, S. 353–354.
639 Gerhard E. Sollbach: Der große Abschied. Die erweiterte Kinderlandverschickung (KLV), 2006, www.historicum.net/themen/bombenkrieg/themen-beitraege/aspekte/artikel/der-grosse-absch/ (zuletzt abgerufen am 22.10.2018).
640 Kock: „Der Führer sorgt für unsere Kinder ..." – die Kinderlandverschickung im Zweiten Weltkrieg (Anm. 638), S. 353–354.

Hitlerjugend und (bis zu seiner Stilllegung 1943) der NS-Lehrerbund beteiligt, die zu engster Zusammenarbeit angehalten waren.[641] Anfangs nahmen viele Familien in den von alliierten Bombern bedrohten Gebieten die Evakuierungsangebote dankend an. Die Teilnahme an den KLV erfolgte zu dieser Zeit zumeist tatsächlich aufgrund freiwilliger Meldung. „Das änderte sich in der zweiten Phase ab dem Frühjahr/Sommer 1943, als man in großem Umfang in besonders luftkriegsgefährdeten Städten sämtliche allgemeinbildenden Schulen schloss und im Rahmen der KLV in ‚luftkriegssichere' Aufnahme-Gaue evakuierte. Die Freiwilligkeit der Teilnahme an der KLV war in den betroffenen Städten nunmehr aber weitgehend theoretischer Natur."[642] Spätestens jetzt wurde die Kinderlandverschickung durch das NS-Regime endgültig pervertiert. Evakuierungen, die anfangs euphemistisch als „gesundheitsfördernde Maßnahmen der NSV"[643] bezeichnet wurden, weiteten sich „zur bisher größten Binnenwanderung der Geschichte"[644] aus, bei denen neben der Frage nach Leben und Tod auch immer die Fortsetzung des Krieges mit allen Mitteln im Zentrum sämtlicher Bemühungen stand.

Die Dimension der „erweiterten Kinderlandverschickung" lässt sich heute nicht mehr genau erfassen. Schätzungen reichen von über zwei Millionen bis hin zu sechs Millionen verschickten Kindern, Jugendlichen und Müttern mit Kleinkindern.[645] Zur geschlossenen Unterbringung der über 10 jährigen bestanden zum Jahresende 1943 in Deutschland und den angrenzenden besetzten Gebieten rund 5.000 KVL-Lager.[646] Insgesamt, so eine zurückhaltende Schätzung, wurden in vier Jahren etwa 2,8 Millionen Schülerinnen und Schüler in rund 9.000 KLV-Lager verschickt.[647] Viele tausend Lehrkräfte, bis 1942 offenbar bereits rund 10.000, kamen zur „schulmäßigen Betreuung und Erziehung der Lagerjugend" zum Einsatz.[648] Gemeinsam mit ihren Schülern waren sie anfangs für sechs Monate, später kriegsbedingt jedoch auch für wesentlich längere Zeit, in Heimen, Schlössern, Klöstern und anderen Gebäuden untergebracht, die sich in Qualität und Eignung stark unterschieden. Schon aufgrund der örtlichen Gegebenheiten wichen die konkreten Lebensbedingungen in den einzelnen Lagern stark voneinander ab.[649] Prägend für alle Beteiligten war jedoch die Lagererfahrung als solche, die sich dem nationalsozialistischen Ideal einer kasernierten Schulerziehung, in der sich schulische Arbeit, HJ-Dienst und Freizeit erzieherisch gleichmäßig

---

641 Ebd.
642 Sollbach: Der große Abschied (Anm. 639).
643 Schmidt: Hamburger Schulen im „Dritten Reich" (Anm. 13), S. 562.
644 Sollbach: Der große Abschied (Anm. 639).
645 Ebd.
646 Geißler: Schulgeschichte in Deutschland (Anm. 12), S. 664–665.
647 Weiß/Weiß: Pädagogik und Nationalsozialismus (Anm. 13), S. 37.
648 Feiten: Der Nationalsozialistische Lehrerbund (Anm. 94), S. 191.
649 Schmidt: Hamburger Schulen im „Dritten Reich" (Anm. 13), S. 567–568.

beeinflussen ließen, sichtlich annäherte. „Das Übergewicht lag hierbei bei der HJ, während das Elternhaus fast völlig ausgeschaltet werden konnte. Doch auch der Einfluss der Pädagogen war vergleichsweise gering: Die Schulbeauftragten für die Kinderlandverschickung wurden dem HJ-Stab unterstellt, die Lehrer auf reines Unterrichten beschränkt."[650] Das konkrete Handeln der Lehrerschaft in den KLV-Lagern lässt sich jedoch nur schwer rekonstruieren und beurteilen. „Die Verlautbarungen nationalsozialistischer Jugend- oder Bildungsfunktionäre sind nicht identisch mit dem Handeln von Lehrerinnen und Lehrern im Lageralltag. KLV-Lager waren weder politikferne Harmonieveranstaltungen noch eine Einübung in den permanenten Kriegszustand."[651] Auch hier trug die einzelne Erzieherpersönlichkeit entscheidend dazu bei, welchen Charakter das Lager für die Schülerschaft annehmen konnte. In einigen Fällen waren Lehrer zugleich Jugendführer der HJ, umgekehrt erteilten HJ-Angehörige mitunter den Schulunterricht. Im Allgemeinen blieb es jedoch einer personellen und institutionellen Trennung beider Ämter,[652] aus denen sich auch immer wieder Spannungen ergaben, wie sie bereits an den herkömmlichen Schulen existierten und von denen bereits die Rede war.[653] Anders als bisher waren Lehrkräfte nun aber auch örtlich ganz unmittelbar mit den Praktiken der HJ konfrontiert. Unzweifelhaft ergab sich daraus ein gewisser Anpassungsdruck. Dadurch, dass die praktische Regelung des Lagerlebens nicht etwa vom Reichserziehungsministerium, sondern von der Reichsjugendführung festgelegt wurde, verloren die dort eingesetzten Lehrer auch institutionell an Sicherheit.[654]

Die Stilllegung des NS-Lehrerbundes 1943 dürfte den Zustand der allgemeinen Verunsicherung innerhalb der gesamten Lehrerschaft weiter Vorschub geleistet haben. Zwar wurde der bisherige Leiter des NSLB, Fritz Wächtler, jetzt zum „Beauftragten für die Schulerziehung in der KLV" ernannt, doch eine klare Abgrenzung der Aufgaben und Zuständigkeiten zur Reichsjugendführung ging damit nicht einher. „In steigendem Maße zog von Schirach nach ‚Stilllegung' des NSLB alle Machtbefugnisse der KLV an sich".[655] Dennoch wäre es falsch, nach dem Wegfall des NS-Lehrerbundes von einer „unbegrenzten Herrschaft" der HJ in den Lagern auszugehen. Zweifellos erhöhte sich aber auch in den Lagern gegen Ende des Krieges der Zugriff des NS-Regimes auf Lehrer und Schüler weiter. Lehrkräfte konnten praktisch nach Belieben zum KLV-Einsatz abgeordnet werden, ab 1944 wurde es der Elternschaft, die aufgrund des Kriegsverlaufs allgemein zunehmend besorgt um ihre Kinder war, nahezu unmöglich gemacht, ihre Söhne und Töchter der KLV durch Anmeldungen in anderen Schulen zu

---

650 Schäffer: Ein Volk – ein Reich – eine Schule (Anm. 13), S. 254.
651 Schmidt: Hamburger Schulen im „Dritten Reich" (Anm. 13), S. 584–585.
652 Weiß/Weiß: Pädagogik und Nationalsozialismus (Anm. 13), S. 37.
653 Gamm: Führung und Verführung (Anm. 12), S. 112–113.
654 Scholtz: Erziehung und Unterricht unterm Hakenkreuz (Anm. 12), S. 104.
655 Feiten: Der Nationalsozialistische Lehrerbund (Anm. 94), S. 192–193.

entziehen.[656] Jedoch forderte wie an den Schulen vor Ort der „totale Kriegseinsatz" auch in den KVL-Lagern seinen Tribut. „HJ-Führer, die in den Lagern hätten eingesetzt werden können, waren entweder zum Kriegsdienst eingezogen oder befanden sich in der Berufsausbildung. Entsprechend rückläufig waren auch die Möglichkeiten, die Schülerinnen und Schüler mit nationalsozialistischer Ideologie zu indoktrinieren. Ungewollt wurden so von ‚oben' neue Freiräume geschaffen."[657] Nicht wenige Lehrkräfte schienen diese Freiräume genutzt zu haben, um das Lagerleben für die betroffenen Kinder und Jugendlichen erträglicher zu machen. „Viele der damals Verschickten haben unter Berücksichtigung der seinerzeit herrschenden Umstände nach ihrem eigenen Bekunden doch überwiegend positive Erfahrungen gemacht. Eine ganz entscheidende Rolle hat dabei auch das – von Ausnahmen abgesehen – pädagogisch verantwortungsvolle Handeln der Lehrpersonen in den KLV-Lagern gespielt. Diesen Lehrerinnen und Lehrern ist es vor allem zu verdanken, dass insbesondere auch die vom Regime beabsichtigte totale NS-ideologische Vereinnahmung der Kinder in der KLV nicht verwirklicht wurde. Denn die Schutzabsicht und die Schutzwirkung der KLV rückte erst im Verlauf des Kriegs und als Folge des immer verheerender werdenden strategischen Luftkriegs der Alliierten gegen das Deutsche Reich in den Vordergrund."[658] In der letzten Phase des Krieges bildete die Lehrerschaft mit den ihr anvertrauten Schülern in den KLV-Lagern eine wörtlich zu nehmende Schicksalsgemeinschaft, in der es am Ende vor allem schlicht darum ging, zu überleben. „Die Kinderlandverschickung nimmt in fast allen Erinnerungen der Lehrerinnen einen außerordentlich breiten Umfang ein und wird als einschneidendes, manchmal als das wichtigste Ereignis in der Arbeit als Lehrerin im Nationalsozialismus verstanden".[659] Für Einige reichte dieses prägende Ereignis weit über das Kriegsende hinaus. Nach Hamburg kehrten die letzten KLV-Verschickten beispielsweise erst am 22. September 1945 zurück.[660]

Der Krieg und der am Ende stehende totale Zusammenbruch dürfte für die Lehrerschaft somit zu den prägendsten Erfahrungen der NS-Zeit gehört haben.[661] In der Rückschau fällt die Bilanz der 12 jährigen NS-Herrschaft auch für diejenigen Lehrer ernüchternd aus, die grundsätzlich vom Nationalsozialismus überzeugt waren. Selbst für sie beschrieben die Jahre von 1933 bis 1945 letztlich eine Geschichte des Niedergangs – auch wenn sie hierfür nicht notwendiger Weise das Handeln des Regimes verantwortlich machten, sondern bis zuletzt in den

---

656 Scholtz: Erziehung und Unterricht unterm Hakenkreuz (Anm. 12), S. 104; Schmidt: Hamburger Schulen im „Dritten Reich" (Anm. 13), S. 600.
657 Schmidt: Hamburger Schulen im „Dritten Reich" (Anm. 13), S. 584.
658 Sollbach: Der große Abschied (Anm. 639).
659 Schonig: Lehrerinnen und Lehrer im Nationalsozialismus: Lebensgeschichtliche Dokumente – kritische Verstehensversuche (Anm. 358), S. 100.
660 Schmidt: Hamburger Schulen im „Dritten Reich" (Anm. 13), S. 603–604.
661 Böhme/Hamann: Schulalltag zwischen Ideologie und Wirklichkeit (Anm. 219), S. 152.

„Feinden des Reiches", wie sie die NS-Propaganda in großer Zahl ausmachte, die wahren Schuldigen erkannten. Es bedurfte allerdings ein gehöriges Maß an Fanatismus, um an einer solchen Sichtweise festzuhalten, denn das Versagen der politisch Verantwortlichen auf dem Gebiet des Schulwesens und die Geringschätzung vieler NS-Funktionäre gegenüber der Lehrerschaft war kaum zu übersehen.

„Mit dem Einsetzen der durch den Krieg, die Abwesenheit der Väter, die Berufstätigkeit der Mütter und den häufigen Unterrichtsausfall bedingten Verhältnisse erhielten die Verstöße gegen Disziplin und Leistungsanforderungen eine neue Dimension."[662] So stellte beispielsweise die Industrie- und Handelskammer Münster gegen Ende des Jahres 1942 fest, dass mehr als die Hälfte aller Berufsanfänger „im Deutschen und im Rechnen den Anforderungen nicht genügen" würde, die die Wirtschaft im Durchschnitt an Lehrlinge und Anlernlinge stellen müsste.[663] Vereinzelte Klagen von Schulpolitikern, die sich insbesondere gegen die Beanspruchung der Schülerschaft durch die HJ richteten, blieben folgenlos.[664] Stattdessen wurde immer häufiger die Volksschullehrerschaft für das Scheitern der nationalsozialistischen Politik im Schulwesen verantwortlich gemacht, „das sich im Abfall intellektueller und fachlicher Leistungen manifestierte."[665] Auch wenn die Lehrerschaft in der Übergangs- und Konsolidierungsphase des NS-Regimes zumindest von Teilen der Funktionäre als „neue nationalsozialistische Erzieher" umschmeichelt und propagandistisch aufgewertet wurde, so hatten andere NS-Funktionsträger von Beginn an wenig Vertrauen in die zu großen Teilen übernommene Lehrerschaft. „Die Schule wird in ihrem Wert für die ‚Bewegung' zurückgesetzt, wird in der ersten Zeit nach der Machtübernahme auch als antiquiert, als ‚verkalkt' bezeichnet, sie könne Wissensvermitteln leisten, nicht aber der neuen Erziehung genügen." Die Jugend sollte nicht „verschult" werden, das alte „Schulmeistertum" sei nicht hinzunehmen.[666] Solche eher abfällige Sichtweisen auf die Lehrerschaft deckten sich mit Äußerungen Hitlers, der aus seiner Geringschätzung des Lehrerstandes kein Geheimnis machte. Zu den heute bekanntesten Überlieferungen hierzu zählt ein Tischgespräch im Führerhauptquartier am 12. April 1942, in dem er die Volksschullehrerschaft als „besonders dummes und unselbständiges geistiges Proletariat" bezeichnete. Er vermutete in ihr „eine Säule des [...] überwundenen Systems", weshalb er ihnen mit Misstrauen begegnete. Ihre Arbeit schätzte er sehr gering ein, „denn kleinen Jungen und Mädchen das ABC beizubringen", sei ja wirklich kein Kunststück. Hitler äußerte seine Missachtung und auch Verwunderung darüber, dass Volksschullehrer

---

662 Schmidt: Hamburger Schulen im „Dritten Reich" (Anm. 13), S. 635.
663 Ottweiler: Die nationalsozialistische Schulpolitik im Bereich des Volksschulwesens im Reich (Anm. 397), S. 212.
664 Kater: Hitlerjugend und Schule im Dritten Reich (Anm. 12), S. 620–621.
665 Morell: Organisierte Volksschullehrerbewegung vom Ende des Zweiten Weltkriegs bis zur Konstituierung der „Gewerkschaft Erziehung und Wissenschaft" (Anm. 2), S. 55.
666 Geißler: Schulgeschichte in Deutschland (Anm. 12), S. 570–571.

ihren Stoff immer wieder neu vor Schülern wiederholten und meinte, Frauen seien hierfür „physisch und psychisch" besonders geeignet, empfänden diese ständigen Wiederholungen nicht als Belastung, da sie „als Mutter ein Kind nach dem anderen auf dieselbe Weise zur Welt zu bringen und großzuziehen" hätten. Daher sollte man nach Hitlers Ansicht gerade auch die unverheirateten Frauen für den Lehrerberuf an der Volksschule gewinnen, da sie dort „einen ihren mütterlichen Empfindungen entsprechenden Lebensberuf" fänden.[667] Natürlich waren derart unverblümte Äußerungen nur für Hitlers engste Entourage bestimmt, doch er war mit seinen pauschal-beleidigenden Ansichten alles andere als allein. Viele Parteigenossen im gesamten Reich urteilten ähnlich und hielten sich mit Schmähungen und Spott gegen die örtliche Lehrerschaft kaum zurück.[668] Auch aus diesem Grund sah sich der Reichsleiter und „Beauftragte des Führers für die Überwachung der gesamten geistigen und weltanschaulichen Schulung und Erziehung der NSDAP", Alfred Rosenberg, bereits im Oktober 1938 genötigt, die Verunglimpfung des Lehrerstandes offiziell anzuprangern:

> „Es wird vom deutschen Lehrer abhängen – und in entscheidender Weise von ihm allein abhängen –, ob nach und nach anstatt trockener Wissensvermittlung eine lebendige plastische Schau und ein tiefes inneres Erlebnis sich einstellen wird oder nicht. [...] Ich möchte hier deshalb mit aller Deutlichkeit erklären, daß eine Verunglimpfung des heutigen Lehrertums in uns einen entschiedenen Gegner finden wird. Die nationalsozialistische Bewegung wird für den Lehrerstand in seiner Selbstachtung und für seine Achtung im Volk genauso eintreten, wie sie es in fortschreitendem Maße für alle Stände getan hat."[669]

Am Ende der NS-Herrschaft dürften auch weite Teile der anpassungsbereiten Lehrerschaft zu der Erkenntnis gekommen sein, dass derartige Verlautbarungen den tatsächlichen Entwicklungen widersprachen und vor allem leere Versprechungen beinhalteten.[670]

Der völlige Bedeutungsverlust der Schulen unter den Nationalsozialisten trat zum Kriegsende am offensichtlichsten zutage. Durch einen Runderlass verkündete der Reichserziehungsminister Bernhard Rust am 1. September 1944 den „totalen Kriegseinsatz" für das gesamte Bildungswesen, wodurch die Lehrtätigkeit in allen Bildungseinrichtungen des Reiches nochmals drastisch eingeschränkt

---

667 Äußerungen Hitlers vom 12.4.1942, zit. n.: Gutzmann: Von der Hochschule für Lehrerbildung zur Lehrerbildungsanstalt (Anm. 83), S. 43.
668 Dannhäuser: Erlebte Schulgeschichte 1939 bis 1955 (Anm. 13), S. 152; Uhlig: Der Beginn der antifaschistisch-demokratischen Schulreform 1945–1946 (Anm. 340), S. 27.
669 Rede des Reichsleiters Rosenberg über „die Mission des deutschen Erziehers" bei der Einweihung der Reichsschule des NS-Lehrerbundes zu Danndorf (bei Bayreuth) vom 27. Oktober 1938, zit. n: Gamm: Führung und Verführung (Anm. 12), S. 186.
670 Lenhart: Geschichte der Lehrerbewegung in Baden 1926–1976 (Anm. 121), S. 58.

wurde. „In den Oberklassen der höheren Schulen kommt der Unterricht bald fast gänzlich zum Erliegen. Im Bereich des Reichserziehungsministeriums werden 250.000 Personen für den Einsatz in der Rüstung abgestellt und ranghohe Beamte und NSDAP-Funktionäre aus dem Schuldienst zu anderweitigen ‚Führungsaufgaben' abgezogen. Nahezu alle Schüler der berufsbildenden und der Fachschulen sowie der achten Volksschulklassen sind in der Rüstungsindustrie oder bei anderen ‚unmittelbar kriegswichtigen Aufgaben' wie dem Bau von Panzergräben eingesetzt. Die Schülerinnen werden zu Sozialdiensten verpflichtet. Alles das vermerken auch die Schulchroniken, die zu führen seit Jahrhundertbeginn zu den amtlichen Verpflichtungen des Lehrers auch an den Landschulen gehört. Wenn sie dann zu Kriegsende nicht verschwinden, ihre letzten Seiten nicht entfernt werden, so weiß der letzte Lehrer doch, was besser zu überkleben oder zu schwärzen ist, sofern dazu noch Zeit bleibt."[671] Als die Alliierten Armeen ab Oktober 1944 in das „Reichsgebiet" vorrückten, waren viele Schulhäuser bereits verwaist oder für andere Zwecke umfunktioniert. Was mag all jene Lehrer – neben elementaren Fragen um das eigene Überleben – beschäftigt haben, als ihnen unmissverständlich bewusst wurde, dass der Krieg verloren sein und die NS-Herrschaft zu Ende gehen würde? Für die oberfränkische Gemeinde Kunreuth ist beispielsweise überliefert, dass zwei bis zum Schluss verbliebene Lehrerinnen sämtliche Hitlerbilder entfernten, die in den Klassenzimmern hingen, bevor auch sie das Schulhaus verließen. Nach ihrer eigenen Erinnerung taten sie dies, um damit eine befürchtete Verwüstung der Klassenräume durch die Besatzungssoldaten zu verhindern.[672] Anzunehmen ist, dass sich ähnliche Szenen gegen Ende der NS-Herrschaft an vielen Schulen abspielten. Ob für das Handeln der Lehrkräfte in Kunreuth oder andernorts tatsächlich uneigennützige Motive und die aufrichtige Sorge um den Fortbestand ihrer Schulen im Vordergrund standen, darf zumindest bezweifelt werden. Stattdessen drängt sich der Eindruck auf, dass solche „Aufräumarbeiten" zugleich Ausdruck eines bei vielen Lehrern langes unterdrückten oder ignorierten Schulgefühls waren, das sie zu dem unbeholfenen Versuch veranlasste, offensichtlich geschehenes Unrecht, das sich an ihren Schulen abspielte, vor den Augen der anrückenden Besatzer zu verbergen.

3.2.6 Einzelfälle – Verweigerung durch aktiven Widerstand und Exil

Wenn zum Abschluss des Kapitels auf widerständiges Verhalten bei Lehrkräften eingegangen wird, so ist darunter nicht jede Form einer wie auch immer geäußerten Kritik, der Ablehnung und der Opposition gegenüber dem NS-Regime zu verstehen. Es mag unter den Lehrerinnen und Lehrern, die zwischen 1933

---

671 Geißler: Schulgeschichte in Deutschland (Anm. 12), S. 666.
672 Dannhäuser: Erlebte Schulgeschichte 1939 bis 1955 (Anm. 13), S. 191.

und 1945 an den Schulen des „Dritten Reiches" unterrichteten, eine größere, von der bisherigen Forschung gar unterschätzte Teile gegeben haben, die Formen der Verweigerung und Selbstbehauptung zeigten, wie sie in der Untersuchung bereits beschrieben wurden. Angesichts der Tatsache, dass weite Teile Lehrerschaft während des Nationalsozialismus kein signifikantes Unrechtsbewusstsein entwickelten, das sie zu Kritikern der bestehenden politischen Verhältnisse werden ließ, sind zwar auch kleine Gesten der Nonkonformität als bemerkenswerter Umstand zu würdigen. Dennoch bleibt festzuhalten, dass Lehrer, die beispielsweise gegen die Beeinträchtigung des geregelten Schulbetriebs durch die HJ protestierten oder die Vielzahl an Sammlungen, Gedenkfeiern und Appellen kritisierten, einzelne Vorschriften unterliefen oder versuchten, die NS-Ideologie aus ihrem Unterricht fern zu halten, letztlich „nur" ein weitgehend „kalkulierbares Risiko" eingingen. Am Ende arrangierten sich auch diese kritisch eingestellten Teile der Lehrerschaft mit den bestehenden Verhältnissen. Nur die allerwenigsten Lehrer traten dem NS-Regime unmissverständlich entgegen, lehnten sich erkennbar auf und sahen sich aus eigenem Verantwortungs- oder Schuldbewusstsein dazu veranlasst, persönliche Konsequenzen zu ziehen und aktiv zu handeln, auch wenn ihre eigene Existenz und die ihrer Familien dadurch bedroht sein konnten.[673]

Unter der Vielzahl an Untersuchungen zum Widerstand gegen den Nationalsozialismus finden sich nur verhältnismäßig wenige Studien, die explizit die Gruppe der Lehrerinnen und Lehrern in den Fokus nehmen. Wohl mit am umfassendsten hat sich der Autor und Pädagoge Lutz van Dick im Rahmen seiner Ende der 1980er Jahre erschienenen Dissertation mit „oppositionellem Lehrerverhalten" auseinandergesetzt.[674] Kurze Zeit später erschien ein Sammelband von Hermann Schnorbach, wie van Dick ein Pädagoge, der verschiedene „Dokumente des Widerstands" von Lehrern zusammengetragen hat.[675] Jüngere Untersuchungen sind oft weniger umfassend und konzentrieren sich zumeist auf das Handeln einzelner Akteure, ohne allerdings gänzlich neue Quellen heranzuziehen.[676] Erstmals

---

673 Lutz van Dick: Oppositionelles Verhalten einzelner Lehrerinnen und Lehrer zwischen Nonkonformität und Widerstand in Deutschland 1933 bis 1945. In: Wolfgang Keim (Hrsg.): Pädagogen und Pädagogik im Nationalsozialismus. Ein unerledigtes Problem der Erziehungswissenschaft (Studien zur Bildungsreform). Frankfurt am Main 3. Aufl. 1991, S. 113–128, S. 115.
674 van Dick: Oppositionelles Lehrerverhalten 1933–1945 (Anm. 573).
675 Schnorbach: Lehrer und Schule unterm Hakenkreuz (Anm. 164).
676 Eine bemerkenswerte Ausnahme stellt ein Beitrag von Ursula Basikow dar, die für ihre Studie bisher unbeachtete Nachlässe von Pädagogen aus dem Archiv der Bibliothek für Bildungsgeschichtliche Forschung auswertet: Ursula Basikow: „Auf einmal hörte alles auf...". – Informelle Netzwerke von Pädagoginnen und Pädagogen in der Zeit des Nationalsozialismus am Beispiel von Nachlässen aus dem Archiv der Bibliothek für Bildungsgeschichtliche Forschung. Ein Quellenbericht. In: Christian Ritzi/Ulrich Wiegmann (Hrsg.): Behörden und pädagogische Verbände im Nationalsozialismus. Zwischen Anpassung, Gleichschaltung und Auflösung. Bad Heilbrunn 2004, S. 237–261.

aufgekommen war die Widerstandsforschung zur deutschen Lehrerschaft in den 1970er Jahren, wobei ihr damals und in der darauffolgenden Zeit vor allem die DDR-Historiographie einige neue Impulse verlieh.[677]

Aus dem eben kurz zusammengefassten Forschungsstand ergeben sich einige Besonderheiten und Probleme. So muss beachtet werden, dass von der DDR-Geschichtsschreibung der „antifaschistische Widerstand" von Lehrern aus dem Umfeld der Arbeiterbewegung aus ideologischen Gründen besonders hervorgehoben wurde. Die Namen der von ihr hervorgebrachten Lehrerpersönlichkeiten werden auch in jüngeren Untersuchungen immer wieder aufgegriffen. Zweifellos dürfte der Widerstand von Lehrern, die kommunistischen und sozialistischen Kreisen nahestanden, von großer Bedeutung gewesen sein. Ganz allgemein ist unstrittig, dass dieses Milieu insgesamt die größte Zahl von Toten im Widerstand gegen das NS-Regime zu beklagen hatte.[678] Fest steht allerdings auch, dass er sich nicht auf diese Gruppe beschränkte. Insgesamt sind zwar eine Reihe von Einzelschicksalen mehr oder weniger umfassend überliefert, die widerständiges Verhalten für Lehrerinnen und Lehrer im Nationalsozialismus dokumentieren. Zugleich muss jedoch konstatiert werden, dass diese Überlieferungen bei weitem nicht alle Lehrkräfte umfassen, die sich mutig und opferbereit gegen die NS-Herrschaft gestellt haben. Der zunehmende zeitliche Abstand zum Geschehen wirkt sich für ergänzende Forschungen erschwerend aus. Zeitzeugen, die über oppositionelles Lehrerverhalten aus erster Hand Auskunft geben könnten, gibt es praktisch nicht mehr. Personal- und Gerichtsakten sowie Egodokumente, die diesbezügliche Informationen enthalten könnten, haben nicht in jedem Fall die Zeit bis zur Gegenwart überdauert, wurden im Verlauf der NS-Herrschaft bewusst vernichtet, gingen in den Wirren des Kriegsendes oder in den Nachkriegsjahren verloren.[679] Andere Dokumente, etwa jene, die im Zuge von Entnazifizierungsverfahren entstanden sind, müssen zudem besonders kritisch begutachtet werden, weil das Motiv einer „Entlastung" hier von zentraler Bedeutung war und eine stichfeste Überprüfung der in den Entnazifizierungsakten festgehaltenen Angaben in vielen Fällen nicht mehr möglich ist. Aufgrund der eben beschriebenen Umstände muss daher eine grundlegende Charakterisierung des

---

677 Vgl. bspw.: Kommission für deutsche Erziehungs- und Schulgeschichte der Akademie der Pädagogischen Wissenschaften der Deutschen Demokratischen Republik (Hrsg.): Lehrer im antifaschistischen Widerstandskampf der Völker. Studien und Materialien (Monumenta paedagogica, Bd. 5). Berlin 1974.
678 Wolfgang Benz: Der deutsche Widerstand gegen Hitler (C. H. Beck Wissen). München 2014, S. 22.
679 Gerhard Hoch: „Defaitistische Gedanken". Der „Fall" des Gewerbeoberlehrers Gustav Holler. In: Reiner Lehberger/Hans-Peter d. Lorent (Hrsg.): „Die Fahne hoch". Schulpolitik und Schulalltag in Hamburg unterm Hakenkreuz (Ergebnisse, Bd. 35). Hamburg 1986, S. 179–182, S. 179.

Widerstands von Lehrkräften, wie sie nun in aller Kürze vorgenommen werden soll, als vorläufig und unvollständig angesehen werden.

Die meisten Lehrkräfte, denen man im engeren Sinne widerständiges Verhalten gegen den Nationalsozialismus zuschreiben kann, waren den Machthabern offenbar von Anfang an als Regimegegner bekannt, da sich viele bereits vor 1933 politisch engagierten.[680] Einige von ihnen wurden schon in den ersten Wochen und Monaten nach der „Machtergreifung" ihrer Ämter enthoben, zum Teil auch in „Schutzhaft" genommen und ihrer persönlichen Freiheit beraubt, sofern sie nicht gewillt waren und die Gelegenheit hatten, unterzutauchen und ins Exil zu fliehen. Nur verhältnismäßig selten ist dokumentiert, dass Lehrerinnen und Lehrer, die zur Zeit des Nationalsozialismus im Berufsleben standen, aktiven Widerstand leisteten oder im Verlauf der zwölfjährigen NS-Herrschaft als entschiedene Gegner des Regimes in Erscheinung traten. Dabei muss allerdings beachtet werden, dass mit der Eskalation der Verhältnisse gegen Ende des Krieges auch für oppositionelle Lehrkräfte die Sicherung des eigenen Überlebens zunehmend in den Vordergrund rückte. Zudem konnte aktiver Widerstand – wenn überhaupt – in der Regel nur noch außerhalb der Schule stattfinden, weil diese, wie schon beschrieben, in der Phase des „totalen Kriegseinsatzes" oftmals aufhörte, als eigenständiger und geordneter (Handlungs-)Raum zu existieren.[681]

Was hat einzelne Lehrerinnen und Lehrer dazu bewogen, sich in der NS-Zeit anders zu verhalten als der ganz überwiegende Teil ihrer Kolleginnen und Kollegen, die sich mehr oder weniger bereitwillig auf die „neue Zeit" einließen oder den Nationalsozialismus zumindest weitgehend tolerierten? Ganz grundsätzlich bedurfte es ganz offensichtlich viel Mut und fester Überzeugungen, von einer opportunistischen Grundhaltung abzuweichen und aktiven Widerstand zu leisten – gerade aufgrund des Umstands, dass das eigene Handeln an den Schulen von Vorgesetzten, Kollegen und der Schülerschaft genau beobachtet wurde und die Gefahr der Denunziation außerordentlich groß war. Verhältnismäßig häufig brachten offenbar Lehrerinnen und Lehrer diesen Mut auf, die der Arbeiterbewegung nahestanden, insbesondere Kommunisten, zum Teil auch linke Sozialisten. Seltener wurden auch sozialdemokratische oder dem liberalen Parteienspektrum nahestehende Pädagogen unter den Widerständlern ausgemacht. Eher gering ist offenbar die Zahl der Lehrerinnen und Lehrer, die nicht aus politischen Überzeugungen, sondern aus überwiegend religiösen, sozialen oder individuellen Motiven heraus Widerstand gegen den Nationalsozialismus leisteten.

Im Folgenden sollen ausgesuchte Beispiele, die stellvertretend für das Handeln einer ungewissen Zahl bekannter wie namenloser Lehrkräfte stehen, verdeutlichen, was es bedeuten konnte, sich dem Nationalsozialismus aktiv

---

680 Lehberger: „Hamburg: Schule unterm Hakenkreuz" (Anm. 418), S. 155.
681 van Dick: Oppositionelles Verhalten einzelner Lehrerinnen und Lehrer zwischen Nonkonformität und Widerstand in Deutschland 1933 bis 1945 (Anm. 673), S. 125.

entgegenzustellen. Die Auswahl erfolgte nicht „zufällig", sondern anhand von Kriterien: So werden erstens im Folgenden nur Lehrkräfte vorgestellt, die nicht bereits aufgrund „rassischer Merkmale" von den Nationalsozialisten als „Gemeinschaftsfremde" gebrandmarkt wurden und schon auf diesen Gründen gedemütigt und verfolgt wurden. Der Kreis der Lehrerpersönlichkeiten, die aktiv Widerstand leisteten, wird durch dieses Kriterium reduziert. Diese Einschränkung soll insbesondere die Verdienste jener mutigen, resistenten jüdischen Lehrerinnen und Lehrer, die ihre fortschreitende Diskriminierung nicht tatenlos hinnehmen wollten, nicht schmälern, jedoch konzentriert sich das Erkenntnisinteresse der vorliegenden Studie auf jene Lehrkräfte, für die zumindest „formal" die Möglichkeit bestand, sich durch konformes Verhalten in die „Volksgemeinschaft" zu integrieren. Zweitens sollten die Lebensläufe der im Folgenden aufgeführten Personen als weitgehend gesichert gelten können, indem sich ihre Schicksale aus mehreren Quellen weitgehend widerspruchsfrei rekonstruieren lassen. Zum dritten sollten nur solche Fälle in Betracht kommen, bei denen die Betroffenen noch im Jahr 1933 ihren Lehrerberuf ausübten. Durch dieses Kriterium reduziert sich die Zahl der bekannten Beispiele erneut, denn in vielen Untersuchungen werden auch Personen als „Lehrer im Widerstandskampf" vorgestellt, die zwar den Lehrerberuf ergriffen haben, aber zum Zeitpunkt „Machtergreifung" längst einer anderen Tätigkeit nachgingen. Anhand der nun folgenden Lebensgeschichten, die exemplarisch für das Handeln einer Reihe anderer bekannter und unbekannter widerständischer Lehrkräfte stehen, sollen wesentliche Motive, Handlungsweisen und unmittelbare Konsequenzen widerständischen Verhaltens von Lehrern aufgezeigt und verdeutlicht werden.

Zu Beginn sollen kurz die beiden Lehrer Fritz Ausländer und Siegfried Kawerau vorgestellt werden. Sie waren – wie viele dezidiert linksgerichtete Teile der Lehrerschaft – vor 1933 in Lehrerorganisationen oder Gruppierungen vertreten, die im Zuge der „Machtergreifung" verboten wurden oder ihre Selbstauflösung beschlossen hatten, um sich bewusst der „Gleichschaltung" mit dem NS-Lehrerbund zu widersetzen.[682] Für sie, die beide in der Weimarer Zeit unter anderem dem „Bund entschiedener Schulreformer" angehörten, wie auch für einzelne Lehrerinnen und Lehrer aus kleinen Lehrerverbänden, die sich der Überführung in den NSLB widersetzten,[683] begann schon in den ersten Monaten des Jahres 1933 ein langer Leidensweg. Damit stellten Ausländer und Kawerau allerdings eine Ausnahme dar, denn die Mitgliedschaft in regimekritischen Lehrerverbänden oder in verbotenen Parteien wie der KPD und der SPD bedingte

---

[682] Beispiele hierfür sind etwa der etwa die „Arbeitsgemeinschaft sozialdemokratischer Lehrer", der „Bund Entschiedener Schulreformer" oder die „Interessengemeinschaft oppositioneller Lehrer", wie sie am Anfang der Studie bereits vorgestellt wurden. Vgl. Schnorbach: Lehrer und Schule unterm Hakenkreuz (Anm. 164), S. 24.

[683] Zu erwähnen ist hier etwa der SPD-nahe „Deutsche Republikanische Lehrerbund" oder der liberale „Allgemeine Deutsche Lehrerinnenverein".

entgegen landläufiger Vorstellungen keinesfalls per se eine Verfolgung durch das NS-Regime. Den meisten Lehrkräften, die dem Regime aufgrund von Partei- und Vereinsmitgliedschaften „verdächtig" erscheinen mussten, räumten die neuen Machthaber ein, sich von ihrer politischen Vergangenheit zu distanzieren. Unkooperativen Lehrkräften wurde in der Regel ein „freiwilliges" Zurruhesetzen bzw. eine vorzeitige Pensionierung zugestanden oder es wurden Versetzungen und zum Teil auch Entlassungen ausgesprochen. Nur verhältnismäßig wenige Lehrer, unter ihnen Fritz Ausländer und Siegfried Kawerau, waren gleich zu Beginn mit drastischeren, oft gewaltsamen Maßnahmen des Regimes konfrontiert.[684] Ausländer war bis 1932 für die Kommunistische Partei im preußischen Landtag vertreten. Er wurde bereits in der Nacht des Reichstagsbrandes verhaftet und verbrachte die Zeit bis 1935 in verschiedenen Gefängnissen, Zuchthäusern und zuletzt im Konzentrationslager Esterwegen. Anschließend musste der Gymnasiallehrer als Hilfsarbeiter für sein Auskommen sorgen, da ihm die Nationalsozialisten die Zahlung seiner Pension verweigerten. Nach Kriegsbeginn wurde er erneut kurzzeitig gefangengenommen. Offenbar aus Angst vor einer erneuten Verhaftung nahm sich Ausländer am 21. Mai 1943 das Leben.[685] Kawerau, SPD-Mitglied und zwischen 1925 und 1930 Stadtverordneter in Berlin, trat auf schulpolitischen Gebiet für einen reformierten, undogmatischen Geschichtsunterricht in Erscheinung und leitete bis zur „Machtergreifung" ein Realgymnasium in Neukölln. Anfang 1933 wurde er verhaftet, nach mehreren Monaten aus dem Gefängnis entlassen und zum 1. September 1933 in den vorzeitigen Ruhestand versetzt. Von den Folgen der Haft geschwächt starb er gut drei Jahre darauf am 17. Dezember 1936.[686] Siegfried Kawerau und Fritz Ausländer zählten zum Kreis jener Pädagogen, deren oppositionelle Haltung gegen den Nationalsozialismus sich bereits in der Zeit der Weimarer Republik nachweisen lässt. Unter dem Eindruck unmittelbar einsetzender Gewalterfahrungen im Jahr 1933 waren sie nicht mehr fähig oder bereit, aktiv gegen das NS-Regime aufzubegehren. Andere dagegen ließen sich allen Repressionen zum Trotz nicht davon abhalten, wie die nun folgenden Ausführungen zu Rudolf Klug verdeutlichen sollen.

Als Klug 1931 von der Hamburger KPD zur Bürgerschaftswahl aufgestellt wurde, geriet er kurzfristig mit der Schulbehörde in Konflikt, da man ihn aus dem Schuldienst entfernte. Erst nach öffentlichkeitswirksamen Protesten von Schülern und Eltern wurde er wiedereingestellt. Klug war Mitglied der

---

684 Morell: Organisierte Volksschullehrerbewegung vom Ende des Zweiten Weltkriegs bis zur Konstituierung der „Gewerkschaft Erziehung und Wissenschaft" (Anm. 2), S. 34; van Dick: Oppositionelles Verhalten einzelner Lehrerinnen und Lehrer zwischen Nonkonformität und Widerstand in Deutschland 1933 bis 1945 (Anm. 673), S. 120.
685 Hermann Weber/Andreas Herbst: Deutsche Kommunisten. Biographisches Handbuch 1918 bis 1945. Berlin 2004, S. 76.
686 Wolfgang Hasberg: Siegfried Kawerau (1886–1936). In: Michael Fröhlich (Hrsg.): Die Weimarer Republik. Portrait einer Epoche in Biographien. Darmstadt 2002, S. 293–304.

„Interessensgemeinschaft oppositioneller Lehrer" (IOL), in der sich einige hundert linksgerichtete Teile der Lehrerschaft, zumeist Kommunisten, organisierten. IOL-Gruppen bestanden in verschiedenen Regionen, darunter Berlin, das Rhein-Ruhr-Gebiet, Thüringen und Württemberg.[687] In Hamburg war die IOL als „linker Flügel" innerhalb der „Gesellschaft der Freunde des Vaterländischen Schul- und Erziehungswesens" organisiert. Auf der außerordentlichen Hauptversammlung der „Gesellschaft der Freunde" am 27. April 1933 wollte Klug den Beitritt des Lehrervereins zum NSLB nicht ohne weiteres akzeptieren.[688] Infolgedessen wurde er – nun jedoch endgültig – aus dem Schuldienst entfernt und seine Widerstandstätigkeit begann. Unter anderem verteilte er „antifaschistische" Flugschriften, bis er am 25. Mai 1933 in Schutzhaft genommen und zu einem Jahr Gefängnishaft mit anschließender Arbeit in einem Jugendheim auf Sylt verurteilt wurde. Nach dieser Zeit nahm Klug seine Widerstandtätigkeit erneut auf und wurde wenig später wegen „Hochverrats" zu einer weiteren Gefängnisstrafe verurteilt. Die Jahre zwischen 1937 und 1940 verbrachte Klug wegen „illegaler Parteiarbeit" im Konzentrationslager Sachsenhausen. Erneut auf freiem Fuß schloss er sich der Bästlein-Jacob-Abshagen-Gruppe an, die bis zu ihrer Aufdeckung im Oktober 1942 die größte kommunistische Widerstandsgruppe in Hamburg darstellte. 1943 wurde der bis dahin als „wehrunwürdig" eingestufte Klug vom Militär eingezogen und in Norwegen zur Bewachung von Kriegsgefangenen eingesetzt. Diese Gelegenheit nutzte er, um mit sowjetischen Gefangenen und norwegischen Widerstandskämpfern Verbindungen aufzubauen. Ende Februar 1944 flogen seine Aktivitäten auf. Nach kurzer Flucht wurde er ergriffen, ein Kriegsgericht verurteilte ihn im Schnellverfahren zum Tode. Am 28. März 1944 wurde Rudolf Klug hingerichtet.[689] Sein Fall zeigt auf eindringliche Weise, dass es innerhalb der Lehrerschaft einzelne Persönlichkeiten gab, die sich mit der Herrschaft der Nationalsozialisten von Beginn an unter keinen Umständen abfinden konnten. Aktiver Widerstand von Lehrkräften gegen den Nationalsozialismus äußerte sich jedoch nicht nur in der Gestalt unmittelbarer, totaler Verweigerung und offener Gegnerschaft, die das Regime in aller Regel mit brutaler Gewalt beantwortete. In manchen Fällen nahm widerständisches Verhalten eine wandelbare, mitunter subtile Gestalt an, etwa indem einer unzweifelhaften Gegnerschaft zum Nationalsozialismus ein kooperatives Verhalten vorausging. Anhand des Werdegangs von Adolf Reichwein, auf den nun kurz eingegangen werden soll, lassen sich diese Umstände verdeutlichen.

---

687 Schnorbach: Lehrer und Schule unterm Hakenkreuz (Anm. 164), S. 100–101.
688 Lorent: „Laßt hinter Euch die Welt des Intellekts" (Anm. 163), S. 119–120.
689 Nette/Romey: Die Lehrergewerkschaft und ihr „Arisierungserbe" (Anm. 6), S. 83; Schmidt: Hamburger Schulen im „Dritten Reich" (Anm. 13), S. 362 Ausführlichere Informationen zur Widerstandstätigkeit von Rudolf Klug finden sich in: Edith Burgard/Herbert Diercks/Rose-Marie Zahrndt: Rudolf Klug, ein Lehrer paßt sich nicht an (Hamburger im Widerstand gegen Hitler, Bd. 2). Hamburg 1982.

Lange Zeit galt Adolf Reichwein, der als Mitglied des Kreisauer Kreises 1944 hingerichtet wurde, unzweifelhaft als Pädagoge, der sich zu jeder Zeit gegen das „Dritte Reich" stellte und nur „scheinbar"[690] mit den Nationalsozialisten kooperierte. An dieser Einschätzung wurde in jüngerer Zeit Kritik geübt. Vor allem eine im Jahr 2007 erschienene Studie von Christine Hohmann löste eine Debatte zur Bewertung der Person Adolf Reichweins und seines Verhältnisses zum Nationalsozialismus aus.[691] An seinem Beispiel zeigt sich, wie schwierig es in manchen Fällen ist, innere Beweggründe und Motive für einzelne Handlungen zu rekonstruieren und zu begründen. Reichwein war in mehrerlei Hinsicht eine vielschichtige Persönlichkeit und keinesfalls ein „einfacher" Volksschullehrer. In der Weimarer Republik wirkte er nach seinem mit Promotion abgeschlossenen Geschichts- und Philosophiestudium in der Bildungspolitik und Erwachsenenbildung, bevor er 1927 zum persönlichen Referenten des parteilosen preußischen Kultusministers Carl Heinrich Becker aufstieg. 1930 trat Reichwein in die SPD ein und folgte einem Ruf nach Halle an der Saale an die neu gegründete Pädagogische Hochschule, wo er bis 1933 als Professor für Staatsbürgerkunde und Geschichte arbeitete. Nach der „Machtübernahme" der Nationalsozialisten wurde er am 24. April 1933 aus politischen Gründen entlassen – ein halbes Jahr später begann seine Tätigkeit als Volksschullehrer in dem 300 Einwohner zählenden Dorf Tiefensee in Brandenburg. Ob Reichwein diese Entscheidung herbeiführte, um drohende Konflikte mit dem Regime zu vermeiden und weitgehend ungehindert an seinen reformpädagogischen Idealen festhalten zu können, ist umstritten. Fest steht, dass Reichwein über beste persönliche Kontakte verfügte, die bis ins Reichserziehungsministerium hineinreichten. Vieles spricht dafür, dass darunter auch eindeutig nationalsozialistische Fürsprecher waren, die es Reichwein ermöglichten, in Tiefensee nicht nur als „einfacher" Landschullehrer tätig zu sein, wofür er formal nicht einmal die nötige Ausbildung besaß, sondern seine dortige Tätigkeit als Chance zu begreifen, eine moderne ländliche Volksschule im Nationalsozialismus mit Modellcharakter zu entwickeln.[692] Die Ergebnisse seiner Arbeit hielt Reichwein jedenfalls in seinem vielbeachteten Buch „Schaffendes Schulvolk" fest, das 1937 veröffentlicht wurde und das als Indiz gelten kann, dass Reichweis pädagogische Vorstellungen keinesfalls in einem diametralen Gegensatz zum Nationalsozialismus standen.[693] Als gesichert gelten kann, dass Adolf Reichwein bereit war, sich zumindest nach außen

---

690 Peter Kaßner: Widerstand im Dritten Reich. Der Pädagoge Adolf Reichwein. In: Die Deutsche Schule 86, 1994, S. 388–405, hier S. 397.
691 Anlass zur Debatte um eine Neubewertung der Person Adolf Reichwein bot vor allem die Studie von Christine Hohmann. Vgl. Christine Hohmann: Dienstbares Begleiten und später Widerstand (Klinkhardt Forschung). Bad Heilbrunn 2007.
692 Link: „Erziehungsstätte des deutschen Volkes" – Die Volksschule im Nationalsozialismus (Anm. 269), S. 103; Basikow: „Auf einmal hörte alles auf…". (Anm. 676), S. 247–249.
693 Schnorbach: Lehrer und Schule unterm Hakenkreuz (Anm. 164), S. 23.

dem NS-Regime anzunähern.[694] Wie die ganz überwiegende Mehrheit seiner Lehrerkollegen gehörte er seit dem 1. Dezember 1933 dem NS-Lehrerbund an, zudem war er Mitglied in der NS-Volkswohlfahrt und im Reichsluftschutzbund. Am 29. August 1934 leistet er zudem seinen Diensteid auf den „Führer".[695] Ab wann und warum genau Reichwein in Opposition zu den Machthabern kam, bleibt letztlich uneindeutig. 1939 wurde ihm die Leitung der Museumspädagogik des Staatlichen Museums für Deutsche Volkskunde in Berlin übertragen. Kurz darauf, womöglich unter dem Eindruck des eskalierenden Krieges, kam er über seinen Freund Carlo Mierendorff in Kontakt zu einer Gruppe, die von der Gestapo bald als „Kreisauer Kreis" bezeichnet wurde und sich zum Zentrum des bürgerlich zivilen Widerstands im „Dritten Reich" entwickeln sollte. Gemeinsam mit etwa 20 Aktiven und ebenso vielen Sympathisanten aus ganz unterschiedlichen sozialen, ideologischen und politischen Bereichen erörterte Reichwein Konzepte für eine grundlegende staatliche, wirtschaftliche und soziale Neugestaltung Deutschlands nach dem Sturz der NS-Diktatur. Parallel dazu nahm er jahrelang als offizieller Vertreter der nationalsozialistischen Schulbehörde an verschiedenen Tagungen in Frankreich und Dänemark teil. Als Reichwein, der seit 1943 aufgrund der Zerstörung seines Berliner Wohnhausen durch Bombenangriffe mit seiner Familie auf dem Gut Kreisau von Helmut James Graf von Moltke lebte, im Juli 1944 gemeinsam mit Julius Leber Kontakt zu einer Gruppe kommunistischer Widerstandskämpfer um Anton Saekow und Franz Jakob aufnahm, informierte ein Spitzel die Gestapo. Am 4. Juli 1944 wurden er und Julius Leber verhaftet, am 20. Oktober verurteilte ihn der Volksgerichtshof zu Tode. Noch am selben Tag wurde Reichswein in die Strafanstalt Plötzensee verbracht und abends erhängt.[696] Das Beispiel Adolf Reichweins zeigt, dass kooperatives und widerständiges Verhalten von Lehrkräften mitunter zeitgleich in Erscheinung treten konnten. Dadurch ist es bisweilen schwierig oder gar unmöglich, die Motive handelnder Personen eindeutig zu dechiffrieren und zu bewerten. Reichweins Schicksal ist in vielerlei Hinsicht außergewöhnlich, zugleich dürfte er bei weitem nicht der einzige Pädagoge gewesen sein, der trotz jahrelanger formaler Anpassung letztlich in Opposition zum NS-Regime geriet oder von Anfang an stand. Allen bisher vorgestellten Widerständlern ist gemein, dass sie über kurz oder lang verfolgt wurden, ihrer Freiheit beraubt waren und letztlich um ihr Leben fürchten mussten. Einige oppositionell eingestellten Pädagogen entschlossen sich daher zur Flucht ins Exil, um solch existenziellen Bedrohungen zu entgehen. Ein Vertreter, auf den dies zutrifft und der zugleich für die spätere Entwicklung der GEW von großer Bedeutung werden würde, hieß Heinrich Rodenstein. Auf ihn soll nun abschließend hingewiesen werden.

---

694 Link/Breyvogel: Die Volksschullehrer und ihr Verhältnis zur nationalsozialistischen ‚Volksgemeinschaft' (Anm. 12), S. 249.
695 Kaßner: Widerstand im Dritten Reich (Anm. 690), S. 399–400.
696 Ebd., S. 402–403.

Mit 20 Jahren, im Frühjahr 1922, legte Heinrich Rodenstein in Braunschweig die erste Lehrerprüfung für das Lehramt an Volksschulen ab. Zum 1. August 1922 erhielt er eine Anstellung als Hilfslehrer, die er bis 1925 behielt. Anschließend führten seine Stationen über Wolfshagen im Harz, wo er die zweite Lehramtsprüfung absolvierte, und Schöningen, wo Rodenstein als Stadtrat erstmals politisch in Erscheinung trat, 1928 zurück nach Braunschweig, wo der inzwischen verbeamtete Volksschullehrer bis 1933 tätig war.[697] Schon mit 18 Jahren war Rodenstein Mitglied der „Freien Sozialistischen Arbeiterjugend", 1922 trat er in die KPD ein, 1931 schloss er sich schließlich der neu gegründeten linkssozialistisch-marxistischen „Sozialistischen Arbeiterpartei Deutschlands" (SAPD) an. Der überzeugte Sozialist war jedoch nicht nur politisch engagiert, sondern zudem als Gewerkschafter aktiv. Bereits 1921 gehörte er der „Freien Lehrergewerkschaft Deutschlands" an, aus der 1928 in Braunschweig die „Allgemeine Freie Lehrergewerkschaft Deutschlands" hervorging.[698] Für die Nationalsozialisten, die bereits seit 1930 in Braunschweig mitregierten, war Rodenstein somit kein Unbekannter, sondern ein Lehrer, der für die „nationale Revolution" ganz offensichtlich nicht zu gewinnen war. Im Juli 1933 erteilte man ihm Berufsverbot. Angesichts der gewaltsamen Verfolgungspraktiken, die auch Rodensteins direktes persönliches Umfeld betrafen, entschloss er sich Ende Juli 1933 zur Flucht in die Niederlande nach Amsterdam, wohin ihm im November seine Frau Marta folgte.[699] Kurz darauf verließen sie Holland wieder und zogen weiter in das unter Völkerbundsverwaltung stehende Saarland, wo Rodenstein zunächst an einer französischen Bergwerksschule in Saarbrücken, dann in Saarlouis eine Anstellung als Lehrer erhalten hatte.[700] Diese vergleichsweise komfortable Situation änderte sich bereits im Januar 1935. Nachdem sich die Saarländer per Volksentscheid für die Zugehörigkeit zum Deutschen Reich entschieden hatten, mussten Rodenstein und seine Frau erneut die Flucht antreten. Ihr Weg führte sie über das kleine südfranzösische Städtchen Revel bei Toulouse im September 1935 nach Paris, wo Rodenstein hoffte, eine Anstellung als Lehrer zu finden.[701] In der französischen Hauptstadt kam Heinrich Rodenstein in Kontakt mit anderen deutschen Exilanten. Einzelne gehörten unter anderem dem „Internationalen Sozialistischen Kampfbund" (ISK) an, der 1925 im Umfeld des Göttinger Philosophen Leonard Nelson und seiner Mitarbeiterin Minna Specht entstand und deren Angehörige

---

697 Horst-Rüdiger Jarck/Günter Scheel (Hrsg.): Braunschweigisches biographisches Lexikon. Braunschweig 1996, S. 494–495.
698 Diethelm Krause-Hotopp: Immer noch ein Vorbild. Vor 30 Jahren starb Heinrich Rodenstein. In: Erziehung und Wissenschaft 62, 2010, H. 12, S. 35.
699 Müller/Ortmeyer: Die ideologische Ausrichtung der Lehrkräfte 1933–1945 (Anm. 7), S. 173.
700 Erich Frister: Heinrich Rodenstein. Lehrer und Gewerkschafter 1902–1980. Frankfurt am Main 1988, S. 58–62.
701 Ebd., S. 44–45.

sich für einen ethisch motivierten, antiklerikalen und antimarxistischen Sozialismus einsetzten. Seit 1933 leisteten ISK-Mitglieder aktiven Widerstand gegen das NS-Regime, unter anderem indem sie in Deutschland politisch Verfolgten zur Flucht verhalfen, technische Sabotageakte begingen oder oppositionelle Zeitschriften wie die „Neuen politischen Briefe" sowie Flugblätter in Umlauf brachten.[702] Dass sich Rodenstein an den Widerstandsaktionen des ISK aktiv beteiligte, lässt sich nicht nachweisen. Belegt ist dagegen, dass seine Frau als Küchenhilfe in einem vegetarischen Restaurant eingestellt wurde, das der ISK als Organisationsstützpunkt nutzte und das ihm zugleich als Einnahmequelle diente. Dank dieser Anstellung konnte das schmale Haushaltseinkommen der Eheleute, das Heinrich Rodenstein als Privatlehrer für das Fach Deutsch erwirtschaftete, etwas aufgebessert werden.[703] Neben dem täglichen Broterwerb engagierte sich der spätere Gewerkschaftsfunktionär in Paris für seine im Exil befindlichen Berufskollegen. 1936 gründete er zusammen mit anderen emigrierten Lehrern und unterstützt durch die französischen Grundschullehrergewerkschaft „Syndicat national des Instituteurs" (SNI) und den „Internationalen Berufssekretariats der Lehrer" (ISBL) des „Internationalen Gewerkschaftsbundes" (IGB) den „Verband deutscher Lehreremigranten – Union des instituteurs allemands emigrés", den er bis 1939 leitete.[704] Unter Rodenstein gab der Verband beispielsweise „Informationsblätter" für Verbandsmitglieder heraus, gemeinsam mit ihnen erarbeitete er ein „sozialistisches Schul- und Erziehungsprogramm" für die Zeit nach dem Nationalsozialismus, zudem wurde unter Rodensteins Vorsitz eine Schulbuchkritik herausgegeben („La Nouvelle Allemagne dans son nouveau manuel scolaire"), die sich detailliert mit den Inhalten der in Deutschland eingesetzten Unterrichtsmaterialien auseinandersetzte und Missstände anprangerte.[705] Trotz der Tatsache, dass Rodenstein in Paris als politisch Verfolgter in Erscheinung trat, wurde er nach Ausbruch des Krieges am 6. September 1939 zunächst als „feindlicher Ausländer" interniert, bevor er Ende November zu seiner Frau zurückkehren konnte, die sich inzwischen mit seiner im Februar geborenen Tochter aus Furcht vor einem deutschen Angriff erneut in das kleine südfranzösische Städten Revel zurückgezogen hatte.[706] Dort fand Rodenstein Arbeit bei einem

---

702 Benz: Der deutsche Widerstand gegen Hitler (Anm. 678), S. 30.
703 Frister: Heinrich Rodenstein (Anm. 700), S. 63–64; Frister: Heinrich Rodenstein (Anm. 698), S. 28.
704 Vergleichbare Gruppen zur Unterstützung von geflüchteten deutschen Lehrkräften gab es auch in anderen Aufnahmestaaten, so in England („German Educational Reconstruction Committee"), in Schweden (im „Koordinationskomitee für demokratische Aufbauarbeit"), in der Sowjetunion (innerhalb des „Nationalkomitees Freies Deutschland"), in den USA (im „Council for a Democratic Germany") und in Südamerika (innerhalb der Gruppe „Das Andere Deutschland". Vgl. Schnorbach: Lehrer und Schule unterm Hakenkreuz (Anm. 164), S. 24, 75.
705 Ebd., S. 122.
706 Frister: Heinrich Rodenstein (Anm. 700), S. 336.

Obst- und Gemüsehändler. Nach der vollständigen Besetzung Frankreichs durch die Wehrmacht im November 1942 lebte er mit seiner Familie bis zum Kriegsende unter ständiger Angst entdeckt zu werden als „Henri Rostin" mit falscher Identität. Dafür nötige Papiere erhielt er vom französischen Widerstand – offenbar aufgrund der Tatsache, dass sein Einsatz für die im Exil lebende Lehrerschaft von der örtlichen Résistance nicht unbemerkt blieb.[707]

Heinrich Rodenstein fügt sich ein in eine Reihe von Pädagogen, die sich im Exil engagierten. „Sie waren Lehrer an neugegründeten Exilschulen, die vor allem Kindern von Verfolgten und jüdischen Emigranten Zuflucht boten. Sie wirkten aufklärend mittels Vorträgen, Büchern, Flugschriften und Ausstellungen in der Öffentlichkeit der Gastländer. Sie halfen verfolgten deutschen Kollegen und Emigranten."[708] Wie jene Teile der Lehrerschaft, die in Deutschland aktiv Widerstand leisteten, verweigerten sich auch ins Exil geflohene Lehrkräfte dem NS-Regime und nahmen dafür zahlreiche Einschränkungen, Mühen und Brüche in ihrer Biographie in Kauf. Mitunter bezahlten auch sie ihren Einsatz mit dem Leben.[709] Eines der letzten bekannten Todesopfer der NS-Herrschaft unter der deutschen Lehrerschaft war Marianne Grunthal. Weder war sie im Widerstand aktiv, noch floh sie ins Exil. Stattdessen befand sich die Lehrerin aus Zehdenick zusammen mit vielen anderen Menschen auf einem Treck in Richtung Norden, da ihre Heimatstadt aufgrund herannahender sowjetischer und amerikanischer Truppen hatte geräumt werden müssen. Als aus der Menschenmenge die Information über Hitlers Tod verbreitet wurde, äußerte sich Grunthal offenbar erleichtert, verband sie damit doch ein rasches Ende des Krieges. Ihre Worte wurden von in der Nähe befindlichen Soldaten der SS gehört, die unverzüglich ein Exempel an ihr statuierten. Sie verschleppten die 49 jährige Lehrerin auf den Schweriner Bahnhofsvorplatz und hängten ihr eine Papptafel um, die sie als „Volksverräterin" brandmarkte. Vor den Augen zahlreicher Passanten, Bürgern der Stadt, Menschen auf der Flucht, KZ-Häftlingen, deren Bewacher Schwerin bereits verlassen hatten, wurde Marianne Grunthal schließlich an einen Straßenbahnmast gebunden und erhängt. Nur wenige Stunden später besetzten amerikanische Truppen Schwerin.[710]

---

707 Ebd., S. 25–28.
708 Schnorbach: Lehrer und Schule unterm Hakenkreuz (Anm. 164), S. 24.
709 Kaufhold/Klattenhoff: Entnazifizierung der Lehrerschaft in Ostfriesland (Anm. 18), S. 229.
710 Irmgard Hauff: Der Wunsch nach Frieden brachte den Tod: Marianne Grunthal – gemordet am 2. Mai '45. In: Mecklenburg-Magazin, Regionalbeilage der Schweriner Volkszeitung, 2005, S. 23; Klaus Drobisch: Deutsche Lehrer in der antifaschistischen Front. In: Kommission für deutsche Erziehungs- und Schulgeschichte der Akademie der Pädagogischen Wissenschaften der Deutschen Demokratischen Republik (Hrsg.): Lehrer im antifaschistischen Widerstandskampf der Völker. Studien und Materialien (Monumenta paedagogica, Bd. 5). Berlin 1974, S. 252–260, hier S. 259.

3.3 Zwischenbilanz

Wie ist das Verhalten von Lehrerinnen und Lehrern im Nationalsozialismus zu beschreiben, wie lassen sich ihre Haltungen gegenüber den NS-Regime charakterisieren und welches Erbe erwuchs für die Nachkriegszeit daraus? Wie das Kapitel verdeutlicht hat, können auf diese und damit zusammenhängende Fragen keine einfachen und allgemein gültigen Antworten gegeben werden. Allerdings ist es möglich, durch eine Annäherung an die Thematik ein Bild zu zeichnen, das zumindest eine recht klare Vorstellung vermittelt, wie die Lehrkräfte die Zeit des „Dritten Reichs" durchlebt hatten, welche Hoffnungen und Befürchtungen sie mit dem neuen Regime verbanden, welche Bestätigungen und welche Enttäuschungen sie diesbezüglich erlebten und wie sie durch aktives Handeln, durch passives Zulassen oder – in einigen Fällen – durch Verweigerung oder gar Widerstand das Erbe ihres Berufsstandes mitprägten, das in der Zeit nach 1945 auf sie wartete.

Aufgezeigt werden konnte, dass die Gegebenheiten in der Spätphase der Weimarer Republik eine graduelle Affinität der Lehrerschaft zum Nationalsozialismus beförderten. Insbesondere die Volksschullehrerschaft setzte nach dem Ende des Kaiserreichs und den leidvollen Erfahrungen des Ersten Weltkriegs einige Hoffnungen in die neu entstehende Demokratie, die sie an die „traditionellen" Forderungen ihres Berufsstandes aus den Zeiten des Vormärz erinnerte: die Vereinheitlichung des Schulsystems und die generelle Akademisierung der Lehrerbildung, von der sich insbesondere die Volksschullehrerschaft die langersehnte standesmäßige und finanzielle Gleichstellung mit der Philologenschaft versprach. Tatsächlich sollte das Schulsystem der Weimarer Republik anfangs in diesem Sinne in Bewegung geraden, doch nur etwa zehn Jahre später mussten insbesondere Volksschullehrkräfte feststellen, dass viele der gemachten Versprechungen nicht eingehalten werden konnten und sich die ökonomische Situation stattdessen immer weiter zuspitzte. Die Wirtschaftskrise Ende der 1920er Jahre traf auch den Lehrerstand mit hoher Arbeitslosigkeit, prekären Anstellungsverhältnissen und Lohneinbußen, was angehende und junge Volksschullehrkräfte besonders schmerzlich zu spüren bekamen. Etablierte Lehrerorganisationen wie der Deutsche Lehrerverein konnten den Problemen, die sich aus der gesellschaftlichen Krisensituation ergaben, kaum etwas entgegensetzen. Zwar protestierten ihre Vertreter etwa gegen Gehalts- und Planstellenkürzungen, doch umsetzbare Alternativen zu der massiven Sparpolitik der Regierung konnten auch sie nicht aufzeigen.

In dieser Situation erfuhren die Nationalsozialisten, so vage und unausgereift ihre bildungspolitischen Vorstellungen auch gewesen sein mochten, unter den Lehrkräften nach und nach mehr Beachtung. Ihr Protest gegen das „System" verband sich mit Vorstellungen zum Erziehungswesen, die besonders auf Teile der Volksschullehrerschaft attraktiv wirkte.[711] Im Kontext der von vielen Seiten be-

---

711 Scholtz: Erziehung und Unterricht unterm Hakenkreuz (Anm. 12), S. 41.

schworenen „Volksgemeinschaft" sollte nach den Vorstellungen der Nationalsozialisten auch im Bildungswesen jeglicher „Standesdünkel" überwunden werden, was den traditionellen Forderungen vieler Volksschullehrkräfte nach einem einheitlichen Lehrerstand entsprach. Mit Blick auf ihre Rolle als „Erzieher des Volkes" wurde ihnen künftig gar eine zentrale gesellschaftliche Stellung in Aussicht gestellt, was wiederum die Forderung der Nationalsozialisten nach einer Anhebung der Volksschullehrerausbildung auf ein akademisches Niveau nach sich zog.

Dass die Lehrerschaft vor 1933 dennoch in weiten Teilen zögerte, sich aus freien Stücken und in großer Zahl der nationalsozialistischen „Bewegung" anzuschließen, hatte verschiedene Gründe. Noch fünf Jahre vor der „Machtergreifung" war die NSDAP im Parteiengefüge der Weimarer Republik ein zu vernachlässigender Akteur. Ihr Einfluss auf das politische Geschehen war bis dahin äußerst gering. Bei den Reichstagswahlen 1928 erhielt sie gerade einmal 2,6 Prozent der Stimmen. Hinzu kam, dass sich Lehrkräfte als „Staatsdiener" zumindest im größten Land des Deutschen Reichs, Preußen, zeitweise strafbar machten, wenn sie für die NSDAP agitierten. Ebenso wichtig dürfte aber gewesen sein, dass einige der nationalsozialistischen Forderungen und Vorstellungen zum Bildungswesen der Zukunft auf einen erheblichen Teil der Pädagogenschaft mitunter verstörend oder gar abschreckend gewirkt haben dürften – nicht zuletzt, weil sie sich zum Teil widersprachen. Was war von der in Aussicht gestellten herausragenden Stellung der „Erzieher des Volkes" zu halten angesichts der schon damals unverblümt zur Schau gestellten Geringschätzung humanistischer Bildung, wie sie bei Adolf Hitler und vielen seiner Anhängen immer wieder zu beobachten war? Widersprachen zudem die sozialdarwinistischen Grundannahmen der Nationalsozialisten nicht allen damals gängigen Konzepten der modernen Pädagogik? Sollte der „Körperertüchtigung" im Rahmen der schulischen Bildung wirklich eine zentrale Bedeutung eingeräumt werden, wie dies Hitler beispielsweise in „Mein Kampf" gefordert hatte? Und welchen Sinn sollte die „Erziehung" von Kindern und Jugendlichen überhaupt haben, wenn wesentliche Persönlichkeitsmerkmale nach Überzeugung der Nationalsozialisten erblich determiniert und damit unabänderlich waren? Es kostete führenden NS-Erziehungswissenschaftlern wie Ernst Kriek viel Mühe, dieses Paradoxon zumindest theoretisch aufzulösen, etwa indem sie die „Züchtigung" als zentrales erzieherisches Prinzip hervorhoben, um ihre Vorstellungen mit den sozialdarwinistischen Grundannahmen der NS-Bewegung in Übereinstimmung zu bringen. Ob sich die Masse der Lehrerinnen und Lehrer von den Ansichten der NS-Pädagogen nachhaltig überzeugen ließen, darf bezweifelt werden. Tatsache ist jedoch, dass beispielsweise Kiecks „nationalpolitisches Erziehungskonzept" von Beginn an zum Standardrepertoire aller Fortbildungsmaßnahmen des NS-Lehrerbundes gehörte, der mit der ideologischen Ausrichtung der gesamten Erzieherschaft betraut wurde.

So naheliegend es auch sein mag, im NSLB einen geeigneten Gradmesser zu erkennen, um eine Affinität der Lehrerschaft zum Nationalsozialismus ermitteln zu können, so sehr erweist sich dieser vermeintliche Zusammenhang bei genauer Betrachtung als problematisch. Wie in der Untersuchung verdeutlicht wurde, war die Zahl der NSLB-Mitglieder bis zur „Machtergreifung" im Vergleich zu den Mitgliederzahlen der etablierten Lehrervereine äußerst gering, zumal sich der NS-Lehrerbund anfangs noch als reine „Kampforganisation" für die NSDAP verstand und kaum standespolitische Forderungen vertrat. Im Zuge der „Gleichschaltungsmaßnahmen" stieg die Zahl der NSLB-Mitglieder allerdings rasant an. Dieser enorme Zuwachs sollte aber nicht als Beleg einer massenhaften, begeisterten Zustimmung der gesamten Lehrerschaft gegenüber dem NS-Regime missverstanden werden. Vielmehr erfolgte die nahezu vollständige Eingliederung der Lehrkräfte in den NS-Verband oftmals unter erheblichem Druck und zu großen Teilen mit Unterstützung der Funktionäre der alten Lehrerverbände – auch jener des Deutschen Lehrervereins. Dass die Mitgliedschaft im NSLB auch eine Indoktrination und Ideologisierung im Sinne der Nationalsozialisten zur Folge haben sollte, ist unbestritten. Schließlich war der NS-Lehrerbund schon bald alleinig für die „politische und weltanschauliche Schulung" der Lehrerinnen und Lehrer zuständig. Wie aber auch aufgezeigt wurde, blieb das tatsächliche Ausmaß der politischen Beeinflussung, etwa durch Schulungen, „Lehrerlager" oder mittels pädagogischer Schriften, für die meisten Lehrkräfte doch begrenzt.[712]

Auch die Mitgliedschaft vieler Pädagogen in der NSDAP und/oder ihren Organisationen sollte nicht pauschal als Ausdruck einer besonderen Affinität dieses Berufsstandes zum Nationalsozialismus verstanden werden. Fest steht: Am Ende der NS-Herrschaft waren rund 30 Prozent aller Lehrkräfte Mitglied der NSDAP. Viele davon übernahmen zugleich politische Ämter. Neben Lehrkräften, die aus eigener Überzeugung handelten, dürften in einigen Fällen aber auch „karrieristische" Motive für den Parteieintritt gesprochen haben. So wurden etwa Lehramtsanwärter mit Parteibuch bei der Vergabe offener Stellen bevorzugt. Vor allem auf dem Land gehörten (männliche) Lehrkräfte zudem traditionell zur dörflichen „Funktionselite". Gerade von ihr forderte das NS-Regime ein „Treuebekenntnis" in Form einer Mitgliedschaft und Mitarbeit in Parteiorganisationen und/oder der NSDAP ein. Diesem allgemein zu beobachtenden Beteiligungs- und Konformitätsdruck hielten die meisten Pädagogen nicht lange stand, mehr noch: Durch die Anpassungsbereitschaft vieler Lehrkräfte zur Zeit der „Machtübernahme" potenzierte sich der Anpassungsdruck des Regimes auf die bis dahin standhaft gebliebenen weiter. Manch eine national-konservativ eingestellte Lehrkraft dürfte 1933 eine indifferente Haltung gegenüber der Weimarer Demokratie eingenommen haben und sah im „Dritten Reich", wie so viele andere auch, schließlich eine „erprobenswerte Alternative".[713] Dass sich die Lehrerschaft, wie die Gesellschaft

---

712 Vgl. Finger: Konkurrenzkampf und Richtungsstreit im Prozess der „Gleichschaltung" (Anm. 175), S. 264.
713 Schäffer: Ein Volk – ein Reich – eine Schule (Anm. 13), S. 55.

insgesamt, bereits wenig später mit allen Konsequenzen in einer Diktatur wiederfinden würde, haben zu diesem Zeitpunkt wohl die wenigsten bedacht.

Deutlich wurde, dass sich die „tatsächlichen" Einstellungen der Lehrerschaft zum Nationalsozialismus nicht von formalen Zustimmungswerten ableiten lassen. Sie können – zumindest ansatzweise – nur durch die Rekonstruktion ihrer Lebenswirklichkeit charakterisiert werden. Dabei stellte sich heraus, dass die praktische NS-Schulpolitik auf viele Lehrkräfte letztlich enttäuschend gewirkt hat. Die von den Nationalsozialisten angekündigte und teilweise umgesetzte Akademisierung der Lehrerbildung wurde nach wenigen Jahren wieder zurückgenommen. Lehrerinnen und Lehrer mussten durch die Anpassung der Beamtenbesoldung an die Reichsbesoldung im „Dritten Reich" zudem Reallohnverluste in Kauf nehmen. Bereits Jahre vor Kriegsbeginn wurde der Unterrichtsalltag zudem dadurch erschwert, dass nicht genügend Lehrkräfte zur Verfügung standen, wobei die Klassenzahlen kontinuierlich anstiegen. Blickt man auf den Schulalltag, so unterlag dieser in formaler Hinsicht einschneidenden Veränderungen, etwa durch die Einführung von Ritualen wie dem Hitlergruß oder Fahnenapelle, durch die Umsetzung des „Führerprinzips", das die demokratischen Strukturen und kollegialen Entscheidungsprozesse an den Schulen aufhob, oder durch die Hitlerjugend, die fortan als zweite Erziehungsinstanz präsent war und in vielen Bereich in Konkurrenz zu den Lehrkräften trat. Auch inhaltlich, in Bezug auf die tägliche Unterrichtsgestaltung, forderte das NS-Regime Veränderungen ein. Allerdings ließen sich weder Lehrpläne noch Unterrichtsmaterialen kurzfristig und für alle Schularten und Klassenstufen zugleich umstellen. Vor allem in den ersten Jahren nach 1933 blieben daher in gewissem Umfang Freiräume in der praktischen Unterrichtsgestaltung erhalten, von denen einige Lehrkräfte, wie gezeigt werden konnte, auch Gebrauch machten. Es lässt sich also auch für den Schul- und Unterrichtsalltag nicht pauschal beurteilen, wie willfährig oder innerlich widerstrebend sich Lehrerinnen und Lehrer verhielten. Das Spektrum innerhalb der Lehrerschaft reichte von überzeugten Nationalsozialisten, die tatkräftig an der Indoktrination von Kindern und Jugendlichen mitwirkten, bin hin zu Lehrern, die sich durch ihr Handeln im Schulalltag der beabsichtigten „totalen Ideologisierung" entgegenstellten.

Generell kann jedoch davon ausgegangen werden, dass ab 1933 eingestellte oder ausgebildete „Junglehrer" sowie zu dieser Zeit eingesetzte oder im Amt verbliebene Schulleiter tendenziell größere Affinitäten zum Nationalsozialismus hatten als die breite Masse der Lehrerschaft. Der überwiegende Teil der Lehrerschaft passte sich den Vorgaben der neuen Machthaber an, bekannte sich formal zum NS-Regime und akzeptierte weitgehend die von ihm durchgeführten Maßnahmen. Dies zeigt sich bereits daran, dass nur ein geringer einstelliger Prozentsatz der Lehrerschaft, etwa 3.000 Lehrkräfte,[714] im Zuge der „Machtergreifung" durch

---

714 Kemnitz/Tosch: Zwischen Indoktrination und Qualifikation – Höhere Schule im Nationalsozialismus (Anm. 226), S. 113–114.

überzeugte Anhänger des Regimes ersetzt werden musste. Ganz überwiegend handelte es sich bei den Entlassenen um Pädagogen, die aufgrund ihrer „jüdischen Abstammung" aus dem öffentlichen Schuldienst entfernt werden sollten, oder um Lehrkräfte, die bereits in der Weimarer Republik als Vertreter des linken politischen Spektrums und Gegner der Nationalsozialisten offen in Erscheinung getreten waren. Das Lehrpersonal an öffentlichen Schulen bestand auch am Ende des „Dritten Reichs" noch immer ganz überwiegend aus Lehrerinnen und Lehrern, die im Kaiserreich oder in der Weimarer Republik aufwuchsen und bereits in dieser Zeit ihren Beruf ausübten. Einem Bericht der Sopade zufolge waren 1939 gerade einmal 4,5 Prozent der Lehrkräfte unter 36 Jahre alt, fast die Hälfte hatte dagegen das 50. Lebensjahr bereits überschritten.[715] Die pädagogischen Vorstellungen dieser „Altlehrer", ihre Überzeugungen und Erfahrungen, ließen sich 1933 weder mit einem Federstrich, noch mit Drohungen und Repressionen einfach auslöschen, sondern wirkten zweifelsohne nach.[716] Dass sich aus diesem Umstand jedoch keine allgemeine Resilienz der Lehrkräfte gegenüber den Gewaltmaßnahmen des Regimes ableiten lässt, konnte am Beispiel der antisemitischen Ausgrenzungs- und Vernichtungspolitik verdeutlicht werden, die auch und gerade an Schulen besonders offen zu Tage trat. Die Diskriminierung und Verdrängung jüdischer Kinder und Jugendlicher aus den öffentlichen Lehranstalten wurde – bis auf ganz wenige Ausnahmen – von den allermeisten Lehrerinnen und Lehrern ohne vernehmbare Kritik akzeptiert und auch praktiziert. Schulen wurden so zu „Tatorten" – und Lehrkräfte waren ganz besonders in diesem Punkt zweifellos nicht nur Mitläufer, sondern oft auch aktive Unterstützer der nationalsozialistischen Rassenideologie und Vernichtungspolitik. Der israelische Historiker Yehuda Bauer benannte drei Lehren aus dem Holocaust: „Du sollst kein Opfer sein! Du sollst kein Täter sein! Vor allem aber: Sei kein Zuschauer!"[717] In diesem Sinne gab es unter den Lehrkräften viele „Täter". Dass sich auch „Zuschauer" unter ihnen befanden, entlastet sie keineswegs von der historischen Schuld, die mit der Zulassung oder Mitwirkung an der Shoa verbunden ist.

Dass die Lehrkräfte im „Dritten Reich" gleichwohl nicht pauschal als „willige Vollstrecker" charakterisiert werden können, darauf deuten zahlreiche Erlasse des Reichserziehungsministeriums hin, aus denen hervorgeht, dass die Pädagogenschaft offenbar bis in die Kriegszeit hinein kontinuierlich auf ihre Rolle als „zentraler Vermittler der NS-Ideologie" an den Schulen hingewiesen und verpflichtet werden musste. Spätestens nach Beginn des Krieges, der, im Sinne Walter Mommsens, zu einer „kumulativen Radikalisierung" des Regimes führte und

---

715 Deutschland-Berichte der Sozialdemokratischen Partei Deutschlands, Sopade (Anm. 328), S. 49.
716 Peters: Meine Lehrer im „Dritten Reich" (Anm. 399), S. 148.
717 Matthias Heyl: Betroffenheit ist kein Lernziel. In: Erziehung und Wissenschaft 47, 1995, H. 4, S. 14–15, hier S. 14.

schließlich in den Holocaust mündete, dürften sich die Zweifel vieler Lehrkräfte an der Richtigkeit der NS-Politik verstärkt haben.

Der Krieg veränderte den Schulalltag im Nationalsozialismus maßgeblich und war auch in Bezug auf die Nachkriegszeit für die Lehrerschaft prägend wie keine andere Phase des zwölf Jahre bestehenden „Dritten Reiches". Am offensichtlichsten waren einschneidende Veränderungen in personeller Hinsicht: Zunächst lediglich junge Lehrer, später dann auch immer ältere Jahrgänge, wurden zum Kriegsdienst einberufen und standen für die Unterrichtung der Kinder und Jugendlichen nicht mehr zur Verfügung. Auf die ohnehin angespannte Personalsituation reagierte das NS-Regime, indem es von seinen bisherigen Personalkriterien abrückte. Lehrer, die 1933 aus politischen Gründen entlassen oder vorzeitig pensioniert wurden, sollten wieder an den Schulen unterrichten. Auch Lehrerinnen, die im Zuge der Maßnahmen gegen das „Doppelverdienertum" 1933 ihren Beruf aufgeben mussten, wurden nun wieder zurückgeholt. Besonders im Volksschulbereich lässt sich mit dem Zweiten Weltkrieg der beginnende Wandel des Schuldiensts hin zum überwiegenden Frauenberuf beobachten. Auch Abstriche an den Ausbildungsinhalten und eine Verkürzung der Ausbildungszeiten sollten dem Personalnotstand entgegenwirken – letztlich blieben jedoch alle diese Maßnahmen ohne Erfolg.

Die personell angespannte Situation wirkte sich auch in struktureller Hinsicht auf den Lehrerberuf aus. Durch Mehrarbeit, Versetzungen, außerschulische Einsätze und Sammlungen von Roh- und Altstoffen verschlechterten sich die Arbeitsbedingungen an den Schulen immer weiter. Selbst der NS-Lehrerbund beklagte gegenüber den Parteistellen über Jahre hinweg die Zustände in den Schulen, konnte aber bis zu seiner kriegsbedingten Stilllegung im Jahr 1943 keinerlei Einfluss geltend machen.[718] Zu solchen Erschwernissen, die das NS-Regime den Schulen im Krieg selbst aufbürdete, gesellten sich vor allem im städtischen Raum zudem unmittelbare Kriegseinwirkungen. Zahlreiche Schulgebäude wurden im extensiv geführten „Bombenkrieg" beschädigt oder zerstört. Vor allem in den letzten Kriegswintern konnten Unterrichtsräume aufgrund der allgemeinen Kohlenknappheit zudem nicht beheizt werden. Intakte Schulgebäude wurden außerdem immer öfter umfunktioniert und dienten am Ende als Lazarett, Notaufnahmelager oder Einrichtung der Wehrmacht. Schließlich kam es in Folge des „totalen Kriegseinsatzes" an vielen Orten zur erweiterten Kinderlandverschickung und damit auch zu einsetzenden Auflösungserscheinungen an Schulen – je nach Region zum Teil schon viele Monate vor dem eigentlichen Kriegsende.

Die mentalen und physischen Auswirkungen des Krieges auf die Bevölkerung wurden in dieser Untersuchung bereits einleitend angedeutet. Auf viele wirkte der Krieg und sein Ende traumatisierend, nur auf wenige, die sich dem

---

718 Schaller: Der Nationalsozialistische Lehrerbund (Anm. 330), S. 351; Grüttner: Brandstifter und Biedermänner (Anm. 217), S. 423.

NS-Regime bis zuletzt widersetzten und zudem überlebten, kam die Kapitulation am 8. Mai 1945 einer Befreiung gleich.[719] Verwüstung, Lähmung, Leere und Stillstand waren in den darauffolgenden Wochen und Monaten wohl charakteristisch – das galt auch für das Schulwesen in Deutschland. Die „Überwindung der Kriegsfolgen" war daher eine kollektive Sehnsucht vieler Menschen – auch vieler Lehrerinnen und Lehrer. Mit Beginn der Wiedererrichtung staatlicher Strukturen sollte der „Wiederaufbau" über Jahre hinweg im Zentrum der deutschen Nachkriegszeit stehen. Auch die Lehrerschaft und mit ihr die wieder- oder neuentstehenden Lehrerorganisationen machten sich nun daran, die Folgen der Zerstörungen zu beseitigen. Ob neben den „greifbaren" Trümmern auch die geistigen Überreste der NS-Zeit beachtet und behandelt wurden, ob sich die Lehrerschaft ihrer Verantwortung gegenüber der unmittelbaren Vergangenheit, in der sie letztlich doch als Stütze eines verbrecherischen Regimes diente, bewusst wurde, soll im nächsten Kapitel aufgezeigt werden.

---

719 Zur Gewalterfahrung in Folge des Krieges s. auch Martin H. Geyer: Die Nachkriegszeit als Gewaltzeit. Ausnahmezustände nach dem Ende des Zweiten Weltkrieges. In: Aus Politik und Zeitgeschichte 70, 2020, 4–5, S. 39–46.

4 Aufbruch – Gesellschaft, Schule und Lehrerschaft in der Nachkriegszeit und das Handeln der GEW

4.1 Entnazifizierung unter alliierter Kontrolle

Der Krieg war noch lange nicht zu Ende, als sich die Regierungschefs der „Anti-Hitler-Koalition" ab dem 28. November 1943 in Teheran zusammenfanden, um gemeinsame Positionen und Vorgehensweisen abzustimmen und zu beschließen, die nach dem Sieg über Deutschland zur Anwendung kommen sollten. Schon bei diesem ersten Treffen der „Großen Drei", insbesondere aber auf einer weiteren Konferenz in Jalta im Februar 1945, wurden neben konkreten militärischen, politischen und ökonomischen Aspekten auch Fragen diskutiert, die im Zusammenhang mit einer grundlegenden Charakterisierung der Deutschen sowie der künftigen Besatzungspolitik standen. Über alle ideologischen und strategischen Differenzen hinweg waren die meisten Deutschen in den Augen der künftigen Besatzungsmächte von einem „krankhaften Militarismus" besessen, den es nach dem Sieg über Nazi-Deutschland ein für alle Mal zu beseitigen galt.[720] Gemeinsam bekräftigten sie auf der Krim:

> „Es ist unser unbeugsamer Wille, den deutschen Militarismus und Nazismus zu vernichten und die Garantie dafür zu schaffen, daß Deutschland nie wieder in der Lage sein wird, den Weltfrieden zu brechen; [...] alle Kriegsverbrecher einer gerechten und schnellen Bestrafung zuzuführen; [...] die Nazi-Partei, die nazistischen Gesetze, Organisationen und Einrichtungen vom Erdboden zu tilgen; alle nazistischen und militärischen Einflüsse aus öffentlichen Einrichtungen, dem Kultur- und Wirtschaftsleben des deutschen Volkes zu entfernen."[721]

Anders als die Deutschen selbst hatten die Siegermächte jedoch nicht vor, zwischen „Hitler und den Nazis" auf der einen und dem „deutschen Volk" auf der anderen Seite im Sinne von schuldig und unschuldig zu unterscheiden. Die Tatsache, dass etwa achteinhalb Millionen Deutsche in der NSDAP organisiert waren und über die Hälfte der Gesamtbevölkerung wenigstens einer NS-Organisation angehörte, blieb ihnen nicht verborgen.[722] Zu offensichtlich war der Nationalsozialismus fest in der deutschen Gesellschaft verwurzelt und die Alliierten

---

720 Brenner: Zwischen Ende und Anfang (Anm. 14), S. 22.
721 Erklärung des Kommuniqués der Konferenz von Jalta, zit. n.: Vollnhals: Entnazifizierung (Anm. 14), S. 7.
722 Görtemaker/Safferling: Die Akte Rosenburg (Anm. 15), S. 65–66.

schienen überzeugt zu sein, dass eine erfolgreiche Nachkriegspolitik umfangreiche Eingriffe zur Voraussetzung hatte, die weite Teile der Bevölkerung erfassen musste. Auf westalliierter Seite zeigte sich eine dementsprechende Entschlossenheit beispielsweise in der Direktive 551 des gemeinsamen Operations- und Planungsstabs der USA und Großbritanniens „Combined Chief of Staff" (CCS), die im November 1944 vom obersten Hauptquartier der Alliierten Expeditionsstreitkräfte „Supreme Headquarters Allied Expeditionary Forces" (SHAEF) unter Führung von General Dwight D. Eisenhower offiziell übernommen wurde und im „Handbook for Military Government in Germany" festgehalten wurde. In diesen Richtlinien für das Verhalten der künftigen Militärregierung wurden die „Festnahme von Kriegsverbrechern" und die „Eliminierung des Nazismus, Faschismus und deutschen Militarismus sowie der Nazi-Hierarchie und ihrer Kollaborateure" als vorrangige Besatzungsziele benannt. Unmissverständlich kam darin zum Ausdruck, dass Deutschland „als ein besiegtes Land und nicht als ein befreites Land" zu behandeln sei. Aktive Nationalsozialisten oder „glühende Sympathisanten" sollten nach Kriegsende unter keinen Umständen im Amt verbleiben, Verwaltungseinrichtungen aufgelöster Organisationen, deren Aufrechterhaltung als unbedingt notwendig erachtet wurde, sollten nur noch mit „Nicht-Nazis" betrieben werden.[723]

Als die deutsche Wehrmacht im Mai 1945 schließlich bedingungslos kapitulierte, signalisierten die Siegermächte USA, Großbritannien und UdSSR erneut Übereinstimmung in politischen Grundsatzfragen. Festgehalten und veröffentlicht im Potsdamer Ankommen vom 2. August 1945, sollten die „4 D's" – Denazifizierung, Demilitarisierung, Demokratisierung, Dezentralisierung – eine verbindliche Grundlage für die künftige Politik der drei, nach Einbezug Frankreichs der vier Besatzungsmächte in Deutschland bilden. Bei der Interpretation und konkreten Umsetzung dieser Prinzipien wurden jedoch zum Teil erhebliche Unterschiede deutlich. Ausschlaggebend dafür waren zum einen divergierenden ideologischen Überzeugungen und Strategien der Siegermächte, die wenig später im „Kalten Krieg" ihren sichtbaren Ausdruck finden sollten. Die Westmächte und die Sowjetunion verwendeten zwar gleichermaßen Begriffe wie „Demokratisierung" und „Entnazifizierung", verstanden darunter jedoch von Anfang an etwas Unterschiedliches – schon aus diesem Grund setzten sie die gemeinsam erklärten Ziele auf ganz verschiedene Weise um.[724] Darüber hinaus erwies sich die konkrete Umsetzung idealtypisch formulierter Handlungsmaximen in allen Zonen als nicht praxistauglich, weswegen es selbst innerhalb der drei westlichen

---

723 Ebd., S. 64.
724 Kocka: Arbeiten an der Geschichte (Anm. 58), S. 274.

Zonen zu teilweise erheblichen Abweichungen bei der tatsächlichen Durchführung der Entnazifizierung kam.[725]

In der Wahrnehmung vieler Deutscher demonstrierte die „Anti-Hitler-Koalition" bei der Entnazifizierungspraxis erst- und zugleich letztmalig Einigkeit, als vom 18. Oktober 1945 bis zum 1. Oktober 1946 in Nürnberg der Prozess gegen die Hauptkriegsverbrecher stattfand. Heute in seiner Bedeutung und Tragweite unumstritten, ließ die damalige öffentliche Aufmerksamkeit gegen Ende der Verhandlungen jedoch spürbar nach und verebbte nach der Urteilsverkündung offenbar fast gänzlich. Empfand eine knappe Mehrheit der Deutschen demoskopischen Umfragen zufolge das Verfahren noch als „fair" und die Urteile als „gerecht", stieß die Ausdehnung der Anklage auf weitere politische, wirtschaftliche und militärische Eliten des NS-Regimes hingegen vermehrt auf Kritik.[726] Am Beispiel der insgesamt zwölf Nachfolgeprozesse lässt sich aber nicht nur ein allgemeiner Stimmungswechsel zur Entnazifizierungspolitik ablesen, der im Westen Deutschlands im Gegensatz zur sowjetisch besetzten Zone (SBZ) durch eine Vielzahl kritischer öffentlicher Äußerungen nachgewiesen werden kann. Sie stehen zugleich für das Ende der interzonalen Strafverfolgungspraxis, denn die Nürnberger Nachfolgeprozesse fanden ausschließlich unter amerikanischer Regie statt, so wie künftig sämtliche alliierte Gerichtsprozesse im Kontext der Entnazifizierung und politischen Säuberung von den jeweiligen Besatzungsmächten allein organisiert und durchgeführt wurden. Das von den vier Mächten erlassene Kontrollratsgesetz Nr. 10 schuf dabei zwar eine formal einheitliche Rechtsgrundlage, doch spätestens mit Gründung der beiden deutschen Staaten verloren die gemeinsamen Bestimmungen zunehmend an Geltung und Beachtung.

Anders als bei den Gerichtsprozessen gegen Eliten und Funktionsträger des NS-Regimes hat sich die Entnazifizierungspraxis in Bezug auf die breite Masse der Bevölkerung in den einzelnen Zonen von Beginn an unterschieden, wobei amerikanische Konzeptionen den beiden anderen westlichen Besatzungsmächten in gewissem Umfang als Vorbild dienten.[727] Grundsätzlich stellte die Entnazifizierung „für die amerikanische Militärregierung einen Grundpfeiler ihrer Besatzungspolitik dar, während sie in der britischen und erst recht in der französischen Zone bei weitem nicht diese zentrale Bedeutung erlangte."[728] In der sowjetischen Besatzungszone wiederum wurde die Entnazifizierung als Mittel zum Aufbau einer „antifaschistischen", „volksdemokratischen" Ordnung instrumentalisiert. Im nun folgenden Abschnitt soll der grundsätzliche Verlauf der unterschiedlichen Entwicklungen in den Besatzungszonen nachgezeichnet werden.

---

725 Bilski: Die Entnazifizierung des Düsseldorfer Höheren Schulwesens nach 1945 (Anm. 18), S. 125.
726 Hoffmann: Nachkriegszeit (Anm. 14), S. 27–28.
727 Köcher: „Aus der Vergangenheit lernen – für die Zukunft arbeiten!"? (Anm. 20), S. 44.
728 Vollnhals: Entnazifizierung (Anm. 14), S. 9.

4.1.1 Grundlegende Entwicklungen in der amerikanischen Zone

Bei der deutschen Bevölkerung in der amerikanischen Besatzungszone sollte kein Zweifel aufkommen, dass die Militärregierung das Vorhaben der „politischen Säuberung" sehr ernst nahm. In der Weisung JCS 1067 der vereinigten Stabschefs der USA an die Besatzungstruppen, die als Richtschnur für die künftige Besatzungspolitik fungierte, wurde bewusst herausgestellt, dass Deutschland als „besiegter Feindstaat" zu behandeln sei.[729] Soldaten und Offiziere waren angehalten, den Deutschen grundsätzlich misstrauisch gegenüberzutreten. Erst wenn die gesamte Gesellschaft von Nationalsozialismus bereinigt sei, könne ein demokratisches Gemeinwesen entstehen. Umfangreiche Entlassungsmaßnahmen bildeten daher die Kernpunkte der Direktive: Alle Mitglieder der Nazipartei, die „nicht nur nominell" in der Partei tätig waren, alle, die „den Nazismus oder Militarismus aktiv unterstützt haben", sollten aus öffentlichen Ämtern und aus wichtigen Stellungen „in halbamtlichen und privaten Unternehmungen" entlassen werden. „Funktionsträger des Nazi-Regimes" sollten zudem ohne jede Anhörung unverzüglich interniert werden.[730]

In den ersten Besatzungswochen gingen die örtlichen Militärkommandanten bei der Entnazifizierung zunächst mehr oder weniger nach freiem Ermessen vor. Zu Beginn blieb es bei der Absetzung lokaler Verwaltungsspitzen, etwa von Behördenleitern, Landräten oder Bürgermeistern. Ab Ende Juni setzte allerdings eine erste große Entlassungswelle ein. Bereits bis Anfang August verloren rund 70.000 Personen, die von der US-Militärregierung als „NS-Aktivisten" eingeschätzt wurden, ihre Ämter. Weitere 80.000 wurden unter Anwendung des sogenannten „automatischen Arrests" gefangengenommen und in Internierungslager verbracht.[731] Der für den automatischen Arrest vorgesehene Personenkreis umfasste dabei nicht nur das Führerkorps der NSDAP – vom Reichsleiter bis hinunter zum Amtsleiter auf Ortsgruppenebene. Auch Staatsbeamte in Leitungspositionen – vom höheren Gestapo-Beamten bis zum Landrat, die Offiziersränge nationalsozialistischer Organisationen bis hin zu Gefolgschaftsführern und Mädelgruppenführerinnen in der Hitlerjugend und beim Bund Deutscher Mädchen waren davon betroffen, sodass die Zahl der Internierten bis zum Jahresende 1945 bereits die Hunderttausendermarke überschritt.[732]

Am 7. Juli 1945 trat in der US-Zone zudem eine weitere Direktive in Kraft, in deren Folge alle Inhaber von relativ präzise definierten „Schlüsselpositionen" anhand eines „Fragebogens" überprüft werden sollten. Ergaben sich anhand der Auswertung des Fragebogens Anhaltspunkte, dass eine betreffende Person mehr

---

729 Zit. n.: Brenner: Zwischen Ende und Anfang (Anm. 14), S. 25.
730 Cornelia Rauh: Die Entnazifizierung und die deutsche Gesellschaft. In: Archiv für Sozialgeschichte 35, 1995, S. 35–70, hier S. 38.
731 Vollnhals: Entnazifizierung (Anm. 14), S. 10.
732 Rauh: Die Entnazifizierung und die deutsche Gesellschaft (Anm. 730), S. 38.

als nur „nomineller Parteigenosse" gewesen sein könnte, so sah die Direktive eine Entlassung vor – ohne Rücksicht auf personellen Ersatz und ohne Berücksichtigung etwaiger Rechtsansprüche. „Die Gruppe der Entlassungspflichtigen (‚mandatory removal') war mit über 125 Einzelmerkmalen umfassend definiert. Zu ihr gehörten u. a. alle Mitglieder der NSDAP vor dem 1. Mai 1937, dem Inkrafttreten des Reichsbeamtengesetzes, alle Amtsträger der NSDAP sowie aller angeschlossener Organisationen, alle Offiziere und Unteroffiziere der Waffen-SS, der SA, des NS-Kraftfahrkorps und des NS-Fliegerkorps, alle Mitglieder der SS, der Gestapo und alle vor dem 1. April 1933 eingetretenen Mitglieder der SA. Entlassungspflichtig war aber auch – und zwar unabhängig von einer etwaigen Mitgliedschaft in NS-Organisationen – die führende Verwaltungsschicht: Alle Spitzenbeamten bis hinunter zur Referentenebene in den Reichsministerien, Ministerialdirektoren, Regierungspräsidenten und Landräte in den Landesverwaltungen, Bürgermeister in den Kommunen, bis zum Polizeileutnant, Oberstaatsanwalt und Landgerichtspräsidenten. Weitere Entlassungskriterien betrafen alle Generalstabs- und NS-Führungsoffiziere, die Spitzen der Militär- und Rüstungsverwaltungen in den besetzten Gebieten, Wehrwirtschaftsführer, hohe und mittlere Amtsträger im Reichsnährstand und in den Wirtschaftsverbänden. Hinzu kamen schließlich mutmaßliche Kriegsverbrecher, Denunzianten und Mittäter an Verbrechen gegen rassisch, politisch oder religiös Verfolgte."[733] Als „zur Entlassung empfohlen", aber nicht zwingend vorgeschrieben, wurde vor allem die militärische und wirtschaftliche Elite des Dritten Reichs eingeschätzt, etwa „Berufsoffiziere der Reichswehr und Wehrmacht, Junker sowie die wirtschaftliche Oberschicht, alle Mitglieder der NSDAP und der SA, alle Freiwilligen der Waffen-SS und Anwärter der Allgemeinen SS, die Unterführer der HJ und des BDM", aber auch Mitglieder des Stahlhelms, des Kyffhäuserbundes oder der Deutschen Christen.[734]

Unschwer lässt sich erahnen, dass aufgrund solcher Festlegungen der Kreis potenziell zu entlassender Personen ins beinahe Unermessliche anstieg. 1945 dürfte jeder vierte, mindestens jedoch jeder fünfte erwachsene Mann ein „Parteigenosse" gewesen sein. Bereits 1937 gehörten in Preußen 86 Prozent, im übrigen Reich 63 Prozent der Beamten der NSDAP an. Auch etwa jede dritte Lehrkraft war Mitglied der Partei. Die Zahl derer, die sich in politischen Führungsämtern innerhalb der NSDAP und bei ihren zahlreichen Gliederungen und Nebenorganisationen betätigten, wuchs zwischen 1933 und 1945 auf über zwei Millionen an.[735] Mehr noch als in dem Schematismus, mit dem die US-Militärregierung die Entnazifizierung bis dahin betrieb, erkennt der Historiker Clemens Vollnhals gerade in der „Eskalation der Entlassungskategorien" ein entscheidendes Verhängnis, da die neuen Bestimmungen den Zusammenbruch

---

733 Vollnhals: Entnazifizierung (Anm. 14), S. 11.
734 Ebd.
735 Rauh: Die Entnazifizierung und die deutsche Gesellschaft (Anm. 730), S. 40.

der deutschen Verwaltungen heraufbeschwören mussten.[736] „Nach Angaben der ‚Special Branch' [der für die Durchführung der Entnazifizierung zuständigen Abteilung innerhalb der amerikanischen Militärregierung, d. Verf.] waren bis Ende März 1946 in der gesamten US-Zone 139.996 Beschäftigte des öffentlichen Dienstes und 68.568 Beschäftigte aus Handel, Gewerbe und Industrie entlassen worden; gleichzeitig hatte die Militärregierung 50.464 Bewerbern für den öffentlichen Dienst und 22.888 Bewerbern in der Wirtschaft aus politischen Gründen die Anstellung bzw. die Wiederanstellung nach der Rückkehr aus Kriegsdienst und Gefangenschaft verwehrt. Rechnet man die Anzahl der Entlassenen oder Zurückgewiesenen aus anderen Bereichen hinzu, so ergibt sich die Zahl von 336.892 Personen, die unmittelbar von der Entnazifizierung betroffen waren."[737] Hinzu kam eine weitaus größere Zahl an Menschen, die von einer Entlassung potenziell bedroht waren – und ein Ende der ständigen Ausweitung der personellen Überprüfungen war nicht absehbar.

Das folgenschwerste Manko der US-Entnazifizierungspraxis bis zu diesem Zeitpunkt war, dass die entscheidende Frage, „wer Mitläufer, trotz Mitgliedschaft und kleiner Ämter, und wer NS-Aktivist, auch ohne Parteibuch, gewesen war"[738] von den Besatzern nicht differenziert beantwortet werden konnte. Bei den meisten Deutschen, von denen viele ohnehin mit der Bewältigung existenzbedrohlicher Kriegsfolgen beschäftigt waren, erregte die Entnazifizierung daher wie kaum eine andere Maßnahme der Militärregierung die Gemüter. Weil die US-Direktiven eine pauschale Bedrohung für alle Mitglieder der NSDAP und ihrer angeschlossenen Organisationen darstellte, kam es noch dazu fast zwangsläufig „zu der politisch so fatalen Solidarisierung der Mitläufer mit wirklichen NS-Aktivisten".[739] Diese auf den ersten Blick irritierende Solidarität sollte ihre fatale Wirkung jedoch erst entfalten, als am 5. März 1946 das „Gesetz zur Befreiung vom Nationalsozialismus und Militarismus" („Befreiungsgesetz") verkündet wurde, worüber gleich zu sprechen sein wird.

Die fortschreitende Lähmung des Verwaltungsapparates innerhalb der US-Zone stieß bei der Militärregierung auch in den eigenen Reihen zunehmend auf Kritik. Was folgte, war ein radikaler Kurswechsel: die politische Säuberung sollte künftig den Deutschen selbst überlassen werden und die deutschen Ministerpräsidenten wurden mit der Ausarbeitung eines entsprechenden Gesetzes beauftragt. Mit dem Befreiungsgesetz ging die Entnazifizierung schließlich auf deutsche Stellen über, wobei sich die Militärregierung jedoch die Oberaufsicht behielt. Der entscheidende Unterschied zur bisherigen Entnazifizierungspraxis wurde in Artikel 2 festgehalten. Darin heißt es:

---

736 Vollnhals: Entnazifizierung (Anm. 14), S. 12.
737 Ebd., S. 14.
738 Ebd., S. 15.
739 Ebd., S. 16.

"Die Beurteilung des Einzelnen erfolgt in gerechter Abwägung der individuellen Verantwortlichkeit und der tatsächlichen Gesamthaltung [...] Äußere Merkmale wie die Zugehörigkeit zur NSDAP, einer ihrer Gliederungen oder einer sonstigen NS-Organisation sind nach diesem Gesetz für sich allein nicht entscheidend für den Grad der Verantwortlichkeit. Sie können zwar wichtige Beweise für die Gesamthaltung sein, können aber durch Gegenbeweise ganz oder teilweise entkräftet werden."[740]

Die Beurteilung nach freiem richterlichem Ermessen war ein Zugeständnis der US-Besatzer an die deutschen Behörden. Eine Zustimmung der Ministerpräsidenten wäre sonst kaum möglich gewesen. Im Gegenzug machte die Militärverwaltung jedoch die Registrierung und Erfassung der gesamten Bevölkerung zur Bedingung. Alle erwachsenen Deutschen in der US-Zone hatten nun den berühmt-berüchtigten „Fragebogen" auszufüllen. 545 im Aufbau befindliche Spruchkammern mit am Ende rund 22.000 Mitarbeitern, hauptsächlich unbelastete oder minderbelastete Juristen unter dem Vorsitz ehrenamtlicher Richter, standen fortan vor einer Mammutaufgabe.[741] Zum einen galt es, die Fragebögen grob zu sortieren. Von insgesamt 13,41 Millionen überprüften Personen waren am Ende 3,66 Millionen (27 Prozent) vom Befreiungsgesetz betroffen.[742] Zum anderen sollten die Spruchkammern die Betroffenen entsprechend ihrer „Formalbelastung" vorläufig in fünf Gruppen einstufen: Hauptschuldige (I), Belastete (II: NS-Aktivisten, Militaristen, Nutznießer), Minderbelastete (III), Mitläufer (IV) und Entlastete (V).

Wer zunächst in die Kategorien I oder II eingestuft wurde, hatte schwerwiegende Konsequenzen zu tragen: Bis zum endgültigen Abschluss seines Verfahrens durfte er nur einer „gewöhnlichen Arbeit" nachgehen, was in vielen Fällen praktisch einem Berufsverbot entsprach. Nach erfolgtem Urteilsspruch konnten die Spruchkammern zudem „Sühnemaßnahmen" festlegen, was für Hauptschuldige bis zu zehn Jahre Arbeitslager und vollständiger Vermögenseinzug, für Belastete bis zu fünf Jahre Arbeitslager und teilweiser Vermögenseinzug bedeuten konnte. „Hinzu kamen in beiden Gruppen der Verlust der Pensions- oder Rentenansprüche aus öffentlichen Mitteln, die Aberkennung der bürgerlichen Ehrenrechte und ein auf mindestens zehn bzw. fünf Jahre festgesetztes Verbot, in anderer als ‚gewöhnlicher Arbeit' tätig zu sein. Für Minderbelastete galt eine ‚Bewährungsfrist' von höchstens drei Jahren, innerhalb derer sie keine leitende Tätigkeit ausüben durften; davon ausgenommen war die Führung von Kleinbetrieben mit weniger als zehn Arbeitnehmern. Weitere Sühnemaßnahmen für Minderbelastete bestanden in der Kürzung des Gehalts bzw. des Ruhestandsgehalts und in einer

---

740 Auszug aus dem Gesetz zur Befreiung von Nationalsozialismus und Militarismus vom 5.3.1946, zit. n.: ebd., S. 17.
741 Görtemaker/Safferling: Die Akte Rosenburg (Anm. 15), S. 68–69.
742 Vollnhals: Entnazifizierung (Anm. 14), S. 20.

einmaligen oder laufenden Geldzahlung an den Wiedergutmachungsfonds. Für Mitläufer galten nur die beiden zuletzt genannten Maßnahmen. Entlastet war, wer nur formell NS-Organisationen angehört hatte und zugleich nachweisen konnte, daß er ‚nach Maß seiner Kräfte aktiven Widerstand gegen die NS-Gewaltherrschaft geleistet und dadurch Nachteile erlitten hat'."[743]

Die eben zitierten Festlegungen verdeutlichen, dass – formal betrachtet – auch das Befreiungsgesetz eine konsequente Bestrafung von NS-Tätern ermöglichte. Mehrere Umstände sorgten jedoch dafür, dass der Strafcharakter des Gesetzes erheblich eingeschränkt wurde, weshalb sich die von der Besatzungsmacht intendierte Säuberungswirkung zum Teil ins Gegenteil verkehrte. Rechtsstaatlichen Grundsätzen folgend war es nämlich von nun an jedem Angeklagten gestattet, gegen eine Entscheidung der Spruchkammer Berufung einzulegen und das Verfahren neu zu verhandeln. Darüber hinaus hatten alle, die von einem US-Militärgericht bereits verurteilt wurden, die Möglichkeit, ihren Fall vor eine deutsche Spruchkammer zu bringen und in Revision zu gehen. In beiden Fällen machten die Angeklagten massenweise von ihrem Recht Gebrauch, Gegenbeweise aufzuführen, um ihre formal bestehende Belastung, die sich beispielsweise aus einer NSDAP-Mitgliedschaft ergab, zu entkräften. Da die Entnazifizierungspraxis von der großen Mehrheit der Bevölkerung als mangelhaft, bürokratisch und grundsätzlich ungerecht empfunden wurde, hatten viele der Betroffenen kaum Mühe, Personen aus ihrem Umfeld ausfindig zu machen, die ihnen entlastende Zeugnisse ausstellten. Die Solidarität innerhalb der deutschen Gesellschaft ging zum Teil so weit, dass selbst Personen, die unter dem Nationalsozialismus ganz offensichtlich zu leiden hatten, ehemaligen NSDAP-Mitgliedern Entlastungsschreiben ausstellten.[744] Hinzu kam, dass die Spruchkammern in der Regel nur selten harte Urteile fällten und bei der Einstufung der Betroffenen oft Milde walten ließen. „In ihrer Urteilspraxis billigten die Kammern den meisten Betroffenen das vielbeschworene Recht auf den politischen Irrtum zu und verhängten durchweg milde Urteile. Diese Tendenz verstärkte sich mit zunehmendem zeitlichen Abstand."[745] Im Ergebnis dieser Entwicklungen nahmen die Spruchkammern immer mehr den Charakter von „Mitläuferfabriken" an, wie Lutz Niethammer dies erstmals sorgfältig beschrieben hatte.[746] Bei der Durchführung des justizförmigen Spruchkammerverfahrens nach rechtsstaatlichen Grundsätzen, was gegenüber dem ursprünglichen Verfahren einen echten Fortschritt bedeutete, verschmolzen Entnazifizierung und Rehabilitierung zu ein und demselben Vorgang,

---

743 Ebd., S. 19.
744 Hans-Peter d. Lorent: Täterprofile. Die Verantwortlichen im Hamburger Bildungswesen unterm Hakenkreuz (Bd. 1). Hamburg 2017, S. 54.
745 Vollnhals: Entnazifizierung (Anm. 14), S. 22.
746 Lutz Niethammer: Entnazifizierung in Bayern. Säuberung und Rehabilitierung unter amerikanischer Besatzung. Frankfurt am Main 1972.

schlussfolgerte später auch Clemens Vollnhals.[747] Die milde Urteilsfindung der Spruchkammern hatte neben den genannten Gründen noch weitere Ursachen, die in den ausufernden Dimensionen des Entnazifizierungsverfahrens zu suchen sind: Alleine die Auswertung der über 13 Millionen Meldebögen blockierte über Monate hinweg den Spruchkammerapparat. Ganz überwiegend beschäftigten sich die Spruchkammern zunächst mit der Masse der Bagatellfälle, während aufwändigere Verfahren gegen Hauptschuldige und Belastete in der Regel zurückgestellt wurden.

Bereits nach wenigen Monaten zeigte sich, dass es Jahrzehnte dauern würde, bis es zu einem Abschluss des Entnazifizierungsverfahrens kommen würde, sollte an der eingeführten Praxis dauerhaft festgehalten werden. Deshalb erließ die Militärregierung bereits Ende August 1946 eine „Jugendamnestie", von der alle nach 1919 Geborenen profizieren, die nicht als hauptschuldig oder belastet galten. Mitte 1947 trat zudem eine sogenannte „Weihnachtsamnestie" in Kraft, von der vor allem die Masse der Mitläufer profitierte. Bis 1949 wurden so 2,8 Millionen Verfahren eingestellt. „Der Umfang der Amnestien übertraf die Zahl der tatsächlich durchgeführten Spruchkammerverfahren bei weitem; auf ein Spruchkammerurteil kamen drei Amnestiebescheide. Die Masse der vom Befreiungsgesetz Betroffenen kam mit der Spruchkammer also überhaupt nicht in Berührung."[748] Aber auch jene Fälle, bei denen eine Verhandlung noch immer ausstand, sollten jetzt schnell zum Abschluss gebracht werden. In den USA mehrten sich Stimmen, die auf einen Abschluss der Entnazifizierung drängten, denn in der konkurrierenden sowjetischen Zone wurden bereits seit Mitte August 1947 praktisch alle einfachen NSDAP-Mitglieder aus dem Entnazifizierungsverfahren herausgenommen, bevor die Entnazifizierung Ende Februar 1948 ganz offiziell für beendet erklärt wurde. In Folge dieser Entwicklung trat im Oktober 1947 in der US-Zone das 1. Änderungsgesetz zum Befreiungsgesetz in Kraft. Nun konnten sich zum einen kleine Amtsträger durch eine überschaubare finanzielle Sühneleistung von ihrem Beschäftigungsverbot befreien. Zum anderen war es den Spruchkammern jetzt möglich, Personen, die formal als Belastete galten, nur noch als Mitläufer anzuklagen. Das 2. Änderungsgesetz zum Befreiungsgesetz, das am 25. März 1948 erlassen wurde, ermöglichte zudem, dass alle verbliebenen Belasteten im Schnellverfahren als Mitläufer eingestuft werden konnten. Auch wurde das Beschäftigungsverbot allgemein aufgehoben. Es blieb nur auf verurteilte Hauptschuldige beschränkt. Unterdessen stellte die US-Militärregierung die Überwachung der Spruchkammerbescheide bis zur Gründung der Bundesrepublik gänzlich ein.

Ein Blick in die Statistiken verdeutlicht abschließend nochmals das Ausmaß der Rehabilitierung, die infolge des Befreiungsgesetzes gegenüber NS-Belasteten

---

747 Vollnhals: Entnazifizierung (Anm. 14), S. 20.
748 Ebd., S. 21.

in der US-Zone erfolgte: Bis Ende 1949 wurden lediglich 1.654 Personen als Hauptschuldige verurteilt, 22.122 Angeklagte sahen die Spruchkammern als letztlich belastet an, hinzu kamen 106.422 Minderbelastete, während mehrere Millionen letztlich als Mitläufer oder als entlastet eingestuft wurden. „In dem langwierigen Entnazifizierungsprozeß hatte sich das Personal der NS-Diktatur mehr oder weniger in Nichts aufgelöst."[749]

4.1.2 Besonderheiten in der britischen Zone

Bei der praktischen Durchführung der Entnazifizierung orientierte sich die britische Militärregierung in den ersten Nachkriegsmonaten ganz überwiegend an den Bestimmungen der amerikanischen Verbündeten. Anders als in den USA wurden in Großbritannien kaum eigene Überlegungen aufgeworfen und diskutiert, wie nach Kriegsende mit Deutschland verfahren werden sollte.[750] Die „Deutsche Frage" war für britische Politiker nur eine von vielen, die sich in eine außen- wie innenpolitisch problematische Gesamtsituation einfügte, in der sich das vereinigte Königreich befand. Infolge des entbehrungsreichen Krieges war die gesamte Haushaltspolitik auf Austerität ausgerichtet, Lebensmittel blieben auch nach 1945 für die britische Bevölkerung über Jahre hinweg rationiert, das British Empire geriet mit der Unabhängigkeit Indiens, Pakistans und weiterer Länder in den späten 1940er Jahren zunehmend ins Wanken. Unter derartigen Umständen lag es im Interesse der britischen Besatzungsmacht, möglichst effektive Verwaltungsstrukturen aufzubauen und in ihrer durch Kriegsschäden stark beeinträchtigten Zone gleichsam für Stabilität zu sorgen.[751] Zwar stimmte auch sie dem Ziel einer umfassenden Entnazifizierung der deutschen Gesellschaft zu, wie dies in der Direktive Nr. 24 des Alliierten Kontrollrats vom 12. Januar 1946 vorgesehen war, der zufolge „Nationalsozialisten und Personen, die den Bestrebungen der Alliierten feindlich gegenüberstehen" aus Ämtern und verantwortlichen Stellungen entfernt werden sollten. Die Umsetzung der Entnazifizierung wurde von britischer Seite aber von Beginn mit spürbar weniger Akribie verfolgt, als dies etwa in den Gebieten unter amerikanischer Verwaltung bis zur Ratifizierung des Befreiungsgesetzes der Fall war.

So trat zwar auch unter britischer Verwaltung bereits kurz nach Kriegsende ein „automatischer Arrest" gegen ehemalige NS-Funktionsträger in Kraft. Allerdings waren dort bis Ende 1945 „nur" etwa 68.500 Personen von dieser Maßnahme betroffen. In der amerikanischen Zone, in der gut fünf Millionen Menschen weniger lebten, waren zu diesem Zeitpunkt bereits annähernd doppelt so

---

749 Ebd., S. 23.
750 Görtemaker/Safferling: Die Akte Rosenburg (Anm. 15), S. 70.
751 Ebd.

viele vermeintliche NS-Täter interniert.[752] Größere Eingriffe nahm die britische Führung vor allem im Verwaltungssektor vor, während beispielsweise Teile der Wirtschaft (etwa die Stahl- und Kohleindustrie oder der landwirtschaftliche Sektor) von strukturellen Interventionen und Entnazifizierungsmaßnahmen teilweise oder sogar gänzlich verschont blieben.[753] Allerdings sorgten auch in der britischen Zone Entlassungen bei Beamten und Angestellten im öffentlichen Dienst, über die wie in der amerikanischen Zone auf Basis von Fragebögen entschieden wurde, für eine ersthafte Störung des öffentlichen Lebens. Auch hier kam es zu Maßnahmen, die von der Bevölkerung als Fehlgriffe und Ungerechtigkeiten empfunden wurden und lautstarke Proteste nach sich zogen.[754] In Reaktion auf die zunehmende öffentliche Kritik rief die britische Militärregierung fortan deutsche Kräfte zur Mitwirkung am Entnazifizierungsverfahren auf. „Durch beratende Entnazifizierungsausschüsse mit deutscher Besetzung wurde ab Dezember 1945 das Verfahren unterstützt, die Zuständigkeit blieb allerdings bei der Militärregierung."[755] Im Zuge der schon angesprochenen alliierten Kontrollratsdirektive Nr. 24 wurde die Entnazifizierung auf weitere gesellschaftliche Bereiche ausgedehnt, ebenso vergrößerte sich aber auch der Einbezug deutscher Stellen. „Auf Regierungs- und Kreisebene wurden auf deutscher Seite sogenannte Hauptausschüsse gebildet, die ihrerseits Unterausschüsse zur Überprüfung der Verwaltungen, der Großunternehmen und eines jeden Berufszweiges einsetzten. Die Unterausschüsse luden die Betroffenen vor, vernahmen sie zu ihren Angaben im Fragebogen und reihten sie, ohne selbst Nachforschungen unternehmen zu dürfen, entsprechend den Richtlinien in eine der drei folgenden Gruppen ein: 1. muß entlassen werden, 2. kann entlassen werden, 3. ist einwandfrei. Nach Abschluß der Überprüfung ging die Stellungnahme des Unterausschusses an den Hauptausschuß, der sie seinerseits mit einer Empfehlung versah und zur Entscheidung an ‚Public Safety' [die zuständige Abteilung der Militärverwaltung, d. Verf.] weiterleitete."[756] Anders als in der US-Zone behielten sich die britischen Militärs die endgültige Entscheidung über die Einstufung der Überprüften vor – ab April 1946 mussten die Urteile aber auch hier begründet werden und den Betroffenen wurde zugestanden, ihre Verfahren neu verhandeln lassen, sofern sie in der Lage waren, entlastendes Beweismaterial vorzubringen.

---

752 Deffner: Die Nachkriegswirren im bayerischen Volksschulwesen 1945–1954 unter besonderer Berücksichtigung der amerikanischen Re-educationsbemühungen (Anm. 18), S. 91.
753 Lorent: Täterprofile (Anm. 744), S. 48; Vollnhals: Entnazifizierung (Anm. 14), S. 29; Rauh: Die Entnazifizierung und die deutsche Gesellschaft (Anm. 730), S. 44. Zur Entnazifizierung der Wirtschaft generell vgl. auch Ralf Ahrens: Von der „Säuberung" zum Generalpardon: Die Entnazifizierung der westdeutschen Wirtschaft. In: Jahrbuch für Wirtschaftsgeschichte / Economic History Yearbook 51, 2010, H. 2, S. 25–46.
754 Vollnhals: Entnazifizierung (Anm. 14), S. 26.
755 Köcher: „Aus der Vergangenheit lernen – für die Zukunft arbeiten!"? (Anm. 20), S. 48.
756 Vollnhals: Entnazifizierung (Anm. 14), S. 27.

De facto setzte damit auch in der britischen Zone ein weitgehender Rehabilitierungsprozess ein. Mehr als 80 Prozent der Registrierten wurden am Ende vollständig entlastet.[757] Der entscheidende Unterschied zum Verfahren in der US-Zone bestand allerdings darin, dass nicht die gesamte erwachsene Bevölkerung auf ihre Verbindungen zum NS-Regime überprüft wurde. Eine entsprechende Pflicht zur Registrierung gab es nicht. „Die Entnazifizierung beschränkte sich im wesentlichen auf die Überprüfung von Beamten und Angestellten, die eine Stellung in bestimmten Positionen oder Berufszweigen innehatten bzw. auf Personen, die sich um eine Beschäftigung bewarben."[758] Unter diesen Umständen konnten viele Nationalsozialisten „untertauchen" und sich der Verhaftung oder anderen Strafen entziehen. Sofern sie beispielsweise freiberuflich tätig waren oder einfachen Tätigkeiten nachgingen, gelang es ihnen, in solchen niedrigen Stellungen zu „überwintern", bis die Entnazifizierung endgültig für beendet erklärt wurde. Ein wesentlicher Schritt hin zur Einstellung der Entnazifizierung erfolgte in der britischen Zone am 1. Oktober 1947 mit der Herausgabe der Verordnung Nr. 110 der Militärverwaltung, nach der künftig auch hier die Verantwortung für die Durchführung der Entnazifizierung in deutsche Hände überging.[759] Lediglich die Verfolgung von „Kriegsverbrechern" und „NS-Aktivisten" behielt sich die Militärregierung auch weiterhin selbst vor. Dass es sich dabei um eine äußerst kleine Gruppe handelte, lässt sich anhand von Zahlen nachweisen, die aus Nordrhein-Westfalen, dem größten Land in der britischen Zone, vorliegen. Dort wurden insgesamt nur 90 Personen entsprechend eingestuft. „Hierbei muß man allerdings berücksichtigen, daß die eigentliche Bestrafung der in den Internierungslagern festgehaltenen Mitglieder der sogenannten verbrecherischen Organisationen nicht im Rahmen des allgemeinen Entnazifizierungsverfahrens erfolgte, sondern im Zuge der strafrechtlichen Verfolgung von NS-Verbrechen, die bereits Ende 1946 der deutschen Justiz übertragen worden war. Die Scheidung von politischen und juristischen Aspekten war zweifellos der größte Vorzug des britischen Verfahrens."[760] Gegen mehr als 15.000 Internierte aus dem Führerkorps der NSDAP sowie aus Kreisen der SS-, SD- und Gestapo-Angehörigen wurden Gefängnis- und Geldstrafen bzw. Vermögenseinziehungen ausgesprochen. Etliche tausend kamen allerdings auch in den Genuss einer allgemeinen Amnestie, die von der Militärregierung am 1. Juni 1948 erlassen wurde.[761] Letzten Endes muss konstatiert werden, dass die politischen Säuberungsmaßnahmen unter den Briten noch eindeutiger scheiterte als in der US-Zone. Die

---

757 Bauerkämper: Das umstrittene Gedächtnis (Anm. 16), S. 122.
758 Vollnhals: Entnazifizierung (Anm. 14), S. 28.
759 In Hamburg geschah dies bereits zum 1. Mai 1947, als der Senat von der Militärregierung mit der Durchführung der Entnazifizierung beauftragt wurde. Vgl. Lorent: Täterprofile (Anm. 744), S. 55.
760 Vollnhals: Entnazifizierung (Anm. 14), S. 33.
761 Ebd., S. 33–34.

Funktionsfähigkeit des öffentlichen Sektors und der Verwaltung gewann letztlich auch hier Priorität vor der Entnazifizierung.

4.1.3 Besonderheiten in der französischen Zone

Von den drei westlichen Militärregierungen erkannte die französische als erste, dass eine Entnazifizierung der deutschen Gesellschaft ohne die Mitwirkung einheimischer Kräfte nicht zu bewerkstelligen sein konnte. Zwar orientierten sich auch die Franzosen in der unmittelbaren Nachkriegszeit an der Entnazifizierungspraxis der Briten und Amerikaner, doch schon im Oktober 1945 – noch vor dem Vereinigten Königreich und weit früher als die USA – installierten sie einen aus deutschem Personal zusammengesetzten zweistufigen „Säuberungsapparat", der aus Kreisuntersuchungsausschüssen und einer zentralen Säuberungskommission bestand. Während die Kreisuntersuchungsausschüsse auf lokaler Ebene unbelastete von belasteten Personen unterscheiden und gegen die Letztgenannten „Sühnemaßnahmen" vorschlagen sollten, die von einer einmaligen Geldbuße bis zum Berufsverbot und Vermögensentzug reichen konnten, hatte die zentralen Säuberungskommission die Aufgabe, regional bestehende Diskrepanzen bei der Strafbemessung auszugleichen und überarbeitete Vorschläge an den entsprechenden „Service de Dénazification" der Militärbehörde weiterzuleiten, wo über die auszusprechenden Strafen endgültig entschieden werden sollte.[762]

Das französische Entnazifizierungsmodell schien einige Vorteile gegenüber dem britischen und dem US-Verfahren zu haben. Die frühe Einbindung einer deutschen Verwaltung, die über entsprechende Orts- und Personenkenntnis verfügte und individuelle Vorschläge zur Einschätzung und Bestrafung der Betroffenen machen konnte, sowie ein Verzicht auf einen „automatischen Arrest", wie er in der britischen und in der US-Zone praktiziert wurde, sprachen zunächst dafür, dass im französisch besetzten Teil Deutschlands die Entnazifizierung „gerechter" ablaufen und auf breitere Akzeptanz in der Bevölkerung stoßen könnte.[763] Im Bereich der öffentlichen Verwaltung, der von der Besatzungsmacht unter besonderer Beobachtung stand, zeigten sich französische Behörden häufig konziliant, „wenn Verwaltungsbeamte bereit waren, mit ihnen zu kooperieren und auch die separatistischen Tendenzen mitzutragen, von denen die französische Besatzungspolitik geprägt war."[764] Doch auch die französische Militärregierung weitete den zu überprüfenden Personenkreis Stück für Stück aus, wodurch sich die Zahl anstehender Überprüfungen unweigerlich erhöhte. In Reaktion auf die gesteigerte

---

762 Köcher: „Aus der Vergangenheit lernen – für die Zukunft arbeiten!"? (Anm. 20), S. 47.
763 Deffner: Die Nachkriegswirren im bayerischen Volksschulwesen 1945–1954 unter besonderer Berücksichtigung der amerikanischen Re-educationsbemühungen (Anm. 18), S. 89–90.
764 Görtemaker/Safferling: Die Akte Rosenburg (Anm. 15), S. 71.

Arbeitsbelastung rückten auch bei den deutschen Säuberungskommissionen formale Kriterien zur Urteilsfindung stärker in den Vordergrund. Zudem intervenierte die französische Militärregierung nun häufiger – teils zugunsten, teils zum Leidwesen der Betroffenen – gegen die deutschen Entscheidungsvorschläge und änderte die empfohlenen Urteile nach eigenem Ermessen ab. Bald empfand auch in der französischen Zone ein großer Teil der Bevölkerung die Entnazifizierungsmaßnahmen als Willkür.[765] „Als die ersten rechtskräftigen Säuberungsentscheide im Namen der Landesregierungen veröffentlicht wurden, ging ein Aufschrei der Empörung durch die Zone. Die politischen Parteien kündigten ihre Mitwirkung an der Säuberung auf, und etliche Kreisuntersuchungsausschüsse traten aus Protest zurück. Viele Mitarbeiter in den deutschen Säuberungsorganen waren der Meinung, dem Grundsatz ‚altem Unrecht solle nicht neues hinzugefügt werden', sei durch die erzielten Ergebnisse nicht Rechnung getragen worden."[766]

Im Frühjahr 1947 entschloss sich die französische Militärregierung schließlich zu einem Kurswechsel bei der Entnazifizierungspraxis und übernahm das Spruchkammersystem, wie es in der amerikanischen Zone bereits knapp ein Jahr zuvor eingeführt wurde. Bis zu diesem Zeitpunkt sah die Säuberungsbilanz in der französischen Zone durchaus unterschiedlich aus. Je nach Landesteil und Berufsgruppe führte sie zu abweichenden Ergebnissen. Während die Entnazifizierung in Baden offenbar sehr konsequentesten durchgeführt wurde, was die Besatzer bei der dortigen Bevölkerung rasch in Misskredit brachte, beschränkte sie sich in Südwürttemberg-Hohenzollern im Wesentlichen auf staatliche Behörden, während beispielsweise der Wirtschaft nur in marginalem Umfang Sanktionsmaßnahmen oder Berufsverbote auferlegt wurden.[767] Mit der Übernahme des Spruchkammerwesens kam es nun aber auch in der gesamten französischen Zone rasch zur massenhaften Rehabilitierung und Entlastung von Verurteilten und Beschuldigten durch deutsche Entscheider.

Zusammenfassend kann konstatiert werden, dass das Verfahren in der französischen Zone von einigen Härten, wie sie etwa in der amerikanischen Zone existierten, absah: „Es fehlte der öffentliche Kläger sowie ein Katalog formaler Belastungsmerkmale. Weiterhin gab es keine Beschäftigungseinschränkung für die von der Militärregierung entlassenen Personen bis zum Urteil der Spruchkammer, wie in Artikel 58 des Befreiungsgesetzes in der amerikanischen Zone vorgesehen. Trotzdem kamen ähnliche Mechanismen zustande; die Spruchkammern arbeiteten die bereits erledigten Fälle auf und fungierten, analog zum amerikanischen Vorbild, ebenso als ‚Mitläuferfabrik'."[768] Bei 669.068 Fällen, die den Spruchkammern zur Entscheidung vorlagen, wurden nur 13 Personen als

---

765 Köcher: „Aus der Vergangenheit lernen – für die Zukunft arbeiten!"? (Anm. 20), S. 47.
766 Rauh: Die Entnazifizierung und die deutsche Gesellschaft (Anm. 730), S. 49.
767 Ebd.
768 Köcher: „Aus der Vergangenheit lernen – für die Zukunft arbeiten!"? (Anm. 20), S. 47.

Hauptschuldige und 938 als Belastete eingestuft. „Nichts unterstreicht deutlicher als diese Zahlen, wie sehr das politische Interesse an der Entnazifizierung [...] geschwunden war."[769] Auf Betreiben der französischen Militärregierung trat am 2. Mai 1947 auch im Südwesten die „Jugendamnestie" in Kraft, wie sie in den beiden anderen Westzonen bereits ein Jahr zuvor ausgesprochen wurde.[770] Die Regierung in Paris drängte in den folgenden Monaten weiter auf eine schnelle Beendigung des gesamten Verfahrens. Im Juli 1948 wurden per Verordnung schließlich alle einfachen Parteimitglieder für Mitläufer erklärt. Die Entnazifizierung kam damit auch in der französischen Besatzungszone schon frühzeitig praktisch zum Erliegen.[771]

4.1.4 Auswirkungen der Entnazifizierung

Wie ist der Verlauf der Entnazifizierung in den drei Westzonen zu bewerten und welche grundlegenden Konsequenzen für den Umgang der westdeutschen Gesellschaft mit dem NS-Erbe ergaben sich daraus? Dem Verlauf nach zu urteilen, wie er eben in aller Kürze dargestellt wurde, liegt es nahe, die Entnazifizierung schlicht als gescheiterten Versuch einer politischen Massensäuberung durch die Besatzungsmächte anzusehen. Doch ganz so eindeutig sollte ein Urteil nicht ausfallen, wie im Folgenden verdeutlicht werden soll.

Von Beginn an lag dem Vorhaben der Entnazifizierung ein unüberwindbarer Konflikt zugrunde: Einerseits sollten diejenigen, die für die Verbrechen des Nationalsozialismus mitverantwortlich waren, zur Rechenschaft gezogen und hart bestraft werden. Andererseits bestand bei den Deutschen und letztlich auch bei den Alliierten die Notwendigkeit, eine funktionsfähige Ordnung in dem von Krieg schwer gezeichneten Land wiederherzustellen. Die Suche nach einem Ausgleich erwies sich als äußert kompliziert – noch dazu, weil sich das gesamte Entnazifizierungsverfahren schon aus bürokratischer Sicht als gigantische Herausforderung darstellte, wollte man nicht nur die politische Elite, sondern breite Bevölkerungsteile auf ihre NS-Belastung durchleuchten. Gerade weil es dem NS-Regime gelang, im Verlauf seiner zwölfjährigen Herrschaft zumindest über weite Phasen den Großteil der Bevölkerung an sich zu binden – ob als überzeugte Nationalsozialisten, Opportunisten oder formal Angepasste – drohte die Entnazifizierung an den Ansprüchen der Alliierten zu scheitern.[772] Für sie stellte sich zunehmend die Frage, „wer auf deutscher Seite am politischen Neuaufbau

---

769 Görtemaker/Safferling: Die Akte Rosenburg (Anm. 15), S. 71.
770 Deffner: Die Nachkriegswirren im bayerischen Volksschulwesen 1945–1954 unter besonderer Berücksichtigung der amerikanischen Re-educationsbemühungen (Anm. 18), S. 88.
771 Nicole Dombrowski: Die Entnazifizierung in der SBZ unter besonderer Berücksichtigung des Lehrkörpers an Schulen und Universitäten. München 2014, S. 9.
772 Görtemaker/Safferling: Die Akte Rosenburg (Anm. 15), S. 65–66.

überhaupt noch mitwirken konnte, wenn praktisch die gesamte Bevölkerung in das nationalsozialistische Regime verstrickt gewesen war."[773] Ungerechtigkeiten und offensichtliche Mängel waren unter diesen Umständen praktisch nicht zu vermeiden, wurden jedoch von der deutschen Bevölkerung vielfach als neues Unrecht und zugleich als Schuldentlastung empfunden. „Tendenziell wurde jeder Deutsche zu einem Belasteten und konnte sich als ein potenzielles Opfer der Besatzungsmächte sehen. Das provozierte die Abwehr eines Kollektivschuld-Vorwurfs, den die Alliierten pauschal nie erhoben haben."[774] Wie gezeigt wurde, einigten sich die drei Westmächte zwar auf grundlegende Zielstellungen und Verfahren bei der Entnazifizierung, doch in der Praxis unterschieden sich die Vorgehensweisen in den einzelnen Zonen, ja zum Teil selbst innerhalb der einzelnen Zonen, mitunter erheblich. Aus diesem Grund konnten bereits Kriterien wie der Wohnort und die Berufsgruppe, der man angehörte, mitbestimmend darüber sein, ob und wie sehr man von den Entnazifizierungsmaßnahmen betroffen war – unabhängig von der tatsächlichen Verstrickung in die Machenschaften des NS-Regimes. Während in allen drei Zonen beispielsweise Beamte und Angestellte im öffentlichen Dienst bereits zu einem frühen Zeitpunkt überprüft und zu einem großen Teil auch sanktioniert wurden, blieben viele Bereiche der Wirtschaft von den Entnazifizierungsmaßnahmen weitgehend unberührt, insbesondere in der britischen und französischen Zone.

Ein entscheidender Schwachpunkt der alliierten Militärverwaltungen bestand darin, dass sie als Außenstehende kaum in der Lage waren, den Grad der Verstrickung in den Nationalsozialismus für jeden einzelnen Beschuldigten angemessen beurteilen zu können. Wie sich rasch herausstellte, ließ sich die individuelle Schuld der Betroffenen anhand „formaler" Kriterien, wie sie in den Fragebögen der Alliierten aufgeführt wurden, jedenfalls nicht ermitteln. Viele Deutsche hatten für ein solches Vorgehen nur Hohn und Spott übrig. Der Roman „Der Fragebogen", eine „autobiographische" Schrift von Ernst von Salomon, der als ehemaliger Freikorpskämpfer und aktiver Gegner des Weimarer „Systems" aus seiner rechtsextremen politischen Einstellung keinen Hehl machte, erregte durch seine plakative und ironische Aufmachung die Gemüter und avancierte in der jungen Bundesrepublik zu einem der ersten Bestseller.[775] Doch auch die Beteiligung deutscher Stellen an der Urteilsfindung sorgte kaum dafür, dass der Entnazifizierungsprozess als „gerechter" empfunden wurde und auf mehr Zuspruch traf. Zum einen blieben formale Belastungskategorien nach wie vor wichtige Bemessungsgrundlagen – hinzu kam allerdings, dass unter deutscher Beteiligung individuelle Entlastungszeugnisse entscheidend für die Urteilsfindung

---

773 Ebd., S. 36.
774 Reichel: Vergangenheitsbewältigung in Deutschland (Anm. 16), S. 26.
775 Bernd Stöver: Die Bundesrepublik Deutschland (Kontroversen um die Geschichte). Darmstadt 2002, S. 48.

wurden. Wer über entsprechende „Persilscheine" verfügte, hatte die Möglichkeit sich „reinzuwaschen", auch wenn alle aus dem Lebenslauf hervorgehenden Indizien eine Verstrickung mit dem NS-Regime mehr als nahelegten.

Das Empfinden vieler Deutscher, kollektiv oder jedenfalls nicht in gerechter Form für die Verbrechen des NS-Regimes beschuldigt zu werden, liefert möglicherweise eine wichtige Antwort auf die Frage, warum in allen drei Westzonen eine derartige Flut an Persilscheinen kursierte und warum auch diejenigen, die ganz offenbar Anhänger des NS-Regimes waren, genügend Fürsprecher fanden, die an ihrer Entlastung mitwirkten. Egal ob „Täter" oder „Opfer": Das Denken und Handeln vieler war bestimmt durch eine sorgenvolle Gegenwart und eine ungewisse Zukunft, nicht durch eine Vergangenheit, die inzwischen sehr vielen, wenn auch aus unterschiedlichen Gründen, unheilvoll erschien. „In den Spruchkammern und Entnazifizierungsausschüssen mussten nicht selten ‚Nachbarn über Nachbarn zu Gericht sitzen, Kollegen Kollegen belasten.' Nazis und Regimegegner, schwer und weniger Belastete waren durch ein und dasselbe soziale Netz miteinander verbunden, in dem sie auch zukünftig leben mussten und wollten."[776]

Dieser „Pragmatismus" im Umgang war für die weitgehende Rehabilitation vieler Beschuldigter von zentraler Bedeutung. Er beschränkte sich jedoch nicht nur auf die Deutschen untereinander, sondern bestimmte zunehmend auch das Verhältnis zwischen Besatzern und Besetzten. In hohem Maße verantwortlich für diesen Einstellungswandel der Alliierten war der sich abzeichnende Ost-West-Konflikt. Der Kalte Krieg veränderte die Realitäten der Entnazifizierung tiefgreifend.[777] Kann die Übertragung von Entscheidungskompetenzen auf deutsche Stellen noch als schlichte Notwendigkeit gedeutet werden, die gegen die eigentlichen Überzeugungen der Alliierten erfolgte, so stellt die faktische Einstellung der Entnazifizierungsbemühungen einen Entschluss dar, der von alliierter Seite nicht nur bewusst mitgetragen, sondern sogar befördert wurde, etwa indem pauschal Amnestien gegenüber all jenen ausgesprochen wurden, deren Urteile noch ausstanden. Auch sie sollten nun mithelfen, das Land auf die jeweils als richtig empfundene Seite der zukünftigen bipolaren Weltordnung zu ziehen. „Das ambitionierte Projekt eines moralischen Neuanfangs durch Offenlegung der individuellen Unterstützung des Systems und ihrer Ahndung war damit weitgehend misslungen."[778]

Mit der millionenfachen Wiedereingliederung vermeintlicher und tatsächlicher Unterstützer des NS-Regimes sind die Folgen der Entnazifizierung jedoch nicht hinreichend beschrieben. Die „weitgehend misslungene" Entnazifizierung

---

776 Reichel: Vergangenheitsbewältigung in Deutschland (Anm. 16), S. 35.
777 Jörg Echternkamp: Die Bundesrepublik Deutschland 1945/49–1969. Paderborn/München/Wien/Zürich 2013, S. 218.
778 Görtemaker/Safferling: Die Akte Rosenburg (Anm. 15), S. 74.

hatte trotz ihres Verlaufs auch Auswirkungen, die für eine demokratische Entwicklung der künftigen Bundesrepublik bedeutsam waren. So muss zuallererst festgestellt werden, dass es den Alliierten ohne jeden Zweifel gelungen ist, den Nationalsozialismus in struktureller Hinsicht dauerhaft zu zerschlagen.[779] Weder die NSDAP noch ihre Verbände und Organisationen konnten weiterbestehen oder sich so reorganisieren, dass die neue Ordnung ernsthaft in Gefahr geriet. Durch die personellen Säuberungsmaßnahmen in der Anfangsphase der Entnazifizierung gelang es den Alliierten außerdem, entscheidende Positionen in Staat und Gesellschaft zumindest temporär zu bereinigen und für neue, demokratische Akteure zu öffnen. Auch wenn in vielen Fällen verurteilte NS-Funktionäre nach einigen Jahren wieder „in Amt und Würden" kamen, so hatte sich ihre Situation in vielfacher Hinsicht doch grundlegend verändert. Die zeitweilige Existenzunsicherheit dürfte von Vielen, die durch ihre Tätigkeiten für das NS-Regime zunächst als belastet eingestuft wurden, als Warnung vor einem weiterem politischen Engagement in dieser Richtung verstanden worden sein.[780] Auch wenn Teile der Gesellschaft nach 1945 den Nationalsozialismus nach wie vor für eine prinzipiell gute Idee hielten, die lediglich aufgrund der Führung kriegerische und verbrecherische Züge annahm, galt es allgemein als nicht weiter opportun, sich öffentlich für ein Wiedererstarken des „Dritten Reiches" auszusprechen. Ausgemachte Nationalsozialisten waren nach 1945 dauerhaft stigmatisiert und moralisch diskreditiert, wenn sie sich weiterhin öffentlich zu ihren Überzeugungen bekannten. Obwohl die Entnazifizierung nicht zur vollständigen Entfernung all derjenigen führte, die belastet waren oder im Namen des NS-Regimes sogar Verbrechen begangen haben – was zweifellos eine schwere moralische Hypothek für den künftigen Umgang mit dem NS-Erbe in der Bundesrepublik darstellte – gelang es den westlichen Besatzungsmächten dennoch, der Gesellschaft insgesamt ein „demokratisches Korsett" anzulegen, in das sich jeder fügen musste, der unter den Nachkriegsbedingungen weiter vorankommen wollte. Ein (wenn auch zum Teil nur vorgegebenes) Bekenntnis zu demokratischen Grundwerten gehörte ebenso dazu wie die weitgehende Ausrichtung des eigenen Handelns nach rechtsstaatlichen Normen und Praktiken, wie sie von den Besatzern grundlegend vorgegeben wurden.

Auf kaum einem anderen Gebiet legten alle vier Besatzungsmächte von Beginn an so großen Wert auf die personelle und inhaltliche Neuausrichtung wie im Bereich der Schulen.[781] Die Reorganisation des Schulwesens, über die im anschließenden Teil der Untersuchung berichtet werden soll, war ein entscheidender Bestandteil alliierter Bestrebungen, ein Wiedererstarken des Nationalsozialismus

---

779 Ebd., S. 36.
780 Axel Schildt: Die Sozialgeschichte der Bundesrepublik Deutschland bis 1989/90 (Enzyklopädie deutscher Geschichte). Berlin/Boston 2007, S. 3.
781 Stöver: Die Bundesrepublik Deutschland (Anm. 775), S. 57.

auf deutschem Boden nicht nur durch Eingriffe, Sanktionen und Gebote zu verhindern, sondern stattdessen die Bevölkerung in ihrem jeweiligen Sinne auch nachhaltig „umzuerziehen", um auf diese Art einem Fortleben der NS-Ideologie in den Köpfen der Menschen entgegenzuwirken. Dass dabei insbesondere die junge Generation im Zentrum der Überlegungen stand, liegt auf der Hand. Für viele Ältere waren die Umerziehungsmaßnahmen negativ konnotiert, weil sie ihnen die „moralische Dimension" der Niederlage vor Augen führten, auf die sie in erster Linie mit einer „Anpassung" an die politischen Verhältnisse und nicht notwendiger Weise mit einem unmittelbaren demokratischen Bewusstseinswandel reagierten. Für die junge Generation bedeuteten die Maßnahmen der „Reeducation" – besonders mit Blick auf die spätere Bundesrepublik und ihre Integration in die westliche Staatengemeinschaft – langfristig eine Möglichkeit zur Überwindung der belasteten und belastenden Vergangenheit. „An die Stelle des nationalsozialistischen konnte ein demokratisches und zunehmend pluralistisches Weltbild treten. Die Reeducation stellt somit ein fundamentales Element der nachkriegsdeutschen Demokratie dar."[782]

4.2 Reorganisation des Schulwesens

Nach dem Kriegsende war die Frage der Neuausrichtung des Bildungswesens und damit der Schulen für die Alliierten eng verflochten mit den Maßnahmen der Entnazifizierung, wie sie in ihren Grundzügen bereits dargestellt wurden. Auch bei Fragen der Umerziehung herrschte unter den Siegermächten zunächst grundsätzliche Einigkeit, bevor im Zuge der konkreten Umsetzung und Ausgestaltung in den jeweiligen Besatzungsgebieten durchaus markante Unterschiede zu beobachten waren. Zwar wurde über alle vier Zonen hinweg ein „Education Comitee" als Vier-Mächte-Gremium für Erziehung eingerichtet, aufgrund mangelnder Übereinstimmung in den politischen Zielvorstellungen erlangte es jedoch kaum Bedeutung. Stattdessen richtete jede Militärregierung für ihre Zone eine eigene, in vielen Fällen personell zunächst dürftig besetzte Abteilung für Bildungs- und Erziehungsangelegenheiten ein, in der schulorganisatorische und bildungspolitische Grundsatzentscheidungen getroffen werden sollten, die ab 1947 sukzessive auf die einzelnen Kultusbehörden der Länder übergingen. Allerdings war die Reorganisation des Schulwesens keineswegs den Besatzern allein vorbehalten. Deutsche Zivilverwaltungen (Schulräte, Schulämter, Kultusbehörden) waren von Beginn an in den Prozess der Reorganisation des Schulwesens eingebunden.[783]

---

782 Fischer/Lorenz: Lexikon der „Vergangenheitsbewältigung" in Deutschland (Anm. 16), S. 22.
783 Geißler: Schulgeschichte in Deutschland (Anm. 12), S. 699–701.

4.2.1 Ausgangsbedingungen für den Schulbetrieb

Auch wenn der Oberbefehlshaber der alliierten Streitkräfte, General Dwight David Eisenhower, unmittelbar nach Kriegsende verkündete, dass Unterrichts- und Erziehungsanstalten „bis auf weiteres" geschlossen bleiben sollten, so wurde den Besatzern schon nach wenigen Wochen immer stärker bewusst, dass eine rasche Wiederaufnahme des Schulbetriebs dringend notwendig war, wollten sie die junge Generation aus ihrer Perspektivlosigkeit holen und für einen Neubeginn unter ihrer Führung gewinnen.[784] Die Herausforderungen für die Wiederaufnahme des Schulbetriebs waren immens. Als schwächste Glieder der Gesellschaft litten Kinder und Jugendliche in besonderem Maße unter den physischen und psychischen Kriegsfolgen. Wie bereits gezeigt wurde, waren viele Schulen durch Kriegseinwirkungen zerstört oder wurden einer zweckfremden Nutzung überführt. Noch vorhandene Lehr- und Lernmittel waren nicht geeignet, um Schülerinnen und Schüler im Sinne der Besatzer „umzuerziehen". Vor allem aber gingen alle Siegermächte zunächst davon aus, dass eine Neuausrichtung des Schulwesens mit dem bisherigen Lehrpersonal nicht gelingen könnte. In ihren Augen beteiligten sich Lehrkräfte, die im „Dritten Reich" an den Schulen unterrichteten, maßgeblich an der Fanatisierung der jungen Generation. Deshalb sahen sich viele Lehrerinnen und Lehrer bereits unmittelbar nach Kriegsende mit einschneidenden Entnazifizierungsmaßnahmen konfrontiert. Allen Unwägbarkeiten zum Trotz wurde der Schulbetrieb dennoch ab Herbst 1945 in allen vier Zonen sukzessive wieder aufgenommen, wobei zunächst die Grundschulen wieder öffneten, während weiterführende Schulen erst im Winter nach und nach wieder zur Verfügung standen.

Vor allem in den Städten dürfte es nicht viele Schülerinnen und Schüler gegeben haben, die nach der Wiederaufnahme des Schulbetriebs in ihre alten Klassenräume zurückkehren konnten und diese Orte zudem unversehrt wiederfanden. In Berlin beispielsweise waren von vormals 608 Schulgebäuden bei Kriegsende noch 292 benutzbar, noch im Sommer 1947 waren bei einer gegenüber September 1945 fast doppelt so großen Zahl an Schulkindern nur die Hälfte der vor dem Krieg vorhandenen Unterrichtsräume soweit wiederhergestellt, dass sie als „winterfest" eingestuft werden konnten. Ähnliche Schäden an Schulgebäuden verzeichneten auch andere große Städte und Regionen, etwa Bremen, Hannover, Hamburg, Köln, Mannheim, Würzburg, Chemnitz, Dresden, Leipzig und das Ruhrgebiet sowie eine Vielzahl an Mittelstädten, die noch kurz vor Kriegsende bombardiert wurden. Hier waren oft 70 Prozent und mehr der Schulräume nicht mehr benutzbar.[785] Auf dem Land blieben die Schulgebäude äußerlich zwar oft intakt, doch auch hier gab es Einschränkungen, etwa durch den Verlust an Schulinventar, der oft auf die vorangegangene Nutzung der Gebäude

---

784 Büttner/Horn: Alltagsleben nach 1945 (Anm. 21), S. 57.
785 Geißler: Schulgeschichte in Deutschland (Anm. 12), S. 707.

durch Lazarette, Sammelstellen, Flüchtlingsunterkünfte und Truppenquartiere zurückging.[786] Aufgrund solcher Umstände wurden Schulen zu Beginn häufig zusammengelegt, teilweise fand der Unterricht auch in Gebäuden statt, die zuvor keine Schulen waren, etwa in Gaststätten oder Fabrikgebäuden, was zu weiteren Erschwernissen und Einschränkungen im Unterrichtsbetrieb führte.[787] Wie schon in den letzten Kriegsjahren bereitete zudem die Kälte in den Wintermonaten große Probleme, denn Heizmaterial war nach dem Krieg weiterhin knapp, sodass an kalten Tagen Schulen vielerorts geschlossen blieben. Mehr noch als fehlender Brennstoff bestimmten jedoch Hunger, Mangelernährung, fehlende oder unzureichende Kleidung und damit einhergehende gesundheitliche Probleme den Alltag vieler Schülerinnen und Schüler in den ersten Nachkriegsjahren, insbesondere, wenn es sich um Kinder handelte, die ihre Eltern verloren hatten, „ausgebombt" wurden oder geflüchtet waren, denen es also fast an jeglicher Habe und familiärer Unterstützung fehlte. „Insgesamt haben mehr als zwei Millionen Kinder und Jugendliche ihre Heimat verloren, nicht viel weniger sind es, die der Krieg um den Vater oder überhaupt um die Eltern gebracht hat."[788] Doch auch intakte Familienstrukturen garantierten keinesfalls eine ausreichende Versorgung. Vor allem in den Städten ignorierten viele Jugendliche, zum Teil auf Anweisung der eigenen Eltern, immer wieder die allgemeine Schulpflicht und blieben dem Unterricht fern, etwa, um auf „Hamsterfahrten" dringend benötigte Nahrungsmittel zu organisieren.

Um die zum Teil lebensbedrohlichen Versorgungsmängel abzumildern, reagierten die Alliierten in allen vier Besatzungszonen mit der Einführung von Schulspeisungen. In Lübeck beispielsweise wurde bereits unmittelbar nach Kriegsende damit begonnen, zusätzliche Mahlzeiten an Kinder und Jugendliche zu verteilen. Da diese anfangs ausschließlich aus den begrenzten Beständen des britischen Heeres stammten, erreichte die Unterstützung bei weitem nicht alle Bedürftigen. Es dauerte bis weit ins Jahr 1946, bis eine tägliche Essensausgabe für sämtliche Schulen der Hansestadt gewährleistet werden konnte.[789] In der britischen und in der amerikanischen Zone entspannte sich die prekäre Versorgungslage vieler Schulkinder erst im Verlauf des Jahres 1947, als nach den Erfahrungen des „Hungerwinters" 1946/47 verstärkt internationale Hilfslieferungen die Schulen erreichten, etwa die „Hoover-Speisung" oder die „Quäkerspeisung" aus den USA, die als „Schwedensuppe" bekannt gewordene Hilfeleistung des Schwedischen Roten Kreuzes sowie Nahrungsmittellieferungen des Roten Kreuzes aus Dänemark oder der Schweiz. Die französische Besatzungsmacht richtete

---

786 Ebd.
787 Schmidt: Hamburger Schulen im „Dritten Reich" (Anm. 13), S. 712; Fligge: Lübecker Schulen im „Dritten Reich" (Anm. 13), S. 864; Geißler: Schulgeschichte in Deutschland (Anm. 12), S. 707.
788 Geißler: Schulgeschichte in Deutschland (Anm. 12), S. 710.
789 Fligge: Lübecker Schulen im „Dritten Reich" (Anm. 13), S. 872.

die Schulspeisung erst mit Gründung der Bundesrepublik im Mai 1949 ein, während in Städten und industriellen Landgemeinden der sowjetischen Zone bereits seit September 1946 tägliche Mahlzeiten an Schülerinnen und Schüler ausgeteilt wurden. Zonenübergreifend steigerte sich zu Beginn der 1950er Jahre auch die inländische Lebensmittelproduktion nach und nach. In den Westzonen zeichnete sich eine allgemeine Verbesserung der Lebensverhältnisse allerdings rascher ab. Hier wurde die Schulspeisung bald nahezu überall eingestellt, während sie sich in Ostdeutschland als dauerhaftes Angebot verstetigte und angesichts der vorübergehend noch beibehaltenen Rationierung von Lebensmitteln auch weiterhin angenommen wurde.[790]

Schulspeisungen stellten nicht nur eine elementare Notwendigkeit zur geregelten Wiederaufnahme des Schulbetriebs dar, sondern boten zugleich die Möglichkeit, Kindern und Jugendlichen ein positives Bild von den „Besatzern" näherzubringen. Sie waren gewissermaßen ein „greifbares Wohlstandsversprechen" an die junge Generation in Deutschland und sind aus diesem Grund auch in den breiten Kontext der Umerziehungsmaßnahmen einzuordnen. Auf anderen Gebieten wurden diesbezügliche Maßnahmen und Bemühungen allerdings viel unmittelbarer umgesetzt. So waren sich alle vier Besatzungsmächte darin einig, dass insbesondere Bücher, aber auch Bild- und Tonträger, die nationalsozialistisches Gedankengut beinhalteten, schnellstmöglich aus dem Verkehr gezogen werden sollten. Buchhandlungen, Verlage, Bibliotheken und Privathaushalte waren aufgefordert, betreffende Bestände in den Büros der örtlichen Bürgermeister abzuliefern.[791] Auch sämtliche Lehrpläne, insbesondere aber Schulbücher und Lehrmaterialien, sollten auf nationalsozialistische oder allgemein „kriegsverherrlichende" Inhalte überprüft und gegebenenfalls bereinigt beziehungsweise aus dem Verkehr gezogen werden. In allen vier Zonen liefen bereits vor der Wiedereröffnung der Schulen derartige „Säuberungsmaßnahmen" an. Allerdings waren die einzelnen Besatzungsmächte unterschiedlich gut auf den damit einhergehenden Mangel an Lehr- und Lernmitteln vorbereitet. In der sowjetischen Zone begannen deutsche Pädagogen und Verlagsmitarbeiter des späteren Verlags „Volk und Wissen" unter Aufsicht der sowjetischen Militäradministration schon im Juni 1945 damit, im Eilverfahren neue Schulbücher zu schreiben. Bis Ende des Jahres konnte die dortige Besatzungsmacht bereits 3,4 Millionen neu ausgerichtete Lehrwerke an die Schulen verteilen.[792] Auch in den Westzonen sollten nach Wunsch der Besatzer neue Schulbücher zum Einsatz

---

790 Geißler: Schulgeschichte in Deutschland (Anm. 12), S. 710–711.
791 Hannes Ziegler: Von alten Mächten umerzogen. Schulbeginn und Schulentwicklung nach dem Zweiten Weltkrieg. In: Gerhard Nestler (Hrsg.): Die Pfalz in der Nachkriegszeit. Wiederaufbau und demokratischer Neubeginn (1945–1954) (Beiträge zur pfälzischen Geschichte, Bd. 22). Kaiserslautern 2004, S. 263–291, hier S. 272–273.
792 Deffner: Die Nachkriegswirren im bayerischen Volksschulwesen 1945–1954 unter besonderer Berücksichtigung der amerikanischen Re-educationsbemühungen (Anm. 18), S. 539.

kommen, damit Kinder und Jugendliche „zu staatbürgerlicher Verantwortung und demokratischer Lebensweise" erzogen werden könnten.[793] Auch hier standen vereinzelt bereits bei der Wiedereröffnung der Schulen neue Bücher zur Verfügung. Fachleute aus Großbritannien und den USA wählten im Rahmen eines „Schulbuch-Notprogramms" noch während des Krieges zumindest eingeschränkt geeignet erscheinende Lese-, Rechen-, Geschichts- und Naturkundebücher aus, die aus der Zeit der Weimarer Republik stammten und in größerer Auflage nachgedruckt wurden.[794] Werke aus der Zeit des „Dritten Reichs" überprüften die Bildungsexperten und Erziehungsoffizieren in allen drei Zonen allerdings äußert kritisch. Nur in Ausnahmen wurden sie zur eingeschränkten Nutzung freigegeben, oftmals jedoch vernichtet.[795] Bis es zur Herausgabe völlig neuer Bücher kam vergingen oft mehrere Jahre. Zunächst blieb es bei den eben beschriebenen „Übergangslösungen", wobei „kritische" Fächer wie Biologie, Geschichte oder Staatsbürgerkunde oft nicht beziehungsweise nur eingeschränkt und ohne zusätzliche Lehrmittel unterrichtet werden durften.[796] Am Ende kann festgestellt werden, dass die alliierten Regelungen zur Schulbuchfrage nicht immer eindeutig und auch nicht überall kurzfristig umsetzbar waren. Wie an anderer Stelle bereits erwähnt konnten auch Werke aus der Weimarer Zeit durchaus „kriegsverherrlichenden" Charakter haben und an manchen Schulen wurden Lehrkräfte auch dazu angehalten, zur Verfügung stehende Lehrmittel eigenständig zu prüfen, notdürftig zu „säubern" und weiter zu benutzen, bis entsprechender Ersatz organisiert war.[797] Mitunter behalfen sich Lehrerinnen und Lehrer bei der Organisation von Lehr- und Lernmittel selbst, indem sie Anschauungsmaterial in Eigenorganisation anfertigten.[798] Einigen diente in der Anfangszeit ein von den Nationalsozialisten eher vernachlässigtes Buch – die Bibel – als primäres Lese- und Lehrbuch. Improvisation war bei der Wiederaufnahme des Schulbetriebs aber nicht nur bei den Lehrkräften gefordert. Auch Schülerinnen

---

793 Wolf-Arno Kropat: Amerikanische oder deutsche Schulreform? Die hessische Schulpolitik unter Kultusminister Erwin Stein von 1947 bis 1951. In: Nassauische Annalen 112, 2001, S. 541–568, hier S. 541.

794 Deffner: Die Nachkriegswirren im bayerischen Volksschulwesen 1945–1954 unter besonderer Berücksichtigung der amerikanischen Re-educationsbemühungen (Anm. 18), S. 534.

795 Kropat: Amerikanische oder deutsche Schulreform? (Anm. 793), S. 544; Fligge: Lübecker Schulen im „Dritten Reich" (Anm. 13), S. 777; Kaufhold/Klattenhoff: Entnazifizierung der Lehrerschaft in Ostfriesland (Anm. 18), S. 192.

796 Karl-Ernst Bungenstab: Umerziehung zur Demokratie? Re-education-Politik im Bildungswesen der US-Zone 1945–1949. Düsseldorf 1970, S. 87; Hans-Christian Maner: Die Kulturpolitik in der französischen Besatzungszone. Erste Ansätze zur Umerziehung in Schulen und ersten Geschichtsbüchern. In: Jahrbuch für westdeutsche Landesgeschichte 34, 2008, S. 697–722, S. 704.

797 Büttner/Horn: Alltagsleben nach 1945 (Anm. 21), S. 62; Bilski: Die Entnazifizierung des Düsseldorfer Höheren Schulwesens nach 1945 (Anm. 18), S. 428.

798 Dannhäuser: Erlebte Schulgeschichte 1939 bis 1955 (Anm. 13), S. 267.

und Schüler mussten improvisieren, da ihnen in vielen Fällen ganz gewöhnliche Schulmaterialien wie Hefte, Schiefertafeln, Tinte, Griffel oder Bleistifte nicht in ausreichendem Maße zur Verfügung standen.[799] Das Zitat eines Lehrers aus Ostfriesland fasst die Umstände des Schulbeginns in der Nachkriegszeit zusammen, die sicherlich nicht nur auf ihn zugetroffen haben dürften:

> „Ich ließ mir alles auf den Tisch legen, was sie in ihren Schultaschen hatten. Nun, das war nicht viel. Ein Teil hatte Schiefertafeln, brauchbare, verkratzte, zerbrochene. Einige hatten nur noch eine Scherbe einer zerbrochenen Tafel. Hefte? Kaum! Minderwertiges Papier, Papierreste, Feldpostbriefe dienten zum Schreiben. Bücher? Lesebücher? Keine! Die bisherigen waren auf Befehl der Alliierten verbrannt worden. Nazipropaganda! Rechenbücher? Auch keine! Das erste Schuljahr hatte eine Fibel; es war ein Nachdruck der in den zwanziger Jahren hier üblichen Zimmermann-Fibel, für den Schulgebrauch genehmigt von der Militärregierung. Auch die Fortsetzung davon fürs zweite Schuljahr war da. Wenigstens etwas!"[800]

4.2.2 Die Entnazifizierung der Lehrerschaft – Dimensionen und Auswirkungen

Gewiss sahen sich jene Lehrerinnen und Lehrer, die bereits im Herbst 1945 erneut im Schuldienst tätig waren, mit immensen beruflichen Herausforderungen konfrontiert, die im vorangehenden Teil nur andeutungsweise vorgestellt werden konnten. Dennoch dürften nicht wenige unter ihnen zugleich äußerst erleichtert gewesen sein, den Krieg äußerlich unbeschadet überstanden zu haben und wieder in Lohn und Brot zu stehen, wodurch ihre persönliche Zukunft zumindest grundlegend gesichert zu sein schien. Anders verhielt es sich bei Lehrkräften, die wegen ihrer vermeintlichen oder tatsächlichen NS-Vergangenheit zunächst nicht mehr in die Schulen zurückkehren durften oder sogar in Internierungslagern festgehalten wurden. Zwar sind keine absoluten Zahlen bekannt, dennoch kann davon ausgegangen werden, dass weit mehr als die Hälfte aller Lehrkräfte, die in der Zeit des Nationalsozialismus unterrichteten, auf die eine oder andere Art von den Entnazifizierungsmaßnahmen unmittelbar betroffen waren. So konsequent die „Säuberungsmaßnahmen" begonnen wurden, so restlos wurden sie jedoch innerhalb weniger Jahre auch wieder rückgängig gemacht. Auf diese Entwicklungen soll im nun Folgenden näher eingegangen werden.

Anders als die Entnazifizierung der Allgemeinbevölkerung, die – wie schon beschrieben – von den jeweiligen Besatzungsmächten durchaus unterschiedlich

---

799 Klattenhoff/Schäfer/Sprang/Weßels: Beiträge zur Schulgeschichte Ostfrieslands (Anm. 13), S. 45.
800 Ebd., S. 59.

gehandhabt wurde, weist das Entnazifizierungsverfahren in Bezug auf die Lehrkräfte zu Beginn über alle Zonen hinweg einige Gemeinsamkeiten auf. Alle vier Besatzungsmächte schrieben dem Bildungs- und Erziehungswesen eine große Bedeutung für den Wiederaufbau zu, ebenso teilten sie die Ansicht, dass die Lehrerinnen und Lehrer im „Dritten Reich" ganz wesentlich zur Verbreitung der NS-Ideologie beigetragen hatten.[801] Keiner der Siegermächte zweifelte zunächst daran, dass die Reorganisation des Schulwesens nur mit einer konsequenten „Säuberung" des Lehrpersonals gelingen konnte.[802] Deshalb gehörte die Lehrerschaft in allen vier Besatzungsgebieten zu jenem Personenkreis, der konsequent überprüft werden sollte. Aus diesen Gründen war es Lehrerinnen und Lehrern anfangs kaum möglich, einem Entnazifizierungsverfahren zu entgehen, sofern sie anstrebten, weiterhin in ihrem Beruf tätig zu sein oder etwaige Pensionsansprüche geltend machen zu wollen. Für die Überprüfungen selbst waren – wie bereits gezeigt – zunächst vor allem „formale" Kriterien ausschlaggebend, um über die weitere Behandlung der Betroffenen zu entscheiden. Gerade weil formale Verstrickungen mit dem NS-Regime eine maßgebliche Urteilsgrundlage darstellten, wurden die Lehrkräfte nun mit besonderer Wucht von ihrer Vergangenheit eingeholt: Nicht nur aufgrund ihrer fast geschlossenen Mitgliedschaft im NS-Lehrerbund gerieten sie bei den Alliierten unter Verdacht. Auch und vor allem die Tatsache, dass die überwiegende Mehrheit der Lehrerinnen und Lehrer zudem in weitere NS-Organisationen eintraten und viele, etwa bei der NS-Volkswohlfahrt oder im Reichsluftschutzbund, „politische Ämter" übernahmen oder übertragen bekamen, belastete sie zumindest „formal" schwer – ganz zu schweigen von der Tatsache, dass ohnehin etwa jede dritte Lehrkraft NSDAP-Mitglied war, meist bereits schon vor der Aufhebung der Mitgliedersperre im Mai 1937.[803]

Bereits viele Monate vor Kriegsende, im Sommer 1944, hatten die Alliierten damit begonnen, anhand von Mitgliederkarteien deutscher Lehrerverbände Pädagogen auf „schwarze" oder „weiße" Listen zu setzen und sie bezüglich ihrer Belastung einzuschätzen. Lehrer von „Adolf-Hitler-Schulen" oder „Napolas" wurden dabei automatisch dem NS-Regime zugerechnet, ebenso Lehrkräfte, die an Hauptschulen unterrichteten. Dass der letztgenannten Schulform eine besondere Nähe zum NS-Regime attestiert wurde und diese in einer Reihe mit „Adolf-Hitler-Schulen" und „Napolas" aufgestellt wurden, legt die Vermutung nahe, dass die Alliierten mit den Details des deutschen Schulsystems zu diesem Zeitpunkt noch nicht sehr vertraut waren.[804] Auch die Belastung von Lehrkräften wurde aufgrund fehlender Informationen zunächst von einer vermuteten oder formal

---

801 Kaufhold/Klattenhoff: Entnazifizierung der Lehrerschaft in Ostfriesland (Anm. 18), S. 18.
802 Ebd., S. 17.
803 Vollnhals: Entnazifizierung (Anm. 14), S. 95.
804 Deffner: Die Nachkriegswirren im bayerischen Volksschulwesen 1945–1954 unter besonderer Berücksichtigung der amerikanischen Re-educationsbemühungen (Anm. 18), S. 107.

nachweisbaren Nähe zur NS-Partei abhängig gemacht. In Bayern etwa instruierte die US-Militärregierung die Schulaufsichtsbehörden im Juli 1945 folgendermaßen:

„Wer der NSDAP vor dem 1.5.1937 beigetreten ist oder wer ein Amt in der Partei gehabt hat, einerlei wann, wer in besonders scharfer Art als Nationalsozialist hervorgetreten ist, wer Militarist war oder eine leitende militärische Stelle eingenommen hat, kann nicht als Schulbeamter oder Lehrer verwendet werden."[805]

Mithilfe der bereits erwähnten Fragebogenerhebungen sollten sodann vermeintliche NS-Aktivisten ausfindig gemacht werden.[806] Die Voraussetzungen, schnell fündig zu werden, waren gerade in Bayern günstig. Mehr als die Hälfte aller Volksschullehrer und immerhin 18 Prozent aller Volksschullehrerinnen waren Mitglieder der NSDASP – auf dem Land lag die Quote nochmals deutlich höher.[807] Infolgedessen verloren von insgesamt 17.818 bayerischen Lehrkräften bis September 1946 bereits 9.831 ihre Arbeit, das waren über 55 Prozent.[808] In der darauffolgenden Zeit wurden nochmals Tausende Pädagogen entlassen – darunter insgesamt 11.900 Volksschullehrer und -lehrerinnen.[809] In einzelnen Städten, beispielsweise in Würzburg, konnten nach der ersten „Entnazifizierungswelle" nur noch 10 Prozent der Lehrkräfte an den Schulen verbleiben.[810] Ähnliche Ausmaße nahmen die „Säuberungen der Lehrkörper" in der gesamten amerikanischen Besatzungszone an. Insgesamt durften dort schätzungsweise etwa 70 bis 90 Prozent aller ausgebildeten Lehrer ihren Beruf zunächst nicht weiter ausüben.[811]

Tendenziell weniger konsequent, dafür aber regional höchst unterschiedlich, wurden die Säuberungen in der französischen Zone durchgeführt. Ab Mitte August 1945 wurden dort zwar alle Stadt- und Kreisschulämter gleichermaßen

---

805 Zit. n.: Schorsch Wiesmaier: Entnazifizierung – Niemand hat das Recht zu gehorchen. Vom Umgang der GEW mit der eigenen Geschichte, Teil 2. In: DDS. Zeitschrift der Gewerkschaft Erziehung und Wissenschaft. Landesverband Bayern, 2017, H. 11, S. 22.
806 Deffner: Die Nachkriegswirren im bayerischen Volksschulwesen 1945–1954 unter besonderer Berücksichtigung der amerikanischen Re-educationsbemühungen (Anm. 18), S. 90–91.
807 Müller: Schulpolitik in Bayern im Spannungsfeld von Kultusbürokratie und Besatzungsmacht 1945–1949 (Anm. 18), S. 73.
808 Wiesmaier: Entnazifizierung – Niemand hat das Recht zu gehorchen (Anm. 805), S. 22.
809 Isa Huelsz: Schulpolitik in Bayern zwischen Demokratisierung und Restauration in den Jahren 1945 bis 1950 (Geistes- und sozialwissenschaftliche Dissertationen, Bd. 1). Hamburg 1970, S. 109.
810 Beate Rosenzweig: Erziehung zur Demokratie? (Beiträge zur Kolonial- und Überseegeschichte, Bd. 69). Stuttgart 1998, S. 113.
811 Braun: Umerziehung in der amerikanischen Besatzungszone (Anm. 18), S. 63.

angewiesen, „belastet" erscheinende Lehrkräfte systematisch zu entlassen.[812] Während aber im Regierungsbezirk Koblenz infolgedessen gut 40 Prozent der Lehrer entpflichtet wurden,[813] lag die Entlassungsquote in Rheinland-Pfalz deutlich höher. Hier waren schließlich 75 Prozent aller Lehrer „nicht mehr einsatzfähig" – allerdings einschließlich jener Pädagogen, die aufgrund „unmittelbarer Kriegsereignisse", etwa Kriegsgefangenschaft, nicht zur Verfügung standen.[814] In der Pfalz lag die Entlassungsquote bei durchschnittlich 23 Prozent, an einzelnen Landschulen soll es im Herbst 1945 dagegen überhaupt keine Lehrer mehr gegeben haben.[815] Allgemein kann für die französische Zone davon ausgegangen werden, dass insgesamt „nur" gut 25 Prozent aller Volksschullehrer von den französischen Besatzern entlassen wurden.[816]

Vergleichsweise ähnlich „behutsam" wie die französische Militärregierung agierten offensichtlich auch die britischen Besatzer. Zunächst sah jedoch alles danach aus, dass sie die Entnazifizierung der Lehrerschaft sehr akribisch vorantreiben würden. Bereits im Mai 1945 wiesen Vertreter der britischen Militärregierung die Schulaufsichtsbehörden an, innerhalb eines Monats Übersichten von allen zur Verfügung stehenden Lehrkräften in ihrer Zone anzufertigen. Auf dieser Grundlage sollten die Lehrerinnen und Lehrer „schwarzen", „grauen" und „weißen" Listen zugeordnet werden, wobei diejenigen, die auf einer „schwarzen Liste" aufgeführt wurden, sofort entlassen werden sollten, während Lehrer auf „weißen Listen" als unbedenklich galten. Über die Vielzahl jener, die „grau" eingestuft wurden, sollte zu einem späteren Zeitpunkt nach Wiedereröffnung der Schulen endgültig entschieden werden. Bereits im Juni 1945 waren in der britischen Zone 16.000 Lehrer, gut 24 Prozent der gesamten Pädagogenschaft, vom Dienst suspendiert.[817] Die verbliebenen Lehrerinnen und Lehrer sowie alle Bewerber auf den Lehrberuf mussten daraufhin selbst Auskunft über ihre Person und ihre Vergangenheit geben.[818] Zunächst kam dafür ein „kleiner" Fragebogen zum Einsatz, ab Januar 1946 ein „großer", bei dem es 133 Fragen wahrheitsgetreu

---

812 Ziegler: Von alten Mächten umerzogen. Schulbeginn und Schulentwicklung nach dem Zweiten Weltkrieg (Anm. 791), S. 274.
813 Vollnhals: Entnazifizierung (Anm. 14), S. 35.
814 Ziegler: Von alten Mächten umerzogen. Schulbeginn und Schulentwicklung nach dem Zweiten Weltkrieg (Anm. 791), S. 267–268.
815 Ebd., S. 272.
816 Angelika Ruge-Schatz: Umerziehung und Schulpolitik in der französischen Besatzungszone 1945–1949 (Sozialwissenschaftliche Studien, Bd. 1). Frankfurt am Main/Bern/Las Vegas 1977, S. 72–73.
817 Günter Pakschies: Umerziehung in der Britischen Zone 1945–1949 (Studien und Dokumentationen zur deutschen Bildungsgeschichte, Bd. 9). Weinheim/Basel 1979, S. 163–165; Bilski: Die Entnazifizierung des Düsseldorfer Höheren Schulwesens nach 1945 (Anm. 18), S. 116.
818 Fligge: Lübecker Schulen im „Dritten Reich" (Anm. 13), S. 864.

zu beantworten galt.[819] Die Briten formulierten ähnliche Entlassungskriterien wie die anderen westalliierten Besatzer. Auch in ihrer Zone war die Mitgliedschaft in der NSDAP zu Beginn ein entscheidendes Kriterium dafür, ob eine Entfernung aus dem Dienst angezeigt war. So sollten beispielsweise alle Lehrkräfte, die bereits vor dem 1. April 1933 Mitglied in der Partei gewesen waren, aus dem Dienst ausscheiden.[820] Lehrern, die zudem „Funktionsträger" der Partei oder ihrer Gliederungen waren, konnten darüber hinaus in ein Internierungslager verbracht werden, in dem sie bis zu einem Jahr festgehalten wurden.[821] Die aus der Internierung Entlassenen stufte die Besatzungsmacht im Rahmen der Entnazifizierung zunächst automatisch in die Kategorie III ein,[822] was in vielen Fällen zur Folge hatte, dass die wiedererlangte Freiheit mit einer Suspendierung aus dem Amt einherging.[823] Entlassen wurden ebenfalls sämtliche Schulleiter, die zwischen 1933 und 1945 zu solchen ernannt worden waren.[824] Eine Folge dieser Praxis war, dass im öffentlichen Schulwesen der britischen Zone die Posten der Schulleitung – zum Teil vorübergehend, zum Teil nachhaltig – neu besetzt wurden, „jetzt auch wieder mit Frauen, welche das nationalsozialistische Regime von Leitungsaufgaben ausgeschlossen hatte."[825] Der britische Generalfeldmarschall und Oberbefehlshaber der britischen Besatzungstruppen in Deutschland, Bernard Montgomery, rechtfertigte die strenge Handhabe gegenüber den Lehrkräften und war sich der Folgen, die eine strikte Umsetzung der Entnazifizierungsbestimmungen haben würden, durchaus bewusst:

„Der Mangel an Lehrkräften wird ernst sein. Ich werde keinen Lehrer in der Schule dulden, dessen Vergangenheit nicht den eingehendsten Nachforschungen standhält. Lehrer, die von den Nationalsozialisten entlassen wurden, werden wieder eingesetzt. Ich werde alle kriegsgefangenen Lehrer freilassen, die würdig sind, bei der Neuerziehung Ihrer Töchter und Söhne mitzuarbeiten."[826]

Zweieinhalb Jahre später, zum Jahresende 1947, lag die Entlassungsquote bei Beamten, die bereits im „Dritten Reich" tätig waren (Lehrer eingeschlossen) noch immer bei etwa 24 Prozent – wie schon im Juni 1945.[827] Entgegen den Ankündi-

---

819 Kaufhold/Klattenhoff: Entnazifizierung der Lehrerschaft in Ostfriesland (Anm. 18), S. 32.
820 Ebd., S. 28.
821 Ebd., S. 29.
822 Ebd., S. 56.
823 Fligge: Lübecker Schulen im „Dritten Reich" (Anm. 13), S. 880.
824 Bilski: Die Entnazifizierung des Düsseldorfer Höheren Schulwesens nach 1945 (Anm. 18), S. 116.
825 Schmidt: Hamburger Schulen im „Dritten Reich" (Anm. 13), S. 701.
826 Erklärung Bernard Montgomerys, abgedruckt in der Lübecker Post vom 25.08.1945, zit. n.: Fligge: Lübecker Schulen im „Dritten Reich" (Anm. 13), S. 867.
827 Schmidt: Hamburger Schulen im „Dritten Reich" (Anm. 13), S. 728.

gungen des Generalfeldmarschalls durften unter britischer Führung offenbar viele Lehrkräfte, die nach einer ersten formalen Prüfung zwar nicht als unbedenklich galten, jedoch auch nicht als eindeutige NS-Aktivisten eingeschätzt werden konnten und damit auf „grauen Listen" standen, im Schuldienst verbleiben. Anders als die amerikanische Besatzungsmacht wollte die britische Militärregierung allem Anschein nach eine Verschlechterung der ohnehin vielerorts chaotischen Zustände an den Schulen unter allen Umständen vermeiden und das Schulwesen so rasch wie möglich wiederaufbauen.

Zumindest auf den ersten Blick wurde die Reorganisation des Schulsystems von der Sowjetische Militäradministration am energischsten betrieben. Hier standen die Schulen vor massiven Veränderungen, die sich aus tiefgreifenden Transformationsprozessen im Kontext der Errichtung und Etablierung einer sozialistischen Ordnung in der SBZ ergaben. Für die ersten Monate und Jahre nach der Wiedereröffnung der Schulen kann allerdings keinesfalls davon gesprochen werden, dass mit diesbezüglichen Umstrukturierungen eine Entfernung aller Lehrer verbunden war, die bereits zur Zeit des Nationalsozialismus unterrichteten. Zwar entließen die Schulbehörden in der sowjetischen Zone bis zum Schulbeginn am 1. Oktober 1945 11.369 Lehrkräfte aus dem Dienst, allerdings blieben allein im Volksschulbereich 15.466 ehemalige NSDAP-Mitglieder weiterhin in Lohn und Brot.[828] Auf dem Gebiet der SBZ gehörten am 8. Mai 1945 28.179 Lehrerinnen und Lehrer der NSDAP an, das entsprach einem Anteil von über 71 Prozent.[829] Nach dem Willen der Sowjetischen Militäradministration sollten diese Lehrkräfte ohne Ausnahme mit sofortiger Wirkung fristlos entlassen und durch „Personen aus demokratischen, antifaschistischen Kreisen der deutschen Intelligenz, die die nötige allgemeine Ausbildung genossen haben" ersetzt werden.[830] Wollte man an einer Wiederaufnahme des Schulbetriebs im Herbst 1945 festhalten, so war es allerdings schlicht unmöglich, zehntausende sogenannter „Altlehrer" innerhalb weniger Monate zu ersetzen.[831] Vor allem aus diesem Grund und entgegen propagandistischer Verlautbarungen ging die Entnazifizierung auch in der SBZ nur schleppend voran. Wie in den westlichen Zonen war das Verfahren auch hier mit einem enormen Verwaltungsaufwand verbunden. Die einzelnen ostdeutschen Länderverwaltungen reagierten auf diesbezügliche Probleme nicht etwa einheitlich, wie es die Besatzungsmacht gerne gesehen hätte, sondern sehr individuell. Sie setzten die Vorgaben der Militärregierung einmal mehr, einmal weniger strikt um und gaben jeweils eigene Verordnungen

---

828 Vollnhals: Entnazifizierung (Anm. 14), S. 47.
829 Dombrowski: Die Entnazifizierung in der SBZ unter besonderer Berücksichtigung des Lehrkörpers an Schulen und Universitäten (Anm. 771), S. 14.
830 Ebd., S. 15.
831 Vollnhals: Entnazifizierung (Anm. 14), S. 47; Brigitte Hohlfeld: Die Neulehrer in der SBZ/DDR 1945–1953. Ihre Rolle bei der Umgestaltung von Gesellschaft und Staat. Weinheim 1992, S. 48.

zur „personellen Neuaufbau" heraus, um den Schulbetrieb zeitnah wiederaufnehmen zu können.[832] So wurde die Entnazifizierung der Lehrkräfte beispielsweise in Sachsen und Mecklenburg offenbar recht konsequent praktiziert, während die deutsche Verwaltung in Sachsen-Anhalt deutlich zurückhaltender mit „Belasteten" umging.[833] In Thüringen wurde die Entnazifizierung von deutscher Seite her kurzerhand für beendet erklärt, nachdem die Belegschaft der Schulen zum Zeitpunkt der Wiedereröffnung um ein Drittel reduziert worden war. Zwar war diese einseitige Aufkündigung der Entnazifizierung in Thüringen nur von kurzer Dauer – sowohl die Besatzungsmacht wie auch Vertreter von KPD und SPD setzten sich für eine weitere Verschärfung ein – dennoch kam es in den folgenden Jahren in keinem der fünf ostdeutschen Länder zu einer raschen und auch nur annähernd vollständigen „Säuberung" des Lehrpersonals.[834] Über das „Neulehrerprogramm", das in der SBZ/DDR seit Kriegsende mit erheblichem propagandistischen und materiellem Aufwand vorangetrieben wurde, nicht zuletzt, um de facto das sozialistische Regime auch in den Schulen zu etablieren,[835] kamen bis 1948 zwar annähernd 50.000 „unbelastete" Kräfte in den Schuldienst, aber noch immer gab es 22.600 „Altlehrer", die weiterhin unterrichten durften oder sich zwischenzeitlich sogar rehabilitieren konnten.[836] Diese Lehrkräfte aus dem „Dritten Reich" konnten vorerst weder durch die Neulehrerkurse, an deren erfolgreichem Abschluss rund 30 bis 40 Prozent aller Bewerber scheiterten,[837] noch durch „regulär" ausgebildete Lehrkräfte ersetzt werden. Erschwerend kam hinzu, dass allein in den Jahren zwischen 1945 und 1954 schätzungsweise 70.000 Lehrer in Richtung Westen „abwanderten" und dem Regime damit nicht mehr zur Verfügung standen, unter ihnen sollen sich auch etwa 30.000 Neulehrer befunden haben.[838] Die noch immer im Dienst befindlichen „Altlehrer" wurden in der SBZ/DDR also dauerhaft gebraucht. Von „Massenentlassungen", wie sie unmittelbar nach Kriegsende erfolgten, sahen die neuen Machthaber auch in Zukunft ab. Mehr noch: Mit dem bereits im Februar 1948 herausgegebenen Befehl Nr. 35 der Sowjetischen Militäradministration wurde angeordnet, dass „nominelle Mitglieder der NSDAP", denen das aktive und passive Wahlrecht erneut zuerkannt worden war, künftig „durch ehrliche und loyale Arbeit" wieder in den

---

832 Dombrowski: Die Entnazifizierung in der SBZ unter besonderer Berücksichtigung des Lehrkörpers an Schulen und Universitäten (Anm. 771), S. 16; Hohlfeld: Die Neulehrer in der SBZ/DDR 1945–1953 (Anm. 831), S. 58.
833 Geißler: Schulgeschichte in Deutschland (Anm. 12), S. 749–750.
834 Dombrowski: Die Entnazifizierung in der SBZ unter besonderer Berücksichtigung des Lehrkörpers an Schulen und Universitäten (Anm. 771), S. 17.
835 Geißler: Schulgeschichte in Deutschland (Anm. 12), S. 752.
836 Stefan Holm: Die Transformation des Schulsystems in der SBZ/DDR während der Nachkriegszeit. Erziehung als Staatsangelegenheit. München 2003, S. 16.
837 Dombrowski: Die Entnazifizierung in der SBZ unter besonderer Berücksichtigung des Lehrkörpers an Schulen und Universitäten (Anm. 771), S. 21.
838 Hohlfeld: Die Neulehrer in der SBZ/DDR 1945–1953 (Anm. 831), S. 417.

Schuldienst zurückkehren konnten. „Die Chancen für eine Wiedereinstellung wurden durch die Mitgliedschaft in der Partei oder einer Massenorganisation vergrößert."[839] Es liegen keine Zahlen vor, in welchem Maße es in der SBZ/DDR zur Rückkehr von Lehrkräften kam, die aufgrund ihrer NSDAP-Mitgliedschaft zunächst aus dem Schuldienst entlassen worden waren. Sicher scheint jedoch, dass diese Entwicklung keinen „massenhaften" Charakter annahm.[840] Darin liegt im Vergleich zu den weiteren Entwicklungen in Westdeutschland, auf die im Folgenden eingegangen werden soll, vermutlich der größte Unterschied.

Wie in der SBZ fehlte es auch in den westlichen Besatzungszonen von Beginn an geeigneten Lehrkräften. Schon vor dem „Zusammenbruch", wie das Kriegsende in weiten Teilen der Bevölkerung bezeichnet und bewertet wurde, galt die Lehrerschaft als geschwächt und überaltert, weil immer weniger Personal ausgebildet und viele der jüngeren Lehrer als Soldaten eingezogen wurden. Wer den Krieg nicht überlebte, vermisst wurde oder in Gefangenschaft geriet, fehlte nun dauerhaft oder auf unabsehbare Zeit an den Schulen.[841] Vor allem aber erschwerte die massenhafte Entlassung von Lehrkräften, wie sie von den Siegermächten betrieben wurde, die ohnehin komplizierten Ausgangsbedingungen für das Schulwesen zusätzlich. Auch die deutschen Zivilverwaltungen der westlichen Besatzungszonen standen vor der Herausforderung, die sich widersprechenden Forderungen der Alliierten, die einerseits eine rasche Wiederaufnahme des Schulbetriebs verlangten, andererseits aber zunächst auf eine konsequente „Säuberung" des Lehrpersonals drängten, möglichst in Einklang zu bringen. Es galt, Strategien gegen den sich immer weiter ausbreitenden Lehrermangel zu entwickeln. Kurzfristig gab es nur begrenzte Möglichkeiten, neue, möglichst „unbelastete" Lehrkräfte an die Schulen zu holen. Beispielsweise sollten „altgediente" Pädagogen, die von den Nationalsozialisten entlassen worden waren, nochmals an die Schulen zurückkehren.[842] Aufgrund ihres in der Regel weit fortgeschrittenen Alters eigneten sich aber bei weitem nicht all diese Lehrerinnen und Lehrer aus der Zeit der Weimarer Republik für einen erneuten Einsatz. Zudem waren nun verheiratete Lehrerinnen, die unter den Nationalsozialisten im „Kampf gegen das Doppelverdienertum" vom Schuldienst suspendiert wurden, wieder gefragt. Jedoch gab es auch von ihnen unter dem Strich viel zu wenige, um die Personalsituation effektiv zu verbessern – auch und gerade, weil besonders in den westlichen

---

839 Dombrowski: Die Entnazifizierung in der SBZ unter besonderer Berücksichtigung des Lehrkörpers an Schulen und Universitäten (Anm. 771), S. 18.
840 Zum grundsätzlich unterschiedlichen Umgang mit der NS-Vergangenheit in beiden deutschen Staaten s. auch Wolfgang Benz: Zum Umgang mit nationalsozialistischer Vergangenheit in der Bundesrepublik. In: Jürgen Danyel (Hrsg.): Die geteilte Vergangenheit. Zum Umgang mit Nationalsozialismus und Widerstand in den beiden deutschen Staaten (Zeithistorische Studien, Bd. 4). Berlin 1995, S. 47–60.
841 Büttner/Horn: Alltagsleben nach 1945 (Anm. 21), S. 59.
842 Kaufhold/Klattenhoff: Entnazifizierung der Lehrerschaft in Ostfriesland (Anm. 18), S. 62.

Zonen ein signifikanter Anstieg der Schülerzahlen zu verzeichnen war, der in erster Linie durch Kinder aus Flüchtlingsfamilien hervorgerufen wurde. Schon im Jahr 1946 wurde bei einer ersten Volkszählung in den Westzonen ein Anstieg der Gesamtbevölkerung um 3,2 Millionen Menschen gegenüber 1939 registriert. 1950 hatte sich die Einwohnerzahl Westdeutschlands auf 50,2 Millionen erhöht. Davon waren 7,9 Millionen „Vertriebene" aus den abgetretenen östlichen Gebieten des Deutschen Reiches und 1,5 Millionen, die seit Kriegsende aus der SBZ/DDR zugewandert sind.[843] Unter diesen Flüchtlingen befanden sich nicht nur viele Alte und Kinder, sondern mitunter auch einige Lehrkräfte. Diese waren im Grundsatz ebenso von den Entnazifizierungsmaßnahmen der Alliierten betroffen und durften bei formaler Nichteignung auch nicht eingestellt werden.[844] Die politische Vergangenheit von Flüchtlingslehrern war allerdings nicht immer leicht nachprüfbar, da entsprechende Nachweise, Dokumente und auskunftsfähige Zeugen oftmals fehlten.[845] Auf ihren Einsatz verzichten wollten und konnten die Schulverwaltungen trotz unklarer Aktenlage aber nicht, weswegen viele Flüchtlingslehrer zunächst auf Probe oder als Aushilfslehrer angestellt wurden.[846] Nicht selten kam es dabei zu flüchtlingsverachtenden Verhaltensweisen und Äußerungen aus Teilen der einheimischen Bevölkerung, wenn statt einer als „politisch belastet" eingestuften einheimischen Lehrkraft ein geflüchteter Lehrer die Kinder unterrichten sollte.[847]

In weit größerem Ausmaß wie auf „ausgebildetes" Lehrpersonal griffen die Schulverwaltungen der drei Westzonen jedoch auf Aushilfs- oder Laienkräfte zurück, um dem entstandenen Personalmangel zu begegnen. Überall wurden junge Männer und Frauen dazu aufgerufen, sich als „Laienkräfte", „Hilfslehrer" oder „Schulhelfer" zu bewerben. In Kursen und Lehrgängen, die fast immer nur wenige Wochen andauerten, sollte ihnen das nötigste Rüstzeug vermittelt werden, um an den Schulen eingesetzt werden zu können.[848] Genaue Zahlen, wie viele solcher Laienkräfte im Schuldienst tätig waren, liegen nur punktuell vor. Bekannt ist beispielsweise, dass an Düsseldorfer Schulen im Herbst 1946 jede dritte bis fünfte

---

843 Schildt: Die Sozialgeschichte der Bundesrepublik Deutschland bis 1989/90 (Anm. 780), S. 4.
844 Fligge: Lübecker Schulen im „Dritten Reich" (Anm. 13), S. 879.
845 Geißler: Schulgeschichte in Deutschland (Anm. 12), S. 719.
846 Braun: Umerziehung in der amerikanischen Besatzungszone (Anm. 18), S. 67.
847 Rönnau: Zwischen Tradition und Neuerung (Anm. 18), S. 24.
848 Ziegler: Von alten Mächten umerzogen. Schulbeginn und Schulentwicklung nach dem Zweiten Weltkrieg (Anm. 788), S. 268; Schmidt: Hamburger Schulen im „Dritten Reich" (Anm. 13), S. 737–738; Deffner: Die Nachkriegswirren im bayerischen Volksschulwesen 1945–1954 unter besonderer Berücksichtigung der amerikanischen Re-educationsbemühungen (Anm. 18), S. 124; Rosenzweig: Erziehung zur Demokratie? (Anm. 810), S. 114.

Lehrkraft ein Schulhelfer war.[849] Etwa zur gleichen Zeit nannte die Regierung von Ober- und Mittelfranken eine Gesamtzahl von insgesamt 456 in Dienst gestellten Schulhelfern, die für insgesamt 2618 entlassene Lehrkräfte neu eingesetzt wurden.[850] An den Stuttgarter Volksschulen blieben von 918 „Stammlehrern" noch 127 übrig, die von 251 „Ersatzlehrkräften" (davon 124 ohne pädagogische Bildung) unterstützt wurden.[851] Trotz aller Bemühungen deutet alles darauf hin, dass Schulhelfer die Personallücken, die im Zuge der alliierten Entnazifizierungsbestimmungen insbesondere an den Volksschulen entstanden sind,[852] nicht einmal annähernd schließen konnten.[853] In allen drei westdeutschen Besatzungszonen lässt sich daher beobachten, dass sich die Unterrichtsbedingungen an den Schulen nach dem Krieg weiter verschlechterten oder zumindest auf einem Niveau verharrten, wie sie in Zeiten des untergehenden „Dritten Reichs" an der Tagesordnung waren. Klassengrößen von 60 bis 70, zum Teil bis zu 100 Schüler waren in Städten wie auch in Dörfern keine Seltenheit.[854] „In Bayern gab es im Schuljahr 1945/46 viele Klassen mit 150 Schülern und Wechselunterricht, wobei ein Lehrer bis zu 250 Schüler betreute, die oft nur sechs bis acht Wochenstunden hatten. Und auch wenn durch die Vertriebenen und Flüchtlinge, die ja zunächst auf dem Land Platz fanden, manche einklassige Dorfschule eine Differenzierung in mehrere Klassen erfuhr, so sah die Unterrichtsrealität doch weitgehend so aus, daß ein Lehrer in bis zu vier Schichten die einzelnen Klassen im verkürzten Unterricht hintereinander betreute."[855]

Es ist nicht verwunderlich, dass derartige Schulverhältnisse die ohnehin ablehnende Haltung weiter Bevölkerungsteile gegenüber der alliierten Entnazifizierungspraxis weiter verstärkten. Am Beispiel des Einsatzes von Schulhelfern lassen sich die Grundzüge dieser Kritik verdeutlichen: Den Besatzungsmächten war bewusst, dass die von ihnen geschlagenen Schneisen in den Personalbestand der Schulen rasch aufgefüllt werden mussten. Strenge Auslese- und Überprüfungskriterien, wie sie für die Lehrerschaft im Allgemeinen angewandt wurden, galten

---

849 Bilski: Die Entnazifizierung des Düsseldorfer Höheren Schulwesens nach 1945 (Anm. 18), S. 122.
850 Deffner: Die Nachkriegswirren im bayerischen Volksschulwesen 1945–1954 unter besonderer Berücksichtigung der amerikanischen Re-educationsbemühungen (Anm. 18), S. 135.
851 Braun: Umerziehung in der amerikanischen Besatzungszone (Anm. 18), S. 64.
852 Rosenzweig: Erziehung zur Demokratie? (Anm. 810), S. 114–115.
853 Kaufhold/Klattenhoff: Entnazifizierung der Lehrerschaft in Ostfriesland (Anm. 18), S. 21.
854 Büttner/Horn: Alltagsleben nach 1945 (Anm. 21), S. 60; Jochen Kotthaus: Reeducation in den besetzten Zonen – Schul-, Hochschul- und Bildungspolitik, 2004, www.zukunftbraucht-erinnerung.de/reeducation-in-den-besetzten-zonen-schul-hochschul-und-bildungspolitik/ (zuletzt abgerufen am 01.11.2017).
855 Deffner: Die Nachkriegswirren im bayerischen Volksschulwesen 1945–1954 unter besonderer Berücksichtigung der amerikanischen Re-educationsbemühungen (Anm. 18), S. 137.

für junge Schulhelfer daher ebenso wenig wie eine adäquate fachliche Qualifikation dieser Laienkräfte eingefordert wurde oder vorgesehen war. Abstriche bei der politischen Integrität wie bei der fachlichen Qualifikation machten Schulhelfer jedoch angreifbar. Alle, die nach dem 1. Januar 1919 geboren wurden, profitierten im Grundsatz von der Jugendamnestie.[856] Obwohl ganz offensichtlich feststand, dass fast all diese Hilfskräfte in der Hitlerjugend organisiert waren und dort zum Teil auch politische Ämter übernahmen, wurde ihre Haltung zum Nationalsozialismus nicht weiter hinterfragt. „Umso größer war nach Kriegsende die Erbitterung vieler Lehrer, die in ständigem Kampf mit der HJ gelegen hatten, der sich in den Heimen der Kinder-Landverschickung häufig zu offener Feindseligkeit gesteigert […] hatte, da die Mitglieder der HJ unter die Jugendamnestie fielen, während sie selbst um ihre Wiederanstellung rangen."[857] Vertreter der Kirche gaben den Lehrern Rückhalt für ihre Empörung. Ein Schreiben des Kirchengemeinderates der Evangelischen Petrus-Gemeinde in Stuttgart-Gablenberg, in dem die Mitglieder das Kultministerium aufforderten, ihren „schärfsten Protest" an die Militärregierung weiterzuleiten, verdeutlicht die teils emotionalen Reaktionen auf die Entlassung von Lehrern. Im Zentrum der Kritik standen vor allem die Schulhelfer, denen jegliche pädagogischen Fähigkeiten abgesprochen wurden. Nach Überzeugung der Kirchenvertreter wurden „tüchtige, hochangesehene Lehrer und Lehrerinnen" entlassen und durch „völlig unzulängliche, ungeeignete und unerfahrene Kräfte" ersetzt. Diese hätten ihre Eignung für den Lehrerberuf in keiner Weise bewiesen. Ihre Nichtzugehörigkeit zur NSDAP hätten sie zudem vor allem dem Umstand verdanken, dass sie während des Krieges keine Gelegenheit und Veranlassung gehabt hätten, der Partei beizutreten, während sie charakterlich durchaus von der „HJ und vom deutschen Militär" geformt seien.[858]

> „Grotesk fanden es auch entlassene Lehrer, daß der alte, erfahrene Pädagoge im Schulhof stand und ‚als Gemeindearbeiter […] das Holz klein (machte) und droben im Schulzimmer […] sich die Ersatzkraft mit den Kindern (abstritt), ob man ‚königlich' mit g oder ch schreibt'."[859]

„Dem Generalvikar des Bistums Passau waren die Nazi-Lehrer sogar noch lieber als die jetzt verwendeten Laien (‚Lieber ein bekehrter Nazi als zehn Nazihasser, die von Erziehung … gar nichts verstehen.') und der Würzburger Schuldechant

---

856 Kaufhold/Klattenhoff: Entnazifizierung der Lehrerschaft in Ostfriesland (Anm. 18), S. 39.
857 Deffner: Die Nachkriegswirren im bayerischen Volksschulwesen 1945–1954 unter besonderer Berücksichtigung der amerikanischen Re-educationsbemühungen (Anm. 18), S. 109–110.
858 Braun: Umziehung in der amerikanischen Besatzungszone (Anm. 18), S. 64.
859 Deffner: Die Nachkriegswirren im bayerischen Volksschulwesen 1945–1954 unter besonderer Berücksichtigung der amerikanischen Re-educationsbemühungen (Anm. 18), S. 132.

meinte, die Agenten der Militärregierung gingen bei der Überprüfung der Lehrer und der Suche nach Ersatzkräften nur zu den ‚verrufensten Elementen', wo er doch seine Geistlichen als die besten Auskunftspersonen angeboten habe." Im Kultusministerium der US-Zone wurden am Ende sogar Befürchtungen laut, dass das Vorgehen der Amerikaner bei der Suche nach „Ersatzleuten" Widerstandshandlungen hervorrufen könnte, etwa von Seiten der Bauern, die sie sich weigerten, Lebensmittel abzuliefern, wenn ihnen weitere Hilfskräfte abgeworben werden würden.[860]

Um Nachwuchskräfte für die Schulen zu gewinnen, wurde aber nicht nur auf fachfremde Laien, sondern auch auf ehemalige Lehramtsanwärter bzw. auf Junglehrkräfte zurückgegriffen, die allesamt an den nationalsozialistischen Lehrerbildungsanstalten ausgebildet worden waren.[861] In diesen Fällen lag ganz offensichtlich eine „formale" NS-Belastung vor.[862] Auch die Alliierten waren sich über das Wesen dieser Einrichtungen bewusst und ordneten bereits im Sommer 1945 deren Schließung an.[863] Dennoch wurden die Jahrgänge ab 1919 fast durchweg mit Verweis auf die Jugendamnestie als Junglehrkräfte eingestellt.[864] In Bezug auf diese gängige Praxis führte ein Schulrat aus Ostfriesland die Aussage eines Pfarrers an, der den Einsatz junger Schulhelferinnen und -helfer folgendermaßen kritisierte:

„Ein Pfarrer vom Lande, ein scharfer Nazigegner, schrieb mir vor einiger Zeit wörtlich: ‚Junge Leute, die vom Nationalsozialismus durchtränkt sind, werden auf die Jugend losgelassen und die alten erfahrenen Lehrer, die dem Parteikram nur mit schwerem Herzen zusahen, lässt man laufen!' Ich kann diesen Satz nur unterstreichen. Manche Fälle sind so krass, dass man sich die Frage vorlegen muss: Will die Militärregierung den Nationalsozialismus eigentlich ausrotten oder von neuem heranzüchten?"[865]

Wie aus vielen der vorangegangenen Beispiele bereits hervorging, kann ganz allgemein festgehalten werden, dass sich die Kirchen, insbesondere die evangelische Kirche, rasch zu einem der wirkmächtigsten und lautstärksten Kritiker der Entnazifizierung entwickelten, indem sie das Handeln ihrer eigenen Anhänger im Nationalsozialismus, aber auch das der Lehrerinnen und Lehrer, zu rechtfertigen suchten. So protestierten Kirchenvertreter bereits im Sommer 1945 gegen die Entlassung kirchentreuer Nationalsozialisten und äußerten ihre Besorgnis, dass

---

860 Ebd., S. 129.
861 Kaufhold/Klattenhoff: Entnazifizierung der Lehrerschaft in Ostfriesland (Anm. 18), S. 33.
862 Bilski: Die Entnazifizierung des Düsseldorfer Höheren Schulwesens nach 1945 (Anm. 18), S. 117–118.
863 Schmidt: Hamburger Schulen im „Dritten Reich" (Anm. 13), S. 733.
864 Kaufhold/Klattenhoff: Entnazifizierung der Lehrerschaft in Ostfriesland (Anm. 18), S. 323.
865 Ebd., S. 34.

durch die Entnazifizierung konservative Teile der Gesellschaft zugunsten der politischen Linken geschwächt werden würde.[866] Sie argumentierten weiterhin, dass der NS-Staat in seinen Anfangsjahren auch im diplomatischen Verkehr mit dem Ausland voll anerkannt war. Viele Deutsche seien aus „idealistischen Motiven" in die Partei eingetreten, hätten sich später aber innerlich wieder abgewandt. Oft hätten „sachliche Gründe" einen Austritt aus der Partei verboten, beispielsweise bei den Pfarrern, die sich ihr Recht zur Erteilung von Religionsunterricht in der Schule so lange wie irgend möglich hätten erhalten müssen. Die „kleinen Amtsträger" in den NS-Berufsverbänden wie dem NS-Lehrerbund zu den Belasteten zu zählen, entspräche nicht dem wirklichen Sachverhalt.[867]

Die Kirchen standen mit ihrer Kritik alles andere als alleine da. Bekannte und bedeutende Politiker und Journalisten missbilligten die alliierten Maßnahmen gegen die Pädagogenschaft nicht minder drastisch. Im Herbst 1945 machte etwa der Kultminister von Württemberg-Baden, Theodor Heuss, die Militärregierung angesichts der sehr kritischen Schulsituation auf die negativen Auswirkungen der Entnazifizierungsmaßnahmen aufmerksam. Seine Kritik richtete sich nicht grundlegend gegen die Entnazifizierung, sondern gegen das bis zu diesem Zeitpunkt angewandte „mechanische Verfahren". Angesichts des gewaltigen Drucks, den die Nationalsozialisten vor allem auf die Lehrerschaft ausgeübt hätten, seien nach Ansicht von Heuss unter den Lehrern, die sofort vom Dienst suspendiert worden waren, nur ungefähr 10 oder 15 Prozent überzeugte Parteimitglieder gewesen. Auch er warnte darüber hinaus vor einem allzu großen Vertrauen und einer übermäßigen Hoffnung auf junge Lehrkräfte, da sie im Gegensatz zu den älteren Kollegen in einer nachhaltig nationalistisch geprägten Atmosphäre aufgewachsen seien.[868]

Aus heutiger Sicht erstaunlich wirkt der Umstand, dass die Folgen der Entnazifizierungspraxis fast ausschließlich mit Blick auf die betroffene Lehrerschaft bemängelt wurde. Das Leid der Kinder und Jugendlichen in jener Zeit, die zum Teil unter schwierigsten Bedingungen den Schulalltag zu bewältigen hatten, wurde hingegen kaum Gegenstand einer breiten öffentlichen Diskussion oder gar Kritik.[869] Dagegen waren die „Notstände im Volksschullehrerberuf" oder ganz allgemein das „Lehrerelend" gängige Schlagworte in den späten 1940er Jahren. „Abgesehen von allgemeinen Hinweisen auf die ‚deprimierende wirtschaftliche Lage der Junglehrer', ihre ‚finanzielle Not', ihre ‚bedrückenden Einkommensverhältnisse [...], die kaum einen Vergleich mit den Löhnen von Hilfsarbeitern

---

866 Stöver: Die Bundesrepublik Deutschland (Anm. 775), S. 49.
867 Deffner: Die Nachkriegswirren im bayerischen Volksschulwesen 1945–1954 unter besonderer Berücksichtigung der amerikanischen Re-educationsbemühungen (Anm. 18), S. 98.
868 Braun: Umerziehung in der amerikanischen Besatzungszone (Anm. 18), S. 61–62.
869 Deffner: Die Nachkriegswirren im bayerischen Volksschulwesen 1945–1954 unter besonderer Berücksichtigung der amerikanischen Re-educationsbemühungen (Anm. 18), S. 143.

aushalten', wurden immer wieder ganz konkret die Nöte beschrieben."[870] Tatsächlich befanden sich viele Lehrer in den ersten Nachkriegsjahren in einer schwierigen wirtschaftlichen Situation. Ein als „belastet" eingestufter Lehrer hatte zunächst Berufsverbot und konnte als „Hilfsarbeiter" kaum ausreichend Geld verdienen, um seine Familie ausreichend zu versorgen, wohingegen „ein Handwerker oder der Inhaber eines kleinen Betriebes nach Abgabe seines Fragebogens den Tag des Spruchkammerentscheids arbeitend und Geld verdienend abwartete".[871] Darüber hinaus endete mit der Entfernung eines Lehrers auch sein Beamtenverhältnis und damit sein Anspruch auf Dienstbezüge, Versorgung und Hinterbliebenenversorgung.[872] Außerdem, und das war sicherlich für mach eine Lehrkraft ebenso schmerzlich, wenn auch nicht unmittelbar existenznotwenig, durfte sie seine Amtsbezeichnung und die im Zusammenhang mit dem Amt verliehenen Titel nicht weiterführen.[873] Selbst jene Lehrerinnen und Lehrer, die rasch wieder im Unterricht Verwendung fanden, konnten in den ersten Jahren nicht immer damit rechnen, dass ihr Gehalt vollumfänglich und fristgerecht ausgezahlt wurde. Stattdessen gerieten die jeweiligen Regierungskassen zum Teil monatelang in Verzug, so dass selbst berufstätige Pädagogen teilweise Fürsorgeunterstützung beziehen mussten.[874]

Somit ist keinesfalls von der Hand zu weisen, dass die unmittelbare Nachkriegszeit für weite Teile der Lehrerschaft mit zum Teil erheblichen finanziellen Verschlechterungen und gegebenenfalls auch mit gesellschaftlichen Degradierungen verbunden war.[875] Viele erlebten die Wartezeit, die mit dem formalen, überwiegend bürokratischen und als Willkür empfundenen Verfahren der Entnazifizierung verbunden war, als zermürbend.[876] Fast alle empfanden sich folglich als Opfer einer alliierten Politik, die die Besiegten in Gut und Böse einteilte und die Komplexität der Lebensumstände im „Dritten Reich" verkannte. „Begeisterung, Anpassung und partielle Resistenz waren im alltäglichen Leben unter der NS-Diktatur zu einem vielschichtigen Komplex verschmolzen, so daß 1945 kaum jemand guten Gewissens einen moralischen Rigorismus verfechten konnte. Gerade politische NS-Gegner reagierten auf diese Problematik besonders sensibel. So schrieb etwa Gustav Künstle, der noch 1941 den ihm als Lehrer nahegelegten Parteieintritt verweigert hatte, in einem Monatsbericht an die französische

---

870 Ebd., S. 212.
871 Ebd., S. 117–118; Büttner/Horn: Alltagsleben nach 1945 (Anm. 21), S. 61.
872 Deffner: Die Nachkriegswirren im bayerischen Volksschulwesen 1945–1954 unter besonderer Berücksichtigung der amerikanischen Re-educationsbemühungen (Anm. 18), S. 120.
873 Ebd., S. 144.
874 Ebd., S. 211.
875 Fligge: Lübecker Schulen im „Dritten Reich" (Anm. 13), S. 878.
876 Kaufhold/Klattenhoff: Entnazifizierung der Lehrerschaft in Ostfriesland (Anm. 18), S. 19; Schmidt: Hamburger Schulen im „Dritten Reich" (Anm. 13), S. 725.

Militärregierung: Will einer ehrlich bleiben vor sich selbst, so hat er sich an die Brust zu schlagen und zu bekennen, daß auch er, der Nichtparteigenosse, seinen Teil an der Schuld des deutschen Volkes zu tragen hat. ‚Sind wir Nazigegner 1933 auf die Barrikaden gestiegen? Haben wir unsere Freiheit mit der Waffe in der Hand verteidigt? Haben wir nicht als Konzession an das Regime unseren Beitritt zum NSLB (NS-Lehrerbund), NSV (NS-Volkswohlfahrt), zum Luftschutzbund erklärt? Sind wir nicht zu Zeiten einmal wankend gewesen, wir einziges Prozent Neinsager im Haufen der 99 Prozent Bejahenden?' Doch es war nicht allein der Zwang zum ‚strukturellen Opportunismus', dem sich auch Regimegegner oft nicht hatten entziehen können, der eine scharfe Abrechnung unmöglich machte. Eine Massensäuberung mußte schlicht an dem hohen Grad der organisatorischen Erfassung der deutschen Gesellschaft durch das NS-Regime scheitern."[877] Bereits am 29. Mai 1947 stellte der stellvertretende Chefredakteur der Hamburger Wochenzeitung „Die Zeit", Ernst Friedländer, fest, was für den weiteren Lauf der Dinge prägend werden sollte:

> „Wenn eine ‚Säuberung' nicht wirklich saubermacht, wenn eine ‚Befreiung' nicht wirklich befreit, dann paßt der Name nicht zur Sache. Es ist deshalb nicht zu verwundern, daß solche Namen nur auf dem geduldigen Papier der Verordnungen, aber nicht im weit ungeduldigeren Sprachgebrauch dauerhaft sind. Was einmal eine Säuberung und Befreiung werden sollte, heißt in Deutschland längst nur noch: Entnazifizierung. Dieses verworrene und häßliche Wort hätte sich in der lebendigen Sprache nicht einbürgern können, wenn die dazugehörige Sache klar und schön wäre. Sie ist es so wenig, daß eine Säuberung der ‚Säuberung' und eine Befreiung von der ‚Befreiung' heute zu den dringlichsten deutschen Anliegen gehören."[878]

Zwar gestaltete sich die Praxis der Wiedereingliederung der Lehrerschaft je nach Besatzungszone und Region im Detail verschieden, im Grundsatz begann jedoch nach Inkrafttreten des Befreiungsgesetzes über alle westlichen Zonen hinweg für fast alle Lehrerinnen und Lehrer, die von den alliierten Entnazifizierungsmaßnahmen betroffen waren, ein Prozess der umfassenden politischen und sozialen Rehabilitierung. Alle drei Besatzungsregime rückten letztlich von ihren ursprünglichen Plänen und Grundsätzen ab und stellten es im Regelfall deutschen Spruchkammern anheim, über die (Neu-)Einstufung und den Einsatz von Lehrkräften zu entscheiden. In den nun einsetzenden Verfahren sollten allerdings nicht nur „Deutsche über Deutsche" urteilen, im Falle der Lehrkräfte kam vielfach hinzu, dass auch „Lehrkräfte über Lehrkräfte" entschieden. So wurde etwa in der britischen Zone aufgrund der Vielzahl der zu überprüfenden Fälle ein

---

877 Vollnhals: Entnazifizierung (Anm. 14), S. 58–59.
878 Ernst Friedländer in „Die Zeit" vom 29.05.1947, zit. n.: Kaufhold/Klattenhoff: Entnazifizierung der Lehrerschaft in Ostfriesland (Anm. 18), S. 15.

eigener Unterausschuss zur Entnazifizierung der Lehrerschaft gebildet. „Seine Zusammensetzung war jedoch problematisch, denn er bestand größtenteils aus Lehrern, die über ihre Kollegen entscheiden mussten, so dass ihre Objektivität durch Zuneigung und Sympathie beeinträchtigt wurde."[879] War die Lehrerschaft zu Beginn der Entnazifizierungsmaßnahmen womöglich „besonderen Härten" ausgesetzt, wie dies von ihnen selbst wie von zahlreichen gesellschaftlichen Meinungsführern immer wieder betont und herausgestellt wurde, so sollte sich ihre anschließende Rehabilitation am Ende als nahezu vollumfassend erweisen. Zwar kam es auch unter Lehrkräften zu Denunziationen, indem sich einzelne selbst frei von Schuld sprachen und andere für schuldig erklärten.[880] In aller Regel und häufiger als bei vielen anderen Berufsgruppen verfügten Lehrerinnen und Lehrer aufgrund ihrer Profession und gesellschaftlichen Stellung aber über eine Vielzahl an Fürsprechern, die bereit waren, in Form von Entlastungsschreiben deren „Unschuld" glaubwürdig unter „Beweis" zu stellen. Unter den Zeugen fanden sich oftmals frühere Lehrerkollegen, Schulleiter, Kirchenvertreter, ehemalige Schülerinnen und Schüler sowie deren Eltern, die zumeist wohlwollende Auskünfte erteilten.[881] Selbst Lehrkräfte, die unter den Nationalsozialisten degradiert und zwangspensioniert wurden, stellten ihren im NS-Schuldienst verbliebenen Kollegen entlastende Zeugnisse aus.[882] Die betroffenen Pädagogen selbst bedienten sich unterschiedlicher Rechtfertigungsmuster, um ihr eigenes Handeln in der NS-Zeit zu relativieren. Konflikte innerhalb von NS-Organisationen, die es aus unterschiedlichsten Gründen immer wieder gab, wurden jetzt kurzerhand „als Widerstand gegen den Nationalsozialismus, gegen die Nazis, umgedeutet und als Beleg angeführt, selbst kein überzeugter Nationalsozialist gewesen zu sein."[883] Einen Eintritt in die NSDAP rechtfertigten sie nicht selten damit, Schlimmeres verhindert haben zu wollen, die die folgende Stellungnahme eines ostfriesischen Lehrers verdeutlicht:

„Obwohl ich bis dahin Gegner war, trat ich Mai 1933 doch in die NSDAP ein, weil ich aus meiner demokratischen Denkungsart heraus glaubte, dass durch den Eintritt möglichst vieler bürgerlich gesinnter Männer und Frauen sich das Schwergewicht der

---

879 Büttner/Horn: Alltagsleben nach 1945 (Anm. 21), S. 60.
880 Deffner: Die Nachkriegswirren im bayerischen Volksschulwesen 1945–1954 unter besonderer Berücksichtigung der amerikanischen Re-educationsbemühungen (Anm. 18), S. 95.
881 Bilski: Die Entnazifizierung des Düsseldorfer Höheren Schulwesens nach 1945 (Anm. 18), S. 427; Schmidt: Hamburger Schulen im „Dritten Reich" (Anm. 13), S. 727; Lorent: Täterprofile (Anm. 744), S. 62.
882 Marco Dräger: „Also lautet ein Beschluss, dass der Mensch was lernen muss." – Der Wiederbeginn des schulischen Lebens in Göttingen nach dem Zweiten Weltkrieg. In: Maren Büttner/Sabine Horn (Hrsg.): Alltagsleben nach 1945. Die Nachkriegszeit am Beispiel der Stadt Göttingen. Göttingen 2010, S. 57–97, hier S. 61–62.
883 Lorent: Täterprofile (Anm. 744), S. 18–19.

Partei von der radikalen nach der gemäßigten, bürgerlichen Seite hin verlagern und dadurch der Kurs von Partei und Staat bestimmt werden würde."[884]

Aus heutiger Perspektive ist nur schwer nachvollziehbar, dass die Entnazifizierungsausschüsse solchen entlastenden Darlegungen, zum Teil gegen jede Objektivität verstoßend, folgten. Zahlreiche dokumentierte Einzelfälle lassen vermuten, dass es vielen Lehrkräften gelungen sein dürfte, ihre offensichtliche Nähe zum Nationalsozialismus herunterzuspielen, um schließlich als Mitläufer oder gar als entlastet eingestuft zu werden.[885] Eine „formale" Entlastung brachte für sie zwar keinen einklagbaren Anspruch auf Wiedereinstellung, allerdings erfolgte – zum Teil nach einer weiteren Zeit des Wartens[886] – am Ende fast immer eine dauerhafte Wiederübernahme in den öffentlichen Schuldienst bzw. eine Rehabilitation, indem zunächst aberkannte Versorgungsbezüge gerichtlich erstritten wurden.[887] Für die meisten Lehrkräfte, wie für viele weitere Beamte und Angestellte des untergegangenen „Dritten Reichs" waren die größten Nöte und die unmittelbaren Auswirkungen der Entnazifizierungsverfahren bereits vor Gründung der Bundesrepublik so gut wie beseitigt.[888] Die wenigen Auflagen, die die Alliierten den deutschen Behörden in den Fällen einer Wiederverwendung ehemals „belasteter" Lehrer machten, erwiesen sich als nicht mehr als ein „moralisches Feigenblatt", um die de facto erfolgte Einstellung jeglicher Entnazifizierungsbemühungen nicht offen eingestehen zu müssen. So ließ sich etwa die amerikanische Militärregierung in Bayern vom dortigen Kultusministerium für alle Lehrkräfte eine „periodische Beurteilung der positiven politischen liberalen und moralischen Haltung" zukommen, „die nach rechtskräftigem Spruchkammerentscheid" in den Schuldienst eingestellt wurden. Allerdings hatten die jeweils zuständigen Schulräte diese Schreiben anzufertigen – und ihre Bereitschaft, jeden Einzelfall kritisch zu prüfen, dürfte sich in engen Grenzen gehalten haben.[889] Zumindest für Bayern ist auch belegt, dass die von der Militärregierung ausgesprochene Auflage, der zufolge zwischenzeitlich entlassene Lehrkräfte nicht wieder an ihre alten Schulen zurückkehren sollten, sehr häufig umgangen wurde,

---

884 Kaufhold/Klattenhoff: Entnazifizierung der Lehrerschaft in Ostfriesland (Anm. 18), S. 159.
885 Hütt: Eine deutsche Kleinstadt nach dem Nationalsozialismus (Anm. 46), S. 94–107.
886 Lorent: Täterprofile (Anm. 744), S. 59–60.
887 Deffner: Die Nachkriegswirren im bayerischen Volksschulwesen 1945–1954 unter besonderer Berücksichtigung der amerikanischen Re-educationsbemühungen (Anm. 18), S. 146; Schmidt: Hamburger Schulen im „Dritten Reich" (Anm. 13), S. 729.
888 Kotthaus: Reeducation in den besetzten Zonen – Schul-, Hochschul- und Bildungspolitik (Anm. 850); Kaufhold/Klattenhoff: Entnazifizierung der Lehrerschaft in Ostfriesland (Anm. 18), S. 41; Lorent: Täterprofile (Anm. 744), S. 55.
889 Deffner: Die Nachkriegswirren im bayerischen Volksschulwesen 1945–1954 unter besonderer Berücksichtigung der amerikanischen Re-educationsbemühungen (Anm. 18), S. 148.

nachdem örtliche Instanzen, etwa das Pfarramt oder die Gemeindevertretung, unterstützt durch die lokale Bevölkerung dagegen protestierten. Je nach Region kehrten in Bayern so zwischen 48 und 72 Prozent der Lehrerinnen und Lehrer unmittelbar nach ihrer Rehabilitierung an ihre früheren Dienstorte zurück.[890]

Im zeitlichen Vorfeld der im Entstehen begriffenen, föderalistisch strukturierten Bundesrepublik Deutschland übertrugen die Westalliierten die Kulturhoheit – und damit die Zuständigkeit für das Unterrichtswesen – sukzessive auf die einzelnen Länderregierungen. Einen vorläufigen Abschluss fand dieser Prozess bereits im Februar 1948, als sich die Erziehungsminister der deutschen Länder (damals auch der sowjetisch besetzten Länder) mit Ausnahme von Rheinland-Pfalz und dem Saarland zur einer ersten Konferenz in Stuttgart einfanden, die sich in den Folgejahren und bis heute als Kultusministerkonferenz verstetigte.[891] Mit dem Besatzungsstatut der drei westlichen Militärmächte vom April 1949, das im September mit Gründung des westdeutschen Staates in Kraft trat, ging die gesetzgebende, vollziehende und Recht sprechende Gewalt, von einigen außenpolitischen und militärischen Fragen abgesehen, auf den neuen Staat und seine Länder über.[892] In der jungen Bundesrepublik wurden die letzten offenen Fälle, die sich aus der Entnazifizierung der Lehrerschaft ergeben haben, abschließend entschieden – fast immer zugunsten der beschuldigten Pädagogen. Herauszustellen ist dabei das sogenannte „131er-Gesetz", genauer das „Gesetz zur Regelung der Rechtsverhältnisse der unter Artikel 131 des Grundgesetzes fallenden Personen". Hinter dem sperrigen Titel verbarg sich ein komplexes Verfahren, dessen Hintergründe und Folgewirkungen nun kurz vorgestellt werden sollen.

In den Übergangs- und Schlussbestimmungen zum Grundgesetz wurde in Artikel 131 festgelegt, dass die Rechtsverhältnisse von Personen einschließlich der Flüchtlinge und Vertriebenen, die zum Kriegsende am 8. Mai 1945 im öffentlichen Dienst standen bzw. versorgungsberechtigt waren und aus anderen als „beamten- oder versorgungsrechtlichen Gründen" ausgeschieden waren und bisher nicht oder nicht entsprechend ihrer früheren Stellung verwendet wurden bzw. keine oder keine entsprechende Versorgung mehr erhielten, ihre Rechtsansprüche dann geltend machen konnten, wenn ein entsprechendes Bundesgesetz dies regelte. Genau jenes Gesetz trat nun zum 1. April 1951 in Kraft, nachdem zuvor der Deutsche Bundestag ohne Gegenstimmen und bei nur zwei Enthaltungen seine Zustimmung erteilt hatte. Hunderttausende, darunter viele ehemalige Berufssoldaten sowie Staatsdiener, die aus der sowjetischen Zone und aus den früheren „deutschen Ostgebieten" flohen, aber auch Beamte aus den Westzonen,

---

890 Müller: Schulpolitik in Bayern im Spannungsfeld von Kultusbürokratie und Besatzungsmacht 1945–1949 (Anm. 18), S. 81; Deffner: Die Nachkriegswirren im bayerischen Volksschulwesen 1945–1954 unter besonderer Berücksichtigung der amerikanischen Re-educationsbemühungen (Anm. 18), S. 167.
891 Schmidt: Hamburger Schulen im „Dritten Reich" (Anm. 13), S. 705.
892 Geißler: Schulgeschichte in Deutschland (Anm. 12), S. 713.

die im Zuge ihrer Entnazifizierung entlassen worden waren, profitierten von der Regelung. Auch alle Lehrkräfte – mit Ausnahme derjenigen, die im Entnazifizierungsverfahren als Kriegsverbrecher, Aktivisten, Militaristen und Nutznießer beurteilt und damit in eine der Hauptbelastungskategorien eingestuft wurden – durften nun wiedereingestellt werden. Mehr noch: „Das Ausführungsgesetz zu Artikel 131 verpflichtete Bund, Länder und Gemeinden, diejenigen Beamten wieder einzustellen, die bis zu dem Zeitpunkt noch nicht wieder beschäftigt waren. Eine Ausnahme bildeten Personen, die von den Spruchkammern als untragbar für den öffentlichen Dienst erachtet worden waren. Kamen die Behörden dieser Pflicht, eine Mindestquote von ‚131ern' einzustellen, nicht nach, so mußten sie mit Einstellungssperren für andere Personen und Beitragszahlungen zum Unterhalt rechnen. Etwa 150.000 ehemalige Angehörige des öffentlichen Dienstes erhielten ‚ihre Versorgungsansprüche und Arbeitsmöglichkeiten im Staatsdienst zurück'. […] Mit diesem ‚äußerst umstrittenen' Gesetz gelangten bis auf einen geringen Rest die meisten Entnazifizierten in den öffentlichen Dienst zurück, ja sie wurden Ländern und Gemeinden geradezu aufgezwungen."[893] Wie rasch und umfassend die Rückkehr der vom 131er-Gesetz betroffenen Lehrerschaft erfolgen konnte, lässt sich wieder am Beispiel Bayerns verdeutlichen. Hier stellte der Mitbegründer der CSU und Staatsminister für Unterricht und Kultus, Alois Hundhammer, bereits für das Jahr 1951 fest, dass die Zahl der Lehrkräfte, die nach der Entnazifizierung nicht wiedereingestellt wurden, auf weniger als 500 zurückgegangen sei. Alle übrigen befänden sich wieder im Dienst.[894] Schwer belastete NS-Funktionsträger unter den Lehrern und zum Teil auch ehemalige Schulleiter höherer Schulen wurden in der Regel zwar nicht wieder in den öffentlichen Schuldienst der Länder übernommen, fanden aber mitunter an Privat- und Berufsschulen eine neue Anstellung und konnten in jedem Fall ihre bis dahin erworbenen Pensionsansprüche geltend machen.[895] Das 131er-Gesetz von 1951 und die Mitte der 1950er Jahre erlassenen Durchführungsverordnungen, die die Ansprüche auf Einstufung und Ruhegehalt im Detail regelten, stellten eine Zäsur für die Auseinandersetzungen um die Entnazifizierung und damit einhergehend auch für den Umgang mit der NS-Vergangenheit in der Bundesrepublik Deutschland dar. Die Erblast des Nationalsozialismus – darin waren sich die politisch Verantwortlichen einig – sollte in Zeiten des beginnenden „Wirtschaftswunders" abgelegt werden.

---

893 Deffner: Die Nachkriegswirren im bayerischen Volksschulwesen 1945–1954 unter besonderer Berücksichtigung der amerikanischen Re-educationsbemühungen (Anm. 18), S. 165–166.
894 Dannhäuser: Erlebte Schulgeschichte 1939 bis 1955 (Anm. 13), S. 31.
895 Geißler: Schulgeschichte in Deutschland (Anm. 12), S. 719.

4.3 Wiederentstehen von Lehrerverbänden, Gründung und Aufbau der GEW

Mit den bisherigen Ausführungen sind die wesentlichen Rahmenbedingungen umschrieben und die zentralen Entwicklungen benannt, die für einen Großteil der Lehrerinnen und Lehrer in der Nachkriegszeit prägend gewesen sein dürften. Am Beispiel der Gewerkschaft Erziehung und Wissenschaft bzw. ihrer Vorgängerorganisation stellt sich im Folgenden unter anderem die Frage, wie unter diesen Umständen die spätere „Bildungsgewerkschaft" entstehen konnte, welche Traditionen, Umstände und Personen dabei prägend waren und welche konkreten Haltungen die Interessenorganisation gegenüber den politisch Verantwortlichen sowie ihren Mitgliedern in den ersten Jahren nach dem Ende der Ära des Nationalsozialismus einnahm.

4.3.1 Personen und Strukturen zwischen Kontinuitäten und Brüchen

Es dauerte nur kurze Zeit, bis einzelne Lehrkräfte an verschiedenen Orten im besetzen Deutschland erste Initiativen ergriffen, um sich angesichts ihrer oftmals ungewissen Zukunft zusammenzufinden und Interessenverbände zu begründen. Bereits wenige Monate nach Kriegsende entstand so beispielsweise in München innerhalb der „Allgemeinen Freien Münchner Gewerkschaft", die als örtliche Gewerkschaft von den amerikanischen Besatzern genehmigt worden war, eine „Untergruppe Erzieher.[896] Weitere lokal begrenze Lehrerorganisationen bildeten sich zwischen Oktober 1945 und Oktober 1946 unter anderem in Hamburg, Hannover, Bremen, Braunschweig, Lippe, Oldenburg sowie in Schleswig Holstein, Berlin, Bayern und Nord-Baden. Mit der „Gewerkschaft der Lehrer und Erzieher" im Freien Deutschen Gewerkschaftsbund (FDGB), aus der ab Juli 1951 die Gewerkschaft Unterricht und Erziehung" (GUE) hervorging, entstand in der sowjetischen Zone dagegen eine einheitliche, schulartenübergreifende Organisation.[897]

Maßgebend für die Entwicklung der späteren GEW, zu deren Zielsetzung ebenfalls die „Einheit des Lehrerstandes" gehörte, war der Entschluss von Fritz Thiele, ehemaliger Vorsitzender des Pommerschen Lehrervereins und letzter Geschäftsführer des Deutschen Lehrervereins, nach dem Kriegsende mit alten Weggefährten aus der Weimarer Republik erneut Kontakt aufzunehmen – oder, wie er es ausdrückte, „in Fühlung" zu gehen. Das belegen zahlreiche Briefe und

---

896 Wolfgang Kopitzsch: Die Gründung der Arbeitsgemeinschaft deutscher Lehrerverbände (AGDL) 1945 bis 1949 und die Entstehung der GEW (ADLLV). In: Dieter Dowe/Eckhardt Fuchs/Heike C. Mätzing/Steffen Sammler (Hrsg.): Georg Eckert. Grenzgänger zwischen Wissenschaft und Politik (Eckert, Band 146). Göttingen 2017, S. 53–66, hier S. 54–55.
897 Ebd., S. 55.

Dokumente, die heute im Archiv der sozialen Demokratie in Bonn aufbewahrt werden und die in der vorliegenden Untersuchung besondere Beachtung erfahren, weil sie neben zahlreichen Details, die durch ihre Lektüre zum Vorschein kommen, weitgehend unverstellte Einblicke in die sich neu organisierende Lehrerschaft in jenen Tagen ermöglichen.[898]

Thiele hatte die Zeit des Nationalsozialismus mehr schlecht als recht überstanden. Auf Grundlage des „Gesetzes zur Wiederherstellung des Berufsbeamtentums" wurde er 1933 seiner Stellung als Rektor enthoben. Anschließend arbeitete er in unterschiedlichen, zum Teil fachfremden Bereichen, bis er schließlich in den letzten Kriegsjahren erneut als Lehrer eine Anstellung fand. Damals unterrichtete er an der Berliner Berthold-Otto-Schule, die – fast zehn Jahre nach Beginn der „Gleichschaltungsmaßnahmen" – noch immer privat betrieben wurde.[899] Vor dem Zugriff des NS-Regimes war Thiele aber auch dort nicht geschützt, denn bereits wenige Monate nach seiner Anstellung sollte er sich gemeinsam mit seinen Schülern zur Kinderlandverschickung in den böhmischen Raum begeben, wo er schließlich auch das Kriegsende erlebte. Nachdem die letzten Kampfhandlungen eingestellt wurden, führte er die ihm anvertrauten Kinder in Richtung Westen nach Niederbayern. Er selbst hielt sich dort zunächst nur wenige Monate auf. Stattdessen entschloss er sich im Sommer 1945, in den norddeutschen Raum aufzubrechen, um nach seiner Familie zu suchen, zu der seit März 1945 der Kontakt abgebrochen war. Schon auf dieser Reise, die ihn durch Franken, Hessen, Hannover, Hamburg und Schleswig-Holstein führte, suchte und fand Thiele einige Freunde und Kollegen aus dem früheren Deutschen Lehrerverein wieder, mit denen er sich unter anderem auch „über das Schicksal und die Zukunft des Vereins" zu unterhalten begann. Max Traeger, der Vorsitzende der in Hamburg mit Genehmigung der britischen Besatzer bereits wiedergegründeten Gesellschaft der Freunde des vaterländischen Schul- und Erziehungswesens, bestärkte ihn wohl besonders darin, an seiner Idee der Wiederentstehung einer einheitlichen, zonenübergreifenden Lehrerorganisation festzuhalten.[900]

Ein Schriftstück, das Thieles Bemühungen dokumentiert, geht auf den 24. November 1945 zurück. „Zu den Empfängern seines Briefes gehörten unter anderem: Richard Schallock (Berlin, in der Weimarer Republik Mitglied der FLGD), Max Traeger [...], Gustav Kuhrt (Berlin, früherer Geschäftsführer des DLV), Julius Reiber (Darmstadt, Vorsitzender des Hessischen Lehrervereins, nach 1945 Bürgermeister von Darmstadt), Leo Raeppel (ehemaliger Geschäftsführer des DLV, Schriftleiter und Redakteur der Allgemeinen Deutschen Lehrerzeitung), Heinrich Rodenstein [...] und Fritz Sänger (Geschäftsführer des Preußischen

---

898 Es handelt sich hierbei um das Aktenkonvolut „Vor Detmold I–III", das sich im Bestand des GEW-Hauptvorstands im AdsD befindet.
899 Schulrat Fritz Thiele. In: Allgemeine Deutsche Lehrerzeitung 9, 1957, H. 19, S. 374.
900 Fritz Thiele: Schreiben an unbekannten Empfänger vom 24.11.1945. In: AdsD, GEW-HV, „Vor Detmold I".

Lehrervereins, 1927 Redakteur der Preußischen Lehrerzeitung, 1945 Landrat in Gifhorn, Oktober 1945 Chefredakteur der Braunschweiger Zeitung, 1946 Mitglied des Niedersächsischen Landtages, SPD)."[901] Neben der Tatsache, dass Thiele ganz offensichtlich ein Wiederaufleben des „charaktervollen und gewissenhaften Deutschen Lehrervereins" anstrebte und dieser Umstand ihn nicht davon abhielt, sein Schreiben auch an Vertreter der ehemaligen Freien Lehrergewerkschaft Deutschlands, der „sozialistischen Alternative" zum DLV zu verschicken, beinhaltet das Dokument noch weitere interessante Details. So berichtete Thiele bereits im zweiten Absatz seines Schreibens von den eben angesprochenen Zusammenkünften mit ehemaligen Funktionären und stellt dabei eine Thematik besonders heraus: „War die erste Frage: Was macht der Deutsche Lehrerverein?, so war die zweite immer die: Was machen unsere wirtschaftlichen Einrichtungen in Bayreuth? Was macht die Krankenkasse?"[902]

Das vom NSLB im „Dritten Reich" eingezogene Vermögen und die Frage der Rückerstattung von Geldern und Sachwerten war demzufolge für alle Beteiligten von Beginn an von zentraler Bedeutung. Fritz Thiele sollte sich dieses Interesse zunutze machen. Wie aus einem Brief zu entnehmen ist, begab er sich bereits im Herbst 1945 nach Bayreuth und traf sich mit Heinrich Diekmann und Hermann Kaufhold. Über Diekmann ist bekannt, dass er als letzter Vorsitzender des Preußischen Lehrervereins 1933 in die NSDAP eintrat und an der Überführung seiner Organisation in den NSLB unmittelbar beteiligt war. Er kannte ich somit in Vermögensfragen aus und wurde aus diesem Grund zusammen mit Kaufhold, über dessen Biographie nichts Näheres überliefert ist, unmittelbar nach dem Krieg mit der provisorischen Verwaltung des verbliebenen NSLB-Vermögens beauftragt.[903] Thiele brachte sich mit seiner Reise nach Bayreuth gewissermaßen als „Anwalt" des vom NS-Lehrerbund eingezogenen Vermögens ins Gespräch. In dieser selbst zugeschriebenen Rolle konnte er sich gewiss sein, dass die von ihm angesprochenen „alten Funktionäre" an der Errichtung eines Netzwerks, als Vorstufe zur Wiederbegründung des DLV, grundsätzliches Interesse zeigten. Das „Erbe" des NS-Lehrerbundes fungierte, wie noch deutlich werden wird, buchstäblich als „Katalysator" für die spätere Gründung der GEW.

Auffällig an dem Schriftstück vom 24. November 1946 ist darüber hinaus, dass Thiele eine kritische Reflexion der unmittelbaren Vergangenheit, etwa der Rolle und Funktion der Lehrkräfte im Nationalsozialismus oder dem Umgang mit dem sich daraus ergebenden Erbe, beinahe vollständig vermieden hat. Erst im letzten Absatz machte er diesbezüglich vorsichtige Andeutungen, wenn er schrieb:

---

901 Kopitzsch: Die Gründung der Arbeitsgemeinschaft deutscher Lehrerverbände (AGDL) 1945 bis 1949 und die Entstehung der GEW (ADLLV) (Anm. 896), S. 55.
902 Thiele: Schreiben an unbekannten Empfänger (Anm. 900).
903 Bölling: Volksschullehrer und Politik (Anm. 71), S. 221.

"Wenn in meinen Ausführungen immer wieder von den alten Führern geredet wurde, so soll das nicht mißverstanden werden. Die Zukunft, also auch der Aufbau eines neuen Vereinsgebäudes, gehört dem nachstrebenden Geschlecht, das in ihm ja ein Leben lang wohnen und arbeiten soll. Aber es wird doch für absehbare Zeit die Lebens-, Dienst- und Vereinserfahrung von uns Alten nicht zu entbehren sein. Deshalb wollen wir uns gern und willig wieder in die Reihen der Vereinsarbeiter stellen – wo man unserer bedarf – nicht um zu bevormunden, sondern um zu raten und zu helfen. Wir wollen die Brücke über ein Dutzend lärmvoller und inhaltleerer Jahre sein, unter der eine trübe Flut verworrener Phrase und prahlerischen Gaukelspiels dahinströmte, über die wir die Gediegenheit und die Sauberkeit des alten Deutschen Lehrervereins hinüberbringen wollen zu neuen Ufern."[904]

Wie sich in den kommenden Jahren herausstellen sollte, waren die „alten Führer" jedoch weit mehr als dienstbeflissene „Vereinsarbeiter" unter dem „neuen Geschlecht". Vielmehr sollten sehr viele von ihnen, Thiele eingeschlossen, wieder in entscheidende Positionen gelangen und die Gestalt der späteren Gewerkschaft Erziehung und Wissenschaft nachhaltig prägen. Auffällig dabei ist, dass aus den vorhandenen Akten, anhand derer sich die Entstehungsgeschichte der GEW rekonstruieren lässt, kaum Dissonanzen erkennbar sind was den Umgang mit der unmittelbaren Vergangenheit anbelangt. Scheinbar mühelos und nur schemenhaft in die Vergangenheit blickend, arbeiteten die alten Funktionsträger aus der Zeit vor dem Nationalsozialismus nach 1945 zusammen, auch wenn sie im „Dritten Reich" zum Teil sehr unterschiedliche Erfahrungen gemacht hatten. Max Traeger etwa war an der Überführung der Hamburger Gesellschaft der Freunde in den NSLB beteiligt und konnte unter den Nationalsozialisten – trotz einer gewissen Degradierung – zumindest seinen Beruf weiterhin ausüben. Der spätere erste Bremer GEW-Vorsitzende Paul Goosmann dagegen wurde wie Fritz Thiele 1933 aus politischen Gründen entlassen, kam jedoch aufgrund des kriegsbedingten Lehrermangels 1940 wieder in den Schuldienst zurück, während etwa Heinrich Rodenstein in die Emigration getrieben wurde und 1945 überhaupt erst wieder deutschen Boden betrat. Fritz Thiele dürfte wie allen anderen Vereinsfunktionären der früheren Lehrerorganisationen klar gewesen sein, dass für die Wieder- oder Neugründung von Lehrerverbänden neben der Klärung informeller, organisatorischer und rechtlicher Aspekte die Frage der Finanzierung der Organisation von entscheidender Bedeutung war. Wie im vorangehenden Teil beschrieben wurde, war die materielle Situation vieler Lehrer nach dem Krieg prekär oder gar existenzbedrohend. Das Geld, das den alten Lehrervereinen bis 1933 in Form von Versicherungskassen oder Sachwerten zur Verfügung stand und das anschließend an den NS-Lehrerbund abgeführt werden musste, sollte daher möglichst rasch aufgespürt und wieder „freigemacht" werden. Aufgrund

---

904 Thiele: Schreiben an unbekannten Empfänger (Anm. 900).

des Umstands, dass der NSLB seinen Hauptsitz in Bayreuth hatte, lag die treuhänderische Verwaltung seiner Hinterlassenschaften zunächst beim bayerischen Staat – unter Aufsicht der US-Militärregierung. Thieles Bemühungen um eine Wiedererlangung des vermuteten Vermögens blieben in Bayern nicht unbeachtet. Aufgrund seiner langjährigen Vereinstätigkeit in der Weimarer Republik und der Tatsache, dass er im Kontext der Entnazifizierung als „unbelastet" galt, schlugen ihn bayerische Lehrerkollegen beim dortigen Wirtschafts- und beim Kultusminister als Treuhänder vor. Verschiedene Umstände, die heute nicht mehr restlos aufzuklären sind, verhinderten jedoch, dass Thiele diese Aufgabe am Ende auch tatsächlich übernahm. Offenbar sollen die Verhandlungen mitunter daran gescheitert sein, dass seine Pensionsansprüche, die er bis 1933 als Lehrer in Pommern erworben hatte, Gefahr liefen, verlorenzugehen, falls er das ihm angetragene Amt in Bayern übernehmen sollte.[905] Eine gewisse materielle Sicherheit versprach dagegen die ebenfalls im Raum stehende Option, in den Schuldienst zurückzukehren. So wurde Thiele zu dieser Zeit in Aussicht gestellt, Rektor einer Volksschule in Celle zu werden, die wiederum eng mit der pädagogischen Hochschule Hannover verbunden war und als „Versuchsschule" eine besondere Funktion erfüllen sollte. Bereits in der Weimarer Republik war Thiele Leiter der Stettiner Akademieschule, einer Schule, die der dortigen Pädagogischen Akademie als „Übungs- und Versuchsschule" angegliedert war. Ihm bot sich daher die Möglichkeit, unmittelbar an seine frühere Tätigkeit anzuknüpfen.[906] Wie Thiele inzwischen wusste, befanden sich zudem seine Kinder in der näheren Umgebung von Celle.[907] Der entscheidende Punkt aber, warum Thiele sich gegen die Arbeit als Treuhänder in Bayern entschied, lag mit großer Wahrscheinlichkeit darin begründet, dass er, wie sich immer mehr herausstellte, offenbar ausschließlich bayerische Interessen bei der Verteilung des Lehrervermögens vertreten sollte. Diese Entwicklung stand im offenen Widerspruch zu seinem Vorhaben, die Ansprüche der gesamten organisierten deutschen Lehrerschaft geltend zu machen.[908] In einem Brief an Hermann Kaufhold kommen seine Befürchtungen deutlich zum Ausdruck:

> „Es besteht aber die Gefahr, daß die Amerikaner und mit einer gewissen Begeisterung die Bayern sich auf den Standpunkt stellen werden, daß die im amerikanischen Gebiet befindlichen Werte auch den dort hausenden Deutschen gehören, während doch die

---

905 Fritz Thiele: Schreiben an Richard Schallock vom 17.02.1946. In: AdsD, GEW-HV, „Vor Detmold I".

906 Fritz Thiele: Schreiben an Rektor Fink vom 23.09.1946. In: AdsD, GEW-HV, „Vor Detmold I".

907 Fritz Thiele: Schreiben an Friedrich Nüchter vom 13.04.1946. In: AdsD, GEW-HV, „Vor Detmold III".

908 Fritz Thiele: Schreiben an Max Traeger vom 14.04.1946. In: AdsD, GEW-HV, „Vor Detmold III".

Lehrer von ganz Deutschland die Werte aufgebaut haben, die nur durch einen Zufall nach Bayreuth gekommen sind. Deshalb wäre es doch ein Gebot der Gerechtigkeit, wenn nicht allein die Süddeutschen, sondern auch die Kollegen in der britischen und der russischen Zone ihre Stimmen in die Wa[a]gschale werfen könnten, wenn das Fell des Bären verteilt wird."[909]

Thieles ablehnende Haltung zu den Plänen der bayerischen Regierung und die Ablehnung der ihm in Aussicht gestellten Funktion als Treuhänder stießen dort zwar auf Kritik,[910] bedeuteten aber keinesfalls das Ende seiner Bemühungen um die Wiedererlangung des alten DLV-Vermögens. Auch nachdem er die Rektorenstelle in Celle im April 1946 annahm, versuchte er weiterhin, ihm bekannte Funktionäre aus Weimarer Zeiten auf dieses Thema zu sensibilisieren. Einer der „alten Führer", mit denen er seit geraumer Zeit im Austausch stand, hieß Richard Schallock. Schallock war vor 1933 1. Vorsitzender im Hauptvorstand der Allgemeinen Freien Lehrergewerkschaft. Zudem saß er bis 1933 als Abgeordneter der SPD-Fraktion im preußischen Landtag.[911] Nach dem Krieg gehörte er in der SBZ zu den Mitgründern der Gewerkschaft der Lehrer und Erzieher im FDGB Groß-Berlin. Nach seinem Eintritt in die SED wurde ihm die Gesamtleitung der Lehrergewerkschaft im FDGB anvertraut. Damit unterstand Schallock in den Nachkriegsjahren die bis dahin größte und am besten organisierte deutsche Lehrerorganisation. Entsprechend selbstbewusst äußerte sich Schallock in einem Brief Ende März 1946 gegenüber Thiele, in dem er zwar dessen Bemühungen um die Rückerstattung des Lehrervermögens begrüßte, zugleich deutlich machte, dass auch in seinem Verband bereits darüber diskutiert wurde, wie entsprechende Ansprüche geltend gemacht werden könnten. Er schloss sein Schreiben mit den Worten:

„Wir hoffen, dass es bald möglich sein wird, eine organisatorische Vereinigung der Organisationen der einzelnen Zonen durchzuführen, um dann die durch die Lehrerschaft geschaffenen Werte wieder in die Hände der Lehrerschaft zurückzuführen."[912]

Thiele verstand diese Worte nicht unbedingt nur wohlwollend. Dagegen beobachtete er die Entwicklungen in der sowjetisch besetzten Zone offenbar mit

---

909 Fritz Thiele: Schreiben an Hermann Kaufhold vom 23.05.1946. In: AdsD, GEW-HV, „Vor Detmold I".
910 Wilhelm Baumann: Schreiben an Fritz Thiele vom 07.05.1946. In: AdsD, GEW-HV, „Vor Detmold III".
911 Fritz Thiele: Schreiben an Friedrich Nüchter (Anm. 907).
912 Richard Schallock: Schreiben des Verbands der Lehrer und Erzieher im FDGB an Fritz Thiele vom 27.03.1946. In: AdsD, GEW-HV, „Vor Detmold III".

einiger Skepsis, vor allem was die Umsetzung demokratischer Prinzipien betraf.[913] Dies wird in einem Brief vom 20. Mai 1946 an Max Traeger deutlich, wo er zum einen die Zustände in seiner neuen Arbeitsstätte beklagt – die Schule sei ein „Riesensystem" mit nahezu 2.000 Kindern in 29 Klassen und nur 15 Lehrern, die in Barackenräumen und in fremden Schulhäusern im Schichtsystem unterrichten mussten –, zum anderen diese Zustände in Beziehung setzt zu den Entwicklungen im Osten, die allem Anschein nach auf ihn bedrohlich wirkten:

„Wenn überhaupt der Verband der Lehrer und Erzieher – so nennt sich ja die Lehrersparte im Freien Deutsche[n] Gewerkschaftsbund – seine Landesverbände ‚durchorganisiert' hat drüben im Iwanland [sic!], d. h. wenn er den Lehrerverbänden in den Landesteilen Vorstände auf die Nase gesetzt und Beiträge einkassiert hat, dann erfolgt wahrscheinlich der Einbruch ins britische Gebiet mit dem ganzen Propagandaapparat, mit hauptamtlichen Kräften und leistungsfähigen Büros, und man selbst verfügt nicht einmal über eine einzige Hilfskraft! Das wird und muss dann schief gehen, weil auf unserer Seite mit ganz unzureichenden Mitteln gearbeitet werden muss."[914]

Die Frage der Verteilung des Alt-Vermögens, das am ehemaligen Hauptsitz des NS-Lehrerbundes in Bayreuth vermutet wurde, war nicht zuletzt aufgrund der frühzeitigen Gründung des FDGB in der sowjetischen Zone ein entscheidender Impulsgeber für die rasche und intensive Verbindungsaufnahme und Vernetzung vor allem jener Lehrerfunktionäre, die um den Verlust ihrer Ansprüche fürchteten, weil sie sich entweder außerhalb Bayerns befanden und/oder nicht über die entsprechenden finanziellen, personellen und organisatorischen Mittel und Möglichkeiten verfügten, wie dies bei der Gewerkschaft der Lehrer und Erzieher im FDGB bereits der Fall war. Folgerichtig bemühte sich Thiele seit Mai 1946 intensiv darum, festzustellen, welche Werte genau sein ehemaliger Verband, der Deutsche Lehrerverein, an den NSLB überführt hatte und was davon beansprucht werden könnte. Auf seine Veranlassung hin verfasste Heinrich Dieckmann eine Denkschrift mit dem Titel „Das Erbe des Deutschen Lehrervereins und seiner Zweigvereine". Hier schrieb Dieckmann alles nieder, was er über das alte Vermögen wusste.[915] Ersten Schätzungen zufolge soll es sich um Geld- und Sachwerte in Höhe von etwa 40 Millionen Reichsmark gehandelt haben – gerade zum damaligen Zeitpunkt eine erhebliche Summe.[916] Dieckmanns Denkschrift ist heute zwar nicht mehr überliefert, allerdings führt er in einem persönlichen Brief an Thiele

---

913 Fritz Thiele: Schreiben an unbekannten Empfänger vom 27.07.1946. In: AdsD, GEW-HV, „Vor Detmold I"; Thiele: Schreiben an Friedrich Nüchter (Anm. 907).
914 Fritz Thiele: Schreiben an Max Traeger vom 20.05.1946. In: AdsD, GEW-HV, „Vor Detmold I".
915 Fritz Thiele: Schreiben an Richard Schallock (Anm. 905).
916 Hermann Kaufhold: Schreiben an unbekannte Empfänger (Abschrift) vom 08.07.1946. In: AdsD, GEW-HV, „Vor Detmold I".

im Mai 1946 zumindest einige darin enthaltene Details auf, so zum Beispiel die Orte aller Heime, die seiner Erinnerung nach im Besitz des DLV waren und sich „innerhalb der vor 1938 bestehenden Grenzen des Deutschen Reiches" befanden:

„In der britischen Zone liegen leider verhältnismäßig wenig, nämlich von den Erholungsheimen nur Norderney, Pyrmont und Rhöndorf, von den Altersheimen Gandersheim, Göttingen und Wissen a. d. Sieg (nicht Witten). Alle diese Heime stammen nicht aus dem Besitz von Zweigvereinen des DLV. In der amerikanischen Zone liegen Berchtesgaden, Darmstadt (zerstört) und Oettingen i. Bayern. Bei Berlin-Steglitz bin ich im Zweifel; es ist übrigens vollständig zerstört. Die meisten liegen in der französischen Zone, nämlich: Freyersbach, Gaienhofen, Reichenau, Stromberg, Baden-Baden u. Neustadt an der Weinstraße. Hier scheint mir eine Einschaltung besonders notwendig zu sein, da es sich durchweg um wertvollen Besitz handelt. Im russischen Gebiet liegen Hohegeiß, (Mir fällt eben ein, daß dies möglicherweise auch zum britischen Gebiet gehören könnte, da H. braunschweigisch ist -) ferner Dessau, Erfurt, Königsberg und Rauschen (das letztere fehlt in meiner Denkschrift). Diese, insbesondere die beiden letzten werden wohl ganz abgeschrieben werden müssen, da ja Ostpreußen wohl dauern russisch bleiben wird. Das Gleiche gilt von den schlesischen Heimen, die nun auf polnischem Gebiet liegen: Charlottenbrunn, Schreiberhau, Salzbrunn. Dies tut mir wegen Schreiberhau besonders weh. Ihre 3. Frage wegen der vom NSLB übernommenen Geschäftsstellen und Vereinshäuser kann ich im Augenblick nicht beantworten. Ich werde mich aber bemühen, darüber Näheres zu erfahren und gelegentlich darauf zurückzukommen."[917]

Ob Dieckmann sich diesbezüglich erneut an Thiele gewendet hat, muss offenbleiben. Fest steht dagegen, dass Thiele nicht nur Dieckmann damit beauftragte, das alte Vermögen aufzuspüren. Dies belegt ein weiter Brief an Thiele, ausgestellt am 26. Mai 1946 von Hermann Kaufhold, der in Bayreuth zu dieser Zeit damit beschäftigt war, sich um eingefrorene Gelder unterschiedlicher Lehrerversicherungen zu kümmern, wobei es sich offenbar insbesondere um die „Krankenkasse deutscher Erzieher", darüber hinaus aber auch um Sterbekassen sowie um eine Feuerversicherung handelte. Kaufhold schätzte die Freimachung der Versicherungsgelder als schwierig ein und wies Thiele darauf hin, dass „das ganze Ostgebiet verlorengegangen" sei. „Die letzte, in der russischen Zone vorgenommene Neuregelung der Versicherungswirtschaft hat der Privatversicherung den Garaus gemacht." Die dortigen Verwaltungsstellen seien liquidiert, die Vermögen beschlagnahmt worden.

---

917 Heinrich Diekmann: Schreiben an Fritz Thiele vom 04.05.1946. In: AdsD, GEW-HV, „Vor Detmold III".

„Diese Einrichtungen sind durchweg in die Landesversicherungsanstalten der betreffenden Länder oder Provinzen überführt worden. Man kann also sagen, daß alles, was im östlichen Deutschland für uns gearbeitet hat, restlos verloren ist."

Bezüglich der Suche nach materiellen Vermögenswerten verwies er Thiele an Walter Vieler. „Herr Vieler hat seinerzeit die Schlußbilanz für den NSLB. aufgestellt und besitzt sämtliche Unterlagen für die Heime und Geschäftsstellen usw." Neben dem von Dieckmann aufgeführten Heimen seien noch eine ganze Reihe anderer zu nennen. So nannte Kaufhold unter anderem auf Schullandheime in Fürth, Cadolzburg, Wülzburg bei Weißenburg und Veitsweiler.[918] Um diese und weitere Vermögenswerte überhaupt rechtlich geltend machen zu können, bedurfte es zugelassener Lehrerorganisationen. In der britischen Zone war dies zuerst mit der Gesellschaft der Freunde in Hamburg und mit dem Schleswig-Holsteinischen Lehrerverband der Fall. Nicht zufällig sind die ersten zonenübergreifenden Rechtsansprüche bei der Bayreuther Treuhandstelle von diesen beiden Organisationen angemeldet worden.[919] Am 5. August 1946 erreichte Fritz Thiele, der inzwischen zum Rektor der Altstädter Schule in Celle berufen wurde, ein Brief des Oberregierungsdirektors in Lüneburg, worin dieser alle ihm unterstellten Schulräte darüber informierte, dass die Bildung von Lehrervereinen im hiesigen Bezirk künftig von der Besatzungsmacht genehmigt werden würde. Mit Verweis auf die zurückliegende Zeit schrieb er:

„Ich nehme an, dass Sie selbst und die Ihnen anvertraute Lehrerschaft diese Gelegenheit benutzen werden, den Gedanken des Lehrervereins, der bis 1933 lebendig war, wieder zu erwecken. Dieser Gedanke – der Schule und dem Lehrerstande in freier Entfaltung der Kräfte zu dienen – wurde zu Grabe getragen, als bei der Gründung des NLSB die Ziele verrückt und die Vereinigungen der Lehrerschaft zu Befehlsempfangsstellen der Partei gemacht wurden. Es ist selbstverständlich, dass jede amtliche Einflussnahme auf Bild und Führung der nun entstehenden Vereine zu vermeiden ist."[920]

Der Lehrerstand sollte also – unter Verweis auf die „demokratischen Traditionen" – selbst aktiv werden, um sich neu zu organisieren. Thiele verstand diese Handlungsanweisung sofort. Nur drei Tage später, am 8. August, verfasste er unter dem Betreff „Zulassung einer Lehrerorganisation" einen Brief an die britische Militärregierung in Lüneburg. Die Frage des Altvermögens spielte dabei von Beginn an eine Rolle. So schreibt Thiele bereits im zweiten Satz:

---

918 Hermann Kaufhold: Schreiben an Fritz Thiele vom 26.05.1946. In: AdsD, GEW-HV, „Vor Detmold III".

919 Hermann Kaufhold: Schreiben an Fritz Thiele vom 09.07.1946. In: AdsD, GEW-HV, „Vor Detmold I".

920 Graf (Vorname unbekannt): Schreiben des Oberregierungsdirektors Lüneburgs an die Schulräte des Bezirks vom 05.08.1946. In: AdsD, GEW-HV, „Vor Detmold II".

„Seit ich in der jetzigen Stellung als Leiter der Altstädter Schule bin, erfahre ich überall – namentlich aus den ländlichen Verhältnissen – ein sehr starkes Bedürfnis nach der Wiedererrichtung einer Lehrerorganisation nach dem Muster des 1871 gegründeten, demokratisch gerichteten und deshalb 1933 aufgelösten und seines Vermögens beraubten ‚Deutschen Lehrervereins'".[921]

Die kommenden Wochen und Monate standen für Fritz Thiele und viele der „alten Kräfte", mit denen er im Kontakt stand, ganz im Zeichen der Reorganisation des Verbandswesens, zunächst auf örtlicher und auf Kreisebene, dann vor allem auch auf Bezirksebene. Damit verbunden war das gemeinsame Ziel, möglichst rasch für das gesamte britisch besetzte Gebiet – und langfristig für alle Zonengrenzen hinweg – eine einheitliche Lehrerorganisation zu etablieren. Liest man den Schriftverkehr, den Fritz Thiele in der Zeit bis zur Gründung des Allgemeinen deutschen Lehrer- und Lehrerinnenvereins in der britischen Zone aufbewahrt hat, so ist augenfällig, dass der Blick der Gründungsväter der späteren GEW in der Regel strikt nach vorne gerichtet war. Die jüngste Vergangenheit spielte dagegen kaum eine Rolle. Im Allgemeinen dienten Verweise auf die NS-Zeit offenbar vor allem als „negative Kontrastfolie", vor der die „demokratische Verfasstheit" der Lehrerorganisationen vor 1933 besonders deutlich zum Vorschein kam. Die „alten Führer" verwiesen auf die „alten Zeiten", an die es aus ihrer Sicht in Zukunft nahtlos anzuknüpfen galt, ohne sich in einer rückwärtsgewandten Reflexion über das Verhalten ihrer Zunft in den zwölf Jahren des „Tausendjährigen Reichs" zu verlieren. Ihre Aktivitäten sind als „Flucht nach vorn" zu verstehen, ihr Aktionismus wirkte sinnstiftend auf sie – gerade in Hinblick auf die oft als „inhaltsleer" charakterisierten Jahre des Nationalsozialismus. In einem Brief von Fritz Thiele an Gustav Kuhrt, dem letzten Geschäftsführer des Deutschen Lehrervereins, worin er ihn über seine letzten Zusammentreffen mit altgedienten Vereinskollegen informierte, kommt dieser sinnstiftende Impetus ebenfalls zum Ausdruck, wenn er schreibt:

„Alle trugen mir Grüße an die alten Bekannten auf, die ich ja wohl mit dem allergrößten Recht auch an Sie weitergeben darf. Und immer, wenn man so einer scharf umrissenen Persönlichkeit gegenübersitzt, dann empfindet man doch, lieber Freund Kuhrt, dass man seine Lebensarbeit nicht an etwas Unwürdiges angehängt hat und dass es sich lohnt, die spärlich gewordenen Energien seines Alters wieder dort anzusetzen, wo sie uns von schmutzigen Händen aus den Fingern genommen wurden."[922]

---

921 Fritz Thiele: Schreiben an die Militär-Regierung Lüneburg vom 08.08.1946. In: AdsD, GEW-HV, „Vor Detmold II".
922 Fritz Thiele: Schreiben an Gustav Kuhrt vom 20.08.1946. In: AdsD, GEW-HV, „Vor Detmold I".

Dass der Deutsche Lehrerverein wie viele andere Lehrerorganisationen 1933 nicht gänzlich unfreiwillig den „Anschluss" an den NSLB vollzogen hatte und sich einige ihrer Mitglieder dabei auch selbst „die Finger schmutzig machten", wurde in dieser Untersuchung bereits beschrieben und dürfte Fritz Thiele wie allen anderen „Persönlichkeiten" nicht unbekannt gewesen sein. So schreibt Thiele im eben zitierten Brief wenige Zeilen vorher dann auch:

> „Der alte Tittel sitzt ganz verbittert in Salzuflen. Er hat nicht darüber hinwegkommen können, dass ihm der Lehrerverein nach der Machtübernahme – also noch nicht der NSLB, sondern der gleichgeschaltete Deutsche Lehrerverein, Zweigverein Westfalen – ein Schreiben zugesandt hat, dass er aus dem Deutschen Lehrerverein ausgeschlossen sei, da er der Mitgliedschaft unwürdig sei!!!"[923]

Auch unter den Briefen, die Fritz Thiele im Rahmen der Vorbereitungen zur Gründung des Allgemeinen deutschen Lehrer- und Lehrerinnenvereins in der britischen Zone erreichten, fanden sich – neben zahllosen ermunternden und bestätigenden Zuschriften – vereinzelt kritische Schreiben, die die Rolle der Lehrerschaft im „Dritten Reich" explizit thematisierten und damit einen Punkt ansprachen, den Thiele und seine Mitorganisatoren offenbar nicht problematisieren wollten. Absender eines solchen Schreibens war ein Rektor namens Gaafke aus Lüneburg, über dessen Biografie ansonsten nichts weiter in Erfahrung zu bringen ist. Besonders interessant ist das Schreiben vor allem deshalb, weil auch der entsprechende Antwortbrief Thieles erhalten ist. Gaafke schrieb, er wolle Thiele offen seine Meinung schreiben, auch auf die Gefahr hin, von ihm für einen „Querulanten" gehalten zu werden. Und weiter:

> „Es gehört wohl mehr als Mut dazu, mit derselben Lehrerschaft, die 1933 und in den folgenden Jahren die Schule, den Lehrerstand und seine Organisationen verleugnete und Beifall klatschte, wenn Nichtskönner und Schaumschläger alles, was uns bis dahin wertvoll gewesen war, in der widrigsten Weise in den Schmutz zogen, den Neuaufbau zu wagen. Es ist auffallend, daß so viele derjenigen, die damals bereitwillig die Hände dazu boten, alles einzureißen, jetzt am eifrigsten den Neuaufbau propagieren. […] Ich glaube, […] daß, wenn sich das abgeschlossene Kapitel wiederholen könnte, die Lehrerschaft zu 90 % dem Gesindel wieder nachlaufen würde, ja, daß sie zum größten Teile diese Zustände wieder herbeiwünscht. Ich habe mir eigentlich vorgenommen, mich nie wieder an der Arbeit in einem allgemeinen Lehrerverein zu beteiligen, denn es ist mir beim besten Willen nicht möglich, die Lehrerschaft ernst zu nehmen."

---

923 Über das hier angesprochene Vereinsmitglied namens Tittel konnten nach bisherigem Stand keine Details in Erfahrung gebracht werden – war er womöglich als Jude gebrandmarkt? Oder als überzeugter Kommunist? Die Vermutung liegt jedenfalls nahe. Ebd.

Im Fortgang seines Schreibens stellt Gaafke dennoch in Aussicht, an der Neugründung einer allgemeinen Lehrerorganisation mitzuarbeiten, aber „mit dem Herzen" sei er nicht dabei.[924] Zwei Wochen später verfasste Fritz Thiele seine Antwort. Darin ist zu lesen:

> „Sie mögen recht haben mit Ihrer skeptischen Beurteilung der Lehrerschaft während der Nazizeit. Alles das, was Sie gesagt haben, kann ich kaum bestreiten. Ich war Vorsitzender des Pommerschen Lehrervereins und bin 1933 durch Verlust meines Amtes bestraft worden, und Sie können es sich denken, daß die Erfahrungen, die ich dabei über die Charakterfestigkeit der Lehrerschaft gemacht habe, durchaus nicht für den Adel der Gesinnung in der Lehrerschaft sprach. Das hält mich aber doch nicht ab, die alten Aufgaben trotzdem wieder in Angriff zu nehmen. Nehmen wir einmal an, die Lehrerschaft wäre charakterlich so schlecht, wie Sie sie sehen, so ist die früher von den Führern im Lehrerverein geleistete Arbeit doch nicht vergeblich gewesen. Sie war, wenn ich einmal so sagen darf, für uns persönlich vergeblich, aber das, was zurückgeblieben ist, ist doch so beachtenswert, daß man nicht einfach meinen kann, es wäre überhaupt nichts übriggeblieben. Grundschule, Lehrerbildung, verhältnismäßig hohe wirtschaftliche und soziale Stellung der Lehrerschaft vor der Nazizeit ist zwar in erster Linie gedacht und gewollt von den Führern, aber sie wäre doch auch nicht möglich gewesen ohne die Masse der Kollegen, die Sie wankelmütig nennen, und die Sie nicht ernst nehmen möchten. Sie nennen mich vielleicht einen merkwürdigen Schwärmer oder Idealisten. Aber sei es drum! Solange ich überhaupt aktiv sein kann, will ich die alten Ideale der Schulforderungen des preußischen und deutschen Lehrervereins weiter vertreten – selbst auf die Gefahr hin, ein zweitesmal gemaßregelt zu werden. Ich habe in jungen Jahren einen Spruch von Paul Heyse gefunden, der mich so ein bißchen [sic!] verdorben hat: ‚Das sind die Edelsten auf Erden, die nie durch Schaden klüger werden.' Mit dem Sinn dieses Spruches wird mir die Arbeit im Lehrerverein auch mit diesen Kollegen leicht. Vielleicht ist es mir mit diesen meinen Worten gelungen, auch in Ihnen eine Saite zum Klingen zu bringen; denn ich habe doch aus Ihrem Briefe herausgelesen, daß das alte Interesse trotz allem nicht erloschen ist."[925]

Fritz Thieles Selbsteinschätzung, möglicherweise als „Schwärmer" oder „Idealist" zu gelten, wenn er unter den gegebenen Umständen den Neuaufbau einer allgemeinen Lehrerorganisation betreibt, lässt leicht den Umstand übersehen, dass sein Handeln wie auch das Handeln anderer Gründerväter der späteren GEW eher gegenteiliger Natur war. Sie wussten, dass die im Aufbau befindliche Standesorganisation der Lehrerschaft ohne die „Masse der Kollegen", unter

---

924 Gaafke (Vorname unbekannt): Schreiben an Fritz Thiele vom 31.8.1946. In: AdsD, GEW-HV, „Vor Detmold II".
925 Fritz Thiele: Schreiben an Rektor Gaafke vom 13.09.1946. In: AdsD, GEW-HV, „Vor Detmold II".

denen sich gewiss auch viele überzeugte Anhänger des Nationalsozialismus befanden, keinen wirksamen Einfluss auf künftige schulpolitische Entwicklungen haben konnte. Auch die Belasteten und Verstrickten zu tolerieren, ja zu integrieren, war der einzig pragmatische Weg, um die gesetzten Ziele rasch zu erreichen.

Dass Pragmatismus das Gebot der Stunde war, lässt sich anhand vieler Details aufzeigen. Beispielsweise stand völlig außer Frage, dass bei der Neugründung von Lehrervereinen die formalen Vorgaben der Alliierten eingehalten werden mussten. So sollten etwa die Vorstände der zu gründenden Lehrervereine als unbelastet gelten. Auf lokaler Ebene standen aber offensichtlich nicht immer genügend Kandidaten zur Verfügung, die diesem Kriterium entsprachen. Eine pragmatische Lösung war, mehrere Orte in einem Kreisverein zusammenzufassen und damit von dem eigentlich angestrebten Aufbau des allgemeinen Lehrervereins, der auf lokaler Ebene möglichst umfassend vertreten sein sollte, abzuweichen. Thiele beschreibt diese Praxis in einem Brief an einen Lehrerkollegen, der als unbelastet galt und den er für das Amt des Vorsitzenden in seinem Kreis gewinnen wollte:

„Wenn wir nicht Einzelvereine gebildet haben, so ist das darauf zurückzuführen, dass sich in dem Kreise Celle wahrscheinlich nicht sehr viele Kollegen, die nicht der NSDAP angehört haben, gefunden hätten, um all die Vorstandsämter der Einzelvereine zu besetzen, denn der Prozentsatz der im Bezirk Lüneburg vorhandenen Nicht-Pgs. ist ausserordentlich niedrig. [...] Ich bin beauftragt worden, Sie zu bitten, sich deshalb für ein Vorstandsamt für den Kreis-Lehrer-Verein Celle zur Verfügung zu stellen."[926]

Auch bei Herausforderungen, die nichts mit der NS-Vergangenheit zu tun hatten, waren pragmatische Lösungen dringend angezeigt: Es musste ein Satzungsentwurf vorbereitet werden, der möglichst auf alle Lehrkräfte ansprechend und aktivierend wirkte.[927] In diesem Kontext stand auch die Frage im Raum, welche Rechtsform der zukünftige Berufsverband einnehmen sollte, ob die zukünftige Lehrerorganisation etwa als Verein, Verband oder als Gewerkschaft Gestalt annehmen sollte. Thiele verhielt sich auch hierbei pragmatisch und vertrat den Standpunkt, man solle sich nicht voreilig positionieren, auch, um potenzielle Mitglieder aufgrund solcher Festlegungen nicht zu verschrecken. Er war sich bewusst, dass bei weitem nicht alle Lehrkräfte in der unmittelbaren Nachkriegszeit die Gründung einer neuen Standesorganisation herbeisehnten. So erreichten ihn Briefe wie jener eines Lehrers aus Osnabrück, der Ende September 1946 über den Aufbau des dortigen Lehrervereins folgendes berichtete:

---

926 Fritz Thiele: Scheiben an Mittelschullehrer Sadowski vom 14.09.1946. In: AdsD, GEW-HV, „Vor Detmold I".
927 Thiele: Schreiben an Rektor Fink (Anm. 906).

„Leider ist hier in der Stadt das Interesse der Lehrerschaft für Wiederbelebung des Vereinswesens überaus kümmerlich. Es herrscht in dieser Hinsicht eine geradezu sträfliche Lethargie innerhalb der Lehrerschaft. Ob Organisation mit oder ohne Gewerkschaft macht dabei nichts aus. Die beiden ersten Versammlungen waren geradezu erschütternd. Es kommt hinzu, daß vor einigen Wochen wieder die Bekenntnisschule eingeführt ist [sic!] und das gesamte Schulwesen aufgeteilt wurde. Dadurch ist die konfessionelle Kluft und der bekenntnismäßige Graben wieder hergestellt. […] Nach den Herbstferien soll noch einmal geworben werden, um wenigstens eine kleine lebenstüchtige Zelle auf die Beine zu stellen."[928]

Auch ein Lehrer aus Uelzen übersandte Thiele einen ähnlich ernüchternden Bericht, in dem zu lesen ist:

„Gleich nachdem das Schulleben wieder auflebte, fing ich in Kollegenkreisen an, den Gedanken des Lehrervereins zu wecken. Doch waren fast alle so verschüchtert, daß ich wenig Gegenliebe fand. Als dann später selbst von der Regierung die Anregung kam, war die Haltung der großen Masse lau und abwartend; selbst Männer, die sicherlich früher lebendige Anhänger des Deutschen Lehrervereins gewesen sind, fanden diese Haltung für durchaus natürlich."[929]

Es war also zumindest fraglich, ob die Gründung des geplanten allgemeinen Lehrervereins auf großes Interesse innerhalb der Lehrerschaft stoßen würde. Mehr noch bestand aber die Gefahr, dass sich jene Lehrkräfte, die einer Interessenvertretung offen gegenüberstanden, in jeweils spezifischen Interessengruppen zusammenfinden konnten, die von Kriterien wie Geschlecht, Religionszugehörigkeit, Herkunft oder Schulart abhängig waren. Ganz bewusst achteten die Initiatoren daher darauf, den „allumfassenden Charakter" im Sinne der angestrebten „Einheitsorganisation" herauszustellen und den Eindruck zu vermeiden, als wollten sie „irgend welche Entscheidungen, die später nur die Gesamtlehrerschaft treffen könnte, vorweg nehmen."[930] Dies sollte sich auch im Namen der Organisation widerspiegeln, der zunächst „Allgemeiner deutscher Lehrerverband" lauten sollte, wobei laut Fritz Thiele der Zusatz „in der britischen Zone" notgedrungen angefügt werden musste. Dass Thiele diesen Zusatz aus nur pragmatischen Gründen akzeptierte, lässt sich einem Brief entnehmen, den er Mitte Dezember 1946 an den Vorsitzenden des Württembergischen Lehrervereins, Emil Maier, schickte. Er betonte, dass dieser Zusatz kein Vorwegnehmen einer

---

928 H. Valentin: Schreiben an Fritz Thiele vom 25.09.1946. In: AdsD, GEW-HV, „Vor Detmold I".
929 Stelter (Vorname unbekannt): Schreiben des Lehrers Stelter an Fritz Thiele vom 13.12.1946. In: AdsD, GEW-HV, „Vor Detmold II".
930 Fritz Thiele: Schreiben an den Vorsitzenden des Bayerischen Lehrervereins Hartmann vom 16.12.1946. In: AdsD, GEW-HV, „Vor Detmold II".

grundsätzlichen und weitgehenden Entscheidung gegenüber den süddeutschen Organisationen der Lehrerschaft sein sollte.

„Aber wir wollen auf das Wort ‚deutscher' nicht verzichten, weil darin auch ein Protest liegen soll gegen die Zersplitterung Deutschlands in Zonen und ein Bekenntnis für den Zusammenschluss aller deutschen Lehrer auch über die Zonengrenzen hinaus."[931]

Die Gefahr allerdings, dass der avisierte „Allgemeine Deutsche Lehrerverband" als eine vollkommen männlich dominierte Einrichtung wahrgenommen werden und sich die weiblichen Teile der Lehrerschaft dadurch ausgeschlossen fühlen könnten, erkannten Thiele und seine durchweg männlichen Mitstreiter offenbar nicht. Im Entwurf zum Ablauf der Gründungsversammlung, die Anfang 1947 in Detmold stattfinden sollte, waren Frauen weder als Festrednerinnen noch als prominente Repräsentantinnen vorgesehen. Fitz Thiele, Max Traeger und Heinrich Rodenstein erreichte aus diesem Grund ein Schreiben des Vorsitzenden des Bremer Lehrervereins, Peter Goosmann. Er schrieb:

„Von seiten der Lehrerinnen Bremens wird mit Nachdruck darauf hingewiesen, daß es notwendig sei im Hinblick auf den allgemeinen großen Aufbau der zukünftigen Lehrerorganisation, auf der Gründungsversammlung in Detmold eine Dame sprechen zu lassen. Man wirft uns vor, zu der vorbereitenden Kommission für Detmold keine Lehrerin hinzugezogen zu haben."

Goosmann brachte als mögliche Referentin Emmy Beckmann ins Gespräch. Sollte sie diese Aufhabe nicht übernehmen können, wäre aus seiner Sicht auch Minna Specht als Rednerin denkbar.[932] Thieles Reaktion auf die Vorschläge war bezeichnend für sein pragmatisches Vorgehen:

„Wenn Frau Emmy Beckmann zu gewinnen wäre, daß sie der Bildung eines ‚Allgemeinen deutschen Lehrerverbandes' das Wort reden könnte, so würde ich das für so erfreulich halten, daß ich bereit wäre, ihr auf der Detmolder Tagung ein Referat zuzugestehen. Frau Emmy Beckmann war die Vorsitzemde des ‚Allgemeinen deutschen Lehrerinnen-Vereins', der alle Lehrerinnen umfasste, auch die Philologinnen. Ich wäre auch durchaus bereit, Frau Beckmann in den Vorstand eines zu bildenden ‚Allgemeinen deutschen Lehrerverbandes' zu übernehmen. Da sich Frau B. einer sehr großen Beliebtheit bei den Mitgliedern des erwähnten ‚Allgem. deutsch. Lehrerinnen-Vereins'

---

931 Fritz Thiele: Schreiben an den Vorsitzenden des Württembergischen Lehrervereins Emil Maier vom 16.12.1946. In: AdsD, GEW-HV, „Vor Detmold II".
932 Paul Goosmann: Schreiben an Fritz Thiele vom 10.11.1946. In: AdsD, GEW-HV, „Vor Detmold II".

erfreute, so würde das m. E. eine weitgehende werbende Kraft ausüben. Ich würde den Kollegen Träger in Hamburg bitten, die Verhandlungen mit ihr aufzunehmen."

Emmy Beckmann galt als verdienstvolle Liberaldemokratin, die sich während der Zeit des Nationalsozialismus formal nichts hatte zu Schulden kommen lassen, auch wenn sie, wie wir heute wissen, im Januar 1934 die Aufnahme in den NS-Lehrerbund beantragte. Das Gesuch wurde allerdings von den Bearbeitern beim NSLB abgelehnt, da sie gemäß dem Berufsbeamtengesetz als „politisch unzuverlässig" galt und als sogenannte „Paragraph-Vierer" von einer Aufnahme in den NSLB grundsätzlich ausgeschlossen war.[933] Während aus Fritz Thieles Sicht Emmy Beckmann dem Ziel einer möglichst breiten Ansprache der Lehrerschaft entsprach, standen die Dinge in Bezug auf Minna Specht anders:

> „Sie [Specht, d. Verf.] kommt aus dem sogenannten ,Nelson-Kreis', d. h., sie war Anhängerin des sehr radikalen Professors Leonard Nelson, und sie gehört dem Kreise an, der unter dem Namen ,I. S. K.' [Internationaler Sozialistischer Kampfbund, d. Verf.] bekannt ist, also ausgesprochen radikal links. Sie würde werbend sein für eine verhältnismäßig kleine Gruppe, würde aber zweifellos noch viel mehr Lehrerinnen zurückhalten, sodaß ich sehr starke Bedenken habe. Ihre internationale Tätigkeit ist mir natürlich bekannt, und wenn es sich darum handeln sollte, die Zuneigung der Engländer oder Amerikaner zu gewinnen, wäre Fräulein Specht natürlich am Platze. Aber wir wollen unter deutschen Lehrerinnen wirken, und da ist zweifellos Fräulein Beckmann die stärkere Kraft."[934]

Am Ende entschied sich der Kreis um Fritz Thiele, Emmy Beckmann mit einem Vortrag über „Positive Erziehung in einer Welt der Problematik" auf der Gründungsversammlung zu Wort kommen zu lassen. Zudem wurde vorgesehen (und schließlich auch beschlossen), mit Anna Mosolf (als 3. Vorsitzende), Hildegard Sauerbier und Elsa Stadelmann drei Vertreterinnen der weiblichen Lehrerschaft in den Vorstand aufzunehmen. Entsprechend änderte sich auch der Name der Organisation, die am 9. und 10. Januar 1947 in Detmold unter Teilnahme von Gästen auch aus anderen Besatzungszonen aus der Taufe gehoben wurde, in „Allgemeiner deutscher Lehrer- und Lehrerinnenverband in der britischen Zone" (AdLLV).[935]

---

933 Helmut Stubbe-da Luz: Emmy Beckmann. Hamburgs einflussreichste Frauenrechtlerin. In: Zeitschrift des Vereins für Hamburgische Geschichte, 1987, H. 73, S. 97–138, hier S. 132–133.
934 Fritz Thiele: Schreiben an den Vorsitzenden des Vereins Bremer Lehrer und Lehrerinnen Paul Goosmann vom 15.11.1946. In: AdsD, GEW-HV, „Vor Detmold II".
935 Kopitzsch: Die Gründung der Arbeitsgemeinschaft deutscher Lehrerverbände (AGDL) 1945 bis 1949 und die Entstehung der GEW (ADLLV) (Anm. 896), S. 57–59.

Trotz der breiten öffentlichen Ansprache aller Lehrerinnen und Lehrer in der britischen Zone, die mit weit über 22 Millionen Einwohnern mit Abstand die bevölkerungsreichste war, verlief die Mitgliederentwicklung des AdLLV zunächst eher verhalten. Bis Ende 1946 fanden 10.600 Lehrkräfte den Weg in die Organisation, darunter allein 4.300 Lehrerinnen und Lehrer aus Hamburg. Doch in den kommenden Jahren wies die Mitgliederstatistik kontinuierliche Steigerungen auf. „Zum 1. Januar 1948 waren es 23.005 Mitglieder […]. Ende 1948 war die Zahl auf 27.193 gestiegen."[936] Die Gründe für die zunehmende Attraktivität des Verbandes waren vielfältig. So machte der ADLLV von Beginn an mit schul- und standespolitischen Forderungen auf sich aufmerksam, in dem er sich beispielsweise für die Gesamtschule aussprach, den wachsenden Einfluss der Kirchen im Schulwesen kritisch kommentierte und auf materielle Verbesserungen sowohl bei der Schulinfrastruktur als auch bei den Lehrkräften drang. Forderungen nach einer besseren Bezahlung waren sicherlich nicht unangebracht. In Hamburg etwa verdiente ein akademisch ausgebildeter Junglehrer nach dem Krieg deutlich weniger als ein ungelernter Bauarbeiter. Das Anfangsgehalt eines niedersächsischen Volksschullehrers betrug nach bestandener zweiter Prüfung etwa 220 Mark und war damit vergleichbar mit dem einer Stenotypistin nach halbjähriger Ausbildung an einer Handelsschule.[937] Immer wieder prangerte der ADLLV bzw. die aus ihr wenig später hervorgegangene Gewerkschaft Erziehung und Wissenschaft diese Defizite öffentlich an und erntete Zuspruch bei der von „Verelendung"[938] bedrohten Lehrerschaft. Von wenigstens ebenso zentraler Bedeutung für den wachsenden Zuspruch der Organisation war jedoch auch, dass sich der ADLLV bzw. die GEW vorbehaltlos als Unterstützer und Anwalt für all jene Lehrerinnen und Lehrer einsetzte, die unter den ohnehin prekären Bedingungen zudem von den Entnazifizierungsmaßnahmen und Spruchkammerverfahren betroffen waren. Vor allem in diesem Sinne sah sich der im Aufbau befindliche Verband genötigt, das Erbe des Nationalsozialismus zu thematisieren, während ansonsten viele seiner Mitglieder den Blick fast ausschließlich in die Zukunft richteten.

Aus den stenographischen Protokollen und Berichten über die ersten Vertreterversammlungen geht deutlich hervor, mit welchen Berührungsängsten die Beschäftigung mit der NS-Zeit für viele Lehrkräfte verbunden war. Selbstkritik und Reflexion lassen sich dabei nur selten herauslesen. Stattdessen werden die „dunklen Jahre" von 1933 bis 1945 auch sprachlich abstrahiert. Die organisierte Lehrerbewegung schien im Kontext demokratischer Bestrebungen des Vormärz ihren Anfang genommen zu haben und nach einer Phase der Restauration, den Errungenschaften und Irrungen der Kaiserzeit und des Weltkriegs von Weimar

---

936 Ebd., S. 60.
937 Deffner: Die Nachkriegswirren im bayerischen Volksschulwesen 1945–1954 unter besonderer Berücksichtigung der amerikanischen Re-educationsbemühungen (Anm. 18), S. 214.
938 Ebd., S. 213

aus direkt in der Nachkriegszeit angekommen zu sein. „Nach vielen Jahren des nationalen Ausnahmezustandes war das Verlangen nach ‚Normalität' übermächtig. So arrangierten sich die Menschen mit den Nachkriegsgegebenheiten und machten so weiter, als sei nichts geschehen. Selbstbesinnung und Reue wurden an den Rand gedrängt."[939] Diese Einschätzung der inneren Verfasstheit vieler Deutscher in der unmittelbaren Nachkriegszeit dürfte auch für die meisten Lehrerinnen und Lehrer zutreffend gewesen sein.

4.3.2 Die „Leeren" der Geschichte im Selbstbild der jungen GEW

Die erste Vertreterversammlung des Allgemeinen deutschen Lehrer- und Lehrerinnenverbands in der britischen Zone fand am 9. und 10. Oktober 1947 in Hamburg statt. Dass die Wahl auf die Hansestadt fiel, hatte nicht zuletzt erneut pragmatische Gründe, bestand hier mit der „Gesellschaft der Freunde" doch bereits ein funktionstüchtiger und traditionsreicher Lehrerverein, der schon wieder im Stande war, die zahlreichen logistischen Herausforderungen, die mit der Organisation einer großen Tagung verbunden waren, zu meistern. Man darf jedoch gewiss unterstellen, dass sich die Organisatoren zudem von der Wahl Hamburgs eine gewisse Symbolik versprachen. Aus der vom Krieg gezeichneten Stadt, die als „Tor zur Welt" Bekanntheit erlangte und die sich ohne Zweifel auf eine bedeutende Schulgeschichte berufen konnte, sollte ein Impuls für die Zukunft ausgehen. Dementsprechend wählte auch Max Traeger seine Worte, indem er in seiner Eröffnungsrede verkündete:

> „[I]ch glaube, daß die Welt uns Erziehern einen Auftrag gegeben hat, uns deutschen Erziehern, daß wir die Kinder erziehen sollen zu einer Erkenntnis der Werte unserer Kulturgüter und unserer Kulturwerte; daß wir sie erziehen sollen im Geiste der Völkerversöhnung und der Völkerverbindung, daß wir sie erziehen sollen zu einer aufgeschlossenen Humanität, so daß das deutsche Volk wieder geehrt und geachtet im Reiche der Welt und von den Völkern anerkannt wird und so dasteht."[940]

Ein erster Schritt aus der internationalen Ächtung und Isolation, in die der NSLB die deutsche Lehrerschaft brachte, war nach Traegers Worten bereits gemacht:

> „Die Erzieher der Welt, die Internationale Vereinigung der Lehrer, hat uns ins Edinburgh wieder die Hand gereicht und hat uns gesagt: Kommt zurück in unseren

---

939 Schmidt: Hamburger Schulen im „Dritten Reich" (Anm. 13), S. 721.
940 Allgemeiner Deutscher Lehrer- und Lehrerinnen-Verband: Vertreterversammlung des Allgemeinen Deutschen Lehrer- und Lehrerinnen-Verbandes in Hamburg am 9. und 10. Oktober 1947 vom 09.10.1947–10.10.1947. In: AdsD, GEW-HV, 8 a 1947, S. 2.

Kreis! – Das ist ein ganz wertvolles Ergebnis nicht nur für die Lehrerschaft, sondern für Deutschland; denn wir sind die erste Organisation – auch die Gewerkschaften haben das nicht erreicht – denen man freiwillig von sich aus gesagt hat: Wir wollen Euch die Hand reichen und Euch aufnehmen – und die uns auch aufgenommen hat. (‚Bravo!' – Beifall.)"[941]

Auf der Hamburger Tagung waren die deutschen Lehrkräfte allerdings noch unter sich, was nicht nur von einer Repräsentantin des inzwischen wiederbegründeten Bayerischen Lehrervereins beklagt wurde:

„Daß die Auslandsvertreter nicht kommen konnten, bedauern wir ebenso wie Sie alle; denn wir haben alle das starke Bedürfnis, endlich einmal durchzustoßen in diese verschlossenen Türen und in Zusammenhang zu kommen mit den Erziehern überall in der Welt, weil wir wissen, daß wir uns mit ihnen verstehen werden trotz allem, was in den letzten 12 Jahren geschehen ist."[942]

Dass die NS-Zeit als Zeit der Zerstörung, des Niedergangs und des Leids umschrieben wurde, lässt sich an zahlreichen Redebeiträgen der ersten Vertreterversammlung feststellen. Dass jedoch auch die Lehrerschaft diese Zeit aktiv mitgestaltete und somit mitverantwortlich für die Entwicklungen im „Dritten Reich" war, wurde zunächst nicht thematisiert. Erst der Hamburger Schulsenator Heinrich Landahl sprach diesen an sich naheliegenden und für alle Anwesenden offensichtlichen Umstand – wenn auch zaghaft – an. Landahl war vor 1933 Rektor der reformpädagogisch orientierten Lichtwarkschule. Als Reichstagsabgeordneter der Deutschen Staatspartei stimmte er zwar für das Ermächtigungsgesetz, doch bereits nach den Sommerferien 1933 wurde er aus politischen Gründen mit einer geringen Pension in den Ruhestand versetzt. Gut 14 Jahre später sagte er zu den Versammelten in Hamburg:

„Wenn der Nationalsozialismus im Jahre 1933 und den anschließenden Jahren wider alles Erwarten mit so überwältigender Gewalt das Volk überfallen konnte und das Volk sich ihm beugte, dann muß das doch einen Grund gehabt haben. Jeder von uns hätte vor 20 Jahren, ja noch von 16/17 Jahren eine Entwicklung, wie sie Wahrheit geworden ist, für vollkommen unmöglich erklärt. Wir alle wären uns einig gewesen, das kann niemals bei uns passieren, – und es ist doch passiert, es ist traurige, furchtbare, schaurige Wahrheit geworden, und das muß uns Anlaß geben, daß jeder auf seinem Gebiet einmal nachprüft: liegt nicht vielleicht ein Teil der Erklärung für diesen Vorgang auch auf deinem Arbeitsgebiet?"[943]

---

941 Ebd., S. 3.
942 Ebd., S. 11.
943 Ebd., S. 7.

Um einiges deutlicher formulierte es der 1932 in Preußen abgesetzte Kultusminister Adolf Grimme, der die letzten Kriegsjahre wegen seiner Verbindungen zur Widerstandgruppe „Rote Kapelle" im Zuchthaus verbrachte und nach dem Krieg in Niedersachsen wieder in sein vertrautes Amt berufen wurde. Er forderte die Anwesenden dazu auf, das im Entstehen befindliche neue Schulwesen „wirklich radikal von der Wurzel aus neu zu formen" und jeder Relativierung der schuldbehafteten NS-Pädagogik abzuschwören.

> „Was wäre aus Deutschland und der Welt für ein unserem Menschentum feindlicher Termitenstaat geworden, wenn Hitler und seine Leute gesiegt hätten, und es hätte jeder seinen Volkswagen und könnte täglich sein Beefsteak essen und wäre wunderbar gekleidet, hätte das ein Ziel für den echten Pädagogen sein können?"

Grimme, selbst studierter Pädagoge, forderte die Lehrerschaft auf, „Unruhe in das Werk der Erziehung" hineinzubringen und an der anstehenden Neugestaltung mitzuwirken. Die Vertreterversammlung betrachtete er als „verheißungsvolles Zeichen", allerdings werde er auch sehr lebhaft erinnert an die letzte große Lehrertagung, an der er habe teilnehmen können,

> „an die von 1931 in Frankfurt am Main, wo die ganze Lebendigkeit der sonst so viel verlästerten Weimarer Zeit noch einmal lebendig wurde in den Köpfen der deutschen Lehrerschaft, um dann allerdings nach noch nicht zwei Jahren von den Führern dieses Lehrervereins verraten zu werden an den pädagogischen ‚Courths-Maler' aus Braunau. Nicht lange nach dieser letzten Zusammenkunft in Frankfurt am Main, meine Damen und Herren, hat man Pestalozzi und Kerschensteiner an den Drillmeister verraten gehabt und hat man, anstatt an der Idee der Erziehung sich zu orientieren, seinen Blick nur auf die Ausrichtung von Funktionären anstatt an die Bildung von Persönlichkeiten gesetzt. Machen Sie jenen Verrat an den großen Genien der Pädagogik und am deutschen Kinde wieder gut!"[944]

Grimme wagte es auf der Hamburger Tagung als erster und einziger, den sonst stets in Ehren gehaltenen alten Deutschen Lehrerverein einer Kritik zu unterziehen. Doch selbst bei ihm waren es Einzelne, namentlich „die Führer dieses Lehrervereins", welche die Ideale an den „Courths-Maler aus Braunau" verrieten. Die Masse der Lehrerschaft erscheint auch bei ihm wider besseres Wissen mehr als Opfer denn als Akteur auf dem Weg in den „Führerstaat".

Die Selbststilisierung als Leidtragende der Entwicklungen im Nationalsozialismus trat auf der Tagung noch deutlicher zutage, als schließlich das Thema der Entnazifizierung zum Gegenstand der Diskussion wurde. Mehr noch: die Entnazifizierung wurde – nach den Schrecken der Naziherrschaft und des Krieges – als

---

944 Ebd., S. 12–18.

„weiterer Opfergang" der Lehrerschaft stilisiert. So stellt ein Vertreter des Gesamtverbandes Braunschweigischer Lehrer fest:

> „Der Zeitpunkt der Beendigung der Entnazifizierung liegt ferner denn je. ‚12 Jahre Nazismus – 1.000 Jahre Entnazifizierung!' – so bemächtigt sich der Volkswitz dieser durchaus ernsten Angelegenheit [...]. Für den größten Teil der mit der Entnazifizierung Beauftragten ist es eine lästige und niederdrückende Arbeit, die für wichtigere Zwecke angewendet werden könnte. Die bisher angewandten Methoden der Entnazifizierung haben mehr oder weniger versagt. Das Ziel, die Ausschaltung der wirklich Schuldigen zu erreichen und demokratische Verhältnisse herbeizuführen, ist nicht erreicht. [...] In vielen Fällen der Entnazifizierung hat sie zu einem Gegenteil der bezweckten Wirkung geführt, nämlich zu einer Ermunterung und Verstärkung der faschistischen Reaktion. In zahlreichen anderen Fällen hat man mangels politischer Klugheit harmlose Mitläufer unnötigerweise zu Märtyrern gestempelt unter Mißachtung außerdem aller elementarsten Rechte der Menschlichkeit."[945]

Besonders beklagenswert erschienen hierbei die rechtlichen Beschränkungen, die viele Pädagogen aufgrund ihrer Einstufung im Entnazifizierungsverfahren hinnehmen mussten, etwa indem ihnen das passive Wahlrecht bis auf weiteres abgesprochen wurde.[946] Dadurch blieben sie auf Jahre hinaus mit dem Makel ihrer politischen Vergangenheit belastet.

> „Ein Lehrer, dem die Unterrichtsgenehmigung zugeteilt worden ist, kann weiter bleiben unter Vermögenssperre, er steht weiter unter Polizeikontrolle, er darf die Zone nicht verlassen. Wir haben hier festzustellen, daß er einerseits für würdig befunden ist, Lehrer der Jugend zu sein mit all der Verantwortung, die wir ihm zusprechen müssen, aber andererseits bleibt er ausdrücklich der politisch Unzuverlässige, er bleibt weiterhin der Mann, der über Jahre hinaus als ein Unterstützer der Nazipartei zu gelten hat. Wir sind der Auffassung, daß ein solcher Zustand für einen Lehrer durchaus unwürdig ist, insofern als wenn man ihm schon einmal die Unterrichtsgenehmigung zuspricht, daß man ihn dann auch politisch, wenn ich so sagen sollte, freisprechen sollte. [...] Wir wollen damit erreichen, daß diese Lehrer im Sinne der Demokratie in voller Überzeugung auf die Jugend einwirken. Es sieht aber vielmehr nach dem Gegenteil aus."[947]

Wenngleich es auch Stimmen gab, die eine derartige Kritik am Entnazifizierungsverfahren für unangemessen hielten und dazu rieten, nur dann zu der „sehr komplizierten Angelegenheit" Stellung zu nehmen, „wenn wir wirklich

---

945 Ebd., S. 154–155.
946 Ebd., S. 197–199.
947 Ebd., S. 156–157.

überzeugt sind, daß wir einen besseren Vorschlag machen können",[948] so schienen die Kritiker doch in der Mehrheit gewesen zu sein. Ein Abgesandter aus Buer in Westfalen drückte auf bezeichnende Art und Weise aus, was offenbar viele Lehrerinnen und Lehrer dachten:

„[W]ir alle kennen die politische Situation und wissen auch, daß sich das politische Mißtrauen im allgemeinen auch auf die Schule übertragen hat, und mit dieser Schule – das ist uns wohl allen klar – sind nicht die Eltern und die mangelhaften Lehrgebäude, auch nicht die Kinder gemeint, sondern einzig und allein die Lehrpersonen. Die Lehrer und die Lehrerinnen sind in besonderem Maße wieder diejenigen, die von 1914 bis heute zweimal einen ungeheuren Tribut an Gut und Blut dem deutschen Volk entrichten. [...] Gewiß lenkt das Unglück, das über uns gekommen ist, unsere Gedanken immer wieder auf die Frage nach der Schuld und den Schuldigen. Und da wir, seitdem Völker auf Erden nebeneinander wohnen, Kriege kennen, muß neben einem Sieger auch immer ein Verlierer existieren. Und für die Not, die jedem Kriege folgt, ein Sündenbock. [...] Derweil sitzt der wahre Schuldige, der mit allen Wassern Gewaschene und mit allen Gemeinheiten Vertraute, getarnt und gedeckt durch Hochfinanz und Klerus, im sicheren Versteck und läßt die mit Blindheit Geschlagenen nach seiner Pfeife um das goldene Kalb tanzen. [...] In diesem Falle scheint die Lehrerschaft das Opfer zu sein. Es handelt sich besonders um die Jahrgänge, die von 1914 bis heute zweimal geblutet haben, die eine ungeheure Not auf sich genommen haben. Es würde keine Mühe bedeuten, hier tausende von Einzelschicksalen aus der Lehrerschaft aufzuzählen. [...] Wir alle wissen, daß die Direktive für die Arbeit eines Lehrers in der Schule gegeben wurde durch staatliche Vorschriften, und wenn nun ein Lehrer diese staatlichen Vorschriften befolgt hat, so darf ihm hieraus keine Schuld abgeleitet werden. Es ist wiederholt vorgekommen, – ich weiß das aus Entnazifizierungsausschüssen – daß man den Lehrern einen Vorwurf gemacht hat, wenn sie den 20. April irgendwie feierlich begangen haben. Es hing doch immer davon ab, ob irgendein Schulrat auf die Durchführung dieser Vorschriften besonders hinwies oder darüber hinwegging. Oder wenn irgendwelche Jugendschriften behandelt wurden, wenn tatsächlich die HJ-Zeitschriften im Unterricht verwendet wurden in Ermangelung von Lesebüchern, so ist dem Lehrer daraus keine Schuld nachzuweisen."[949]

Dass viele Lehrkräfte zur Zeit des Nationalsozialismus zum Teil unter erheblichen Druck gesetzt wurden, sich gegenüber dem Regime konform zu verhalten, dürfte kaum zu bestreiten sein und wurde auch bereits in den vorhergehenden Kapiteln herausgearbeitet. Doch sprach dieser Umstand den gesamten Stand der Lehrerschaft, wie er sich auf der Hamburger Tagung des ADLLV konstituieren sollte, generell von jedem Verantwortungs- und Schuldbewusstsein frei? Jedem

---

948 Ebd., S. 160–161.
949 Ebd., S. 161–163.

der anwesenden Vertreter dürfte aus eigener Erfahrung bewusst gewesen sein, dass sich unter ihnen auch Kolleginnen und Kollegen befanden, die von der Idee des Nationalsozialismus überzeugt waren. Ob bereitwillig und tatkräftig oder abgeneigt und träge – diejenigen Anwesenden, die nach 1933 im öffentlichen Schuldienst verblieben sind, konnten sich selbst gegenüber die Tatsache nicht leugnen, als Staatsdiener Teil des NS-Herrschaftssystems gewesen zu sein. Die Entnazifizierung lieferten der in Hamburg versammelten Lehrerschaft einen entscheidenden Anlass, von einer differenzierten Diskussion und Verständigung um Fragen der Schuld und Verantwortung in den eigenen Reihen abzusehen. Ein gemeinsames Unrechtsbewusstsein entwickelte sich so nur gegenüber den Maßnahmen der Alliierten und den Urteilen der Spruchkammern, die oft als Willkür empfunden wurden. Die Ablehnung der gewiss in vielen Details auch defizitären Entnazifizierungspraxis einte die anwesenden Lehrkräfte und ließ sie angesichts der Sorgen und akuten Nöte der unmittelbaren Nachkriegszeit über die großen und kleinen Verfehlungen, die viele in der Vergangenheit begangen haben mögen, hinwegsehen. Dies drückt sich auch in der Entschließung aus, die in diesem Kontext in Hamburg formuliert und beschlossen wurde:

„Der ADLLV weist aus Gründen der Menschlichkeit und aus politischen Verantwortungsbewußtsein darauf hin, daß […] die seitherigen Mängel der Entnazifizierung keineswegs beseitigt, sondern in vielen Punkten wesentlich verstärkt worden sind. […] Die Entnazifizierung sollte daher auf jeden Fall unter großzügiger Vermeidung aller unnötigen diffamierenden Folgen und vor allem beschleunigt zu Ende geführt werden. […] Weiter fordert der ADLLV [eine] Vereinheitlichung der Entnazifizierung nach gleichen Grundsätzen und eine Erweiterung der Jugendamnestie."[950]

Gerade einmal sieben Monate nach der ersten Versammlung traten die Vertreter der Lehrerschaft der britischen Zone erneut zusammen. Mit Dortmund fiel die Wahl des Tagungsorts abermals auf eine Stadt, die vom Krieg schwer gezeichnet war und deren Zerstörungen auch drei Jahre nach Ende der Kampfhandlungen für das örtliche Schulwesen mit starken Einschränkungen verbunden war. Ein Vertreter des Dortmunder Stadtrats wies in seiner Gastrede auf eben diesen Umstand hin:

„Es bedeutet schon Mut und Entschlußkraft, hier eine Tagung abzuhalten in einer derart zerstörten Stadt, wie wir sie in Dortmund vor uns haben. Als ich zum ersten Male von der Absicht hörte, daß Sie Ihre bedeutsame Tagung hier in Dortmund abhalten wollten, konnte ich einen leisen Schrecken nicht verbergen, aber dann sagte ich, daß die Absicht wohl richtig ist, die vom Vorstand des ADLLV ausging, einmal in einer zerstörten Stadt zu tagen, damit Sie einmal sehen, wie der Krieg hier gewütet hat, und

---

950 Ebd., S. 165.

zweitens die Schwierigkeiten der Schulverwaltung erkennen, die hier in schwierigsten Verhältnissen versucht, das Beste zu erreichen."[951]

Ausdrücklich dankte der Stadtrat den Lehrerinnen und Lehrern vor Ort für ihren Einsatz, auch unter gegenwärtig schwersten Bedingungen:

„Über die Schulverhältnisse in räumlicher Hinsicht will ich keine großen Klagelieder anstimmen, aber eins steht fest, nämlich daß Dortmund mit zu einer der am meisten zerstörten Städte gehört. Ein Beispiel: In der großen Innenstadt Dortmunds hatten wir vor dem Kriege 26 Schulhäuser. Von diesen 26 Schulhäusern hatten 2 einen Zerstörungsgrad bis zu 15 %, eins bis zu 40 % und eins bis zu 60 %. Diese 4 Schulhäuser müssen nun alle Schulkinder aufnehmen, die früher in 26 Schulen geschickt wurden. Alles, was nicht eingepfercht werden konnte, muß weite und gefährliche Wege zu den Vorortschulen machen. Sie können sich denken, wie die Arbeit vor sich geht. Kein Wunder, daß die Innenstadtschulen 3- bis 4-schichtig arbeiten und Kinder z. T. höchstens 1 bis 2 Stunden Schulunterricht bekommen, um überhaupt unterrichtet zu werden. So die Verhältnisse. Es gehört schon ungeheurer Wille und zähe Kraft der Lehrer dazu, in solchen Schulen und Räumen zu unterrichten. […] Wir haben […] von Düsseldorf für das Winterfestmachungsprogramm der Schulbauten in Dortmund 14.000 Ziegelsteine und 4.000 Dachziegel bekommen. Was geleistet worden ist, ist in der Hauptsache durch Selbsthilfe von Schulleitern und Lehrern geleistet worden. Diese Arbeit darf und soll nicht unterschätzt werden. Die Lehrerschaft hat sich voll und ganz eingesetzt, um die Bauten so weit herzurichten, daß notdürftig darin gearbeitet werden konnte."[952]

Auch in Dortmund, so scheint es zunächst, sahen sich die Lehrkräfte primär als Leidtragende der jüngsten Vergangenheit, die ganz offensichtlich Elend und Zerstörung mit sich brachte. Allerdings kündigt sich bei genauerer Betrachtung doch ein Wandel an, der auf eine beginnende Differenzierung im Umgang mit dem ungeliebten nationalsozialistischen Erbe hindeutet. Ähnlich wie in der US-Zone war die Entnazifizierung inzwischen auch im Nordwesten des Landes weitgehend auf deutsche Behörden übertragen worden. Deren Maßnahmen und Entscheidungen riefen ganz offensichtlich weniger Kritik hervor als die der britischen Besatzungsmacht. Statt den immer noch kritischen Zustand des Schulwesens und die nach wie vor prekäre Situation vieler Lehrkräfte hervorzuheben, verständigten sich die Vertreter in Dortmund darauf, pragmatisch zu handeln. Angesichts der sich immer deutlicher abzeichnenden wirtschaftlichen und

---

951 Allgemeiner Deutscher Lehrer- und Lehrerinnen-Verband: Niederschrift über die 2. Vertreterversammlung vom 18.–21. Mai 1948 vom 18.05.1948–21.05.1948, S. 1–144, hier S. 5. In: Archiv des GEW-Hauptvorstands.
952 Ebd., S. 8.

politischen Vereinigung der drei Westzonen, die mit der im Juni 1948 anstehenden Währungsreform deutlich sichtbar im Entstehen begriffen war, sollte sich der Blick erneut auf die Zukunft richten. Auf der Dortmunder Tagung standen daher rechtliche, wirtschaftliche und schulpolitische Forderungen im Zentrum,[953] die in zahlreichen Entschließungen ihren Ausdruck fanden.[954] Erneut wurde „mit allem Nachdruck" die Rückgabe des passiven Wahlrechts für Lehrkräfte verlangt.

> „Diese Forderung wird nicht nur erhoben aus Gründen der politischen Gleichberechtigung der Beamten, sondern auch im Hinblick darauf, daß in den Parlamenten bei der Behandlung von Schul- und Erziehungsfragen die Sachkenntnis der Lehrerschaft unentbehrlich ist. Sie ist besonders dringlich wegen der in absehbarer Zeit zu erwartenden Wahl eines Gesamtparlaments."[955]

Auch entschloss man sich zur Gründung einer Wohlfahrteinrichtung im ADLLV. „Ihr Zweck ist, notleidenden Mitgliedern und Hinterbliebenen zu helfen. Der Vorstand wird beauftragt, der nächsten V. V. eine Satzung für diese Wohlfahrtseinrichtung vorzulegen. [...] Über die Verwendung der Wohlfahrtsgelder wird der V. V. Bericht erstattet."[956] Darüber hinaus informierte der Vorstand die Anwesenden über die grundlegenden Arbeiten der zunächst in Hamburg angesiedelten Rechtsschutzabteilung des Verbands. Neben Fragen zu Anstellungsverhältnissen, zum Wohnungswesen und zur Besoldung sollte sich die Abteilung auch um Rechtsfragen kümmern, die unmittelbar mit den Folgen der NS-Herrschaft in Verbindung standen, etwa im Zusammenhang mit Flüchtlingslehrern, mit vermissten und in Gefangenschaft befindlichen Lehrern, mit Fragen der Wiedergutmachung sowie mit der „Rettung von Vermögenswerten, die den Lehrern nicht wieder zugeführt worden sind."[957] Schließlich beschloss man, sich explizit der Frage der künftigen inhaltlichen Gestaltung des Geschichtsunterrichts anzunehmen und jene Kolleginnen und Kollegen gezielt zu unterstützten, die sich mit diesem „heiklen" Fach auseinanderzusetzen hatten. Anna Mosolf aus dem Vorstand des ADLLV äußerte in diesem Zusammenhang:

> „Die Verantwortung, die der Geschichtslehrer vor der deutschen Zukunft aufzeigt, ist groß. [...] Ich meine nicht allein die Tatsache, daß wir als Deutsche in den Trümmern eines zerschlagenen Vaterlandes stehen, daß das Antlitz unseres Volkes geschändet ist – noch schwerer ist, daß die ganze Welt, nicht nur wir, ratlos vor den Schriftzeichen

---

953 Ebd., S. 68–69; Allgemeiner Deutscher Lehrer- und Lehrerinnen-Verband: Niederschrift über die 2. Vertreterversammlung vom 18.–21. Mai 1948 (Anm. 951), S. 37.
954 Allgemeiner Deutscher Lehrer- und Lehrerinnen-Verband: Niederschrift über die 2. Vertreterversammlung vom 18.–21. Mai 1948 (Anm. 951), S. 112.
955 Ebd., S. 110.
956 Ebd., S. 112.
957 Ebd., S. 49.

unserer Epoche stehen. […] Der Geschichtslehrer aber soll die Schrift lesen, sogar als Lehrer vor die Jugend stellen. Dabei umgibt auch ihn eine Dunkelheit, aus der er vergeblich nach richtungweisenden Sternen blickt. Da wollen wir uns nicht wundern, wenn die meisten unter uns vor der Aufgabe, heute Geschichtslehrer zu sein, einfach Angst haben. […] Der Geschichtslehrer soll heute bei der Betrachtung von Gegenwart und Vergangenheit keinen Augenblick vergessen, was im Hitlerreiche als Schändung des deutschen Namens geschehen ist, was wir auch als Geschichtslehrer zu tilgen haben, er soll aber auch niemals in seiner Haltung und in seinem Auftrage gegenüber der Jugend den Stolz vermissen lassen, daß er zum Volke Luthers, Goethes und Steins gehört, und daß er diesen Namen wieder Geltung verschaffen muß. […] Wir alle, der Geschichtslehrer aber besonders, stehen selbst in einer Wüste und Irre. Dies hat nicht mit dem Jahre 1933 angefangen und ist auch nicht mit dem Jahre 1945 abgeschlossen gewesen. Daß der Geschichtslehrer selbst ein Suchender ist, daß dieses Suchen zum gemeinsamen Schicksal aller, der Lehrenden und der Schüler, gehört, das soll er ehrlich in seiner Haltung und in seinem Urteil zeigen. […] Wir alle als Geschichtslehrer, die wir hier vereinigt sind, werden das Gelobte Land nicht mehr erreichen. Aber wir hoffen, nach dem Weg durch die Wüste des Irrens und Entbehrens vielleicht noch den Blick vom Berge Nebu tun zu dürfen. Wir glauben an das bessere Deutschland, das dann unserem Auge schon seine Konturen zeigt. Unser Geschichtsunterricht soll zeugen von diesem Glauben, der darin sich ausdrückt: Im Unglück erst recht. Mit dem Geschichtsunterricht können wir nun nicht mehr warten. Wir müssen mit ihm beginnen, trotz aller Fragen, die uns offen stehen […]."[958]

Man kann mit Fug und Recht behaupten, dass auf der zweiten Vertreterversammlung ein „Professionalisierungsprozess" beschlossen und in Gang gesetzt wurde, der auch auf den Umgang mit dem NS-Erbe nicht folgenlos blieb. „Reaktion vor Reflexion", so hätte das Motto lauten können, wenn es um den Umgang mit der problembehafteten Vergangenheit ging. Die Schaffung eines Arbeitskreises für die Gestaltung des Geschichtsunterrichts, die Errichtung von Wohlfahrtskassen, der Aufbau einer Rechtsschutzabteilung – das alles waren Reaktionen auf Gefahren und Herausforderungen, die sich aus der Vergangenheit ergaben und mit denen sich der ADLLV und seine Mitglieder gegenwärtig oder künftig konfrontiert sahen.

Eine Aussprache oder tiefergehende Reflexion darüber, wie die Lehrerschaft sich in der Vergangenheit verhielt und wo sie darin zu verorten ist, fand auch auf der zweiten Vertreterversammlung praktisch nicht statt. Eingegangen als wichtige Wegmarke hin zur Entstehung der GEW ist die Dortmunder Tagung vor allem aus einem anderen Grund: Die Versammelten beschlossen, sich künftig dem Deutschen Gewerkschaftsbund anzuschließen und trafen damit eine Entscheidung, die für die strukturelle Entwicklung der späteren Bildungsgewerkschaft

---

958 Ebd., S. 128–136.

von zentraler Bedeutung war.⁹⁵⁹ Dem Entschluss ging eine Rede von Hans Böhm voraus, damals Mitglied im Geschäftsführenden Bundesvorstand des DGB in der britischen Zone, der nach der Zerschlagung der Gewerkschaften durch die Nationalsozialisten bis 1935 unter Polizeiaufsicht stand und anschließend als Inhaber einer Gaststätte in Bielefeld das NS-Regime überdauerte.⁹⁶⁰ Böhm stellte die ansonsten kaum vernehmbare Verbindung auch der Gewerkschaftsfrage mit der unmittelbaren NS-Vergangenheit heraus, indem er sagte:

„Die Gewerkschaftsbewegung hatte im Jahre 1933 kein Rückgrat der Einheit, und wenn im Jahre 1933 die Gewerkschaftsbewegung von den Grundsätzen, von den Prinzipien sich hätte leiten lassen können wie heute, ich glaube, Kolleginnen und Kollegen, dann wären uns nicht nur das Dritte Reichs, sondern auch die Nachwirkungen dieses Krieges erspart geblieben. Das war die Erkenntnis, die wir alten Gewerkschaftler nicht nur im Jahre 1933, sondern auch in der Zeit bis 1945 gesammelt hatten, das [sic!] wir uns alle schwuren und alle das Gelöbnis ablegten, wenn einmal die Zeit wiederkommt und uns der genügende Sauerstoff gegeben ist, gewerkschaftliche Arbeiten zu verrichten, dann muß eins unsere erste Aufgabe sein, und zwar die Gewerkschaftsbewegung nicht mehr auszurichten nach weltanschaulichen oder konfessionellen Gesichtspunkten, sie nicht mehr auszurichten nach den Gesichtspunkten sozialer oder geistiger Schichtungen, sie nicht mehr auszurichten nach den Begründungen standespolitischer Art, sondern für uns war es selbstverständlich, daß wenn einmal die Zeit kommen würde, wir eine Gewerkschaftsbewegung schaffen mußten, die in sich die Einheit aller Schaffenden trägt, und wir wußten auch, daß diese Einheit der Gewerkschaftsbewegung zum tragenden Pol und zur tragenden Säule der Einheit unseres Vaterlandes werden würde. Wir überheben uns nicht als Gewerkschaft, wenn wir sagen, wir sind in Deutschland als Gewerkschaften mit zum Träger einer neuen sozialen Ordnung geworden."⁹⁶¹

In seinen weiteren Ausführungen stellte Böhm klar heraus, was aus seiner Sicht die kommenden Aufgaben der Lehrerschaft sein sollten:

„Wir […] haben die Verpflichtung vom staatspolitischen Standpunkt aus, das Jugendproblem mit zu behandeln. Ich denke dabei nicht nur an die Schulkinder, die zu unterrichten sind, sondern an die Jugend, die heute zum Teil das Alter von 35 Jahren erreicht hat, jene Jugend die seit 20 Jahren der Propaganda eines Goebbels zum Opfer fiel, die einmal durch die Pimpfe, durch die HJ, durch die Wehrertüchtigungslager, durch die SA, zum Militär gekommen sind [sic!], denen in vollkommener Verkennung

---

959 Ebd., S. 107.
960 DGB-Bundesvorstand: Frühere GBV-Mitglieder, www.dgb.de/uber-uns/bewegte-zeiten/fruhere-gbv-mitglieder (zuletzt abgerufen am 16.04.2019).
961 Allgemeiner Deutscher Lehrer- und Lehrerinnen-Verband: Niederschrift über die 2. Vertreterversammlung vom 18.–21. Mai 1948 (Anm. 951), S. 99–100.

der Dinge weißgemacht wurde, daß sie einmal dazu berufen wären, die Herren-Nation abzugeben und die Führer der Welt zu sein, jene Jugend, der es z. T. fehlt an der praktischen Schulausbildung, ihr fehlt es an der Berufsausbildung, ihr fehlt das Verständnis für die Zukunft – ja, sie wurzeln nur noch in der Vergangenheit. […] Wir müssen sie durchdringen von dem Gedanken, daß dieser Uniformgeist das Glück oder Unglück einer Nation bedeutet, wir müssen ihr begreiflich machen, daß das Unglück oder Glück einer Nation nicht davon abhängig ist, ob wir einen Krieg gewinnen oder verlieren, sondern Kulturstand, Lebensstandard und Glück einer Nation nur aufgebaut werden können auf der Mehrung der Kulturgüter und auf der Schaffung eines Geistes, der eine friedliche Völkerverständigung voraussetzt. Das ist die Frage, die den Gewinn bedeutet für den Deutschen Gewerkschaftsbund, und was Ihre Organisation dem Deutschen Gewerkschaftsbund sein kann."[962]

Besonders bemerkenswert an der Rede von Hans Böhm ist allerdings der Umstand, dass er erstmals die Frage der Schuld und damit einhergehend die Frage der „Wiedergutmachung" auf die Agenda der Lehrervertreter setzen wollte, indem er sagte:

„Wir sind von der Geschichte ebenso zum Gerichtsvollzieher und Liquidator der nationalsozialistischen Erbmasse bestimmt. Dabei ist nicht viel übrig geblieben. Leere Kassen an allen Ecken und Enden. Die sozialen Versicherungen sind bis auf den Grund erschöpft, und es ist heute schon der Ausdruck gebraucht worden, das Geld ist restlos verpulvert durch Bomben, Granaten und Maschinengewehre und Panzer. Wir müssen neu aufbauen und wir tragen Verantwortungsfreudigkeit genug, aber wir glauben, daß wir dabei die Grundlage dafür legen müssen, daß das deutsche Volk und die Welt vor einer ähnlichen Katastrophe für die Zukunft verschont bleiben. Wir glauben auch, daß wir als Gewerkschaftler die Verpflichtung zu erfüllen haben, Verbindung mit der internationalen Welt wieder zu suchen. Es waren auch in diesem Chaos, genau wie nach 1918, zuerst die Gewerkschaftler, die als Sendboten der schaffenden Menschen draußen versuchten, den Boden vorzubereiten, um die Existenz zu begründen. Ich weiß, Kolleginnen und Kollegen, wir haben eine Reihe von Aufgaben durchzuführen, wir haben Wiedergutmachung zu leisten, und wir sind 3 Jahre nach dem Kriege noch nicht einmal zu einem Friedensvertrag gekommen. Wir wissen auch, daß wir über die Grenzen Deutschlands hinaus Verständnis für unsere Lage finden müssen. Was uns bleibt, das ist der Glaube an uns selbst. Wir haben die sittliche Verpflichtung, Wiedergutmachung zu leisten, soweit es irgend möglich ist, und wenn wir das Lebensrecht anderer Völker bejahen, dann das des deutschen Volkes an erster Stelle. Wir als Gewerkschaften haben den Lebenswillen und die Lebensnotwendigkeit in den Vordergrund der schaffenden Menschen zu stellen."[963]

---

962 Ebd., S. 103–104.
963 Ebd., 105–106.

Bezeichnend ist, dass auf Böhms Worte zwar der Anschluss an den DGB beschlossen wurde, doch der Inhalt seiner Rede offenbar von den anwesenden Lehrervertretern nicht zum Anlass genommen wurde, selbst über Fragen von Schuld und Widergutmachung zu sprechen. Leo Raeppel, bis 1933 Schriftleiter der Deutschen Lehrerzeitung des DLV, übte dahingehend zwar in Ansätzen Selbstkritik, relativierte diese aber sogleich wieder durch zahlreiche Ergänzungen, die auf Entlastung abzielten, wie ein Auszug aus seiner Rede verdeutlicht:

„Wir alle, die wir fälschlicherweise in den Geruch des Spartanertums geraten sind, leiden heute noch so schmerzlich darunter, daß man uns die Fähigkeit, athenisch zu leben, gar nicht mehr zutraut. Das ist das furchbare Mißverständnis, das durch die ganze Welt geht, und das wir durch die 3 Jahre Besserungsanstalt gebüßt glauben. Oh nein, die Welt muß uns noch besser kennenlernen, bis sie uns glaubt, daß unser Spartanertum nicht Volksbesitz und volksgewünschte und herbeigeführte Lebensform war, sondern eine dem deutschen Volke auferlegte, andressierte Lebensform war. Sobald das Ausland davon überzeugt ist – und der Tag kommt –, dann ist auch das, was wir heute die deutsche Schuldfrage nennen, gelöst."[964]

Raeppel warb unter den versammelten Mitgliedern zwar für die Demokratie, übte aber zugleich scharfe Kritik an der Besatzungsherrschaft:

„Wir leben in keinem Rechtsstaate heute. Wir leben überhaupt in keinem Staate. Ich wüßte keinen juristischen Begriff, mit dem ich diesen Schwebezustand umreißen könnte. Ich will Ihnen das in einem Gleichnis darstellen: Wir leben als Konkursmasse. Wer in Konkurs gerät, der ist entmündigt, der ist kein eigenes Rechtssubjekt, sondern das Rechtsverfahren, das bei ihm angewandt wird, liegt außerhalb der Sphäre seiner eigenen Mitwirkung. Er ist Objekt. [...] Objekt sein ist auch für Menschen auf kurze Zeit erträglich, auf lange Zeit aber unerträglich, weil es die Lebenssubstanz des Menschseins totmacht. Das Beunruhigende, das Gefährliche am heutigen Zustand ist nicht, daß wir zufällig die Objekte dieses merkwürdigen Rechtszustandes sind, oh nein, das dürfen wir nicht sagen. Da wird uns gesagt werden: Ihr hab es nicht besser verdient. Aber worüber man die Hände ringen muß, ist nicht die Tatsache, das [sic!] es uns passiert ist, sondern daß es Menschen passiert ist, die sich einander das Recht absprechen, Menschen zu sein. Das deutsche Schicksal ist kein deutsches Leid, das ist Menschenleid. Was uns heute geschieht, kann morgen jedem anderen Volke geschehen. [...] Der erste und der ausschlaggebende Beitrag, den wir also zur Formung des Menschseins beitragen müssen, ist der, daß wir von uns aus freiwillig, aus eigener Erkenntnis, aus eigener Einsicht und aus eigenem Vorsatz den festen Willen fassen, für uns selbst als vorbildliche, freiheitsliebende Menschen zu leben. Das müssen wir als Mitgift mitbringen und nicht warten darauf, daß man sie eines Tages auf Grund

---

964 Ebd., S. 24–25.

fremden Vorsatzes etwa verliehen bekommt. [...] In dieser Beziehung ist die Demokratie oder der Freiheitsbegriff des Staates nicht irgendeine beliebige Staatsform, sondern es ist die menschliche Staatsform überhaupt, die herauswächst aus der Grundform des nach der Vervollkommnung und Verbesserung strebenden Menschen. Als solchen bejahen wir die Demokratie, die selbstverständlich tausend Mängel hat wie alles, was der Mensch macht, aber sie ist eine Form, die sich selbst entgiften kann. [...] Unser diktatorisches System wäre gar nicht schlecht gewesen, wenn man das Spiel zwischen Mehrheit und Minderheit hätte gelten lassen. Warum haben die Leute uns sofort entrechtet? Weil sie wußten, daß sie nach 4 Jahren zum Teufel gejagt worden wären, weil sie wußten, sobald wir zur Besinnung kommen und unsere Meinung sagen dürfen, daß wir dann aus dem Schock von 1933 erwacht sein werden uns eine neue Mehrheit bilden werden, die ein neues Recht schafft."[965]

Und weiter:

„Wir brauchen keine Anleihe zu machen bei anderen, sondern nur zu graben und zu schürfen in dem deutschen Wesen, da liegt alles drin, was zur Demokratie gehört. Unsere schweizer [sic!] und holländischen Freunde haben bewiesen, daß sie eine mustergültige Demokratie aufbauen können, und wir können auch wieder die verlernte Kunst uns aneignen unter der Voraussetzung, mit der man schwimmen lernt: Man geht ins Wasser. Wer glaubt, er könne uns das Schwimmen beibringen, daß man uns in eine Dunkel-Kammer hineinsetzt und uns dabei vielleicht ein Lehrbuch über Demokratie beisetzt, der täuscht sich. Das Schwimmen lernen wir dadurch, daß wir ins Wasser gehen. Dabei schlucken wir vielleicht eine ganze Menge Wasser, aber wir lernen frei schwimmen. Die deutsche Wandlung soll auf eigener Kraft beruhen und nicht auf Befehl und nicht auf Wunsch oder Anleitung geschehen. So geht es nicht. Man muß schon auf Substanzen zurückgreifen können, die man in sich fühlt, und das ist recht so."[966]

Leo Raeppels Vortrag erfuhr auf der zweiten Vertreterversammlung viel Zuspruch. Mehrere Redner kamen auf seine Ausführungen zurück, die im Kern jedoch kein Schuldbewusstsein beinhalteten, sondern schlussendlich die Singularität der in deutschem Namen begangenen Verbrechen relativierten und stattdessen auf Exkulpation, Souveränität und Anerkennung des Lehrerstandes abzielten. Wie ein mahnender Ruf erscheint daher der Redebeitrag eines geladenen Regierungsvertreters aus dem Bezirk Arnsberg, der unmissverständlich die Last der Vergangenheit verdeutlichte, die auf der versammelten Lehrerschaft lag und die sie offenbar noch nicht gewillt war, restlos anzuerkennen:

---

965 Ebd., S. 27–30.
966 Ebd., S. 31.

„Ich dachte heute morgen auf der Hinfahrt an eine kleine Postkarte, die ich vor ein paar Tagen von einem der wenigen, die noch Gott sei Dank von den führenden deutschen Pädagogen leben, erhielt, von Theodor Litt in Bonn. Er schrieb: ‚Ich kann mich in dieser Zeit nur mit Menschen über pädagogische Fragen unterhalten, die bis ins letzte erschüttert sind über das, was hinter uns liegt.' Das möchte ich wünschen, daß diese Erschütterung und das damit verbundene Leid der Grundton sein möge von dem aus hier in die Beratungen vorgestoßen wird. Aber in der Postkarte stand mit dabei, daß die Zahl derjenigen, die so erschüttert sind, leider nur sehr klein ist. Es ist eine Gefahr in der Größe des Trümmerhaufens, in dem wir leben, nämlich die Gefahr, daß wir es gar nicht mehr sehen, wie es sein könnte und sein müßte, daß wir der Fülle der Trümmer geradezu erliegen und seelisch unter den Trümmern liegen, über die wir hinausbauen wollen. Deswegen wollen wir uns erinnern, weil wir vor der Jugend unseres Volkes stehen, daß es unsere Generation gewesen ist, die sich mit dem Fluch für dieses Trümmerfeld belastet hat und daß wir nur dann die Rechtfertigung vor der Geschichte erleben und eines Tages mit Ehren von unserem Lehrerberufe abtreten können, wenn wir etwas wieder gutgemacht haben, und dieses Wiedergutmachen wächst nur aus der freien Lehrerpersönlichkeit heraus."[967]

Die Befreiung der Lehrerpersönlichkeit in dem Sinne, wie er hier an die Lehrerinnen und Lehrern gerichtet wurde, sollte am Ende noch lange auf sich warten lassen. Stattdessen kann – zugespitzt formuliert – davon gesprochen werden, dass die „Befreiung der Lehrerpersönlichkeit" von der damaligen organisierten Lehrerbewegung allzu wörtlich verstanden wurde. Ihren Ausdruck fand dieses Verständnis, indem Einzelverbände, die sich später zur GEW zusammenschließen sollten, in sehr vielen Fällen Rechtshilfe bei Entlassungen und Wiedereinstellungsverfahren leisteten und dabei auch jene „Kollegen" unterstützten, bei denen unzweifelhafte Verstrickungen mit dem NS-Regime vorlagen. Von der Tätigkeit als „Anwalt" der von der Entnazifizierung betroffenen Lehrerschaft versprach sich der Vorstand des ADLLV nicht zuletzt einen nachhaltigen Prestigegewinn bei seinen gegenwärtigen und künftigen Mitgliedern. Schon im alten Deutschen Lehrerverein habe der Rechts- und Haftpflichtschutz eine sehr große Bedeutung für die Organisation gehabt und „auch in der Lehrerschaft eine ausserordentliche Werbekraft ausgeübt."[968]

---

967 Ebd., S. 14–15.
968 Allgemeiner Deutscher Lehrer- und Lehrerinnen-Verband: Bericht über die 1. Vertretertagung des ADLLV in Hamburg, 9. bis 10. Oktober 1947 vom 21.10.1947. In: AdsD, GEW-HV, Nr. 8–9.

4.4 Neue Zeiten – alte Schule? NS-Vergangenheit im gewerkschaftlichen Alltag

4.4.1 Rechtshilfe bei Entlassungen und Wiedereinstellungen – Das Beispiel des Verbands Badischer Lehrer und Lehrerinnen

Eine der wenigen Aktenkonvolute aus früher Zeit, die bis heute überliefert sind und anhand derer sich das praktische Handeln einer Lehrerorganisation in Bezug auf die Entnazifizierungsfrage beispielhaft rekonstruieren lässt, findet sich in einem Bestand mit der Bezeichnung „GEW-Nordbaden" im Archiv der sozialen Demokratie in Bonn. Die Schriftstücke, die teilweise in den unmittelbaren Nachkriegsjahren verfasst wurden, gelangten dorthin, weil sich der Ende 1946 gegründete Verband badischer Lehrer und Lehrerinnen (VbLL) entschloss, der GEW beizutreten, als kurz vor der Gründung der Bundesrepublik zonenübergreifende Zusammenschlüsse der westdeutschen Verbände möglich wurden. Das früheste überlieferte Schriftstück des VbLL, das sich unmittelbar mit dem Erbe des Nationalsozialismus befasst, ist datiert auf den 16. Juni 1947. Es beinhaltet eine „Denkschrift über die Entnazifizierung der Lehrerschaft", die der geschäftsführende Vorstand an den Präsidenten des Landesbezirks Baden, Abteilung Kultus und Unterricht übergab, verbunden mit der Bitte, „die Forderungen der Berufsorganisation sich zu eigen zu machen und mit allem Nachdruck für die Erreichung des gesteckten Zieles tätig zu sein."[969] Insgesamt zeichnen die Verfasser über zwei Jahre nach Kriegsende ein düsteres Bild von der gesellschaftlichen Situation im Allgemeinen und der nordbadischen Lehrerschaft im Speziellen:

> „Der unselige 2. Weltkrieg schlug zwar der ganzen Welt furchtbare Wunden, dem deutschen Volk aber brachte er einen beispiellosen Zusammenbruch, eine bis an die Grenze der Auflösung reichende Erschütterung der nationalen Existenz, Verstümmelung der Industrie, Verkrüppelung des Wirtschaftslebens, unerträgliche Verengung des Lebensraumes [!], Aufspaltung in Zonen, politische Ohnmacht und nicht zuletzt geistige und seelische Not in einem fast unfassbaren Ausmasse."

So seien unter anderem „lähmende Lethargie" und eine „Demoralisation auf allen Lebensgebieten" typische Kennzeichen der damals gegenwärtigen Situation des Volkes – und auch das Schul- und Erziehungswesen, das bereits während der Kriegszeit „deutliche Verfallserscheinungen" aufgewiesen hätte, sei in dieses Chaos hineingerissen worden.[970] „Unendliche Schwierigkeiten waren zu über-

---

[969] Denkschrift über die Entnazifizierung der Lehrerschaft, erstellt durch den Verband badischer Lehrer und Lehrerinnen, übergeben dem Präsidium des Landesbezirks Baden, Abteilung Kultus und Unterricht vom 16.07.1947. In: AdsD, GEW-Nordbaden, Eingaben 1947–1950.
[970] Ebd.

winden, bis die Pforten der Schulen wieder geöffnet werden konnten, mangelte es doch infolge der Beschlagnahme eines grossen Teiles der Unterrichtsgebäude durch die Besatzungsmächte an Räumen und infolge des Gesetzes zur Befreiung vom Nationalsozialismus und Militarismus an der erforderlichen Zahl der Lehrkräfte."[971] Besonders hart sei dadurch die Volksschule betroffen.

Die „geistigen Kräfte" seien das einzige Kapital, dass dem deutschen Volk nach der Niederlage geblieben wäre, das ihm „keine Macht der Erde rauben" könne. Der Erziehung der Jugend komme eine enorme Bedeutung zu. Der Kräfteverbrauch der badischen Lehrerschaft sei inzwischen auf einem Tiefpunkt angelangt, weswegen der VbLL forderte, „dass unverzüglich Schritte zur Behebung oder Verminderung der Überbelastung eingeleitet werden." An das Unterrichtsministerium wurde appelliert, „bei den Militärregierungen mit allen Kräften dahin zu wirken, dass a. von der Entlassung weiterer Lehrkräfte abgesehen wird, b. bereits verfügte Entlassungen zurückgenommen werden, c. entnazifizierte Lehrer auf dem schnellsten Wege wieder in den Dienst übernommen werden, damit sie in der Berufsarbeit ihre Bewährungsfrist durchlaufen können, und um sie und ihre Familienangehörigen der schlimmsten Not, der sie seit über 2 Jahren ausgesetzt sind, zu entreissen." Nur auf diese Weise sei der Zusammenbruch des deutschen Bildungs- und Erziehungswesens zu verhüten.[972] Verglichen mit anderen Berufstätigen seien insbesondere jene Lehrer und ihre Familienangehörigen „unvergleichlich härter" von der Entnazifizierung getroffen, „die seit mehr denn 2 Jahren ohne Einkommen oder ausreichende finanzielle Mittel zu einem kümmerlichen Dasein verurteilt" seien. „Ohne Gehalt, ohne Pension, ohne irgendwelche finanzielle Unterstützung" und „aus dem Berufsleben herausgerissen, von Not und Elend, Hunger und Kälte verzweifelt bedrängt" würden zahllose Lehrkräfte „dahinvegetieren". Man würde ihnen eine Schuld für Vergehen oder Verbrechen zuschreiben, die ihnen erst nach Beendigung des Krieges bekannt geworden seien.

„Der größte Teil der in der NSDAP oder einer ihrer Gliederungen zur Mitarbeit herangezogenen Lehrerschaft in Stadt und Land, die innerlich trotz allem stets freiheitlich gesinnt blieb, stand unter einem dauernden Druck und in ständiger Angst und Gefahr um Beruf und Leben."

Daher könne man Lehrkräfte nicht verantwortlich machen für die Handlungen „verbrecherischer Elemente", wie man auch ein ganzes Volk wegen „krimineller Taten Einzelner" nicht mit Schuld beladen und bestrafen könne. Mitläufer und Minderbelastete, so die Forderungen des badischen Lehrervereins, sollten wiedereingestellt werden.

---

971 Ebd.
972 Ebd.

„Welch eine Unsumme von Verärgerung, Verbitterung, Verstimmung wäre beseitigt! Welch ein Segen wäre für Volk und Staat gestiftet, zöge man endlich unter die Vergangenheit einen Strich!"

Deutlich lässt sich am Beispiel der ausführlich zitierten Denkschrift erkennen, dass die Vorstände des VbLL unter dem Eindruck der Entnazifizierungspraxis nicht bereit waren, dem überwiegenden Teil der Lehrerschaft eine Mitverantwortung oder gar Mitschuld an den Vergehen und Verbrechen zuzuschreiben, die während des Nationalsozialismus begangen wurden. Vielmehr sahen sie die Masse des deutschen Volkes und damit auch die Masse der Lehrerinnen und Lehrer als Opfer an, die im „Dritten Reich" zur Kooperation mit dem diktatorischen Regime gezwungen worden seien und nun von den Besatzern für Taten bestraft werden würden, für die ihrer Überzeugung nach nicht sie, sondern, wenn überhaupt, lediglich eine kleine Gruppe fanatischer NS-Anhänger verantwortlich gemacht werden konnte. Auf eine derartige Sichtweise, nach der eine kleine Zahl jener, die tief in die Verbrechen des Nationalsozialismus verstrickt waren, einer großen Masse Verführter und Gezwungener gegenüberstand, verständigten sich allgemein weite Teile der deutschen Gesellschaft.

Die für den Verband badischer Lehrerinnen und Lehrer zuständige Kultusbehörde des Landesbezirks Baden nahm die Denkschrift mit Interesse zur Kenntnis. In ihrem Antwortschreiben, das sie dem VbLL am 18. August 1947 zukommen ließ, stellte sie fest, „daß die in der Denkschrift unterbreiteten Vorschläge durchaus in die Richtung gehen, die die Unterrichtsverwaltung bei ihrer nachdrücklichen Behandlung dieses Fragenkomplexes einschlägt."[973] Dem in Württemberg-Baden eingerichteten Ministerium für politische Befreiung, das nach Verabschiedung des „Gesetzes zur Befreiung von Nationalsozialismus und Militarismus" im März 1946 eingerichtet wurde, sowie der Militärregierung sei „mit allen Mitteln" die „besondere Lage" dargestellt worden, die durch die Auswirkungen der Entnazifizierung bei der Lehrerschaft entstanden sei. Beide Stellen hätten zugesagt, „bei der Überwindung der aufgetretenen Schwierigkeiten mitzuwirken", und es bestehe gemäß den erhaltenen Zusicherungen Aussicht, „daß die Zahl der zum Dienst zugelassenen Lehrer in nächster Zeit eine Erhöhung erfahren wird."[974]

Wie in der gesamten US-Zone setzte auch im amerikanisch besetzten Teil Badens zu dieser Zeit bereits ein umfassender Prozess der politischen Rehabilitierung der Lehrerinnen und Lehrer ein. An erster Stelle setzte sich im Württemberg-Badischen Kultusministerium Theodor Bäuerle für die Belange der Lehrkräfte ein. Bäuerle war selbst ein ausgebildeter Volksschullehrer, gründete

---

973 Schreiben des Präsidenten des Landesbezirks Baden, Abteilung Kultus und Unterricht, an den geschäftsführenden Vorstand des Verbandes badischer Lehrer und Lehrerinnen vom 18.08.1947. In: AdsD, GEW-Nordbaden, Eingaben 1947–1950.
974 Ebd.

nach dem Ersten Weltkrieg unter Mitwirkung der Firma Bosch und des Württembergischen Kultministeriums den „Verein zur Förderung des Volksbildung" und brachte im Südwesten die Volkshochschularbeit maßgeblich auf den Weg, bis sein Verein 1936 im Nationalsozialismus aufgelöst werden musste. Nach der NS-Diktatur war er zunächst Ministerialdirektor in dem von Theodor Heuss geleiteten württemberg-badischen Kultusministerium, um dann von 1947 bis 1951 selbst das Amt des Kultusministers zu begleiten. Dem Verband badischer Lehrer und Lehrerinnen stand mit Theodor Bäuerle also ein politischer Ansprechpartner zur Seite, dessen Hauptaugenmerk unzweifelhaft dem Wiederaufbau des Schul- und Bildungswesens galt.[975] Tatsächlich fand bereits in der ersten Phase seiner Amtszeit die formale Entlastung fast aller von der Entnazifizierung betroffenen Lehrkräfte statt – allerdings folgte darauf in vielen Fällen nicht notwendigerweise eine unmittelbare Wiederanstellung. Die soziale Situation vieler nun als Mitläufer oder gar als entlastet eingestufter Pädagogen blieb stattdessen auch in der Folgezeit oftmals prekär, ja verschlimmerte sich zum Teil noch, weil etwa noch vorhandene Ersparnisse zur Neige gingen oder im Zuge der Währungsreform im Jahr 1948 drastisch an Wert verloren.

Auch wenn bereits bis zum Ende der ersten Jahreshälfte 1948 „eine beträchtliche Anzahl von Lehrkräften wieder der Berufsarbeit zugeführt" werden konnte, blieb für viele ihrer Berufskollegen „der erwartete praktische Gewinn" der beschleunigt durchgeführten Entnazifizierung aus. In einem Schreiben an das Landespräsidium Baden, Abteilung Kultus und Unterricht, vom 17. Juni 1948 beklagte der Vorstand des VbLL unter dem Vorsitz von Karl Kotyrba:

„Noch liegen zahllose Kollegen bezw. Kolleginnen beschäftigungs- und brotlos auf der Straße, obwohl die rechtskräftigen Spruchkammerbescheide seit langem der Unterrichtsbehörde vorliegen. Die Anträge dieser Lehrkräfte auf Wiederverwendung im Schuldienst – es handelt sich in der Hauptsache um Mitläufer oder um amnestierte Minderbelastete – blieben leider bis zum heutigen Tag unberücksichtigt. Das ist umso weniger verständlich, da es sich um Erzieher handelt, die sich keiner strafbaren Handlung schuldig gemacht hatten und nur formal belastet waren. Dabei sollte nicht vergessen werden, daß die Beurteilungen durch die einzelnen Spruchkammern bei gleichem Belastungsmoment ganz verschieden und die Sühnemaßnahmen vollkommen ungleich sind. So kommt zur jahrelangen Härte noch das Unrecht. Wenn nationalsozialistische Schulräte, die als Aktivisten, Terroristen und Nutznießer in Volksschullehrerkreisen unrühmlich bekannt sind, aus dem Spruchkammerverfahren als Minderbelastete hervorgingen, so dürfte man aus Gerechtigkeitsgründen ihre früheren

---

975 Thomas Fricke: Landesarchiv Baden-Württemberg, Abt. Hauptstaatsarchiv Stuttgart – Findbuch Q 1/21: Nachlass Theodor Bäuerle, Kultminister, CDU-Politiker (* 1882 + 1956) – Vorwort, www2.landesarchiv-bw.de/ofs21/olf/einfueh.php?bestand=6722 (zuletzt abgerufen am 06.05.2019).

Untergebenen nicht härter anfassen. Es wird von der gesamten Lehrerschaft als untragbar empfunden, daß unbescholtene Kollegen aus formalen Gründen heute noch von der Berufsarbeit ferngehalten werden und weiterhin bitterster Not ausgesetzt sind. Wer seit über drei Jahren wirtschaftliches Elend erduldet, seelisches Leid ertragen und persönliche Demütigung hat hinnehmen müssen, der hat wahrhaftig Sühne genug geleistet. [...] Berichten ist zu entnehmen, daß die Verelendung einen unerträglichen Grad erreicht hat, der in keinem Verhältnis steht zu der ‚Schuld', die sie infolge ihrer Leichtgläubigkeit, ihrer Nachgiebigkeit oder Ängstlichkeit auf sich geladen haben sollen. [...] Die Not ist durch die Aufzehrung der bescheidenen Spargelder so unsagbar groß geworden, daß diese vom Schicksal Heimgesuchten nunmehr am Rande der Verzweiflung stehen und vor Selbstmordgedanken nicht mehr zurückschrecken. [...] Wir sind der Meinung, daß die Zeit des Hungerns und Darbens, der Entbehrungen und der seelischen Belastungen, der Entrechtung und der wirtschaftlichen Unsicherheit ein Ende haben muß. [...] Zusammenfassend bitten wir das Unterrichtsministerium dringend um rascheste Durchführung folgender, von der Gesamtlehrerschaft Badens erhobener Forderungen: 1. Alle von der Spruchkammer als Nichtbetroffen, als entlastet oder als Mitläufer bezeichnete Lehrer oder Lehrerinnen werden, soweit sie noch nicht verwendet sind, mit sofortiger Wirkung wieder in den Schuldienst übernommen. 2. beschleunigte Durchführung der Überprüfung solcher Kollegen, die a) vor dem 1.5.1933 Parteimitglied waren, b) Beförderungsstellen innehatten und c) als Minderbelastete aufgrund der Unterlagen, ihres Charakters und ihrer schulischen Leistungen die Gewähr für eine zufriedenstellende Unterrichtsarbeit und eine einwandfreie demokratische Erziehertätigkeit bieten."[976]

Nicht nur die eigentliche Entnazifizierung, sondern besonders auch die Bemühungen um Wiederanstellung entnazifizierter Lehrkräfte bildete in den späten 1940er Jahren daher einen Schwerpunkt der Arbeit des Verbands.

Als am 4. und 5. Juli 1947 die erste „Interzonaltagung" aller deutschen Lehrerverbände in Göttingen stattfand, schloss der VbLL mit der Rechtsschutzabteilung des Allgemeinen Deutschen Lehrer- und Lehrerinnenverbandes eine Haftpflicht- und Rechtsschutzversicherung für seine Mitglieder ab. Rückwirkend zum 1. Juli 1947 waren die Mitglieder des Verbandes künftig „für ihre Person sowohl als Schulbeamte, wie auch als Privatleute nebst ihren engsten Familienangehörigen versichert."[977] Den zu diesem Zeitpunkt weiterhin beschäftigungslosen Kolleginnen und Kollegen und ihren Familien blieb dieser Rechtsschutz jedoch verwehrt. Deshalb wandte sich der VbLL am 14. Juli 1948 an die gesamte

---

976 Schreiben des Verbandes badischer Lehrer und Lehrerinnen an das Landespräsidium Baden, Abteilung Kultus und Unterricht vom 17.06.1948. In: AdsD, GEW-Nordbaden, Eingaben 1947–1950.

977 Karl Kotyrba: Bericht zur ersten Vertreterversammlung des Verbandes badischer Lehrer und Lehrerinnen vom November 1947. In: AdsD, GEW-Nordbaden, Vertreterversammlungen 1947–1950.

Lehrerschaft Nordbadens und rief zur sofortigen „Errichtung einer Nothilfe für nichtverwendete, in Not lebende Kollegen und Kolleginnen" sowie für Lehrerfamilien, deren Ernährer vermisst wurden oder sich in Kriegsgefangenschaft befanden, auf. So entstand ein „Hilfswerk", das sich über freiwillige Spenden aus der „gesamten Lehrerschaft Badens ohne Rücksicht auf die Organisationszugehörigkeit" finanzieren sollte. „Wenn jede Lehrkraft monatlich nur 1 DM,- abführt, so sind wir in der Lage, laufend mindestens DM 3000,- pro Monat zur Verteilung zu bringen". Der Aufruf unterstrich erneut die „physische Not" und das „seelische Leid" von „Hunderten und Aberhunderten […] in einem Ausmaß, wie dies in der Geschichte der deutschen Lehrerschaft nicht bekannt ist" und appellierte an den solidarischen Zusammenhalt innerhalb des gesamten Lehrerstandes:

> „Unermeßlich groß ist die in den meisten Fällen unverschuldete Not dieser Hilfsbedürftigen, die zum Teil noch durch schwere Krankheit heimgesucht worden sind. Wer wollte die Verantwortung für die weitere Verelendung und für die verhängnisvollen Folgen auf sich nehmen? Hier zu helfen, ist nicht nur eine moralische und menschliche Pflicht, es ist gleichzeitig ein Akt kameradschaftlicher Solidarität. Darum appellieren wir an Euer Herz, Euer Verständnis, Eure Einsicht und Eure bewährte kameradschaftliche Verbundenheit. Zeigt durch Euren Beitrag, daß die Ärmsten der Armen nicht vergessen sind, daß ihre Not unsere Not ist, daß ihr Leid unser Leid ist, und daß ihre Sorgen um das nackte Leben auch unsere Sorgen sind. Wer durch freiwillige Gaben zum Gelingen des Hilfswerkes beiträgt, der vollbringt eine wahrhaft pestalozi'sche Tat. Darum Kolleginnen und Kollegen, spendet nach bestem Vermögen!"[978]

Wie die Lehrerschaft Nordbadens von der Möglichkeit erfuhr, sich um eine Nothilfe von Seiten des VbLL zu bemühen, lässt sich nicht mehr exakt nachzeichnen. Einerseits erfuhren Lehrkräfte offenbar über andere „Leidensgenossen" und ehemalige Vorgesetzte von den Hilfsleistungen,[979] andererseits informierte der VbLL auf Lehrerversammlungen auch selbst über die Solidaritätsaktion.[980] In einigen Fällen veranlassten Bekannte und Berufskollegen die Prüfung einer Nothilfe, ohne dass die Begünstigten darüber von Anfang an in Kenntnis gesetzt waren.[981]

---

978 Aufruf des Verbandes badischer Lehrer und Lehrerinnen „An die Lehrerschaft Nordbadens!" zur Errichtung der Nothilfe vom 14.07.1948. In: AdsD, GEW-Nordbaden, Nothilfe II.

979 Schreiben eines Hauptlehrers a. D. an den Verband badischer Lehrer und Lehrerinnen vom 28.07.1948. In: AdsD, GEW-Nordbaden, Nothilfe I; Berthold Jäger: Schreiben an den Verband badischer Lehrer und Lehrerinnen vom 12.08.1948. In: AdsD, GEW-Nordbaden, Nothilfe I; Albert Fehrenbacher: Schreiben an den Vorstand des Verbandes badischer Lehrer und Lehrerinnen vom 07.11.1948. In: AdsD, GEW-Nordbaden Nothilfe II.

980 E. (genauer Vorname unbekannt) Voll: Schreiben an den Verband badischer Lehrer und Lehrerinnen vom 27.09.1948. In: AdsD, GEW-Nordbaden, Nothilfe I.

981 Adolf Neureuther: Schreiben an den Vorsitzenden der Bezirks-Lehrerkonferenz Sinsheim, Riedinger, vom 23.10.1949. In: AdsD, GEW-Nordbaden, Nothilfe II.

Dass der Hilfsfond erheblichen Anklang fand, legen zahlreiche Zuschriften nahe, die ab Sommer 1948 den Vorstand des Verbands badischer Lehrer und Lehrerinnen erreichten und bis heute überliefert sind. Diese Briefe geben einen Einblick in die Gedankenwelt und die Gemütslage jenes Teils der Lehrerschaft in Nordbaden, der von den Entnazifizierungsmaßnahmen zum Teil über Jahre hinweg spürbar betroffen und dadurch gezwungen war, sein persönliches Handeln während der Zeit des Nationalsozialismus zu reflektieren und sich damit aktiv auseinanderzusetzen. Kurze Anmerkungen und Notizen, die von Bearbeitern des VbLL mitunter darauf festgehalten wurden, lassen wiederum Rückschlüsse auf die Entscheidungspraxis bei der Vergabe finanzieller Unterstützungsleistungen zu, was die Schreiben zu einer außergewöhnlichen und wertvollen Quelle macht.

Eines der ersten Gesuche, das den Verband badischer Lehrerinnen und Lehrer nach Gründung der Nothilfe erreichte, ist datiert auf den 28. Juli 1948. Ein seit Kriegsende entlassener Hauptlehrer aus dem kleinen Ort Schweinberg im Neckar-Odenwald-Kreis, der kurz bevor er sich an den VbLL wandte als Mitläufer eingestuft wurde, äußerte darin seinen Verdruss über die Württemberg-Badischen Landesregierung. Diese hatte im Zuge der am 20. Juni 1948 erfolgten Währungsreform angekündigt, vorerst keine neuen Lehrerstellen zu besetzen.

> „Nun heißt es weiter warten, wovon man aber leben soll, danach fragt niemand. Was hat ein Lehrer auf dem Lande schon für Verdienstmöglichkeiten? Bestenfalls schwere körperliche Arbeit, die ich wegen eines chronischen Magengeschwürleidens nicht zu leisten vermag."

Auch seine Frau sei seit Jahren gesundheitlich angeschlagen und die Berufsausbildung seiner 16 jährigen Tochter sei durch die Verhältnisse der vergangenen Jahre völlig über den Haufen geworfen worden. Nun befürchtete der Lehrer, dass sein einziges Kind „Näherin, Putzmacherin oder Friseuse" lernen müsse, während „jeder bessere Arbeiter in der Lage ist einem begabten Kinde eine gehobene Schulbildung ins Leben mitzugeben."[982] Hier ist deutlich der soziale Bruch zu erkennen, den viele der meist standesbewussten Lehrkräfte in Folge ihrer Entnazifizierung beklagten und anprangerten. Zu seiner konkreten Tätigkeit im „Dritten Reich" und den daraus hervorgehenden Belastungsmomenten schweigt der Lehrer aus Schweinberg bezeichnenderweise.

Anders verhält es sich bei einem weiteren Lehrer namens Hans Denkinger, der am 3. August 1948 um Nothilfe bittet. Auch er war seit mehr als drei Jahren arbeitslos, als er sich an den VbLL wandte. Infolge einer Kriegsverletzung und „sonstiger Leiden" zu 50 bis 60 Prozent erwerbsunfähig, wurde Denkinger nach

---

982 Schreiben eines Hauptlehrers a. D. an den Verband badischer Lehrer und Lehrerinnen (Anm. 979).

dem Krieg interniert und arbeitete anschließend als landwirtschaftlicher Hilfsarbeiter ohne Lohn. Zu seiner politischen Vergangenheit führte er aus:

„Im Jahre 1936 wurde mir, obwohl ich weder politisch im Sinne der NSDAP hervorgetreten, noch dem Kreisleiter überhaupt persönlich bekannt war, das Amt als Stützpunkt- und später Ortsgruppenleiter übertragen. Im Jahre 1938 verweigerte ich hier die Durchführung der sogen. Judenaktion und 1940 den Kirchenaustritt und die ‚weltanschauliche Durchdringung' in meiner Gemeinde und Schule. So wurde ich in entehrender Weise von meinem Parteiamt abgesetzt und wie ein Volksverräter behandelt. Der Kreisleiter machte die Bemerkung, ich sein kein Nationalsozialist und man werde nach dem Siege mit Lehrern dieser Art aufräumen. Die Spruchkammerbegründung führt als meine Gesamthaltung wörtlich an: Seiner inneren, durchaus anti-nationalsozialistischen Einstellung ist auch die äussere Haltung, wie geschildert, mit grosser Offenheit, bis zum Erfolg seiner Absetzung als Ortsgruppenleiter gefolgt."

Abschließend resümiert Denkinger:

„Mein Verfahren brachte nicht die geringste persönliche Belastung. Trotzdem wurde ich Minderbelasteter und durch Amnestie Mitläufer. Die Ortsschulbehörde und die ganze Bevölkerung hatten sich für meine Wiedereinstellung eingesetzt. Nun kam die ‚Sperre' und die Not und Hoffnungslosigkeit sind schlimmer wie jemals. Meine Tragödie mag ein Sonderfall sein, sie ist aber auch im ganzen das Schicksal des christlich eingestellten Landlehrers überhaupt."[983]

Denkinger beklagte hier offen den „Formalismus" bei der Einstufungspraxis im Spruchkammerverfahren, vor allem aber sorgte auch bei ihm die im Zuge der Währungsreform verhängte Einstellungssperre für Unmut.

Über die eben aufgeführten Beispiele hinaus legen viele der hier untersuchten Zuschriften den Schluss nahe, dass die große Mehrheit der Lehrerinnen und Lehrer eindeutig der Ansicht war, aus der Einstufung als „Mitläufer", die letztlich bei fast allen erfolgte, ein Anrecht auf Wiedereinstellung ableiten zu können. Ein Nachdenken über das eigene Handeln im Nationalsozialismus kam dagegen nur in den seltensten Fällen zum Ausdruck. Stattdessen wurde die eigene politische Beteiligung am NS-Regime, so sie überhaupt zur Sprache kam, heruntergespielt. Die Folgen der Entnazifizierung stünden nach Ansicht vieler Lehrkräfte in keinem Verhältnis zu ihrer Tätigkeit in der Zeit des Nationalsozialismus, die wiederum nur eine Episode ihrer beruflichen Laufbahn darstellen würde, die bei vielen in der Zeit der demokratisch verfassten Weimarer Republik ihren Anfang nahm,

---

983 Hans Denkinger: Schreiben an den Verband badischer Lehrer und Lehrerinnen vom 03.08.1948. In: AdsD, GEW-Nordbaden, Nothilfe I.

was ebenfalls häufig aufgeführt wurde, etwa von einem Lehrer namens August Bundschuh, der schrieb:

„Seit 45 bin ich nun außer Dienst, ohne jede Einnahme. Mein Vermögen ist aufgebraucht. War ein Jahr interniert. Von der Spruchkammer wurde ich im März in Gruppe 3 mit einer halbjährig. Bewährungsfrist eingereiht. Nun warte ich schon mehr als 6 Monate; es regt sich nichts, – man kann ruhig verhungern. Das ist der Dank für 40 [unterstrichen] Dienstjahre."[984]

Auch der sich selbst als „Hauptlehrer a. D." bezeichnende Pädagoge Berthold Jäger betonte gleich zu Beginn seines Antrags, dass er bis zur Gleichschaltung im Jahr 1934 Mitglied im ehrwürdigen badischen Lehrerverein gewesen sei. Was ihn jedoch bewog, 1935 in die NSDAP einzutreten, schildert er dagegen nicht. Stattdessen äußert er in diesem Zusammenhang:

„Durch meine Mitgliedschaft in der NSDAP von 35 an u. durch meine Mitarbeit im NSV [...] als Ortswalter hatte ich das Pech, belastet zu sein u. im Oktober 45 einige Tage nach meiner Heimkehr aus Kriegsgefangenschaft außer Dienst gesetzt zu werden."

Auch Jäger musste sich in den Folgejahren mit „gewöhnlicher Arbeit" durchschlagen, eine Zeit lang als „Waldhilfsarbeiter", dann als „Bauhilfsarbeiter", bis er nach der Währungsreform entlassen wurde. „So bin ich seit 2. Juli ohne jedes Einkommen u. lebte äußerst sparsam mit den 160,- DM Kopfgeld, die ich lediglich zum Einkauf der allernotwenigsten Lebensmittel gebrauchte. Mit 2 Monatsmieten (zus. 70,- DM) bin ich bei der Gemeinde im Rückstand." Wie viele andere Lehrkräfte klagte Jäger, dass seine „Sparpfennige" im Zuge der Währungsreform bis auf einen „lächerlichen Rest" zusammengeschrumpft seien. Zudem machte auch er sich Sorgen um seine beiden Kinder, deren Ausbildung er aufgrund fehlender Einnahmen in Gefahr sah. Die Entnazifizierungspraxis war für ihn ein Akt der Willkür:

„Meine Hoffnung auf glückliche Entnazifizierung u. baldige Wiederverwendung wurde im April d. J. zerschlagen, da ich aus unerklärlichen Gründen in Gruppe III eingereiht wurde, obwohl ich bestimmt kleiner war wie der Kreisleiter, der die Dorfschulmeister oft mit seinen unflätigsten Ausdrücken bedachte. Zur Zeit läuft meine Berufung vor dem Befreiungsministerium in Stuttgart, und ich hoffe, als Mitläufer wenigstens anerkannt zu werden, um doch bald wieder meinen Beruf ausüben zu dürfen."[985]

---

984 Aug. (genauer Vorname unbekannt) Bundschuh: Schreiben an den Verband badischer Lehrer und Lehrerinnen vom 01.10.1948. In: AdsD, GEW-Nordbaden Nothilfe I.
985 Jäger (Vorname unbekannt): Schreiben an den Verband badischer Lehrer und Lehrerinnen (Anm. 979).

Die badische Lehrerschaft wies in Bezug auf ihre NS-Vergangenheit wenigstens eine Besonderheit auf. Mit der de facto Annexion von Elsass-Lothringen ab dem Jahr 1940 verlagerten einige Lehrkräfte, teils aus eigener Initiative, teils auf Anweisung, ihren Dienst- und oftmals auch ihren Wohnsitz in das ehemalige „Reichsland", aus dem sie dann am Ende des Krieges wieder fliehen mussten. Ein ehemaliger Rektor namens Autenrieth, den dieses Schicksal ereilte, bat am 15. August 1948 um Unterstützung und schrieb:

> „Der Unterzeichnete [sic!] ist seit 17. Oktober 1945 entlassen, wurde im Krieg am rechten Fuß verwundet, war in Kriegsgefangenschaft, wo ihm von einem Neger [!] die Zähne eingeschlagen wurden, war ein Jahr interniert und arbeitete seither als Hilfsarbeiter in Fabriken, was aber wegen seiner mangelnden Gesundheit nicht mehr möglich ist. In der Spruchkammer ging ich als Mitläufer ab, jedoch legte die öffentliche Anklägerin Berufung ein, die noch läuft. Ich stehe mit meiner Frau und meinen drei minderjährigen Kindern vor einem Nichts. Mein Hab und Gut habe ich im Elsaß verloren. Ich bitte deshalb wenn irgend möglich, ergebenst um eine Unterstützung."[986]

Auch wenn dem Wort „Neger" in der Nachkriegszeit noch nicht die abwertende, diskriminierende Bedeutung zugeschrieben wurde, wie dies heute selbstverständlich sein sollte, so legt die Verwendung des Wortes im obigen Kontext doch eine rassistische Grundhaltung des Antragsstellers nahe. Obwohl sich Autenrieth seine Leidenszeit weit weniger ausführlich beschreibt als viele andere und seine Äußerungen keinesfalls eine mehr oder minder demokratische Gesinnung nahelegen, lässt ihm der VbLL eine Nothilfe zukommen. Im September 1948 bedankte sich der Lehrer für den Erhalt von 30 DM. „Das Gefühl der Gemeinschaft u. Verbundenheit beglückt mich. Mit Gott hoffe ich, daß auch mir wieder einmal die Sonne der Erlösung scheinen wird".[987]

Auch unterstützte der VbLL nachweislich Lehrkräfte, die sich weit über das erforderliche Maß in der NSDAP und im NS-Lehrerbund engagierten. Ein Beispiel hierfür ist der Lehrer Adolf Neureuther, der noch am 23. Oktober 1949 den Verband um Nothilfe bat. Diesbezüglich führte er aus:

> „Ich bin 1930 in die Partei eingetreten – in jener Zeit der politischen Zersplitterung, in der ich auch die ganze Notlage der arbeitslosen Menschen im Bereich meiner Tätigkeit als Fortb. Hptl. [vermutlich: Fortbildungs-Hauptlehrer, d. Verf.] kennen gelernt habe. Das hatte mich hauptsächlich dazu getrieben, mich dieser neu auftretenden Partei anzuschließen. Als Rektor u. später Bez. Schulrat in Heidelberg war ich Kreiswalter des

---

986 Werner Autenrieth: Schreiben an den Verband badischer Lehrer und Lehrerinnen vom 15.08.1948. In: AdsD, GEW-Nordbaden, Nothilfe I.
987 Werner Autenrieth: Schreiben an den Verband badischer Lehrer und Lehrerinnen vom 01.09.1948. In: AdsD, GEW-Nordbaden, Nothilfe I.

NSLB bis 1939, denn von da an war ich Soldat bis zum Zusammenbruch 1945. Die darauf folgende Zeit verbrachte ich hinter Stacheldraht. Im Sommer 1947 wurde ich entlassen, u. es galt nun, für meine Familie, die inzwischen von Heidelberg nach Eppingen umgezogen war, wieder neu die verbliebene Kraft einzusetzen. Das war nicht einfach. Dazu kam noch, daß das geringe Sparguthaben mit dem Wegfall des Gehalts nahezu dahingeschmolzen war. Ich arbeitete beim Bauern, auf dem Bau, griff im Wald beim maschinellen Stumpenroden mit an die schwerste Arbeit, bis ich mich dadurch körperlich schädigte u. vom Arzt diese Arbeit verboten bekam. Dann fand ich in einem Saisonbetrieb vorübergehend Beschäftigung. Im Februar d. J. wurde ich arbeitslos. Seit 2 Monaten habe ich wieder aushilfsweise Arbeit mit 35 – 40 DM wöchentlich. Bis die gröbsten Ausgaben, wie Miete, Heizung, tägl. Lebensbedarf abgezogen sind, verbleibt nicht mehr viel. Aber ich möchte meine Familie durchbringen, ohne der öffentlichen Fürsorge zur Last fallen zu müssen. Das läßt mich auch vor keiner Arbeit zurückschrecken. Ich habe vier begabte Kinder, alle sind in schulischer Ausbildung – denen bin ich verpflichtet. […] Ich wollte die Kinder schon aus der Schule nehmen, brachte es nicht übers Herz, weil das für sie ein verpfuschtes Leben bedeuten würde, bemühe ich mich weiter u. arbeite von früh bis spät, aber es will eben doch nicht ausreichen, obwohl sich Eltern wie Kinder bis zum äußersten einschränken und sich alles versagen. Im Dezember 1947 wurde ich lt. Spruchkammerbescheid in die Gruppe der Minderbelasteten (Gr.3) – rechtskräftig 13.4.48 – u. im Februar 1949 in Gruppe 4 (Mitläufer) eingestuft. Außer der formalen Belastung liegen bei mir keinerlei Belastungen vor. Ich werde aber in den schulischen Dienst deswegen nicht übernommen, weil ich Pg. vor 1933 war – auch bei allem Wohlwollen ist es noch nicht möglich, wie man mir sagte. Ich habe 30 Jahre lang meine besten Kräfte in der Schule eingesetzt. Meine Leistungen wurden immer mit ‚vorzüglich' bewertet, wie auch der öffentliche Ankläger in der Verhandlung als Beurteilung des Ministeriums beigab. Daß ich noch nicht im Schuldienst verwendet bin, das Los teile ich mit manchen anderen und hat noch nie ein bitteres Gefühl in mir wach werden lassen. Schwer aber bedrückt mich das Gefühl, wenn ich zusehen muss, wie Frau und Kinder unter der mir zugesprochenen Schuld mitleiden u. mitbüßen müssen."[988]

Die ausführlichen Schilderungen Neureuthers und der Verweis auf seine „unschuldigen" Angehörigen mögen den VbLL dazu bewogen haben, ihn zu unterstützen. Einen Tag vor Heilig Abend schrieb der Lehrer erneut an den Verband:

„Heute wurde mir durch die Post eine Anweisung Ihrerseits im Betrag von DM. 50,- ausbezahlt. Ich war dadurch nicht nur sehr überrascht, sondern umso tiefer beeindruckt, weil mir zum ersten Male von außen her eine solche Hilfe zuteil wurde. Ich habe in diesem Monat 45,- DM an Arbeitslohn ausbezahlt erhalten, und Weihnachten steht vor der Tür. Sie können verstehen, mit welchen Gefühlen ich dem Fest der Liebe

---

[988] Neureuther: Schreiben an den Vorsitzenden der Bezirks-Lehrerkonferenz Sinsheim, Riedinger (Anm. 981).

entgegensah, wenn ich an meine Frau und meine vier Kinder dachte. Für Ihre unerwartete Unterstützung danke ich Ihnen als den dem Verband verantwortlichen Herren von ganzem Herzen, ganz besonders im Hinblick auf meine Angehörigen […]."[989]

Die Vorweihnachtszeit 1949 bot für den Verband badischer Lehrer und Lehrerinnen einen Anlass, Bilanz über die geleistete Arbeit zu ziehen und sich zugleich mit der Bitte um eine „Weihnachtsspende" erneut an die Lehrerinnen und Lehrer Nordbadens zu wenden. In einem Aufruf vom 28. November 1949 ist zu lesen:

„Erfüllt von sozialem Tatwillen, beseelt von traditioneller Hilfsbereitschaft und durchdrungen von echtem Kameradschaftsgeist, habt Ihr, werte Kolleginnen und Kollegen, einem Hilfswerk zum Siege verholfen, das in der Geschichte der deutschen und vornehmlich der badischen Lehrerschaft einmalig dasteht. […] Seit Beginn der Nothilfe-Aktion hat der Verband an 232 Unterstützungsempfänger rund DM 25000,- zur Auszahlung gebracht. Z. Zt. haben wir mit den Mitteln aus der Nothilfe noch nahezu 70 Antragsteller zu betreuen. Es sind Arbeitslose, Ausgesteuerte, Sieche und Kranke, Witwen und Waisen, deren Versorgungsregelung noch aussteht. Daß deren Notlage eine unbeschreiblich drückende ist, bedarf wohl keines Kommentars. Manche Schulorte haben in dem irrtümlichen Glauben, die Not- und Hungerzeit wäre überwunden, ihre Sammeltätigkeit eingestellt oder nur unzureichende Spendenbeträge abgeführt. Wohl ist der Kreis der Unterstützungsempfänger enger geworden; allein die Not der vom Schicksal schwer Heimgesuchten ist umso mehr angestiegen. Es wäre unverantwortlich, wollten wir die Hilfsaktion in dem Augenblick abbrechen, wo die letzte kurze Wegstrecke zur Wiedergewinnung der Existenzgrundlage zurückgelegt werden muß. […] Wenn wir in wenigen Wochen frohen und beschwingten Herzens wieder die Kerzen am Lichterbaum entzünden und dabei dem Himmel Dank wissen für Arbeit und Brot, für Gesundheit und Zufriedenheit, dann wollen und dürfen wir diejenigen Amtsbrüder und Amtsschwestern nicht vergessen, die sich wie Ausgestoßene und Verlassene fühlen müssen. Denkt daran, daß sie das gleiche Lebensrecht besitzen wie wir! Wo immerwährender Frost herrscht, erstickt alles Leben. Wo aber wärmende Sonnenstrahlen die Eiskruste der Lieblosigkeit, der Hartherzigkeit und Verlassenheit schmelzen, da bricht neues, lachendes, sprudelndes Leben in tausendfältiger Form hervor. Darum, Kolleginnen und Kollegen, richtet Arme und Schwache, Kinder und Greise, Verhärmte und Hoffnungslose auf, damit auch ihnen wenigstens einmal im Jahre glückliche Stunden bereitet werden können! […] Eure Spendenfreudigkeit wird am Weihnachtsabend nicht nur das Licht der Freude in die Herzen der Hilfsbedürftigen und Trostsuchenden tragen, sie wird Euch selbst und dem ganzen Stande zur Ehre gereichen."[990]

---

989 Adolf Neureuther: Schreiben an den Verband badischer Lehrer und Lehrerinnen vom 23.12.1949. In: AdsD, GEW-Nordbaden Nothilfe II.
990 Aufruf „An die Nordbadische Lehrerschaft!" für eine Weihnachtsspende im Rahmen der Nothilfe vom 28.11.1949. In: AdsD, GEW-Nordbaden, Nothilfe II.

Eindeutiger könnte kaum zum Ausdruck kommen, wie sich die badische Lehrerorganisation fast bedingungslos hinter die von der Entnazifizierung betroffenen Lehrerinnen und Lehrer stellte. Während ihr Schicksal ausführlich und in mitleiderregender Weise beschrieben wird, werden Fragen, die im Zusammenhang der gewiss nicht ruhmreichen Rolle vieler Lehrkräfte im Nationalsozialismus stehen, erst gar nicht thematisiert.

Den vorhin genannten Beispielen ließen sich zahlreiche weitere hinzufügen, die allesamt dokumentieren, wie einig sich offenbar der VbLL in der Bewertung der Entnazifizierungsmaßnahmen sowie des damit einhergehenden „Unrechts" mit den zahlreichen „Betroffenen" war. Die breite Masse der Lehrerinnen und Lehrer war in den Augen des Verbands unverschuldet in die Fänge des NS-Regimes getrieben worden und nur die wenigsten seien als „wirklich belastet" anzusehen. Selbst jene Pädagogen, die neben ihrem Eintritt in die NSDAP auch ihre Mitgliedschaft in der SS rechtfertigen mussten, erschienen – glaubte der Verband deren Zuschriften – als Opfer der nationalsozialistischen Gewaltherrschaft. So wandte sich beispielsweise ein damals 62 jähriger ehemaliger Volksschullehrer mit der Bitte an den VbLL, ihm und seiner Frau „eine geldliche Unterstützung angedeihen zu lassen". In die SS sei er 1935 nur infolge stärksten Druckes „hineingepreßt" worden.[991] Um die Glaubwürdigkeit seiner Aussagen zu unterstreichen, lag seinem Schreiben die Stellungnahme eines ihm bekannten Schulleiters bei, in der zu lesen ist:

„Kollege Kaiser ist das Opfer eines ehemaligen Vorgesetzten namens Reisig [...] und ferner das Opfer des ehemaligen Oberlehrers Münch von der hiesigen Schule. Sie haben den Kollegen Kaiser förmlich gezwungen und genötigt, entweder in die SS und Partei einzutreten, oder aber in dienstlicher Beziehung die schwersten Nachteile zu erwarten. Da ich selbst seit dem Jahre 1936 an hiesiger Schule tätig bin, und als Anti-Nazi nach hier im Jahre 1936 strafversetzt wurde, und mich die beiden oben genannten ‚Herren Vorgesetzten' Reisig und Münch ebenfalls auf die schändlichste Weise schikanierten und meine Pensionierung im Jahre 1940 erreichten, weil ich eine nichtarische Frau heiratete, und daher diese Halunken von Vorgesetzten mich finanziell und seelisch und körperlich bis zum Weißbluten schikanierten, kann ich aus eigener Erfahrung und Anschauung Ihnen nur bestätigen, dass Kollege Kaiser wirklich drakonisch bestraft wurde dafür, dass er harmloser SS-Mann war, und Pg [Parteigenosse] dazu, nur um seine nackte Existenz als Lehrer hier zu fristen. Heute muss er für diese Unbill furchtbar noch büßen, während sein ehemaliger Schulrat als Mitläufer sich seines Daseins wieder erfreut, ein Mann, der unzählige Lehrer auf dem Gewissen hat. Kollege Kaiser ist am Ende seiner Kraft. Die Nothilfe des bad. Lehrervereins für die Monate September-August haben wir ihm direkt gegeben, damit er wenigstens sich das tägliche

---

991 Albert Kaiser: Schreiben von Albert Kaiser an den Landesvorstand des Verbands badischer Lehrer und Lehrerinnen vom 20.10.1948. In: AdsD, GEW-Nordbaden, Nothilfe I.

Brot kaufen kann, denn es ist mir als Eingeweihter täglich ein Rätsel, von was und wie der Mann und seine Frau überhaupt noch existieren kann, zumal Kollege Kaiser bereits im 62. Lebensjahre steht, und nicht mehr körperlich arbeiten kann. Wohl wäre für ihn noch die Möglichkeit vorhanden, etwa als Lehrer noch einige Zeit zu arbeiten, bis seine Pensionierung erfolgen kann. Der Landesverband gibt hier einem Menschen eine Spende, die leider nur allzu dringend ist, und die keine Monate mehr Aufschub ertragen kann. Ich selbst habe bereits mehrfach Kollege Kaiser kleinere Geldbeträge zum Lebensunterhalt gegeben, und werde es auch weiterhin tun, solange ich es selber kann, aber all dieses ist nur ein Tropfen auf einen heißen Stein. Verehrter Landesvorstand! Ich hätte wahrhaftig keinen Anlass, einem etwa belasteten Nazi heute zu helfen, nachdem ich selbst viele Jahre hindurch nachgewiesenermaßen nur unsagbares Herzeleid durch die Nazis erleben mußte, aber Kollege Kaiser war wirklich selbst nie ein Nazi, sondern war zeitlebens kirchlich eingestellt, war er doch bis zum Jahre 1938 noch als Organist hier tätig. Heute ist er durch die Nazis ein kranker Mann geworden, arm in jeder Weise. Bitte helfen Sie ihm, wenn die Geldmittel Ihnen es etwa erlauben."[992]

Es lässt sich heute nicht mehr eindeutig nachweisen, ob der VbLL den Rechtfertigungen des ehemaligen SS-Mannes Kaisers Glauben schenkte und dieser letztlich eine Nothilfe erhielt. Allerdings war der Verband grundsätzlich der Ansicht, dass endlich ein „Schlussstrich" unter die Entnazifizierungsmaßnahmen gezogen werden müsse, sodass auch Lehrer wie Kaiser wieder ein unbehelligtes Leben führen konnten. Wie aus einem Rundschreiben hervorgeht, das die Lehrerorganisation am 2. November 1948 an das Staatsministerium, das Kultusministerium, das Finanzministerium sowie den Landtag von Württemberg-Baden schickte, protestierte der VbLL gegen den Verlust der beamtenrechtlichen Stellung bzw. die andauernde Beschäftigungslosigkeit vieler Lehrkräfte infolge des Entnazifizierungsverfahrens. Da dieses inzwischen weitgehend abgeschlossen sei, dürfe einer Wiederbeschäftigung all jener Lehrerinnen und Lehrer, die nicht als Hauptschuldige und Belastete erkannt wurden, nichts im Wege stehen.[993] Auch die zahlreichen Forderungen nach einer Aufhebung der allgemeinen Einstellungssperre griff der Verband badischer Lehrer und Lehrerinnen auf und machte sie zum Bestandteil seiner politischen Arbeit. In einem weiteren Schreiben, das an zentrale Landes- und Regierungsstellen gerichtet war, hieß es unter anderem:

„Hunderte und Aberhunderte von Lehrern aller Schulgattungen warten noch immer auf ihre Wiederindienststellung. Abgesehen vom seelischen Leid, sind sie seit 3 1/2 Jahren einer wirtschaftlichen Verelendung von einem bisher ungekannten

---

992 Schreiben des Schulamtes Wilferdingen an den Landesverband badischer Lehrer vom 20.10.1948. In: AdsD, GEW-Nordbaden, Nothilfe I.
993 Rundschreiben des Verbandes badischer Lehrer und Lehrerinnen an verschiedene Behörden des Landes vom 02.11.1948. In: AdsD, GEW-Nordbaden, Eingaben 1947–1950/1948b.

Ausmaße ausgesetzt. Ein erheblicher Prozentsatz der Nichtverwendeten hätte die Wiederaufnahme im Beruf gefunden, wäre nicht nach der Währungsumstellung durch Landtagsbeschluß eine Anstellungssperre verfügt worden. Dadurch hat die furchtbare Notlage der Betroffenen eine unerwartete Verlängerung und eine wesentliche Zuspitzung erfahren, die zu Verzweiflungsakten führen muß. Die Ausserachtlassung einfacher Menschenrechte kann jedoch mit dem Begriff eines Rechtsstaates nicht in Einklang gebracht werden und bildet eine dauernde Gefahrenquelle für die Entwicklung und den Bestand des demokratischen Staates. Wir fordern daher aus sozialen, menschlichen, wirtschaftlichen, rechtlichen und politischen Gründen die sofortige Aufhebung der Anstellungssperre, bezw. die Gewährung einer ausreichenden finanziellen Unterstützung, um wenigstens Frauen und Kinder entlassener Lehrkräfte vor dem drohenden Hungertode zu bewahren."[994]

An diesem Beispiel lässt sich gut dokumentieren, dass der VbLL die Forderungen und Argumente, wie sie zahlreiche Lehrkräfte im Zusammenhang mit der Nothilfe äußerten, eins zu eins an die Regierungsstellen des Landes weiterkommunizierte. Der Unterstützung der zuständigen Kultusbehörde durfte er sich dabei sicher sein. Wie aus einem Schreiben vom 18. Oktober 1948 hervorgeht, sicherte der Kultusminister Theodor Bäuerle dem Verband zu, dass er „alles getan habe und tun werde, um die Härten der bis 31. Oktober verlängerten Einstellungssperre zu überwinden." So habe er beim Finanzministerium einen Antrag gestellt, dass Lehrerstellen, die durch Tod, Pensionierung, Kündigung und Entlassung in der Zwischenzeit frei wurden, sofort wieder besetzt werden sollten. „Es handelt sich hierbei um eine erhebliche Zahl von Lehrern, die dadurch wieder eine Existenz bekommen würden." Leider habe er bislang jedoch noch keine Antwort erhalten. Weiter bemerkte er:

„Im übrigen bin ich durchaus Ihrer Meinung, dass unter die ganze Entnazifizierung und die dadurch geschaffene Zurücksetzung so vieler Lehrer endlich einmal ein dicker Strich gemacht werden sollte, sofern es sich nicht um wirklich belastete Lehrer handelt. Ich kann Ihnen versichern, dass ich dafür auch in Zukunft eintreten und mich auch mit aller Kraft gegen eine weitere Verlängerung der Einstellungssperre wenden werde."[995]

Die Unterstützung der durch das Entnazifizierungsverfahren in Bedrängnis geratenen badischen Lehrerschaft beschränkte sich nicht auf die Einrichtung einer Nothilfe sowie auf eine entsprechende „Lobbyarbeit" bei staatlichen Instanzen. Wie aus weiteren Unterlagen des VbLL aus jener Zeit hervorgeht, setzte sich der

---

994 Rundschreiben des Verbandes badischer Lehrer und Lehrerinnen an verschiedene Behörden des Landes vom 02.11.1948. In: AdsD, GEW-Nordbaden, Eingaben 1947–1950/1948a.
995 Theodor Bäuerle: Schreiben des Kultusministers von Württemberg-Baden, Theodor Bäuerle, an den Verband badischer Lehrer und Lehrerinnen vom 18.10.1948. In: AdsD, GEW-Nordbaden, Eingaben 1947–1950.

Verband auch für Lehrkräfte ein, die aufgrund mehrmals bestätigter Spruchkammerurteile nicht in die große Gruppe der Mitläufer eingereiht wurden, sondern wegen ihrer abschließend festgestellten Schuld bzw. Belastung auch langfristig rechtlichen und finanziellen Beschränkungen unterlagen. Ihnen blieb bis auf Weiteres nur die Möglichkeit, über das Befreiungsministerium eine nochmalige Revision zu erbitten oder, falls diese erfolglos verlief, ein Gnadengesuch einzureichen, um eine Änderung ihrer rechtlichen Stellung herbeizuführen. In vielen Fällen ist dokumentiert, dass die Lehrerorganisation auch solchen schwer belasteten Lehrkräften als Fürsprecher zur Verfügung stand. Anhand einiger Beispiele soll im Folgenden auch diese Tätigkeit des VbLL genauer beleuchtet werden.

Am 7. November 1948 richtete der frühere Volksschullehrer Albert Fehrenbacher aus dem kleinen Ort Rinschheim ein mehrseitiges Schreiben an den Verband badischer Lehrer und Lehrerinnen, in dem er seinen „Fall" sehr ausführlich darlegte. Fehrenbacher trat 1935 in die NSDAP ein und 1938 aus der katholischen Kirche aus, wurde 1938/39 zum Stützpunktschulungsleiter im NS-Lehrerbund ernannt und war von 1940–1945 NSV-Block- bzw. Zellenwalter. Offenbar geriet der Dorfschullehrer Ende der 1930er Jahre in Konflikt mit dem örtlichen Pastor. Nach dem Krieg wurde ihm unter anderem zur Last gelegt, er habe seine Schüler dazu aufgefordert, auf Religionsnoten im Zeugnis zu verzichten. Die ihm gegenüber geäußerten Vorwürfe stritt Fehrenbacher ab. Als Schulungsleiter des NS-Lehrerbundes sei er „ohne jegliche Tätigkeit" gewesen, da Schulungen des NSLB lediglich von der Kreisleitung durchgeführt wurden, sein Engagement im NSV bezeichnete er als „karitative Tätigkeit, die heute von der Demokratie auch ausgeübt wird" und die Vorwürfe des Geistlichen waren in seinen Augen eine „glatte Lüge". Die Spruchkammer, die seinen Fall untersuchte, kam Ende Januar 1947 seiner Überzeugung nach zu einem „himmelschreienden Urteil": „1. Ein Jahr Arbeitslager. 2. Nach diesem noch ein Jahr Sonderarbeit!. 3. 30 % Vermögensabgabe einschl. Sachwerte!!. 4. Lebenslängliches Berufsverbot neben den üblichen Verboten und Bestimmungen als Belasteter." Nachdem Fehrenbacher aus der Lagerhaft entlassen wurde, bemühte er sich vergeblich um eine Berufung bzw. um eine Aufhebung des Urteils. Als „letzte gesetzliche Möglichkeit" bliebe ihm nur noch der Gnadenweg. Abschließend bemerkte er:

> „Mein Urteil ist ein Haßurteil und ist eine Aneinanderreihung von Lüge und Verdrehungen, die durch juristische Redekunst auf den ersten Blick überzeugend wirken. Es darf und kann nicht bestehen bleiben, da ich keine Schuld und keinem Menschen etwas zuleide getan habe. Meine Familie wäre lebenslänglich ruiniert. Ich bin hier ohne jede Verdienstmöglichkeit, die meinem Gesundheitszustand entspricht. […] Wenn gar nichts helfen will, dann soll mich die Demokratie nachträglich zum Naziminister ernennen, dann geht's. Denn als höchster Beamter neben Hitler hatte man ja keine Gelegenheit zur Unterstützung der Gewaltherrschaft. Diese hatte man besonders als simpler NSV.-Dackel und als angeblicher Leugner des Höllenfeuers. Wie soll

man bei solchen an Leib und Seele bitter verspürten Rechtsverhältnissen Demokrat werden? Ich frage mich, soll eine solche unverantwortliche und gewissenlose Verurteilung zu lebenslänglichem Berufsverbot, was mich zum Verbrecher und Menschen zweiter Klasse ohne bürgerliche Ehrenrechte stempelt, etwa mit der z. Zt. gepredigten moralischen Aufrüstung etwas zu tun haben? Kann man denn nicht erreichen, daß man mir durch ein ordentliches Gericht, zu dem man Vertrauen haben kann, endlich eine Schuld nachweist, die dieses wahnsinnige, teuflische Urteil rechtfertigt oder welches andererseits meine Schuldlosigkeit d. h. Straflosigkeit festnagelt? Wo ist der Mitmensch, dem ich auch nur ein Haar gekrümmt habe? Wo bleibt hier die vielgepredigte Menschlichkeit und christliche Nächstenliebe und demokratische Gerechtigkeit? Was mich noch einigermaßen aufrecht hält, ist mein gutes Gewissen. Mit diesem könnte ich ein solches Urteil nicht vereinbaren."[996]

Fehrenbachers Brief veranlasste den VbLL, sich bezüglich der Behandlung von Gnadengesuchen am 14. Januar 1949 an das Stuttgarter Befreiungsministerium zu wenden:

„Immer wieder werden wir von entlassenen Lehrkräften auf die verzweifelte Notlage ihrer Familien hingewiesen, die durch die Auswirkungen des Säuberungsgesetzes für sie in besonderem Maße entstanden ist. So richtet auch der frühere Hauptlehrer Albert Fehrenbacher aus Rinschheim, Kreis Buchen/Baden einen Hilferuf an uns mit der Bitte, ihn in dem verständlichen Bemühen, durch einen Gnadenakt die Aussicht auf Wiederindiensttellung und damit auf Lebensmöglichkeit seiner Angehörigen zu erreichen, nach Möglichkeit zu unterstützen. Es liegt dem Verband fern, sich in den Arbeitsbereich des Befreiungsministeriums einzumischen oder die Entscheidungen zu beeinflussen. Andererseits sehen wir uns aufgrund des im Laufe des verflossenen Jahres erkennbar gewordenen Wandels in der Handhabung des Gesetzes Nr. 104 [gemeint war das Befreiungsgesetz, d. Verf.] genötigt, unsere Auffassung über die Einstufung der Lehrerschaft kurz darzulegen. Es steht ausser Zweifel, daß keine Berufsgruppe von der Wucht und Härte des Gesetzes so stark getroffen wurde wie die Lehrerschaft von der Volks- bis zur Hochschule. Dienstentlassungen, Sistierung des Gehaltes, Beschäftigungslosigkeit, Verlust des Beamtenrechtes, wirtschaftliche Verelendung, nahezu völliger Verlust des Vermögens und seelische Bedrängnis waren die Folge einer nach dem Zusammenbruch 1945 allgemeinen Anordnung der Besatzungsmacht und später der Spruchkammern. Angehörige der freien Wirtschaft, des Handels und des Handwerks dagegen hatten kaum einen Bruchteil der Opfer zu tragen, die der größtenteils nur formal belasteten Lehrerschaft automatisch aufgebürdet wurden. Das wird in der ganzen Öffentlichkeit als ein Unrecht empfunden, dem aus staatspolitischen, wie aus Billigkeitsgründen ein Ende gesetzt werden müßte. Wir sprechen diese Meinung

---

996 Fehrenbacher: Schreiben an den Vorstand des Verbandes badischer Lehrer und Lehrerinnen (Anm. 979).

gerade aus der Sorge um die Erhaltung demokratischer Rechte, Freiheiten und des im Aufbau begriffenen jungen demokratischen Staates aus. Wenn frühere einflußreiche Parteifunktionäre der NSDAP in leitenden Stellen und hohen und höchsten Ämtern durch milde Beurteilung in die Gruppe III, IV oder V eingereiht werden konnten, dann kann man den kleinen Pg-Lehrer, der diesen mit fast schrankenlosen Machtbefugnissen ausgestatteten Dienststellen unterworfen war, aus formalen Gründen nicht mit einer härteren Sühne belegen, die aufbauwillige Kräfte dem Staate zu entfremden geeignet ist. Das aber konnte und kann nicht der Sinn des Befreiungsgesetzes sein. Wir richten daher an das Befreiungsministerium die Bitte, die Lehrerschaft nicht schärfer wie andere Staatsbürger zu beurteilen und durch eine menschliche und sozial gerechte Entscheidung wertvolle Arbeitskräfte dem werdenden demokratischen Staate zu erhalten und zuzuführen."[997]

Sämtliche Schreiben des VbLL an das Befreiungsministerium, mit denen Gnadengesuche unterstützt werden sollten, führten immer wieder die im oberen Beispiel ausführlich wiedergegebenen Argumente ins Feld. Neben dem Verweis auf den „werdenden demokratischen Staat", dessen Konturen sich in dieser Zeit bereits deutlich abzuzeichnen begannen, wurde häufig betont, dass bei den Antragstellern nur eine formale Belastung vorläge. Sie seien „aus purem Idealismus zur NSDAP gestoßen" und „durch Gutgläubigkeit ein Opfer politischer Verdrehungstaktik geworden".[998] Die Opfer, die die belasteten Lehrkräfte bisher erbracht hätten, seien so groß, dass man ihnen endlich wieder eine Erwerbsmöglichkeit im früheren Beruf oder aber die neuerliche „Erlangung der Pensionsrechte"[999] verschaffen müsse. Zudem müsste die schärfere Beurteilung von Beamten und Lehrern als ein Unrecht empfunden werden, wenn „namhafte Vertreter der Wirtschaft und der Industrie, die im deutschen Volke gerade durch ihre Aktivität im Sinne des Nationalsozialismus und Militarismus bekannt sind, in die Gruppe der Mitläufer eingereiht worden" seien.[1000] Die Reaktionen des Befreiungsministeriums auf die Stellungnahmen des VbLL sind häufig leider nicht überliefert. Wo dies doch der Fall ist, kündigte das Ministerium entweder an, die Angelegenheit „nochmals eingehend überprüfen"[1001] zu wollen oder verwies darauf, dass sich

---

997   Schreiben des Verbandes badischer Lehrer und Lehrerinnen an das Befreiungsministerium vom 14.01.1949. In: AdsD, GEW-Nordbaden, Eingaben 1947–1950.
998   Schreiben des Verbandes badischer Lehrer und Lehrerinnen an das Innenministerium Württemberg-Baden, Gnadenabteilung, vom 12.01.1951. In: AdsD, GEW-Nordbaden, Eingaben 1951–1954.
999   Schreiben des Verbandes badischer Lehrer und Lehrerinnen an das Befreiungsministerium, Gnadenabteilung vom 02.02.1950. In: AdsD, GEW-Nordbaden, Eingaben 1947–1950.
1000 Schreiben des Verbandes badischer Lehrer und Lehrerinnen an das Ministerium für politische Befreiung vom 22.11.1949. In: AdsD, GEW-Nordbaden, Eingaben, 1947–1950.
1001 Schreiben des Präsidenten des Landesbezirks Baden, Landesbezirksdirektion des Kultus und Unterrichts, an den Verband badischer Lehrer und Lehrerinnen vom 08.08.1951. In: AdsD, GEW-Nordbaden, Eingaben 1951–1954.

ein Gnadenverfahren aufgrund der zwischenzeitlich erfolgten Aufhebung eines Urteilsspruchs erübrigte.[1002]

Bedauerlicherweise lässt sich in allen bisher vorgestellten Fällen nicht abschließend beurteilen, wie tief die Lehrkräfte tatsächlich in das NS-System verstrickt waren, ob ihre Angaben und Darstellungen, zumindest in Teilen, nach heutiger Kenntnis ähnlich glaubwürdig erscheinen, wie dies im VbLL offenbar der Fall war. Die Biografien der bis hierhin zitierten Lehrer ließen sich, wenn überhaupt, nur mit einem unverhältnismäßig großen zeitlichen Aufwand rekonstruieren. Zumindest in einem Fall, der hier nun abschließend vorgestellt werden soll, verhält sich dies jedoch anders.

Am 15. Juli 1952 wandte sich der VbLL an das Stuttgarter Innenministerium, um ein Gnadengesuch des früheren Heidelberger Stadtoberschulrats Wilhelm Seiler weiterzuleiten, der eine Revision seines Spruchkammerurteils mit dem Ziel einer Wiederanstellung als Lehrer erwirken wollte. In dem dazugehörigen Anschreiben vermerkte der Vorsitzende des badischen Lehrerverbandes:

„Seiler ist mir seit dem Jahre 1920 persönlich bekannt. Als Lehrer hat er seine Dienstobliegenheiten stets mit Gewissenhaftigkeit und Sorgfalt erfüllt. Ohne Zweifel hat er sich als überzeugter Anhänger der nationalsozialistischen Ideologie für das nationalsozialistische Regime eingesetzt, weshalb er ja auch mit dem Amt eines Kreisleiters betraut wurde. Man kann ihm jedoch nicht den Vorwurf machen, daß er in dieser Eigenschaft Gegner des Dritten Reiches verfolgt oder geschädigt habe. Darum ist er auch im Entnazifizierungsverfahren nicht in die Gruppe der Hauptschuldigen, sondern in die Gruppe II eingereiht worden, allerdings mit allen Rechtsfolgen, die sich aus Art. 16 Ziffer 4 – 10 des Befreiungsgesetzes ergeben. Die Berufsbeschränkung wurde auf die Dauer von fünf Jahren ausgesprochen. Seiler ist nun seit 1945 beschäftigungslos. Seine Familie hat er bisher mit gelegentlicher Hausierertätigkeit (Vertrieb von Büchern, Zeitschriften, Wäsche und dergl.) mühselig durchgebracht. Da die Einkünfte für die fünfköpfige Familie völlig unzulänglich waren, versuchte seine Frau, die der NSDAP nicht angehörte, vor einem Jahr in den Schuldienst zurückzukehren. Die ärztlicherseits festgestellte Dienstunfähigkeit vereitelte die von der badischen Unterrichtsverwaltung beabsichtigte Indienststellung; so dauerte der wirtschaftliche Notstand der Familie weiter. Das Einkommen Seilers ist gegenwärtig so minimal, daß nicht einmal das Existenzminimum erreicht wird. Arbeitslosenunterstützung steht ihm nicht zur Verfügung. Darum bemüht sich Seiler seit Monaten um eine geregelte Berufstätigkeit. In diesem Bemühen hat die Gewerkschaft Erziehung und Wissenschaft Seiler unterstützt, weil er sein Los mannhaft und ohne Haßgefühle getragen hat und weil wir davon überzeugt sind, daß er in ehrlicher Weise dem demokratischen Staat zu dienen bereit ist. Man mag zu Seiler stehen, wie man will, für seinen politischen Irrtum dürfte

---

[1002] Schreiben des Innenministeriums Württemberg-Baden an den Verband badischer Lehrer und Lehrerinnen vom 30.05.1951. In: AdsD, GEW-Nordbaden, Eingaben 1951–1954.

er genügend Buße getan haben. Es wäre jedoch unverantwortlich, wollte man 3 unmündige Kinder für die politische Schuld des Vaters weiterhin büßen lassen. Wenn Belastete [...] wieder in den Dienst gestellt oder [...] ein Ruhegeld erlangen konnten, wenn heute stärker Belastete die frühere Berufstätigkeit uneingeschränkt ausüben dürfen, und wenn ehemalige Angehörige höchster Parteiinstanzen, deren moralische Schuld weit größer sein dürfte, die ehemalige Berufstätigkeit wieder aufnehmen konnten, dann sollte man endlich auch Seiler die Chance geben, seine Familie mit eigener Kraft wieder durchs Leben zu bringen. Vonseiten der Gewerkschaft Erziehung und Wissenschaft bestehen keine Bedenken, dem Gesuch Seilers zu entsprechen. Im Hinblick auf die Einstellung des Betroffenen zum heutigen Staatswesen und in Anbetracht der bedrängten wirtschaftlichen Lage der Familie bitte ich Sie [...] dafür Sorge tragen zu wollen, daß dem Gesuch Seilers durch Aufhebung des Art. 16 Abs. 8 c und 4 des Gesetzes Nr. 104 entsprochen wird, falls eine günstigere Einstufung des Betroffenen nicht erreicht werden könnte. Für eine beschleunigte Erledigung der Angelegenheit wäre ich Ihnen zu Dank verpflichtet."[1003]

Die Antwort des Innenministeriums folgte postwendend tags darauf. Dem Verband badischer Lehrer und Lehrerinnen wurde mitgeteilt, dass die Überprüfung der Spruchkammerangelegenheit im Fall Wilhelm Seiler zurückgestellt werde, bis das im Entwurf vorliegende 2. Abschlussgesetz zur Entnazifizierung vom Landtag verabschiedet worden sei. Weiter hieß es:

„Da die wirtschaftlichen Verhältnisse des Seiler anscheinend schlecht sind und eine Hilfe geboten erscheint, wird Ihnen mitgeteilt, daß es nach den Bestimmungen des 1. Abschlußgesetzes [§ 4 Abs. 2 d des Ges. 1078] zu einer Wiedereinstellung als Lehrer im öffentlichen Dienst im Angestelltenverhältnis vom 8.5.52 an keines Gnadenerweises mehr bedarf. Ebenso verhält es sich mit der Gewährung einer Unterhaltsbeihilfe. Nach den Bestimmungen o. b. Gesetzes (§§ 5 und 6) kann die zuständige oberste Dienstbehörde Belasteten, die im öffentlichen Dienst standen und ihren Hinterbliebenen, ohne daß es eines besonderen Gnadenerweises bedarf, mit Wirkung vom 8.5.52 an in eigener Zuständigkeit eine Unterhaltsbeihilfe unter den gegebenen Voraussetzungen gewähren. Es ist ausschließlich Sache des Herrn Seiler die Wiedereinstellung bzw. die Auszahlung einer Unterhaltsbeihilfe bei der für ihn zuständigen obersten Dienstbehörde zu erreichen. Vom Ministerium bestehen jedenfalls weder gegen die Wiedereinstellung noch gegen die Gewährung einer Unterhaltsbeihilfe Bedenken."[1004]

1003 Schreiben des Verbands badischer Lehrer und Lehrerinnen an das Ministerium des Innern, Abteilung II. E vom 15.07.1952. In: AdsD, GEW-Nordbaden, Eingaben 1951–1954.
1004 Schreiben des Innenministeriums Württemberg-Baden, Abwicklungsstelle, an den Verband badischer Lehrer und Lehrerinnen vom 16.07.1952. In: AdsD, GEW-Nordbaden, Eingaben 1951–1954.

Am 2. November 1952, nicht einmal vier Monate nach dem eben zitierten Schriftwechsel, trat Wilhelm Seiler seinen Dienst als Volksschullehrer in Ladenburg nahe Heidelberg an, wenn auch zunächst befristet auf ein halbes Jahr. „Wie wohl erwartet (und von manchen auch befürchtet), wurde, da die dienstlichen Leistungen nicht beanstandet und Seilers außerdienstliches Verhalten als ‚korrekt und einwandfrei' bezeichnet wurden, die befristete Anstellung schon bald verlängert und schließlich in ein dauerhaftes Arbeitsverhältnis umgewandelt."[1005] Bis zur Vollendung seines 70. Lebensjahres blieb der ehemalige NSDAP-Kreisleiter im Schuldienst. Zwar verhinderte sein Status als Belasteter eine Verbeamtung, jedoch versicherte ihn die Bundesanstalt für Angestellte schließlich für den Zeitraum 1919–1937 nach, sodass er nach seiner Pensionierung ab 1961 eine Rente bezog. 14 Jahre später starb Wilhelm Seiler im Alter von 84 Jahren in seiner Heimatstadt Heidelberg.

Wie genau lässt sich das Verhältnis von Wilhelm Seiler zum Nationalsozialismus charakterisieren? Hatte er in seiner Eigenschaft als NSDAP-Kreisleiter Gegner des „Dritten Reiches" wirklich weder verfolgt noch geschädigt, wie vom Vorstand des VbLL bezeugt wurde? Welchen Anteil hatte der Einsatz des Lehrerverbandes an Seilers Rehabilitation? Der glückliche Umstand, dass Wilhelm Seilers Biografie im Gegensatz zu hunderten anderen, die sich hilfesuchend an die Lehrerorganisation wandten, in seinen Grundzügen erforscht ist, ermöglicht in diesem Fall zumindest eine rudimentäre Beantwortung solcher Fragen.

Wilhelm Seiler, geboren am 26. August 1891 in Karlsruhe, war nach Volksschulbesuch und Lehrerseminar in Heidelberg Unterlehrer in Lörrach, bevor er von 1914–1917 als Soldat am Ersten Weltkrieg teilnahm. Das Kriegsende erlebte er in Gefangenschaft. Von 1919 bis 1933 kehrte er in seinen angestammten Beruf als Volksschullehrer zurück, um in der anschließenden Zeit des Nationalsozialismus Karriere zu machen. Zunächst als Rektor und Stadtoberschulrat, dann bis 1937 als Leiter des Stadtschulamtes Heidelberg. Von 1937 bis 1945 war er schließlich hauptamtlicher NSDAP-Kreisleiter von Heidelberg. Zur Ausübung dieser Funktion wurde er zunächst für drei Jahre aus dem badischen Staatsdienst beurlaubt, bevor er auf eigenes Ansuchen ab 1940 dauerhaft aus ebendiesem ausscheiden sollte. Seiler kam bereits weit vor 1933 in Kontakt mit der NSDAP. Ab 1919 war er Mitglied bzw. Vorsitzender verschiedener völkischer Organisationen und von 1922 bis 1923 gehörte er bereits der NSDAP an. Nach dem Verbot der Partei in Folge des gescheiterten Hitler-Putsches setzte sich Seiler für die „Deutsche Partei", einer der zahlreichen NS-Tarn- bzw. Nachfolgeorganisationen, ein und trat ab 1929 dem Stahlhelm bei, bevor er ab 1. August 1930 erneut

---

1005 Hubert Roser: Parteistatthalter in Badens NS-Kaderschmiede. Wilhelm Seiler, NSDAP-Kreisleiter von Heidelberg. In: Michael Kißener (Hrsg.): Die Führer der Provinz. NS-Biographien aus Baden und Württemberg (Karlsruher Beiträge zur Geschichte des Nationalsozialismus, Bd. 2). Konstanz 1997, S. 655–681, hier S. 679.

der NSDAP angehörte. Dort engagierte er sich seit Anfang der 1930er Jahre in der SA und im NS-Lehrerbund, den er zugleich in Heidelberg leitete. Mit der NS-Volkswohlfahrt und der NS-Kriegsopferversorgung gehörte Seiler ab 1933 zudem zwei weiteren NS-Organisationen an.[1006]

Die Eckdaten von Seilers Biografie legen recht eindrucksvoll seine nationalistische, völkische, nationalsozialistische Grundhaltung nahe. Derselbe Seiler repräsentierte jedoch Mitte der 1920er Jahre als gewählter Bezirksvorsitzender in Heidelberg auch den eher als linksliberal einzuschätzenden Badischen Lehrerverein, dem er bereits seit 1913 angehörte. „Und auch als Lehrer in der roten Hochburg Pfaffengrund, einer Anfang der 20er Jahre errichteten genossenschaftlichen Gartenstadt-Siedlung am Westrand der Stadt, soll der ‚fanatische Stahlhelmmann und Nationalsozialist' Seiler ‚nicht unbeliebt' gewesen sein, wurde ihm noch nach dem Kriege von einem seiner früheren politischen Gegner bezeugt."[1007] Ob aus Gründen der Tarnung oder aufgrund seiner Persönlichkeit – Seiler war in der Zeit der Weimarer Republik kein „Trommler" für die extremen Rechten, sondern „lediglich einer unter vielen – ein Funktionär, der die ihm zugewiesenen Aufgaben pflichtgetreu erledigte, ohne besonders aufzufallen."[1008] Besonders diese Eigenschaft versuchte er nach dem Krieg im Rahmen seiner Entnazifizierung hervorzuheben. Doch konnte ein NSDAP-Kreisleiter tatsächlich frei von jeder persönlichen Schuld sein, wie es der VbLL-Vorsitzende in seinem Entlastungsschreiben nahelegte? Bereits in der unmittelbaren Nachkriegszeit dürfte in Schulkreisen allgemein bekannt gewesen sein, dass Kreisleiter die informelle Entscheidungsgewalt etwa bei der Besetzung von Stellen im öffentlichen Dienst ausübten. „In erster Linie sie bestimmten nun, wer gegebenenfalls sein Amt niederzulegen hatte bzw. wer bei der Wiederbesetzung zum Zuge kommen sollte. Dabei bedurfte es weder großer Worte noch Drohgebärden und auch nicht irgendeines Befehls ‚von oben', um ihrem Machtanspruch Geltung zu verschaffen. Die politische Atmosphäre seit 1933 sprach für sich."[1009] Heute gilt als gesichert, dass Seiler führende Repräsentanten der Heidelberger Schulszene rücksichtslos aus dem Weg räumte, wenn sie sich der Indoktrinierung durch die Nationalsozialisten offen widersetzten. In Einzelfällen konnte er dabei durchaus brutal und gehässig sein: „So im Fall von Hermann Schück, Lehrer an der Oberrealschule in Heidelberg, der im Jahre 1933 aus politischen Gründen an das Adolf-Hitler-Realgymnasium in Mannheim strafversetzt worden war. Schück hatte vor der ‚Machtergreifung' der SPD, der Arbeitsgemeinschaft Sozialdemokratischer Lehrer und der Deutschen Friedensgesellschaft angehört. Dazu war er in Heidelberg führendes

---

1006 Ebd., S. 655.
1007 Ebd., S. 659.
1008 Ebd., S. 660.
1009 Ebd., S. 665–666.

Mitglied im Reichsbanner gewesen und hatte sich aktiv in einer Freimaurerloge betätigt."[1010] Inmitten des Krieges wurde Schück schließlich festgenommen und Ende September 1942 wegen „Wehrkraftzersetzung, begangen in Tateinheit mit hetzerischen Äußerungen gegen die Reichsregierung" zu einem Jahr Gefängnis verurteilt. Zuvor hatte Seiler den Angeklagten schwer belastet. Schück sei trotz des Entgegenkommens, das man dem einst prominenten Vertreter der SPD zugebilligt habe, ein „übler Gegner des Staats geblieben und in seinem Innern heute noch ein arroganter Marxist." Der NSDAP-Kreisleiter bat daher die Heidelberger Gestapoleitstelle, „dafür Sorge zu tragen, daß der Mann in einem Konzentrationslager Gelegenheit hat, auch einmal die andere Seite des neuen Staates kennenzulernen."[1011] Neben derartigen Maßnahmen gegen Missliebige des NS-Regimes war Seiler nachweislich auch persönlich in die antisemitischen Ausschreitungen gegenüber der jüdischen Bevölkerung in der Pogromnacht vom 9. auf den 10. November 1938 verstrickt. Bis zum Ende des „Dritten Reiches" blieb Seiler ein überzeugter Nationalsozialist. Erst Ende März 1945, als amerikanische Truppen sich Heidelberg näherten, ergriff er die Flucht Richtung Odenwald. Wenige Tage später allerdings schätzte er seine Absetzbemühungen als so aussichtslos ein, dass er am 4. April den Entschluss fasste, in die Stadt zurückzukehren und sich auf dem Rathaus zu melden, woraufhin er in Gewahrsam genommen wurde. Mehr als vier Jahre verbrachte Seiler daraufhin in Internierungshaft. Im Frühjahr 1948 wurde sein Entnazifizierungsverfahren eröffnet. Die Klageschrift plädierte für die Einstufung als „Hauptschuldiger" und sah in ihm den „vollendeten Nationalsozialisten", in dem „der Aktivist, Propagandist, Militarist, Nutznießer, Denunziant und Gewaltmensch in einer Person vereinigt" sei.[1012] Wohl nur aufgrund eines ihm wohlgesinnten Spruchkammervorsitzenden wurde Seider am Ende lediglich als „Belasteter" eingestuft. Nachdem das Urteil mit dem 23. November 1948 rechtskräftig wurde, stellte Seiler bis Dezember 1949 drei Gnadengesuche, die allesamt abgelehnt wurden. Allerdings gewährte man ihm schrittweise gewisse Vergünstigungen. „Die viereinhalbjährige Arbeitslagersühne wurde um ein halbes Jahr verkürzt, und seit Anfang 1952 kam Seiler wieder in den Genuss seiner bis 1945 bezogenen Kriegsversehrtenrente."[1013] Auch nach seiner Entlassung aus der Internierungshaft im Jahr 1949 bestand sein Berufsverbot weiter fort, weswegen der ehemalige NSDAP-Kreisleiter in den Folgejahren immer wieder Anträge auf Wiederaufnahme seines Verfahrens stellte, doch beständig meldete seine frühere Dienstbehörde aufgrund seiner politischen Vergangenheit stärkste Bedenken gegen eine Begnadigung an. Wie konnte es sein, dass es Seiler am Ende

---

1010 Ebd., S. 670.
1011 Schreiben von Wilhelm Seiler an die Gestapoleitstelle Heidelberg, 17. Februar 1942, Generallandesarchiv Karlsruhe (GLA) 465a, ZtrSpK K/Sv/99, zit. n.: ebd., S. 670–671.
1012 GLA 465a, ZtrSpK K/Sv/99, zit. n.: ebd., S. 675.
1013 Ebd., S. 675–676.

dennoch gelang, wieder seinen Beruf als Lehrer auszuüben? Die Antwort darauf hängt wohl mit dem Umstand zusammen, dass Wilhelm Seiler führende Heidelberger Nachkriegspolitiker dazu bewegen konnte, sich ausdrücklich für seine Rehabilitation einzusetzen. „Zu ihnen gehörten Josef Amann, vor 1933 und nach dem Kriege einer der führenden Sozialdemokraten in Heidelberg, Regierungsbaurat Friedrich Honikel, langjähriger Zentrumsvorsitzender und 1945 CDU-Mitbegründer in Heidelberg und […] Dr. Carl Neinhaus, mittlerweile Mitglied der Verfassungsgebenden Landesversammlung von Baden-Württemberg und von 1952 bis 1958 Präsident des baden-württembergischen Landtags. 1944 hatte sich Seiler für Arnann und Honikel persönlich eingesetzt und deren baldige Freilassung erreicht, als diese nach dem gescheiterten Attentat auf Hitler am 20. Juli im Zuge der berüchtigten ‚Aktion Gitter' in ein Konzentrationslager eingeliefert worden waren."[1014] Neinhaus, bereits seit 1928 Oberbürgermeister von Heidelberg, fand in Seiler einen wichtigen Fürsprecher, der ihn dabei unterstützte, auch in den Jahren nach 1933 im Amt verbleiben zu können, freilich nachdem dieser selbst im Jahr der „Machtergreifung" in die NSDAP eingetreten war.[1015] Wie auch der Vorsitzende des Verbands badischer Lehrer und Lehrerinnen unterstützten diese und weitere einflussreiche Persönlichkeiten Seiler in seinem Vorhaben, die Lehrtätigkeit wiederaufnehmen zu dürfen. Da eine Wiederverbeamtung als Belasteter ausgeschlossen und der Erhalt einer „Unterhaltsbeihilfe in Höhe der Pensionsbezüge" aus beamtenrechtlichen Gründen unmöglich war (Seiler zählte aufgrund seiner hauptamtlichen NSDAP-Kreisleitertätigkeit nicht zum Personenkreis der nach Artikel 131 des Grundgesetzes „verdrängten" Beamten), beugte sich schließlich das bis dahin noch immer resistente Oberschulamt dem Druck der Fürsprecher und stimmte „im Hinblick auf die große wirtschaftliche Not der Familie" einer Wiederanstellung schließlich zu.[1016]

Der ausführlich dargestellte „Fall Seiler" verdeutlicht noch einmal den großen Einfluss, den Fürsprecher in Gestalt namhafter Persönlichkeiten und wichtiger Institutionen auf Entnazifizierungs- und Wiedereinstellungsverfahren haben konnten. Der Verband badischer Lehrer und Lehrerinnen in der Gewerkschaft Erziehung und Wissenschaft war im Falle von Wilhelm Seiler ein wichtiger, wenngleich auch bei weitem nicht alleiniger Impulsgeber für seine Wiederanstellung. Dennoch muss klar festgestellt werden, dass der VbLL hier und vermutlich auch in vielen anderen Fällen wider besseren Wissens entlastende Zeugnisse ausstellte, die dazu beigetragen haben, dass Personen, die nachweislich und unzweifelhaft mit dem NS-Regime kooperierten, es unterstützten und selbst Teil des diktatorischen und verbrecherischen Machtapparats waren, in der jungen Demokratie der

---

1014 Ebd., S. 678.
1015 Ebd., S. 668.
1016 Ebd., S. 679.

Bundesrepublik eine neue Perspektive im angestammten Lehrerberuf erhalten haben. Auch wenn im Rahmen dieser Untersuchung – nicht zuletzt aufgrund fehlender Archivalien – keine „flächendeckende" Analyse erfolgen kann, muss doch stark davon ausgegangen werden, dass sich auch die anderen regionalen Lehrerorganisationen, die sich schließlich in der GEW vereinigten, in ihrer Haltung zur Entnazifizierungsfrage nicht wesentlich vom Verband badischer Lehrer und Lehrerinnen unterschieden haben.

4.4.2 Umgang mit Restitutionsfragen

Die Frage des „materiellen Erbes", das der NS-Lehrerbund nach dem Krieg hinterlassen hatte, wurde bereits im Zusammenhang mit der Wiederentstehung von Lehrerverbänden sowie dem Auf- und Ausbau von personellen und informellen Netzwerken durch Fritz Thiele, die schließlich über den ADLLV in der britischen Zone zur Gründung der Gewerkschaft Erziehung und Wissenschaft führte, aufgegriffen. Dabei stellte sich heraus, dass den ersten Bemühungen um eine Rückgewinnung materieller und finanzieller Werte, die den Lehrerorganisationen im Zuge ihrer „Gleichschaltung" durch den NSLB entzogen wurden, eine hohe Bedeutung beigemessen werden muss. Offene Restitutionsfragen waren ein wichtiger „Katalysator" für die Vernetzung einzelner Funktionäre, was wiederum die Entwicklungen hin zur Gründung der GEW zweifellos beschleunigte. Über das vermeintliche „Vermögen", worüber die Verbands- und Vereinsspitzen spekulierten, wurde bisher nur in diesem „funktionellen" Kontext gesprochen. Nun soll der Vorgang der Restitution des GEW-Vermögens grundlegender betrachtet werden.

Beschäftigt man sich mit Fragen der Rückübertragung von Werten, die in der Zeit des Nationalsozialismus auf die NSDAP und seine Organisationen übergingen oder als „Reichsvermögen" dem Staat zufielen, so fällt zunächst ins Auge, mit welcher „auffälligen Unauffälligkeit" dieser Prozess vonstattenging. Über Fragen der finanziellen und materiellen Restitution wurde bereits in der unmittelbaren Nachkriegszeit entschieden. Die Bevölkerung nahm in Anbetracht der vielen existenziellen Sorgen und Nöte, die es in dieser Zeit für jeden einzelnen zu bewältigen gab, allerdings kaum davon Kenntnis, obgleich es im Kontext der Vermögensrückgabe um die Verteilung erheblicher Werte ging.

Auch innerhalb der historischen Forschung stand die Thematik über Jahrzehnte abseits anderer „großer Themen", die sich aus der Geschichte der Nachkriegszeit ergaben. Abgesehen von Untersuchungen, die sich im Umfeld der „Wiedergutmachung" mit dem Umgang von „arisiertem" Vermögen bewegen, sahen und sehen viele in der Restitution von Vermögenswerten offenbar nur wenig mehr als einen „bürokratischen Akt", der keine besondere Aufmerksamkeit abfordert. Dass man der Bedeutung des Themas damit nicht gerecht wird, hat unlängst eine Untersuchung von Marc-Simon Lengowski gezeigt, der die Geschichte des „herrenlosen" und dennoch „heiß begehrten" Vermögens am Beispiel Hamburgs breit untersucht hat.[1017]

Auch wenn der Krieg auf den ersten Blick vielerorts kaum mehr als Spuren der Verwüstung und des Leids hinterlassen hatte, existierten in Deutschland noch immer beträchtliche Vermögenswerte, die Lengowski zu Recht als „herrenlos" charakterisiert. Damit sind insbesondere Besitztümer gemeint, die in der NS-Zeit vom Deutschen Reich sowie von der NSDAP und ihren Organisationen beansprucht wurden. Das Deutsche Reich hörte mit der bedingungslosen Kapitulation faktisch auf zu existieren, die NSDAP und ihre Organisationen wurden von den Besatzern unverzüglich verboten. Geld- und Sachwerte in Höhe von schätzungsweise 30 Milliarden Reichsmark, die den Krieg überdauerten, wurden von den Siegermächten zunächst sichergestellt.[1018] „Vom Kriegsende bis in die 1970er Jahre hinein entwickelte sich ein langwieriges und aufwendiges Verfahren, in dem das Vermögen des Deutschen Reiches und der NS-Organisationen zuerst um die rückerstattungspflichtigen Werte bereinigt und sodann nach komplizierten Regeln abgewickelt und verteilt wurde. [...] Das Kontroll- und Verteilungsverfahren unterschied sich in allen Besatzungszonen. Während in den drei westlichen Zonen die Vorgänge im Grundsatz ähnlich, in den Details aber häufig verschieden waren, entwickelte sich der Umgang mit den gesperrten Werten in der sowjetischen Besatzungszone durch die Sozialisierung in eine andere Richtung."[1019] In der SBZ/DDR fanden die Vermögenswerte ganz überwiegend im „Aufbau des Sozialismus" Verwendung und wurden dabei in staatlichen Besitz überführt. Dagegen konkurrierten auf dem Gebiet der späteren Bundesrepublik zahlreiche verschiedene staatliche und nichtstaatliche Akteure um die Rückerstattung, Verteilung und Abwicklung des NS-Vermögens.

Mit der Kontrollratsdirektive Nr. 50 vom 29. April 1947 erließen die vier Besatzungsmächte gemeinsame Richtlinien, nach denen die Umverteilung des NS-Vermögens durchgeführt werden sollte. Im Hinblick auf die Gewerkschaften von Bedeutung war der Umstand, dass mit der Direktive Nr. 50 auch erste konkrete Rückerstattungsregeln für Organisationen in Kraft traten. Festgelegt wurde etwa, dass alles Eigentum im Besitz einer NS-Organisation, das früher einmal einer „Gewerkschaft, Genossenschaft, politischen Partei oder sonstigen demokratischen Organisation gehört" habe, bis auf wenige Ausnahmen „auf die betreffende

---

1017 Marc-Simon Lengowski: Herrenlos und heiß begehrt. Der Umgang mit dem Vermögen der NSDAP und des Deutschen Reiches in Hamburg nach 1945 (Forum Zeitgeschichte, Bd. 27). München/Hamburg 2017.
1018 Ebd., S. 11–12.
1019 Ebd., S. 12.

Organisation zurückzuübertragen" sei.[1020] Sollte es für eine Organisation wie die einer Gewerkschaft, deren Vermögen im Nationalsozialismus von einer NS-Organisation übernommen wurde, keine direkte Neugründung geben, so sollte das Eigentum an den Vermögenswerten einer oder mehreren neuen Organisationen übertragen werden, deren Ziel nach Auffassung des Zonenbefehlshabers denen der früheren Organisation ähnlich war. Alle Vermögenswerte, die nicht an eine Organisation zurückerstattet werden konnten, sollten an die Länder und Provinzen (die späteren Bundesländer) fallen. Letztgenannte Bestimmung betraf vor allem sogenanntes „NS-Neuvermögen", also Gelder und Besitztümer, die nicht einem Vorbesitzer direkt überführt, abgepresst oder gestohlen wurden („Altvermögen"), sondern von NS-Organisationen selbst erwirtschaftet oder geschaffen worden waren.[1021]

So wichtig die Kontrollratsdirektive Nr. 50 für die grundlegende Regulierung von Restitutionsforderungen war, es fehlte ihr eine zentrale Ausführungsbestimmung, in der die praxisrelevanten Details geregelt wurden. „Nachdem die Verabschiedung einer solchen Bestimmung lange verschleppt worden war, ging einmal mehr jede Zone ihren eigenen Weg. Eine Absprache oder Koordination gab es nicht, wie die bizonalen deutschen Verwaltungsstellen resigniert feststellten. Auch nachträgliche Versuche, wenigstens eine rudimentäre Synchronisierung zu erreichen, verliefen schon wegen der unterschiedlichen zonalen Geschwindigkeiten im Sande."[1022] Während in den Ländern der US-Zone zur schnellen Bewältigung des Problems einzelne Stellen für Vermögenskontrolle eingerichtet wurden, in denen ein vom Zonenbefehlshaber benannter Landesbeamter darüber entschied, welche Organisation als Nachfolgeorganisation für die Vermögensübertragung infrage kam, war das Verfahren in der britischen Zone weniger administrativ und stattdessen eher partizipatorisch angelegt. „Es verlangte eine Verteilung unter Einbeziehung der interessierten Gruppen, mit Antragsverfahren und begründeten Entscheidungen. Wegen der damit komplizierteren Verfahrenswege wurde nicht nur eine Ausführungsbestimmung erlassen, sondern es entstanden gleich drei verschiedene, je nach Herkunft der Vermögen."[1023] Für die spätere GEW war dabei die Verordnung Nr. 150 vom 18. Mai 1948 wichtig, mit der ein „Prüfungsausschuss für Ansprüche der Gewerkschaften" (Gewerkschaftsprüfungsausschuss) eingesetzt wurde. Geleitet wurde der Ausschuss von dem zuständigen Senatspräsidenten eines Oberlandesgerichts. Ansonsten bestand er aus Interessenvertretern der

---

1020 Alliierte Hohe Kommission für Deutschland: Direktive 50. Verfügung über Vermögenswerte, die den in der Kontrollratproklamation Nr. 2 und im Kontrollratgesetz Nr. 2 aufgeführten Organisationen gehört haben (29.4.1947), in: Amtsblatt des Kontrollrats in Deutschland [2] (1947), H. 15, S.275–278, zit. n.: Ebd., S. 148.
1021 Ebd., S. 148–149.
1022 Ebd., S. 149.
1023 Ebd., S. 150.

einzelnen potenziell anspruchsberechtigten Institutionen, die die einzelnen Fälle zunächst diskutierten, gegebenenfalls vertagten und erst nach umfangreicher Anhörung Entscheidungen trafen. „Die Entscheidungen bekamen damit eher den Charakter eines Gerichtsurteils als einer Behördenverfügung. Insbesondere aber hatte die Einbindung der Antragsberechtigten und ihrer Interessen für die britische Militärregierung Priorität. Die Ausschüsse avancierten zu der bis dahin besten Möglichkeit für interessierte deutsche Akteure, sich einzubringen und ihren Einfluss auf die Art und Weise geltend zu machen, wie das NS-Vermögen verteilt wurde."[1024]

Dass sich die GEW bereits bei ihrer Gründung dazu entschlossen hatte, dem Deutschen Gewerkschaftsbund beizutreten, brachte die Lehrerorganisation in eine strategisch vorteilhafte Position. Bei der Verteilung des Vermögens stand ihr dadurch ein bedeutender Partner zur Seite, der aufgrund seiner demokratischen Verfasstheit und föderalen Struktur von den Alliierten als „Bollwerk der Demokratie" wahrgenommen und geschätzt wurde. Im Gegensatz zu kleinen Interessenorganisationen, etwa christlichen Einzelgewerkschaften, wurde der DGB in seiner Entwicklung durch alliierte Maßnahmen kaum behindert, sondern in der Regel sogar eher gefördert.[1025] Einzig die Deutsche Angestelltengewerkschaft (DAG), die sich aus dem DGB herauslöste, konnte bei der Verteilung des Gewerkschaftsvermögens als nennenswerter Konkurrent in Erscheinung treten. Kleineren Gewerkschaften, die nicht im DGB organisiert waren, gelang es „nur mit Mühe und Hartnäckigkeit, den Alleinvertretungsanspruch des DGB zu umgehen."[1026]

Laut Artikel IV der Verordnung 150, die die Verteilung des Gewerkschaftsvermögens in der britischen Zone regelte, endete die Anmeldefrist für etwaige Ansprüche fünf Tage vor Gründung der Bundesrepublik Deutschland, also am 18. Mai 1949. Wenige Wochen zuvor diskutierte der mehrheitlich aus DGB-Vertretern zusammengesetzte Gewerkschaftsprüfungsausschuss (GPA) noch über eine mögliche Verlängerung dieser Frist. „Er entschied sich allerdings bewusst dagegen. Aus seinen Gründen machte er keinen Hehl: Die Delegierten fürchteten das Auftauchen neu gegründeter Gewerkschaften, die ebenfalls Ansprüche auf das Vermögen stellen könnten."[1027] Die GEW hatte zu diesem Zeitpunkt bereits umfassende Maßnahmen eingeleitet, um das Vermögen der alten Lehrervereine für sich beanspruchen zu können. In einer Vielzahl von Fällen, bei denen es sich zweifelsfrei um „Altvermögen" handelte und es der GEW gelang, ihr Anrecht als Nachfolgeorganisation plausibel darzulegen, verliefen die Restitutionen weitgehend problemlos. Aus heutiger Sicht lassen allerdings zumindest einige der

---

1024 Ebd., S. 151.
1025 Ebd., S. 175.
1026 Ebd., S. 179.
1027 Ebd., S. 184.

damaligen Vorgänge aufhorchen. Sie verdeutlichen, dass die damaligen GEW-Vertreter die rechtlichen Spielräume, die ihnen zur Verfügung standen, sehr genau kannten. Auch in Fällen, die zumindest aus heutiger Perspektive moralisch und/oder juristisch zweifelhaft erscheinen, versuchten sie offenbar, ihre Ansprüche als gerechtfertigt erscheinen zu lassen. Das prominenteste Beispiel einer wenigstens fragwürdigen Rückgabe stellt die Rückübertragung des Hauses Rothenbaumchaussee 19 an die Gesellschaft der Freunde des vaterländischen Schul- und Erziehungswesens in Hamburg dar, die sich bereits 1948 der GEW anschloss.

Die insbesondere zu Beginn der 2000er Jahre geführten Debatten um die Frage, ob es sich bei diesem Grundstück um einen Arisierungsfall handelte, sollen hier nicht erneut vorgebracht werden. Letztlich wurde der Streit im Jahr 2013 durch den Verkauf des Hauses und eine GEW-Spende in Höhe von 400.000 Euro an die Jüdische Gemeinde Hamburg entschärft und heute dürfte weitgehend unbestritten feststehen, dass es sich beim Objekt Rothenbaumchaussee 19 nicht um einen „normalen" Verkauf handelte.[1028] Entscheidend für die damalige Rückübertragung des Hauses war in erster Linie aber nicht die Frage der Arisierung, sondern die Frage, ob der Käufer zum Zeitpunkt des Erwerbs im Jahr 1935 noch eine selbstständige Gesellschaft und keine NS-Organisation gewesen war. Bekannt ist, dass der Gleichschaltungsprozess der GdF de facto am 27. April 1933 einsetzte, als ein mehrheitlich aus NSDAP-Mitgliedern bestehender neuer Vorstand gewählt wurde. In Folge harter Verhandlungen zwischen GdF-Mitgliedern und dem NSLB wurde die GdF als „Abteilung Wirtschaft und Recht" schließlich in den NS-Lehrerbund überführt. „So konnten die Mitglieder der nunmehr in die NS-Organisation inkorporierten GdF weiterhin auf die Bibliothek, ihre sozialen Kassen und ihren repräsentativen Bau, das Curio-Haus, zugreifen. Es ist aber eine Illusion, darin den Fortbestand der ehemaligen GdF zu sehen."[1029] Formal erfolgte die Auflösung dieser „Interims-Abteilung" im NSLB aber erst am 25. Juni 1937, als ihr Besitz wie der aller NSLB-Gaue auf die Zentrale des NS-Lehrerbundes in Bayreuth übertragen wurde. Im Jahr 1935 trat aber nicht die formal noch im NSLB bestehende Gesellschaft der Freunde als Käufer in Erscheinung, sondern die „Lehrervereinshaus GmbH" – eine seit 1911 bestehende Vermögensverwaltungsgesellschaft, deren alleinige Gesellschafterin allerdings die GdF war. Die Lehrervereinshaus GmbH blieb auch nach der Gleichschaltung bestehen und wurde nicht in die Vereinskassen des NSLB oder dessen Abteilung Wirtschaft und Recht überführt. Bei den Verhandlungen zur Rückübertragung sah die GEW

1028 Ausführlich nachgezeichnet und behandelt wurde die Thematik zuletzt von Marcel Bois, dessen Untersuchung kurz nach Drucklegung dieser Studie erscheinen soll. Vgl. Marcel Bois: Volksschullehrer zwischen Anpassung und Opposition. Die „Gleichschaltung" der Gesellschaft der Freunde des vaterländischen Schul- und Erziehungswesens in Hamburg (1933–1937), Weinheim/Basel 2020.
1029 Lengowski: Herrenlos und heiß begehrt (Anm. 1017), S. 189.

darin ein gewichtiges Argument, welches belegen sollte, dass zum Zeitpunkt des Erwerbs noch gewerkschaftliche Kräfte am Werk waren. Schon damals dürfte diese Beweisführung zweifelhaft erschienen sein, denn jeder der Entscheider wusste, dass ein eigenständiges gewerkschaftliches Handeln mehr als vier Jahre nach der „Machtergreifung" de facto ausgeschlossen war. „Trotzdem hat die Tatsache, dass der Erwerb der Rothenbaumchaussee 19 nicht direkt durch die GdF oder den NSLB, sondern durch die Lehrervereinshaus GmbH erfolgte, die Mitglieder des GPA daran zweifeln lassen, dass der Kauf durch die NS-Organisation erfolgte. Der GPA führte in seinem Beschluss knapp aus, die Lehrervereinshaus GmbH sei erst 1937 in den NSLB überführt worden und habe als Vermögensträgerin der ‚früheren' GdF gewerkschaftlichen Charakter gehabt."[1030]

Aus heutiger Sicht überraschend folgte der Gewerkschaftsprüfungsausschuss damit der Argumentation der GEW, die sich in ihrem Antrag noch dazu auf eine Aussage von Kurt Holm stützte, um ihr Anrecht zu untermauern.[1031] Der überzeugte Nationalsozialist, Liquidator der Gesellschaft der Freunde und Geschäftsführer des NSLB in Hamburg versicherte wider besseren Wissens, die GdF habe erst mit der Übertragung der Werte auf die NSLB-Zentrale in Bayreuth im Jahr 1937 ihr Vermögen verloren und sei letztlich erst dadurch enteignet und inkorporiert worden. „Diese Interpretation ist widersinnig und wurde noch dazu von jemandem behauptet, der selbst in besonderer Weise von der Inkorporation der GdF in den NSLB profitiert hatte."[1032] Der GEW kam Holms Aussage aber gelegen. Sie konnte damit weiter bekräftigen, dass es sich im Falle des Objekts Rothenbaumchaussee 19 nicht um NS-Neuvermögen handelte, das dem Land Hamburg zugefallen wäre, sondern dass das fragliche Grundstück als Altvermögen zu behandeln sei und somit der GEW zustehe. Und auch für Holm, der sich zu diesem Zeitpunkt im Kontext seiner Entnazifizierung um Wiedereinstellung in den Schuldienst bemühte, bot die Aussage eine gute Gelegenheit, sich als Verteidiger des Vermögens der „altehrwürdigen" GdF zu gerieren und seine Rolle im „Dritten Reich" kleinzureden.[1033] Zweifel, sowohl an der Argumentation der GEW im Fall des Objekts Rothenbaumchaussee wie auch an der Rolle von Kurt Holm im Nationalsozialismus, blieben aber auch nach dieser Entscheidung weiterhin bestehen. „Obwohl das Grundstück am 15. Juni 1951 vom GPA auf die GEW übertragen wurde, gab es das Landesamt erst im Mai 1954 frei."[1034] Holm profitierte nach zahlreichen Auseinandersetzungen um seine Wiederverwendung letztlich vom 131er-Gesetz. Er wurde am 15. April 1955 wiedereingestellt, ab 18. Oktober 1955 sogar als Beamter auf Lebenszeit.[1035]

1030 Ebd., S. 190–191.
1031 Zur ausführlicheren Biografie Kurt Holms s. Lorent: Täterprofile (Anm. 744), S. 702–715.
1032 Lengowski: Herrenlos und heiß begehrt (Anm. 1017), S. 191.
1033 Ebd., S. 191–192.
1034 Ebd., S. 193.
1035 Lorent: Täterprofile (Anm. 744), S. 714–715.

Wie eben im Falle der Rückübertragung des Hauses Rothenbaumchaussee 19 in Hamburg bereits angesprochen wurde, konzentrierte sich das Vermögen des NS-Lehrerbundes ab 1937 in Bayreuth, wo die NS-Lehrerorganisation ihre Zentrale hatte. Um entsprechende Ansprüche darauf erheben zu können, gründete die GEW, die sich mit dem Bayerischen Lehrer- und Lehrerinnenverein zur „Arbeitsgemeinschaft deutscher Lehrerverbände" (AGDL) zusammengetan hatte, eine Auffanggesellschaft namens „Vermögensverwaltungs- und Treuhandgesellschaft der Arbeitsgemeinschaft deutscher Lehrerverbände GmbH" (VTG) in Bayreuth.[1036] Sie sollte „die Übernahme des den Lehrervereinen vor dem Jahre 1933 gehörenden Vermögens, soweit dieses im Zuge der Rückgabe des Vermögens der AGDL zugesprochen wird, die Verwaltung und Verwertung dieses und des Zuwachsvermögens des früh. NSLB e. V. in Bayreuth und des in Zukunft bei der AGDL entstehenden Vermögens" organisieren.[1037] Wie aus der im November 1949 ausgestellten Übertragungsurkunde Nr. 379/II des Bayerischen Landesamts für Vermögensverwaltung und Wiedergutmachung hervorgeht, wurde das Restvermögen des ehemaligen NS-Lehrerbundes, bestehend aus Darlehenshypotheken, Darlehensforderungen, Bargeldguthaben, Wertpapieren und Beteiligungen mit Wirkung vom 21. Juni 1948 auf die VTG übertragen. Der Geschäftsführer der VTG, Erich Liesecke, der die Urkunde gegenzeichnete, schrieb am 27. November 1949 an Heinrich Rodenstein (in seiner Funktion als Vorsitzender des Aufsichtsrats der VTG):

„Es folgt nun der Schlußakt in Bayreuth: Hier fertigt der Außenstellenleiter des Landesamts für Vermögensverwaltung das Übernahme-Protokoll aus, das als Anlage der Urkunde 379 beigegeben wird. Mit der Unterschrift des Übernahmeempfängers übernimmt die GmbH das Restvermögen."[1038]

In der Anlage der Übertragungsurkunde wird das Restvermögen genauer aufgeführt – ausgewiesen teilweise bereits in Deutsche Mark, teilweise noch in Reichsmark, da laut Währungsumstellungsgesetz die „Umstellung der RM-Konten aus den zweckgebundenen Vermögensteilen für Kontenträger der Gruppe 3" [damit waren NS-Verbände gemeint, d. Verf.] in DM-Konten nicht gestattet war.[1039] Demnach wurden der VTG Beträge in Höhe von 86.761,10 DM

1036 Vermögensverwaltungs- und Treuhandgesellschaft der Arbeitsgemeinschaft deutscher Lehrerverbände GmbH: Schreiben der VTG an den G. A. der AGDL vom 28.09.1949. In: AdsD, GEW-Braunschweig, Nr. 69–70.
1037 Ebd.
1038 Vermögensverwaltungs- und Treuhandgesellschaft der Arbeitsgemeinschaft deutscher Lehrerverbände GmbH: Schreiben der VTG an Heinrich Rodenstein vom 27.11.1949. In: AdsD, GEW-Braunschweig, Nr. 69–70.
1039 Ebd.

und 8.921.593,64 RM zur treuhänderischen Verwaltung zugesprochen.[1040] Am Ende ist kaum nachvollziehbar, welche der zugewiesenen Vermögenswerte sich schließlich tatsächlich als DM-Beträge auf den Konten der VTG wiederfanden. Folgt man der Expertise von Marc-Simon Lengowski, konnte von den beachtlichen Kontenbeständen der NS-Organisationen und des Reiches letztlich niemand profitieren. „Bei der Kapitulation hatte allein der NSDAP-Gau Hamburg noch 1,3 Millionen RM auf seinen Konten gehabt. Diese Summen fielen genauso wie die kurz nach der Kapitulation auftauchenden Schecks der Reichsorganisationen, wie der über 350 Millionen RM der OT [Organisation Todt, d. Verf.], der Währungsreform zum Opfer."[1041] Dennoch wird in einem Protokoll über die Sitzung des Aufsichtsrats der VTG am 15. Juni 1963 vermerkt, dass das damalige Treuhandvermögen laut geprüfter Bilanz 1.074.257,53 DM betragen hatte. Darin eingeschlossen waren allerdings unter anderem 154.200 DM, die aus einer 1962 erfolgten „Teilbefriedigung rückerstattungsrechtlicher Ansprüche gegen das Deutsche Reich und gleichgestellter Rechtsträger" stammten.[1042]

Weitaus wertvoller als das Kapital aus Darlehenshypotheken, Darlehensforderungen, Bargeldguthaben, Wertpapieren oder Beteiligungen dürfte das Vermögen gewesen sein, das die GEW aus rückerstatteten Immobilien erhalten hatte. Neben den Vorgängen im Zusammenhang mit dem Curio-Haus bemühte sich die GEW in einem weiteren „zweifelhaften" Fall um Restitution, bei dem die geltenden Bestimmungen ebenfalls nicht eindeutig für eine Rückübertragung sprachen. Dabei handelte es sich um 17 Häuser in Bayreuth, die der NS-Lehrerbund im Jahr 1937 errichten ließ oder erworben hatte. Es handelte sich also laut Gesetzeslage ohne Zweifel um NS-Neuvermögen, das dem bayerischen Staat zufallen sollte. Für den Geschäftsführer der VTG, Erich Liesecke, stand dagegen jedoch fest:

„Die Mauern der 17 Häuser in Bayreuth sind nur mit Geldern des DLV [Deutschen Lehrervereins] u. des PLV [Preußischen Lehrervereins] gebaut! Also fordern wie die Häuser vom Staat zurück!"[1043]

Seit September 1949 setzte er sich für die Rückübertragung der 17 Immobilien ein, für die nach seiner Überzeugung im Haushaltsplan des NSLB „kein Pfennig" von

---

1040 Vermögensverwaltungs- und Treuhandgesellschaft der Arbeitsgemeinschaft deutscher Lehrerverbände GmbH: Schreiben der VTG an den G. A. der AGDL (Anm. 1036), S. 6.
1041 Lengowski: Herrenlos und heiß begehrt (Anm. 1017), S. 385.
1042 Archiv der Sozialen Demokratie: Protokoll über die Sitzung des Aufsichtsrates der Vermögensverwaltungs- und Treuhandgesellschaft am 15. Juni 1963 in Stuttgart. Frankfurt am Main, 1963, S. 5–6.
1043 Vermögensverwaltungs- und Treuhandgesellschaft der Arbeitsgemeinschaft deutscher Lehrerverbände GmbH: Schreiben der VTG an Heinrich Rodenstein vom 29.12.1949. In: AdsD, GEW-Braunschweig, Nr. 69–70.

Seiten der NS-Lehrerorganisation eingesetzt wurde.[1044] Dieser Umstand erklärt sich, wenn man die Hintergründe zum Erwerb der Häuser kennt. In Folge des Gesetzes über Beamtenvereinigungen vom 27. Mai 1937 wurden auch die letzten Lehrerorganisationen aufgelöst und dem NS-Lehrerbund angeschlossen, die – wenn auch nur formal – bis dahin noch weiterbestanden. Im Zusammenhang dieses Konzentrationsprozesses sollte die NSLB-Zentrale in Bayreuth weiter ausgebaut werden. Auch der Stamm der Angestellten aus den ehemaligen Geschäftsstellen des Deutschen und des Preußischen Lehrervereins in Berlin wurde nun in die bayerische Gauhauptstadt beordert, um von hier aus die bisherigen Aufgaben fortzuführen. Für sie und für ihre ca. 70 Familien wurde allerdings Wohnraum benötigt, der in Form der 17 umstrittenen Häuser organisiert und offenbar aus Mitteln der in den NSLB überführten alten Vereine finanziert wurde.[1045]

Am 12. April 1950 glaubte die Vermögens- und Treuhandgesellschaft der Arbeitsgemeinschaft deutscher Lehrerverbände genügend belastbare Fakten zusammengetragen zu haben, um „offiziell" die Rückübertragung der Immobilien anmelden zu können. In einem Schreiben an den Bayerischen Staat, vertreten durch das Staatsministerium der Finanzen, sprach die VTG davon, dass für den Bau bzw. den Erwerb der Häuser Mittel in Höhe von mehr als einer Million Reichsmark eingesetzt wurden, die der DLV und der PLV an den NS-Lehrerbund zuvor abliefern musste. „Da diese Vermögenswerte nachweislich die oben gekennzeichnete Verwendung gefunden haben", so der Geschäftsführer der VTG Erich Liesecke, „erscheint es uns recht und billig, wenn wir die für dieses Geld erstellten Werte an Hausbesitz den Nachfolgeorganisationen zurückgegeben werden."[1046] Eine Stellungnahme des Bayerisches Finanzministeriums ließ allerdings auf sich warten. Stattdessen forderte die Behörde ergänzende Unterlagen ein, für die sie sich anschließend weitere Zeit zur Nachprüfung erbat.[1047] Erst am 24. August 1951, 16 Monate nach der Eingabe der VTG, reagierte das Bayerische Finanzministerium eindeutig. Nach „eingehender Prüfung der Sach- und Rechtslage" teilte es der VTG mit:

> „Die Überlassung der im Eigentum des B. Staates stehenden 17 Wohnhäuser des ehem. NSLB (Neuerwerb) im Wege der von Ihnen geltendgemachten Surrogation an die AGDL kann nicht in Betracht gezogen werden. Das Surrogatsprinzip ist der

---

1044 Ebd.
1045 Ebd.
1046 Vermögensverwaltungs- und Treuhandgesellschaft der Arbeitsgemeinschaft deutscher Lehrerverbände GmbH: Schreiben der VTG an das Bayerische Staatsministerium der Finanzen – fünf Anlagen vom 12.04.1950. In: AdsD, GEW-Braunschweig, Nr. 69–70 1950.
1047 Vermögensverwaltungs- und Treuhandgesellschaft der Arbeitsgemeinschaft deutscher Lehrerverbände GmbH: Schreiben der VTG an das Bayerische Staatsministerium der Finanzen vom 20.06.1951. In: AdsD, GEW-Braunschweig, Nr. 69–70.

Kontrollratsdirektive Nr. 50 fremd. Es fand bisher bei der Abwicklung der Direktive in keinem Fall Anwendung."[1048]

Nach Erhalt der Nachricht holte sich Erich Liesecke rechtlichen Rat ein. In seinem Schreiben, das er Ende August dem Münchner Rechtsanwalt Walter Seuffert zukommen ließ, spiegelt sich die Enttäuschung wider, die offensichtlich nicht nur ihn nach der Entscheidung des Bayerischen Finanzministeriums ergriffen hat:

„Die Lehrerschaft ist empört, daß sich bis heute von den ungeheuren Liegenschaften des NSLB in Bayreuth aus formalen Gründen alle Grundstücke an den B. Staat übergegangen sind. Die alten Vereine konnten ihre Vermögenswerte nicht mehr retten, als das Beamtenvereinigungsgesetz [...] die Auflösung der Vereine befohlen hatte und das Vermögen nach Bayreuth abgeliefert werden mußte. [...] Wir setzen die letzte Hoffnung auf den DGB! Bei dem beabsichtigten Generalvergleich über die Entschädigungsansprüche der Gewerkschaften in Bayern darf der Gesamtkomplex NSLB-Bayreuth nicht vergessen werden!"[1049]

Nachdem mehrere vom DGB vermittelte Rechtsanwälte die Haltung des Bayerischen Staates in Bezug auf die 17 Bayreuther Häuser als rechtlich zulässig einschätzten, bestand kaum noch Aussicht auf eine Rückübertragung der Objekte.[1050] Offenbar versuchte die VTG mit Verweis auf die bis dahin verabschiedeten Wiedergutmachungsgesetze[1051] noch eine Teilerstattung zu erreichen, was letztlich jedoch nicht gelang. Noch Jahre später, Anfang Januar 1956 sowie Ende Oktober 1958 wurde auf Sitzungen der VTG die Frage aufgeworfen, ob eine Rückerstattung der Häuser doch noch möglich wäre.[1052] Ein Schlussstrich unter die

---

1048 Bayerisches Staatsministerium der Finanzen: Schreiben des Bayerischen Staatsministerium der Finanzen an die VTG Bayreuth vom 24.08.1951. In: AdsD, GEW-Braunschweig, Nr. 69–70.
1049 Vermögensverwaltungs- und Treuhandgesellschaft der Arbeitsgemeinschaft deutscher Lehrerverbände GmbH: Schreiben der VTG an Rechtsanwalt Seuffert vom 31.08.1951. In: AdsD, GEW-Braunschweig, Nr. 69–70.
1050 Walter Seuffert: Schreiben an die VTG der AGDL zum Vermögen des ehemaligen NSLB e. V. Bayreuth vom 08.09.1951. In: AdsD, GEW-Braunschweig, Nr. 69–70.
1051 Eine Übersicht findet sich etwa in: Bundesministerium der Finanzen: Kalendarium zur Wiedergutmachung von NS-Unrecht. Gesetzliche und außergesetzliche Regelungen sowie Richtlinien im Bereich der Wiedergutmachung nationalsozialistischen Unrechts. Berlin 2012, S. 5–6.
1052 Protokoll der Vermögensverwaltungs- und Treuhandgesellschaft der AGDL über die Sitzung der Fiduziare am 15. Januar 1956 in Goslar vom 18.01.1956. In: AdsD, GEW-HV, Nr. 135; Protokoll über die Sitzung der Fiduziare der Vermögensverwaltungs- und Trauhandgesellschaft am 25. Oktober 1958 in Göttingen vom 29.10.1958. In: AdsD, GEW-HV, Nr. 139.

Angelegenheit ist erst für das Jahr 1963 dokumentiert, als im Protokoll der Aufsichtsratssitzung der VTG am 7. Januar festgehalten wurde:

> „Die 17 Wohnhäuser in Bayreuth wurden in letztinstanzlichem Urteil als eindeutiges NS-Vermögen deklariert und daher dem Staat Bayern zugesprochen. Für uns ist diese Angelegenheit erledigt."[1053]

Die Rückübertragung des Vermögens der „alten" Lehrerverbände bleibt auch nach dieser kurzen Betrachtung weiterhin ein schwer durchschaubarer Prozess. In vielen Fällen erfolgten die Restitutionen offenbar problemlos und ohne großes Aufsehenerregen. Die Rückgabe zahlreicher Liegenschaften war zweifellos eine wichtige Voraussetzung für die Reorganisation der Lehrervereinigungen, die nicht zuletzt von den Westalliierten im Allgemeinen erwünscht und befördert wurde. Neben Zahlen und Fakten, die den Umfang der Vermögenswerte beschreiben, ist ein anderer Aspekt für diese Untersuchung von wenigstens ebenso großer Bedeutung: Wie anhand der wenigen Beispiele aufgezeigt werden konnte, stützte die AGDL/GEW ihre Ansprüche auf mögliche Vermögenswerte zumindest teilweise auf Argumente, die aus heutiger Sicht zweifelhaft erscheinen. Wenige Jahre nach Ende des Nationalsozialismus charakterisierte sie die alten Lehrerverbände einerseits so, als seien sie gänzlich wehrlos und ohne jede Wahl der nationalsozialistischen Gewaltherrschaft zum Opfer gefallen. Andererseits betonte sie aber, dass noch im Jahr 1937 durchaus „gewerkschaftliche Kräfte" am Werk gewesen seien – je nachdem, welche dieser beiden konträren Sichtweisen am Ende Aussicht auf Erfolg versprach und somit zur intendierten Rückübertragung führen konnte. Dies legt den Schluss nahe, dass eine aufrichtige innerorganisatorische Verständigung über den Charakter und das Verhalten der Vorläuferorganisationen im Nationalsozialismus im Kontext der Restitutionen nicht stattfand. Auch in diesem Punkt ist letztlich ein „pragmatischer Umgang" der GEW mit dem NS-Erbe klar zu erkennen.

4.5 Zwischenbilanz

Die Nachkriegszeit und mit ihr auch die Gründungsgeschichte der GEW wurde anfangs maßgeblich mitbestimmt von den Umständen und Auswirkungen der Entnazifizierung. Alle vier alliierten Siegermächte hatten die politischen Säuberungsmaßnahmen zuvor als zentralen Bestandteil ihrer Besatzungsmaßnahmen herausgestellt. Die amerikanischen Konzeptionen dienten den britischen

---

[1053] Heinrich Rodenstein: Protokoll über die Sitzung der Fiduziare der Vermögensverwaltungs- und Treuhandgesellschaft der AGDL am 5. Januar 1963 in Goslar vom 07.01.1963. In: AdsD, GEW-HV, Nr. 148.

und französischen Militärverwaltungen im Grundsatz als Vorbild, unterdessen stellten die politischen Säuberungen für die sowjetischen Besatzer zugleich ein willkommenes Mittel zur Errichtung einer „volksdemokratischen Ordnung" dar. Doch auch in den drei Westzonen unterschied sich die konkrete Entnazifizierungspolitik je nach Region. Während sie für die US-Seite zu Beginn jedoch einen „Grundpfeiler der Besatzungspolitik" darstellte, erlangte die Entnazifizierung für die beiden übrigen westlichen Besatzungsmächte bei Weitem nicht diese Bedeutung. Insbesondere in der britischen Zone waren die Bedingungen zur raschen Wiederbegründung von Lehrerorganisationen auf zonaler Ebene günstig. Nicht zufällig entstand hier mit dem Allgemeinen Deutschen Lehrer- und Lehrerinnenverein die erste große Lehrerorganisation. Aus ihr sollte wenig später die GEW hervorgehen.

Bei der praktischen Umsetzung der Entnazifizierung wurde ein grundlegender Konflikt rasch sichtbar: Die „gerechte Bestrafung" von allen NS-Verantwortlichen und die Wiederherstellung einer funktionsfähigen Ordnung ließ sich nicht ohne weiteres in Einklang bringen. Ungerechtigkeiten und Mängel ließen sich kaum vermeiden, wurden jedoch von vielen Deutschen als neues Unrecht und zugleich als Schuldentlastung empfunden. Jeder konnte sich demnach als „Opfer der Besatzungsmächte" sehen.[1054] Hinzu kam der Umstand, dass schwer Belastete, Mitläufer und Opfer des NS-Regimes durch ein und dasselbe soziale Netz miteinander verbunden waren, in dem sie auch zukünftig leben mussten und wollten. Daraus entwickelte sich ein zunehmend „pragmatischer" Umgang mit der Entnazifizierung innerhalb der deutschen Gesellschaft. Fragen nach Schuld und Verantwortung wurden dadurch verdrängt. Die praktische Einstellung der Entnazifizierungsbemühungen, die daraufhin folgte, wurde dabei von alliierter Seite nicht nur bewusst mitgetragen, sondern vor dem Hintergrund des heraufziehenden „Kalten Krieges" sogar befördert. Der erste und sichtbarste Ausdruck dieses Kurswechsels war mit der Übertragung der konkreten Durchführung der Entnazifizierungsmaßnahmen auf deutsche Stellen gegeben, die zuerst in der amerikanischen, wenig später de facto auch in der britischen und in der französischen Zone erfolgte. Auch an der Anordnung und Genehmigung weitreichender Amnestien lässt sich erkennen, dass die Westalliierten von ihrem ursprünglichen Vorhaben einer umfassenden politischen Säuberung Anstand nahmen. Infolgedessen wurden Millionen Deutsche von Deutschen kurzer Hand als „entlastet" eingestuft oder konnten als „Mitläufer" ihre Vergangenheit ruhen lassen.

Die Entnazifizierung sollte nicht als „Scheitern auf ganzer Linie" charakterisiert werden, denn trotz aller Mängel war sie für die demokratische Entwicklung

---

1054 Dies spiegelt sich auch in der Presseberichterstattung über die Entnazifizierungsmaßnahmen wieder. Vgl. bspw. Jessica Erdelmann: „Persilscheine" aus der Druckerpresse? Die Hamburger Medienberichterstattung über Entnazifizierung und Internierung in der britischen Besatzungszone (Hamburger Zeitspuren, Bd. 11). München 2016.

der künftigen Bundesrepublik bedeutsam. Strukturell wurde der Nationalsozialismus dauerhaft zerschlagen, entscheidende Positionen in Staat und Gesellschaft konnten – zumindest temporär – bereinigt und für demokratische Akteure freigemacht werden. Insgesamt ist es dadurch gelungen, der westdeutschen Gesellschaft ein „demokratisches Korsett" anzulegen, in das sich jeder fügen musste, der unter den Nachkriegsbedingungen weiter vorankommen wollte. Ein zumindest „formales" Bekenntnis zu demokratischen Grundwerten gehörte ebenso dazu wie die Einhaltung rechtsstaatlicher Normen und Praktiken, wie sie von den Besatzern beispielsweise auch für das Schulwesen vorgegeben wurden.

Die Reorganisation des Schulwesens erfolgte unter schwierigen Ausgangsbedingungen. Der Personalmangel an den Schulen stellte dabei von Beginn an eine zentrale Herausforderung dar. In allen vier Besatzungszonen wurde der Schulbetrieb allen Widrigkeiten zum Trotz bereits ab Herbst 1945 wieder aufgenommen. Kriegszerstörungen, Knappheit an Lehrmitteln und Material sowie ideologische und personelle Säuberungen machten dabei ein hohes Maß an Improvisation erforderlich. Von den westalliierten Entnazifizierungsmaßnahmen waren weit mehr als die Hälfte aller Lehrkräfte, die in der NS-Zeit unterrichteten, betroffen. In der US-Zone durften bis September 1946 schätzungsweise 70 bis 90 Prozent aller ausgebildeten Lehrkräfte ihren Beruf zeitweise nicht mehr ausüben. In der französischen Zone waren die Auswirkungen der Entnazifizierung auf die Personalsituation an den Schulen regional sehr verschieden während in der britischen Zone die Militärverwaltung vergleichsweise „behutsam" vorging. Hier lag die Entlassungsquote in den ersten Nachkriegsjahren relativ konstant bei etwa 24 Prozent.

Der durch unmittelbare Kriegsfolgen und durch Entnazifizierungsmaßnahmen verursachte anhaltende Personalnotstand im Schulwesen führte nicht nur in den Westzonen, sondern auch in der SBZ zu einer „Aufweichung" der Entnazifizierungspraxis. In der sowjetischen Besatzungszone kamen zwar bis 1948 annähernd 50.000 „unbelastete" Neulehrer in den Schuldienst, aber noch immer gab es zu dieser Zeit etwa 22.600 Altlehrer, die weiter unterrichten durften und sich zum Teil auch dauerhaft rehabilitieren konnten. Mit dem Befehl Nr. 35/48 ordnete die Sowjetische Militäradministration den Abschluss der Entnazifizierung bis zum 10. März 1948 an. „Nominellen Parteimitglieder" unter den Lehrkräften, denen das aktive und passive Wahlrecht erneut zuerkannt worden war, konnten durch „ehrliche und loyale Arbeit" wieder in den Schuldienst zurückkehren. Im Gegensatz zu den Westzonen nahm diese Entwicklung in der SBZ allerdings keinen massenhaften Charakter an.

In Westdeutschland ließen sich durch den Einsatz von altgedienten Pädagogen, Schulhelfern und Junglehrern Entlassungen nicht kompensieren. Stattdessen stieß diese anfangs praktizierte Strategie bei weiten Teilen der Lehrerschaft, der Schulbehörden und der Lehrerverbände auf harsche Kritik. Angesichts der immer weiter steigenden Zahl an Schulkindern, hervorgerufen insbesondere durch Millionen „Vertriebene" aus den „Ostgebieten" und zunehmend auch aus der SBZ, war die Wiederindienststellung von Lehrkräften, die von den Nationalsozialisten 1933 entlassen wurden, schon rein zahlenmäßig nur ein „Tropfen auf dem heißen Stein" und konnte den Bedarf nicht einmal ansatzweise decken. Schulhelfer, die die Lücken füllen sollten, standen nicht nur bei der „ausgebildeten" Lehrerschaft selbst, sondern beispielsweise auch bei vielen Kirchenvertretern in der Kritik. Ihrer Ansicht nach wurden alte, erfahrene Pädagogen gegen Ersatzkräfte getauscht, die fachlich erhebliche Defizite aufwiesen. Auch der Einsatz junger Lehrkräfte wurde kontrovers diskutiert, waren unter ihnen doch viele, die noch bis 1945 an NS-Lehrerbildungsanstalten ausgebildet wurden, nun aber unter die alliierte „Jugendamnestie" fielen. Sie galten dadurch zwar „formal" als unbelastet, zum Teil wurde ihnen aber eine stärkere ideologische Nähe zum NS unterstellt als „einfache, altgediente Lehrkräfte", die sich nicht in besonderer Weise als NS-Anhänger hervortaten, nun aber unter den Folgen der Entnazifizierung zu leiden hatten.

Die Kritik, die auch von Seiten der GEW in dieser Hinsicht geäußert wurde, war nicht nur deutlich vernehmbar, sondern traf außerdem bei weiten Teilen der Öffentlichkeit auf Rückhalt. „Notstände im Volksschullehrerberuf" oder das „Lehrerelend" waren gängige Schlagworte in den späten 1940er und frühen 1950er Jahren. Neben verschiedenen Kirchenmännern kritisierten auch bekannte und einflussreiche Vertreter aus Politik und Medien – darunter etwa der damalige baden-württembergische Kultusminister Theodor Heuss und der stellvertretende Chefredakteur der Hamburger Wochenzeitung „Die Zeit", Ernst Friedländer – das bis dahin angewandte „mechanische Verfahren" bei der politischen Säuberung der Lehrerschaft öffentlich. Fast alle von den Entnazifizierungsmaßnahmen betroffenen Lehrkräfte konnten sich folglich als „Opfer" einer alliierten Politik empfinden, die die Besiegten nach formalen Kriterien in Gut und Böse einteilte und die Komplexität der Lebensumstände im sogenannten „Dritten Reich" verkannte.

In Folge dieser Entwicklung kam nach Inkrafttreten des Befreiungsgesetzes und der damit verbundenen Übertragung der Entscheidungspraxis auf deutsche Stellen ein Prozess der Wiedereingliederung in Gang, der innerhalb kurzer Zeit zur fast vollständigen Rehabilitation der von den Entnazifizierungsmaßnahmen betroffenen Lehrerschaft führte. In der Regel und häufiger als viele andere Berufsgruppen verfügten Lehrkräfte über eine Vielzahl an Fürsprechern, die bereit waren, in Form von Entlastungsschreiben („Persilscheinen") deren vermeintliche „Unschuld" glaubwürdig unter Beweis zu stellen. Die Liste der Unterstützer war lang und reichte von Kollegen über ehemalige (unbelastete) Schulleiter, bis hin zu Kirchenvertretern, Schülerinnen und Schülern sowie deren Eltern. Auf eine formale Entlastung folgte nach einer oft langen Wartezeit fast immer wie Wiedereinstellung bzw. vollständige Rehabilitation – in aller Regel mit Anerkennung aller Versorgungsansprüche. Letzte offene Fälle wurden nach Inkrafttreten des sogenannten „131er-Gesetzes" im Jahr 1951 geklärt – fast immer zugunsten der Betroffenen. So war beispielsweise in ganz Bayern die Zahl der Lehrer und Lehrerinnen, die nach der Entnazifizierung nicht wiederangestellt wurden, bereits Ende 1951 auf weniger als 500 zurückgegangen.

Parallel zur Entnazifizierung und Rehabilitierung der Lehrerinnen und Lehrer erfolgte die Reorganisation und der Wiederaufbau von Lehrerorganisationen. Ihre ersten Vertreter fanden sich über „alte Netzwerke" aus der Zeit vor 1933 erneut zusammen. Neben idealistischen Absichten – der Wiederbegründung der „alten, ehrwürdigen Lehrervereine" – spielten dabei handfeste standespolitische Motive eine zentrale Rolle. Dabei war die Frage nach dem Verbleib des „Altvermögens", das im „Dritten Reich" an den NS-Lehrerbund überführt wurde, ein wichtiger Katalysator für den Reorganisationsprozess, der – zunächst beschränkt auf die britische Besatzungszone – zur Gründung des Allgemeinen deutschen Lehrer- und Lehrerinnenvereins führte. Für die spätere GEW von maßgeblicher Bedeutung waren insbesondere die Bemühungen des ehemaligen Vorsitzenden des Pommerschen Lehrervereins und letzten Geschäftsführers des Deutschen Lehrervereins, Fritz Thiele, mit „alten Freunden und Kollegen" erneut „in Fühlung" zu gehen. Nach seiner Vorstellung sollte der „charaktervolle und gewissenhafte Deutsche Lehrerverein" wiederaufleben. Um die Frage des Verbleibs alter Vermögenswerte aufzuklären, begab sich Thiele bereits im Herbst 1945 nach Bayreuth, wo der NSLB seine Zentrale hatte, um mögliche Restitutionsansprüche zu eruieren. Dadurch brachte er sich frühzeitig gewissermaßen als „Anwalt" des vom NS-Lehrerbund eingezogenen Vermögens ins Gespräch und konnte so sicherstellen, dass alle „alten Funktionäre" an der Errichtung eines Netzwerks, das ihm als Vorstufe zur Wiederbegründung des Deutschen Lehrervereins vorschwebte, Interesse zeigten.

Betrachtet man die Aktivitäten des ADLLV und der jungen GEW, so lässt sich feststellen, dass die Arbeit der Organisation stickt auf die Zukunft ausgerichtet war. Die „dunkle Vergangenheit" wurde weitgehend tabuisiert und diente lediglich als „negative Kontrastfolie", um die „demokratische Verfasstheit" der im Aufbau befindlichen Lehrergewerkschaft zu betonen. Offenbar mühelos und kaum in die Vergangenheit blickend arbeiteten die „alten Funktionäre" nach 1945 zusammen, auch wenn sie in der NS-Zeit durchaus unterschiedliche Erfahrungen gemacht hatten.[1055] Anhand der Korrespondenzen der Funktionäre sowie mittels zahlreicher Arbeitspapiere und Tagungsprotokolle lässt sich erkennen, dass eine Auseinandersetzung mit der jüngsten NS-Vergangenheit quasi nicht stattfand. Wohl findet sich immer wieder eine zum Teil deutliche Distanzierung zu den Machenschaften der Nationalsozialisten – wobei jedoch allen Beteiligten

---

1055 Jürgen Burger: Vom Lehrerverein zur Bildungsgewerkschaft 1826–2016. Eine kurze Geschichte der Bremer GEW und ihrer Vorgängerorganisationen. Bremen 2019, S. 61.

klar gewesen sein dürfte, dass die „Gleichschaltung" fast aller Lehrerverbände an den NSLB nicht durchweg unter Zwang und unfreiwillig erfolgte.

Wie für die Gesellschaft insgesamt, lässt sich auch für die Führung der jungen GEW ein „pragmatischer Umgang" mit dem NS-Erbe nachweisen. Auch wenn es in den ersten Nachkriegsjahren vereinzelt kritische Stimmen gab, die eine umfassende Auseinandersetzung mit der Rolle der Lehrkräfte im Nationalsozialismus anmahnten, blieb eine entsprechende Diskussion sowohl innerhalb des Vorstands als auch auf den ersten Mitgliederversammlungen der GEW aus. Den leitenden Funktionären dürfte klar gewesen sein, dass die im Aufbau befindliche Standesorganisation nur mit der „Masse der Kolleginnen und Kollegen", unter denen sich gewiss auch einst überzeugte NS-Anhänger befanden, einen wirksamen Einfluss auf künftige schul- und standespolitische Entwicklungen haben konnte.

Am Beispiel des Verbands badischer Lehrer und Lehrerinnen konnte nachgewiesen werden, dass sich die Lehrerorganisation auch für die Rehabilitation von nachweislich schwer belasteten Lehrkräften einsetzte. Für die durch die Entnazifizierung in Schwierigkeiten geratene Lehrerschaft richtete der Verband eine spendenfinanzierte „Nothilfe" ein. Bis Ende 1949 wurden dadurch hunderte Lehrerinnen und Lehrer sowie deren Angehörige finanziell unterstützt, die aufgrund ihrer „formalen" Belastung aus dem Schuldienst entlassen worden waren. Eine Unterstützung musste schriftlich beantragt werden und eine Begründung enthalten. Nach der Analyse vieler solcher Zuschriften ließ sich feststellen, dass fast alle der Betroffenen die Entnazifizierung als „weiteren Opfergang" bezeichneten, nachdem sie in der Zeit des Nationalsozialismus „anständig" geblieben seien und die Entbehrungen des Krieges ertragen hatten. Solche Sichtweisen wurden vom Verband badischer Lehrer und Lehrerinnen fast immer übernommen und keinesfalls hinterfragt. Es blieb jedoch nicht bei einfachen finanziellen Unterstützungsleistungen. Stattdessen half der Verband mittels Entlastungsschreiben und Stellungnahmen an die Schulbehörde, an die Besatzungsmacht und an zentrale Regierungsstellen auch mit, dass die suspendierten Lehrkräfte wieder angestellt wurden. Gut dokumentieren ließ sich dies etwa am Beispiel von Wilhelm Seiler, der bereits 1922 der NSDAP angehörte, bis 1933 Volksschullehrer war und im „Dritten Reich" als Rektor und schließlich als Kreisleiter der NSDAP in Heidelberg Karriere machte. Der Verband badischer Lehrer und Lehrerinnen unterstützte zahlreiche Gnadengesuche, die Seiler bis Anfang der 1950er Jahre an das Befreiungsministerium in Stuttgart richtete. Am Ende kam Seiler im November 1952 in den Schuldienst zurück. 1961 wurde er pensioniert. Er starb 1975 im Alter von 84 Jahren in Heidelberg.

Neben der Reintegration teils erheblich belasteter Lehrkräfte setzte sich die GEW auch für die Rückübertragung von Vermögenswerten ein, die nach der NS-Machtübernahme von den alten Lehrerorganisationen an den NSLB überführt wurden. Dabei versuchte sie auch in Fällen, die aus heutiger Sicht moralisch und/oder juristisch zweifelhaft erscheinen, ihre Ansprüche durchzusetzen.

Ein Beispiel für eine zweifelhafte Rückübertragung stellt das Objekt Rothenbaumchaussee 19 in Hamburg dar. Die „Arisierungsfrage", die innerhalb der GEW noch vor kurzem für erhebliche Diskussionen gesorgt hatte, war für die eigentliche Entscheidung der Restitution nicht von Relevanz. Von zentraler Bedeutung war dagegen die Frage, ob die Gesellschaft der Freunde in Hamburg zum Zeitpunkt des Erwerbs noch den Charakter einer eigenständigen Organisation hatte, oder ob der Kauf de facto durch den NSLB und damit durch eine NS-Organisation erfolgte. In letzterem Fall wäre das Objekt als „NS-Neuvermögen" an das Land Hamburg übertragen worden. Doch wie bekannt ist, wurde das Haus 1951 der Gesellschaft der Freunde zugesprochen. Um zu unterstreichen, dass die Gesellschaft der Freunde zum Zeitpunkt des Kaufs quasi noch unabhängig war, stützte sie sich unter anderem auf ein Gutachten von Kurt Holm, einst überzeugter Nationalsozialist, der als Liquidator der Gesellschaft der Freunde und Geschäftsführer des NSLB in Hamburg fungierte. Wie wir heute wissen, behaupteten er und mit ihm die Gesellschaft der Freunde wider besseren Wissens, dass die Gesellschaft bis zur endgültigen Übertragung des Vereinsvermögens auf den NSLB im Jahr 1937 eigenständig und unabhängig gewesen sei und es sich im Falle des Objekts Rothenbaumchaussee 19 um „Altvermögen" gehandelt hätte. Nicht in jedem Fall war die Rückübertragung von Immobilien so kompliziert und zweifelhaft wie im „Fall Ro 19". Oft verliefen die Restitutionen weitgehend laut- und problemlos. Da es sich jedoch insgesamt um Werte in Millionenhöhe handelte, gab es dennoch mitunter Streitigkeiten darüber, an wen diese Werte übertragen werden sollten. Dies ließ sich beispielshaft anhand von 17 Häusern in Bayreuth aufzeigen, die der NS-Lehrerbund errichten ließ und die der bayerische Staat nach dem Krieg für sich beanspruchte. Die GEW bemühte sich über mehr als 10 Jahre hinweg dennoch um die Rückübertragung der Objekte, indem sie argumentierte, die Häuser seien ausschließlich mit Geldern des Deutschen Lehrervereins und des Preußischen Lehrervereins errichtet worden. Diesbezügliche Argumentationen verdeutlichen erneut, dass sich die GEW in ihrer Gründungs- und Aufbauphase gegenüber der Vergangenheit pragmatisch verhalten und von Fall zu Fall unterschiedlich positioniert hat. Eine wie auch immer geartete aktive und kritische Auseinandersetzung mit der Rolle ihrer Mitglieder im Nationalsozialismus ließ sich für nie Nachkriegszeit praktisch nicht feststellen. Hinweise die zur Klärung der Frage beitragen können, ob diese Feststellung auch für die ersten Nachkriegsjahrzehnte gilt, sollen im nun folgende Kapitel erarbeitet werden.

5 Umbruch – Die GEW und die NS-Vergangenheit in den ersten Jahrzehnten der Bundesrepublik

Am 15. September 1949 wurde auf der Titelseite der Allgemeinen Deutschen Lehrer-Zeitung vor einer neuen „Dolchstoßlegende" gewarnt, die sich in den Klassenzimmern verbreite.[1056] Anlass für den Artikel bot das Handeln eines Lehrers, der den Lesern als Dr. Richter aus Luthe bei Hannover vorgestellt wurde. Richter konnte nach dem Krieg als Beamter auf Widerruf in den Schuldienst zurückkehren. Dort entschloss er sich, die ihm anvertrauten zehn- bis zwölfjährigen Kinder im Unterricht über die vermeintlich wahren Gründe der deutschen Niederlage im Zweiten Weltkrieg „aufzuklären": Die bedingungslose Kapitulation sei das Ergebnis eines breit angelegten „Verrats" gewesen, ohne den die Wehrmacht mit Gewissheit den Krieg gewonnen hätte. Die Kinder hatten die Sichtweisen ihres Lehrers übernommen, jedenfalls legten dies entsprechende Äußerungen in zahlreichen Aufsätzen der Schülerinnen und Schüler nahe. Nach Bekanntwerden dieser Vorgänge wurde der „Fall Dr. Richter" eingehend untersucht, in Folge dessen verlor der Lehrer schließlich seine Anstellung. Den ADLLV ließen diese Ereignisse aufhorchen, weswegen der Vorfall zum Anlass genommen wurde, in der Mitgliederzeitung eine eindeutige Klarstellung zu veröffentlichen:

> „Das deutsche Volk bekundet in der Bonner Verfassung seinen ehrlichen Willen, dem Frieden der Welt zu dienen. Und die von ihm mit der Erziehung der deutschen Jugend beauftragten Lehrer haben diesem Willen gerecht zu werden. Für jeden, der sich nicht schon aus eigenem Willen zu dieser Verantwortung bekennt, ist weder in den Reihen der Lehrer noch in der Schulstube Platz."[1057]

Zwar sehe die Lehrerorganisation in der Verteidigung der Beamtenrechte eine unabdingbare Verpflichtung. Doch gebiete die Verantwortung vor der deutschen Jugend, dass kein Lehrer sein Amt zur Völkerverhetzung, zu einer Verherrlichung des Krieges oder zur Billigung begangener Unmenschlichkeiten missbrauche, heißt es in dicken Lettern am Ende des Beitrags.

Wer in den nachfolgenden Ausgaben der Allgemeinen Deutschen Lehrer-Zeitung Reaktionen zu dem eben dargestellten Vorfall oder aber Reaktionen zu dieser unmissverständlichen öffentlichen Positionierung des Lehrervereins

---

[1056] Eine neue „Dolchstoßlegende" in der Schulstube. In: Allgemeine Deutsche Lehrerzeitung 1, 1949, H. 15, S. 149–150.
[1057] Ebd., S. 150.

erwartet, wird jedoch enttäuscht. Über Jahre hinweg deutet nichts darauf hin, dass Vorgänge wie die um den Lehrer Dr. Richter innerhalb der GEW eine kritische Debatte darüber auslöste, was den Umgang der Lehrkräfte mit dem NS-Erbe betraf. Handelte es sich bei dem Fall Dr. Richter etwa um einen bedauerlichen Einzelfall? Davon ist eher nicht auszugehen. Wie im vorangegangenen Kapitel im Kontext der Entnazifizierung verdeutlicht wurde, muss stattdessen angenommen werden, dass viele belastete Lehrkräfte, die bis zuletzt vom Nationalsozialismus überzeugt waren, bereits wenige Jahre nach dem Krieg in die Schulen zurückkehrten. Von Seiten der GEW wurden sie dabei mitunter tatkräftig unterstützt. Allerdings hatte diese Politik auch ihre Grenzen, wie der Fall Dr. Richter verdeutlicht: Auf Hilfe bei der Reintegration konnten nur jene hoffen, die sich – zumindest äußerlich betrachtet – von der Diktatur abwandten und sich zum neuen, demokratischen Staat bekannten. Heute mag diese Praxis moralisch zweifelhaft erscheinen. In der jungen Bundesrepublik war sie allerdings gang und gäbe und fügte sich nahtlos ein in das allgemein vorherrschende gesellschaftliche Klima, das im Rückblick oft als „Schlussstrichmentalität" umschrieben wird. Doch wird mit einem solchen Begriff das Verhältnis der bundesdeutschen Gesellschaft zu ihrer unmittelbaren Vergangenheit treffend charakterisiert? Im Folgenden soll dieser Frage nachgegangen werden, auch um einschätzen zu können, wie sich das Verhalten der GEW in dieser Hinsicht bewerten lässt.

5.1 Aus – und vorbei? Die Rückkehr der NS-Vergangenheit in der jungen Bundesrepublik

Im September 1951, nur gut sechs Jahre nach Kriegsende, plädierte der Parlamentarier und spätere FDP-Bundesvorsitzende und Vizekanzler Erich Mende im Deutschen Bundestag dafür, unter die Auseinandersetzungen mit der NS-Vergangenheit einen „Schlussstrich" zu ziehen und stattdessen den „Blick nach vorn" zu richten.[1058] Er sprach damit offen aus, was viele bereits seit langem dachten. Als die schlimmsten Zerrüttungen des Krieges überwunden zu sein schienen, war der Wunsch nach „Normalisierung" weit verbreitet. Die NS-Vergangenheit, mit denen die Deutschen in Gestalt der Entnazifizierung tagtäglich konfrontiert wurden, wirkte dabei für die allermeisten von Beginn an als Störfaktor. Nicht nur konservative Demokraten, allen voran der erste Bundeskanzler der Bundesrepublik, Konrad Adenauer, waren davon überzeugt, dass ein demokratischer Neuanfang bei einer zeitgleich stattfindenden Erinnerung an die NS-Vergangenheit

---

1058 Claudia Fröhlich: Rückkehr zur Demokratie – Wandel der politischen Kultur in der Bundesrepublik. In: Peter Reichel/Harald Schmid/Peter Steinbach (Hrsg.): Der Nationalsozialismus. Die zweite Geschichte. Überwindung, Deutung, Erinnerung. München 2009, S. 105–126, hier S. 107.

nicht gelingen konnte.[1059] Bereits in seiner ersten Regierungserklärung am 20. September 1949 übte Adenauer harsche Kritik an der „Denazifizierung", die nach seiner festen Überzeugung Unglück und Unheil verbreitete. Zwar müssten die „wirklich Schuldigen" bestraft werden, doch ansonsten solle die Unterscheidung zwischen „politisch Einwandfreien und Nichteinwandfreien" rasch verschwinden.[1060] Was für Eliten aus Politik und Gesellschaft oft von Beginn an galt, sollte wenig später für annähernd alle Bevölkerungsteile eintreten: Mitte der 1950er Jahre war der Entnazifizierungsprozess fast vollständig abgeschlossen, denn spätestens mit der Verabschiedung des zweiten Straffreiheitsgesetzes im Jahr 1954 trat eine weitgehende Amnestie und Rehabilitierung für den überschaubaren Kreis jener Bundesbürger in Kraft, die nicht unter die 131er-Gesetzgebung fielen und bis dahin noch immer als „belastet" galten.[1061] Eine deutliche Kritik an dieser Generalamnestie war im Allgemeinen nicht zu vernehmen. Stattdessen herrschte unter der Mehrheit der Westdeutschen wohl eher Erleichterung, dass sie sich in Zeiten des an Fahrt aufnehmenden „Wirtschaftswunders" nicht weiter mit aufgezwungenen, unangenehmen und immer mehr als lästig empfundenen Fragen zu ihrer persönlichen Vergangenheit im Nationalsozialismus beschäftigen mussten.

Diese nur kurz umrissene Situationsbeschreibung lässt sich im Grundsatz auf die Gegebenheiten innerhalb der jungen GEW übertragen. Nach der Analyse zahlreicher Archivalien aus dieser Zeit muss konstatiert werden, dass mit dem Ende der auferlegten Entnazifizierungsmaßnahmen und der grundsätzlichen Klärung von Rechts- und Besitzfragen auch die Gewerkschaft Erziehung und Wissenschaft allem Anschein nach eine aktive Auseinandersetzung mit den Erblasten der NS-Vergangenheit über Jahrzehnte hinweg weitgehend vermieden hat. Selbstkritische Stellungnahmen, die auf den Nationalsozialismus verweisen, finden sich in den Akten und Veröffentlichungen des Hauptvorstands über viele Jahre hinweg praktisch nicht.

Ist mit der offenbar weit verbreiteten „Schlussstrich-Mentalität" die erste Phase der Geschichte um die Auseinandersetzung mit dem NS-Erbe in der Bundesrepublik bereits hinreichend erzählt? Oberflächlich betrachtet, könnte diese Frage durchaus bejaht werden. Doch ein genauerer Blick lässt erkennen, dass das Handeln staatlicher, institutioneller und gesellschaftlicher Akteure nicht nur auf ein Verdrängen der Vergangenheit abzielte. Parallel zu dieser Entwicklung wurden unterdessen auch Schritte unternommen, die Erblasten des Nationalsozialismus zumindest zaghaft anzugehen. Häufig geschah dies allerdings nicht

---

1059 Ebd., S. 108.
1060 Konrad Adenauer in der 5. Sitzung des Bundestags am 20. September 1949, zit. n.: Görtemaker/Safferling: Die Akte Rosenburg (Anm. 15), S. 163.
1061 Edgar Wolfrum: Die Anfänge der Bundesrepublik, die Aufarbeitung der NS-Vergangenheit und die Fernwirkungen für heute. In: Solidargemeinschaft und Erinnerungskultur im 20. Jahrhundert, 2009, S. 363–377, hier S. 366.

aus freiem Entschluss, sondern in Reaktion auf revisionistische gesellschaftliche Tendenzen, die für die fragilen demokratischen Strukturen der jungen Bundesrepublik eine ernste Gefahr darstellten.

Im Folgenden sollen die Grundzüge der Diskussion um die „Vergangenheitsbewältigung" in den ersten Nachkriegsjahrzehnten der Bundesrepublik näher beleuchtet werden. Auch wenn die Rolle der Lehrerschaft – und damit das GEW-eigene NS-Erbe – dabei nicht unmittelbar im Zentrum stand, lässt sich zumindest rekonstruieren, welche Haltung die GEW zu den grundlegenden gesellschaftlichen Entwicklungen der NS-Aufarbeitung einnahm, denn diese wurden von und innerhalb der Gewerkschaft durchaus beachtet, diskutiert und kommentiert.

5.1.1 Überblick: Gesellschaftliche Diskurse und Debatten um das NS-Erbe

Selbst wenn bis heute in der Literatur vielfach das „Verdrängen" der NS-Zeit als charakteristisches Merkmal für die 1950er hervorgehoben wird – ob als funktional notwendiges „Beschweigen" (Hermann Lübbe)[1062] oder im Sinne einer „zweite Schuld" (Ralph Giordano)[1063] – so hat sich innerhalb der Forschung in den letzten Jahren doch immer stärker die Überzeugung durchgesetzt, „daß bereits die fünfziger Jahre im Umgang mit der NS-Vergangenheit sehr viel widersprüchlicher, ereignis- und ergebnisreicher waren als uns ein populäres Geschichtsbild und prominente Autoren glauben machen wollen".[1064] Richtig ist, dass viele, ob sie aufgrund ihrer Vergangenheit kompromittiert waren oder nicht, am Aufbau des bald schon prosperierenden westdeutschen Staates mitwirken wollten, ohne dabei besonderes Aufsehen zu erregen.[1065] Im Allgemeinen wurde die Vergangenheit „unter eine Art Quarantäne" gestellt, um sich der Sicherung der Gegenwart zuzuwenden.[1066] Doch einige störten – gewollt oder ungewollt – die vermeintliche Ruhe und Ordnung, die nach den entbehrungsreichen und chaotischen Zeiten des Krieges und der weitgehenden Rehabilitation der „Entnazifizierungsgeschädigten" zum allgemeinen gesellschaftlichen Postulat erhoben wurde.

Nach wie vor gab es überzeugte Nationalsozialisten, die die im Grundgesetz festgeschriebene freiheitlich-demokratische Grundordnung ablehnten und offen die Wiedererrichtung des Deutschen Reiches unter einer autoritären Führung

---

1062 Hermann Lübbe: Vom Parteigenossen zum Bundesbürger. Über beschwiegene und historisierte Vergangenheiten. Paderborn/München 2007.
1063 Ralph Giordano: Die zweite Schuld. In: Kriegsende in Deutschland (GEO). Hamburg 2005, S. 6–23.
1064 Reichel: Vergangenheitsbewältigung in Deutschland (Anm. 16), S. 10.
1065 Fröhlich: Rückkehr zur Demokratie – Wandel der politischen Kultur in der Bundesrepublik (Anm. 1057), S. 109.
1066 Geppert: Die Ära Adenauer (Anm. 36), S. 89.

anstrebten. Einige von ihnen fanden sich in der von Otto Ernst Remer, Fritz Dorls und anderen ehemaligen NSDAP- und Wehrmachtsangehörigen gegründeten „Sozialistischen Reichspartei" (SRP) zusammen, die sowohl ideologisch aus auch personell als Nachfolgepartei der NSDAP eingeschätzt werden kann. Mit provokanten Auftritten und unverblümt neonazistischen Forderungen sorgten Anhänger der SRP zu Beginn der 1950er Jahre für öffentliches Aufsehen, allen voran Otto Ernst Remer, der mehrfach wegen politisch motivierter Äußerungsdelikte, darunter auch Holocaustleugnung, angeklagt und verurteilt wurde.[1067]

Insbesondere in Norddeutschland konnte die rechtsextreme Partei beachtliche Wahlerfolge erzielen. Zugleich stieß die SRP aber von Beginn an auch auf Missbilligung, insbesondere aus den Reihen der Gewerkschaften und weiterer demokratischer Organisationen. Nicht zuletzt aufgrund der internationalen Presseberichterstattung und der Kritik des alliierten Hohen Kommissars John McCloy stellte das Bundeskabinett im November 1951 einen Verbotsantrag, dem das Bundesverfassungsgericht am 23. Oktober des darauffolgenden Jahres stattgab. Nach dem Verbot schlossen sich zahlreiche Mitglieder in der kaum weniger unverhohlen rechtsextremistischen „Deutschen Reichspartei" (DRP) zusammen, die in der darauffolgenden Zeit allerdings immer weiter an Bedeutung verlor und schließlich in der „Nationaldemokratischen Partei Deutschlands" (NPD) aufging.[1068]

Weniger plump, aber mit nicht minder antidemokratischen Zielsetzungen, versuchte eine Gruppe ehemaliger NS-Funktionäre um Werner Naumann, vormals Staatssekretär im Reichspropagandaministerium unter Führung von Joseph Goebbels, zu Beginn der 1950er Jahre an politischem Einfluss zu gewinnen. Sichtbarstes Zeichen dieser Bestrebungen war das „Deutsche Programm", das Vertreter des rechten Flügels der Freien Demokratischen Partei (FDP), die ohnehin vielen als Sammelbecken ehemaliger Nationalsozialisten galt, auf dem Bundesparteitag der Liberalen im November 1952 zur Diskussion brachten. Maßgeblich unterstützt wurden Naumann und seine Mitstreiter vom damaligen FDP-Landesvorsitzenden in Nordrhein-Westfalen Friedrich Middlehauve. Zwar scheiterte das äußerst nationalistische Programm am Widerstand der Hamburger, Bremer sowie der süddeutschen Landesverbände (stattdessen wurde das gemäßigte „Liberale Manifest" verabschiedet), dennoch konnten die „Rechten" innerhalb der FDP einen Erfolg verbuchen: Middlehauve wurde zum stellvertretenden Parteivorsitzenden gewählt und verkündete das Ziel, eine „nationale Sammlungsbewegung" aller Kräfte rechts der CDU zu bilden. Um seine Absichten zu untermauern, ernannte Middlehauve, der selbst politisch nicht NS-belastet war und

---

1067 Norbert Wolf: Der Remer-Prozess. In: Forschungsjournal Soziale Bewegungen, 2015, H. 4, S. 197–207.
1068 Fischer/Lorenz: Lexikon der „Vergangenheitsbewältigung" in Deutschland (Anm. 16), S. 73.

sich im „Dritten Reich" sogar als „Gegner der Nazis" verstand, den ehemaligen SS-Standartenführer und leitenden NS-Propagandisten Wolfgang Diewerge zu seinem persönlichen Sekretär.[1069]

Der bundesdeutsche Verfassungsschutz sowie der britische Geheimdienst beobachteten die Geschehnisse innerhalb der FDP aufmerksam. Alle Versuche, die Bundesregierung zum Handeln zu bewegen und aktiv gegen den „Naumann-Club" vorzugehen, scheiterten. Letztlich entschloss sich die britische Besatzungsmacht, ihre alliierten Hoheitsrechte in Anspruch zu nehmen und selbst einzugreifen. In der Nacht zum 15. Januar 1953 wurden die ersten „Rädelsführer" der Gruppe von britischen Sicherheitsoffizieren festgenommen. Ihnen wurde vorgeworfen, Pläne zur „Wiederergreifung der Macht in Westdeutschland" zu schmieden.[1070]

Die Gefahr eines tatsächlichen Umsturzes, der vom Naumann-Kreis auszugehen drohte und zu einer Rückkehr des Nationalsozialismus auf dem Gebiet der Bundesrepublik hätte führen können, war sicherlich gering. Der eigentliche Vorfall ist für die hier vorliegende Untersuchung folglich auch weniger von Relevanz als die öffentliche Reaktion darauf: Nach einer ersten „Schrecksekunde" setzte innerhalb der westdeutschen Gesellschaft eine weithin vernehmbare politische und publizistische Debatte ein. Allerdings richtete sich die allgemeine Empörung nicht etwa gegen die Aktivitäten der Naumann-Gruppe. Stattdessen wurde von vielen Seiten echauffiert die Frage gestellt, was „die Engländer" überhaupt zum Einschreiten bewogen hätte und inwieweit durch den „Eingriff der Besatzungsmacht" die (de facto noch lange nicht gegebene) deutsche „Souveränität" verletzt worden sei.[1071] „Daß die Aktion der Briten ungerechtfertigt, zumindest aber übertrieben war – diese Ansicht war in der Bundesrepublik praktisch schon nach wenigen Tagen Allgemeingut."[1072] In den Wochen und Monaten nach dem Vorfall gelangten Teile des von den Briten gesammelten und anschließend an deutsche Behörden überführten Beweismaterials an die Öffentlichkeit. Naumann und seine Mitstreiter wurden dadurch zwar dauerhaft als „Ewiggestrige" stigmatisiert, doch die bundesdeutsche Justiz zeigte sich davon unbeeindruckt. Nach Ansicht der Richter am nun zuständigen Bundesgerichtshof lag letztlich kein dringender Verdacht vor, dass eine „strafbare Verbindung oder Vereinigung" bestanden habe. Folglich hoben die deutschen Richter die gegen den Naumann-Kreis erteilten Haftbefehle schließlich wieder auf.[1073]

Den neonazistischen Kräften in der Bundesrepublik verhalf dieser „Erfolg" jedoch keinen generellen Auftrieb. Nach dem Verbot der Sozialistischen Reichspartei erhielt die weiterhin bestehende Deutsche Reichspartei bei der Bundestagswahl am 6. September 1953 gerade einmal 1,1 Prozent der Stimmen. Acht

---

1069 Frei: Vergangenheitspolitik (Anm. 17), S. 365–366.
1070 Ebd., S. 361–362.
1071 Ebd., S. 371.
1072 Ebd., S. 363–364.
1073 Ebd., S. 388–392.

Jahre nach Kriegsende war die politische Reorganisationskraft der „Ehemaligen" augenscheinlich stark geschwächt. Angesichts dieser Umstände verblasste die Debatte um das vergangene und gegenwärtige Handeln von Akteuren wie Werner Naumann in den „Wirtschaftswunderjahren" zusehends. Allerdings gab es unter der Vielzahl der Personen des öffentlichen Lebens, die allem Anschein nach an die junge Demokratie bestens angepasst waren, auch etliche, deren einstiges Verhalten im Nationalsozialismus dazu in krassem Widerspruch stand. Ab Mitte der 1950er Jahre wurden einige dieser „Angepassten" vermehrt zum Gegenstand öffentlicher Diskussionen. Neben Vertretern als Kunst und Kultur, etwa Veit Harlan, der als Regisseur des antisemitischen NS-Hetzfilms „Jud Süß" von sich reden machte, oder „unscheinbaren" Zivilisten wie Werner Heyde, der im „Dritten Reich" als Psychiater und Obergutachter des NS-Euthanasieprogramms („Aktion T4") fungierte und nach dem Krieg zunächst unbescholten unter dem Pseudonym Fritz Sawade als Arzt praktizieren konnte, gerieten vor allem Vertreter der Politik immer wieder ins Kreuzfeuer der Kritik.

Eines der prominentesten Beispiele für diese Elitenkontinuität vom „Dritten Reich" in die Bundesrepublik lieferte hierbei der Fall von Hans Globke. Der Verwaltungsjurist war bereits im Nationalsozialismus kein Unbekannter. Als Mitverfasser und Kommentator der „Nürnberger Rassegesetze" sowie als Verantwortlicher für die judenfeindliche Namensänderungsverordnung – jüdische Deutsche sollten anhand zusätzlicher, „typisch jüdischer" Vornamen (Israel bzw. Sara) erkennbar gemacht werden – war Globke maßgeblich an der rassistisch motivierten Ausgrenzungs-, Verfolgungs- und schließlich Vernichtungspolitik der Nationalsozialisten beteiligt. Dass Globke aus seinem Entnazifizierungsverfahren dennoch als „unbelastet" hervorging, hatte er den Mitgliedern der für ihn zuständigen Spruchkammer zu verdanken, denen er offenbar glaubhaft vermitteln konnte, er habe seine Einstellung zum NS-Regime geändert und sei letztlich sogar am Widerstand gegen den Nationalsozialismus beteiligt gewesen. Wie heute bekannt ist, unterhielt Globke zumindest Kontakte zu militärischen und zivilen Kreisen des Widerstandes.[1074] Ihn deshalb jedoch zum Widerstand zu zählen, erscheint mehr als fragwürdig. Allen biographischen Ungereimtheiten zum Trotz gelang es Globke, protegiert durch Konrad Adenauer, in der Bundesrepublik rasch Karriere zu machen. Im Oktober 1953 wurde er zum Staatssekretär und Chef des Bundeskanzleramtes ernannt. Seitdem galt er als „graue Eminenz" und engster Vertrauter des Kanzlers. Auch wenn über seine NS-Vergangenheit wiederkehrend öffentlich gestritten wurde, hielt Adenauer bis zum Ende seiner Amtszeit 1963 an seinem „Eckermann" fest.[1075]

1074 Erik Lommatzsch: Hans Globke (1898–1973). Beamter im Dritten Reich und Staatssekretär Adenauers. Frankfurt am Main 2009, S. 108–111.
1075 Frei: Vergangenheitspolitik (Anm. 17), S. 86.

Ein anderer prominenter Vertreter der politischen Klasse der jungen Bundesrepublik mit umstrittener NS-Vergangenheit war Theodor Oberländer. Während des Krieges beschäftigte sich der „Ostforscher" und Oberleutnant der Reserve intensiv mit der „Germanisierung" der besetzten Gebiete in Osteuropa. Nach seiner Rückkehr aus amerikanischer Kriegsgefangenschaft wurde auch er schließlich als „entlastet" eingestuft. Möglicherweise konnte Oberländer den Umstand zu seinem Vorteil auslegen, dass er bereits am 11. November 1943 – ohne offizielle Angabe von Gründen – aus der Wehrmacht entlassen wurde.[1076] Anders als etwa Hans Globke machte Theodor Oberländer keinen Hehl aus seiner betont konservativ-nationalistischen Grundeinstellung.[1077] Zunächst Mitglied der FDP, gehörte er 1950 zu den Mitbegründern des „Bundes der Heimatvertriebenen und Entrechteten", dessen Landesvorsitz er in Bayern übernahm. Auf Bundesebene ernannte ihn Konrad Adenauer am 20. Oktober 1953 zum Bundesminister für Vertriebene, Flüchtlinge und Kriegsgeschädigte.[1078] Dass Oberländer in dieser Funktion offen für die Wiederherstellung des Deutschen Reiches in den Grenzen von 1937 eintrat, kümmerte den Kanzler dabei offenbar wenig.

Lange Zeit lieferten Persönlichkeiten wie Globke und Oberländer ein perfektes Signal an all jene „Ehemaligen", die sich scheinbar von ihrer Vergangenheit lossagen und mühelos in die bundesdeutsche Gesellschaft integrieren konnten. Sie waren zunächst „der denkbar beste Beweis für die Chancen, die sich letztlich so gut wie allen eröffneten, die ihre Abkehr von der Diktatur durch Einsatzbereitschaft für den neuen Staat zu demonstrieren bereit waren."[1079] Die im Verlauf der 1950er Jahre aufkommende Kritik an der Elitenkontinuität in der Bundesrepublik hätte sich womöglich zerstreut, wäre sie nicht von Seiten des „besseren Deutschlands", wie sich die „antifaschistische" DDR staatsoffiziell gerne selbst bezeichnete, maßgeblich befeuert und zum Teil auch initiiert worden.

Ab Mitte der 1950er Jahre verbreitete das SED-Regime gezielt belastendes Material gegen westdeutsche Funktionseliten – darunter Unternehmer, Militärs, Staatsanwälte, Richter sowie hohe Beamte und Politiker. Die Resonanz in Westdeutschland war zunächst eher mäßig, doch dies änderte sich im Verlauf einer Kampagne gegen „Hitlers Blutrichter in Adenauers Diensten", über die Albert Norden, Sekretär für Agitation und Propaganda im Zentralkomitee der SED, auf groß angelegten „internationalen Pressekonferenzen" und in eigens dafür angefertigten Broschüren, die regelmäßig erweitert wurden, zu berichten wusste. Neben Korrespondenten aus „sozialistischen Bruderstaaten" berichteten zusehends auch westliche Medienvertreter über die Vorgänge in der Bundesrepublik. Vielen

---

1076 Albert Jeloschek: Freiwillige vom Kaukasus. Georgier, Armenier, Aserbaidschaner, Tschetschenen u. a. auf deutscher Seite. Der „Sonderverband Bergmann" unter Theo Oberländer. Graz/Stuttgart 2003, S. 164.
1077 Frei: Vergangenheitspolitik (Anm. 17), S. 284.
1078 Reichel: Vergangenheitsbewältigung in Deutschland (Anm. 16), S. 19.
1079 Frei/Morina/Maubach/Tändler: Zur rechten Zeit (Anm. 16), S. 29.

der Beschuldigten gelang es zunächst, die gegen sie gerichteten, in barscher Sprache verfassen Vorwürfe („Bonns braune Maden", „braunes Rattennest" usw.) als „Pankower Propaganda" abzutun und sich in dieser Hochphase des Kalten Krieges als „standfeste Antikommunisten" zu profilieren.[1080] Doch je mehr „Braunbücher" das SED-Regime veröffentlichte und je mehr Details zu einzelnen Personen ans Licht kamen, desto deutlicher stellte sich am Ende heraus, dass die Vorwürfe im Kern doch berechtigt waren und die darin enthaltenen Fakten in der Regel zutrafen.[1081] Manch ein Richter oder hoher Staatsbeamter sah sich daraufhin in arger Bedrängnis. Einigen, etwa dem Generalbundesanwalt Wolfgang Fränkel oder dem Minister für Vertriebene, Hans Krüger, kosteten die Vorwürfe letztlich das Amt. Gegen die bereits erwähnten „Aushängeschilder" der „Ehemaligen", Theodor Oberländer und Hans Globke, strengte die DDR-Justiz sogar eigene Prozesse an, um deren „braune Vergangenheit" demonstrativ zu ahnden. Oberländer wurde die Erschießung mehrerer tausend Juden und Polen in Lemberg zur Last gelegt. In einem Schauprozess verurteilte ihn das Oberste Gericht der DDR am 29. April 1960 in Abwesenheit zu lebenslangem Zuchthaus. „Mit dem Erreichen der Pensionsberechtigung trat Oberländer unter Zurückweisung aller Vorwürfe von seinem Ministeramt im Mai 1960 zurück."[1082] Hans Globke, von DDR-Agitatoren als „Verfasser der Nürnberger Blutgesetze" sowie „Hetzer und Organisator der Judenverfolgungen" bezeichnet, wurde im Juli 1963 vor dem Obersten Gericht der DDR ebenfalls in Abwesenheit zu einer lebenslangen Zuchthausstrafe verurteilt. Zum Zeitpunkt der Urteilsverkündung war Globke fast schon in Pension. Am 15. Oktober 1963, als der 87 jährige Konrad Adenauer wie angekündigt von seinem Amt zurücktrat, schied auch Globke aus dem Staatsdienst aus. Wenige Tage später verlieh ihm der damalige Bundespräsident Heinrich Lübke, dessen Rolle im Nationalsozialismus die DDR-Propaganda ebenfalls anprangerte, das Großkreuz des Verdienstordens der Bundesrepublik Deutschland.[1083] Auch wenn, etwa durch Gesten wie diese, von Seiten der Politik demonstrativ Gelassenheit und Normalität zur Schau gestellt wurden, so stand dennoch fest: „Im Abendrot der Ära Adenauer war die vergangenheitspolitische Szenerie der Bundesrepublik in Bewegung gekommen. Nicht, dass das Verlangen nach dem ‚Schlussstrich' geringer, die Sehnsucht nach dem großen Vergessen kleiner geworden wäre – aber die Gegenstimmen wurden vernehmlicher und schließlich auch mehr."[1084]

Betrachtet man etwa die Literaturszene, so lässt sich bereits für die unmittelbaren Nachkriegsjahre feststellen, dass neben der weitverbreiteten „Rechtfertigungsliteratur", die von exkulpierenden und apologetischen Tagebüchern

---

1080 Ebd., S. 30–31.
1081 Conze/Frei/Hayes/Zimmermann: Das Amt und die Vergangenheit (Anm. 15), S. 18.
1082 Fischer/Lorenz: Lexikon der „Vergangenheitsbewältigung" in Deutschland (Anm. 16), S. 108.
1083 Frei/Morina/Maubach/Tändler: Zur rechten Zeit (Anm. 16), S. 31–32.
1084 Ebd., S. 32.

und Erinnerungen überlebender NS-Größen und Wehrmachtsoffizieren geprägt war und wenig später um kriegsverherrlichende Heftromane wie dem „Landser" ergänzt wurde, auch Werke kritischer Autoren erschienen sind. Die „Junge Generation", so die Selbstbezeichnung einer heterogenen Gruppe von Publizisten und Literaten, trat dabei für einen radikalen politischen und literarischen Neubeginn in Deutschland nach 1945 ein. Aus ihr sollte kurze Zeit später die „Gruppe 47" hervorgehen, die sich zur wichtigsten literarischen Vereinigung der jungen Bundesrepublik entwickelte.[1085] Das künstlerische Schaffen ihrer Vertreter, unter ihnen waren später so einflussreiche Persönlichkeiten wie Wolfgang Koeppen, Günter Eich, Heinrich Böll, Siegfried Lenz und Günter Grass, „wurzelte in einer Vorstellungswelt, die nicht mehr vom Kaiserreich, dem Ersten Weltkrieg oder den zwanziger Jahren geprägt war, sondern vom ‚Dritten Reich' und dem Zweiten Weltkrieg, von den Zusammenbruchs- und Wiederaufbaujahren. Das Menschheitspathos des Großbürgers Thomas Mann war ihnen ebenso fremd wie der Brecht'sche Marxismus oder Benns elitärer Nihilismus. Stattdessen mischten sich viele von ihnen Ende der fünfziger, Anfang der sechziger Jahre mit zumeist linksliberalen Positionen in die Bonner Politik ein."[1086] Auch in den Theatern und Kinos gerieten die Dinge in Bewegung. „Die deutschen Bühnen erlebten einen regelrechten Boom dokumentarisch angelegter NS-Dramen, zum Beispiel ‚Die Ermittlung' von Peter Weiss (1916–82) oder Rolf Hochhuths (geb. 1931) ‚Stellvertreter', der 1963 an der Freien Volksbühne in Berlin uraufgeführt wurde."[1087] In den Lichtspielhäusern rollte unterdessen die „Kriegsfilmwelle" an. Filme wie „Die letzte Brücke" oder „Des Teufels General" von Helmut Käutner oder Frank Wisbars „Hunde, wollt ihr ewig leben" thematisierten dabei zwar die NS-Vergangenheit, wirkten aber auch verklärend: Oftmals standen unpolitische, nur dem Vaterland verpflichtet fühlende Wehrmachtssoldaten einer kleinen Gruppe wahnsinnig erscheinender Hitler-Getreuen gegenüber. Damit entsprachen viele Kriegsfilme in ihrer Kernaussage dem restaurativen Zeitgeist. Mit „Die Brücke" von Bernhard Wicki entstand 1959 der womöglich kritischste deutsche Kriegsfilm dieser Zeit. Doch wie bei allen anderen Filmen findet das zentrale Verbrechen des Holocausts auch hier keine Beachtung.[1088] Eine bedeutende Ausnahme stellt dabei allerdings die Rezeption des „Tagebuchs der Anne Frank" dar. Als 1950 erstmals die deutsche Übersetzung des Textes veröffentlicht wurde, blieb ihr Schicksal von vielen noch unbeachtet. Doch mit der wenig später aufkommenden Bühnenfassung erlangte das Tagebuch rasch große Bekanntheit. In der Spielzeit 1956/57 war es (in Ost- wie in Westdeutschland) zu einem der

---

1085 Fischer/Lorenz: Lexikon der „Vergangenheitsbewältigung" in Deutschland (Anm. 16), S. 60–61.
1086 Geppert: Die Ära Adenauer (Anm. 36), S. 87.
1087 Ebd., S. 89.
1088 Fischer/Lorenz: Lexikon der „Vergangenheitsbewältigung" in Deutschland (Anm. 16), S. 125–126.

meistaufgeführten Theaterstücke avanciert.[1089] Als 1959 eine US-Verfilmung des Tagebuchs in deutschen Kinos Premiere feierte, wurde das Schicksal des jüdischen Mädchens auch in Deutschland millionenfach beachtet. Spätestens jetzt bekam der bisher weitgehend tabuisierte und anonymisierte Massenmord an den Juden wortwörtlich ein Gesicht. Die Erfolgsgeschichte des Tagebuchs ist erstaunlich, erklärt sich aber zum Teil auch dadurch, dass Anne Franks Glauben an „das Gute im Menschen" angeblich bis zuletzt ungebrochen war. Diese zentrale Botschaft ließ sie zu einer „anrührenden Opferikone" werden – ohne Zweifel war dies „[e]ine tröstliche Botschaft im Land der Täter und Kompromittierten."[1090]

Zaghafte, zögernde, im Verlauf der 1950er Jahre aber immer stärker werdende Impulse für einen offensiveren Umgang mit der NS-Vergangenheit kamen auch aus dem Bereich der Wissenschaft. Nach mehreren gescheiterten Gründungsanläufen wurde 1949 beispielsweise das „Institut für Geschichte der nationalsozialistischen Zeit" (ab 1952 „Institut für Zeitgeschichte") eingerichtet, was die wissenschaftliche Bearbeitung der NS-Zeit in den darauffolgenden Jahren zweifellos beförderte. Insgesamt aber wurde die historische Erforschung des „Dritten Reichs" in den Anfangsjahren der Bundesrepublik zunächst nur sehr vorsichtig betrieben.[1091] Viele der damaligen Geschichtswissenschaftler hatten sich mit dem NS-Regime arrangiert, einige waren auch überzeugte Nationalsozialisten. Einer der wenigen Historiker, die zumindest mit einer gewissen Selbstkritik auf ihre eigene, zwiespältige Vergangenheit zurückblickten und öffentlich dazu Stellung bezogen, war Hermann Heimpel, der den heute so geläufigen wie zentralen Begriff der „Vergangenheitsbewältigung" prägte – wenn auch nicht exakt in dem Sinne, wie er heute gemeinhin in Bezug auf die Zeit des Nationalsozialismus verstanden wird. Heimpel beobachtete Ende der 1950er Jahre eine verhängnisvolle Unrast und Unlust, mit der die Deutschen der Geschichte begegneten oder ihr auswichen. Er schrieb in diesem Zusammenhang von der „unbewältigten Vergangenheit", die letztlich jedoch über alle hereinbrechen würde.[1092] Von gesamtgesellschaftlicher Relevanz wurden die Ergebnisse der historischen NS-Forschung zu einem Zeitpunkt, als sie nicht nur im Kreis der Fachkollegen auf Interesse stießen, sondern erstmals auch Eingang in Dokumentationsserien des aufkommenden Massenmediums Fernsehen fanden.[1093] So strahlte das damals einzige Erste Programm im Jahr 1960 eine vielbeachtete Dokumentarreihe mit dem Titel „Das Dritte Reich" aus. „Hinter dem Projekt standen zwei Historiker der jungen Generation: der gerade 39-jährige Intendant des Süddeutschen Rundfunks Hans Bausch und der 31-jährige Tübinger Privatdozent Waldemar Besson, der die

---

1089 Frei/Morina/Maubach/Tändler: Zur rechten Zeit (Anm. 16), S. 37.
1090 Peter Reichel: Die Bundesrepublik Deutschland nach der Hitler-Diktatur. Zur Frühzeit der zweiten Geschichte des Nationalsozialismus. In: Jahrbuch Menschenrechte 2007, S. 155.
1091 Geppert: Die Ära Adenauer (Anm. 36), S. 89.
1092 Reichel: Vergangenheitsbewältigung in Deutschland (Anm. 16), S. 21.
1093 Geppert: Die Ära Adenauer (Anm. 36), S. 89.

Drehbücher geschrieben hatte; beide kamen aus dem Umkreis von Hans Rothfels, dem aus dem amerikanischen Exil zurückgekehrten Promotor und Doyen der neuen Disziplin Zeitgeschichte."[1094] Auch wenn die in der Dokumentation geübte Kritik aus heutiger Sicht eher verhalten ausfiel und die Deutschen dabei erneut als „erste Opfer Hitlers" stilisiert wurden: Die Sendereihe „Das Dritte Reich", ausgestrahlt zur besten Sendezeit und mit Einschaltquoten von weit über 50 Prozent bedacht, verlieh dem Thema Nationalsozialismus unbestreitbar eine nicht zu verkennende Präsenz in der Öffentlichkeit.

Die NS-Vergangenheit erfuhr spätestens jetzt zweifellos eine stärkere öffentliche Wahrnehmung. Dies bedeutete aber keinesfalls, dass darauf auch eine breit angelegte Auseinandersetzung mit ihr erfolgte. Zehn Jahre nach Gründung der Bundesrepublik waren auch unter den Intellektuellen mahnende Stimmen noch eindeutig in der Minderheit. Ein Wissenschaftler, der allerdings wie kaum ein Zweiter an die Beschäftigung mit der NS-Zeit appellierte, war der 1950 aus dem amerikanischen Exil zurückgekehrte Soziologe und Vertreter der Frankfurter Schule, Theodor W. Adorno. „Adorno, längst eine vielgefragte Stimme in den Abendstudios des Hörfunks und auf den Podien der freien Bildungsträger, [...] plädierte immer wieder für mehr politische Bildung und, damit inhärent verbunden, für Aufklärung über den Nationalsozialismus."[1095]

Dass es an entsprechender Aufklärung gerade unter Jugendlichen und jungen Erwachsenen fehlte, war ein offenes Geheimnis, daraus abzuleitende Konsequenzen blieben folglich weitgehend unbeachtet. An der Schwelle zu den 1960er Jahren traten diesbezügliche Defizite offen aber zutage, als antisemitische Vorfälle in Westdeutschland ein bisher nicht gekanntes Ausmaß erreichten. So wurde an Weihnachten des Jahres 1959 die erst wenige Monate zuvor eingeweihte Kölner Synagoge mit Hakenkreuzen beschmiert und geschändet.[1096] Als Täter machten Ermittler kurz darauf zwei junge Rechtsradikale aus, die beide der Deutschen Reichspartei angehörten. Die Ereignisse in Köln stellten keinen Einzelfall dar, im Gegenteil: Sie waren der Auftakt einer ganzen Welle antisemitischer Vorfälle gegen jüdische Einrichtungen. Die anschließende, weltweite Berichterstattung über die „Schmierwelle", die das ganze Land erfasste, brachte die Bundesregierung in Erklärungsnot, nicht zuletzt gegenüber den Westalliierten. Bundeskanzler Konrad Adenauer entschloss sich in dieser Situation zu einer Fernsehansprache, in der er die Kölner Synagogenschändung zwar als „eine Schande und ein Verbrechen" bezeichnete und den „deutschen jüdischen Mitbürgern" den Schutz des Staates „mit seiner ganzen Macht" zusicherte, andererseits aber die Täter und deren Nachahmer bagatellisierend als „Lümmel" bezeichnete, die eine „Tracht

---

1094 Frei/Morina/Maubach/Tändler: Zur rechten Zeit (Anm. 16), S. 32–33.
1095 Ebd., S. 34–35.
1096 Fröhlich: Rückkehr zur Demokratie – Wandel der politischen Kultur in der Bundesrepublik (Anm. 1957), S. 115.

Prügel" verdient hätten.[1097] Die strukturelle Bedeutung der Taten, die als Folge einer lautlosen Integration ehemaliger NS-Eliten bei gleichzeitiger Ausblendung ihrer Vergangenheit interpretiert werden konnten, wurde auf diese Weise heruntergespielt.[1098] Dennoch ließ sich nach dem Vorfall in Köln angesichts der etwa 470 Nachfolgetaten die in Teilen der Gesellschaft offensichtlich vorherrschenden Demokratiedefizite nicht mehr einfach ignorieren. Gerhard Schröder, als damaliger Bundesinnenminister in der politischen Verantwortung, ging Mitte Februar 1960 in die Offensive und präsentierte dem Bundestag ein eilends zusammengestelltes „Weißbuch der Bundesregierung über die antisemitischen und nazistischen Vorfälle". Schröder „plädierte mit erstaunlicher Emphase gegen das ‚Vergessen-Wollen und das Verdrängen-Wollen der älteren Generation'. Und er hielt es für klüger, nicht wie Franz Josef Strauß vor allem über mutmaßliche Ost-Berliner Hintermänner zu spekulieren, die mit instigierten Ausschreitungen das Ansehen der Bundesrepublik zu beschädigen suchten (ein nicht unplausibler Verdacht, für den es aber keine Beweise gab und bis heute nicht gibt)."[1099]

Für die Politik war die antisemitische „Schmierwelle" in gewisser Weise ein Weckruf. Vielen demokratischen Entscheidungsträgern dürfte nun deutlich vor Augen geführt worden sein, dass unter die Vergangenheit weder ein Schlussstrich gezogen werden konnte und diese auch nicht einfach zu „bewältigen" war. Es reichte ganz offensichtlich nicht weiter aus, neonazistische Organisationen zu verbieten sowie den Nationalsozialismus und den Zweiten Weltkrieg und mit ihm den Völkermord an den Juden, Sinti und Roma als „Wahnsinn des Führers" zu charakterisieren, mit dem die „Millionenmassen des Volkes" nichts gemein hätten.[1100] Der Holocaust rückte als „Kern der deutschen Schuld" nun zunehmend ins Zentrum der Betrachtungen – nicht nur bei den politisch Verantwortlichen, sondern vermehrt auch bei der bundesdeutschen Justiz.[1101]

Bis Mitte der 1950er Jahre war die juristische Verfolgung von NS-Tätern in der Bundesrepublik beinahe zum Erliegen gekommen. Die Zahl diesbezüglich laufender Ermittlungsverfahren lag im Jahr 1950 noch bei 2.500. Bis 1954 sank diese auf 183 und pendelte sich in den Folgejahren auf etwa 240 Verfahren ein, wobei es nur in den wenigsten Fällen zu Prozessen, geschweige denn zu einer

---

1097 Frei/Morina/Maubach/Tändler: Zur rechten Zeit (Anm. 16), S. 33.
1098 Fröhlich: Rückkehr zur Demokratie – Wandel der politischen Kultur in der Bundesrepublik (Anm. 1057), S. 115.
1099 Frei/Morina/Maubach/Tändler: Zur rechten Zeit (Anm. 16), S. 36–37.
1100 Katrin Hammerstein: Deutsche Geschichtsbilder vom Nationalsozialismus. In: Aus Politik und Zeitgeschichte, 2007, H. 3, S. 24–30, hier S. 26; Wolfrum: Die Anfänge der Bundesrepublik, die Aufarbeitung der NS-Vergangenheit und die Fernwirkungen für heute (Anm. 1060), S. 364.
1101 Geppert: Die Ära Adenauer (Anm. 36), S. 90.

Verurteilung der Angeklagten kam.[1102] Dass mit dem „Ulmer Einsatzgruppenprozess" im Jahr 1958 ein Wendepunkt eingeleitet werden sollte, zeichnete sich zunächst keineswegs ab. Vielmehr waren die Ermittlungen im Vorfeld durch eine „Koinzidenz von dreistem Unrechtsbewusstsein auf der Täterseite, [...] zahllosen glücklichen Zufällen und der zunächst pflichtwidrigen Ermittlungsarbeit der zuständigen Strafverfolgungsbehörden" gekennzeichnet.[1103] Unverhofft den Stein ins Rollen brachte ausgerechnet der spätere Hauptangeklagte im Ulmer Einsatzgruppenprozess, Bernhard Fischer-Schweder. Der ehemalige Polizeidirektor in Memel gehörte während des Krieges einem Einsatzkommando an, das an der Ermordung von etwa 120.000 litauischen Juden beteiligt war. Dennoch wurde Fischer-Schweder zu Beginn der 1950er Jahre als „nicht betroffen" entnazifiziert. Dass er sich Mitte der 1950er Jahre mit Verweis auf das 131er-Gesetz öffentlich darüber echauffierte, dass ihm die Rückkehr in seine Stellung als Leiter eines Ulmer Flüchtlingslagers verwehrt wurde, die er zuvor allerdings selbst gekündigt hatte, machte Vertreter der Jüdischen Gemeinde Stuttgart hellhörig. Sie erstatteten daraufhin Strafanzeige gegen Fischer-Schweder bei der Ulmer Staatsanwaltschaft. „Dort wurden die Ermittlungen jedoch zunächst verschleppt und kaum belastbares Beweismaterial [...] zu Tage gefördert. Als der Generalstaatsanwalt beim Stuttgarter Oberlandesgericht, Erich Nellmann, durch mehrere von Fischer-Schweder angestrengte Haftbeschwerden im Sommer 1956 auf den Fall aufmerksam wurde, stellte er der bisherigen Ermittlungsarbeit ein vernichtendes Zeugnis aus – erst jetzt wurden auf Nellmanns Initiative hin Ermittlungen angestrengt, die der Bedeutung und Komplexität des Falles angemessen waren."[1104] Die Urteile im Ulmer Einsatzgruppenprozess fielen am Ende jedoch verhältnismäßig milde aus: Da die Angeklagten nicht als „Täter", sondern als „Gehilfen" der Mordaktionen verurteilt wurden, belief sich das Strafmaß auf drei bis 15 Jahre. Fischer-Scheder wurde zu zehn Jahren Zuchthaus wegen Beihilfe zum Mord an 526 Personen verurteilt.[1105]

Von nachhaltigerer Bedeutung als die eigentlichen Urteile war der Ulmer Einsatzgruppenprozess für den gesellschaftlichen Umgang mit den NS-Erbe. Durch ihn wurde einer breiten Öffentlichkeit deutlich vor Augen geführt, dass die Massenmorde der Einsatzgruppen auch Ende der 1950er Jahre noch nicht einmal ansatzweise aufgearbeitet waren und viele NS-Täter noch immer unbehelligt mitten in der Gesellschaft leben konnten. Dieser Umstand ließ nun auch das bundesdeutsche Gerichtswesen aufschrecken.[1106] Als direkte Konsequenz aus dem Verfahren beschlossen die Justizminister der Länder auf einem Treffen in

---

1102 Fischer/Lorenz: Lexikon der „Vergangenheitsbewältigung" in Deutschland (Anm. 16), S. 67, 70.
1103 Ebd., S. 71.
1104 Ebd.
1105 Ebd., S. 72.
1106 Stöver: Die Bundesrepublik Deutschland (Anm. 775), S. 67–68.

Bad Harzburg im Oktober 1958, in Ludwigsburg die „Zentrale Stelle der Landesjustizverwaltungen zur Aufklärung nationalsozialistischer Verbrechen" einzurichten.[1107] Mit der Ludwigsburger Zentralstelle wurde die juristische Verfolgung von NS-Gewaltverbrechen auf eine neue Grundlage gestellt. Die konzentrierte und systematische Aufklärungsarbeit schob dem weiteren „zu Tode schweigen" der Vergangenheit einen ersten Riegel vor.[1108]

Kaum zwei Jahre nach dem Ulmer Einsatzgruppenprozess machte der im „Dritten Reich" begangene Völkermord erneut Schlagzeilen, als bekannt wurde, dass der israelische Geheimdienst Mossad am 11. Mai 1960 den ehemaligen Leiter des „Judenreferats" im Reichssicherheitshauptamt, Adolf Eichmann, zu fassen bekam und kurz darauf nach Israel entführte. Wie vielen anderen Nazi-Größen gelang Eichmann nach dem Krieg zunächst die Flucht entlang der sogenannten „Rattenlinien" nach Südamerika, wo er und seine Familie unter dem Pseudonym Ricardo Clement in Buenos Aires lebten.

Nach Abschluss der acht Monate andauernden Voruntersuchungen begann im Jerusalemer „Haus der Gerechtigkeit" der Prozess. Dem SS-Obersturmbannführer wurden „Verbrechen gegen das jüdische Volk, gegen die Menschheit und Kriegsverbrechen"[1109] zur Last gelegt. „Eichmann selbst betonte während der 121 Verhandlungstage unablässig, er habe nur Befehlen gehorcht. Dazu sei er aufgrund des geleisteten ‚Fahneneids' verpflichtet gewesen."[1110] Das völlig fehlende Schuld- und Unrechtsbewusstsein Eichmanns veranlasste die Philosophin Hannah Arendt, die den Prozess als Beobachterin verfolgte, zu ihrer berühmt gewordenen These von der „Banalität des Bösen", die sie in der Person Eichmanns stellvertretend zu erkennen glaubte.[1111] Der zum Inbegriff des „Schreibtischtäters" gewordene Adolf Eichmann wurde am 1. Juni 1962 hingerichtet. Die mediale Aufmerksamkeit, die dem Prozess zuteilwurde, war für den künftigen Umgang mit dem NS-Erbe von großer Bedeutung. So wurde der Weltöffentlichkeit unter anderem bislang unveröffentlichtes Bildmaterial aus Konzentrationslagern und dem Warschauer Ghetto präsentiert, das die Ausmaße des Holocausts unmittelbar und eindringlich verdeutlichte. In Deutschland wurden während der Verhandlung unter anderem 32 halbstündige Fernsehsendungen ausgestrahlt, die auf reges Interesse bei den Zuschauern stießen. „Der Eichmann-Prozess entfaltete eine enorme Wirkung auf die deutsche Öffentlichkeit und übte starken Druck auf Politik und Justiz aus, die im zunehmenden Maße die Dringlichkeit einer

---

1107 Geppert: Die Ära Adenauer (Anm. 35), S. 89; Stöver: Die Bundesrepublik Deutschland (Anm. 775), S. 68.
1108 Fischer/Lorenz: Lexikon der „Vergangenheitsbewältigung" in Deutschland (Anm. 16), S. 72.
1109 Geppert: Die Ära Adenauer (Anm. 36), S. 89.
1110 Fischer/Lorenz: Lexikon der „Vergangenheitsbewältigung" in Deutschland (Anm. 16), S. 135.
1111 Stöver: Die Bundesrepublik Deutschland (Anm. 775), S. 69.

Strafverfolgung von NS-Tätern erkannten."[1112] In Folge wurden zahlreiche Mitarbeiter Eichmanns vor Gericht gestellt. In der Retrospektive erweiterte der Eichmann-Prozess das Vergangenheitsbewusstsein in Politik und Bevölkerung erheblich. Dass der Holocaust heute tief in das kollektive Gedächtnis eingegraben hat, ist nicht zuletzt der damals erfolgten öffentlichkeitswirksamen Aufklärung über den Genozid zuzuschreiben.[1113] Fragen nach der Verantwortung „ganz gewöhnlicher Deutscher"[1114] an den Verbrechen der Nationalsozialisten, wie sie Hannah Arendt bereits während des Eichmann-Prozesses aufwarf, wurden zu Beginn der 1960er drängender. Allerdings dominierte in weiten Teilen der Gesellschaft nach wie vor die Auffassung, dass die „Schandtaten", die im „Dritten Reich" begangen wurden, letztlich allesamt auf den „Dämon" Adolf Hitler und seine fanatischen Gefolgsmänner zurückzuführen seien. Das Fundament der Selbstexkulpation, auf dem diese Rechtfertigungsstrategie basierte, schien äußerst belastbar zu sein. Sichtbare Risse bekam es erst im Zuge der Auschwitz-Prozesse, die ab 1963 verhandelt wurden.

Maßgeblicher Initiator der „Strafsache gegen Mulka und andere", so die offizielle Bezeichnung des Verfahrens am Frankfurter Landgericht, war Fritz Bauer, einer der wenigen einflussreichen und bedeutenden Juristen, die als „rassisch" und politisch Verfolgte am Neuaufbau eines demokratischen Rechtsstaats in Westdeutschland beteiligt waren.[1115] „Eine wichtige Aufgabe der juristischen Aufarbeitung lag für ihn darin, der ‚Verdrängungsmoral' seiner Zeit entgegenzuwirken."[1116] Bereits 1952, drei Jahre nach seiner Rückkehr aus dem Exil, war Bauer Ankläger im Prozess gegen den bereits erwähnten SRP-Politiker Otto Ernst Remer am Braunschweiger Landesgericht. Zudem lieferte er 1957 dem israelischen Geheimdienst wichtige Informationen über den Aufenthaltsort von Adolf Eichmann. Einer breiten Öffentlichkeit bekannt wurde Fritz Bauer aber vor allem im Zuge des (ersten) Frankfurter Auschwitz-Prozesses. Zwar trat er in seiner Funktion als hessischer Generalstaatsanwalt während des Verfahrens nie selbst in Erscheinung, dennoch prägte er durch seine unablässige Zuarbeit und zahlreiche Weisungen an die Staatsanwälte, die den Prozess unmittelbar vorbereiteten und ausführten, maßgeblich dessen Charakter. Bauer war der Ansicht, „dass sich nur durch die gemeinsame Verhandlung gegen ehemalige Angehörige verschiedener Führungsebenen ein so kompliziertes Gefüge wie Auschwitz erschließen ließe. Er wollte den Gesamtkomplex des Holocaust zum Gegenstand des Verfahrens machen, was ihm auch gelang: Mit diesem Prozess gewann die

---

1112 Fischer/Lorenz: Lexikon der „Vergangenheitsbewältigung" in Deutschland (Anm. 16), S. 135.
1113 Ebd.
1114 Ebd., S. 137.
1115 Frei/Morina/Maubach/Tändler: Zur rechten Zeit (Anm. 16), S. 38.
1116 Fischer/Lorenz: Lexikon der „Vergangenheitsbewältigung" in Deutschland (Anm. 16), S. 144.

öffentliche Auseinandersetzung mit dem Holocaust eine neue Dimension."[1117] Auch wenn das Konzentrationslager Auschwitz bereits mehrfach Gegenstand von Strafverfahren war – etwa vor polnischen Gerichten und alliierten Militärtribunalen – wurde bis dahin nur ein kleiner Teil des dort eingesetzten Personals je verurteilt. Im Verlauf der 1950er Jahre gerieten der „Verbrechenskomplex von Ausschwitz"[1118] mit seinen zahlreichen Akteuren zunehmend aus dem Blick. Im Zuge der Prozessvorbereitungen, die die Frankfurter Ermittlungsbehörden mit der neu eingerichteten Ludwigsburger Zentralstelle und dem Internationalen Auschwitz-Komitee anstrengten, konnten jedoch einige der damaligen Täter neu oder wieder ausfindig gemacht werden.

Die 22 Angeklagten im ersten Auschwitzprozess bildeten, wie von Fritz Bauer intendiert, tatsächlich einen Querschnitt durch das System des Konzentrationslagers: Unter ihnen waren „neben dem Adjutanten des Kommandanten [Richard, d. Verf.] Baer (Karl Höcker) Mitglieder der in Auschwitz stationierten SS-Ärzte, der Leiter der Lagerapotheke (Victor Capesius), der Kleiderkammerverwalter, Angehörige der Lager-Gestapo, SS-Aufseher und als einziger Funktionshäftling Emil Bednarek, dem die Tötung einer ‚Vielzahl von Häftlingen' zur Last gelegt wurde."[1119] Wie sich im Verlauf der 183 Prozesstage herausstellte, zeichneten sich die Biographien der meisten Angeklagten durch eine rasche Reintegration in die deutsche Nachkriegsgesellschaft aus. Wie auch immer geartete „Schuldgefühle" plagten die Angeklagten offenbar nicht. Auf die Schilderungen der 356 Auschwitz-Überlebenden, die während der Verhandlungen zu Wort kamen, sowie auf die erdrückenden Beweise, die von Seiten der Staatsanwaltschaft vorgelegt wurden, reagierten sie zumeist mit einer „Kombination von Erinnerungsverweigerung und demonstrativ zur Schau getragenem Unschuldsbewusstsein".[1120] Die am 19. August 1965 begonnene Urteilsverkündung dauerte zwei Tage. Sechs Angeklagte wurden zu lebenslangen Zuchthausstrafen, zehn weitere zu Freiheitsstrafen zwischen dreieinhalb und 14 Jahren verurteilt. Gegen den damals 19 jährigen SS-Mann und Leiter der Aufnahmeabteilung in Auschwitz, Hans Stark, der für seine Brutalität bei vielen Lagerinsassen besonders berüchtigt war, sprach das Gericht eine zehnjährige Jugendstrafe aus. Drei Angeklagte wurden aus Mangel an Beweisen freigesprochen.

Zwar konnten die Namen und Gesichter, die die „Chiffre Auschwitz" durch den Prozess erhalten hatte, die gesellschaftliche Dynamik der NS-Vernichtungspolitik nicht gänzlich widerspiegeln.[1121] Dennoch rückte das Verfahren, nicht zuletzt dank der kontinuierlichen und ausführlichen Berichterstattung großer Tageszeitungen, im Hörfunk und auch im Fernsehen, wie kein anderes die Frage

---

1117 Ebd., S. 145.
1118 Ebd., S. 139.
1119 Ebd., S. 140.
1120 Ebd.
1121 Ebd., S. 141.

ins öffentliche Bewusstsein, „wieso diese unscheinbaren Gestalten – Kaufleute, Metzger, Landwirte – sich zu Tätern hatten machen lassen."[1122] Ohne Zweifel hatte das Frankfurter Verfahren „der nachgewachsenen Generation – auf die kam es Bauer besonders an – Wissen an die Hand gegeben und die Zeitgenossen der NS-Zeit an ihre Mitschuld erinnert."[1123]

Festzuhalten bleibt: Am Ende der „Ära Adenauer" hatte sich die bundesdeutsche Gesellschaft verändert, auch im Hinblick auf den Umgang mit dem NS-Erbe. „Die Westdeutschen empfanden die Bundesrepublik immer stärker als ‚ihre' Republik. Das so genannte Wirtschaftswunder, Sozial- und Rechtsstaatlichkeit bewirkten eine Art auch emotionaler Anerkennung, und genau dieses normative Bekenntnis zur Bundesrepublik schloss eine Ablehnung der NS-Vergangenheit ein. Sie wurde nun als Skandalon betrachtet."[1124] Das oft zitierte Beschweigen und Verdrängen der Vergangenheit wurde aber bereits in den unmittelbaren Nachkriegsjahren immer wieder unterbrochen. Zunächst waren es vereinzelte, mahnende Rufe, doch im Kontext der neonazistischen Vorfälle sowie der einsetzenden Gerichtsverfahren gegen NS-Täter wurden Stimmen lauter, die einen veränderten Umgang mit der jüngsten Vergangenheit einforderten. Bis Mitte der 1960er Jahre war „eine Kohorte junger Menschen herangewachsen, die unbeantwortete Fragen an die Generation ihrer Eltern und Lehrer hatte, und auch die Stimmen der kritischen Intellektuellen fanden zunehmend Gehör".[1125]

Von Seite des Staates erfolgte eine substanzielle Neubewertung der NS-Erblast allerdings erst zu dem Zeitpunkt, als offensichtlich wurde, dass antisemitische Einstellungen in Teilen der Bevölkerung nach wie vor weit verbreitet waren und als sich die Singularität sowie das Ausmaß der Verbrechen im Zusammenhang mit dem Holocausts nicht weiter ignorieren oder bagatellisieren ließen.[1126] Langsam aber stetig setzte sich bei immer mehr politischen Entscheidungsträgern im Bund und in den Ländern die Einsicht durch, dass die Auseinandersetzung mit der NS-Vergangenheit, auch und insbesondere im Bereich der politischen Bildungsarbeit, von großer Wichtigkeit für die Festigung der Demokratie in der Bundesrepublik sein würde.

1122 Stöver: Die Bundesrepublik Deutschland (Anm. 775), S. 68.
1123 Frei/Morina/Maubach/Tändler: Zur rechten Zeit (Anm. 16), S. 38–39.
1124 Wolfrum: Die Anfänge der Bundesrepublik, die Aufarbeitung der NS-Vergangenheit und die Fernwirkungen für heute (Anm. 1060), S. 369.
1125 Frei/Morina/Maubach/Tändler: Zur rechten Zeit (Anm. 16), S. 37.
1126 Wolfrum: Die Anfänge der Bundesrepublik, die Aufarbeitung der NS-Vergangenheit und die Fernwirkungen für heute (Anm. 1060), S. 368.

5.1.2 Schweigen – und verschweigen? Reaktionen auf die Rückkehr der Vergangenheit

Wie verhielt sich die GEW zu den Entwicklungen in Bezug auf den gesellschaftlichen Umgang mit dem NS-Erbe? Wurden entsprechende Fragen angesichts der bis weit in die 1950er Jahre hinein bestehenden Herausforderungen, die sich aus den Auswirkungen des Krieges auf das Schulsystem, der Entnazifizierung und der darauffolgenden Reintegration von Lehrkräften ergaben, innerhalb der Gesellschaft überhaupt diskutiert? Anhand der Analyse der Mitgliederzeitschrift der GEW sowie der Auswertung von Geschäftsberichten, Tagungs- sowie Vorstandsprotokollen sollen im Folgenden Antworten darauf gefunden und vorgestellt werden.

Um ein ernüchterndes Fazit gleich vorwegzunehmen: In den ersten Jahren nach der Gründung der Bundesrepublik spielten Fragen von Schuld und Verantwortung, die sich aus der Konfrontation mit dem Erbe des Nationalsozialismus ergaben, innerhalb der Gewerkschaft keine bedeutende Rolle. Stellungnahmen zu besorgniserregenden neonazistischen Erscheinungen, etwa zum Aufkommen der Sozialistischen Reichspartei oder zu den Entwicklungen im Kontext des Naumann-Kreises, sucht man in der „Allgemeinen Deutschen Lehrerzeitung" ebenso vergeblich wie in den Wortprotokollen der frühen Hauptversammlungen. Bis ins Jahr 1956 erschienen in der Mitgliederzeitschrift der GEW lediglich fünf Artikel oder Kommentare, die überhaupt im weiteren Sinne mit der NS-Vergangenheit in Verbindung standen. Neben dem bereits erwähnten Artikel zum „Fall Richter", einem Lehrer, der ihm anvertraute Schülerinnen und Schüler mit NS-Gedankengut indoktrinierte,[1127] sowie allgemein gehaltenen Plädoyers für eine „schulische Erziehung zum Frieden" bzw. im „humanistischen Geist"[1128] und einer Stellungnahme anlässlich einer Hakenkreuzschmiererei auf dem Schulhof eines hessischen Realgymnasiums, die kurzerhand als „miserabler Streich" eingeschätzt wurde,[1129] zählt dazu ein Artikel, der tatsächlich ein folgenreiches und bestimmendes Thema für die Arbeit der GEW in dieser Zeit war: Unter der Überschrift „Die Bundesregierung ist dagegen" wurde die Frage aufgeworfen, wie es um die Wiedergutmachung der durch das NS-Regime geschädigten Lehrkräfte stand.[1130]

1127 Eine neue „Dolchstoßlegende" in der Schulstube (Anm. 1055).
1128 Theo Dietrich: Schulische Erziehung in der Entscheidung. Zum 65. Geburtstag von Prof. Dr. Dr. h. c. Peter Petersen, Jena. In: Allgemeine Deutsche Lehrerzeitung 1, 1949, H. 14, S. 143–144; Mißbrauchte Jugend. In: Allgemeine Deutsche Lehrerzeitung 4, 1952, H. 21, S. 298.
1129 Wir nehmen Stellung. Kommentare der ADLZ zum Zeitgeschehen. In: Allgemeine Deutsche Lehrerzeitung 5, 1953, H. 9, S. 106.
1130 Die Bundesregierung ist dagegen. In: Allgemeine Deutsche Lehrerzeitung 4, 1952, H. 21, S. 299–300.

Die „Wiedergutmachung" – so problembehaftet und fehlinterpretiert der Begriff in Bezug auf den Umgang mit NS-Verbrechen auch ist[1131] – wurde von Konrad Adenauer nach Gründung der Bundesrepublik zur „moralischen Pflicht" erklärt. Neben der Strafverfolgung und der Entnazifizierung bildete die materielle Entschädigung der Verfolgen das „dritte Kernstück der Vergangenheitsbewältigung", das nicht minder kontrovers diskutiert wurde wie die beiden erstgenannten.[1132] Mit der Unterzeichnung des Luxemburger Abkommens am 10. September 1952 kam die Bundesregierung ihrer Entschädigungsverpflichtung in einem ersten Punkt nach, als sie dem Staat Israel eine Summe von 3,45 Milliarden DM für die Eingliederung von 500.000 jüdischen Flüchtlingen und Heimatlosen sowie für „Vermögensverluste von Juden in den von Nazi-Deutschland besetzten Gebieten" zusicherte. Dass das Abkommen überhaupt zustande kam, war im Vorfeld keineswegs sicher.[1133] Insbesondere in Bezug auf Israel war die Wiedergutmachungsfrage in der jungen Bundesrepublik umstritten. Laut einer Allensbach-Umfrage aus dem Jahr 1949 lehnte etwa ein Drittel der Bevölkerung die Wiedergutmachung grundsätzlich ab. Im Bundestag gelang die Ratifizierung des Luxemburger Abkommens nur dank der Unterstützung der SPD-Opposition, da einige Abgeordnete der CDU/CSU-Fraktion sich der Stimme enthielten oder gar gegen das Abkommen votierten.[1134] Auch in Israel stießen die Verhandlungen mit dem „Land der Täter" auf massive Kritik. „‚Was sollen unsere ermordeten Großeltern pro Stück kosten?' riefen dort aufgebrachte Demonstranten."[1135]

Innerhalb der GEW wurde das Wiedergutmachungsabkommen mit Israel nicht weiter diskutiert. Allerdings riefen das Luxemburger Abkommen sowie weitere bilaterale Entschädigungsvereinbarungen, die die Bundesregierung in der darauffolgenden Zeit mit elf europäischen Nachbarländern aushandelte, die Frage der Entschädigung von in Deutschland lebenden Opfergruppen des NS-Regimes ins Bewusstsein. Als am 11. Mai 1951 das „Gesetz zur Regelung der Wiedergutmachung nationalsozialistischen Unrechts für Angehörige des öffentlichen Dienstes" (BWGöD) vom Bundestag beschlossen wurde, das – nach

---

1131 Dem Begriff „Wiedergutmachung" ist auf den ersten Blick eine unterschwellige Absicht einer deutschen Schuldentlastung nicht abzusprechen. Allerdings etablierte sich der Begriff im Hinblick auf eine künftige Wiedergutmachung bereits seit den 1930er Jahren – also lange vor dem Beginn des Massenmords an den Juden, Sinti und Roma. Vgl. Constantin Goschler: Wiedergutmachungspolitik – Schulden, Schuld und Entschädigung. In: Peter Reichel/Harald Schmid/Peter Steinbach (Hrsg.): Der Nationalsozialismus. Die zweite Geschichte. Überwindung, Deutung, Erinnerung. München 2009, S. 62–84, hier S. 62.
1132 Reichel: Vergangenheitsbewältigung in Deutschland (Anm. 16), S. 31.
1133 Reichel: Die Bundesrepublik Deutschland nach der Hitler-Diktatur. Zur Frühzeit der zweiten Geschichte des Nationalsozialismus (Anm. 1089), S. 153.
1134 Fischer/Lorenz: Lexikon der „Vergangenheitsbewältigung" in Deutschland (Anm. 16), S. 64.
1135 Wolfrum: Die Anfänge der Bundesrepublik, die Aufarbeitung der NS-Vergangenheit und die Fernwirkungen für heute (Anm. 1060), S. 370–371.

mehreren Änderungsgesetzen – 1956 schließlich im allgemein angelegten „Bundesentschädigungsgesetz" (BEG) aufging, nahm die GEW dies zum Anlass, sich künftig um jene Teile ihrer Mitglieder stärker zu bemühen, die als Lehrkräfte unter den Nationalsozialisten gelitten hatten – etwa, indem sie in Folge des NS-Berufsbeamtengesetzes entlassen wurden.[1136] Zu diesem Zeitpunkt gehörte die „Entnazifizierungsfrage" aufgrund der bereits weit vorangeschrittenen Reintegration mehr oder minder stark belasteter Lehrkräfte fast schon der Vergangenheit an. Die damit verbundene Ungleichbehandlung derjenigen Lehrerinnen und Lehrer, die in der Zeit des Nationalsozialismus benachteiligt oder gar verfolgt wurden, klagte auch der eben erwähnte Artikel in der ADLZ aus dem Jahr 1952 an. So war darin unter anderem zu lesen:

„Es müßte als selbstverständlich gelten, daß die durch Rechtswidrigkeiten erlittenen Schädigungen von öffentlichen Bediensteten in der Reihenfolge ersetzt werden, in der sie begangen sind. Die 1933 und in der Zeit des Nazismus Geschädigten müssen jedoch mit Erbitterung feststellen, daß umgekehrt verfahren ist. Diejenigen Beamten und Lehrer, die infolge des Zusammenbruchs des Naziregimes in ihrer Dienststellung betroffen wurden, sind durch Gesetzgebung, Verwaltungsanordnung und Rechtsprechung in ihren während des 3. Reiches erworbenen Rechtsstellungen mit den entsprechenden finanziellen Ansprüchen wieder eingesetzt, unter Gewährung von Nachzahlungen ab 1. 4. 1949, also bald nach Beendigung der Nachkriegsinflation. Für die durch den Nazismus verfolgten und geschädigten Beamten und Lehrer, die ihre Treue zur Demokratie damit teuer bezahlt haben, ist bisher nur völlig Unzulängliches geschehen. [...] Während die Bemühungen unserer Berufsorganisationen in den letzten Jahren und auch noch heute darauf gerichtet sind, bei Verwaltung und Gesetzgebung, die für gewisse Beamtengruppen 1945 und später eingetretenen Benachteiligungen völlig zu beseitigen – was anerkannt werden soll – muß leider festgestellt werden, daß solche Bemühungen für die 1933 Geschädigten nicht unternommen sind. [...] Wir müssen von unseren beruflichen Vertretungen, der GEW und dem DGB, erwarten, daß sie aus der Lethargie dem genannten Personenkreis gegenüber erwachen und sich unter Berücksichtigung der oben dargelegten Verhältnisse dieser berechtigten Forderung mit aller Energie annimmt, wenn sie nicht einen Vertrauensschwund ihrer bisher besten Stützen riskieren wollen."[1137]

Der GEW-Landesverband Lippe legte daraufhin dem Hauptvorstand eine Entschließung vor, nach der sich die GEW-Führung für eine Revision des BWGöD im Bundestag einsetzen sollte, „damit eine ausreichende und gerechte

---

1136 Fischer/Lorenz: Lexikon der „Vergangenheitsbewältigung" in Deutschland (Anm. 16), S. 64–65.
1137 Die Bundesregierung ist dagegen (Anm. 1129), S. 299–300.

Entschädigung auch für die vom 3. Reich geschädigten Beamten sichergestellt wird."[1138] Die Entschließung wurde auf der Vorstandssitzung am 3. und 4. Januar 1953 diskutiert[1139] und wenig später auf dem Kongress der Lehrer und Erzieher in Flensburg aufgerufen und zur Abstimmung gebracht. Franz Xaver Hartmann vom Bayerischen Lehrerverein übte dabei als erster auch Selbstkritik, was die bisherige Politik der AGDL in Bezug auf ihre Mitglieder betrifft:

> „Man kann wohl sagen, daß 1945 Unrecht geschehen ist, aber das grössere Unrecht ist 1933 geschehen. [...] Es geht soweit, daß diejenigen, die 1933 die anderen hinausgeworfen haben, längst wieder im Amt sitzen und darüber zu befinden haben, ob die anderen nun wieder hereinkommen sollen. Um es kurz zu sagen: Das ist ein Zustand, der untragbar ist und jedem einfachen Rechtsempfinden ins Gesicht schlägt. Es kommt uns gar nicht darauf an, daß irgendwo so ein Kleiner durch irgendeine erweiterte Masche des Gesetzes durchschlüpft; er soll es haben. Aber das Gefährliche, und das, was uns als Staatsbürger im Innersten berührt, ist die allmählich anwachsende Vertrauenskrise gegen diejenigen eigentlich vom Volk bestellten Hüter des Rechts."[1140]

Dass die Entschließung auch diejenigen zu den Geschädigten zählte, die sich vor 1933 in sozialistischen Lehrerverbänden engagierten, war offenbar nicht unumstritten. So heißt es im Redebeitrag eines Delegierten aus Nordwürttemberg:

> „Es sind im Jahre 1933 durch den Nationalsozialismus nicht nur Männer und Frauen geschädigt worden, weil sie sich für die Freiheit eingesetzt haben, sondern es sind damals auch Gegner dieser Freiheit geschädigt worden, die sich von denen, die sie schädigten, nur dadurch unterschieden, daß sie eine andere Art von Diktatur über uns verhängen wollten. Wir haben keinesfalls Grund und Anlass, von uns aus dazu beizutragen, daß solchen Leuten von unserem demokratischen Staat die Mittel zur Verfügung gestellt werden, um neuerdings für diese Diktatur von ihrer Seite her zu kämpfen. Der Antrag, so wie er uns vorliegt, schließt diese Leute mit ein, und dieser Ausweitung kann der Verband Nordwürttemberg nicht zustimmen. [...] Wir beantragen, diesen Beschluss abzusetzen und zusammen mit dem DGB nach dem Weg zu suchen, der dahin führt, wohin wir alle wollen: daß nämlich kein Vertreter der Demokratie, der 1933 geschädigt wurde, nicht voll entschädigt wird, und dass kein Nationalsozialist, kein verantwortlicher Träger des Nationalsozialismus Nutzniesser

---

1138 Arbeitsgemeinschaft Deutscher Lehrerverbände: Gemeinsamer Geschäftsbericht 1953/54 der Gewerkschaft Erziehung und Wissenschaft und des Bayerischen Lehrerinnen- und Lehrervereins e. V., S. 1–234, hier S. 80. In: Archiv des GEW-Hauptvorstands.
1139 Protokoll über die Sitzung des Vorstandes der AGDL am 3. und 4. Januar 1953 in Goslar vom 17.01.1953. In: AdsD, GEW-Braunschweig, Nr. 56.
1140 Stenographisches Protokoll zum Kongress der Lehrer und Erzieher in Flensburg 1953. In: AdsD, GEW-HV, Nr. 17, S. 417–418.

des Gesetzes zu 131 wird. Aber in der vorliegenden Form halten wir den Antrag nicht für richtig."[1141]

Dem Bedenkenträger wurde daraufhin versichert, dass all jene, „die glauben, heute noch dasselbe, allerdings mit umgekehrten Vorzeichen machen zu können, wie es 1933 von den Nazis gemacht worden ist", konkret formuliert: die als bekennende Kommunisten von den Nationalsozialisten verfolgt wurden und auch nach dem Krieg für eine „Diktatur des Proletariats" eintraten, in sämtlichen Entwürfen nicht unter die Wiedergutmachung fallen würden.[1142] Bei der endgültigen Abstimmung wurde der vorbereitete Entschluss des Hauptvorstand zur Wiedergutmachungsfrage schließlich gegen eine „kleine Minderheit" angenommen.[1143]

Die Wiedergutmachungsfrage beschäftigte die GEW auch in den darauffolgenden Jahren weiter, denn ganz offensichtlich wurden bei weitem nicht alle der betroffenen Lehrkräfte nach Inkrafttreten des BWGöD angemessen entschädigt. Beispielsweise ignorierte das Gesetz zunächst alle Geschädigte, die bereits vor der reichsweiten „Machtergreifung" im Januar 1933 in jenen Ländern verfolgt wurden, in denen die NSDAP an der Regierung beteiligt war. Auch blieben Antragssteller unberücksichtigt, die aufgrund einer unmittelbar drohenden Verfolgung ihr Dienstverhältnis freiwillig gelöst hatten und „untergetaucht" waren.[1144] Weitere Hemmnisse und Nachteile ergaben sich zudem aus der Entscheidungspraxis der Gerichte und Behörden, die an einer raschen und umfassenden Unterstützung der Betroffenen wenig Interesse zeigten. Auf dem Kongress der Lehrer und Erzieher in Köln 1955 machte der Lehrer Albrecht Brinkmann erneut auf die Situation all jener NS-Geschädigten in der GEW aufmerksam, die „seit Jahr und Tag auf Wiedergutmachung warten." Die Wiedergutmachungsgesetze seien so geartet, dass die Geschädigten kaum noch eine Wiedergutmachung erlebten:

„Ich stehe im 82. Lebensjahr und habe mir die größte Mühe gegeben, bei den betreffenden Stellen darauf hinzuweisen, daß mir viel daran liegt, der mir gesetzlich zustehenden Wiedergutmachung noch zu Lebzeiten teilhaftig zu werden. Aber es scheint so, daß man mit der Wiedergutmachung solange warten will, bis nicht mehr wiedergutzumachen ist. Alle Debatten im Bundestag, alle Entschließungen helfen nichts; sie prallen ab an der Ministerialbürokratie, und es bleibt und Geschädigten nichts anderes übrig, als in einem Schweigemarsch in Bonn vor dem Palais des Herrn Schäffer [damaliger Bundesfinanzminister, d. Verf.] einmal zu demonstrieren, daß

1141 Ebd., S. 419–420.
1142 Ebd., S. 421–422.
1143 Ebd., S. 424.
1144 Arbeitsgemeinschaft Deutscher Lehrerverbände: Gemeinsamer Geschäftsbericht 1955/56 der Gewerkschaft Erziehung und Wissenschaft und des Bayerischen Lehrerinnen- und Lehrervereins e. V., S. 1–268, hier S. 12. In: Archiv des GEW-Hauptvorstands.

wir, die von den Nazis Geschädigten, endlich einmal eine Wiedergutmachung erfahren wollen, nachdem die nach 1945 Geschädigten voll und ganz im Besitze ihrer Ansprüche sind."[1145]

Viele der Lehrkräfte, denen schließlich eine Wiedergutmachungsleistung zugesprochen wurde, sahen sich zudem nach wie vor ungerecht behandelt. Unter dem Titel „‚Wiedergutmachung' ist keine Wiedergutmachung" wurde in der 22. Ausgabe der ADLZ Ende 1955 beklagt, dass die bis dahin erbrachten Leistungen von den Betroffenen als „bitterböse Enttäuschung" empfunden worden seien und in Bezug auf ihre Höhe „geradezu jammervoll" ausfielen. Zwar sahen die gesetzlichen Bestimmungen vor, dass eine Lehrkraft, die von den Nationalsozialisten entlassen wurde, jenen Betrag als Entschädigungsleistung erhalten sollte, der einem vergleichbaren Beamten für die Zeit von der Entlassung bis zur Wiedereinstellung zustehen würde. In der Praxis wurde der „tatsächlich erlittene Schaden" allerdings anders berechnet, indem alle Beträge, die der Verfolgte durch „anderweitige Verwertung seiner Arbeitskraft" verdient hatte, angerechnet wurden. Das führte in vielen Fällen zu drastischen Kürzungen, teilweise um bis zu 75 Prozent der „eigentlich" zustehenden Entschädigungssumme.[1146] Die GEW sah hier mit Verweis auf den Paragraph 823 des Bürgerlichen Gesetzbuchs ein rechtsstaatliches Prinzip verletzt: „Das Prinzip, das der Staat allen seinen Bürgern als unabweisbare und notfalls erzwingbare Pflicht auferlegt hat, nämlich voller Ersatz des einem anderen widerrechtlich zugefügten Schadens".[1147] Dass hier ausgerechnet bei jenen Bürgern eine Ausnahme gemacht wurde, die wegen ihrer demokratischen Haltung verfolgt und geschädigt wurden, zeuge von einer unfassbaren politischen Kurzsichtigkeit, die von Seiten des Gesetzgebers korrigiert werden müsse.

Tatsächlich stellten sich für die Geschädigten im öffentlichen Dienst wenige Wochen später erhebliche Verbesserungen ein, als der Bundestag im Dezember 1955 das „Dritte Gesetz zur Änderung des Gesetzes zur Regelung der Wiedergutmachung nationalsozialistischen Unrechts für Angehörige des öffentlichen Dienstes" einstimmig in dritter Lesung verabschiedete. Dieses Gesetz war, so die Lesart der ADLZ-Redaktion, „in doppelter Hinsicht von wesentlicher Bedeutung". Zum einen habe es den Kreis der Anspruchsberechtigten erheblich erweitert, zum anderen schränkte es die „oft beobachtete Willkür in der Gesetzesauslegung an vielen Stellen durch exaktere Formulierungen erheblich ein."[1148]

1145 Stenographisches Protokoll zum Kongress der Lehrer und Erzieher in Köln 1955. In: AdsD, GEW-HV, Nr. 19, S. 357–358.
1146 Willi Henkel: „Wiedergutmachung" ist keine Wiedergutmachung. In: Allgemeine Deutsche Lehrerzeitung 7, 1955, H. 22, S. 431–433, hier S. 431–432.
1147 Ebd., S. 433.
1148 Willi Henkel: Wiedergutmachung im öffentlichen Dienst wurde verbessert. In: Allgemeine Deutsche Lehrerzeitung 8, 1956, H. 4, S. 70–71, hier S. 70.

Das Thema der Wiedergutmachung war damit aber nicht abrupt für beendet erklärt worden, sondern beschäftigte die Rechtsschutzabteilung der GEW trotz der eingeführten Verbesserungen noch über Jahre hinweg weiter. Aus dem gemeinsamen Geschäftsbericht der GEW und des BLV für die Jahre 1958 bis 1960 geht hervor, dass entsprechende Klagen noch immer nicht abrissen.

> „Über 10 Jahre ist es jetzt her, daß durch die Währungsreform die Grundlage für das deutsche ‚Wirtschaftswunder' gelegt wurde, und immer noch warten viele Kollegen auf die Wiedergutmachung des ihnen im Dritten Reich zugefügten Unrechts. [...] Wir sehen voraus, daß mancher stirbt, ehe sein Verfahren erfolgreich beendet ist, und das in einem demokratischen Staat, den die Beteiligten seinerzeit verteidigt und für den sie gelitten haben."[1149]

Anders als diese nachdrücklich formulierten Klagen es vermuten lassen, verrät ein Blick in die Statistik für das Jahr 1960, dass Wiedergutmachungsfragen nun aber nur noch einen überschaubaren Teil der von der GEW durchgeführten Verwaltungsstreitverfahren ausmachten. 122 Verfahren zu allgemeinen Besoldungs- und Versorgungsfragen standen 14 Rechtsfällen zur Wiedergutmachung gegenüber, während noch immer 37 „131er" von der GEW Unterstützung erfuhren. Andere Rechtsfälle im Kontext der Entnazifizierung stellten mit insgesamt 3 Fällen im Jahr 1960 hingegen eine klare Minorität dar.[1150]

Leider lässt sich nicht mehr eindeutig rekonstruieren, wie hoch der Anteil wiedergutmachungsberechtigter GEW-Mitglieder überhaupt war. Folgt man den überlieferten statistischen Übersichten der Geschäftsberichte aus dieser Zeit, nahm die überwiegende Mehrheit der gewerkschaftlich organisierten Lehrkräfte die Rechtsschutzstelle aber aus anderen Gründen in Anspruch – nicht zuletzt, um sich von den letzten verbliebenen Vorwürfen und Einschränkungen der Entnazifizierung, denen sie sich als Mitläufer oder Belastete ausgesetzt sahen, endgültig zu rehabilitieren. Diese Klientel stellte eindeutig den Kern der um Rechtshilfe bittenden GEW-Mitglieder dar. Die Unterstützung der Masse an Lehrerinnen und Lehrern, die sich gegenüber dem Nationalsozialismus opportunistisch verhielten, hatte folglich klaren Vorrang gegenüber der Minderheit der damals Verfolgten und bestimmte über lange Zeit die Agenda gewerkschaftlichen Handelns mit. Auch in diesem Punkt spiegeln sich die gesamtgesellschaftlichen Verhältnisse bei der GEW wider.

1149 Arbeitsgemeinschaft Deutscher Lehrerverbände: Gemeinsamer Geschäftsbericht 1958/60 der Gewerkschaft Erziehung und Wissenschaft und des Bayerischen Lehrerinnen- und Lehrervereins e. V., S. 1–349, hier S. 136. In: Archiv des GEW-Hauptvorstands.

1150 Arbeitsgemeinschaft Deutscher Lehrerverbände: Gemeinsamer Geschäftsbericht 1960/62 der Gewerkschaft Erziehung und Wissenschaft und des Bayerischen Lehrerinnen- und Lehrervereins e. V., S. 1–372, hier S. 131. In: Archiv des GEW-Hauptvorstands.

Trotz des Umstands, dass die Debatten um die Wiedergutmachung erst langsam aus dem Schatten des Kriegstraumas und der lange Zeit omnipräsenten Entnazifizierungsfrage traten, lieferten sie ab Ende der 1950er Jahre innerhalb der bundesdeutschen Gesellschaft einen ersten, wichtigen Impuls für einen veränderten Umgang mit der NS-Vergangenheit. Der Holocaust blieb dabei zwar noch immer ein weitgehend tabubehaftetes Thema, doch zumindest gesellten sich nun zu dem Millionenheer der Kriegs- und „Entnazifizierungsopfer" auch einige „Verfolgte des NS-Regimes", deren Leidensweg sich unmittelbar auf die Gewaltherrschaft im „Dritten Reich" zurückführen ließ. Der Unrechtscharakter des NS-Regimes und die Gefahren, die von neonazistischen Entwicklungen in der jungen Bundesrepublik ausgingen, wurden nun deutlicher wahrgenommen und zunehmend kritischer reflektiert.

Bei der GEW lässt sich dieser Bewusstseinswandel ebenfalls beobachten. Auch hier wurden nun die Defizite und Kontroversen in Bezug auf den gesellschaftlichen Umgang mit der NS-Vergangenheit vermehrt auf die Agenda gesetzt. Unter dem Titel „Der Schwur von gestern – Verpflichtung von heute!" wurden die GEW-Mitglieder zu Beginn des Jahres 1956 an einen Eid aus der Besatzungszeit erinnert, den alle Lehrkräfte (zumindest in der britischen Zone) leisten mussten. Unter anderem verpflichteten sie sich damals, nichts zu lehren, was geeignet gewesen wäre, „die nationalsozialistische Weltanschauung zu rechtfertigen oder neu zu beleben und die nationalsozialistischen Führer reinzuwaschen."[1151] Gleich im Anschluss folgte der Abdruck einer Entschließung des Deutschen Bundesjugendrings, der mit wachsender Sorge die Ansätze einer Entwicklung innerhalb der Bundesrepublik sah,

> „die sich nach außen hin zeigen in anmaßenden Auftreten der erwiesenen Feinde der Demokratie, der ehemaligen Funktionäre des Naziregimes, in Wort und Schrift und bei der Stellung von Pensionsansprüchen, in der bewußten Verfälschung der Geschichte, im Einsickern von ehemaligen Nazis in hohe Verwaltungs- und Staatsfunktionen, in der Gründung von Jugendorganisationen, [...] die aus der Vergangenheit nichts gelernt haben, in der offenen Diffamierung der Widerstandskämpfer gegen den Nazismus und vor allem der Männer des 20. Juli 1944, sowie in dem ständigen Versuch der Rehabilitierung nationalsozialistischer Verbände, wie etwa der NSDAP, der SS und des RAD."[1152]

Viele Jugendliche hätten keine Vorstellung mehr von dem, was sich in der Zeit von 1933 bis 1945 in Wirklichkeit ereignet hatte. Die Abwehr wiedererwachender

---

[1151] Der Schwur von gestern – Verpflichtung von heute! In: Allgemeine Deutsche Lehrerzeitung 8, 1956, H. 16, S. 310–311, hier S. 310.
[1152] Hand in Hand mit der deutschen Jugend. Die Entschließung des Deutschen Bundesjugendringes. In: Allgemeine Deutsche Lehrerzeitung 8, 1956, H. 16, S. 310–311, hier S. 310.

nationalistischer Bestrebungen sei daher die Pflicht aller, die sich für den Aufbau und die Erhaltung der Demokratie verantwortlich fühlten. Formale und rechtliche Vorschriften von Seiten des Staates reichten dazu nicht aus. Neben Vertretern aus dem Bereich der Medien, der Justiz und der Politik wandte sich der Bundesjugendring in seiner Entschließung folglich auch direkt an die Lehrerinnen und Lehrer. Von ihnen erwartete er, „daß sie der Jugend unseres Landes den Nazi-Faschismus als den erklärten Feind der Demokratie, des Friedens und der Freiheit unseres Volkes der Wahrheit entsprechend darstellen" sollten.[1153] Dass dies im Jahr 1956 noch keinesfalls selbstverständlich war, unterstreicht ein Artikel der traditionsreichen, pazifistischen Zeitung „Das andere Deutschland", der ebenfalls in der ADLZ abgedruckt wurde. Die meisten Kinder und Jugendlichen würden in ihren Familien kaum über die NS-Zeit und den Krieg unterrichtet und fielen allzu leicht der „legendären Ideologie" zum Opfer. Auch in der Schule würde ihnen „kein reiner Wein" eingeschenkt.

> „Ueber [sic!] solche Fragen spricht man nicht. Das kommt erst im Lehrplan der Klasse 8, letztes Vierteljahr dran, falls dann noch Zeit ist. Vorher sieht der Plan keiner Schule vor, falsche Vorstellungen über den Krieg richtigzustellen. Und außerdem kann ja jeder Lehrer trotz der geschichtlichen Tatsache seine eigene Meinung lehren."[1154]

Die hier zum Ausdruck kommende Kritik an den schulischen Verhältnissen rief unter den GEW-Mitgliedern zwar keine lautstarke Diskussion über die Behandlung der NS-Geschichte im Unterricht hervor, dennoch lassen sich vereinzelt Reaktionen oder Bezugnahmen nachweisen, die zwischen Selbstkritik und Schuldabwehr schwankten. So kritisierte etwa der damals 25 jährige Historiker, Soziologe und Politikwissenschaftler Arno Klönne in der ADLZ das Wiederaufkommen nationalistischer und völkischer Jugendbünde wie dem „Deutschen Pfadfinderbund 1911", der gemeinsam mit anderen Verbänden wie der „Deutschen Jungkameradschaft", dem „Jungsturm", der „Deutschen Reichsjugend" oder der „Bismarck-Jugend" eine Zeitschrift mit dem bezeichnenden Namen „Junger Beobachter" herausgeben konnte, die unverhohlen völkisch-nationalistische Propaganda verbreitete:

> „Daß sich dieses Treiben in unserem Lande kaum mehr als 10 Jahre nach dem Zusammenbruch des Hitlersystems abspielen kann, ist ein Skandal. Daß es in der Bundesrepublik Menschen und gar Behörden gibt, die solchen Bestrebungen gegenüber [...] beide Augen zudrücken zu können glauben, ist ein noch größerer Skandal."[1155]

1153 Ebd., S. 311.
1154 Wie ist es mit der Schule? In: Allgemeine Deutsche Lehrerzeitung 8, 1956, H. 6, S. 107.
1155 Wir nehmen Stellung. Kommentare der ADLZ zum Zeitgeschehen. In: Allgemeine Deutsche Lehrerzeitung 8, 1956, H. 5, S. 84–85, hier S. 85.

Kritik am staatlichen Umgang gegenüber nationalistischen, revisionistischen und rechtsextremen Verbänden und deren Veröffentlichungen äußerte Klönne in der ADLZ des Öfteren. So fragte er sich beispielsweise auch, wie es sein könne, dass eine Vereinigung wie der „Bundesverband ehemaliger Internierter und Entnazifizierungsgeschädigter",[1156] der auf Kriegsveteranentreffen sowie in seiner Mitgliederzeitschrift ganz augenscheinlich regelmäßig gegen demokratische Institutionen und ihre Vertreter wetterte, von der Bundeszentrale für Heimatdienst, dem Vorläufer der Bundeszentrale für politische Bildung, als förderungswürdiger Verein anerkannt werde.[1157]

Mit Berichten in der ADLZ über Aktivitäten von Einrichtungen wie den eben genannten konnte die GEW ihre demokratische Grundhaltung zwar klar unterstreichen, zugleich unterdrückten solche Verweise auf „schwarze Schafe" aber eine kritische Selbstreflexion. Bedenkt man, dass die GEW, wie gezeigt wurde, mehr oder minder vorbehaltlos ihre Mitglieder bei der Entnazifizierung unterstützt hatte, entpuppt sich dieses Verhalten als eine Strategie, um über das eigene, defizitbehaftete Handeln in diesem Kontext hinwegsehen zu können. Eine Auseinandersetzung mit der Institution Schule im „Dritten Reich", geschweige denn mit dem Verhalten der Lehrkräfte, fand bis zum damaligen Zeitpunkt weder in der Öffentlichkeit noch in der Fachwissenschaft statt. Es ist daher bemerkenswert, wenn der damalige Chefredakteur der ADLZ, Karl Bungardt, bereits im Jahr 1956 für eine geschichtliche Aufarbeitung der Schulverhältnisse im Nationalsozialismus plädierte.

> „Diese Geschichte hätte zu untersuchen nicht nur, was getan wurde, und nicht nur was unterblieben ist, sondern auch und vor allem, welche Entwicklungen 1933 gewaltsam abgebrochen wurden und welche Ansätze untergegangen sind. […] Es ist an der Zeit, die Situation der deutschen Schule 11 Jahre nach dem Zusammenbruch und 23 Jahre nach der ‚Machtergreifung' zu überdenken und Maßnahmen vorzubereiten, um das deutsche Schulwesen allmählich an die fortgeschrittene Entwicklung in westlichen Ländern anzugleichen und dabei den Notwendigkeiten Rechnung zu tragen, die sich aus den Wandlungen des gesellschaftlichen, politischen und wirtschaftlichen Lebens ergeben."[1158]

1156 Bei den Mitgliedern des Bundesverbands handelte es sich zu großen Teilen um ehemalige höhere SA- und SS-Führer, Kreisleiter, Gauführer sowie Reichs- und Gauredner. Vgl. Arne Jost: Die Kameradschaftshilfe ehemaliger Internierter und der Entnazifizierungsgeschädigten Landesverband Hessen e. V., http://lernen-aus-der-geschichte.de/Lernen-und-Lehren/content/12573 (zuletzt abgerufen am 04.10.2019).

1157 Wir nehmen Stellung. Kommentare der ADLZ zum Zeitgeschehen. In: Allgemeine Deutsche Lehrerzeitung 8, 1956, H. 14, S. 264–265.

1158 Wir nehmen Stellung. Kommentare der ADLZ zum Zeitgeschehen. In: Allgemeine Deutsche Lehrerzeitung 8, 1956, H. 15, S. 285.

Zwar forderte der damalige „Hauptschriftleiter" der GEW-Mitgliederzeitschrift in seinem Beitrag noch sehr zurückhaltend zu einer Selbstreflexion auf, dennoch ist beachtlich, dass unter den gegebenen Bedingungen überhaupt einmal die Frage in den Raum geworfen wurde, welche Schlussfolgerungen für das Schulwesen der Zukunft aus den Erfahrungen mit dem Nationalsozialismus gezogen werden sollten. Freilich kamen Fragen wie diese nicht zufällig in der zweiten Hälfte der 1950er Jahre auf. Im Kontext der Wiederbewaffnung im Kalten Krieg, der Debatte um die Bewertung des Widerstands im „Dritten Reich" und der zögerlich einsetzenden Diskussion um das Ausmaß und den Umgang mit dem Holocaust beteiligte sich auch die GEW mit Stellungnahmen und Positionsbestimmungen. So greift ein weiterer Kommentar von Arno Klönne beispielsweise die Diskussion um die Charakteristik der Widerstandsgruppe „Weiße Rose" um die Geschwister Scholl auf und übt Kritik an Äußerungen, wie sie beispielsweise in der „Deutschen Soldatenzeitung" zu lesen waren. Nach deren Lesart waren die Scholls und ihre Freunde „Landesverräter, Wehrkraftzersetzer, verkappte Kommunisten" – eine Beurteilung, die 1956 keinesfalls unüblich war. Klönne beklagte in der ADLZ:

> „Heute glaubt man wieder so reden zu können, wie einem das braune Maul gewachsen ist: heute beschimpfen die ‚Soldatenzeitung' und zahllose ihrer geistesverwandten Blätter, Schreiber und Redner die deutsche Opposition gegen das NS-Regime bereits wieder in demselben Ton und mit denselben fadenscheinigen Argumenten als landesverräterische und zersetzende Elemente, wie sie's bis 1945 zu tun gewohnt waren."

Die Leserschaft der ADLZ forderte er abschließend dazu auf, dafür Sorge zu tragen, dass der Widerstand in den Köpfen der Menschen präsent bleibe.[1159] Doch wie verhielten sich Lehrkräfte in der Zeit bis 1945, wenn es um die Bewertung des Widerstands ging? Wie beurteilen sie elf Jahre nach Kriegsende ihr eigenes Handeln im Nationalsozialismus, bei dem ein konsequent widerständisches Verhalten, wie es die „Weiße Rose" praktizierte, kaum eine Rolle spielte? Fragen wie diese wurden nicht gestellt – auch dann nicht, wenn es um die inzwischen immer deutlicher werdenden Dimensionen des Holocaust ging. Das Schicksal der Juden wird den Lesern der Lehrerzeitung erstmals 1956 ins Bewusstsein gebracht. Anlass dafür bot eine Fernseh- und Radiodokumentation über „Die Vergessenen", in der über das Leben deutscher Juden berichtet wurde, die nach Frankreich emigrierten. Von jenen, die den Krieg überstanden, lebten zum damaligen Zeitpunkt noch immer Zehntausende unter oft schwierigen Verhältnissen in Frankreich, ohne je eine Entschädigung oder Wiedergutmachung erhalten zu haben. Der Norddeutsche Rundfunk, der die Sendung produzierte, hatte inzwischen ein

---

1159 Wir nehmen Stellung. Kommentare der ADLZ zum Zeitgeschehen. In: Allgemeine Deutsche Lehrerzeitung 8, 1956, H. 2, S. 24.

Spendenkonto eingerichtet und in der ADLZ wurde dies zum Anlass genommen, die „Vergessenen" zu unterstützen. In der Formulierung des Aufrufs lässt sich ein zaghaftes, leises Geständnis einer Mitschuld am Schicksal der Juden erkennen, indem formuliert wurde:

> „[W]enn vielleicht auch widerstrebend – wir gestehen uns, daß wir heute nur leben, weil wir schwiegen, wo wir hätten reden müssen; tatenlos blieben, wo wir hätten handeln müssen; nachgaben, wo wir uns hätten widersetzen müssen; dem Anruf unseres Gewissens widerstanden, wo wir ihm hätten folgen müssen."

Dem Spendenaufruf zu folgen sei zwar nur ein unzureichender Akt gleichsam privater Wiedergutmachung, jedoch „immerhin mag er dazu beitragen, die so bitter notwenige Auseinandersetzung mit dem Geschehen ‚jener Tage' doch noch in Gang zu bringen."[1160] Zwei Aspekte machen den Aufruf, so zaghaft er sein mag, interessant: Zum einen folgte diesem leisen Eingeständnis einer Mitschuld eine beiläufige, aber nicht unbedeutende Einschränkung, indem das Schweigen, das Tatenlos bleiben usw. mit einem angeblich allgegenwärtigen Terror und Zwang des NS-Regimes in Verbindung gebracht wurde – nur das Schweigen, das Tatenlos bleiben ermöglichte demzufolge das eigene Überleben. Zum anderen beinhaltete der Aufruf das Eingeständnis, dass die Auseinandersetzung mit dem Geschehen bis dahin noch nicht stattgefunden hatte. Letzteres entsprach sicherlich den Tatsachen. Die indirekte Behauptung allerdings, dass jede noch so kleine Form des Widerstands unmittelbare Gefahren für Leib und Leben bedeutet hätten, kann nur als exkulpierende Behauptung gewertet werden. Wie an früherer Stelle aufgezeigt wurde, gab es auch für Lehrkräfte durchaus Möglichkeiten, den staatlichen und institutionellen Vorgaben entgegenzuwirken, ohne sich dadurch sofort in existenzielle Bedrängnis zu begeben. Gerade bei der systematischen Ausgrenzung und Diskriminierung von Schülerinnen und Schülern mit jüdischem Hintergrund schwiegen die meisten Lehrkräfte aus opportunistischen Gründen, wenn nicht einige unter ihnen die Maßnahmen sogar ausdrücklich begrüßten.

5.2 Kritik – und Selbstkritik? Konflikte um die politische Jugendbildung

Als gegen Ende der 1950er Jahre die Stimmen in der Gesellschaft lauter wurden, die den „eisernen Ring des Schweigens" über den millionenfachen Mord an den Juden durchbrechen wollten, sahen sich die Lehrkräfte mit einem

---

1160 Wir nehmen Stellung. Kommentare der ADLZ zum Zeitgeschehen. In: Allgemeine Deutsche Lehrerzeitung 8, 1956, H. 13, S. 244–245.

schwerwiegenden Vorwurf konfrontiert: Sie, die sie doch eine so wesentliche Erziehungsinstanz darstellten, hätten Wesentliches dazu beigetragen, dass dieser eiserne Ring noch immer geschlossen blieb, indem sie die jüngste Vergangenheit an den Schulen nicht offen thematisierten.[1161] Wie reagierte man innerhalb der GEW auf derartige Vorwürfe? Auf wen verwies die Gewerkschaft, wenn es um Defizite bei der politischen Jugendbildung ging? Und welchen konkreten Einfluss hatte die Lehrerorganisation in diesem Bereich überhaupt? Diese Fragen sollen im Folgenden behandelt werden.

5.2.1 Lehrkräfte und politische Jugendbildung

Trug die Lehrerschaft eine Mitschuld an den neonazistischen Vorfällen, über die zehn Jahre nach Kriegsende nun häufiger berichtet und diskutiert wurde? Eine erste diesbezügliche Stellungnahme der GEW ist in einer Ausgabe der ADLZ aus dem Jahr 1956 auszumachen, in der sich ein Beitrag von Karl Bungardt findet, der aufgrund der öffentlichen Kritik an der Arbeit der Pädagogenschaft brüskiert feststellte:

„Seit Jahr und Tag erlebt die Lehrerschaft, daß sie als der Sündenbock mit der Schuld belastet wird für alles, was in Gemeinde, Staat oder Gesellschaft nicht in Ordnung ist. Und einfach nur, um zu überleben, hat sie sich angewöhnt, das meiste mit Geduld und Verwunderung zu ertragen. Bei einigen Vorwürfen aber wird sie sehr empfindlich und fragt, woher die Ankläger das Recht und die Sicherheit nehmen, in Bausch und Bogen einen ganzen Berufsstand zu verurteilen, von dessen Not sie keine Ahnung zu haben scheinen. Wo in einem Volke keine Übereinstimmung herrscht in der Beurteilung wesentlicher und entscheidender Fragen seiner Geschichte und Gegenwart, steht der Lehrer als der Dumme in der erbarmungslosen Kritik der ‚Oeffentlichen Meinung', was auch immer er sagen und tun mag; und wer noch nie in seiner Klasse vor Kindern gestanden hat, deren geliebte Väter oder Brüder – freiwillig oder gezwungen – den Organisationen angehörten, die im Ganzen schuldig und als ‚verbrecherisch' gebrandmarkt wurden, und zugleich vor Kindern, deren ebenso geliebte Väter oder Mütter, Brüder oder Schwestern zu den Opfern der Untaten gehören, der kann die inneren Konflikte nicht nacherleben und begreifen, vor denen gerade der gutwillige Lehrer steht, und er hat kein Recht zu verurteilen. […] Glaubt denn im Ernst irgendjemand, die Schule, zumal die angesichts des ‚Deutschen Wirtschaftswunders' so beschämend stiefmütterlich behandelte Schule, können mit ihren Mitteln und Möglichkeiten das nachholen und in der heranwachsenden Generation bewirken, was bei den schuldig gewordenen Erwachsenen ausgeblieben ist? Kämpfen nicht alle, die sich um den

---

1161 Richard Kirn: Der eiserne Kreis des Schweigens. Elf Jahre nach Kriegsende. In: Allgemeine Deutsche Lehrerzeitung 8, 1956, H. 6, S. 109.

Einbau ihrer Erfahrungen, ihrer Erlebnisse und Erkenntnisse aus dieser grauenvollen Zeit eine Neuformung des deutschen Bildungswesens bemühten, mit dem Rücken an der Wand? Haben nicht auch die Kirchen versagt? Haben nicht auch die Parteien versagt? Haben nicht alle versagt, die für sich in Anspruch nehmen, größere Macht über die Gewissen der Menschen und auf die öffentliche Meinung zu besitzen als die Schule? Wer aber klagt sie an?"[1162]

Die Vorwürfe an die Schulen, die sich aus der Unwissenheit vieler Kinder und Jugendlicher über die nationalsozialistische Vergangenheit ergaben, konnten mit einem derartigen Verweis auf andere Instanzen selbstredend nicht entkräftet geschweige denn aus der Welt geschafft werden. Insofern verwundert es nicht, dass sich in der Lehrerzeitung Beiträge, Kommentare und Stellungnahmen zur Rolle und Bedeutung der Lehrerinnen und Lehrer bei der Aufklärung von Kindern und Jugendlichen in Bezug auf die NS-Vergangenheit mehrten.

1957 wurde etwa über ein Buch mit dem Titel „Der Kurs ist falsch!"[1163] berichtet, das die Hessischen Landeszentrale für Heimatdienst zu diesem Zeitpunkt herausgegeben hatte. Die Verfasser, Helmut Hammerschmidt, der später zum SWR-Intendanten berufen werden sollte, und Eckart Heinze, der damals unter dem Pseudonym Michael Mansfeld investigativ journalistisch tätig war, hatten bereits mehrfach auf bedenkliche restaurative Entwicklungen in der jungen Bundesrepublik hingewiesen. Im neuen „Haus der deutschen Demokratie" stecke der „braune Schwamm" und die größte Gefahr für die Entwicklung des Landes bestünde darin, dass die Jugend vom Geist der Vergangenheit infiziert werden könnte. Die Jugend wisse so gut wie nichts von der jüngsten Vergangenheit, obgleich sie wissbegierig sei. „Um Schonung, Bemäntelung, Verniedlichung", so die Autoren, „bemüht sich nur das Gewissen ihrer Erzieher, obwohl die vorausgegangene Generation nicht zuletzt deshalb fast ausgelöscht worden ist, weil sie ihren Verführern keine politischen Bildungswerte entgegensetzen konnte." Die Antwort auf solch schwerwiegende Vorwürfe fiel in der ALDZ sarkastisch aus. Sie beinhaltete zwar das Eingeständnis, dass die Beschäftigung mit dem NS-Erbe im Schulwesen noch immer vernachlässigt werde, sah den Hauptgrund dafür aber nicht etwa im Unwillen der Lehrerschaft, sondern darin, dass viele der inzwischen erschienenen Studien zur jüngsten Vergangenheit, mit denen im Unterricht gearbeitet werden könnte, noch immer nicht in ausreichender Zahl an den Schulen zur Verfügung stünden:

1162 Karl Bungardt: Wo ist dein Bruder? In: Allgemeine Deutsche Lehrerzeitung 8, 1956, H. 6, S. 103.
1163 Helmut Hammerschmidt/Michael Mansfeld: Der Kurs ist falsch (Europäische Dokumente, H. 11). München/Wien 1956.

„Heute und in Hessen ist das natürlich anders, und sicherlich wird dieses inhaltsschwere Büchlein bald in allen hessischen Lehrerbibliotheken stehen, so wie ‚Der SS-Staat', ‚Bis zum bitteren Ende', ‚Das andere Deutschland', ‚Das Gewissen steht auf', ‚Der lautlose Aufstand', ‚Die weiße Rose', ‚Das Dritte Reich und die Juden', ‚Das Dritte Reich und seine Diener', ‚Die Geißel der Menschheit', ‚Hohes Haus in Henkers Hand' u. a. – Wie, Herr Kollege, in Ihrer Bücherei wäre keines dieser Bücher? Alsdann – Der Kurs ist falsch!"[1164]

Ein Buch blieb in der vorherigen Aufzählung ungenannt, obwohl es damals wie heute ganz erheblichen Einfluss darauf hatte, wie Jugendliche an die Geschehnisse im „Dritten Reich" erinnert wurden. Die Rede ist vom „Tagebuch der Anne Frank", deren Schicksal, wie bereits erwähnt, erst Ende der 1950er Jahre größere Bekanntheit erlangte. In der ADLZ wurde 1957 mit Erstaunen zur Kenntnis genommen, dass seit mehreren Monaten Tag für Tag etwa fünftausend Exemplare des Titels einen – oftmals jugendlichen – Käufer fanden.[1165]

„Von nun an wissen sie und wollen wissen, was geschah, aber sie merken bald und sagen es: Eltern, sogar Lehrer weichen aus, wenn wir sie bedrängen. Einige können nur berichten, daß in der Schule das ‚Tagebuch der Anne Frank' gelesen, der Film ‚Nacht und Nebel' klassenweise besucht wurde."[1166]

Unabhängig von der Frage, ob und wie geeignete Literatur zur Aufklärung über die NS-Verbrechen zur Verfügung stand und rezipiert wurde: Die Verbrechen, die sich zur Zeit des Nationalsozialismus ereigneten, wurden innerhalb der GEW nun stärker und bisweilen auch kritischer reflektiert und thematisiert, beispielsweise erneut von Karl Bungardt, der offen von seiner tiefen Betroffenheit berichtete, als er am Rande des 4. Kongresses der „Internationalen Union für die Freiheit des Unterrichts" in Nantes/Frankreich zufällig ein Mahnmal entdeckte, das an einer Volksschule für einen Jungen errichtet wurde, den die deutschen Besatzer 1942 nach Auschwitz in den Tod geschickt hatten.[1167] An anderer Stelle findet sich das Plädoyer eines GEW-Mitglieds namens Heinrich Hoffmann, der dafür warb, beschämende historische Ereignisse im Zusammenhang mit den von Deutschen begangenen Verbrechen anzuerkennen.

1164 Der braune Schwamm. In: Allgemeine Deutsche Lehrerzeitung 9, 1957, H. 20, S. 402.
1165 Wir nehmen Stellung. Kommentare der ADLZ zum Zeitgeschehen. In: Allgemeine Deutsche Lehrerzeitung 9, 1957, H. 8, S. 144.
1166 Ebd.
1167 Wir nehmen Stellung. Kommentare der ADLZ zum Zeitgeschehen. In: Allgemeine Deutsche Lehrerzeitung 9, 1957, H. 14, S. 264.

„Es müssen Geschehnisse angesprochen werden, deren furchtbare Wirkung bis in unsere Gegenwart hineinreicht und uns die Schamröte ins Gesicht treibt. Sie dürfen nicht übergangen werden."[1168]

Arno Klönne wiederum äußerte seine Überzeugung, dass der in dieser Zeit von vielen eingeforderte Beitrag zur politischen Bildung in der Schule ohne eine unverfälschte Vermittlung zeitgeschichtlich-politischen Wissens nicht möglich sei.

„Seit etlichen Jahren schon werden bei uns durch eine bestimmte Art von Zeitungen, Illustrierten, Filmen, unterhaltenden und ‚populär-wissenschaftlichen' Büchern und Heften, Memoiren usw. [...] über die jüngste Geschichte Deutschlands Vorstellungen verbreitet, die teils direkt falsch, teils durch ihre Einseitigkeit verfälschend sind. Es liegt auf der Hand, daß solche Fehlunterrichtung insbesondere bei Jugendlichen verheerend wirken muß, [...] nicht jeder Jugendliche hat das Glück, durch ein denkendes Elternhaus, durch wachsame Lehrer oder durch demokratische Jugendgruppen vor der Aufnahme solcher Irrlehren gefeit zu sein."[1169]

Er fasste im weiteren Verlauf seines Beitrags die aus seiner Sicht „typischen und immer wiederkehrenden Geschichtsfälschungen" zusammen und benannte einige Buchtitel, die aus seiner Sicht „gutes Material für die politische Bildungsarbeit zu den einzelnen Fragen" böten. All jenen, die in der gründlichen und deutlichen Unterrichtung über die Tatsachen der jüngsten Vergangenheit einen Akt der „Nestbeschmutzung" sahen, hielt er entgegen:

„Das eigene Nest beschmutzen in Wahrheit jene, die gestern dem Schlechten und Verbrecherischen zustimmten – und die es heute verschweigen, beschönigen oder gar wieder leise rechtfertigen möchten".[1170]

Auch die Frage, ob und wie einzelne Lehrkräfte die NS-Vergangenheit im Unterricht konkret thematisierten, wurde nun in der Lehrerzeitung vermehrt aufgeworfen. Einen ersten Anlass dazu bot ein Ereignis in Baden-Württemberg, wo der damalige Kultusminister Wilhelm Simpfendörfer, selbst ein ausgebildeter Pädagoge, im Frühjahr 1957 gegen eine Lehrkraft einen scharfen Verweis aussprach, weil diese im staatsbürgerlichen Unterricht „die Grenzen des Erlaubten weit überschritten und eine beleidigende Aeußerung getan" hatte.

1168 Heinrich Hoffmann: Tatsachen und Ursachen. (Ein Beitrag zum Kapitel „Schwerpunkte zeitgeschichtlicher Unterrichtung", s. ADLZ Nr. 20/57). In: Allgemeine Deutsche Lehrerzeitung 9, 1957, H. 22, S. 440–441, hier S. 440.
1169 Arno Klönne: Über einige Schwerpunkte zeitgeschichtlicher Unterrichtung. In: Allgemeine Deutsche Lehrerzeitung 9, 1957, H. 20, S. 400–402, hier S. 400.
1170 Ebd., S. 400–402.

Was war geschehen? Die Leser der ADLZ erfuhren es über den Abdruck eines Beitrags von Willi Lausen, damals Vorsitzender der baden-württembergischen SPD-Landtagsfraktion, der ursprünglich im „Neckar-Echo" erschienen war. Der betroffene Lehrer sei überzeugt gewesen, er müsse, um die NS-Zeit verständlich zu machen, auch Dinge ansprechen, die „positiv zu werten" seien, worunter er etwa die Bekämpfung der Arbeitslosigkeit oder die Ordnung des Kreditwesens durch die Nationalsozialisten verstand. Davon abgesehen verurteilte er im Unterricht „selbstverständlich" den Rassenhass, die Kriegstreiberei, den Totalitarismus der NS-Führung. Lausen erkannte die Gefahr eines solchen Abwägens und schrieb:

> „Das ist genau die Methode, die zu diesem Ergebnis kommt: Wenn die Nazis die Judengeschichte nicht gemacht hätten, wären sie eigentlich ganz passable Kerle gewesen! Mindestens wird das zum Schluß das Geschichtsbild des Schülers sein."[1171]

Hinzu kam allerdings noch etwas anderes, das Lausen der Lehrkraft vorwarf: Von seinen Schülern nach seiner persönlichen Meinung über die Folgen eines möglichen Wahlsieges der SPD bei der anstehenden Bundestagswahl am 15. September 1957 befragt, äußerte der Lehrer seine persönliche Überzeugung, die Bundesrepublik werde in fünf Jahren „bolschewistisch" sein. Zu großen Teilen wird es wohl dem Zufall zu verdanken sein, dass diese Aussage vom Klassenzimmer ausgehend bis in das Kultusministerium vordrang. Feststellen lässt sich nicht mehr, wie verbreitet diese Ansicht, die der gebrandmarkte Lehrer gegenüber seinen Schülern offen aussprach, unter damaligen Lehrkräften gewesen sein mag. Die „bolschewistische Gefahr" wurde bereits in der Weimarer Republik und von den Nationalsozialisten immer wieder heraufbeschworen. Auch in der jungen Bundesrepublik, als der Kalte Krieg seine erste Hochphase erlebte, erfuhr das „Schreckgespenst des Kommunismus" in weiten Teilen der Gesellschaft eine erneute Konjunktur. Der Verfasser des Beitrags ging daher auch nicht von einem bedauerlichen Einzelfall aus. So ist es als deutliche Klarstellung zu verstehen, wenn Willi Lausen feststellte:

> „Einem Lehrer, der so etwas in der Schule sagt, muß man die Fähigkeit abstreiten, Gemeinschaftskundeunterricht zu geben. Wenn er sich dabei noch auf die Freiheit der Lehre beruft, dann ist der Fall hoffnungslos. Der Kultusminister hat dem Lehrer einen scharfen Verweis in aller Form erteilt und darauf hingewiesen, daß diese Äußerung beleidigend sei."[1172]

1171 Willi Lausen: Wo sind die Grenzen des Erlaubten? In: Allgemeine Deutsche Lehrerzeitung 9, 1957, H. 12, S. 234–235, hier S. 235.
1172 Ebd.

Am Ende des Beitrags folgt ein Appell an alle Lehrerinnen und Lehrer:

„Wir hassen den Maulkorb. Wir wollen auch für den Lehrer die Meinungsfreiheit. Wer die Freiheit will muß wissen, daß sie Selbstzucht zur Voraussetzung hat. ‚Denn das Gesetz nur kann uns Freiheit geben' – nachzulesen bei Johann Wolfgang Goethe. Die Kenntnis von dieser Voraussetzung sollte man auch von einem Lehrer erwarten dürfen."[1173]

Das GEW-Mitglied Hans Thies sah sich kurze Zeit später veranlasst, den in der ADLZ abgedruckten Artikel von Willi Lausen zu kommentieren. Seiner Einschätzung zu Folge gab es zu dieser Zeit „leider noch viel zu viele" Kollegen, die „Objektivität mit mangelnder Urteilsfähigkeit" verwechselten. Hinzu käme, so Thies, eine noch größere Zahl von „politisch Abstinenten" Lehrkräften, „für die ‚Politik grundsätzlich nicht in die Schule gehört' oder aber ein Gebiet ist, auf dem ‚man sich die Finger verbrennen kann'."[1174] Dann folgt eine für die damalige Zeit erstaunliche Kritik an derartigen Einstellungen, die in Teilen der Lehrerschaft offenbar weit verbreitet waren. Zugleich wolle er öffentlich bekunden, dass seiner Ansicht nach ein Infragestellen des verbrecherischen Charakters des NS-Regimes, nicht zuletzt aufgrund der immer bedrückender werdenden „Beweislast", nicht länger hingenommen werden kann:

„Es soll nicht verkannt werden, daß unter den Lehrern, die einstmals Gefolgsleute des Nationalsozialismus waren, viele ihren Jungenirrtum [sic!] erkannt haben. Es darf aber ebensowenig verkannt werden, daß nicht jeder bereit ist in Bausch und Bogen zu verbrennen, was er einstmals angebetet hat. Und die Inflation solcher ‚Halbbekehrter' bedeutet für die Schule eine dauernde latente Gefahr. Der Slogan ‚Es war nicht alles schlecht unter Hitler' kursiert auch in der Schule. Hier müßte [...] unter der Lehrerschaft eine umfassende Aufklärungsarbeit behördlicherseits getrieben werden. Wer dann trotz aller Dokumente der Unmenschlichkeit immer noch nicht weiß, was echte Objektivität ist, der sollte endgültig ‚fehl am Platze' sein. [...] Ist es nicht schon reichlich spät, der Demokratie zuzurufen: ‚Widerstehe den Anfängen!'? Aber noch ist es nicht zu spät, sowohl den bewußten als auch den indolenten Wühlmäusen zu gebieten: ‚Bis hierher und nicht weiter.' Die Weimarer Spuren schrecken – und mahnen."[1175]

Ein Lehrer, der wohl treffender als „Ewiggestriger" denn als „Halbbekehrter" zu charakterisieren ist und innerhalb wie außerhalb der GEW für eine weit umfassendere öffentliche Debatte sorgte, war Ludwig Zind, dessen Geschichte

---

1173 Ebd.
1174 Hans Thies: Wo sind die Grenzen des Erlaubten? (s. ADLZ Nr. 12/1957, S. 234 f.). In: Allgemeine Deutsche Lehrerzeitung 9, 1957, H. 17, S. 340.
1175 Ebd.

im Folgenden näher vorgestellt werden soll. Der Studienrat war während der NS-Zeit im Sicherheitsdienst des Reichsführers SS (SD) tätig. Nach dem Krieg wurde gegen ihn ein zweijähriges Berufsverbot ausgesprochen, bevor er wieder an einem Offenburger Gymnasium unterrichten durfte.[1176] Am Abend des 28. April 1957 begab sich Zind in ein Offenburger Wirtshaus, wo er zufällig auf den Textilgroßhändler Kurt Lieser traf. Es entwickelte sich ein Gespräch, in dem Zind sich offen zum Nationalsozialismus bekannte. Auf die Bemerkung Liesers, er habe als „Halbjude" im „Dritten Reich" im Konzentrationslager (KZ) gesessen, soll Zind geantwortet haben: „Was – dann hat man auch Sie vergessen zu vergasen?" Auf die Nachfrage Liesers, ob Zind ihn auch heute noch ins KZ bringen würde, wenn er die Möglichkeit dazu hätte, erwiderte der Lehrer: „Jawohl. Und ich will Ihnen sagen: Ich lege Sie auch noch um." Am Ende des Gesprächs soll Zind sich zudem noch dazu bekannt haben, dass er stolz darauf sei, „im Krieg mit seinen Männern Hunderten von Juden mit der Schaufel das Genick eingeschlagen zu haben".[1177] Lieser fasste das Erlebte anschließend in einem Protokoll zusammen und wandte sich damit an den Oberrat der Israeliten Badens, der wiederum das Kultusministerium verständigte. „Zur privaten Bereinigung des Vorfalls traf sich Lieser Ende Mai auf Initiative des Schuldirektors im Beisein eines Regierungsrates vom Oberschulamt mit Zind, der jedoch seine Ansicht bekräftigte und nur das ‚Erschlagen der Juden' in eines von Russen korrigierte. Weder der Direktor noch der Regierungsrat hielten es für nötig, Zind zu suspendieren oder ein Verfahren gegen ihn anzustrengen."[1178] Knapp vier Monate später wurde Lieser selbst aktiv und meldete den Vorfall offiziell dem Oberschulamt in Freiburg. Kurz darauf bekam er zwar die Nachricht, das Kultusministerium habe mit Erlass vom 7. September 1957 die Einleitung eines förmlichen Dienststrafverfahrens gegen Zind verfügt, doch seine sofortige Suspendierung lehnte das Oberschulamt mit der Begründung ab, dass bei der Weiterverwendung des Lehrers keine Gefahr für die Kinder drohe.[1179] Erst als das Nachrichtenmagazin „Der Spiegel" im Dezember 1957 über den nach wie vor im Amt befindlichen Lehrer berichtete und den „Fall Zind" auf die öffentliche Agenda setzte, kam Bewegung in die Situation. „Das Kultusministerium ordnete die Verhandlung im Dienststrafverfahren für den 30. Dezember an, der sich Zind durch ein ärztliches Attest entzog, was wiederum das Ministerium bewog, Zind mit sofortiger Wirkung zu suspendieren."[1180]

1176 Werner Bergmann: Antisemitismus in öffentlichen Konflikten. Kollektives Lernen in der politischen Kultur der Bundesrepublik 1949–1989 (Schriftenreihe des Zentrums für Antisemitismusforschung Berlin, Bd. 4). Frankfurt am Main 1997, S. 192.
1177 Israel wird ausradiert. In: Der Spiegel, 1957, H. 51, S. 35.
1178 Bergmann: Antisemitismus in öffentlichen Konflikten (Anm. 1175), S. 192–193.
1179 Ebd., S. 193.
1180 Ebd., S. 192–193.

Erst jetzt, als die Presse regelmäßig über die skandalträchtigen Vorgänge berichtete, wurde mit der bundesdeutschen Öffentlichkeit auch die GEW auf den Fall Zind aufmerksam. Allerdings reagierte der Vorstand der AGDL nun schnell und eindeutig. Am 12. Januar 1958 brachte er in einer unmissverständlichen Entschließung seine „Erschütterung und Empörung über die antisemitischen Ausfälle des Studienrates Zind" zum Ausdruck und prangerte im Namen der 100.000 Mitglieder des Verbandes an, dass dieser Mann, den er als „Schandfleck der deutschen Lehrerschaft" bezeichnete, als Erzieher tätig war.[1181] Die Entschließung wurde daraufhin unter dem Titel „Wehret den Anfängen" in allen großen Tageszeitungen zur Anzeige gebracht – mit Ausnahme der Frankfurter Allgemeinen Zeitung, die eine Aufnahme des Inserats abgelehnt hatte. Wie aus einem Protokoll des Geschäftsführenden Ausschusses der ADGL vom Februar 1958 hervorgeht, hatte die Aktion eine große Anzahl von Zuschriften aus dem In- und Ausland ausgelöst, die „bis auf wenige positiv" waren.[1182]

„In diesen kam zum Ausdruck, daß man es wie eine Befreiung empfunden hat, daß die deutschen Lehrer noch den Mut hätten, in dieser Weise ihre Meinung zu sagen. Vor allem auch die Stimmen aus dem Ausland gaben ihrer Freude darüber Ausdruck, daß die deutsche Lehrerschaft auf diese Art reagiert hat und nicht eine Haltung zeige, wie man sie im Ausland teilweise schon befürchtet."[1183]

Als im April 1958 im Landgericht Offenburg der Prozess gegen Zind anlief, wurde dies von vielen Berichterstattern aus dem In- und Ausland aufmerksam beobachtet. Auch die GEW schickte einen Prozessbeobachter und forderte im Zusammenhang mit dem laufenden Strafverfahren dazu auf, Zind wegen „Verbrechens gegen die Menschlichkeit" anzuklagen, was allerdings schon daran scheiterte, dass dieser Straftatbestand zwar seit den Nürnberger Prozessen im Völkerstrafrecht Anwendung fand, im deutschen Strafgesetzbuch, das dem Prozess gegen Zind zugrunde lag, dagegen nicht vorkam.[1184] Wie aus einem Bericht für den Hauptvorstand hervorging, war der Prozess für die GEW von erheblicher politischer Bedeutung, denn:

„Während des Prozesses zeigte sich mehrere Male, daß nicht nur dieser Lehrer, sondern mit ihm die deutsche Lehrerschaft auf der Anklagebank saß. Es war schließlich

---

1181 Wir nehmen Stellung. Kommentare der ADLZ zum Zeitgeschehen. In: Allgemeine Deutsche Lehrerzeitung 10, 1958, H. 9, S. 156.
1182 Protokoll über die Sitzung des Geschäftsführenden Ausschusses am 8. und 9. Februar 1958 in Lemgo. In: AdsD, GEW-HV, Nr. 139.
1183 Protokoll über die Sitzung des Hauptvorstandes am 19. und 20. April 1958 in Augsburg. In: AdsD, GEW-HV, Nr. 139.
1184 Bergmann: Antisemitismus in öffentlichen Konflikten (Anm. 1175), S. 194.

Rechtsanwalt Ormond[1185], der berühmte Strafverteidiger, der als Nebenkläger die jüdische Gemeinde Berlin vertrat, der die Entschließung der AGDL ‚Wehret den Anfängen!' im vollen Wortlaut vorlas und zum Ausdruck brachte, daß er glücklich sei, daß der größte Teil der deutschen Lehrerschaft sich von der Geisteshaltung des Angeklagten deutlich distanziert habe. Auch die Weltpresse griff die Entschließung der AGDL auf, so daß verhindert wurde, daß aus dem ‚Fall Zind' eine Verallgemeinerung der ganzen deutschen Lehrerschaft erfolgte."[1186]

Am Ende des Verfahrens wurde Ludwig Zind zu einem Jahr und einem Tag Gefängnis ohne Bewährung verurteilt, was wiederum zur Folge hatte, dass der Oberstudienrat nach Paragraph 53 des Deutschen Beamtengesetzes auch aus dem Beamtenverhältnis ausgeschlossen wurde.[1187] Da Zind Revision beantragte, musste er seine Haftstrafe nicht sofort antreten. Vor der Eröffnung des auf den 28. November 1958 angesetzten Revisionsverfahrens gelang ihm die Flucht aus der Bundesrepublik, die ihn zunächst nach Ägypten, anschließend nach Libyen führte, wo er Asyl genoss und eine Professorenstelle erhielt. Als er 1970 nach Deutschland zurückkehrte, wurde er zwar festgenommen, seine verbleibende Reststrafe wurde allerdings zur Bewährung ausgesetzt. Er starb im Jahr 1978 von den Medien (und der GEW) weitgehend unbeachtet in seiner Heimatstadt Offenbach.

Letzten Endes löste selbst der „Fall Zind" innerhalb der GEW keine nachhaltigere Diskussion um die Rolle der Lehrkräfte im Nationalsozialismus sowie deren Haltung gegenüber der NS-Vergangenheit aus. Zumindest aber rückten im Kontext der „Vergangenheitsbewältigung" nun nach und nach Themen in den Vordergrund, die mit der Arbeit der GEW und ihrer Mitglieder in direkterer Verbindung standen. Knapp eineinhalb Jahrzehnte nach dem Zusammenbruch des „Dritten Reiches" verließ die erste Generation Jugendlicher die Volksschulen, deren Schulunterricht ausschließlich in der Nachkriegszeit stattfand. Sie und die darauffolgenden Jahrgänge sollten nicht nur die Geschichte des „Wirtschaftswunders" fortschreiben, sondern auch die demokratischen Grundwerte der Bundesrepublik hochhalten und verteidigen. Doch nicht alle, so wurde nun des Öfteren kritisch bemerkt, waren auf die für sie vorgesehene Rolle als demokratische Staatsbürger ausreichend vorbereitet. Falsches oder schlichtweg fehlendes

---

1185 Gemeint war Henry Ormond, ein deutscher Jurist, der als Jude verfolgt wurde und 1939 über die Schweiz nach Großbritannien emigrierte. Als britischer Presseoffizier gehörte er zu den Gründungsvätern des Nachrichtenmagazins „Der Spiegel". Später vertrat er als Rechtsanwalt zahlreiche NS-Opfer vor bundesdeutschen Gerichten, etwa im Prozess gegen die I.G. Farben Anfang der 1950er Jahre und im ersten Frankfurter Auschwitz-Prozess.
1186 Archiv der Sozialen Demokratie: Protokoll über die Sitzung des Hauptvorstandes am 19. und 20. April 1958 in Augsburg (Anm. 1183), S. 2.
1187 Bergmann: Antisemitismus in öffentlichen Konflikten (Anm. 1175), S. 197.

Wissen über die NS-Vergangenheit ließ sich für weite Teile der Nachkriegsjugend konstatieren. Zusätzlich zu den „Ewiggestrigen" und „Halbbekehrten", von denen es in der jungen Bundesrepublik zweifelsohne noch immer viele gab, drohte nun auch noch eine junge Generation heranzuwachsen, die den Argumenten der Skeptiker und Gegner der Demokratie nichts entgegenzusetzen hatte oder deren Weltsicht sogar teilte. Fragen, die im Kontext der politischen Bildungsarbeit an den Schulen standen, waren somit in dieser Zeit von besonderer Brisanz. Folgenreichster Ausdruck der Defizite in diesem Bereich waren die bereits thematisierten Hakenkreuzschmierereien an jüdischen Einrichtungen in den Jahren 1959/60, die auffallend häufig von Jugendlichen begangen wurden.[1188] Auch innerhalb der GEW wurde aus diesem Anlass über das Geschichtsbewusstsein von Jugendlichen gesprochen und die Frage diskutiert, welche Verantwortlichkeiten und Konsequenzen sich daraus für die schulische Bildung im Allgemeinen und für die Lehrerschaft im Speziellen ergaben.

Arno Klönne, dessen Äußerungen hier schon des Öfteren zitiert wurden, hatte sich bereits als junger Wissenschaftler mit dem Nationalsozialismus, insbesondere mit den Gegenmilieus zur NS-Staatsjugend, beschäftigt. In der 19. Ausgabe der ADLZ veröffentlichte er im Jahr 1959 seine grundlegenden Überlegungen über „das Verhältnis der heutigen Jugend zu Zeitgeschichte und Zeitgeschehen".[1189] Ganz grundsätzlich konstatiert Klönne der damaligen Jugend darin einen „Mangel an Information". In Bezug auf das „Dritte Reich" stellt er mit Verweis auf Zahlen, die das Institut für Demoskopie Allensbach veröffentlichte, fest, dass „62 Prozent der Jugendlichen nicht die mindeste Antwort auf die Frage nach Ziel oder Inhalt des Nationalsozialismus" geben konnten. Etwa 30 Prozent der unter 18 jährigen seien zudem der Meinung, Juden seien für „hohe Positionen" im Staat nicht tragbar. „Wer immer mit wachem politischen Bewußtsein heute in der Bundesrepublik mit Jugendlichen zusammentrifft", so Klönne, „wird [...] bestätigen müssen: weithin fehlt jedes Tatsachenwissen über die jüngste Geschichte und ihre Gegenwartswirkungen, weithin herrschen stattdessen unvernünftige oder gar gefährliche Vorurteile." Zwar sei es unter den gegenwärtigen Bedingungen unwahrscheinlich, dass „die Jugend in der Bundesrepublik oder doch ein beträchtlicher Teil" in Gefahr sei, einer aktiven NS-ähnlichen Ideologie zu verfallen. Die meisten Jugendlichen hätten kein ausgeprägtes Interesse an Politik, sondern lebten vor allem in der Gegenwart und strebten dabei in erster Linie eine weitere Verbesserung ihres Lebensstandards an. Was aber würde geschehen, wenn sich die ökonomischen Rahmenbedingungen verschlechterten und unter diesen erschwerten Umständen rechtsextremistische Vorurteile und Ressentiments ins Spiel kommen würden? „Ein günstigerer Boden für Bewegungen, die

---

1188 Kritik unerwünscht? In: Allgemeine Deutsche Lehrerzeitung 12, 1960, H. 16, S. 263.
1189 Arno Klönne: Über das Verhältnis der heutigen Jugend zu Zeitgeschichte und Zeitgeschehen. In: Allgemeine Deutsche Lehrerzeitung 11, 1959, H. 19, S. 306–307.

im Prinzip (nicht im Aeußeren) faschistischen Charakter tragen, ließe sich kaum denken", so Klönne. Er sprach sich daher deutlich dafür aus, das politische Bewusstsein unter Jugendlichen zu fördern – und dies müsse nicht zuletzt an den Schulen geschehen, denn

> „[d]ie außerschulische Jugendbildung wird in der Breite wenig erreichen können, wenn nicht gleichzeitig Bemühungen intensiviert werden, in den Schulen (von der dafür zur Verfügung stehenden Zeit wie von der Ausbildung der Lehrkräfte her) bessere Grundlagen zu schaffen, wenigstens einen Teil der Erwachsenengeneration in der Volksbildung zu größerem politischen Bewußtsein (und Wissen...) zu verhelfen, der Flut falscher zeitgeschichtlicher ‚Unterrichtung' in vielen Publikationen und anderen Kommunikationsmitteln Besseres entgegenzusetzen, in der politischen Auseinandersetzung der Parteien den Trend zur argumentlosen Reklameschlacht abzustoppen und anderes mehr."

Es bestehe die Notwendigkeit, über den Nationalsozialismus sachlich aufzuklären. Das „Problem des NS" sollte weder völlig auf die Ebene moralischer Aburteilung verschoben noch als „bedauerlicher Verkehrsunfall" behandelt werden. Stattdessen gelte es, jungen Menschen die Ursachen und Folgen des „Dritten Reiches" ins Bewusstsein zu rücken, auch in Bezug auf den Antisemitismus.

Ausgehend von der „veröffentlichten Meinung" der GEW lässt sich sagen, dass sich die Gewerkschaft durchaus bewusst war, dass die politische Bildungsarbeit an den Schulen Defizite aufwies und viele Lehrerinnen und Lehrer die NS-Vergangenheit sowie antisemitische Erscheinungen der Gegenwart im Unterricht nicht oder nicht angemessen thematisierten. Die Ursachen für diese Situation wurden jedoch selten bei der Lehrerschaft und ihrer eigenen Befangenheit gesucht. Viel häufiger wurden die politischen Rahmenbedingungen dafür verantwortlich gemacht. Karl Bungardt übte beispielsweise Kritik an den Äußerungen des damaligen Bundesinnenministers Gerhard Schröder (CDU), der am 18. Februar 1960 vor dem Deutschen Bundestag einerseits betonte, dass die Bevölkerung auf die Hakenkreuzschmierereien einhellig mit Abscheu und Empörung reagierte, andererseits angesichts der oft jugendlichen Täter aber dennoch die Frage stellte, was „bei der Unterrichtung der deutschen Jugend über Schuld und Verhängnis des Dritten Reiches" versäumt worden war. Dabei beklagte er das Fehlen eines allgemeingültigen deutschen Geschichtsbildes, an das sich Lehrkräfte halten könnten. Auch wirke sich im Unterricht erschwerend aus, dass es kein allgemein verbindliches pädagogisches Leitbild gebe. Tatsächlich wurden etwa die Empfehlungen des Deutschen Ausschusses für das Erziehungs- und Bildungswesen, der 1953 als beratendes kulturpolitisches Bund-Länder-Gremium ins Leben gerufen wurde, von Seiten der Kultusbehörden weitgehend ignoriert, auch wenn er bereits im Jahr 1955 ein Gutachten zur Politischen Bildung und Erziehung erarbeitet hatte und auch bezüglich der antisemitischen Vorfälle um

1960 eine Erklärung abgab.[1190] Auch aus den Reihen der Politik wollte offenbar niemand die Verantwortung für die bildungspolitische Schieflage übernehmen, wie die Worte des damaligen hessischen Kultusministers, Ernst Schütte, verdeutlichen, die in der ADLZ wiedergegeben wurden:

> „Es hat keinen Sinn, eine neue Schuldfrage zu formulieren. Die Hakenkreuzschmierer haben durchweg die Schule seit vielen Jahren hinter sich; das Gift wurde ihnen in der Welt der Erwachsenen, in politischen Gruppen von ressentimentgeladenen Freunden und Eltern gereicht."[1191]

Schütte, der in der Zeit des Nationalsozialismus selbst Lehrer war, betonte darüber hinaus, „daß eine nicht geringe Zahl der Lehrer längst schon ihr Bestes gerade dem politischen Unterricht zuwendet; nur sollten sich gerade diese dagegen wehren, wenn zweifellos noch viele ihrer Kollegen den heute bedeutsamen Auftrag mißverstehen, gar mißbrauchen, oder ihn – der häufigste Fall – lax und unbeteiligt ausführen." Jedoch schienen nach Schüttes Dafürhalten die Eltern für die politische Bildung der Jugend noch bedeutsamer zu sein als die Lehrkräfte: „Die vom Schüler am beharrlichsten verfochtenen Thesen haben fast immer die Eltern vorgeprägt. Wenn nötig, muß aber die Schule den Kampf mit dem Elternhaus fair und entschieden führen." Zuletzt rief der Kultusminister den Lehrern zu, von den guten Büchern und Hilfsmitteln, von denen es eine Menge gebe, Gebrauch zu machen. Auch eine Fortbildung der Lehrkräfte hielt er für dringend nötig.

Das hier zum Ausdruck gebrachte Verständnis für die Situation der Lehrerschaft und die in Aussicht gestellte Unterstützung der Lehrkräfte hatte aber offenbar mit der Auffassung sowie der praktischen Politik der meisten Kultusminister in jenen Tagen wenig gemein, wie ein weiterer Artikel von Karl Bungardt dies nahelegt.[1192] Zwar bemühten sich die Kultusministerien seit einiger Zeit, die Behandlung der Zeitgeschichte in den Schulen zu fördern,

> „[w]as aber als eine begrüßenswerte, wenn auch erst durch die Kritik der Oeffentlichkeit provozierte Aktion begann, hat unter dem Eindruck der antisemitisch-neonazistischen Vorfälle den Charakter einer gefährlichen, ja aggressiven Betriebsamkeit angenommen. In Berlin beklagt man, die Schule habe Entscheidendes versäumt und der Art. 131 GG [Grundgesetz, d. Verf.] habe Lehrer in den Dienst gebracht, die der Schule besser erspart geblieben wären. Man berät praktische, gegebenenfalls disziplinarische Möglichkeiten, die garantieren, daß das zeitgeschichtliche Pensum auch wirklich

---

1190 Kritik unerwünscht? (Anm. 1186).
1191 Politische Bildung ernst nehmen! Aus einem Artikel von Professor Dr. Ernst Schütte, Hessischer Minister für Erziehung und Volksbildung. In: Allgemeine Deutsche Lehrerzeitung 12, 1960, H. 1, S. 103.
1192 Was auf dem Spiele steht. In: Allgemeine Deutsche Lehrerzeitung 12, 1960, H. 3, S. 35.

bis in die letzte Klasse hinab bewältigt wird. Alle Lehrer, die Geschichtsunterricht erteilen, sollen überprüft werden; eine Historikerkommission ist beauftragt, die Bestände der Schulbüchereien, alle Lernmittel, die in die Hand der Schüler geraten und alle Geschichtslehrbücher durchzusehen. Um die immer noch vorhandenen Rückstände nationalsozialistischen Gedankengutes auszumerzen, läßt Hessen durch eine Schulrätekonferenz 15 Thesen zur Geschichte der jüngsten Vergangenheit als verbindlich für den Geschichtsunterricht in den Volks- und Mittelschulen ausarbeiten. Um zu überwachen, daß der Stoff auch wirklich behandelt wird, haben sich die Schulräte verpflichtet, den Unterricht laufend zu besuchen, und Einblick in die Klassenbücher zu nehmen. Gleiches und Aehnliches erfährt man aus allen deutschen Ländern."[1193]

Trotzig gab Bungardt zu verstehen, es sei nicht einzusehen, warum der Lehrerschaft und der Schule zwar die „antisemitischen Einzelgänger" zur Last gelegt, Zehntausende protestierender Jugendlicher dagegen nicht als ihr Verdienst angerechnet werden würden. Bungardt verwies in diesem Zusammenhang auf den (heute in Bezug auf seine NS-Belastung nicht unumstrittenen) Tübinger Politikwissenschaftler Theodor Eschenburg, der in den 1950er Jahren als ein bedeutender Kenner der Innenpolitik galt und in der Wochenzeitung „Die Zeit" regelmäßig politische Kolumnen verfasste, in denen unter anderem zu lesen war:

„Die Zahl der Lehrer, die den zeitgeschichtlichen Unterricht aus Gesinnungsgründen ablehnen oder vernachlässigen, ist gar nicht so groß, wie oft behauptet wird. Wohl aber scheuen sich viele, Unterricht über ein Gebiet zu geben, das sie nicht gründlich beherrschen."[1194]

Es sei daher „sehr billig und bequem", so Eschenburg weiter, „den Lehrern den Vorwurf zu machen, daß sie die Aufgaben im zeitgeschichtlichen und sozialkundlichen Unterricht nicht wahrnehmen, wenn man ihnen das Instrumentarium vorenthält".[1195] Bungardt forderte in seinem Beitrag die Politik folglich dazu auf, diese „elementaren Voraussetzungen zu schaffen [...] anstatt wegen des Versagens einer kleinen Zahl die unterrichtliche Freiheit des Lehrers durch kleinliches Reglementieren wieder aufzuheben."[1196]

Innerhalb wie außerhalb der Allgemeinen Deutschen Lehrerzeitung lässt sich beobachten, dass ab Ende 1959 / Anfang 1960 vermehrt öffentlich darüber gestritten wurde, ob besonders die Schulen und mit ihnen die Lehrkräfte für die allgemein konstatierten Defizite im Bereich der politischen Bildungsarbeit von Jugendlichen verantwortlich gemacht werden können. Im Zusammenhang mit

---

1193 Ebd., S. 35.
1194 Theodor Eschenburg: Handwerkszeug für Lehrer. Die Mängel der Schulbibliotheken sind blamabel. In: Die Zeit, 1960, 03/1960.
1195 Ebd.
1196 Was auf dem Spiele steht (Anm. 1190).

den bereits mehrfach erwähnten „Hakenkreuzschmierereien" wurde in einem Kommentar der ADLZ beispielsweise das Verhalten einzelner Presseorgane beklagt. Vor allem die „Sex-and-Crime-Presse" dürfe jegliche Rücksicht fallenlassen. Weiter hieß es:

> „[Die] Bildzeitung ist es denn auch, die soeben das Startzeichen zu einem neuen Haberfeldtreiben gegen die Erzieherschaft gab. Nicht von ungefähr, denn da im Gefolge des Eichmann-Prozesses eine weitere antideutsche Welle durch Teile der Welt geht, braucht man wieder einen Popanz, den man mit dem Ruf ‚Der da ist schuld!' an den Pranger stellen kann."[1197]

Zumindest weite Teile der „seriösen" Presse äußerten jedoch auch Verständnis dafür, dass Lehrkräfte und Interessenvertreter wie die GEW derartige Vorwürfe brüskiert zurückwiesen. So war etwa in der Wochenzeitung „Die Zeit" am 15. Januar 1960 zu lesen:

> „Seit Jahren schon wird der Geschichtsunterricht der westdeutschen Schulen kritisiert – nicht erst, seitdem einige Wirrköpfe Hakenkreuze an die Wände schmieren. ‚Was nützen die besten Lehrbücher über die jüngste Vergangenheit, wenn der Geschichtsunterricht bei Bismarck aufhört?' Vor allem diese Frage wird immer wieder gestellt. Warum diese Scheu vor der neuesten Geschichte? In der Regel ist es bei den Lehrern wohl weniger böser Wille als Mangel an Zivilcourage. Noch immer sehen es eben viele Eltern nicht gerne, daß ihre Kinder die Wahrheit über das Dritte Reich erfahren, und manche Unbelehrbaren lassen einen wahrheitsmutigen Lehrer ihren Unwillen im privaten Verkehr fühlen."[1198]

Auch in der Frankfurter Allgemeinen Zeitung war am 30. Januar 1960 unter der Überschrift „Die Lehrer können nicht alles tun" zu lesen:

> „Der Lehrer hat die Kinder täglich nur 5 bis 6 Stunden im Unterricht. Die übrige Zeit ist der junge Mensch anderen Einflüssen ausgesetzt, dem Elternhaus, den außerschulischen Veranstaltungen, seinen Zirkeln, in die kaum hineinzuschauen ist, den Zeitungen, Zeitschriften. Zudem: Das Verhältnis von Vater und Sohn war immer schon ein tragisches Problem. Man sollte daher vorsichtig sein mit dem Urteil über die Schule."[1199]

1197 Wir nehmen Stellung. Kommentare der ADLZ zum Zeitgeschehen. In: Allgemeine Deutsche Lehrerzeitung 13, 1961, H. 10, S. 148–149, hier S. 148.
1198 Robert Strobel: Wird der Geschichtsunterricht besser? Mit Lehrplänen allein ist es nicht zu machen. In: Die Zeit, 1960, 03/1960.
1199 Die Lehrer können nicht alles tun, in: Frankfurter Allgemeine Zeitung, 30.01.1960, zit. n.: Wir nehmen Stellung. Kommentare der ADLZ zum Zeitgeschehen. In: Allgemeine Deutsche Lehrerzeitung 12, 1960, H. 12, S. 84–85, hier S. 84.

Expertengremien wie der bereits angesprochene „Deutsche Ausschuß für das Erziehungs- und Bildungswesen" stellten sich letztlich ebenso schützend vor die Lehrkräfte. In einer Erklärung aus Anlass der antisemitischen Ausschreitungen vom 30. Januar 1960 hieß es:

> „Wenn vielfach die Schuld für diese erschreckende Reihe von Zeichen der Unreife, des Judenhasses oder nationalsozialistischen Ungeistes der Schule zugeschoben worden ist, so wehrt sich die Lehrerschaft mit Recht gegen Verallgemeinerungen und Einseitigkeiten".[1200]

Zwar dürfe sie die Frage selbst, wie weit sie durch Taten und Unterlassungen mitschuldig geworden sei, nicht von sich wegschieben. Dennoch müsse sie abweisen, dass sie zum Sündenbock für die Fehler anderer gemacht werde. Die Fehler lägen im Grunde beim Versagen der Eltern und bei den Schwächen der bundesdeutschen Politik:

> „Die Lehrerschaft wird nicht gelten lassen, daß man ihr eine Verantwortung zuschiebt, die sie in Wahrheit mit der Schulverwaltung, den Sprechern der öffentlichen Meinung, den Kirchen, vor allem aber mit den Eltern und den Politikern teilt. Das mindert nicht den Ernst der Frage, vor die sie durch solche Ereignisse gestellt wird."[1201]

Auch noch zu Beginn der 1960er Jahre hing die konkrete Ausgestaltung des Schulunterrichts, zumal in ideologisch besonders „vorbelasteten" Fächern wie Geschichte, stark von der einzelnen Lehrerpersönlichkeit ab.[1202] Dabei kann davon ausgegangen werden, dass die NS-Vergangenheit von vielen Lehrkräften nach wie vor als „problembehaftet" angesehen wurde, was zur Folge hatte, dass die in ihren Augen unangenehme Thematik so gut es ging im Unterricht gemieden wurde. Nicht anders ist es zu verstehen, wenn der Deutsche Ausschuss in seiner eben erwähnten Erklärung apologetisch formuliert:

1200 Deutscher Ausschuss für das Erziehungs- und Bildungswesen: Erklärung aus Anlaß der antisemitischen Ausschreitungen. Bonn, den 30. Januar 1960. In: Hans Bohnenkamp/Walter Dirks/Doris Knab (Hrsg.): Empfehlungen und Gutachten des Deutschen Ausschusses für das Erziehungs- und Bildungswesen 1953–1965. Gesamtaufgabe. Stuttgart 1966, S. 852–854, hier S. 852.
1201 Ebd.
1202 Christopher Schwarz: Zwischen Abendland und Arbeitswelt: Richtlinien und Lehrpläne für den Geschichtsunterricht an der Volksschule nach 1945. In: Wolfgang Hasberg/Manfred Seidenfuß (Hrsg.): Modernisierung im Umbruch. Geschichtsdidaktik und Geschichtsunterricht nach 1945 (Geschichtsdidaktik in Vergangenheit und Gegenwart, Bd. 6). Berlin 2008, S. 153–167, hier S. 164.

„Die älteren Lehrer haben in drei, die ältesten sogar in vier politischen Systemen nicht nur als Beamte ihren Eid ablegen, sondern als Erzieher den Staat in der Klasse lehrend vertreten müssen. Sie waren der Verführung und dem Druck des Nationalsozialismus noch stärker ausgesetzt als die Staatsbürger in vielen anderen Berufen. Die schematische Art, mit der die Entnazifizierung ein politisch-moralisches Problem juristisch lösen sollte, hat vielen die innere Umkehr erschwert. Auch bringt der Formalismus der Gesetzgebung zu Artikel 131 des Grundgesetzes Belehrte und Unbelehrbare in eine Front. Viele Lehrer stehen unter dem Druck von Eltern, die es nicht wünschen, daß ihre Kinder die Wahrheit über den Nationalsozialismus erfahren. Die Schulverwaltungen und die öffentliche Meinung müssen diese Hemmungen kennen und bis zu einem gewissen Grad mitbedenken. Wenn Lehrer festgestellt werden, denen man wegen ihrer nicht gewandelten nationalsozialistischen Haltung unsere Kinder nicht mehr anvertrauen kann, müssen sie aus der Schule entfernt werden. Die gesetzlichen Möglichkeiten dafür reichen aus. Der Lehrermangel darf solche Maßnahmen nicht verhindern. In anderen Fällen werden die Schulverwaltungen oder die Schulleiter dafür sorgen können, daß Lehrer, von denen man keine aktive politische Bildungsarbeit erwarten kann, nicht in den Fächern verwendet werden, die für diese Arbeit besonders wichtig sind. Viel dringlicher ist es allerdings, die Lehrer, die ihre Pflicht kennen und tun, zu ermutigen und ihnen die Zeit, die Befugnisse und die Mittel zu geben, daß sie sie voll erfüllen können. Auf ihren Eifer und auch auf ihre Zivilcourage ist die Demokratie angewiesen."[1203]

Wie war es um die Mittel bestellt, die den Lehrkräften zur Verfügung stehen sollten? Und welchen Einfluss auf die Gestaltung der Lehrpläne und Schulbücher machte die GEW bis dahin geltend? Diese Fragen sollen im Folgenden thematisiert werden.

5.2.2 Lehrplan- und Schulbuchfragen – Georg Eckert und die GEW

Für die Gestaltung des Unterrichts lieferten Lehrpläne und Schulbücher seit je her wichtige Vorgaben, die sich – abhängig von der jeweiligen Lehrerpersönlichkeit – mehr oder weniger stark auf Art und Umfang der politischen Bildungsarbeit an den Schulen auswirkten. Was geschah auf dem Gebiet der Curricula und Unterrichtsmaterialien im Verlauf der ersten Dekade der Bundesrepublik? Welche Bedeutung und welchen Einfluss hatte dabei die NS-Vergangenheit? Und welche Rolle spielten Vertreter der GEW, wenn um die Entwicklung und Anwendung von Lehrplänen und -büchern ging? Ein Blick auf diese Aspekte erscheint lohnend, weil sich dadurch Möglichkeiten und Grenzen der gewerkschaftlichen

---

1203 Deutscher Ausschuss für das Erziehungs- und Bildungswesen: Erklärung aus Anlaß der antisemitischen Ausschreitungen (Anm. 1198), S. 853–854.

Einflussnahme auf die Schulpolitik und den diesbezüglichen Umgang mit der NS-Vergangenheit aufzeigen lassen.

Lehrpläne und Schulbücher sind traditionell eng aufeinander bezogen. Wie an früherer Stelle bereits gezeigt wurde, war der Mangel an geeignet erscheinenden Geschichtsbüchern daher auch ein wesentlicher Grund für die Westalliierten, den Geschichtsunterricht bei der Wiedereröffnung der Schulen nach dem Krieg zunächst auszusetzen und anschließend starken Beschränkungen zu unterwerfen. Wie am Beispiel von Heinrich Rodenstein verdeutlicht werden konnte, lassen sich bereits während der NS-Zeit erste Initiativen von Regimegegnern und -kritikern nachweisen, die auf eine Revision der Schulbücher nach dem Krieg abzielten. Insbesondere der Umgang mit der Geschichte, der Zweck ihrer Vermittlung an Kinder und Jugendliche, war bei ihren Überlegungen von Bedeutung. Ein Protagonist, der sich bereits in den ersten Nachkriegsjahren mit großem Elan für einen veränderten Geschichtsunterricht einsetzte und dessen diesbezügliches Engagement mit der Geschichte der GEW in enger Verbindung steht, war der Pädagoge, Ethnologe, Historiker und Sozialdemokrat Georg Eckert.[1204]

> „In der neuen Schule des demokratischen Deutschlands wird Geschichte als Voraussetzung für eine wirkungsvolle staatsbürgerliche Erziehung zu den wichtigsten Unterrichtsfächern gehören. Der Aufbau einer lebensfähigen Demokratie in Deutschland kann nur gelingen, wenn die künftigen Staatsbürger schon in der Schule das geistige Rüstzeug erhalten, das ihnen eine stärkere Teilnahme am staatlichen Leben und selbständige verantwortungsbewußte politische Entscheidungen ermöglicht. Der Geschichtsunterricht muß daher gründliche Kenntnisse geschichtlicher Tatsachen und Zusammenhänge vermitteln und zu selbständigem geschichtlichem Denken, als der Voraussetzung zu eigener politischer Urteilsbildung, erziehen. […] Um das im Dritten Reich erschütterte Vertrauen zur Geschichte wiederherzustellen, ist im Geschichtsunterricht auf strengste wissenschaftliche Gewissenhaftigkeit und weltanschauliche Toleranz zu achten."[1205]

Dieser kurze Auszug aus einer Denkschrift Georg Eckerts, in der er seine Überlegungen zum „Beitrag der GEW zur Reform des Geschichtsunterrichts" festhielt, führt eindrucksvoll vor Augen, wie fortschrittlich bereits wenige Jahre nach Kriegsende über die Maximen des Geschichtsunterrichts nachgedacht werden konnte. Ein klares Bekenntnis zur Demokratie, der Wille und die Fähigkeit

---

1204 Eckerts Biographie ist ausführlich dargestellt in: Dieter Dowe/Eckhardt Fuchs/Heike C. Mätzing/Steffen Sammler (Hrsg.): Georg Eckert. Grenzgänger zwischen Wissenschaft und Politik (Eckert, Band 146). Göttingen 2017.

1205 Georg Eckert: Der Beitrag der Gewerkschaft Erziehung und Wissenschaft zur Reform des Geschichtsunterrichts. In: Arbeitsgemeinschaft Deutscher Lehrerverbände (Hrsg.): Geschichtsunterricht in unserer Zeit. Grundfragen und Methoden. Braunschweig 1951, S. 147–156, hier S. 147.

des Einzelnen zu selbstbestimmtem Handeln, ein historisches Bewusstsein als mentale Voraussetzung für den politisch aktiven, verantwortungsvollen Staatsbürger – diese Leitwerte gehörten 1951 unter den meisten Pädagogen „noch keineswegs zu diskursiven Selbstverständlichkeiten."[1206] Zugleich markierte das Jahr 1951 jedoch bereits den Höhepunkt bzw. „die Glanzzeit von G. Eckerts aktivem Einsatz für die demokratische Lehrerbildung".[1207] Heute wird sein Name vor allem mit dem Internationalen Schulbuchinstitut in Verbindung gebracht, das er zu dieser Zeit in Braunschweig gründete und dessen Leiter er bis zu seinem Tod im Jahr 1974 blieb. Die britische Besatzungsmacht hatte die Wiederzulassung des Schulfachs Geschichte an die Bedingung geknüpft, dass geeignete neue Lehrbücher zur Verfügung stünden. Eckerts Engagement für die Herstellung entsprechender Lehrwerke und Lehrmittel war somit eine notwendige Voraussetzung für sein eigentliches, großes Vorhaben, den Geschichtsunterricht in ganz Deutschland nach dem Kriegsende grundlegend zu reformieren. Dabei erkannte er die bedeutendste Herausforderung jedoch nicht in der Schaffung neuer Geschichtsbücher. Stattdessen beobachtete er bei Lehrerinnen und Lehrern großes Misstrauen, wenn nicht gar Angst vor dem Fach. Beides konnte nach seiner Überzeugung nur überwunden werden, wenn man ihr „Vertrauen zu der Sachlichkeit und Wissenschaftlichkeit des neuen Geschichtsunterrichts" erwecken konnte. Dafür war nach Eckerts Annahme ein grundlegender Kurswechsel nötig. Nicht nur die „Geschichtslegenden und -verfälschungen des 3. Reiches" mussten nach seiner Überzeugung beseitigt werden. Auch und gerade „die seit dem Ausgang des 19. Jahrhunderts in jahrzehntelanger Erziehung infizierten Ideen des alldeutschen Chauvinismus und einer militärischen Geisteshaltung" galt es von Grund auf zu bekämpfen.[1208]

Heute gelten Eckerts Prämissen für den Geschichtsunterricht an deutschen Schulen als Selbstverständlichkeit, zu seinen Lebzeiten konnte er sie jedoch nur sehr begrenzt verwirklichen. Bei der britischen Militärregierung wie auch innerhalb der GEW-Führung fand er zwar wichtige Unterstützer, zugleich stießen er und seine Mitstreiter aber auch auf zahlreiche Kritiker, vor allem aus den Kultusbehörden wie auch aus Kreisen der Erziehungswissenschaft. Eckerts Reformbestrebungen auf dem Gebiet des Geschichtsunterrichts verdeutlichen somit auch beispielhaft die Möglichkeiten und Grenzen der aktiven Auseinandersetzung mit Erblasten auf diesem Gebiet nach Kriegsende, weshalb sie im Folgenden kurz nachgezeichnet werden sollen.

1206 Michele Barricelli: Didaktische Räusche und die Verständigung der Einzelwesen. Georg Eckerts Beitrag zur Erneuerung des Geschichtsunterrichts nach 1945. In: Wolfgang Hasberg/Manfred Seidenfuß (Hrsg.): Modernisierung im Umbruch. Geschichtsdidaktik und Geschichtsunterricht nach (Geschichtsdidaktik in Vergangenheit und Gegenwart, Bd. 6). Berlin 2008, S. 261–290, hier S. 261.
1207 Ebd., S. 264.
1208 Ebd., S. 271.

Nach Rückkehr aus britischer Kriegsgefangenschaft und Abschluss seines Entnazifizierungsverfahrens erhielt Georg Eckert am 1. November 1946 eine Dozentur an der Hochschule für Lehrerbildung („Kant-Hochschule") in Braunschweig. Unter den Nationalsozialisten firmierte das Gebäude noch als Lehrerbildungsanstalt „Bernhard Rust". Nun sollte die aufklärerisch orientierte Hochschule eine neue, demokratisch orientierte Lehrergeneration hervorbringen.[1209] Unter den Dozenten befanden sich viele, die sich an deutschen Bildungstraditionen wie die des „Bundes Entschiedener Schulreformer" gebunden fühlten, darunter auch Heinrich Rodenstein, der 1948 zum Direktor der Kant-Hochschule berufen wurde. Sie alle waren bereit, mit der Militärverwaltung zu kooperieren, da sie mit den Reformvorstellungen der Besatzungsmacht weitgehend übereinstimmten.[1210] Gemeinsam mit anderen Hochschulmitarbeitern gründete Eckert in Braunschweig eine „Geschichtsarbeitsgemeinschaft", die sich zum Ziel setzte, neue Lehrmaterialien für den Geschichtsunterricht zu erarbeiten.[1211] Seine erste Arbeit in diesem Kontext war die Entwicklung eines Geschichtslehrplans für die Volks- und Mittelschulen des Landes, die damals von 80 bis 90 Prozent der Schülerschaft besucht wurden. „Direkt nach seiner Ernennung zum Dozenten für Geschichte […] arbeitete der damals 34-Jährige offenbar ‚wie im Rausch' an diesem Plan und schloss bereits Ende des Jahres Vorwort und Lehrplanentwurf ab."[1212]

Die „Brunswick Group", wie der Zirkel um Eckert und Rodenstein von den Briten genannt wurde, hatte sich durch ihre Arbeit rasch das volle Vertrauen der Militärregierung erworben.[1213] Diese begrüßte den Entwurf, der sich fast nahtlos in alliierte Konzeptionen zur Re-education einfügte, und ließ ihn schließlich ohne Einschränkungen zu. Schon Ende März 1947 lag schließlich der erste Geschichtslehrplan der gesamten britischen Zone in gedruckter Form vor.[1214] Georg Eckert konnte unterdessen guter Hoffnung sein, dass der „Braunschweiger

---

1209 Gerhard Himmelmann: Georg Eckert, Heinrich Rodenstein und die Braunschweiger Lehrerbildung. In: Dieter Dowe/Eckhardt Fuchs/Heike C. Mätzing/Steffen Sammler (Hrsg.): Georg Eckert. Grenzgänger zwischen Wissenschaft und Politik (Eckert, Band 146). Göttingen 2017, S. 67–84, hier S. 74.
1210 Ulrich Mayer: Demokratischer Geschichtsunterricht. Georg Eckerts Beitrag zur Geschichtsdidaktik nach 1945. In: Dieter Dowe/Eckhardt Fuchs/Heike C. Mätzing/Steffen Sammler (Hrsg.): Georg Eckert. Grenzgänger zwischen Wissenschaft und Politik (Eckert, Band 146). Göttingen 2017, S. 151–176, hier S. 153–154.
1211 Steffen Sammler: Georg Eckert und die internationale Schulbucharbeit in Braunschweig (1946 bis 1974). In: Dieter Dowe/Eckhardt Fuchs/Heike C. Mätzing/Steffen Sammler (Hrsg.): Georg Eckert. Grenzgänger zwischen Wissenschaft und Politik (Eckert, Band 146). Göttingen 2017, S. 223–236, hier S. 224–225.
1212 Mayer: Demokratischer Geschichtsunterricht. Georg Eckerts Beitrag zur Geschichtsdidaktik nach 1945 (Anm. 1210), S. 154.
1213 Barricelli: Didaktische Räusche und die Verständigung der Einzelwesen (Anm. 1206), S. 274.
1214 Ebd., S. 272.

Lehrplan" schon bald Gültigkeit für das ganze Land Niedersachsen erhalten könnte, das gut vier Monate zuvor auf Grundlage der Verordnung Nr. 55 von der britischen Militärregierung aus der Taufe gehoben wurde. In diesem Glauben veröffentlichte er ab 1947 unter dem Titel „Beiträge zum Geschichtsunterricht" turnusmäßig erscheinende Hefte, in denen er und seine Geschichtsarbeitsgemeinschaft Quellen und Materialgrundlagen für Lehrkräfte präsentierte, die ihnen die Durchführung des „neuen Geschichtsunterrichts" erleichtern sollten.[1215] Bis 1955 erschienen insgesamt 33 Ausgaben, die zum Teil weite Verbreitung erfuhren. In Niedersachsen, Hamburg und Bremen wurde die Reihe rasch für den Gebrauch in der Schule zugelassen bzw. empfohlen, die Höchstauflage lag schließlich bei 28.000 Exemplaren. Doch im Zuge der Währungsreform geriet das Heft in Schwierigkeiten. „In der neuen Zeit, da man für knappes Geld plötzlich wieder echte Konsum- und Distinktionsgüter erwerben konnte, gelüstete offenbar selbst Lehrern nicht mehr bevorzugt nach geistiger Nahrung, auch nicht zum überaus kleinen Preis von 0,30 bis 1,50 DM."[1216] Der Absatz des Heftes ging schlagartig und anschließend kontinuierlich zurück. Den empfindlichsten Rückschlag mussten Eckert und seine Mitstreiter allerdings hinnehmen, als das Land Nordrhein-Westfalen im Februar 1949 eine Einführung der „Beiträge" für den Geschichtsunterricht ablehnte.[1217]

Spätestens im Herbst 1949 scheiterte das ambitionierte Vorhaben der landesweiten Einführung eines im Eckert'schen Sinne reformierten Geschichtsunterrichts dann endgültig. Trotz der Befürwortung der britischen Behörden und der braunschweigischen Bezirksregierung stoppte die niedersächsische Kultusbehörde und deren verantwortlicher Leiter Adolf Grimme das Lehrplan-Projekt umstandslos. Unterdessen trat ein „alter Bekannter" unter der Pädagogenschaft auf den Plan, nachdem er ein mehrjähriges Entnazifizierungsverfahren schließlich zu seinen Gunsten abschließen konnte. Die Rede ist von Erich Weniger, der 1926 in Göttingen zu den „Grundlagen des Geschichtsunterrichts" habilitierte und anschließend als Professor an mehreren Pädagogischen Akademien lehrte. 1931 wurde Weniger Vorsitzender der neu gegründeten deutschen Sektion der „New Education Fellowship" (heute „World Education Fellowship") – der ältesten internationalen Organisation der Reformpädagogik. Schon in dieser Zeit gehörte Adolf Grimme, damals preußischer Kulturminister, zu seinen einflussreichen Freunden und Förderern.[1218] Nach der Zeit des Nationalsozialismus, die Weniger als Militärpädagoge und in den Kriegsjahren als NS-Führungsoffizier

---

1215 Himmelmann: Georg Eckert, Heinrich Rodenstein und die Braunschweiger Lehrerbildung (Anm. 1209), S. 80.
1216 Barricelli: Didaktische Räusche und die Verständigung der Einzelwesen (Anm. 1206), S. 277–279.
1217 Ebd.
1218 Wolfgang Klafki/Johanna-Luise Brockmann/Herman Nohl: Geisteswissenschaftliche Pädagogik und Nationalsozialismus. Herman Nohl und seine „Göttinger Schule" 1932–

gut überstanden hatte, sollte er in Niedersachsen Eckerts bedeutendster Konkurrent werden und schließlich über ihn dominieren. Auf Anregung Grimmes, nun niedersächsischer Kultusminister, begann er 1948 mit der Ausarbeitung eines Gegenentwurfs zu Eckerts braunschweigischen Richtlinien.[1219] Auch institutionell positionierte sich Weniger als direkter Konkurrent der „roten Hochschule" in Braunschweig, als er 1949 als ordentlicher Professor für Pädagogik an die Universität Göttingen berufen wurde. „Seine Vorarbeiten mündeten bis 1951 relativ geradlinig in die Einführung der niedersächsischen Gymnasiallehrpläne im Fach Geschichte (während Richtlinien für die Volksschulen erst 1956 erlassen wurden und das braunschweigische Produkt fast vollends in Vergessenheit geriet). Man musste eingestehen, dass von den deutschen Kultusbehörden, die sich allmählich von den Besatzungsmächten emanzipierten, und den mit ihnen kooperierenden Apparaten der Universitätshistoriker G. Eckert – der Nicht-Historiker, der Nicht-Gymnasiale, der Freund der Briten, der Sozialist – nicht (mehr) als voll gültiger Gesprächspartner anerkannt wurde."[1220]

Die progressiven Ansätze Eckerts, könnte man zusammenfassend formulieren, passten nicht in das Bild der verantwortlichen wissenschaftlichen und politischen Eliten der jungen Bundesrepublik. Bei ihnen beschränkte sich die Forderung nach einer Revision des Geschichtsbildes im Allgemeinen darauf, „den allzu deutlichen nationalsozialistischen Ballast abzuschütteln, um unbelastet den traditionellen staats- und politikzentrierten Interessen und Fragestellungen zu folgen."[1221] Selbst Politikern wie Adolf Grimme gingen die sozial- und demokratiegeschichtlich akzentuierten Positionen des braunschweigischen Geschichtsarbeitskreises zu weit. „G. Eckerts allgemeine Bildungsziele standen einfach zu wenig im Einklang mit den wieder zu Ansehen gelangten christlichen bzw. idealistisch-liberalen Bildungstraditionen, deren Befürworter Zuflucht in den G. Eckert so fremden ‚ewigen Werten' der abendländischen Kultur suchten und die Geschichte weniger als Ort sozialpolitischer Auseinandersetzungen, sondern als sittliches Gemeinschaftserlebnis begriffen sehen wollten. Diese Argumentation mochte auch auf den verantwortlichen Kultusminister A. Grimme zutreffen, der als Sozialdemokrat ethischer Prägung durchaus nach der Gemeinschaftsfähigkeit des zu bildenden Individuums fragte."[1222]

1937. Eine individual- und gruppenbiografische, mentalitäts- und theoriegeschichtliche Untersuchung (Beltz-Pädagogik). Weinheim 2002, S. 22.
1219 Mayer: Demokratischer Geschichtsunterricht. Georg Eckerts Beitrag zur Geschichtsdidaktik nach 1945 (Anm. 1210), S. 158.
1220 Barricelli: Didaktische Räusche und die Verständigung der Einzelwesen (Anm. 1206), S. 276–277.
1221 Mayer: Demokratischer Geschichtsunterricht. Georg Eckerts Beitrag zur Geschichtsdidaktik nach 1945 (Anm. 1210), S. 159.
1222 Barricelli: Didaktische Räusche und die Verständigung der Einzelwesen (Anm. 1206), S. 275.

Während Eckerts Positionen auf Ebene der Länder also weitgehend widersprochen wurde, traf er innerhalb der Gewerkschaft Erziehung und Wissenschaft auf viel Zuspruch. Nicht nur Heinrich Rodenstein, auch Anna Mosolf, ebenfalls im Vorstand der GEW tätig, unterstützten Georg Eckerts Ansichten und Absichten demonstrativ. Die GEW ermöglichte es Eckert nicht nur, seine Forderungen zu veröffentlichen, sondern gewährte ihm auch finanzielle Stützen für sein Schulbuchinstitut, dessen Existenz aufgrund ausbleibender staatlicher Zuwendungen zeitweise in ernste finanzielle Bedrängnis geriet.[1223] Bereits im Mai 1948 bildete sich innerhalb der GEW unter Eckerts Leitung ein „Ausschuß für Geschichtsunterricht", verbunden mit der Absicht, ein Memorandum auszuarbeiten, das die Forderungen der Gewerkschaft nach bundesweit einheitlichen Lehrplänen unterstreichen sollte. „Nach drei Jahren wurde keine Programmschrift, sondern ein Sammelband mit einer Reihe grundsätzlicher Artikel von gewerkschaftsnahen Lehrern, Kultusbeamten, Methodikern und Hochschullehrern publiziert, die Eckerts Positionen vertraten. Er selbst nahm noch einmal Aspekte seines inzwischen auf Landesebene gescheiterten Plans von 1947 auf."[1224] In den Auseinandersetzungen um vereinheitlichte Pläne und Richtlinien zu Beginn der 1950er Jahre fand der Sammelband allerdings keine Beachtung, was sich etwa in den Calwer Lehrplanbeschlüssen von 1951 und den darauf basierenden Empfehlungen der Kultusministerkonferenz zu den „Grundsätzen zum Geschichtsunterricht" von 1953 aufzeigen lässt.[1225] Wie sich herausstellte, war der Einfluss der GEW auf die Gestaltung der Lehrpläne recht begrenzt. Schlussfolgernd entschied der Vorstand der Gewerkschaft rasch, von weiteren Initiativen dieser Art abzusehen, denn der Sammelband von 1951 markiert bereits die „letzte vernehmbare Wortmeldung zur Reform des Geschichtsunterrichts von gewerkschaftlicher Seite und damit auch von G. Eckert. Es war dies geradezu beider ‚Schwanengesang'. Auf dem Münchner Historikertag vom Oktober 1949 hatte sich nämlich der Verband der Geschichtslehrer Deutschlands neu gegründet und zum wirklichen Handlungsbevollmächtigten in der Sache erklärt."[1226] Mit seiner Verbandszeitschrift „Geschichte in Wissenschaft und Unterricht" (GWU) lenkte der Geschichtslehrerverband die zeitgenössische Diskussion fortan in seinem

---

1223 Ebd., S. 288–289.
1224 Mayer: Demokratischer Geschichtsunterricht. Georg Eckerts Beitrag zur Geschichtsdidaktik nach 1945 (Anm. 1210), S. 169.
1225 Tobias Arand: „Nach wie vor steht die deutsche Geschichte im Mittelpunkt" – Die inhaltliche und organisatorische Neuorientierung des Geschichtslehrerverbands ab 1949. In: Wolfgang Hasberg (Hrsg.): Modernisierung im Umbruch. Geschichtsdidaktik und Geschichtsunterricht nach 1945 (Geschichtsdidaktik in Vergangenheit und Gegenwart, Bd. 6). Berlin/Münster 2008, S. 217–244, hier S. 227–228.
1226 Barricelli: Didaktische Räusche und die Verständigung der Einzelwesen (Anm. 1206), S. 285.

Sinne, während Eckerts Reformansätze in Vergessenheit gerieten.[1227] Hätten seine von der GEW mitgetragenen Unterrichtskonzeptionen, die sich auf Lebenswelt- und Gegenwartsprobleme bezogen und sich an Maßstäben wie Freiheit, Demokratie und sozialer Gerechtigkeit orientierten und moderne historische Sichtweisen beförderten, bei den damaligen politischen Entscheidern Anklang gefunden und wären sie zudem von einer Mehrheit der Pädagogen aktiv eingefordert worden, dann wäre die Diskussion um mangelnde politische Bildung und fehlende Kenntnisse über die NS-Zeit bei Jugendlichen Ende der 1950er / Anfang der 1960er Jahre womöglich zwar nicht ausgeblieben, aber gewiss anders verlaufen.[1228] So aber muss kritisch konstatiert werden, dass bis dahin, abgesehen von Eckerts Bemühungen, weder die Lehrerverbände der unmittelbaren Nachkriegszeit noch die GEW oder auch der DGB ein konkretes schulpolitisch-schulorganisatorisches Programm entwickelt haben oder als selbstständige Faktoren in die jeweiligen schulpolitischen Auseinandersetzungen ihrer Länder eigetreten sind. „Erst gegen Ende der fünfziger Jahre hatte sich die GEW als Verband hinreichend konsolidiert, um mindestens in einigen Bundesländern schrittweise als ins Gewicht fallende schulpolitische Größe wirksam zu werden, und der DGB begann ebenfalls erst in dieser Zeit, sich mit differenzierteren, wenn auch nicht originalen Stellungnahmen zu allgemeinen bildungspolitischen Fragen zu engagieren."[1229] Die GEW beschränkte sich lange Zeit weitgehend darauf, in ihrer Verbandszeitschrift die offenkundigen Missstände zu beklagen. So wird etwa die Neuauflage eines Geschichtsbuchs, das ursprünglich im Jahr 1949 unter dem Titel „Der Mensch im Wandel der Zeiten" erschien und für die Volksschulen der Bundesrepublik konzipiert war, als sichtbares Zeichen der „Restauration und Reaktion" bewertet, die wieder dabei seien, sich der Schulen zu bemächtigen. Im Gegensatz zur alten Ausgabe wird in der Neuauflage von 1958 die NS-Zeit von 41 auf 13 Seiten beschränkt. Das Thema der Judenverfolgung reduzierte sich von „immerhin 3 Seiten" auf lediglich 14 Zeilen. Die Widerstandsbewegung, die Geschichte der Konzentrationslager und weitere wichtige Aspekte der NS-Herrschaft kamen nicht mehr vor. Mit einer gewissen Resignation wurde in der ADLZ festgestellt:

1227 Ebd., S. 279.
1228 Zur grundsätzlichen Entwicklung des Stellenwerts der politischen Bildung im westdeutschen Schulsystem der 1950er und 1960er Jahre vgl. Walter Gagel: Der lange Weg zur demokratischen Schulstruktur. Politische Bildung in den fünfziger und sechziger Jahren. In: Aus Politik und Zeitgeschichte, 2002, 45/2002, S. 6–16.
1229 Wolfgang Klafki: Die fünfziger Jahre – eine Phase schulorganisatorischer Restauration. Zur Schulpolitik und Schulentwicklung im ersten Jahrzehnt der Bundesrepublik. In: Dieter Bänsch (Hrsg.): Die fünfziger Jahre. Beiträge zu Politik und Kultur (Deutsche Textbibliothek, Bd. 5). Tübingen 1985, S. 131–162, hier S. 144.

„Die vorstehend gekennzeichnete Stoffauswahl ist durch keinerlei amtliche Vorschriften irgend eines Bundeslandes erzwungen. Sie ist eine Anpassung an den Geist von 1958. [...] Verleger sind ahnungsvolle Geschäftsleute. Sie spüren bereits heute den Geist von übermorgen und wissen den ‚neuen Herren' in ihren Büchern Rechnung zu tragen."

Mahnend endet der Artikel in einem Aufruf:

„Seien wir daher wachsam! Wehren wir den Versuchen einer Verfälschung und Verniedlichung unserer jüngsten Geschichte! Reißen wir daher den Schleier des Vergessens von dem Zeitabschnitt, dessen sich alle anständigen Deutschen schämen müßten! [...]"[1230]

Doch was bewirkten derartige Anklagen und Aufrufe in der ADLZ – abgesehen von bestenfalls zustimmenden Reaktionen aus „ambitionierten" Kreisen der Leserschaft? Vermutlich muss die Antwort lauten: wenig. Die beispielhaft aufgeführte Reaktion einer Lehrkraft auf den eben erwähnten Artikel bringt genau dies zum Ausdruck. In der betreffenden Zuschrift ist unter anderem zu lesen:

„Unser pädagogisches Wirken wird weithin von Wirkungen des öffentlichen Milieus überspielt und unterspült. [...] Geben wir es zu, so traurig es ist! Bücher, auch Lehrbücher sind Milieufaktoren. Unsere Kraft gegenüber diesem öffentlichen Milieu ist in Intensität und Lautstärke unserer Aeußerungen begrenzt [...]."[1231]

So wurde weiterhin auf die „Mangelhaftigkeit unserer Geschichtslehrpläne" hingewiesen, die bewirkten, dass bei Volksschulabsolventen ein Geschichtswissen vorgefunden werde, „das bei einem Drittel bei Bismarck, bei dem zweiten bei Beginn des ersten Weltkrieges und beim letzten Drittel mit der Weimarer Republik endet".[1232] Ohne „die Gesamtheit der Lehrer diffamieren" zu wollen, wird allerdings auch kritisch bemerkt, dass inzwischen längst Material vorläge, das „nicht nur zur eigenen Informierung, sondern als Vorbereitungsgrundlagen hervorragend geeignet" sei.[1233] Regelmäßig fanden sich daher seit Anfang der 1960er

---

1230 „Restauration und Reaktion" in einem Geschichtsbuch für die Volksschulen der Bundesrepublik. In: Allgemeine Deutsche Lehrerzeitung 10, 1958, H. 8, S. 143–145.
1231 Lenk (Vorname unbekannt): Kleine Beiträge zur Diskussion. Zum Diskussionsbeitrag „Restauration und Reaktion" in einem Geschichtsbuch für die Volklsschulen in der Bundesrepublik. In: Allgemeine Deutsche Lehrerzeitung 10, 1958, H. 14, S. 252.
1232 Friedrich Karl: Hitler regierte von 1933–1945. In: Allgemeine Deutsche Lehrerzeitung 11, 1959, H. 13, S. 208–210, hier S. 208.
1233 Ebd., S. 209.

Jahre auch immer wieder Buchvorstellungen, -empfehlungen und -rezensionen,[1234] Hinweise auf Material- und Quellensammlungen zur NS-Geschichte,[1235] die sich für den Schulunterricht eigneten, sowie kritische Auseinandersetzungen mit autobiographischen Werken und Tagebüchern ehemaliger NS-Größen, die in dieser Zeit einen regelrechten Boom erlebten.[1236]

Wie sich die zeitgenössische Lehrerschaft insgesamt, an die sich derartige Empfehlungen und Kritiken richteten, zum Problem des Umgangs mit dem Nationalsozialismus innerhalb wie außerhalb der Schulen verhielt und positionierte, kann heute kaum mehr präzise bestimmt werden. Allerdings fällt auf, dass die fortgesetzte Diskussion über ein mangelndes Geschichtsbewusstsein unter Jugendlichen in der ADLZ erstmals mit auftretenden Zuschriften korreliert, die – teils selbstkritisch, teils selbstverteidigend – das jeweils eigene Handeln sowie die generelle Einstellung von Lehrkräften im Nationalsozialismus zur Sprache brachten. Auslöser einer solchen Auseinandersetzung, die sich über mehrere Ausgaben der Lehrerzeitung verfolgen lässt, war die ausführliche Besprechung einer „Bildbiographie" des damals ebenso bekannten wie vieldiskutierten österreichisch-britischen Schriftstellers und Publizisten Robert Neumann mit dem Titel „Hitler. Aufstieg und Untergang des Dritten Reiches".[1237] Unter der Überschrift „… und das habt Ihr alles geglaubt und mitgemacht?" thematisiert der Autor Friedrich Karl das Problem des Verschweigens und Verdrängens der Ereignisse im Nationalsozialismus gegenüber der jungen Generation.[1238] Neumanns Werk wird am Ende klar empfohlen, es gehöre „vor allen Dingen in die Hände jener, die damals noch nicht lebten oder zu jung waren, um alles mit Bewußtsein wahrzunehmen." Ihnen zeigten die Bilder „die Lüge bis zur Machterschleichung, die Propagandatäuschung […] bis in den Krieg und das Aufgehen der

---

1234 Friedrich Karl: „… und das habt Ihr alles geglaubt und mitgemacht?". In: Allgemeine Deutsche Lehrerzeitung 13, 1961, H. 15, S. 234–235; E. Loewy: Der verwaltete Mord. In: Allgemeine Deutsche Lehrerzeitung 13, 1961, H. 11, S. 170–171; Friedrich Karl: Wir nehmen Stellung. Kommentare der ADLZ zum Zeitgeschehen. In: Allgemeine Deutsche Lehrerzeitung 13, 1961, H. 5, S. 68–69; Friedrich Karl: Von 46 Schülern starben 43. In: Allgemeine Deutsche Lehrerzeitung 15, 1963, H. 11, S. 169–172; Erwin Loewy: Wir nehmen Stellung. Kommentare der ADLZ zum Zeitgeschehen. In: Allgemeine Deutsche Lehrerzeitung 15, 1963, H. 10, S. 148–149; Ja, aber… In: Allgemeine Deutsche Lehrerzeitung 16, 1964, H. 3, S. 37.
1235 Wir nehmen Stellung. Kommentare der ADLZ zum Zeitgeschehen. In: Allgemeine Deutsche Lehrerzeitung 14, 1962, H. 2, S. 20–21; Friedrich Karl: Macht ohne Moral. Betrachtungen zu einer Schallplattendokumentation über Heinrich Himmler und die SS. In: Allgemeine Deutsche Lehrerzeitung 14, 1962, H. 18, S. 310–311.
1236 Walter Scherwinsky: Und Goebbels war ein ehrenwerter Mann. In: Allgemeine Deutsche Lehrerzeitung 16, 1964, H. 8, S. 124–125.
1237 Robert Neumann: Hitler. Aufstieg und Untergang des Dritten Reiches. Ein Dokument in Bildern. München/Wien 1961.
1238 Karl: „… und das habt Ihr alles geglaubt und mitgemacht?" (Anm. 1232).

Drachensaat: die rationalste, methodischste Apparatur der Vernichtung, gesteigert vom irrationalsten Aberwitz".[1239]

Dass eine solch unmissverständliche Bewertung des Nationalsozialismus nicht von allen Lesern der Lehrerzeitschrift geteilt und begrüßt wurde, dokumentiert eine Zuschrift, die am 1. November 1961 in der ADLZ unter der Rubrik „Kleine Beiträge zu Diskussion" veröffentlicht wurde. „So wird die Vergangenheit nicht bewältigt! Auch auf die Gefahr hin, als Ewig-Gestrige oder gar als verkappte Nazistin angeprangert zu werden, möchte ich mich mit aller Entschiedenheit gegen Inhalt und Form des Artikels […] wenden", schrieb damals die Lehrerin Gertraude Steckhan, über deren Biographie heute leider nichts Näheres mehr in Erfahrung zu bringen ist. Sie warf dem Autor der von ihr kritisierten Buchbesprechung vor, „im Jargon der Ostzonenpresse" zu schreiben, ohne die eigentliche Frage zu beantworten, warum „so viele geglaubt und mitgemacht" hatten. Steckhan führte dafür die Weimarer Republik ins Feld, die sie – mit Verweis auf Ernst von Salomons „Fragebogen" – als einzige Misere darstellte.

> „Auch werden wir den Nationalsozialismus […] nie richtig beurteilen, wenn wir nicht aufhören, in Schwarz-Weiß-Manier zu malen: alle Nazis waren böse, schlecht, ja Verbrecher – alle anderen, die dagegen waren, waren gut. So werden wir damit doch nicht fertig!"[1240]

In Bezug auf die Beteiligten und Mitwisser des von Deutschen begangenen Massenmords, deren Zahl sie für begrenzt hielt, fragte sie schließlich: „[I]st jetzt die Zeit, solche vagen Verdächtigungen gegen ‚uns bekannte Nachbarn aufzustellen'? Haben wir heute nichts Wichtigeres zu tun?" Viele Millionen hätten ihren Glauben, ihre Hoffnung, ihren Opfersinn und ihre Hingabe am Ende schmählich getäuscht gesehen. „Frei von persönlicher Schuld bemühten und bemühen sie sich nun, ihr Leben auf neue Grundlagen zu stellen, genau so gut oder so schlecht wie die anderen, die jetzt so laut schreien: wir sind es nicht gewesen, wir haben nicht ja gesagt."

War Gertraude Steckhan mit ihrer Ansicht innerhalb der Lehrerschaft alleine? Öffentlich solidarisieren wollte sich jedenfalls niemand mit ihr, denn die weiteren abgedruckten Zuschriften, die sich auf ihren Leserbrief bezogen, kritisierten ihre Äußerungen scharf. Sie wurde beispielsweise gefragt, ob sie sich nicht daran erinnere, dass am Ende der Weimarer Republik „die Straße dem Terror der braunen Bataillone freigegeben war?"[1241] Auch der Rezensent der Neumann'schen „Bildbiographie", Friedrich Karl, der die Diskussion ins Rollen

---

1239 Ebd., S. 235.
1240 Gertraude Steckhan: So wird die Vergangenheit nicht bewältigt! In: Allgemeine Deutsche Lehrerzeitung 13, 1961, H. 19, S. 310–312, hier S. 310.
1241 Kleine Beiträge zur Diskussion. Die Mitschuldigen sind überall! In: Allgemeine Deutsche Lehrerzeitung 13, 1961, H. 21, S. 343–344, hier S. 343.

brachte, meldete sich nun erneut zu Wort und sparte nicht an scharfer Kritik.[1242] Steckhans Verweis auf Salomons „Fragebogen" kommentierte er wie folgt: „Nach Ihrer Meinung ist dieser aus Dichtung und Wahrheit gemixte Wälzer – raffiniert geschrieben – ein wissenschaftliches Werk. Diese Klassifizierung würde sogar Salomon amüsieren." Des Weiteren forderte er Steckhan auf, die Tatsache zu akzeptieren, dass sich alle, die nicht aktiv gegen das NS-Regime vorgegangen seien, mitschuldig gemacht hätten. „Noch heute denke ich mit Beschämung an einen Abend im Jahre 1933: ich stand mit vielen anderen in Breslau am Straßenrand als tausende Männer, von SA flankiert, zum Güterbahnhof marschierten. Es waren Sozialdemokraten, Juden und Kommunisten. Nie vergesse ich in den Straßenbahnen die stehenden Frauen mit dem gelben Stern am Kleid, und ich mußte sitzen bleiben. Mußte ich?" Was Friedrich Karl jedoch offensichtlich am stärksten zu provozieren schien, war die angebliche Unwissenheit über das Ausmaß der damaligen Verbrechen – ein entlastendes Argument, das Steckhan immer wieder hervorbrachte. „Ist Ihnen kein Schild in Erinnerung geblieben ‚Juden unerwünscht', ‚Kein Verkauf an Juden!' […]? Sie nennen es eine ‚haarsträubende Behauptung', weil ich schrieb, die meisten Lager seien von Dörfern umgeben gewesen. Die Lager sind ja noch vorhanden! Fahren Sie doch in den Ferien nach Buchenwald, nach Dachau, nach Bergen-Belsen […] und schauen Sie sich um, ob diese Elendsstätten in der Wüste lagen. Ich war damals Lehrer im Glatzer Bergland in Schlesien. Man brauchte dort nur auf einen gar nicht hohen Berg zu steigen, um in das Barackenlager für Frauen in Ludwigsdorf hineinsehen zu können. Ja, glauben Sie, daß ich das nur allein sah? Und was uns Thomas Mann regelmäßig am Rundfunk sagte, das hielten Sie damals vermutlich für Gräuelpropaganda." Um seiner Argumentation Nachdruck zu verleihen, verwies er anschließend auf Literatur wie „Das Dritte Reich und die Juden" von Léon Poliakow und Josef Wulf oder „Der SS-Staat" von Eugen Kogon.

Eine erneute, letztmalige Reaktion Gertrude Steckhan wurde in der dritten Ausgabe der ADLZ im Jahr 1962 veröffentlicht. Dabei distanzierte sie sich zwar von den „Ewiggestrigen", bekannte sich aber zugleich zu ihrer einstigen Loyalität gegenüber dem NS-Regime. Vor allem aber zweifelte sie den Sinn und die Form der Aufarbeitungsdebatte jener Zeit an:

> „Daß es wenige unverbesserliche Wirrköpfe gibt, die auch heute noch nationalsozialistischen Ideen anhängen, weiß ich. […] Daß ich damals dafür gewesen bin, wollte und werde ich niemals bestreiten […]. Welch ein Abweg das war, haben wir nach 1945 in bitteren Lektionen erfahren. Aber bei dieser Erkenntnis können wir doch nicht 15 Jahre und länger stehen bleiben […]. Was oder wem hilft es, wenn wir laut

---

[1242] Nachfolgende Zitate von Friedrich Karl sind entnommen aus: H. G. Lachmann: Kleine Beiträge zur Diskussion. Zu dem Diskussionsbeitrag: So wird die Vergangenheit nicht bewältigt! In: Allgemeine Deutsche Lehrerzeitung 13, 1961, H. 21, S. 343.

und andauernd pater peccavi schreien? [...] Diejenigen, die dem Nationalsozialismus vertraut hatten und nach dem Zusammenbruch erfahren mußten, wie sehr sie sich geirrt hatten, die haben schon in den Notjahren versucht, neue Wege zu finden. Wer es aber damals nicht geschafft hat, der ist doch auch heute nicht mehr zur Umkehr zu bewegen. [...] Haben wir heute nicht wichtigeres zu tun?"

Nach einigen Tiraden gegen das Vorgehen der Alliierten im Krieg, der sich nach ihrer Überzeugung etwa im „Massenmord von Dresden" ausdrückte, und Verweisen auf die Speziallager, die nach 1945 in der SBZ errichtet wurden, sowie auf das erst kurze Zeit zurückliegende Ereignis des Mauerbaus, resümiert Steckhan, sie wehre sich „leidenschaftlich dagegen, daß wir ein Volk von Verbrechern sein sollen, das schlechter sei als andere Völker – so, wie Sie und andere es uns unaufhörlich einzuimpfen versuchen."[1243]

Diese ausführliche Wiedergabe der von Gertrude Steckhan angewandten Argumentationsmuster vergegenwärtigt geläufige Exkulpationsstrategien jener Zeit. Gleichzeitig lässt sich an ihrem Beispiel aufzeigen, warum die Kommunikation über die NS-Zeit auch 15 Jahre nach dem „Dritten Reich" noch immer so schwerfällig war: Maßgeblich war aus Steckhans Sicht noch immer der Blick nach vorn, die Konzentration auf Probleme und Herausforderungen der Gegenwart und Zukunft, wie sie sich etwa aus der bedrohlich empfundenen Blockkonfrontation im Kalten Krieg ergaben. Auffällig ist zudem die tiefe Uneinsichtigkeit, wenigstens das eigene moralische Fehlverhalten anzuerkennen, ohne dies durch Verweise auf „die anderen" zu relativieren.

5.3 Diplomatie – und Diskurs? Beziehungen zur israelischen Lehrergewerkschaft

Die Mahner der frühen Stunden innerhalb der GEW, etwa Fritz Thiele, Karl Bungardt oder Heinrich Rodenstein, akzeptierten offenbar den Umstand, dass Mitglieder wie Gertrude Steckhan nicht gewillt waren, auf ihre Vergangenheit und die damit verbundene Schuldhaftigkeit ihres Verhaltens zurückzublicken, solange sie, was die Gegenwart und Zukunft betraf, die demokratischen Werte und Umgangsformen innerhalb und außerhalb der GEW zumindest formal nicht nur bejahten, sondern auch danach handelten. Wenn die Vergangenheit der Lehrerschaft zum Thema erhoben wurde, dann waren die Führungskräfte der GEW – die persönlich als untadelig geltenden Repräsentanten – für lange Zeit diejenigen, die hierbei das Wort ergriffen und die Gewerkschaft entsprechend nach außen vertraten. „Unter den führenden Leuten", so schätzte es der

---

1243 Gertraude Steckhan: Kleine Beiträge zur Diskussion. zu: „Die Mitschuldigen sind überall". In: Allgemeine Deutsche Lehrerzeitung 14, 1962, H. 3, S. 44.

Vorstand bereits Anfang der 1950er Jahre ein, konnte „keiner einer Nazi-Gesinnung verdächtigt werden".[1244] Es ist sicherlich als ihr „Verdienst" zu werten, dass es der GEW innerhalb kurzer Zeit gelungen ist, den Spagat zu meistern, der mit einer unzweifelhaft demokratischen Haltung nach außen bei gleichzeitigem Beschwichtigen und in manchen Fällen auch Beschweigen nach innen verbunden war. Es war, wie der ehemalige GEW-Vorsitzende Erich Frister Anfang der 1980er Jahre mit Blick auf Heinrich Rodenstein rekapitulierte,

„für die GEW und für die von ihr repräsentierte Lehrerschaft ein Glücksfall, dass sie einen ‚Außenminister' hatte in diesen Jahren nach dem Kriege und später dann einen Vorsitzenden, der über die nationalsozialistische Vergangenheit als jemand sprechen konnte, der in keiner Weise dafür zur Verantwortung gezogen werden konnte, und der auch nicht zu jenen gehörte, die da gleichgültig oder vorsichtig sich zurückgehalten hätten."[1245]

Rodenstein thematisierte etwa das Verhältnis zu Israel – und die damit verbundene Frage nach dem Umgang mit dem Holocaust – bereits zu einer Zeit, als viele innerhalb der GEW noch kaum darüber zu sprechen wagten. Es ist im Wesentlichen ihm und auch Georg Eckert zu verdanken, dass die Lehrerorganisation bereits frühzeitig in den Kreis der internationalen Lehrervereinigungen zurückkehren konnte, dadurch unter anderem in Kontakt zur israelischen Lehrergewerkschaft kam und letztlich – trotz allem Beschweigen nach innen – sogar freundschaftliche Beziehungen mit ihr aufbauen konnte. Im gemeinsamen Geschäftsbericht der ADGL für die Jahre 1951/52 findet sich ein aufschlussreiches Zitat, das Rodensteins diesbezügliche Motivation verdeutlicht:

„Das Dritte Reich und der zweite Weltkrieg haben das deutsche Ansehen in der Welt so sehr zerstört, daß es noch einer langen Reihe von Jahren geduldiger Arbeit bedürfen wird, bis auf internationaler Ebene die Unvoreingenommenheit und das Vertrauen wieder hergestellt sein werden, die für jeden einzelnen Erzieher und mehr noch für die Erzieherverbände der allgemeine Hintergrund ihrer beruflichen und gewerkschaftlichen Tätigkeit selbstverständlich sein sollte. Erst dann, wenn z. B. die Gewerkschaft der israelitischen Lehrer in Palästina, ohne auf Widerspruch im eigenen Lande zu stoßen, Delegierte der AGDL auf ihren Kongressen vielleicht in Haifa, Tel Aviv oder

---

1244 Arbeitsgemeinschaft Deutscher Lehrerverbände: Gemeinsamer Geschäftsbericht 1953/54 der Gewerkschaft Erziehung und Wissenschaft und des Bayerischen Lehrerinnen- und Lehrervereins e. V. (Anm. 1138), S. 123.
1245 Ansprache von Erich Frister auf dem deutsch-israelischen Lehrerseminar im Dezember/ Januar 1982/83, in: Ulrich Thöne: Die Verantwortung aber bleibt. 40 Jahre deutsch-israelische Seminare: Anstösse und Anregungen für die Konfrontation mit dem Holocaust in Erziehung, Unterricht und Fortbildung. Frankfurt am Main 2008, S. 27.

Jerusalem gern willkommen heißen wird, kann das böse Erbe des Dritten Reiches als liquidiert angesehen werden."[1246]

Von Anfang an erkannte Rodenstein in den Beziehungen zu Israel einen Schlüsselfaktor für die Vergangenheitsbewältigung. Bereits in der Braunschweiger Kant-Hochschule machte er daher das Schicksal der Juden und die Gründung des Staates Israel zum Thema in seinen Lehrveranstaltungen. „All dies verstand Rodenstein als eine geistig-politische Auseinandersetzung, als ‚Demokratie-Erziehung' im Sinne der Bildung zur politischen Urteilsfähigkeit."[1247]

Erste Kontakte zu Vertretern der israelischen Lehrergewerkschaft ergaben sich durch die Wiederaufnahme der internationalen Arbeit der GEW. Bereits wenige Jahre nach Kriegsende war die Lehrergewerkschaft in den Kreis der „Fédération Internationale des Professeurs de l'Enseignement Secondaire Officiel" (FIPESO) – dem internationalen Zusammenschluss der Philologenverbände – und der „Fédération Internationale des associations d'instituteurs" (FIAI) – der internationalen Vereinigung der Volksschullehrergewerkschaften – wiederaufgenommen worden. Der Deutsche Lehrerverein, als dessen Nachfolgeorganisation sich die GEW verstand, hatte die FIAI 1926 in Amsterdam mitbegründet. Im Zuge der „Machtergreifung" endete 1933 unter Führung des NSLB das internationale Engagement, zugleich beschlossen die FIAI-Vertreter jedoch, den Sitz, den der Deutsche Lehrerverein bis dahin im Exekutiv-Komitee der FIAI innegehabt hatte, solange offen zu halten, bis wieder eine neue freie deutsche Lehrerorganisation entstehen würde. Nach Kriegsende spannten sich rasch neue Fäden zwischen Verantwortlichen der FIAI und den „Gründervätern" der späteren Bildungsgewerkschaft. Rückblickend wird in einem Geschäftsbericht diesbezüglich eingeschätzt:

„Die Bereitschaft unserer Bruderverbände in Frankreich, England und vielen anderen europäischen Ländern, der neuerstandenen deutschen Lehrerorganisation Vertrauen auf Vorschuß zu gewähren, kann gar nicht hoch genug gewertet werden. Sie eilten der öffentlichen Meinung in ihren Ländern weit voraus. Früher als die meisten politischen Parteien oder Gewerkschaften in Deutschland hatte die AGDL das Glück, wieder mit vollen Rechten in der FIAI und der FIPESO […] mitarbeiten zu können."[1248]

1246 Arbeitsgemeinschaft Deutscher Lehrerverbände: Gemeinsamer Geschäftsbericht 1951/52, S. 1-183, hier S. 126. In: Archiv des GEW-Hauptvorstands.
1247 Himmelmann: Georg Eckert, Heinrich Rodenstein und die Braunschweiger Lehrerbildung (Anm. 1209), S. 78-79.
1248 Arbeitsgemeinschaft Deutscher Lehrerverbände: Gemeinsamer Geschäftsbericht 1960/62 der Gewerkschaft Erziehung und Wissenschaft und des Bayerischen Lehrerinnen- und Lehrervereins e. V. (Anm. 1150), S. 44.

Ein erster Meilenstein in den deutsch-israelischen Beziehungen stellte das Jahr 1957 dar. Am 29. Juli 1957 fanden sich etwa 350 Delegierte aus 41 Ländern zum „Weltkongress der Lehrer und Erzieher" in Frankfurt ein – darunter auch der Generalsekretär der israelischen Lehrergewerkschaft, Schalom Levin. Zum ersten Mal, wenn auch im Rahmen eines internationalen Kongresses, trat eine Lehrerdelegation aus Israel auf deutschem Boden auf. In der ADLZ hieß es dazu:

> „Es war nicht nur ein ‚psychologisches Bedürfnis', wie es Schalom Levin geltend machte; vielmehr hielten wir es für ein gutes Recht, wenn nicht gar für eine Verpflichtung der israelischen Delegation, nicht etwa vor uns Deutschen, noch weniger vor den Delegierten aus aller Welt, wohl aber vor dem Andenken an die 6 Millionen verfolgter, geschändeter und gemordeter Angehöriger des jüdischen Volkes und der 1 Million unschuldiger Kinder, zu erklären, was sie trotz allem bewogen hat, in das Land ihrer Not zu kommen. Sie glaubten, den Willen und die Sehnsucht dieser Millionen am besten zu erfüllen, indem sie ihren in Angst und Qual und Ohnmacht erstickten Schrei nach Frieden, Freiheit und Gerechtigkeit aufnahmen und vernehmlich weitergaben. Aus diesem tragischen Erleben heraus hielten sie es für notwendig, mit Nachdruck zu betonen, ‚daß Lehrer und Erzieher vor allem zur Humanität und Gerechtigkeit verpflichtet sind, wie auch zum Kampfe für das Recht auf ein unabhängiges und individuelles Dasein einer jeden Nation gemäß den höchsten Idealen, die vor Jahrtausenden von den Propheten Israels verkündet wurden: den Idealen des Friedens und der Gerechtigkeit in der ganzen Welt', so sagte Levin in seiner Erklärung."[1249]

Am Rande des Kongresses wurde „in einem ernsten, offenen und tiefen Abendgespräch" zwischen deutschen und israelischen Vertretern auch die Frage erörtert, was die deutschen Lehrkräfte täten, um zu verhindern, „daß je wieder von Menschen an Menschen so gesündigt wird, wie es von Deutschen an Juden getan wurde".[1250] Im kleinen Kreis der Delegierten kam man lediglich zu der gemeinsamen Überzeugung, dass noch vieles geschehen müsse. Jedoch wurde im Zuge dieser schlichten Feststellung die Idee geboren, deutsche und israelische Lehrer in direkten Kontakt zu bringen, um gemeinsam „für Frieden, Freiheit und Gerechtigkeit" zu arbeiten. Bis heute führt die GEW regelmäßig deutsch-israelische Lehrerseminare durch – doch bis dies erstmals geschah, sollten nach dem Entschluss von Frankfurt noch einige Jahre vergehen.

In zahlreichen „vertrauensbildenden Maßnahmen" brachte die GEW-Führung nach 1957 zum Ausdruck, dass sie es ernst meinte mit der Intensivierung der Beziehungen zur israelischen Lehrergewerkschaft. Als sich etwa herausstellte, dass sich die Vorgänge um den bereits erwähnten Ludwig Zind zu genau der

---

1249 Liegt die Vergangenheit hinter uns? In: Allgemeine Deutsche Lehrerzeitung 10, 1958, H. 9, S. 155.
1250 Ebd.

Zeit ereigneten, in der der Weltkongress der Lehrer und Erzieher tagte, gab dieser Zusammenhang dem Vorstand einen entscheidenden Impuls, in einer Entschließung die „Erschütterung und Empörung" der GEW zum Ausdruck zu bringen.[1251] Etwa ein Jahr später, kurz nachdem der Staat Israel am 24. April 1958 seine 10 jährige Selbstständigkeit feierte, begann in München der „Kongress der Lehrer und Erzieher", der ganz bewusst unter das Motto „Erziehung entscheidet unser Schicksal" gestellt wurde.[1252] Neben standesorganisatorischen Fragen und Diskussionen um die Struktur des Schulsystems wurden ganz ausdrücklich auch bildungspolitische Aspekte behandelt und als entscheidend herausgestellt. Wollte man die heranwachsende Generation nachhaltig und dauerhaft für Werte wie Freiheit, Demokratie und Toleranz gewinnen, bedurfte es einer bildungspolitischen Offensive. In diesem Zusammenhang wurde auf dem Münchner Kongress – auf maßgeblichem Betreiben Heinrich Rodensteins hin – die „September-Gesellschaft" ins Leben gerufen, in der sich Vertreter von Gewerkschaften, Arbeitgebern und Landwirtschaft zusammenfanden und ein bildungspolitisches Diskussionsforum gründeten.[1253] „Der Präsident des Bauernverbandes und ehemalige liberale Düsseldorfer Kultusminister Leuchtenberg übernahm das Amt des Präsidenten. Er bezeichnete die Septembergesellschaft als den politischen Bruder des Deutschen Ausschusses für das Erziehungs- und Bildungswesen. Da dieser nur empfehlend tätig sein könne, solle die Septembergesellschaft den Empfehlungen politisches Gewicht geben und für ein gemeinsames Mindestprogramm eintreten."[1254] In einer Vielzahl von Tagungen wurden die jeweiligen Vorstellungen zur Bildungspolitik vorgetragen und erörtert. Zwar war diese „große Koalition" im Bildungsbereich ein offenes Forum, auf dem weder abgestimmt noch Beschlüsse gefasst wurden. Dennoch konnte sich der Kreis auf „gemeinsame Grundüberzeugungen" einigen, die Heinrich Rodenstein erstmals im Rahmen einer Kundgebung am 24. November 1961, also drei Jahre nach ihrer Gründung, in Dortmund der Öffentlichkeit präsentierte. Erich Frister resümierte 1981 über die September-Gesellschaft, sie habe nicht nur die Landschulreform auf den Weg gebracht, habe nicht nur die Berufsschule aus ihrem Schattendasein herausgebracht, habe nicht nur die Gesamtschulentwicklung beflügelt, sie habe auch die Lehrerschaft als eine gleichberechtigte gesellschaftliche Kraft neben die anderen gesellschaftlichen Gruppen gestellt. Die Herstellung von Gleichwertigkeit, die

---

1251 Wir nehmen Stellung (Anm. 1181), S. 156.
1252 Ebd.
1253 Himmelmann: Georg Eckert, Heinrich Rodenstein und die Braunschweiger Lehrerbildung (Anm. 1209), S. 84.
1254 Wilhelm Ebert: Mein Leben für eine pädagogische Schule. Im Spannungsfeld von Wissenschaft, Weltanschauung und Politik. Bad Heilbrunn 2009, S. 693.

Rückkehr zur Normalität, nach innen wie nach außen, das war „ein wesentliches Ziel, das Heinrich Rodenstein immer verfolgte".[1255]

Fokussierte sich die September-Gesellschaft überwiegend auf innenpolitische bildungspolitische Belange, so existierte bereits seit 1948 ein weiterer Diskussionskreis, der die Bildungsdebatte ausdrücklich international ausrichtete und der ebenfalls von der Gründergeneration der GEW und damit von Heinrich Rodenstein wesentlich mitgeprägt wurde: der sogenannte „Sonnenberg-Kreis". Nachdem das Schullandheim einer Wolfenbüttler Volksschule, in dem die ersten Zusammenkünfte mit ausländischen Lehrergewerkschaften stattfanden, aufgrund der hohen Resonanz bereits nach wenigen Jahren nicht mehr den gestellten Anforderungen genügte, wurde im Jahr 1952 beschlossen, in St. Andreasberg im Oberharz „ein eigenes Haus zu bauen, das ausschließlich der internationalen Arbeit der Lehrer und der Jugend dienen soll – das ‚Internationale Haus Sonnenberg'."[1256] Als Trägergesellschaft wurde der „Internationale Arbeitskreis Sonnenberg, Gesellschaft zur Förderung internationaler Zusammenarbeit e. V." ins Leben gerufen, dessen Vorstand ausschließlich von GEW-Mitgliedern getragen wurde: dem Historiker, Autor und Schulleiter Gerhard Linne sowie dem Rektor und späteren persönlichen Referenten des Niedersächsischen Kultusministers Walter Schulze. In der am 27. September 1953 eingeweihten neuen Tagungsstätte fanden Jahr um Jahr zahlreiche Teilnehmer aus unterschiedlichsten Ländern zusammen, um auf kulturellem und erzieherischem Gebiet vertiefend zu diskutieren und für Völkerverständigung einzutreten.[1257] Zugleich wurde die GEW immer häufiger gebeten, ihre eigenen Vertreter zu weiteren Konferenzen und Tagungen ins Ausland zu entsenden. Bereits Mitte der 1950er Jahre stand die Lehrergewerkschaft auf diese Weise in freundschaftlichem Kontakt mit Schwesterorganisationen in allen skandinavischen Ländern, in Holland, Belgien, Frankreich, Österreich, der Schweiz und Jugoslawien.[1258] Neben diesen grundsätzlichen Erfolgen, die das internationale Ansehen der GEW zweifellos beförderten, dürfte ein Ereignis im Jahr 1963 für den Sonnenberg-Kreis und für die Lehrergewerkschaft insgesamt von besonderer Bedeutung gewesen sein. So wurde im gemeinsamen Geschäftsbericht der AGDL für die Jahre 1962 bis 1964 festgehalten:

> „Im August 1963 nahm erstmalig eine größere Gruppe aus Israel an einer Sonnenberg-Tagung teil, darunter waren namhafte Vertreter der Gewerkschaften und

---

1255 Erich Frister: Heinrich Rodenstein. Proletarier unter den Lehrern. In: Erziehung und Wissenschaft 33, 1981, H. 2, S. 16.
1256 Arbeitsgemeinschaft Deutscher Lehrerverbände: Gemeinsamer Geschäftsbericht 1951/52 (Anm. 1244), S. 128.
1257 Ebd.
1258 Arbeitsgemeinschaft Deutscher Lehrerverbände: Gemeinsamer Geschäftsbericht 1953/54 der Gewerkschaft Erziehung und Wissenschaft und des Bayerischen Lehrerinnen- und Lehrervereins e. V. (Anm. 1138), S. 125.

verschiedener kultureller und politischer Organisationen. Die internationale Zusammensetzung der Tagung (neben 50 Deutschen und 15 Israelis nahmen Amerikaner, Dänen, Engländer, Isländer, Luxemburger, Niederländer und Polen teil) wirkte außerordentlich stimulierend auf alle Teilnehmer, wobei besonders die Israelis von dem ehrlichen Bemühen der AGDL überzeugt wurden, internationale Bildungsarbeit im Sinne der Verständigung und ohne Verschweigen der im deutschen Namen begangenen Untaten zu fördern. [...] Der unmittelbare Kontakt mit den Angehörigen eines Volkes, dessen Ausrottung noch vor wenigen Jahren vorn Nazi-Regime betrieben wurde, gab besonders den deutschen Teilnehmern Gelegenheit zu verstehen, wie unerhört schwierig es ist, zwischen Israelis und Deutschen neues Vertrauen aufzubauen. Umgekehrt hatten die Israelis die Möglichkeit, in Plenumsdiskussion und zwanglosen Gesprächen mit deutschen Teilnehmern deren heutige Einstellung zu ergründen. Die Anwesenheit zahlreicher anderer ausländischer Gruppen beugte jedoch der Gefahr einer Verabsolutierung des deutsch-israelischen Verhältnisses vor und stellte es anschaulich in den größeren Rahmen, in dem es tatsächlich seinen Platz haben sollte. In dieser Tagung [...] bestand die Sonnenberg-Arbeit erneut ihre pädagogische und menschliche Bewährungsprobe."[1259]

Kontinuierliche, konstruktive Zusammenarbeit war für die GEW der Schlüssel zum Erfolg, was ihre internationale Reputation betraf – auch und gerade im Verhältnis zu Israel. Schon seit 1958 – fünf Jahre vor der Beteiligung israelischer Vertreter an den Aktivitäten des Sonnenberg-Kreises – entstanden zwischen dem bereits erwähnten Ausschuss für Geschichtsunterricht unter Leitung von Georg Eckert und der israelischen Lehrergewerkschaft erste Formen der Kooperation.[1260] Besonders das von Eckert geleitete Internationale Schulbuchinstitut in Braunschweig stand seit Anfang der 1960er Jahre im ständigen Erfahrungsaustausch mit israelischen Kollegen und Kolleginnen, geeint in der Zielstellung, „die Darstellung der deutsch-jüdischen Beziehungen sowie der Geschichte des Judentums in den westdeutschen Schulgeschichtsbüchern weiter zu verbessern."[1261] Auch „ungünstige" äußere Umstände in jener Zeit, durch die der internationalen Öffentlichkeit die bisher weitgehend unbewältigte NS-Vergangenheit vor Augen geführt wurden, etwa die bereits thematisierten Synagogenschändungen oder die NS-Prozesse von Ulm und Frankfurt, konnten der kontinuierlichen Ausweitung der Beziehungen der GEW zur israelischen Lehrergewerkschaft nichts anhaben. So fiel beispielsweise der Kongress der FIAI 1961 in Israel nicht nur räumlich, sondern auch zeitlich mit dem Prozess gegen Adolf Eichmann zusammen. Die

---

1259 Arbeitsgemeinschaft Deutscher Lehrerverbände: Gemeinsamer Geschäftsbericht 1962/64, S. 1–431, hier S. 204–205. In: Archiv des GEW-Hauptvorstands.
1260 Arbeitsgemeinschaft Deutscher Lehrerverbände: Gemeinsamer Geschäftsbericht 1958/60 der Gewerkschaft Erziehung und Wissenschaft und des Bayerischen Lehrerinnen- und Lehrervereins e. V. (Anm. 1149), S. 170.
1261 Kritik unerwünscht? (Anm. 1188), S. 263.

Anwesenheit der Vertreter der deutschen Lehrerschaft wurde auch deshalb in Israel aufmerksam beobachtet. Heinrich Rodensteins Rede auf dem Kongress in Tel Aviv ging damals nicht nur im Wortlaut über den Äther. Erstmalig war im israelischen Rundfunk darüber hinaus die deutsche Sprache zu hören.[1262] Über diese Besonderheiten war sich der erste Vorsitzende der GEW durchaus bewusst, indem er sagte:

„[...] als wir vor einem Jahr auf dem FIAI-Kongreß in Amsterdam über den Kongreßort 1961 berieten, ließ Kollege Shalom Levin mich fragen, ob wir, d. h. die Arbeitsgemeinschaft Deutscher Lehrerverbände, auch nach Israel kommen würden. Ich antwortete, die einzig berechtigte Frage sei doch wohl, ob die Israelis wünschten, daß wir kämen. Die israelische Lehrergewerkschaft hat uns ebenso herzlich eingeladen wie alle anderen Verbände. [...] Die Geschichte jedes Volkes ist unabänderlich und muß redlicherweise immer ganz gesehen werden. Es ist niemandem erlaubt, nur die schönen und stolzen Tage zu zählen und die bedrückenden oder schmachvollen auszulassen. Dies gilt besonders für Lehrer und Erzieher. [...] Daß auch Deutsche unter Einsatz ihrer Freiheit und ihres Lebens gegen das Dritte Reich aufgestanden sind, ändert nichts an der Tatsache, daß die millionenfachen Verbrechen am jüdischen Volk im Namen des deutschen Volkes begangen wurden und daß das ganze deutsche Volk die daraus erwachsenden Verpflichtungen würdig zu übernehmen hat. Die 3 Vorsitzenden der AGDL haben sich in einer öffentlichen Erklärung zum Eichmann-Prozeß feierlich zu diesen Verpflichtungen bekannt. Mit ihren amtierenden Vorsitzenden wird die ganze AGDL zu ihrem Wort stehen. Wir haben uns häufig gefragt, ob das jüdische Volk sich wohl noch in unserer Zeit zumuten könne, mit uns Deutschen normale Beziehungen aufzunehmen. Wir hätten gut verstanden, wenn diese Aufgabe einer Zeit überlassen worden wäre, da die Henker und die Generation ihrer Opfer nicht mehr leben. Nun sind wir Zeugen, daß die Israelis die noble und fast übermenschliche Haltung eingenommen haben, noch in unserer Zeit mit Deutschen zusammen zu arbeiten, soweit diese sich nicht persönlich schuldig gemacht haben. Von der ersten Minute unseres Aufenthaltes auf dem Boden Israels an haben wir immer wieder ergreifende Beispiele dafür erlebt. Mit dieser Haltung folgt das Volk von Israel dem großen Vorbild seiner Propheten. Chaim Weizmann hat einmal gesagt: ‚Wir sind vielleicht die Söhne von Altwarenhändlern, aber sicher sind wir die Enkel von Propheten.' Die deutsche Delegation dankt den Israelis, den Enkeln jener Propheten, die auch für uns die frühesten Stimmen der Menschlichkeit sind. Wir versprechen, in Deutschland getreulich zu berichten, welche tiefen Eindrücke wir hier in Israel empfingen."[1263]

1262 Arbeitsgemeinschaft Deutscher Lehrerverbände: Gemeinsamer Geschäftsbericht 1960/62 der Gewerkschaft Erziehung und Wissenschaft und des Bayerischen Lehrerinnen- und Lehrervereins e. V. (Anm. 1150), S. 46–47.
1263 Ebd., S. 45–46.

Die Antwort des Gastgebers Shalom Levin spiegelt den beachtlichen Vertrauensvorschuss wider, den die israelische Lehrerorganisation der deutschen Lehrergewerkschaft entgegenbrachte:

> „Wir wissen, daß weder Prof. Rodenstein noch die übrigen Delegierten, die nach Israel gekommen sind, in irgendeiner Weise für die Gräueltaten der Nazis verantwortlich sind. Aber Prof. Rodenstein, der aufrichtige Worte tiefen Bedauerns ausgesprochen hat, weiß auch, daß es für die Ausrottung von Menschen keine Verzeihung geben kann und daß nicht vergeben werden kann, was wir durch die Ermordung von 6 Millionen unserer Brüder erlitten haben. Wir kennen keine Rassenvorurteile, darum strecken wir jedem die Hand entgegen, der bereit ist, die Mächte der Zerstörung und des Hasses auszurotten. Die Worte Prof. Rodensteins vor diesem FIAI-Kongreß sind noch genau so aktuell wie zur Zeit des WCOTP-Kongresses 1957 in Frankfurt, wo ich erklärte, daß die einzige Hoffnung für die Zukunft darin läge, die junge Generation so zu erziehen, daß sie die Unantastbarkeit des menschlichen Lebens wahrt, Nächstenliebe übt und die Rechte anderer achtet. Heute werden wir Israelis durch den Prozeß gegen einen der Hauptverantwortlichen für die Ermordung vieler unserer Brüder noch einmal an die Katastrophe erinnert. Dennoch vergessen wir nicht, daß es unsere vornehmste Aufgabe ist, alle Menschen so zu erziehen, daß es niemals zur Wiederholung einer solchen Katastrophe kommen kann. Laßt uns gemeinsam alle Anstrengungen machen, dieses Ziel zu erreichen!"[1264]

Über die Brisanz des FIAI Treffens in Israel reflektierte Rodenstein wenig später in einem Bericht an den GEW-Hauptvorstand. Das Schreiben lässt nicht nur die allgemeine Anspannung erkennen, die mit der Konferenz in Israel verbunden war, sondern beinhaltet zudem ein aufschlussreiches Detail: So waren es nicht die israelischen Gastgeber, sondern die deutsche Delegation, die den, wenn auch offensichtlichen, Zusammenfall des Treffens mit dem Eichmann-Prozess zuerst ansprach.

> „Mit der Erklärung zum Eichmann-Prozeß und mit einigen Aufsätzen in unserer Presse haben wir der AGDL bewußt gemacht, in welcher Situation und in welcher Grundhaltung wir nach Israel gehen. Es war sicher eine der schwierigsten Aufgaben für eine Delegation der AGDL, sich auf diesem Kongreß zu bewähren. Niemand von uns vermag zu sagen, wer eigentlich am meisten fürchtete, irgendetwas falsch zu machen; die Israelis uns gegenüber oder wir den Israelis gegenüber. Während des Kongresses lief ja noch der Eichmann-Prozeß. Als wir feststellten, daß jeder sich hütete, auf dem Kongreß den Namen Eichmann zu nennen, wußten wir, daß wir ihn nennen mußten. So beauftragte mich unsere Delegation mit der Abgabe einer Erklärung, deren Wortlaut Sie aus unserer Presse kennen. Die Verlesung dieser Erklärung bildete – ich bin sicher,

---

1264 Ebd., S. 46–47.

daß das die Auffassung aller Delegierten ist – zweifellos den Höhepunkt des Kongresses. […] Es wird für unsere Generation ein nicht zu bewältigender Rest bleiben. Wir sollten uns nie einbilden, es sei alles vergessen. Wenn die Israelis vergessen wollen, so vollbringen sie eine fast übermenschliche Leistung. Sollten wir vergessen, so wäre es ein Verhängnis. Was in unserer Zeit von der AGDL her in dieser Frage getan werden konnte, ist vor und in Tel Aviv geschehen. Was noch zu tun bleibt, kann nur die Zeit tun."[1265]

Nach seiner Rückkehr aus Israel rief Rodenstein die GEW-Mitglieder in der ADLZ mehrmals dazu auf, sich mit Israel solidarisch zu zeigen und sich der eigenen Vergangenheit und der daraus erwachsenden Verantwortung zu stellen. Auch auf die Gefahr hin, dass ein klares Bekenntnis zu Israel besonders in der arabischen Welt für „Verstimmung" sorgen werde, habe die Aussöhnung mit dem jüdischen Volk und Israel Priorität. Der GEW-Vorstand fordere dabei die „Billigung dieser Haltung auch bei dem letzten unserer Mitglieder."[1266] Gerade in den Wochen, in denen Eichmann vor Gericht stand, sollte die organisierte Lehrerschaft „Mut" zeigen. „Mut zur schlichten historischen Wahrheit, auch wenn sie uns zu einer belastenden persönlichen Erinnerung zwingt."[1267] Es sei eine Entstellung der Wahrheit, so Rodenstein, wenn man nicht zugeben wolle, dass im März 1933 über 17 Millionen Deutsche für Adolf Hitler und die NSDAP gestimmt hätten. Unwahr sei weiterhin, dass der Nationalsozialismus nur die Angelegenheit einer kleinen Gruppe infamer Demagogen gewesen sei.

„Wir sollten den Eichmann-Prozeß als Fanfare für alle drei genannten Gruppen verstehen: Die älteste Generation unseres Volkes sollte sich an ihre große historische Schuld erinnert fühlen und damit intensiver denn je zuvor die Verpflichtung erkennen, in der Wachsamkeit gegen jede Verletzung der Menschenwürde zu beweisen, daß Menschen zuweilen doch aus der Geschichte lernen. Die Kriegsgeneration sollte mit dem Mut, den sie als Soldat bewies, in die Abgründe unserer Geschichte blicken. Den Jungen unseres Volkes aber sollten wir ohne Beschönigung an unserm eigenen Erleben immer und immer wieder bewußt machen, wie teuflisch geschickt Unmenschlichkeit zur Grundlage eines Staates gemacht und wie leicht das edelste Wollen einer Jugend, die sich in Treue und Opfergeist selbst verbrennen wollte, zu verbrecherischem Tun mißbraucht werden kann. Die Lehrer eines Volkes, die das gesamte Kulturgut, die ganze Geschichte zu tradieren haben, bedürfen eines klaren Bewußtseins der Geschichte ihres Volkes. Die Erklärung der drei Vorsitzenden will dabei eine Hilfe sein. Sie versucht gleichzeitig, all denen im Ausland, die sich in gleicher Weise um die historische Wahrheit bemühen, ein überzeugendes Dokument unserer Denkweise in die Hand zu

---

1265 Bericht über den Kongreß der FIAI in Israel 1961. In: AdsD, GEW-HV, Nr. 144.
1266 Herbert Kupfer: Kleine Beiträge zur Diskussion. Deutsches Ostlandschicksal. In: Allgemeine Deutsche Lehrerzeitung 13, 1961, H. 6, S. 91–92, hier S. 91.
1267 Heinrich Rodenstein: Vor dem Richter. In: Allgemeine Deutsche Lehrerzeitung 13, 1961, H. 8, S. 118.

geben. Wenn die Vorsitzenden der AGDL je eine Erklärung mit heißem Herzen abgegeben haben, dann diese."[1268]

1964 folgte Shalom Levin einer Einladung der ADGL zur Teilnahme auf dem Kongress der Lehrer und Erzieher in Berlin. Hier hatte er die Gelegenheit, sich direkt an die Vertreter der organisierten Lehrerschaft der Bundesrepublik zu wenden. Er tat dies mit Verweis auf seine eigene Biographie – er selbst hatte den Holocaust nur überlebt, weil er vor Kriegsbeginn seine Heimatstadt Rakaw nahe Minsk verlassen hatte und nach Palästina emigrierte – und forderte die Lehrerschaft in Deutschland dazu auf, „sich zu erinnern und jeden daran zu erinnern, was Rassenhaß hervorrufen kann".[1269] Nach seiner Überzeugung gebe es keine Erziehung zur Demokratie, zu den Menschenrechten und zur Menschenliebe, ohne sich mit den Schrecken des Hasses gegen die Juden zu konfrontieren. „Das erfordert eine große erzieherische Anstrengung der Lehrer und Erzieher in Deutschland, denen die israelischen Lehrer ihre Hand reichen."[1270]

Erst jetzt, Mitte der 1960er Jahre, als die deutsch-israelischen Kontakte auf internationaler Ebene „offiziell" um direkte bilaterale Beziehungen erweitert und vertieft wurden, konnte der 1957 entstandene Gedanke, „gewöhnliche" deutsche und israelische Lehrer in persönlichen Kontakt zu bringen, verwirklicht werden. Noch ein Jahr bevor auf politischer Ebene die Bundesrepublik und Israel diplomatische Beziehungen aufnahmen (wozu die GEW den Bundestag und die Bundesregierung zuvor offen aufforderte),[1271] plante der AGDL-Vorstand zum „Ausbau der freundschaftlichen Beziehungen zu Israel" ein „langfristiges Programm für Reisen von Lehrern nach Israel". Vorgesehen sei dabei, dass jeder Landesverband zwei bis drei Mitglieder zu diesen Reisen entsendet. Zur Vorbereitung werde im Herbst 1964 ein Seminar in Israel stattfinden, für das Georg Eckert die wissenschaftliche Leitung übernehme.[1272]

Über diese erste, vorbereitende Reise nach Israel sind heute keine Details mehr bekannt. Allerdings hat ein ausführliches Protokoll über eine „Studienfahrt junger Lehrer und Erzieher nach Israel", die ein Jahr darauf vom 1. bis 17. Oktober 1965 stattfand, die Zeit überdauert.[1273] Anhand dieses 44 Seiten umfassenden Berichts lässt sich die Fahrt der insgesamt 35 Teilnehmerinnen und Teilnehmer in ihren Grundzügen rekonstruieren: Nachdem die Beteiligten vor

---

1268 Ebd.
1269 Arbeitsgemeinschaft Deutscher Lehrerverbände: Gemeinsamer Geschäftsbericht 1964/66, S. 1–435, hier S. 24–25. In: Archiv des GEW-Hauptvorstands.
1270 Ebd.
1271 Ebd., S. 52.
1272 Ebd., S. 60.
1273 Gewerkschaft Erziehung und Wissenschaft, Ausschuss junger Lehrer und Erzieher: Gesamtprotokoll zur Studienfahrt nach Israel vom 1. bis 17. Oktober 1965. In: AdsD, GEW-Hauptvorstand, Nr. 208.

der eigentlichen Abreise zunächst über grundlegende Entwicklungen und Verhältnisse in Israel informiert wurden, erwartete sie vor Ort ein intensives Programm mit zahlreichen Besichtigungsfahrten und Seminarveranstaltungen. Dabei lernten die Teilnehmerinnen und Teilnehmer beispielsweise die Kibbuz-Bewegung näher kennen, besuchten zentrale Stätten des Heiligen Landes, vertieften sich in die jüdische Geschichte und setzten sich mit der aktuellen politischen und wirtschaftlichen Situation Israels auseinander. Darüber hinaus kamen die jungen Lehrerinnen und Lehrer in Kontakt mit Berufskollegen von der israelischen Lehrergewerkschaft und diskutierten mit deren Vorsitzendem Shalom Levin über Bildungs- und Erziehungsfragen. Ob und inwieweit während dieser Reise auch über die Shoah gesprochen wurde, muss offen bleiben. Aus dem Protokoll geht dies nicht explizit hervor. Zwar wird für den 12. Oktober 1965 ein Besuch „des Yad Washem" [sic!] vermerkt. Im Gegensatz zu den allermeisten übrigen Programmpunkten sind in diesem Fall aber keine weiteren Bemerkungen oder Details zu erfahren. Es macht keinen Sinn über den Inhalt von Gesprächen der Teilnehmer „abseits des Protokolls" zu spekulieren. Für die „abendliche Abschlussdiskussion" vor der Heimreise wurde jedenfalls schriftlich festgehalten: „Keiner der Teilnehmer ist mit der gemeinsamen Vergangenheit zwischen Juden und Deutschen direkt konfrontiert worden. Es wurde bedauert, liegt aber in der jüdischen Gastfreundschaft begründet."[1274]

In den folgenden Jahren wurden die Beziehungen zwischen der GEW und der israelischen „Teachers Union" und mit ihr die deutsch-israelischen Seminare weiter ausgebaut. 1966 besuchte eine israelische Lehrergruppe erstmals offiziell die Bundesrepublik, 1967 und 1968 folgten weitere Studienreisen deutscher Pädagogen nach Israel.[1275] Vom 20. bis 29. März 1968 besuchte zudem eine Delegation der AGDL unter der Leitung von Heinrich Rodenstein Israel, nachdem sie dafür von der dortigen Lehrergewerkschaft erstmals offiziell eingeladen wurde. Eine Pressemitteilung vom 21. Mai 1969 verkündete den regelmäßigen Lehreraustausch zwischen der GEW und der israelischen „Teachers Union" schließlich offiziell.[1276] Zu Beginn der 1970er Jahre erweiterten die beiden Lehrergewerkschaften die „Begegnungsreisen" um themenspezifische „Seminare", die wiederum von der Bundeszentrale für politische Bildung mitfinanziert und -organisiert wurden, insbesondere zur Schulbuch- und Lehrplanrevision.[1277] Auch die noch immer schwierige Thematik der Aufarbeitung der NS-Zeit wurde in einem deutsch-israelischen Seminar 1972 erstmals zum wesentlichen Inhalt eines

---

1274 Ebd., S. 41.
1275 Arbeitsgemeinschaft Deutscher Lehrerverbände: Gemeinsamer Geschäftsbericht 1966/68, S. 1–461, hier S. 251. In: Archiv des GEW-Hauptvorstands.
1276 Gewerkschaft Erziehung und Wissenschaft: Geschäftsbericht 1968–1971, S. 1–450, hier S. 298. In: Archiv des GEW-Hauptvorstands.
1277 Gewerkschaft Erziehung und Wissenschaft: Geschäftsbericht 1971–1974, S. 1–632, hier S. 91. In: Archiv des GEW-Hauptvorstands.

Zusammentreffens erklärt. Vier Tage lang diskutierten dabei 13 israelische und 21 deutsche Teilnehmer unter dem Motto „Probleme der Vergangenheit – Aufgaben der Gegenwart" miteinander. „Das deutsch-israelische Seminar war das erste seiner Art in der Bundesrepublik. Über die dort besprochenen Probleme der Vergangenheitsbewältigung wurde auch in Presse und Fernsehen berichtet."[1278] Seminare ähnlicher Art sollten künftig regelmäßig sowohl in Deutschland als auch in Israel stattfinden – unter anderem auch im bereits erwähnten Haus Sonnenberg im Harz.[1279] Auf Initiative der GEW fanden seit Mitte der 1970er Jahre zudem sogenannte „Berlin-Seminare" statt, bei denen die Intensität der Begegnung besonders groß gewesen sein dürfte, da die Pädagogen aus Israel direkt bei den Familien ihrer deutschen Berufskollegen untergebracht wurden. Ein Geschäftsbericht der GEW aus dem Jahr 1980 streicht heraus, dass besonders Begegnungen dieser Art „zum beiderseitigen Verständnis und zum Abbau verständlicher Ressentiments bei unseren israelischen Kollegen" geführt haben.[1280] Bis zum Jahr 2008 waren zwar erst etwa 1000 GEW-Mitglieder direkt in die deutsch-israelischen Seminare involviert – im Vergleich zur Gesamtmitgliederzahl eine fast verschwindend kleine Minderheit – allerdings könne „der Mulitplikationseffekt […] nicht hoch genug veranschlagt werden. Viele langjährige Freundschaften sind entstanden."[1281]

Zu Beginn der 1980er Jahre hatte sich das Verhältnis der deutsch-israelischen Lehrergewerkschaften so sehr gefestigt, dass beinahe von „Normalität" gesprochen werden kann, wäre nicht gerade die bis heute außergewöhnliche Beziehung charakteristisch für beide Seiten. Heinrich Rodenstein, der am 22. Dezember 1980 im Alter von 79 Jahren nach kurzer, schwerer Krankheit in seiner Heimatstadt Braunschweig verstarb, konnte am Ende mit Genugtuung auf seine Lebensleistung zurückblicken, zu der ohne Zweifel insbesondere sein Beitrag zur Verständigung mit Israel zählte. „Daß wir, die Gewerkschaft Erziehung und Wissenschaft, unter allen Lehrergewerkschaften der Welt die intensivsten und regelmäßigsten Kontakte und Beziehungen mit der israelischen Lehrergewerkschaft haben, ist nach dem, was wir an den Juden verbrochen haben, Heinrich Rodenstein zu verdanken",[1282] resümierte sein Weggefährte, Mitstreiter und Amtsnachfolger Erich Frister in einem Nachruf. Wie sehr der Mitbegründer der deutsch-israelischen Seminare von Shalom Levin und der israelischen Lehrergewerkschaft

---

1278 Ebd., S. 138.
1279 Gewerkschaft Erziehung und Wissenschaft: Geschäftsbericht 1974–1977, S. 1–674, hier S. 47–48. In: Archiv des GEW-Hauptvorstands; Gewerkschaft Erziehung und Wissenschaft: Geschäftsbericht 1977–1980, S. 1–716, hier S. 413, 419. In Archiv des GEW-Hauptvorstands.
1280 Gewerkschaft Erziehung und Wissenschaft: Geschäftsbericht 1977–1980 (Anm. 1279), S. 272.
1281 Thöne: Die Verantwortung aber bleibt (Anm. 1245), S. 18.
1282 Frister: Heinrich Rodenstein (Anm. 1255), S. 16.

wertgeschätzt wurde, lässt sich an einem symbolischen Akt erkennen, der bereits drei Jahre vor seinem Tod stattfand. Im judäischen Bergland bei Jerusalem hatten die Mitglieder der israelischen Lehrergewerkschaft einen „Wald der Lehrer" mit in der Bibel genannten Bäumen gepflanzt, der sowohl einen Beitrag zur „Wiederbelebung des Landes" leisten als auch für praktische Unterrichtszwecke genutzt werden sollte. Als „Dank und Anerkennung für seine Bemühungen, mit menschlichen Mitteln Unmenschliches zu bewältigen", wurde der Wald zu Ehren von Heinrich Rodenstein um tausend Zedern, Pinien und Zypressen erweitert. Seit 1977 trägt dieser so entstandene „Ehrenhain" den Namen des GEW-Ehrenvorsitzenden.[1283]

5.4 Evolution – und Revolution? Der Generationenwandel in der GEW und die Konsequenzen

5.4.1 Abgang der Gründergeneration

Mit Heinrich Rodenstein verstarb im Jahr 1980 der letzte bedeutende Vertreter der „Gründergeneration" der GEW. Andere wichtige Funktionäre, die das Wesen der Lehrergewerkschaft maßgeblich mitbestimmt hatten, waren zu diesem Zeitpunkt bereits seit vielen Jahren tot. Max Traeger etwa starb bereits 20 Jahre zuvor. In seine Zeit fielen vor allem Aufgaben der Reorganisation sowie der Umgang mit Entnazifizierungs- und Restitutionsfragen, wohingegen Diskussionen um Wiedergutmachung oder ganz allgemein eine Beschäftigung mit der Erblast der NS-Vergangenheit erst am Ende seines Lebens innerhalb der GEW wie in der bundesdeutschen Gesellschaft einen etwas breiteren Raum einnahmen. Sein Beitrag zur Wiederbegründung der Lehrerorganisation nach dem Krieg wurde von allen leitenden GEW-Funktionäre hoch geschätzt. Anna Mosolf sprach in ihrer Grabrede von einem „Glücksfall für die deutsche Lehrerorganisation", die unter der Führung von Max Traeger wieder geschaffen wurde. Vielleicht sei inzwischen manchem in der Lehrer- und Erzieherschaft kaum noch bewusst,

> „wieviel er diesem einen, einmaligen Manne verdankt, der einen Kampffonds schuf, schon, um mit seiner Hilfe in dunkler Zeit dem Lehrerstande die seiner Würde und der Größe seiner Aufgabe angemessene soziale und materielle Grundlage zu sichern, der die Gewerkschaft Erziehung und Wissenschaft als eigenständiges und in ihrem Bereich unabhängiges Glied dem Deutschen Gewerkschaftsbund zuführte, der das

---

1283 Hans Clauser: Konsequenzen aus der Geschichte. GEW-Delegation in Israel. In: Erziehung und Wissenschaft 29, 1977, H. 5, S. 18.; Kopitzsch: Gewerkschaft Erziehung und Wissenschaft 1947–1975 (Anm. 3), S. 271; Himmelmann: Georg Eckert, Heinrich Rodenstein und die Braunschweiger Lehrerbildung (Anm. 1209), S. 84.

Gewissen der Oeffentlichkeit über die Ländergrenzen hinweg aufrief, ihre Verantwortung für eine neue Schule, für eine Schulreform zu erkennen, die wir unsern Kindern schuldig sind, damit sie ihr Leben bewältigen können, der in der internationalen Lehrerbewegung dem deutschen Namen nach der Zeit der Schmach wieder hohe Achtung erwarb."[1284]

Seine Rolle bei der Überführung der Hamburger „Gesellschaft der Freunde" in den NS-Lehrerbund und seinem Beitrag zur „Rückgewinnung" des Curiohauses wurde nach seinem Tod dagegen lange Zeit nicht thematisiert geschweige denn tiefgehend reflektiert.[1285] Wilhelm Leonhardt, ein alter Weggefährte aus der Hamburger Bürgerschaft, berichtete aus Anlass des ersten Todestages von seinen Erinnerungen an Max Traeger. Dieser sei, so Leonhardt, bis zum letzten Augenblick ein „erbitterter Gegner des wie eine grelldunkle Gewitterwand heraufziehenden Nationalsozialismus" gewesen. Allerdings sei Traeger im Gegensatz zu ihm (Leonhardt) wie die allermeisten anderen Abgeordneten noch im November 1932 davon ausgegangen, dass die Nationalsozialisten „nach einer oder zwei Wahlperioden an ihrer völligen Regierungsunfähigkeit scheitern und durch eine demokratische Koalition abgelöst würden." Diese Fehleinschätzung war die einzige Form der Kritik, von der Leonhardt zu berichten wusste.[1286]

Auch für Heinrich Rodenstein war Max Traeger ohne jede Einschränkung ein „ungewöhnlich wertvoller Mensch".[1287] Er und der damalige Geschäftsführer der AGDL Erwin Walz erinnerten sich an ein letztes Gespräch an seinem Sterbebett. Ihnen zufolge beschäftigten Traeger offenbar auch in den letzten Stunden seines Lebens noch Fragen der Lehrerorganisation. Im Geschäftsbericht der AGDL für die Jahre 1958 bis 1960 schrieben Rodenstein und Walz:

„Sein allerletzter Gedanke galt dem von ihm so sehr geforderten Forschungsinstitut. Die AGDL kann ihm nicht besser gerecht werden als dadurch, daß sie seine letzten Vorstellungen und Wünsche erfüllt."[1288]

1284 Im Gedenken an Max Traeger. In: Allgemeine Deutsche Lehrerzeitung 12, 1960, H. 3, S. 38–40, hier S. 39.
1285 Vgl. bspw. Werner Hohlfeld: Max Traeger zum Gedächtnis. In: Erziehung und Wissenschaft 32, 1980, H. 1, S. 34.
1286 Wilhelm Leonhardt: Auf gemeinsamen Wegen mit Max Traeger. Zur Erinnerung an unseren am 10.1.1960 verstorbenen 1. Vorsitzenden. In: Allgemeine Deutsche Lehrerzeitung 13, 1961, H. 13, S. 6–8, hier S. 7.
1287 Arbeitsgemeinschaft Deutscher Lehrerverbände: Gemeinsamer Geschäftsbericht 1958/60 der Gewerkschaft Erziehung und Wissenschaft und des Bayerischen Lehrerinnen- und Lehrervereins e. V. (Anm. 1149), S. 3.
1288 Ebd., S. 49.

Tatsächlich beschloss die Vertreterversammlung der AGDL 1960 in Bremen, den Hauptvorstand damit zu beauftragen, eine „Max-Traeger-Stiftung" zu gründen, die „der wissenschaftlichen Durchleuchtung der Erziehungs- und Schulprobleme" dienen sollte. Nachdem dieser in seiner Sitzung am 17. und 18. September 1960 die Verfassung beschlossen hatte, wurde die Max-Traeger-Stiftung durch Beschluss des hessischen Kabinetts vom 20. Dezember 1960 genehmigt und erlangte damit ihre Rechtsfähigkeit.[1289] Vier Jahre nach Gründung waren insgesamt bereits 400.000 DM an Spenden bei der Stiftung eingegangen. Neben AGDL-Mitgliedern beteiligten sich unter anderem der Bremer Senat, der Ettlinger Kreis (eine lose Vereinigung von Industriellen, die sich mit Schulproblemen beschäftigte), der Deutsche Bauernverband, die Bundesvereinigung der deutschen Arbeitgeberverbände und der DGB an der Finanzierung der Stiftung.[1290] Hinzu kam aber noch eine weitere Einnahmequelle, die wiederum unmittelbar auf die frühen Aktivitäten von Max Traeger, Fritz Thiele und weiterer „Gründerväter" rekurriert: Die Rede ist von der Vermögens- und Treuhandgesellschaft, die nach dem Krieg ins Leben gerufen wurde, um die von den alten Lehrerorganisationen an den NS-Lehrerbund abgeführten Vermögenswerte zurückzuholen. Zinserträge aus Vermögenswerten,[1291] die die VTG nach Abschluss der Rückerstattungsverfahren weiter verwaltete – insbesondere handelte es sich dabei um Vermögenswerte des ehemaligen Deutschen Lehrervereins sowie von Organisationen, die ihren Sitz außerhalb der damaligen Bundesrepublik hatten – wurden nach Gründung der Max-Traeger-Stiftung regelmäßig an das Forschungsinstitut abgeführt.[1292]

Sechs Jahre nach dem Tod von Max Traeger zog sich mit Anna Mosolf eine weitere Führungspersönlichkeit aus dem Vorstand der GEW zurück, deren Jugend noch in das Kaiserreich fiel. Bereits in der Weimarer Republik engagierte

---

1289 Arbeitsgemeinschaft Deutscher Lehrerverbände: Gemeinsamer Geschäftsbericht 1960/62 der Gewerkschaft Erziehung und Wissenschaft und des Bayerischen Lehrerinnen- und Lehrervereins e. V. (Anm. 1149), S. 23–27.

1290 Arbeitsgemeinschaft Deutscher Lehrerverbände: Gemeinsamer Geschäftsbericht 1962/64 (Anm. 1259), S. 102.

1291 Zum Zeitpunkt 17. September 1960 wurde der VTG Kapital in Höhe von 571.000 DM aus Wiedergutmachungsansprüchen zugesprochen. Knapp drei Jahre später betrug das Treuhandvermögen laut Bilanz der VTG insgesamt etwa 1.074.000 DM. Bis zum Jahr 1980 konnten mit Hilfe von Zinserträgen aus der VTG sowie von Spenden durch Mitglieder und Organisationen insgesamt 1,8 Millionen DM für die Durchführung von Forschungsaufträgen bzw. für Stipendien und etwa 700.000 DM für die Drucklegung von Forschungsergebnissen ausgegeben werden. Vgl E. Walz: Protokoll über die Sitzung der Mitglieder des Aufsichtsrates und der Fiduziare der Vermögens- und Treuhandgesellschaft am 17. September 1960 in Kassel vom 27.09.1960. In: AdsD, GEW-HV, Nr. 142; Protokoll über die Sitzung des Aufsichtsrates der Vermögensverwaltungs- und Treuhandgesellschaft am 15. Juni 1963 in Stuttgart (Anm. 1042), S. 5; Gewerkschaft Erziehung und Wissenschaft: Geschäftsbericht 1977–1980 (Anm. 1279), S. 53.

1292 Arbeitsgemeinschaft Deutscher Lehrerverbände: Gemeinsamer Geschäftsbericht 1964/66 (Anm. 1269), S. 70.

sie sich im Preußischen Lehrerverein sowie als Vorsitzende des Hannoverschen Lehrerinnenvereins im Allgemeinen Deutschen Lehrerinnenverein besonders für die Gleichstellung von Frauen – ein Engagement, das sie im ADLLV bzw. in der AGDL/GEW fortsetzen sollte. Die Zeit des Nationalsozialismus überdauerte Mosolf als einfache Lehrerin – eine bereits eingeleitete Beförderung zur Rektorin wurde unmittelbar nach der Machtergreifung der Nationalsozialisten 1933 gestoppt. Ähnlich wie Max Traeger entstammte Anna Mosolf einer bürgerlichen Familie und engagierte sich in den 1920er Jahren politisch für die Deutsche Demokratische Partei (DDP).[1293] Gemeinsam mit ihm und Heinrich Rodenstein gehörte auch sie als stellvertretende (dritte beziehungsweise zweite) Vorsitzende zu den „ersten Aposteln" der GEW und prägte das Gesicht der Lehrergewerkschaft in den ersten Jahrzehnten nach dem Krieg entscheidend mit.[1294] Analysiert man die Protokolle der zahlreichen Besprechungen in jener Zeit – ob auf großen Kongressen oder Arbeitstreffen im kleinen Kreis entstanden – so wird erneut die weitgehende Einigkeit, Verbundenheit und gegenseitige Achtung ersichtlich, die für die Zusammenarbeit zwischen Max Traeger, Anna Mosolf und Heinrich Rodenstein charakteristisch gewesen sein musste. Dennoch setzten die Vertreter dieses „Dreigespanns" in ihrer Arbeit jeweils unterschiedliche Schwerpunkte. Während sich Max Traeger mit ausgeprägtem Pragmatismus für die Reorganisation der Lehrergewerkschaft, für ihre Anbindung und Vernetzung mit Entscheidungsträgern aus Politik und Gesellschaft besonders engagierte, lagen Anna Mosolf die Einheit der Organisation und die Stellung der Frauen in ihr besonders am Herzen. Für die hier vorliegende Untersuchung von herauszustellender Bedeutung war jedoch das Engagement Heinrich Rodensteins in der GEW. Nicht zufällig dürfte er, der Sozialist und Emigrant, aufgrund seiner Biografie die Zeit des Nationalsozialismus aus einer besonderen Warte heraus betrachtet und somit auch anders als beispielsweise Traeger und Mosolf reflektiert haben. Die in ihrer Zahl und ihrem Ausmaß überschaubaren Ansätze einer Diskussion um die NS-Vergangenheit in den ersten Jahrzehnten nach Gründung der Lehrerorganisation verweisen daher auch stets auf ihn. Wie wenig sich die Lehrerschaft damals mit ihrer eigenen Vergangenheit im „Dritten Reich" auseinandergesetzt hatte, dokumentiert ein Aufruf, den Heinrich Rodenstein 1965 in der Allgemeinen Deutschen Lehrerzeitung formulierte. Unter der Überschrift „Unser Verband und seine Geschichte" diagnostizierte er bezüglich der „Geschichtsschreibung der größten deutschen Lehrerorganisation" einen „große[n] weiße[n] Fleck" für die Jahre 1933 bis 1945. Weiter schrieb Rodenstein:

[1293] Bernd Dühlmeier: Und die Schule bewegte sich doch (Klinkhardt Forschung). Bad Heilbrunn 2004, S. 51.
[1294] Arbeitsgemeinschaft Deutscher Lehrerverbände: Gemeinsamer Geschäftsbericht 1964/66 (Anm. 1269), S. 12.

„Ich weiß nur zu gut, welche schier unüberwindlichen persönlichen und psychologischen Hemmungen bestehen, diesen Zeitraum von denen, die dabei waren, beschreiben zu lassen. Und doch muß es geleistet werden. Unsere nachfolgenden Generationen werden unendlich Mühe haben, sich vorzustellen und zu verstehen, was in dieser Zeit geschehen ist. [...] Wir sollten entschlossen alle Bedenken und Hemmungen über Bord werfen und nicht abtreten, ohne auch diese Lücke ausgefüllt zu haben."[1295]

Das eben zitierte Anliegen Rodensteins blieb am Ende weitgehend unerfüllt. Doch sollten die „nachfolgenden Generationen", von denen Rodenstein sprach, das Gesicht der Lehrergewerkschaft stark verändern – auch ohne die letztendliche Gewissheit zu haben, welche Umstände für das Schulwesen im „Dritten Reich" maßgeblich prägend waren. Aus einer stark männlich geprägten Standesorganisation, deren Mitglieder in der Nachkriegszeit zu großen Teilen nationale, bürgerlich-konservative bzw. liberale Werte vertraten, entwickelte sich eine Gewerkschaft, die sich in den 1970er Jahren sogar mit dem Vorwurf konfrontiert sah, von jungen Lehrkräften „linksextremistisch unterwandert" zu werden.[1296] Wie ging dieser Wandel vonstatten und wie wirkte er sich auf den Umgang der GEW mit dem NS-Erbe aus? Fragen wie diese sollen nun abschließend thematisiert werden.

5.4.2 Auswirkungen des Generationenwandels

Dieter Wunder, von 1981 bis 1997 Vorsitzender der Gewerkschaft Erziehung und Wissenschaft, veröffentlichte 1988 in der Verbandszeitschrift „Erziehung & Wissenschaft" (E&W) seine persönlichen „Anmerkungen zur Geschichte der GEW".[1297] In Bezug auf historische Tatsachen, Leistungen und Entwicklungen, die nach seiner Überzeugung vielen Mitgliedern aus dem Gedächtnis geschwunden seien, führt er unter anderem auf, „daß die GEW bis 1968 ihre Politik immer einheitlich gemacht hat".[1298] Wunder verwendet das Jahr 1968 im Sinne einer Zäsur – auch in Bezug auf die Geschichte der Lehrergewerkschaft. Manch ein

---

1295 Heinrich Rodenstein: Unser Verband und seine Geschichte. In: Allgemeine Deutsche Lehrerzeitung 17, 1965, H. 2, S. 22–23, hier S. 23.
1296 So ist im Geschäftsbericht der GEW für die Jahre 1971 bis 1974 von einer „Verleumdungskampagne" der „Springer-Presse" zu lesen. In der Zeitung „Die Welt" wurden etwa im November 1971 Diskussionspapiere des „Ausschusses junger Lehrer und Erzieher" veröffentlicht, die belegen sollten, dass die GEW „linksextremistisch unterwandert" sei. Durch einen Gerichtsbeschluss wurde erwirkt, dass in der Zeitung „Die Welt" eine Gegendarstellung erscheinen musste. Vgl. Gewerkschaft Erziehung und Wissenschaft: Geschäftsbericht 1971–1974 (Anm. 1277), S. 14.
1297 Dieter Wunder: Linke Tradition und gewerkschaftliche Verankerung. Anmerkungen zur Geschichte der GEW. In: Erziehung und Wissenschaft 40, 1988, H. 10, S. 41–43.
1298 Ebd., S. 42.

anderer sieht darin ebenfalls einen „Wendepunkt" für die GEW-Geschichte.[1299] Bis heute und fast schon inflationär wird das Jahr 1968, werden „die 68er", in den Zusammenhang eines grundlegenden Wertewandels gebracht, der sich in westlichen Industriegesellschaften wie der Bundesrepublik und somit letztlich auch innerhalb der GEW ereignet hätte. In der Tat lassen sich für Zeit um 1968 eine Reihe von Ereignissen und Entwicklungen benennen, die einen „politisch-sozialen Emanzipationsprozess" einleiteten, der die frühen 1970er Jahre bestimmte. Nach der von vielen bis heute geteilten Ansicht des Historikers Anselm Doering-Manteuffel markieren die Jahre 1967/68 in der Bundesrepublik sogar „das Ende der ,Nachkriegszeit' im engeren, bis 1989 üblichen Sinn".[1300]

Das von Dieter Wunder konstatierte Ende der „Einheitlichkeit" im Meinungsbildungsprozess fand seinen sichtbarsten Ausdruck im Auseinanderbrechen der AGDL, als die Delegierten des BLLV im Mai 1969 auf ihrer Vertreterversammlung in Ingolstadt ein engeres Zusammengehen mit der GEW mehrheitlich ablehnten. Stattdessen gründete sich am 3. Juli 1969 der „Deutsche Lehrerverband" als „weltanschaulich neutraler, überkonfessioneller und parteipolitisch unabhängiger Dachverband, dem künftig neben dem BLLV auch der Philologenverband, der Verband Deutscher Realschullehrer, der Verband Deutscher Gewerbelehrer und der Verband Deutscher Diplom-Handelslehrer angehören sollte.[1301] Die gemeinsame Vision der GEW-Gründergeneration, eine einheitliche und möglichst große Interessenorganisation für alle Beschäftigten darzustellen, die in den Bereichen Erziehung und Wissenschaft tätig sind, war damit endgültig in weite Ferne gerückt. Zugleich ermöglichte das Scheitern der AGDL aber eine stärkere Profilierung der GEW. Die gewerkschaftliche Orientierung, die sich im ADLLV bereits in der Nachkriegszeit durchsetzen konnte, hat die GEW nach Überzeugung von Dieter Wunder zu der Organisation gemacht, die 20 Jahre später „für die Lehrer und Wissenschaftler aus der Studentenbewegung überhaupt attraktiv sein konnte."[1302] Tatsächlich ging das schrittweise Ausscheiden und Ableben von Mitgliedern und Funktionsträgern der Vorkriegs- und Kriegsgeneration einher mit einem beachtlichen Anstieg der Mitgliederzahlen in den 1960er Jahren und einem Wandel an der Spitze der GEW. Im „Epochenjahr" 1968 löste Erich Frister den 25 Jahre älteren Heinrich Rodenstein als Ersten Vorsitzenden ab. Damals noch gänzlich unbeachtet dürfte der Umstand geblieben sein, dass im selben Jahr sein späterer Nachfolger Dieter Wunder in die Lehrergewerkschaft eintrat. Das gewerkschaftliche, „linke" Profil allein, das die GEW im Kontext der

---

1299 Meyer: Skizze zur Geschichte der GEW (Anm. 4), S. 176.
1300 Anselm Doering-Manteuffel: Deutsche Zeitgeschichte nach 1945. Entwicklungen und Problemlagen der historischen Forschung zur Nachkriegszeit. In: Vierteljahrshefte für Zeitgeschichte 41, 1993, H. 1, S. 1–30, hier S. 1.
1301 Archiv des GEW-Hauptvorstands: Dokumentation 1968–1971 S. 1–282, hier S. 281–282. In: Archiv des GEW-Hauptvorstands.
1302 Wunder: Linke Tradition und gewerkschaftliche Verankerung (Anm. 1297), S. 41.

Bildungsdebatten der 1960er und 1970er Jahre unter der Führung von Erich Frister erwarb, kann den signifikanten Mitgliederzuwachs der GEW in dieser Zeit aber nicht erklären. Vielmehr kam der begünstigende Umstand hinzu, dass die Bildungsausgaben ab den 1960er Jahren bundesweit deutlich angehoben wurden. „Nun liegt der Gedanke nahe, daß diese Steigerungen lediglich kongruent zum ökonomischen Wachstum der späten 50er und frühen 60er Jahre waren. Dies ist aber keineswegs der Fall. Die Steigerungen der Bildungsausgaben waren deutlich höher als die ähnlich großer Bereiche sowohl beim Bund als auch in den Ländern. Die Gesamtsumme der öffentlichen Haushalte stieg zwischen 1955 und 1975 um den Faktor 5,6. [...] Die Ausgaben für das Bildungswesen stiegen aber in diesem Zeitraum fast um das 12 fache. Es ist allerdings wichtig darauf hinzuweisen, daß der Großteil dieser Steigerungen erst nach 1960 stattfand. Bis gegen Ende der 50er Jahre hatte das Bildungswesen in der Bundesrepublik zwar nicht unbedingt eine stiefmütterliche Behandlung erfahren, aber wie in manchen anderen Bereichen auch war nach 1945 die Chance eines Neubeginns nicht genutzt worden."[1303] Im bundesdeutschen Schulwesen stieg die Zahl der Lehrkräfte zwischen 1960 und 1970 von etwa 260.000 auf 356.000. 1975 waren bereits circa 590.000 Lehrer und Lehrerinnen im Dienst, 1980 schließlich fast 700.000. Auch die Schüler- und Studentenzahlen erhöhten sich in dieser Zeit überdurchschnittlich. 1960 waren rund 120.000 Studierende an westdeutschen Hochschulen eingeschrieben, zehn Jahre später bereits 420.000 und 1975 dann 840.000.[1304]

Zahlen wie diese verdeutlichen, dass der GEW in den 1960er und 1970er Jahren ein enormes Potential an neuen, jungen, in der Nachkriegszeit sozialisierten Mitgliedern zur Verfügung stand, die in fast allen Fällen eine positive Grundeinstellung zur Demokratie vorzuweisen hatten – darunter erstmals auch ein vergleichsweise hoher Anteil Frauen.[1305] Studierende und junge Lehrkräfte und Erzieherinnen gewannen in dieser Zeit aus diesem Grund auch zunehmend an Bedeutung. Zwar hatte die GEW bereits seit den frühen 1950er Jahren mit Studierenden zusammengearbeitet – seit Gründung des ADLV gab es beispielsweise einen Junglehrerausschuss, in dem auch Vertreter der Studentenschaft mitarbeiteten.[1306] Auch rief die GEW schon im Jahr 1951 gemeinsam mit dem „Verband

---

1303 Hermann Korte: Eine Gesellschaft im Aufbruch. Die Bundesrepublik Deutschland in den sechziger Jahren. Wiesbaden 2009, S. 49–50.
1304 Ebd., S. 49.
1305 Gegenüber 1950 hatte sich der Anteil der Frauen in der GEW bis zum Jahr 1970 fast verdoppelt und betrug dann 40 Prozent. Bedenkt man allerdings, dass der Lehrerberuf Anfang der 1970er Jahre mehrheitlich von Frauen ergriffen wurde, waren Frauen in der GEW auch zu dieser Zeit noch immer unterrepräsentiert. Vgl. Meyer: Skizze zur Geschichte der GEW (Anm. 4), S. 177; Bungenstab: Umerziehung zur Demokratie? (Anm. 796), S. 81.
1306 Arbeitsgemeinschaft Deutscher Lehrerverbände: Gemeinsamer Geschäftsbericht 1949/50, S. 1–53, hier S. 16. In: Archiv des GEW-Hauptvorstands; Arbeitsgemeinschaft Deutscher Lehrerverbände: Gemeinsamer Geschäftsbericht 1951/52 (Anm. 1246), S. 81.

Deutscher Studentenschaften", dem „Arbeitskreis studierender künftiger Erzieher an berufsbildenden Schulen" sowie der „Bundesvertretung der Studenten an pädagogischen Hochschulen" die „Arbeitsgemeinschaft studierender künftiger Erzieher" ins Leben – was von gewerkschaftlicher Seite als „die Voraussetzung zur entscheidenden Überwindung gegensätzlicher Standpunkte und Vorurteile" bewertet wurde, die für die studentischen Interessenvertretungen in der Nachkriegszeit charakteristisch war.[1307] Aber erst ab Mitte der 1960er Jahre begann sich dieser Einsatz der GEW für die Belange der Studierenden „auszuzahlen". So meldete beispielsweise der Landesverband Schleswig-Holstein für den Zeitraum 1966-1968 den vermehrten Eintritt von Studierenden und bewertete im gemeinsamen Geschäftsbericht dieses „Phänomen" als „besonders bemerkenswert". Nach der „jahrelangen Kontaktpflege und Aufklärungsarbeit in diesem Bereich" habe sich in der Einstellung der Studentenschaft ein entscheidender Wandel vollzogen: Zu beobachten sei „eine stärkere Teilnahme an den Fragen ihres Studiums und ihres zukünftigen Berufes. Sie gab unserer Arbeit neue Impulse und eine umfassendere Verantwortung. An beiden Pädagogischen Hochschulen unseres Landes wurden GEW-Hochschulgruppen gegründet, die unsere Verbandsarbeit vielfältig bereichern können", wusste der Landesverband zu berichten.[1308] Der in den späten 1960er Jahren signifikant einsetzende Beitritt von Studierenden in die GEW war nachhaltig. Bis gegen Ende der 1970er Jahre wiesen die Statistiken der Gewerkschaft in diesem Bereich immer neue Steigerungen auf. Die Zahl studentischer Mitglieder in der GEW stieg im Zeitraum 1971 bis 1974 von rund 5.000 auf 12.000.[1309] Ende 1976 waren bereits etwa 20.000 GEW-Mitglieder Studierende.[1310] Hinzu kamen zu dieser Zeit noch etwa 5.500 Mitglieder, die als wissenschaftliche Mitarbeiter und Assistenten an den Hochschulen und Universitäten angestellt waren.[1311] Die bis dahin erfolgten Zuwächse innerhalb der letztgenannten Gruppe lassen sich mitunter dadurch erklären, dass die Bundesassistentenkonferenz – eine 1968 gegründete hochschulpolitische Interessenvertretung des „akademischen Mittelbaus" – bei ihrer Auflösung im Jahr 1974 ihren Mitgliedern empfahl, geschlossen in die GEW einzutreten.[1312]

1307 Arbeitsgemeinschaft Deutscher Lehrerverbände: Gemeinsamer Geschäftsbericht 1951/52 (Anm. 1246), S. 82.
1308 Arbeitsgemeinschaft Deutscher Lehrerverbände: Gemeinsamer Geschäftsbericht 1966/68 (Anm. 1275), S. 290.
1309 Gewerkschaft Erziehung und Wissenschaft: Geschäftsbericht 1971-1974 (Anm. 1277), S. 178-179.
1310 Gewerkschaft Erziehung und Wissenschaft: Geschäftsbericht 1974-1977 (Anm. 1279), S. 221.
1311 Gewerkschaft Erziehung und Wissenschaft: Geschäftsbericht 1977-1980 (Anm. 1279), S. 142.
1312 Meyer: Skizze zur Geschichte der GEW (Anm. 4), S. 184.

Gegen Ende der 1970er Jahre flachten die Mitgliederzuwächse sowohl bei den Studierenden als auch beim wissenschaftlichen Personal allerdings wieder deutlich ab, was unter anderem dadurch verursacht wurde, dass eine wachsende Arbeitsplatzunsicherheit im Bereich von Hochschule und Forschung sowie ein steigender Qualifikationsdruck eine Fluktuation im Mittelbau auslöste und zudem die Zahl der Studienanfänger in den lehrerausbildenden Fachbereichen der Universitäten und Hochschulen in dieser Zeit merklich zurückging.[1313] Dennoch veränderte die Gruppe der bis dahin neu eingetretenen Studierenden, Hochschulangestellten und jungen Lehrkräften die personelle Zusammensetzung der GEW und damit auch die Ausrichtung ihrer gewerkschaftlichen Politik nachhaltig, ja sogar bis heute. Die neuen Mitglieder wollten „auf einer theoretisch anderen Grundlage gerade im Bildungssektor Gewerkschaftspolitik machen […]. Die GEW mußte sich verstärkt einer Politik zuwenden, die auch den Beamtenstreik in Erwägung zog bzw. zumindest auf dem Papier befürwortete und noch im Zeichen der Wirtschaftskrise und dem Scheitern der SPD-Reformpolitik bildungspolitische nonkonformistische Beschlüsse faßte."[1314] Aufgrund des Umstands, dass Studierende in keinem Arbeits-, Dienst- oder Beamtenverhältnis standen, wurde Anfang der 1970er Jahre innerhalb der GEW verstärkt über ihren Status verhandelt.[1315] Konnten sie als „nicht abhängig Beschäftigte" vollwertige Mitglieder einer Gewerkschaft sein? Während etwa der Ausschuss junger Lehrer und Erzieher in der GEW dies befürwortete[1316] und der Landesverband Nordrhein-Westfalen sie auch entsprechend behandelte,[1317] beschloss der GEW-Hauptvorstand nach Rücksprache mit dem DGB am 6. September 1975 endgültig, dass Studierende „nur" als „außerordentliche Mitglieder" aufgenommen werden konnten.[1318] Dadurch waren ihre Rechte innerhalb der Gewerkschaft insofern eingeschränkt, als ihnen beispielsweise in Mitgliederversammlungen zwar ein Rede- und Antragsrecht zugesprochen wurde, sie jedoch über kein Stimm- oder Wahlrecht verfügten.[1319] Naturgemäß wuchs allerdings von Jahr zu Jahr die

---

1313 Gewerkschaft Erziehung und Wissenschaft: Geschäftsbericht 1977–1980 (Anm. 1279), S. 142.
1314 Heiner Nitzschke: Lehrer im Kampf gegen Arbeitslosigkeit und Mehrarbeit. In: Sozialistisches Büro Offenbach (Hrsg.): Rationalisierung, Arbeitslosigkeit, Gegenwehr. Analysen, Materialien u. Erfahrungen (Reihe Betrieb und Gewerkschaften). Offenbach 1978, S. 86–90, hier S. 86.
1315 Gewerkschaft Erziehung und Wissenschaft: Geschäftsbericht 1974–1977 (Anm. 1279), S. 154.
1316 Gewerkschaft Erziehung und Wissenschaft: Geschäftsbericht 1971–1974 (Anm. 1277), S. 128.
1317 Gewerkschaft Erziehung und Wissenschaft: Geschäftsbericht 1974–1977 (Anm. 1279), S. 28–29.
1318 Ebd., S. 55–56.
1319 Gewerkschaft Erziehung und Wissenschaft: Geschäftsbericht 1971–1974 (Anm. 1277), S. 430.

Zahl derjenigen, die ihr Studium abschlossen und fortan als „ordentliche Mitglieder" die innergewerkschaftlichen Entscheidungsprozesse in vollem Umfang mitprägten.

Wie weit der Generationenwandel innerhalb der GEW bereits im Jahr 1970 vorangeschritten war, verdeutlichen Zahlen, die damals von dem Markt- und Sozialforschungsunternehmen Infratest erarbeitet wurden. Beauftragt wurde Infratest vom GEW-Vorstand, der verlässliche Daten benötigte, um auf die „erhebliche[n] innergewerkschaftliche[n] Belastungen" reagieren zu können, die der verstärkte Eintritt jüngerer Mitglieder mit sich brachte.[1320] Der Anteil der Studenten, Dozenten und Hochschulangehörigen lag zu dieser Zeit zwar erst bei 6 Prozent – doch dieser Wert dürfte sich in den darauffolgenden Jahren noch deutlich erhöht haben. Am anderen Ende des Spektrums konnten 1970 nur noch 11 Prozent der „Gründergeneration" der GEW (Mitglieder seit 1945) zugeordnet werden. Der Anteil derjenigen, die zwischen 1961 und 1970 in die GEW eintraten, lag unterdessen bereits bei 40 Prozent. Die Angaben zum Eintrittszeitpunkt spiegeln sich auch in der Altersstruktur wider. Bereits knapp 40 Prozent aller GEW-Mitglieder hatten die NS-Zeit nicht oder ausschließlich im Kindesalter erlebt. Der Anteil derjenigen, die 1933 23 Jahre oder älter und somit erwachsen waren, betrug im Jahr 1970 dagegen nur noch 24 Prozent.[1321]

Infratest erhob nicht nur rein statistische Daten, sondern befragte die Mitglieder auch zu ihren grundsätzlichen politischen Einschätzungen und Einstellungen. Demnach ordneten 40 Prozent aller Mitglieder die GEW als „parteipolitisch der SPD nahestehend" zu, jeweils 12 Prozent bezeichneten sie als „linksliberal" oder „sozialistisch". 62 Prozent hielten die SPD persönlich für die „sympathischste Partei", 16 Prozent die CDU/CSU, sieben Prozent die FDP.[1322] In der GEW einen der „Schwerpunkte linksextremer Wühlarbeit" zu erkennen, sie als „radikalste Einzelgewerkschaft im DGB" zu charakterisieren, in der „fast alle kommunistischen Studentenfunktionäre" organisiert seien, wie es laut Berichten der Zeitschriften „Bild" und „Quick" aus dem Axel-Springer-Verlag im Jahr 1972 angeblich im Bundesamt für Verfassungsschutz der Fall war, entbehrte dagegen jeder Grundlage. Auf Nachfrage von Erich Frister bei dem für das Bundesamt für Verfassungsschutz zuständigen Bundesinnenminister Hans-Dietrich Genscher stellte dieser schriftlich klar: „Die Gewerkschaft Erziehung und Wissenschaft wird – dies kann ich Ihnen versichern – vom Bundesamt für Verfassungsschutz nicht beobachtet."[1323] Tatsächlich engagierten sich aber einige Mitglieder, vorwiegend aus den GEW-Hochschulgruppen oder dem Ausschuss junger Lehrer und Erzieher kommend, in kommunistischen Parteien und Vereinigungen.

1320 Kopitzsch: Gewerkschaft Erziehung und Wissenschaft 1947–1975 (Anm. 3), S. 295.
1321 Ebd., S. 295–296.
1322 Ebd., S. 296.
1323 Gewerkschaft Erziehung und Wissenschaft: Geschäftsbericht 1971–1974 (Anm. 1277), S. 50–51.

Deren Zielsetzungen gingen zum Teil über das Maß der Toleranz hinaus, das ihnen seitens des Hauptvorstands der GEW zugestanden worden war. Erich Frister, selbst sicherlich nicht vom Ruf verfolgt, konservative oder gar nationalistische Werte zu verkörpern, sah sich als 1. Vorsitzender 1974 veranlasst, bezüglich der Diskussion um den Umgang mit kommunistischen Mitgliedern, wie sie innerhalb der GEW stattfand, in der Mitgliederzeitschrift E&W Stellung zu beziehen. Bereits ein Jahr zuvor hatte er dort – vor allem mit Blick auf in der Regel ältere Mitglieder – für eine „aktive Toleranz" gegenüber all jenen vorwiegend jüngeren Kollegen geworben, die sozialistische Werte vertraten. 1974 plädierte Frister zwar weiterhin für Toleranz, zugleich warnte er nun aber vor einer „falschen Solidarität" gegenüber denjenigen, die einen „freiheitlichen, humanen Sozialismus durch Taten oder Unterlassungen diskriminieren." Frister verwies dabei auf die Satzung des DGB, in der sich der Gewerkschaftsbund und alle in ihm vereinigten Gewerkschaften zur freiheitlich-demokratischen Grundordnung der Bundesrepublik bekennen. „Kommunistische Aktivitäten jeder Art in der GEW", so Frister, „schaden unserem Ziel, eine große Mehrheitsorganisation der Lehrer, Erziehung und Wissenschaftler zu sein". Wer kommunistischen Gruppen wie dem „Kommunistischen Bund Westdeutschlands", der „Kommunistischen Partei Deutschland/Marxisten-Leninisten" oder der „Kommunistischen Partei Deutschlands" und ihren verschiedenen studentischen Anhängseln angehöre, die sich offen zur Notwendigkeit der Diktatur des Proletariats und ihrer Herbeiführung durch den bewaffneten Aufstand bekannten, verhalte sich gewerkschaftsschädigend und müsse mit einem Ausschlussverfahren rechnen. In der Ablehnung der freiheitlich-demokratischen Grundordnung erkannte Frister die maßgebliche „Grenze der Toleranz" innerhalb der GEW.[1324]

Was den äußerst linken Flügel der GEW in diesen „bewegten Jahren" aktiv werden ließ und wie innerhalb der Gewerkschaft um Standpunkte und Ansichten gestritten wurde, geht aus den Erinnerungen von Fritz Rodewald hervor. Rodewald stand von 1970 bis 1972 dem Ausschuss junger Lehrer und Erzieher der GEW in Niedersachsen vor und wurde im Zusammenhang mit der Verhaftung der RAF-Terroristen Ulrike Meinhof und Gerhard Müller am 15. Juni 1972 bundesweit bekannt, die sich zu diesem Zeitpunkt in seinem Haus aufgehalten hatten. Die genauen Umstände der Festnahme und die Rolle von Rodewald in diesem Prozess blieben lange Zeit ungeklärt. Im Ergebnis fand er sich allerdings zwischen den Fronten wieder und wurde infolgedessen entweder als

---

1324 Erich Frister: Von der Grenze der Toleranz. Über die Notwendigkeit, sich mit Kommunisten in der GEW auseinanderzusetzen. In: Erziehung und Wissenschaft 26, 1974, H. 4, S. 3–4. Eine vom Hauptvorstand der GEW geförderte Untersuchung zu den sogenannten Unvereinbarkeitsbeschlüssen und der damaligen Haltung der Gewerkschaft befindet sich zur Zeit in Arbeit.

„RAF-Sympathisant" oder als „Verräter" gebrandmarkt.[1325] Trotz aller Kritik an seiner Person blieb der Grundschullehrer aber GEW-Mitglied und engagierte sich nach 1972 auf Bundesebene für die Gewerkschaft. Rückblickend weiß er von erheblichen Spannungen innerhalb der GEW zu berichten, zu denen letztlich auch der Umgang mit der NS-Vergangenheit beitrug. In einem Artikel in der E&W, der 1988 erschienen ist, beantwortete er die Frage, was ihn und seine Mitstreiter dazu bewogen hatte, sich in der GEW zu engagieren, folgendermaßen:

> „Wir hatten die Zeit der Globkes, Kiesingers, Filbingers und Lübkes satt. Die Erstarrung gesellschaftlicher Verhältnisse. Die Verdrängung dessen, was unsere unmittelbare, faschistische Geschichte war. Die Unfähigkeit zu trauern sollte zu Ende sein. Wir konnten und wollten so nicht leben. Wir wollten eine Gesellschaft, in der es keine Verdrängung, sondern produktive Bearbeitung der eigenen Geschichte gibt. Wir wollten eine Gesellschaft, in der niemand wegen seiner Rasse, seiner Religion, seiner Weltanschauung, seines Geschlechts oder seiner Klassenzugehörigkeit unterdrückt, ausgebeutet und benachteiligt wird. Wir wollten eine Gesellschaft, die so organisiert ist, daß selbst eine Putzfrau fähig ist, den Staat zu leiten."[1326]

In Bezug auf die GEW lässt eine solche Motivlage ambivalente Schlussfolgerungen zu. Zum einen schien die GEW für Rodewald eine Organisation zu sein, in der solche Forderungen, Hoffnungen und Wünsche artikuliert und aktiv angegangen werden konnten. Zum anderen aber drückt seine Kritik an den gesellschaftlichen Verhältnissen auch aus, dass nach seiner Überzeugung bis dahin kaum etwas unternommen wurde, was diesen Forderungen, Hoffnungen und Wünschen gerecht wurde. Das galt nach seiner Überzeugung explizit auch in Bezug auf die Gewerkschaft selbst, denn vom „GEW-Establishment", von den Funktionsträgern, fühlten sich Rodewald und seine Sympathisanten „diskriminiert". Frister übte harsche Kritik an ihnen, indem er den äußerst links eingestellten Mitgliedern vorwarf, die Organisation zur Erfüllung eigener Zielsetzungen auszunutzen, auch wenn durch ihr Verhalten der Lehrergewerkschaft und mit ihr dem DGB Schaden zugefügt werden würde. Nach Rodewalds Überzeugung deckten sich die Zielsetzungen des damaligen „Establishments" der GEW mit denen von „mehr oder weniger orthodoxen Anhängern des real-existierenden Sozialismus". Die Organisation müsse geschützt werden, schrieb er am Ende seines Artikels, auch wenn die Inhalte und notfalls auch Subjekte verschlungen werden müssten.[1327] Zieht man heute als an den damaligen Vorgängen gänzlich Unbetei-

---

1325 Christiane Schlötzer: Verfolgt vom bleiernen Schatten, www.sueddeutsche.de/politik/die-raf-legende-vom-verraeter-verfolgt-vom-bleiernen-schatten-1.884752 (zuletzt abgerufen am 19.12.2019).
1326 Fritz Rodewald: Die wilden Jahre. In: Erziehung und Wissenschaft 40, 1988, H. 10, S. 44–46, hier S. 44.
1327 Ebd., S. 44–46.

ligter eine entsprechend unbefangene Bilanz, so erscheint Rodewalds Kritik den Funktionsträgern zweifellos überzogen – wenn auch nicht gänzlich unbegründet. Die große Mehrheit der GEW-Mitglieder wollte keine grundsätzlich andere, sondern eine positiv veränderte Gesellschaftsordnung. Sie wollte nicht die Überwindung des Systems, sondern seine Verbesserung.[1328] Das, was in den Aufbaujahren nach dem Krieg durch und für die Pädagogenschaft geleistet und erreicht wurde, sollte beachtet und anerkannt werden. Eine kritische Auseinandersetzung mit den Schattenseiten dieser insgesamt als „Erfolgsgeschichte" bewerteten Entwicklung, die auch einen kritischen Umgang mit der NS-Vergangenheit einschloss, wurde dadurch aber unterbunden.

Eine selbstkritische Betrachtung der GEW-eigenen Vergangenheit, etwa in Bezug auf das Handeln der Gewerkschaft bei der Entnazifizierung, fand daher auch im Zuge des Generationenwandels zunächst nicht statt. Sie wurde, nach allem was aus den vorliegenden Quellen zu erfahren ist, auch von den jungen, mehrheitlich links orientierten Mitgliedern für die eigene Organisation nicht thematisiert und damit auch nicht konsequent eingefordert. Sehr wohl wurden jedoch Themen aufgegriffen und Forderungen aufgestellt, die ganz allgemein im Kontext der Studentenproteste entstanden sind und verhandelt wurden. Der zentrale Satz in der Regierungserklärung Willy Brandts am 28. Oktober 1969, „Wir wollen mehr Demokratie wagen.", mit dem der erste Bundeskanzler der SPD sein politisches Programm umriss, war dabei ein wichtiges Bindeglied. Auch und gerade im Kontext von Bildung und Wissenschaft ging es um Fragen der Beteiligung – angefangen von allgemeinen Themen wie Demokratisierung und Emanzipation, über konkrete Forderungen nach einer tiefgreifenden Bildungs- und Hochschulreform, einschließlich einer Verbesserung der materiellen Bedingungen des Studiums (BAföG, Mieterrechte, Krankenversicherung etc.),[1329] bis hin zu übergeordneten Zielsetzungen wie sexuelle Selbstbestimmung und antiautoritäre Erziehung. Auch eine allgemeine Aufklärung über die Zeit des Nationalsozialismus, die im Kontext der vorliegenden Arbeit von besonderer Bedeutung ist, war ein wichtiger Bestandteil insbesondere der westdeutschen Protestbewegung, verbunden mit lautstarker Kritik etwa an der Remilitarisierung der Gesellschaft, dem Vietnamkrieg, der Notstandsgesetzgebung von 1968 oder dem Radikalenerlass von 1972.[1330]

Das „GEW-Establishment", um den Ausdruck Rodewalds für die Funktionsträger der Gewerkschaft noch einmal zu zitieren, ging dabei auf viele kritische Forderungen der jungen Mitgliedergeneration ein und vertrat deren Ansichten auch öffentlich – selbst auf die Gefahr hin, sich dadurch selbst einer

---

1328 Gewerkschaft Erziehung und Wissenschaft: Geschäftsbericht 1974–1977 (Anm. 1279), S. 65.
1329 Ebd., S. 153–154.
1330 Bauerkämper: Das umstrittene Gedächtnis (Anm. 16), S. 207; Büttner/Horn: Alltagsleben nach 1945 (Anm. 21), S. 284.

„antikommunistischen Kritik"[1331] aus konservativen Kreisen der Gesellschaft ausgesetzt zu sehen. In einer 1968 auf dem GEW-Kongress in Nürnberg verabschiedeten Entschließung mit dem Titel „Für Freiheit – gegen Gewalt" wird „das Engagement der Jugend für die Weiterentwicklung unserer demokratischen Staats- und Gesellschaftsordnung" ausdrücklich begrüßt. Die Zielrichtung und Art und Weise mancher Protestaktionen bewiesen aber, dass es bisher nicht gelungen sei, die Jugend an der Lösung gesellschaftlicher und politischer Probleme ernsthaft und verantwortlich zu beteiligen. „Schüler und Studenten fordern vor allen anderen Gruppen der Jugend in radikaler Weise echte Demokratie. Das hat seine Ursache in schwerwiegenden Strukturfehlern von Schule und Hochschule." Die GEW fordere seit Jahren mehr Mitbestimmung, mehr Demokratie und Meinungsfreiheit sowie Frieden und Freiheit. „Deshalb bekundet sie ihre Sympathie für Aktionen der deutschen Jugend, die sich diesen Zielen widmen." Allerdings, so wird in der Entschließung einschränkend betont, verurteile sie Gewalt und Terror von Demonstranten, ebenso wie alle unangemessenen Gewaltmaßnahmen staatlicher Organe.[1332]

Konkret wendete sich der Hauptvorstand beispielsweise in einer Stellungnahme gegen Absichten, die Stipendiengewährung als Disziplinarmittel an den Hochschulen einzusetzen. Von Stipendien abhängige Studenten dürften nicht anderen Maßstäben politischen Verhaltens unterworfen werden als finanziell unabhängige.[1333] Auch übte der Vorstand öffentlich Kritik an der Gründung des „Bundes Freiheit der Wissenschaft" (BFW). So sprach etwa Erich Frister am 16. Dezember 1970 auf einem Kongress von Studenten und Hochschullehrern in Bonn, zu dem die wichtigsten Hochschulorganisationen, Vorstandsmitglieder verschiedener DGB-Gewerkschaften, Rektoren und Präsidenten einer Reihe westdeutscher Universitäten und wissenschaftspolitisch engagierte Bundestagsabgeordnete aufgerufen haben.[1334] Frister beklagte dabei den immer deutlicher werdenden

---

[1331] Auf einer außerordentlichen Sitzung des Hauptausschusses der GEW am 1. Februar 1975 stellte der 1. Vorsitzende bezüglich des Begriffs klar: „Unter Antikommunismus verstehen wir nicht das, was das Wort sagt, nämlich Ablehnung des Kommunismus als Weltanschauung und Modell einer politischen Ordnung, sondern wir verstehen darunter den Mißbrauch der Ablehnung des Kommunismus durch unsere Bevölkerung bei der Auseinandersetzung mit dem freiheitlichen und demokratischen Sozialismus. So war es beispielsweise Antikommunismus in diesem Sinne, als die GEW 1960 nach der Verabschiedung des Bremer Plans der Propagierung eines kommunistischen Schulsystems bezichtigt wurde. Der Einsatz der Furcht vor dem Kommunismus als Mittel, um gesellschaftliche Veränderungen und Reformen zu diffamieren und zu verhindern, das ist Antikommunismus im bundesrepublikanischen Sprachgebrauch." Vgl. Gewerkschaft Erziehung und Wissenschaft: Geschäftsbericht 1974–1977 (Anm. 1279), S. 65–73.
[1332] Archiv des GEW-Hauptvorstands: Dokumentation 1968–1971 (Anm. 1301), S. 11.
[1333] Ebd., S. 181.
[1334] Gewerkschaft Erziehung und Wissenschaft: Geschäftsbericht 1968–1971 (Anm. 1277), S. 26.

„Druck der konservativen und reaktionären Sammlungsbewegung gegen Friedens- und Entspannungspolitik nach außen, gegen fortschrittliche und sozialistische Bewegungen und gegen jeden Ansatz von demokratischen Reformen im Innern", dessen organisatorischen Ausdruck er im Hochschulbereich in Gestalt des BFW fände.[1335] Sprachlich und inhaltlich wird hier deutlich, wie stark sich die GEW-Führung der damaligen Protestbewegung angenähert hatte. Dass die Debatten in dieser Zeit durch ihre starke ideologische Aufladung zum Teil auch unsachlich und überzogen diskutiert wurden, lässt sich gerade am BFW anhand jüngerer Studien nachweisen.[1336] Der Bund Freiheit der Wissenschaft wurde mitunter als „Rechtskartell", „brauner Bund" oder „akademische NPD" bezeichnet – eine Charakterisierung, die dem Verein zu Unrecht eine direkte Verbindung zur Nationaldemokratischen Partei unterstellte, die wiederum Ende der 1960er und Anfang der 1970er Jahre beachtliche Wahlerfolge erzielte und von der sich die GEW mit einem Unvereinbarkeitsentschluss deutlich distanzierte.[1337]

Die Aufgeladenheit der damaligen Atmosphäre im Hochschulbereich war auch an der Braunschweiger Kant-Hochschule zu spüren. Drei Jahre nach seiner 1968 erfolgten Emeritierung sah sich selbst Heinrich Rodenstein heftiger studentischer Kritik ausgesetzt, weiß sein Biograph Erich Frister zu berichten. Während einer Abteilungskonferenz erhob ein Vertreter der dortigen Studentenschaft gegen den abwesenden früheren Direktor den Vorwurf, dieser habe „durch seine Begünstigung von ehemaligen Hitlerjugendführern und Offizieren bei der Zulassung zum Studium an der Kant-Hochschule das Begleitprogramm für die Rückkehr der Nazi-Kriegsverbrecher auf hohe Posten in Politik und Wirtschaft geliefert und dazu beigetragen, für diesen faschistoiden Staat Bundesrepublik die geeigneten Lehrer heranzubilden. Wilhelm Alff, der Nachfolger auf seinem Lehrstuhl, hatte die Attacke durch ein Flugblatt unterstützt, in dem er Rodenstein zwar attestierte, ein „großartiger Kämpfer gegen den Nationalsozialismus" gewesen zu sein, ihm zugleich jedoch vorwarf, nach 1945 eben doch „Entscheidungen mit fataler Wirkung" getroffen zu haben. „Hatte der Studentenvertreter ihn als politisches Schwein gemalt, so schilderte ihn nun der Politikprofessor als politischen Esel."[1338]

Rodenstein zu unterstellen, aktiv an einer „Renazifizierung" der Gesellschaft mitgewirkt zu haben, erscheint heute beinahe so befremdlich wie die Umschreibung der Bundesrepublik (selbst der damaligen) als „faschistoider Staat". Allerdings – und dieser Umstand bleibt unbestritten, hatte Rodenstein selbst „nie eine

---

1335 Archiv des GEW-Hauptvorstands: Dokumentation 1968–1971 (Anm. 1301), S. 229–234.
1336 Vgl. Svea Koischwitz: Der Bund Freiheit der Wissenschaft in den Jahren 1970–1976 (Kölner Historische Abhandlungen, Band 52). Köln/Weimar/Wien 2017; Nikolai Wehrs: Protest der Professoren. Der Bund Freiheit der Wissenschaft in den 1970er Jahren (Geschichte der Gegenwart). Göttingen 2014.
1337 Archiv des GEW-Hauptvorstands: Dokumentation 1968–1971 (Anm. 1301), S. 11–12.
1338 Frister: Heinrich Rodenstein (Anm. 700), S. 278.

Vorlesung angeboten oder eine Übung abgehalten, die sich systematisch mit dem Nationalsozialismus, seinen Ursachen und Folgen beschäftigt hätte."[1339] Eine Erklärung liefert Erich Frister in seiner Biographie gleich mit:

> „Er und seine Altersgenossen im Lehrkörper, ob sie nun wie er emigriert oder in Deutschland gewesen waren, hatten die Abkehr vom Nationalsozialismus für so selbstverständlich gehalten, dessen Bankrott in Theorie und Praxis für so überzeugend, daß es einer systematischen Untersuchung dieses Phänomens der deutschen Geschichte nicht bedürfe."[1340]

Dass diese Begründung aus einer gewissen Verlegenheit heraus formuliert wurde, legt der Umstand nahe, dass gerade (und fast ausschließlich) Rodenstein derjenige war, der – zumindest in seiner Funktion als GEW-Vorsitzender – mehrmals zur Auseinandersetzung mit der Vergangenheit aufgerufen hatte und genau darin auch eine Sinnhaftigkeit und Notwendigkeit erkannte.[1341]

Am Ende muss festgehalten werden, dass auch die Protestbewegung und der Generationenwandel der 1960er und 1970er Jahre innerhalb der GEW keinen radikalen Kurswechsel im Umgang mit der NS-Vergangenheit bewirkte. Männer wie Heinrich Rodenstein und Frauen wie Anna Mosolf prägen die Gewerkschaft und die von ihr vertretenen Wertvorstellungen nachhaltig und auf eine Art und Weise, dass im dritten und vierten Jahrzehnt der Bundesrepublik eher von „evolutionären Anpassungsprozessen" als von „revolutionären Brüchen" gesprochen werden sollte. Erich Frister setzte den Kurs seines Vorgängers fort. Zentral in der Auseinandersetzung mit dem Nationalsozialismus blieb auch unter ihm das besondere Verhältnis mit Israel und die Erinnerung an die Verbrechen, die insbesondere an jüdischen Menschen verübt wurden. So setzte sich die GEW unter Fristers Leitung im Jahr 1978 gemeinsam mit dem Zentralrat der Juden in Deutschland beispielsweise bei den Kultusministern der Länder dafür ein, „ein umfassendes Unterrichtsprogramm zu den Menschenverfolgungen in der nationalsozialistischen Zeit auszuarbeiten und die Schulen auf die Notwendigkeiten hinzuweisen, sich diesem Thema zuzuwenden."[1342] Die GEW selbst führte vom 7. bis 9. November 1978 eine GEW-Bundesfachtagung zum Thema „40 Jahre nach der ‚Reichskristallnacht'. Erziehung für die demokratische Gesellschaft" mit rund 300 Teilnehmern durch und forderte zugleich dazu auf, die damaligen

---

1339 Ebd., S. 282.
1340 Ebd., S. 283.
1341 Rodenstein: 25 Jahre GEW (Anm. 2), S. 313–316.
1342 Gewerkschaft Erziehung und Wissenschaft: Geschäftsbericht 1977–1980 (Anm. 1279), S. 123–124; Gewerkschaft Erziehung und Wissenschaft: Geschäftsbericht 1977–1980 (Anm. 1279), S. 28–29.

Ereignisse in allen Schulen ausführlich im Unterricht zu erörtern.[1343] Ein Jahr später beteiligte sie sich an einem öffentlichen „Hearing" der SPD-Bundestagsfraktion zum Thema Neonazismus. Im Frühjahr 1980 gaben schließlich die GEW und der Zentralrat der Juden in Deutschland eine gemeinsame Empfehlung für die Aufnahme des Themas ‚Nationalsozialismus' im Unterricht der Mittelstufe (Sekundarstufe I) heraus. „Diese Broschüre, die nach didaktischen Hinweisen eine umfangreiche Materialsammlung enthält, trägt den Titel ‚Nationalsozialismus im Unterricht. Arbeitshilfen für die. Unterrichtsplanung'. Alle diese Aktivitäten fanden ein breites Echo in der Öffentlichkeit."[1344] Auch die „ideologisch ausgerichtete Erziehung der Jugend im Dritten Reich" sollte nach den Vorstellungen der Herausgeber ein didaktischer Schwerpunkt bei der Unterrichtsgestaltung sein. Ein genauer Blick in die Broschüre verrät jedoch, dass auch im Jahr 1980 eine kritische Betrachtung der Rolle der Lehrkräfte in diesem Kontext nicht vorgesehen war.[1345]

Erste Ansätze einer umfassenderen, selbstkritischen Auseinandersetzung mit dem NS-Erbe der GEW sind erst zu einer Zeit zu erkennen, als die damaligen „Achtundsechziger" aus den Hochschul- und Junglehrergruppen in die Führungsebene der GEW wechselten. Dieter Wunder lieferte als erster Vorsitzender ab 1981 ein passendes Beispiel, wenngleich er selbst zur Zeit der Studentenproteste bereits ausgebildeter Gymnasiallehrer im vierten Lebensjahrzehnt war. Unter seiner Führung – und damit erst zu einem Zeitpunkt, an dem die allermeisten Beteiligten bereits nicht mehr am Leben waren – begann die Gewerkschaft Erziehung und Wissenschaft langsam damit, sich auch im Kontext ihrer eigenen ambivalenten Vor- und Frühgeschichte mit der NS-Vergangenheit zu beschäftigen. Dass dieser Prozess noch lange nicht beendet ist und auch niemals beendet werden sollte, hat die vorliegende Untersuchung versucht zu verdeutlichen.

1343 Gewerkschaft Erziehung und Wissenschaft: Geschäftsbericht 1977–1980 (Anm. 1279), S. 242–243.
1344 Ebd., S. 123–124.
1345 Nationalsozialismus im Unterricht. In: Erziehung und Wissenschaft 32, 1980, H. 3, S. 16.

6 Schluss

Hans-Georg Herrlitz, Professor am Pädagogischen Seminar der Universität Göttingen, hielt 1997 in der von der GEW herausgegebenen wissenschaftlichen Zeitschrift „Die Deutsche Schule" seine Überlegungen zum komplizierten Umgang mit der NS-Vergangenheit fest. Er schrieb:

> „[J]e größer inzwischen der zeitliche Abstand zwischen dem Erinnerungshorizont der jüngeren Historikergeneration und den Jahren 1933 bis 1945 geworden ist, desto eher erledigt sich natürlich auch die Chance, zu jener Zeit noch einen eigenen, autobiographisch verbürgten Zugang zu finden. Das mag der Objektivität historischer Rekonstruktionen zugute kommen. Ich fürchte aber auch, daß damit das Risiko gewachsen ist, […] die Wirklichkeit jener Jahre nur noch in abstrakter Annäherung umschreiben zu können (und das schon für die ganze Wahrheit zu halten), […] die situativen Bedingungen, unter denen die überlieferten Dokumente entstanden sind, nicht mehr hinreichend zu berücksichtigen […] und sich im schlimmsten Falle, bei mangelhafter methodischer Qualifikation und kräftiger Ausprägung politischer Vorurteile, mit Schwarz-Weiß-Gemälden zufrieden zu geben, in denen sich nur noch Helden und Schurken gegenüberstehen."[1346]

Auch 23 Jahre später zeigt sich, dass seine Befürchtungen nicht unbegründet waren. Bis zum heutigen Zeitpunkt ist der Vergangenheitsdiskurs der GEW maßgeblich geprägt von abstrakten Deutungen historischer Entwicklungen, von Vorurteilen, die eben jene Schwarz-Weiß-Geschichten hervorbringen, in denen nur noch Helden und Schurken vorkommen. Die Vergangenheit und mit ihr auch das NS-Erbe der GEW sind komplexer, vielschichtiger und widersprüchlicher als eine oberflächliche, „offensichtliche" Betrachtung dies nahelegt. Ziel der vorliegenden Untersuchung war es, das Handeln der GEW und ihrer Vorläuferorganisationen im Kontext ihrer jeweiligen Zeit nachzuzeichnen und dabei auch das Wie und vor allem das Warum zu thematisieren. Nimmt man die Komplexität ernst, die einer Bearbeitung der Thematik unter diesen Voraussetzungen innewohnt, so kann am Ende kein monochromes Gemälde entstehen. Auch die Zahl der Helden und der Schurken wird eher überschaubar bleiben. Allerdings geht mit einem solchen Ansatz die Gefahr einer, sich dem Vorwurf ausgesetzt zu sehen, keine klare Position bezogen, kein „handfestes Urteil" gefällt und am Ende womöglich mehr Fragen gestellt als Antworten geliefert zu haben. Doch gerade in Bezug auf den gegenwärtigen Vergangenheitsdiskurs der GEW erscheint es

---

1346 Hans-Georg Herrlitz: Vergangenheitsbewältigungen. In: Die Deutsche Schule 89, 1997, S. 134–136, hier S. 134.

ratsam, sich mehr mit den richtigen Fragen als mit den falschen Antworten auseinanderzusetzen. Nur so kann eine fruchtbare, differenzierte und kontinuierliche – keineswegs abschließende – Auseinandersetzung mit der Vergangenheit erfolgen, wie sie zumindest im Grundsatz von allen Seiten befürwortet und eingefordert wird.

Die Komplexität, die sich aus der Beschäftigung mit Fragen der „Vergangenheitsbewältigung" ergibt, lässt sich bereits bei einem Blick in die unmittelbare Nachkriegszeit erkennen, die bewusst an den Ausgangspunkt der Untersuchung gesetzt wurde. Gerade diese kurze, an politischen, sozialen und persönlichen Widersprüchlichkeiten, Kontinuitäten und Brüchen so reichen Zeitspanne, prägte den gesellschaftliche Umgang mit den Erblasten des Nationalsozialismus über Jahrzehnte hinweg. Gefühle wie Schuld oder Scham wurden in den Nachkriegsjahren häufig von einem stark ausgeprägten Pragmatismus überlagert. In der Zeit des Mangels und der Not war ein solches Verhalten aber durchaus nachvollziehbar. Zugleich korrelierte dieser Pragmatismus mit einem inneren Bedürfnis vieler Menschen, mit der Vergangenheit abzuschließen, einen Neuanfang zu wagen und auf eine bessere Zukunft zu hoffen. Für die allermeisten Deutschen standen die Überwindung der allgemeinen Kriegsfolgen, die Sicherung der eigenen Existenz und das Streben nach „besseren Zeiten" eindeutig im Vordergrund ihres Denkens und Handelns und bestimmte ihren Alltag. Für den Blick zurück, für Selbstkritik und Sühne, war die Zeit noch lange nicht gekommen. Bis weit in die Zeit nach Gründung der Bundesrepublik spielten Fragen nach Schuld und Verantwortung, die sich aus der Konfrontation mit den Hinterlassenschaften des Nationalsozialismus ergaben, praktisch kaum eine Rolle – auch innerhalb der Gewerkschaft Erziehung und Wissenschaft nicht. Weder in den Arbeitspapieren des Hauptvorstands noch in den protokollierten Redebeiträgen der ersten Lehrer- und Lehrerinnenkongresse finden sich derartige Hinweise. Abgesehen von zahlreichen öffentlichen Bekenntnissen zur Demokratie erschienen auch in der größten Verbandszeitung, der Allgemeinen Deutschen Lehrerzeitung, bis zum Jahr 1956 lediglich eine Handvoll Kommentare oder Stellungnahmen zum Umgang mit der Verantwortung oder Schuld, die sich aus der NS-Vergangenheit ergab. Die Folgen des „Dritten Reichs" waren im ersten Jahrzehnt nach dessen Untergang aber auf andere Art allgegenwärtig. Die Beseitigung der Kriegsfolgen und der Umgang mit der Entnazifizierung bestimmten die gesellschaftliche Agenda wie die der GEW in entscheidendem Maße mit. Und wie fast alle Deutschen, die von den Maßnahmen der Entnazifizierung betroffen waren, fühlten sich auch die Lehrkräfte in erster Linie als Leidtragende, als Opfer einer alliierten Besatzungspolitik, die vermeintlich willkürlich und anhand schematischer Kriterien, die die wahren Lebensumstände im Nationalsozialismus verkannten, Menschen in Gut und Böse einteilte. Als die Siegermächte begannen, differenzierter vorzugehen, als sie schließlich zentrale Entscheidungsbefugnisse im Kontext der Entnazifizierung sogar weitgehend in deutsche Hände übertrugen, war der allgemeine Ruf der politischen

Säuberungsmaßnahmen, die zur Errichtung einer neuen Staatsform unbestreitbar notwendig waren, allerdings bereits nachhaltig beschädigt. Hinzu kam, dass selbst die Besatzungsmächte wegen des aufziehenden Ost-West-Konflikts das aufrichtige Interesse an einer gründlichen Entnazifizierung verloren hatten. Stattdessen stand die wirtschaftliche und politische Stabilisierung ihrer jeweiligen Besatzungszone klar im Vordergrund. Zumindest in den drei Westzonen entwickelte sich so zwischen Besatzern und Besetzten eine anhaltende und folgenschwere Interessenkongruenz, bei der Fragen im Kontext der Aufarbeitung der Vergangenheit kaum einen Platz hatten. Es ist aus diesem Grunde nicht verwunderlich, wenn die Untersuchung feststellt, dass sich die GEW im Kontext der Entnazifizierung nahezu vorbehaltlos hinter ihre Mitglieder stellte, um diese so weitgehend wie nur möglich zu rehabilitieren. Dass es im Rahmen der Entnazifizierung offenbar tatsächlich zu Ungerechtigkeiten kam, schließt dieser Umstand ebenso ein wie die Tatsache, dass auch Lehrkräfte, die ohne jeden Zweifel als schwer belastet angesehen werden mussten, auf die Unterstützung der Gewerkschaft hoffen konnten. Erstaunen mag auf den ersten Blick, dass diese Politik auch und insbesondere von GEW-Funktionären mitgetragen wurde, die selbst zu keinem Zeitpunkt mit dem NS-Regime sympathisierten oder sogar als entschlossene Gegner des Nationalsozialismus angesehen werden können. Doch auch Männer wie Heinrich Rodenstein und Frauen wie Anna Mosolf hatten offenbar kein Interesse an einer nachhaltigen Diskussion um Schuld und Verantwortung innerhalb ihrer Organisation. Sie wussten mit Sicherheit um die Belasteten in ihren Reihen, aber ihnen war ebenso bewusst, dass der Wiederaufbau einer großen, einflussreichen Lehrerorganisation nur mit jenen Mitgliedern und nicht gegen sie gelingen konnte. Wie die Gesellschaft insgesamt waren sie durch ein soziales Netz mit ihnen verbunden, dessen Fäden zusammengehalten werden sollten – auch um den Preis des Verdrängens, Beschweigens und Vergessens.

Als die Entnazifizierungsfrage für die GEW wie für die Gesamtgesellschaft Mitte der 1950er Jahre weitgehend „gelöst" war – fast alle betroffenen Lehrkräfte wurden letztlich rehabilitiert – rückte die Frage der Wiedergutmachung immer stärker in den Vordergrund. Das Luxemburger Abkommen, das am 10. September 1952 zwischen der Bundesrepublik und dem Staat Israel sowie der Jewish Claims Conference geschlossen wurde, bildete den Auftakt für eine Reihe von Entschädigungsvereinbarungen, die die Bundesrepublik bis 1964 mit zahlreichen (vorwiegend westeuropäischen) Staaten schloss. Die GEW beteiligte sich an der gesellschaftlichen Debatte um das Für und Wider dieser Abkommen nur mäßig. Stattdessen nahm sie diese zum Anlass, der Wiedergutmachungsfrage in Bezug auf ihre eigenen Mitglieder mehr Raum zu geben. Bereits vor Gründung der beiden deutschen Staaten hatten die Besatzungsmächte Entschädigungsleistungen für jene Personen vorgesehen, die aus rassischen, politischen oder religiösen Gründen vom NS-Regime verfolgt worden waren. In den Jahren nach 1949 wurden diese Wiedergutmachungsansprüche zudem durch weitere Bundesgesetze ergänzt und präzisiert. Doch erst das großzügig ausgelegte Bundesentschädigungsgesetz von 1956 erweiterte den Kreis der Berechtigten so weit, dass die GEW sich verstärkt um jene Pädagogen in ihren Reihen bemühte, die unter dem NS-Regime gelitten hatten. Im Vergleich zur Masse der „Entnazifizierungsgeschädigten" war diese Gruppe sehr überschaubar. Dennoch bemühten sich die GEW und ihre Mitglieder jetzt sichtbar und nachhaltig darum, das Gros der Pädagogenschaft als Opfer oder gar Gegner des Nationalsozialismus darzustellen. Unverhofft und indirekt unterstützt wurden sie dabei durch propagandistische Bemühungen des SED-Regimes in der DDR, das ihre „sozialistischen Lehrkräfte" als Antifaschisten zu charakterisieren versuchte. In Ost- wie in Westdeutschland entstanden daraufhin zwar zahlreiche Publikationen, die widerständisches Verhalten von Lehrkräften dokumentierten, eine kritische Betrachtung des Verhaltens von Lehrkräften im „Dritten Reich" sollte dagegen noch lange auf sich warten lassen.

Auch wenn die Wiedergutmachungsfrage innerhalb und außerhalb der GEW weder uneigennützig noch selbstkritisch diskutiert wurde, so sorgte sie dennoch dafür, dass ab Ende der 1950er Jahre zumindest ein zaghafter Bewusstseinswandel im Umgang mit der NS-Vergangenheit einsetzte. Die offensichtlichen Defizite im Umgang mit den Erfahrungen im „Dritten Reich" und auch die noch immer kaum vernehmbaren Kontroversen um Schuld und Verantwortung in diesem Zusammenhang wurden von nun an auch innerhalb der GEW verstärkt beachtet und diskutiert. Die Reaktionen schwankten dabei zu Beginn zwischen verhaltener Selbstkritik und Schuldabwehr, wie aus der Analyse der Verbandszeitschrift ADLZ hervorging. Es gab einerseits Aufrufe zum kritischeren Umgang mit der eigenen Vergangenheit, etwa als Karl Bungardt 1956 erstmals öffentlich für eine „geschichtliche Aufarbeitung der Schulverhältnisse im Nationalsozialismus" plädierte. Vereinzelt finden sich sogar Beiträge und Zuschriften, in denen eine Mitschuld der Pädagogenschaft an den NS-Verbrechen eingestanden wird – wenn auch „nur" im Sinne einer weitgehenden Passivität der meisten Lehrerinnen und Lehrer gegenüber den neuen Machthabern. Die Ende der 1950er Jahre noch immer allgemein geläufige Diffamierung von Männern und Frauen des Widerstands gegen das NS-Regime wurde folglich ebenso klar abgelehnt, wie sich die Herausgeber und Autoren der ADLZ von Beginn an zum Existenzrecht des Staates Israel bekannten und ihre Solidarität mit dem jüdischen Staat zum Ausdruck brachten. Andererseits waren derartige Positionierungen meist verbunden mit Abgrenzungen und Verweisen auf andere Institutionen und Akteure, die im Kontext der Vergangenheitsbewältigung zumindest als nicht weniger schuldbehaftet, zumeist jedoch als die eigentlichen Problemverursacher ausgemacht wurden. So wurde etwa – durchaus zurecht – das Aufkommen von Jugendverbänden in der frühen Bundesrepublik kritisiert, deren zweifelhafte Namen wie „Bismarck-Jugend", „Deutsche Reichsjugend" und „Jungsturm" ganz unverhohlen an nationalistische, völkische und nationalsozialistische Traditionen anknüpften. Auch distanzierte sich die GEW in ihrer Verbandspresse von den Umtrieben alter Kameradschaften wie dem Bundesverband ehemaliger Internierter und Entnazifizierungsgeschädigter, in dem sich Mitglieder der (Waffen)-SS, SA, NSDAP sowie Wehrmachtsangehörige zusammenschlossen, um für das angebliche Unrecht, das ihnen nach Kriegsende widerfuhr, entschädigt zu werden. Dass Vereine wie dieser von der Bundeszentrale für Heimatdienst als förderungswürdig eingestuft wurden, war ebenso skandalös wie bezeichnend. Vor allem aber ermöglichte ein Verweis auf „die anderen" und auf das Verhalten des Staates immer auch eine Schuldentlastung. Als im Zuge der antisemitischen „Schmierwelle" Ende der 1950er/Anfang der 1960er Jahre eine Diskussion um neonazistische Tendenzen in der westdeutschen Gesellschaft einsetzte, in deren Folge auch Defizite bei der politischen Bildungsarbeit von Jugendlichen und jungen Erwachsenen ausgemacht wurden, verwies die GEW vorzugsweise auf die Untätigkeit anderer, außerschulischer Instanzen. So wurden die Kirchen, verschiedene Träger der offenen Jugendarbeit und nicht zuletzt Elternhäuser als die eigentlichen Verantwortlichen für die demokratische Erziehung ausgemacht. Anders als Lehrerinnen und Lehrer würden diese aber weit weniger in der öffentlichen Kritik stehen.

Mit Blick auf allgemeine Forderungen, an den Schulen verstärkt über die Zeit des Nationalsozialismus aufzuklären, unterstrich die Gewerkschaft die begrenzten Einflussmöglichkeiten der Lehrkräfte. So wurde etwa die mangelhafte Ausstattung vieler Schulbibliotheken beklagt, auch die inhaltliche Ausgestaltung der Schulbücher wurde kritisiert. Tatsächlich ließ sich in den 1950er Jahren beobachten, dass bei neu aufgelegten Geschichtsbüchern mitunter Passagen zur NS-Geschichte zulasten von fragwürdigen Themen wie der sogenannten Ostkunde eingekürzt wurden.[1347] Grundsätzlich war man sich innerhalb der GEW zudem einig darüber, dass das föderale, dreigliedrige Schulsystem auch im Bereich der politischen Bildungsarbeit Reformvorhaben an den Schulen erschwerte. Im Grundsatz ist dieser Vorwurf nicht von der Hand zu weisen, wie auch der Verweis auf die begrenzen Einflussmöglichkeiten der GEW auf die Schulpolitik der Länder nicht unbegründet erscheint. Wie am Beispiel von Georg Eckert gezeigt werden konnte, hatten andere Instanzen, etwa die jeweiligen Kultusministerien oder der Verband der Geschichtslehrer, entscheidenderen Einfluss auf die inhaltliche Ausgestaltung der Lehrpläne und Lehrwerke für den Geschichtsunterricht.

Trotz alledem rückte gut zehn Jahre nach Kriegsende die NS-Vergangenheit wieder stärker in das gesellschaftliche Bewusstsein – neben den bereits erwähnten Schändungen von Synagogen und jüdischen Friedhöfen sorgten auch Gerichtsprozesse wie der Ulmer Einsatzgruppenprozess, der Eichmann-Prozess

---

1347 Vgl. Bodo von Borries: Vernichtungskrieg und Judenmord in den Schulbüchern beider deutscher Staaten seit 1949. In: Michael T. Greven (Hrsg.): Der Krieg in der Nachkriegszeit. Der Zweite Weltkrieg in Politik und Gesellschaft der Bundesrepublik. Opladen 2000, S. 215–236.

und die Frankfurter Auschwitzprozesse für Aufsehen. Die damit einhergehende Konfrontation mit dem Holocaust und die Last einer moralischen Schuld und Verantwortung ließ sich auch in der GEW nicht ignorieren. Folglich war nun auch in der Allgemeinen Deutschen Lehrerzeitung vereinzelt von Lehrkräften zu lesen, die als „Halbbekehrte" noch immer die Singularität der NS-Verbrechen gegenüber ihren Schülern zu relativieren versuchten. Die deutlichste, ablehnende Reaktion seitens der Gewerkschaft erfolgte im Zusammenhang mit den Vorgängen um den Studienrat Ludwig Zind, der sich unverblümt zum Nationalsozialismus und zu seiner antisemitischen Einstellung bekannte und bundesweit für Aufsehen sorgte. Wie der „Fall Zind" den Mitgliedern der GEW verdeutlichte, war mit der offenen Ablehnung demokratischer Werte und eindeutigen Sympathiebekundungen zur nationalsozialistischen Ideologie eine Grenze überschritten. Auch wenn die Gewerkschaft bei Fragen der Entnazifizierung und Restitution eine zweifelhafte, kritikwürdige Position einnahm, so gehörte ein – zumindest formales – Bekenntnis zu den Menschenrechten und zu freiheitlich-demokratischen Werten von Beginn an zu den Forderungen an ihre Mitglieder.

Wie in der Untersuchung deutlich gemacht werden konnte, hatten die „Gründerväter" einen entscheidenden Anteil daran, dass die GEW sowohl gegenüber den Alliierten als auch den staatlichen Stellen und sogar auf internationaler Ebene von Beginn an einen „demokratischen Ruf" genoss, der von keiner Seite ernsthaft in Zweifel gezogen wurde. Dieser Umstand, so förderlich er für die weitere Entwicklung der Gewerkschaft auch war, erschwerte aber letztlich eine kritische Selbstreflexion unter den Mitgliedern. Führungspersönlichkeiten wie Max Traeger, Heinrich Rodenstein und Georg Eckert garantierten die frühe Einbindung der GEW in internationale Lehrerorganisationen. Traeger und Rodenstein waren zudem bereits vor 1933 in die internationale Arbeit eingebunden, genossen damals wie auch nach dem Krieg ein hohes Ansehen und wurden zu jeder Zeit als Demokraten respektiert. Mögen im Falle von Max Traeger auch Zweifel darüber bestehen, was seine Rolle im Nationalsozialismus betraf, so lässt sich zumindest für Heinrich Rodenstein eine moralisch unzweifelhafte Integrität feststellen. Von ihm, seinem Ruf und seinem Wirken profitierte die GEW wie von kaum einem anderen. Neben zahlreichen bildungspolitischen Impulsen, die auf sein Betreiben zurückzuführen sind, entfalteten besonders die internationalen Aktivitäten von Heinrich Rodenstein große Wirksamkeit. Zum einen stärkte der von ihm mit ins Leben gerufene Sonnenberg-Kreis, der seit Anfang der 1950er Jahre internationale Konferenzen zu kulturellen und erzieherischen Fragen mit dem Ziel der Völkerverständigung durchführte, das internationale Renommee der GEW nachhaltig. Zum anderen – und in noch entscheidenderer Weise – prägte Rodenstein das Verhältnis zu Israel, speziell zur israelischen Lehrergewerkschaft unter der Führung von Shalom Levin. Sichtbarster Ausdruck der erfolgreichen Bemühungen um eine Aussöhnung war die Einrichtung deutsch-israelischer Lehrerseminare, die seit Anfang der 1960er Jahre bis heute stattfinden. Allerdings wurden vor allem zu Beginn dieses Austauschs Fragen der NS-Vergangenheit nicht offen ausgesprochen und diskutiert, wenngleich eine Konfrontation der deutschen Vertreter mit der Erblast des Nationalsozialismus von israelischer Seite her auch nicht eingefordert wurde. Heinrich Rodenstein und den führenden Vertretern der Gründergeneration der GEW ist es innerhalb erstaunlich kurzer Zeit gelungen, einen folgenreichen Spagat zu meistern, der mit einer unzweifelhaft demokratischen Haltung nach außen bei gleichzeitigem Beschwichtigen und in einigen Fällen auch Beschweigen und Verdrängen nach innen verbunden war. Insbesondere Heinrich Rodenstein rief in den 1960er Jahren die Mitglieder der GEW zwar nachweislich dazu auf, sich mit ihrer Geschichte im Nationalsozialismus auseinanderzusetzen, auch beauftragte der Vorstand unter seiner Führung Fritz Thiele damit, eine wissenschaftliche Geschichte der Lehrerorganisationen zu erarbeiten, in der auch die Entwicklungen im „Dritten Reich" nicht ausgespart bleiben sollten, doch im Ergebnis liefen solche Impulse einer ernsthaften, ausführlicheren Auseinandersetzung mit der NS-Vergangenheit ins Leere. Eine breite, öffentlich geführte Debatte um das NS-Erbe der Mitglieder blieb aus und wurde auch von Heinrich Rodenstein nicht nachdrücklich eingefordert. Von den Bemühungen Fritz Thieles zeugt heute nur eine fragmentarische, handschriftliche Materialsammlung, die sich im Archiv der sozialen Demokratie befindet.

Wann also setzte ein nachhaltiger Bewusstseinswandel beim Umgang mit der NS-Vergangenheit innerhalb der GEW ein? Die naheliegende Vermutung, dass die Protestbewegung und der Generationenwandel der 1960er und 1970er Jahre diesbezüglich einen spürbaren, womöglich radikalen Kurswechsel der GEW-Führung zur Folge hatte, konnte die Untersuchung nicht bestätigen. Wie sich herausstellte, wirkten die Vorstellungen und Prägungen der Gründergeneration der Gewerkschaft auch in Bezug auf den Umgang mit dem NS-Erbe lange nach, sodass selbst im dritten und vierten Jahrzehnt des Bestehens der GEW eher von evolutionären Anpassungsprozessen als von revolutionären Veränderungen gesprochen werden kann. Erich Frister, der Heinrich Rodenstein ausgerechnet im „Epochenjahr 1968" als ersten Vorsitzenden ablöste, stärkte zwar das gewerkschaftliche, „linke" Profil der GEW weiter, zugleich distanzierte sich die GEW unter seiner Führung aber deutlich von den neuen linken Gruppen, die im Umfeld der westdeutschen Studentenbewegung entstanden waren und eine veränderte, kritischere Einstellung im Umgang mit der NS-Vergangenheit einforderten. Dennoch war zu beobachten, dass das studentische Klientel in dieser Zeit für die Bildungsgewerkschaft deutlich an Bedeutung gewann. Hochschulpolitische Belange wurden nach und nach zum festen Bestandteil der gewerkschaftlichen Arbeit, immer mehr Studierende traten im Verlauf der 1960er Jahre in die GEW ein und gründeten erste Hochschulgruppen. Allerdings dauerte es bis weit in die 1970er Jahre, bis die Studierenden einen signifikanten Anteil des GEW-Mitgliederbestands ausmachten – 1970 waren es rund sechs Prozent, vier Jahre darauf immerhin zwölf Prozent. Entscheidend war allerdings, dass Studentinnen und

Studenten als „außerordentliche Mitglieder" in den entscheidenden Gremien der Gewerkschaft zwar vertreten waren, aber über kein Stimmrecht verfügten. Die gewerkschaftlichen Richtlinien wurden also auch nach 1968 über viele Jahre hinweg vom etablierten Mitgliederbestand ausgehandelt.

Erste Ansätze einer selbstkritischeren Auseinandersetzung mit der gewerkschaftseigenen NS-Vergangenheit sind daher erst zu erkennen als die ehemaligen „Achtundsechziger" aus den Hochschul- und Junglehrergruppen Ende der 1970er bzw. Anfang der 1980er Jahre nach und nach in die Führungsebenen der GEW vordringen konnten. Ein erster, flüchtiger Blick auf diese Zeit liefert interessante Ansatzpunkte: Noch unter der Führung von Erich Frister fand im Jahr 1978 erstmals eine bundesweite Fachtagung statt, auf der 40 Jahre nach dem Novemberpogrom Fragen der „Erziehung für die demokratische Gesellschaft" diskutiert wurden. Zwei Jahre darauf veröffentlichte die GEW gemeinsam mit dem Zentralrat der Juden in Deutschland eine Empfehlung für die Aufnahme des Themas Nationalsozialismus in den Unterricht der Mittelstufe. Aber erst ab den 1990er Jahren, 50 Jahre nach ihrer Gründung, begann sich die GEW unter der Leitung von Dieter Wunder, selbst studierter Historiker und Sohn eines NSDAP-Anhängers und Mitarbeiters im Einsatzstab Reichsleiter Rosenberg (einer Art Rauborganisation der NSDAP für Kulturgüter aus den besetzten Ländern) auch mit der Rolle von Lehrkräften im „Dritten Reich" zu beschäftigen und sich damit dem eigentlichen Kern des gewerkschaftseigenen NS-Erbes anzunähern. Auch nach dieser Arbeit, deren inhaltlicher und zeitlicher Schwerpunkt auf den Nationalsozialismus und die junge Bundesrepublik ausgerichtet war, bleiben also viele Fragen offen. Die vorliegende Publikation soll nicht zuletzt deshalb als Auftakt und nicht als Abschluss eines Prozesses verstanden werden, in dem sich die GEW mit ihrer wechselvollen, vielschichtigen und ereignisreichen Geschichte auseinandersetzt.

7 Ausblick

Mit den vorangegangenen Ausführungen konnten wichtige Grundlagen für die Bewertung des Umgangs der GEW mit ihrem NS-Erbe erarbeitet werden. Die damit zusammenhängende Diskussion kann und soll die Studie, wie mehrfach betont wurde, weder ersetzen noch beenden. Eine zentrale Erkenntnis, die sich aus der vorliegenden Bearbeitung der Thematik ergab, ist, dass eine selbstkritischere Sicht der Bildungsgewerkschaft auf ihren Umgang mit der NS-Vergangenheit erst zu einer Zeit außerhalb des hier behandelten Untersuchungszeitraums erfolgte. Zwar wurden in den vorangehenden Kapiteln viele wichtige Themenfelder ausfindig gemacht und untersucht, die sich bereits in den frühen Jahren der GEW zu wichtigen Austragungsorten einer Auseinandersetzung mit dem Nationalsozialismus entwickelten. Dennoch erscheint es lohnend, auch die Entwicklungen der vergangenen Jahrzehnte genauer in den Blick zu nehmen und zu fragen, wie sich der Umgang der GEW mit ihrem NS-Erbe in jüngerer Zeit weiterentwickelt hat.

Zwar wurde im Rahmen der vorliegenden Studie die Quellen- und Literaturlage für die Zeit ab den 1980er Jahren keinesfalls vollständig erfasst, dennoch kann mit guten Gründen behauptet werden, dass sich diesbezügliche Schwierigkeiten und Einschränkungen nicht in gleicher Weise ergeben würden wie für die davorliegenden Zeiträume. Allein ein Blick in die GEW-Verbandszeitschriften Erziehung & Wissenschaft sowie Die Deutsche Schule zeigt, dass sich die Artikel, Berichte und Kommentare, die im Kontext der Vergangenheitsbewältigung veröffentlicht wurden, seit Anfang der 1980er Jahre auf einem hohen Niveau stabilisierten. Nach einer ersten Überprüfung sind zwischen 1980 und 2011 allein in den eben erwähnten Zeitschriften etwa 100 entsprechende Beiträge erschienen. Auch dürften die vom Hauptvorstand und von den Landesverbänden der GEW überlieferten Materialien in größerem Umfang und eher in geschlossener Form vorliegen, als dies für die frühen Jahre der Fall ist. Hinzu kommt, dass viele relevante Akteure, ob auf Funktionärsebene oder an der Mitgliederbasis, heute noch als Gesprächspartner und Zeitzeugen zur Verfügung stehen dürften.

Anlässe seitens der GEW, sich mit ihrer eigenen Vergangenheit auseinanderzusetzen, gab es auch ab den 1980er Jahren zur Genüge. Im Folgenden seien nur einige mögliche Anknüpfungspunkte benannt, deren genauere Betrachtung aus Sicht des Verfassers lohnend erscheinen. Ein Ereignis, dass die GEW zu einem genaueren Blick zurück veranlasst haben könnte, war der Tod ihres Ehrenvorsitzenden Heinrich Rodenstein am 22. Dezember 1980. An anderer Stelle wurden bereits Auszüge einer Trauerrede zitiert, die der langjährige GEW-Vorsitzende Erich Frister anlässlich einer Gedenkstunde am 30. Dezember 1981 gehalten hatte.¹³⁴⁸ Hat die einsetzende Erinnerung an den bedeutenden Gründervater der Gewerkschaft innerhalb der GEW eine kritischere Auseinandersetzung mit der NS-Vergangenheit begünstigt? Ein weiterer beachtenswerter Umstand, der nachweislich vernehmbare Diskussionen um das NS-Erbe auslöste, war 1983 mit der Ausstrahlung einer zweiteiligen Fernsehdokumentation mit dem Titel „Warum sie Hitler folgten – Bekenntnisse, Motive und Folgen" gegeben. In der Mitgliederzeitschrift E&W wurde kritisch hinterfragt und diskutiert, warum „alten Nazis" als „Zeugen der Zeit" zur besten Sendezeit scheinbar arglos das Wort erteilt wurde.¹³⁴⁹ In diesem Kontext ging es (erneut) um Fragen der politischen Jugendbildung. Wie bezog die GEW zu diesem späteren Zeitpunkt Stellung? Welche Verantwortung sah sie nun bei sich und ihren Mitgliedern, für eine offene, intensive Behandlung des Themas Nationalsozialismus an den Schulen einzutreten? Interessant wäre darüber hinaus festzustellen, ob und inwiefern die in den 1980er Jahren aufkommende neue Geschichtsbewegung („Geschichte von unten") der GEW-internen Diskussion um das NS-Erbe neue Impulse verlieh. Über entsprechende Initiativen an einzelnen Schulen, an denen sich Schüler und Lehrkräfte im Sinne einer kritischen Schulgeschichtsschreibung zusammenfanden, wurde in den Verbandszeitschriften jedenfalls berichtet.¹³⁵⁰ Auch Debatten, die von gesamtgesellschaftlicher Tragweite und Resonanz waren, etwa der Streit um die Bewertung des Kriegsendes als „Tag der Befreiung", wie der damalige Bundespräsident Richard von Weizsäcker den 8. Mai 1945 bezeichnete, haben innerhalb der Gewerkschaft für Diskussionsstoff gesorgt.¹³⁵¹ Generell riefen Beiträge in den GEW-Mitgliedszeitschriften, die aus Anlass von Jahrestagen wie der Novemberpogrome 1938, des Kriegsbeginns, des Überfalls der Sowjetunion durch die Wehrmacht oder der Befreiung des Konzentrationslagers Auschwitz durch die Rote Armee verfasst wurden, Diskussionen innerhalb der Leserschaft hervor – auch und gerade in den vergangenen Jahrzehnten. Komplexer aber äußerst interessant erscheint darüber hinaus eine Untersuchung der grundlegenden Frage zu sein, ob und wie sich die Erinnerung an den Nationalsozialismus innerhalb der GEW neu gestaltete, als sich die Mitgliederstruktur durch den Eintritt zahlreicher Kolleginnen und Kollegen aus den „neuen Bundesländern" nach 1990 dauerhaft veränderte. Bekanntermaßen unterschieden sich die Grundsätze der Vergangenheitspolitik in der DDR fundamental von jenen der alten Bundesrepublik. Welche Konsequenzen ergaben sich daraus für die GEW? Wie veränderte dies den Umgang mit dem NS-Erbe in der gesamtdeutschen Bildungsgewerkschaft? Grundsätzlich lässt sich beobachten, dass seit Mitte der 1990er Jahre

---

1348 Erich Frister: Heinrich Rodenstein. Proletarier unter den Lehrern. In: Erziehung und Wissenschaft 33, 1981, H. 2, S. 16.
1349 Kirsten Schäfer: „Zeugen der Zeit". In: Erziehung und Wissenschaft 35, 1983, H. 5, S. 16.
1350 Gerd Böhmer: Wie war es hier bei uns? In: Erziehung und Wissenschaft 35, 1983, H. 1, S. 17–18.
1351 Doppelte Befreiung. In: Erziehung und Wissenschaft 37, 1985, H. 5, S. 6–11.

innerhalb der GEW vermehrt Themen aufgerufen und verhandelt wurden, die im Zusammenhang von Pädagogen und Pädagogik im „Dritten Reich" stehen. Dies betraf insbesondere die Reformpädagogik und Teile ihrer bekanntesten Vertreter wie Adolf Reichwein, Erich Weniger und Peter Petersen, deren Biographien nun zunehmend auf den Prüfstand gestellt wurden.[1352] Auch neue Forschungsergebnisse etwa zur „Erziehung unter der Nazi-Diktatur", wie sie Ende der 1990er Jahre beispielsweise von Wolfgang Keim vorgelegt wurden, oder zur „Erziehung nach Auschwitz", wie Bernd Fechler, Gottfried Kößler und Till Lieberz-Groß ihre Untersuchung in Anlehnung an Theodor W. Adorno betitelten, boten Anlässe zur gewerkschaftsinternen Diskussion.[1353] Unbestritten beförderte der dadurch ausgelöste Meinungsaustausch auch die Diskussionen um die direkte, unmittelbare Betroffenheit und die daraus resultierende Verantwortung der GEW für den Umgang mit der nationalsozialistischen Vergangenheit. So konfrontierte beispielsweise Peter Körfgen im Jahr 1999 die Leserschaft der E&W mit bedeutenden Fragestellungen, die auch 50 Jahre nach Gründung der GEW noch immer nicht ausreichend bearbeitet und diskutiert worden sind. Einleitend schreibt er in seinem Artikel:

> „Welche Rolle spielten in der Lehrerschaft nach 1945 ehemalige Nazis und Emigranten? Wie sah die Vergangenheit derer aus, die einst die GEW begründeten? Was tat diese GEW in ihren Anfangsjahren, um Emigranten, auch und gerade jüdische, zurückzuholen? Wie stand sie zur Entnazifizierung ihrer Mitglieder?".[1354]

Die vorliegende Untersuchung bietet Antworten zu einigen dieser Fragen. Sie legt damit ein Fundament zur weiteren Forschung. Die wissenschaftliche Diskussion um den Umgang der GEW mit ihrem NS-Erbe muss fortgesetzt werden.

1352 Barbara Siemsen: „In der Entscheidung gibt es keine Umwege". Zwei Pädagogen reagieren auf ihre Amtsenthebung 1933: Erich Weniger und Adolf Reichwein. In: Die Deutsche Schule 89, 1997, S. 137-157; Theodor Schulze: Erich Weniger, Pädagogik und Nationalsozialismus. In: Die Deutsche Schule 89, 1997, S. 489-496; Schreiner Günter: Weder voreilige Verurteilungen noch einfühlsame Entschuldigungen helfen weiter. In: Die Deutsche Schule 89, 1997, S. 513-514; Hans-Georg Herrlitz: Vergangenheitsbewältigungen. In: Die Deutsche Schule 89, 1997, S. 134-136; Dieter Wunder: Adolf Reichwein. Pädagogik aus politischer Absicht. In: Die Deutsche Schule 91, 1999, S. 282-298.
1353 Peter Körfgen: Erziehung unter der Nazi-Diktatur. In: Erziehung und Wissenschaft 50, 1998, H. 5, S. 21-22; Erziehung nach Auschwitz. Literaturtipps. In: Erziehung und Wissenschaft 53, 2001, H. 3, S. 22.
1354 Peter Körfgen: Wir waren damals alle taub. Nachfrage an die GEW nach 1945. In: Erziehung und Wissenschaft 51, 1999, H. 11, S. 22-23, hier S. 22.

8 Danksagung

Die vorliegende Publikation wurde in der Zeit von September 2017 bis Mai 2020 am Historischen Seminar der Universität Leipzig unter der Projektleitung von Prof. Dr. Detlev Brunner angefertigt. Ich werte es als Ausdruck eines großen Vertrauens in meine Person, dass er bei der Frage, von wem die Untersuchung angefertigt werden könnte, auf mich zugekommen ist. Wie schon in den Jahren zuvor war mir Detlev Brunner auch während der Erstellung der vorliegenden Publikation ein überaus hilfsbereiter, freundlicher und hoch geschätzter Kollege, an den ich mich stets mit allen großen und kleinen Fragen wenden konnte und der mir immer mit Rat und Tat zu Seite stand. Ihm gilt mein erster Dank.

Ebenso herzlich bedanken möchte ich mich bei der Gewerkschaft Erziehung und Wissenschaft, die die Finanzierung dieser Studie sichergestellt hat. Ganz besonders danke ich dabei den Mitgliedern des GEW-Hauptvorstands, insbesondere Jürgen Schmidt und Frauke Gützkow, die die Entstehung dieser Untersuchung stets mit großem Interesse verfolgt und mir zugleich alle Freiheiten zugestanden haben, die für eine unabhängige, kritische Bearbeitung der Thematik unabdingbar waren.

Den Mitgliedern der zu Beginn des Forschungsvorhabens vom GEW-Hauptvorstand einberufenen Projektgruppe zur GEW-Geschichte, in der ich mehrere Male Gelegenheit hatte, meine Überlegungen ausführlich vorzustellen und zu diskutieren, danke ich für ihre Hilfsbereitschaft, Freundlichkeit und das überaus produktive und angenehme Arbeitsklima. Besonderes danken möchte ich insbesondere Michaela Kuhnhenne und Stefan Müller, die als Organisatoren und Koordinatoren der Projektsitzungen hervorragende Arbeit geleistet haben.

Ein weiteres herzliches Dankeschön gilt allen Mitarbeiterinnen und Mitarbeitern des Lehrstuhls Geschichte des 19. bis 21. Jahrhunderts. An erster Stelle danke ich hier Prof. Dr. Dirk van Laak, der die Entwicklung des Projekts stets mit Interesse verfolgt hat und mir die Möglichkeit einräumte, das Forschungsvorhaben mehrmals im Rahmen seines Kolloquiums zu diskutieren. Weiterhin danke ich meinen Kollegen Jürgen Dinkel und besonders Kai Nowak, der in unserer Bürogemeinschaft die Höhen und Tiefen des Entstehungsprozesses dieser Arbeit unmittelbar mitverfolgt hat und mir nicht nur als guter Ratgeber, sondern auch als kompetenter Lektor zur Seite stand. Danken möchte ich auch Antina Jordan, die mir als Sekretärin am Lehrstuhl viele große und kleine Arbeiten abgenommen hat, die im Zusammenhang mit Verwaltungsaufgaben, Materialbeschaffung und Forschungsreisen angefallen sind. Nicht zuletzt danke ich auch den beiden wissenschaftlichen Hilfskräften Caroline Bernert und Sophia Tölle für ihre tatkräftige Unterstützung, indem sie endlose Seiten aus Zeitschriften und Büchern für mich kopiert und eingescannt haben.

Stellvertretend für das gesamte Personal der von mir besuchten Bibliotheken und Archive geht ein weiterer herzlicher Dank an die Mitarbeiterinnen und Mitarbeiter des Archivs der sozialen Demokratie. Insbesondere bedanke ich mich bei Christine Bobzien und Michael Oberstadt, die mich bei der Suche und der Bereitstellung wichtiger Dokumente und Quellen immer professionell unterstützt haben.

Zuletzt, doch eigentlich auch an erster Stelle, möchte ich meiner Familie danken. Ich danke meinen Eltern, die mich immer unterstützt und dadurch in die Lage versetzt haben, das zu tun und zu arbeiten, was meinen Interessen und Fähigkeiten entspricht. Ganz besonders danke ich meiner Frau Susanne für ihre Geduld, ihre Rücksichtnahme und ihren liebevollen, unaufhörlichen Zuspruch, den ich von ihr erfahre. Bedanken möchte ich mich auch bei meinen beiden Söhnen Benjamin und Konstantin, die mir zwar nicht inhaltlich, dafür aber menschlich stets sehr wertvolle Ratgeber waren. Freilich hielten sie mich das eine oder andere Mal von Lesen, Denken und Schreiben ab. Zugleich brachten sie mich dadurch aber auf andere, oftmals freudige Gedanken, was mir sehr dabei half, wieder und wieder mit neuem Elan an der Fertigstellung dieser Studie zu arbeiten.

Allen Genannten (und versehentlich Nichtgenannten) nochmals ein herzliches Dankeschön!

Personenverzeichnis

Adenauer, Konrad   294, 295, 299, 300, 301, 304, 310, 312
Adorno, Theodor W.   304, 390
Agartz, Viktor   23
Alff, Wilhelm   377
Amann
  Josef   275
  Max   97
Anne Frank   302, 325
Arendt, Hannah   307, 308
Ausländer, Fritz   164, 165, 170

Baer, Richard   309
Baeumler, Alfred   51, 123
Barth, Karl   24
Bauer
  Fritz   308, 309, 310
  Josef   85, 86
  Yehuda   176
Bäuerle, Theodor   254, 255, 266
Bausch, Hans   303, 323, 328
Becker, Carl Heinrich   167
Beckmann, Emmy   87, 235, 236
Bednarek, Emil   309
Besson, Waldemar   303
Böhm, Hans   247, 248
Böll, Heinrich   24, 302
Bölling, Rainer   35
Borchert, Wolfgang   25
Bormann, Martin   111, 112, 154
Brandt, Willy   375
Brecht, Berthold   49, 302
Breyvogel, Wilfried   35, 68
Brinkmann, Albrecht   315
Brüning, Heinrich   42
Bundschuh, August   260
Bungardt, Karl   320, 325, 333, 335, 350

Capesius, Victor   309
Chamberlain, Houston Steward   126

Denkinger, Hans   258, 259
Dethleffsen, Erich   26, 27
Diekmann, Heinrich   223
Diewerge, Wolfgang   298
Doering-Manteuffel, Anselm   368
Dorls, Fritz   297

Eckert, Georg   338, 339, 341, 342, 343, 344, 351, 356, 360, 384, 385

Eich, Günter   25, 302
Eichmann, Adolf   307, 308, 336, 356, 357, 358, 359, 384
Eisenhower, Dwight D.   180, 198
Epp, Franz Ritter von   54
Eschenburg, Theodor   335

Fechler, Bernd   390
Feder, Gottfried   49
Fehrenbacher, Albert   267, 268
Fischer-Schweder, Bernhard   306
Fränkel, Wolfgang   301
Freud, Sigmund   131
Frick, Wilhelm   60, 61, 62, 63, 64, 65, 70, 108
Friedel, Franz   22
Friedländer, Ernst   216, 289
Frister, Erich   351, 354, 362, 368, 369, 372, 373, 374, 376, 377, 378, 386, 387

Genscher, Hans-Dietrich   372
Giordano, Ralph   138, 296
Globke, Hans   299, 300, 301
Goebbels, Joseph   61, 76, 110, 247, 297
Goosmann, Paul   224, 235
Göring, Hermann   55, 81, 129
Grass, Günter   302
Gregor, Neil   27
Greil, Max   62, 63
Grimme, Adolf   240, 342, 343
Grosz, George   49
Grunthal, Marianne   171
Günther, Hans F. K.   126

Haenisch, Konrad   41
Hammerschmidt, Helmut   324
Harlan, Veit   299
Hartmann, Franz Xaver   314
Heimpel, Hermann   303
Heinze, Eckart   324
Herrlitz, Hans-Georg   380
Heß, Rudolf   94, 110
Heuss, Theodor   214, 255, 289
Heyde, Werner   299
Hindenburg, Paul von   44, 70, 121
Hitler, Adolf   26, 47, 48, 49, 50, 51, 52, 54, 61, 76, 82, 106, 111, 112, 114, 121, 126, 128, 131, 151, 158, 173, 179, 181, 203, 240, 267, 272, 273, 275, 302, 308, 328, 347, 359
Hochhuth, Rolf   302
Höcker, Karl   309

Hoffmann, Heinrich 325
Hohmann, Christine 167
Holländer, Ludwig 69
Holm, Kurt 281, 292
Honikel, Friedrich 275
Hundhammer, Alois 220

Jäger, Berthold 260
Jakob, Franz 168

Karl, Friedrich 347, 348, 349
Kästner, Wilhelm 65
Kaufhold, Hermann 223, 225, 228, 229
Käutner, Helmut 302
Kawerau, Siegfried 164, 165
Keim, Wolfgang 390
Klönne, Arno 319, 320, 321, 326, 332, 333
Klug, Rudolf 165, 166
Köchly, Hermann 31
Koeppen, Wolfgang 302
Kogon, Eugen 27, 349
Kollwitz, Käthe 132
Kopitzsch, Wolfgang 10
Körfgen, Peter 390
Kößler, Gottfried 390
Kotyrba, Karl 255
Kraas, Andreas 91
Krieck, Ernst 51, 52, 59, 123
Krüger, Hans 301
Kuhrt, Gustav 222, 230
Künstle, Gustav 215

Landahl, Heinrich 239
Lausen, Willi 327, 328
Leber, Julius 168
Lengowski, Marc-Simon 277, 283
Lenz, Siegfried 302
Levin, Schalom 353, 357, 358, 360, 361, 362, 385
Ley, Robert 100
Lieberz-Groß, Till 390
Liesecke, Erich 282, 283, 284, 285
Lieser, Kurt 329
Linne, Gerhard 355
Litt, Theodor 251
Lübbe, Hermann 296
Lübke, Heinrich 301

Maier, Emil 234
Mann, Thomas 302, 349
Marschler, Willy 65
McCloy, John 297
Meinhof, Ulrike 373
Mende, Erich 294
Meyer, Hans-Georg 11

Middlehauve, Friedrich 297
Mierendorff, Carlo 168
Moltke, Helmut James Graf von 168
Mommsen, Walter 176
Montgomery, Bernard 206
Mosolf, Anna 236, 245, 344, 363, 365, 366, 378, 382
Müller, Gerhard 373

Naumann, Werner 297, 298, 299, 311
Neinhaus, Carl 275
Nellmann, Erich 306
Nelson, Leonard 169, 236
Neumann, Robert 347, 348
Neureuther, Adolf 261
Niethammer, Lutz 186

Oberländer, Theodor 300, 301
Ortmeyer, Benjamin 11, 98, 416

Petersen, Peter 390
Poliakow, Léon 349

Raeppel, Leo 79, 222, 249
Reiber, Julius 222
Reichwein, Adolf 166, 167, 168, 390
Reiser, Max Josef 89
Remer, Otto Ernst 297, 308
Richter, Hans Werner 24
Rodenstein, Heinrich 168, 169, 170, 171, 222, 224, 235, 282, 339, 341, 344, 350, 351, 352, 354, 355, 358, 359, 361, 362, 363, 364, 366, 367, 368, 377, 378, 382, 385, 386
Rodewald, Fritz 373, 374
Röhrs, Hermann 134
Rosenberg, Alfred 159, 387
Rothfels, Hans 304
Rust, Bernhard 90, 91, 92, 93, 108, 109, 123, 129, 140, 159, 341

Saekow, Anton 168
Salomon, Ernst von 194, 349
Sänger, Fritz 222
Sauerbier, Hildegard 236
Schallock, Richarf 222, 226
Scharrelmann, Heinrich 59
Schemm, Hans 53, 54, 59, 75, 77, 78, 80, 82, 86, 91, 96, 99, 100, 123
Schlageter, Albert Leo 76, 131
Schnorbach, Hermann 161
Schnurre, Wolfdietrich 25
Schröder, Gerhard 305, 333
Schück, Hermann 273, 274
Schulze, Walter 355
Schütte, Ernst 334

Seiler, Wilhelm 270, 271, 272, 273, 274, 275, 291
Seuffert, Walter 285
Simpfendörfer, Wilhelm 326
Spangemacher, Heinz 67
Specht, Minna 169, 235, 236
Spitta, Theodor 24
Stadelmann, Elsa 236
Stählin, Otto 49
Stange, Eva Maria 11
Stark, Hans 309
Steckhan, Gertraude 348, 349, 350
Strasser
    Gregor 55, 61
    Otto 61
Strauß, Franz Josef 305

Thiele, Fritz 17, 221, 222, 223, 224, 225, 226, 227, 228, 229, 230, 231, 232, 233, 234, 235, 236, 276, 290, 350, 365, 386
Thies, Hans 328
Traeger, Max 11, 12, 222, 224, 227, 235, 238, 363, 364, 365, 366, 385

van Dick, Lutz 161
Vieler, Walter 229
Vollnhals, Clemens 183, 187
von Weizsäcker, Richard 389

Wächtler, Fritz 54, 60, 65, 100, 156
Walz, Erwin 364
Wambsganß, Fritz 59
Weizmann, Chaim 357
Weniger, Erich 342, 343, 390
Wessel, Horst 76, 120, 131
Weyrauch, Wolfgang 24
Wicki, Bernhard 302
Wild, Michael 21
Wilhelm IV, Friedrich 32
Wisbar, Frank 302
Witzmann, Georg 63
Wolff, Georg 56
Wulf, Josef 349
Wunder, Dieter 89, 244, 367, 368, 379, 387

Zind, Ludwig 328, 329, 330, 331, 353, 385
Zschetzsche, Wilhelm 31

395

Literaturverzeichnis

Archivalien – Archiv der sozialen Demokratie (AdsD)

Bestand „GEW-Hauptvorstand" (GEW-HV)

GEW-HV, Nr. 208.
GEW-HV, Nr. 1 („Vor Detmold I").
GEW-HV, Nr. 2 („Vor Detmold II").
GEW-HV, Nr. 3 („Vor Detmold III").
GEW-HV, Nr. 8–9.
GEW-HV, Nr. 8 a.
GEW-HV, Nr. 9 a.
GEW-HV, Nr. 10.
GEW-HV, Nr. 17.
GEW-HV, Nr. 19.
GEW-HV, Nr. 50.
GEW-HV, Nr. 135.
GEW-HV, Nr. 136.
GEW-HV, Nr. 137.
GEW-HV, Nr. 139.
GEW-HV, Nr. 142.
GEW-HV, Nr. 144.
GEW-HV, Nr. 148.
GEW-HV, Nr. 171.
GEW-HV, Nr. 206.
GEW-HV, Nr. 208.
GEW-HV, Nr. 267.
GEW-HV, Nr. 271.
GEW-HV, o. Nr. („Berichte und Materialen zur Geschichte der GEW").

Bestand „Braunschweig"

GEW-Braunschweig, Nr. 1/1 a.
GEW-Braunschweig, Nr. 2.
GEW-Braunschweig, Nr. 100.
GEW-Braunschweig, Nr. 10–13.
GEW-Braunschweig, Nr. 19–24.
GEW-Braunschweig, Nr. 51–55.
GEW-Braunschweig, Nr. 56.
GEW-Braunschweig, Nr. 60–65.
GEW-Braunschweig, Nr. 69–70.
GEW-Braunschweig, o. Nr. („F3").
GEW-Braunschweig, o. Nr. („F3/Vorstandssitzungen").

Bestand „Nordbaden"

GEW-Nordbaden, o. Nr. („Eingaben 1947–1950").
GEW-Nordbaden, o. Nr. („Eingaben 1951–1954").
GEW-Nordbaden, o. Nr. („Nothilfe I").
GEW-Nordbaden, o. Nr. („Nothilfe II").
GEW-Nordbaden, o. Nr. („Vertreterversammlungen 1947–1950").
GEW-Nordbaden, o. Nr. („Vertreterversammlungen 1951 und 1952").
GEW-Nordbaden, o. Nr. („Vertreterversammlungen 1954–1956").
GEW-Nordbaden, o. Nr. („Vertreterversammlungen 1958").

Bestand im digitalen Zeitungsportal der Bibliothek der Friedrich-Ebert-Stiftung

Deutschland-Berichte der Sozialdemokratischen Partei Deutschlands, Sopade. (Zugriff über: http://fes.imageware.de/fes/web/)

Archivalien – Materialien in der Geschäftsstelle des GEW-Hauptvorstands / „Archiv des GEW-Hauptvorstands" *(chronologisch geordnet)*

Niederschrift über die 2. Vertreterversammlung des ADLLV vom 18. bis 21. Mai 1948.
Gemeinsamer Geschäftsbericht der ADLV 1949/50.
Protokoll zur Vertreterversammlung der GEW vom 8. bis 10. Juni 1949 („Marburger Tagung").
Protokoll über die Tagung der Deutschen-Lehrer-Verbände in Goslar vom 1. bis 3. Juni 1950.
Gemeinsamer Geschäftsbericht der ADLV 1951/52.
Stenographischer Bericht zum Kongress der Lehrer und Erzieher in Stuttgart 1951.
Stenographisches Protokoll zum Kongress der Lehrer und Erzieher in Berlin 1952.
Gemeinsamer Geschäftsbericht der ADLV 1953/54.
Stenographisches Protokoll zum Kongress der Lehrer und Erzieher in Flensburg 1953.
Gemeinsamer Geschäftsbericht der ADLV 1954/55.
Stenographisches Protokoll zur Vertreterversammlung der ADLV in Bielefeld 1954.
Gemeinsamer Geschäftsbericht der ADLV 1955/56.
Stenographisches Protokoll zum Kongress der Lehrer und Erzieher in Köln 1955.
Niederschrift der Vertreterversammlung der ADLV in Bad Harzburg 1956.
Gemeinsamer Geschäftsbericht der ADLV 1958/60.
Niederschrift des Kongresses der Lehrer und Erzieher in München 1958.
Gemeinsamer Geschäftsbericht der ADLV 1960/62.
Gemeinsamer Geschäftsbericht der ADLV 1962/64.
Gemeinsamer Geschäftsbericht der ADLV 1964/66.
Gemeinsamer Geschäftsbericht der ADLV 1966/68.
GEW im DGB – Dokumentation 1968 bis 1971.
GEW im DGB – Dokumentation 1971 bis 1974.
GEW-Geschäftsbericht 1974 bis 1977.
GEW-Geschäftsbericht 1977 bis 1980.

Gedruckte Quellen

Hans Bohnenkamp/Walter Dirks/Doris Knab (Hrsg.): Empfehlungen und Gutachten des Deutschen Ausschusses für das Erziehungs- und Bildungswesen 1953-1965. Gesamtausgabe. Stuttgart 1966.

Deutscher Ausschuss für das Erziehungs- und Bildungswesen: Gutachten zur Politischen Bildung und Erziehung. Bonn, den 22. Januar 1955. In: Hans Bohnenkamp/Walter Dirks/Doris Knab (Hrsg.): Empfehlungen und Gutachten des Deutschen Ausschusses für das Erziehungs- und Bildungswesen 1953-1965. Gesamtausgabe. Stuttgart 1966, S. 827-838.

Deutscher Ausschuss für das Erziehungs- und Bildungswesen: Erklärung aus Anlaß der antisemitischen Ausschreitungen. Bonn, den 30. Januar 1960. In: Hans Bohnenkamp/Walter Dirks/Doris Knab (Hrsg.): Empfehlungen und Gutachten des Deutschen Ausschusses für das Erziehungs- und Bildungswesen 1953-1965. Gesamtausgabe. Stuttgart 1966, S. 852-854.

Gottfried Uhlig: Der Beginn der antifaschistisch-demokratischen Schulreform 1945-1946 (Monumenta paedagogica, Bd. 2). Berlin 1965.

Johannes Guthmann: Der Bayerische Lehrer- und Lehrerinnen-Verein. Ein Jahrhundert Standes- und Vereinsgeschichte (Bd. 2). München 1961.

Robert Neumann: Hitler. Aufstieg und Untergang des Dritten Reiches. Ein Dokument in Bildern. München/Wien 1961.

Theodor Eschenburg: Handwerkszeug für Lehrer. Die Mängel der Schulbibliotheken sind blamabel. In: Die Zeit, 1960, H. 3.

Robert Strobel: Wird der Geschichtsunterricht besser? Mit Lehrplänen allein ist es nicht zu machen. In: Die Zeit, 1960, H. 3.

James L. Henderson: Adolf Reichwein. Eine politisch-pädagogische Biographie. Stuttgart 1958.

Israel wird ausradiert. In: Der Spiegel, 1957, H. 51, S. 35.

Helmut Hammerschmidt/Michael Mansfeld: Der Kurs ist falsch (Europäische Dokumente, H. 11). München/Wien 1956.

Arbeitsgemeinschaft Deutscher Lehrerverbände (Hrsg.): Geschichtsunterricht in unserer Zeit. Grundfragen und Methoden. Braunschweig 1951.

Georg Eckert: Der Beitrag der Gewerkschaft Erziehung und Wissenschaft zur Reform des Geschichtsunterrichts. In: Arbeitsgemeinschaft Deutscher Lehrerverbände (Hrsg.): Geschichtsunterricht in unserer Zeit. Grundfragen und Methoden. Braunschweig 1951, S. 147-156.

Paul Goosmann: Geschichtsunterricht von der Gegenwart aus. In: Arbeitsgemeinschaft Deutscher Lehrerverbände (Hrsg.): Geschichtsunterricht in unserer Zeit. Grundfragen und Methoden. Braunschweig 1951, S. 75-79.

Anna Mosolf: Der Geschichtslehrer. In: Arbeitsgemeinschaft Deutscher Lehrerverbände (Hrsg.): Geschichtsunterricht in unserer Zeit. Grundfragen und Methoden. Braunschweig 1951, S. 47-53.

Walter Wulf: Ziele und Wege der Behandlung zeitgeschichtlicher Probleme der Gegenwart. In: Arbeitsgemeinschaft Deutscher Lehrerverbände (Hrsg.): Geschichtsunterricht in unserer Zeit. Grundfragen und Methoden. Braunschweig 1951, S. 69-74.

Lucius D. Clay: Entscheidung in Deutschland. Frankfurt am Main 1950.

Erich Hermann: Der Lehrer in der neuen Schule. In: Hans Meinzolt/Adolf Strehler (Hrsg.): Die neue Volksschule. München 1950.

Hans Meinzolt/Adolf Strehler (Hrsg.): Die neue Volksschule. München 1950.

Walter M. Guggenheimer: Schulreform und Besatzungsrecht. In: Frankfurter Hefte. Zeitschrift für Kultur und Politik, 1948, H. 6, S. 488-491.

Hubert Becher: Freiheit und Einheit der Schule. In: Frankfurter Hefte. Zeitschrift für Kultur und Politik, 1947, H. 4, S. 403-408.

Karl H. Knappstein: Die versäumte Revolution. Wird das Experiment der „Denazifizierung" gelingen? In: Die Wandlung, 1947, S. 663-677.

Mitarbeit der Lehrkräfte im Nationalsozialistischen Lehrerbund. Amtliche Erlasse der Unterrichtsverwaltungen der anderen Länder, Mecklenburg, Amtlicher Teil. 1935.

Periodika – Allgemeine Deutsche Lehrerzeitung
(chronologisch geordnet)

„Von der Landstraße zur Kongreßhalle". Vertreterversammlung in Marburg. In: Allgemeine Deutsche Lehrerzeitung 1, 1949, H. 12, S. 113-114.
Karl Bungardt: Der neue Stand. In: Allgemeine Deutsche Lehrerzeitung 1, 1949, H. 13, S. 125-129.
Eingegangene Bücher. In: Allgemeine Deutsche Lehrerzeitung 1, 1949, H. 13, S. 135-136.
Theo Dietrich: Schulische Erziehung in der Entscheidung. Zum 65. Geburtstag von Prof. Dr. Dr. h. c. Peter Petersen, Jena. In: Allgemeine Deutsche Lehrerzeitung 1, 1949, H. 14, S. 143-144.
Über die Möglichkeit eines gewerkschaftlichen Zusammenschlusses. In: Allgemeine Deutsche Lehrerzeitung 1, 1949, H. 14, S. 146.
Eine neue „Dolchstoßlegende" in der Schulstube. In: Allgemeine Deutsche Lehrerzeitung 1, 1949, H. 15, S. 149-150.
F. (genauer Vorname unbekannt) Kraus: Erneuerer der Lehrerbewegung. Max Traeger. 1. Vorsitzender der „Gewerkschaft Erziehung und Wissenschaft.". In: Allgemeine Deutsche Lehrerzeitung 1, 1949, H. 16, S. 163-164.
Richtlinien für die gesetzliche Ausführung der Artikel 131 und 132 des Bonner Grundgesetzes. In: Allgemeine Deutsche Lehrerzeitung 1, 1949, H. 17, S. 178.
Eine notwendige Antwort. In: Allgemeine Deutsche Lehrerzeitung 2, 1950, H. 1, S. 12.
Lothar Fricke: Dem Gedenken an Adolf Reichwein. In: Allgemeine Deutsche Lehrerzeitung 2, 1950, H. 8, S. 113-114.
Arthur Skowronski: Ein untauglicher Versuch. zur Durchführung des Artikels 131 des Grundgesetzes. In: Allgemeine Deutsche Lehrerzeitung 2, 1950, H. 16, S. 233-236.
Wir nehmen Stellung. Kommentare der ADLZ zum Zeitgeschehen. In: Allgemeine Deutsche Lehrerzeitung 2, 1950, H. 19, S. 286.
Karl Bungardt: Von der „Organisation" zum „Organismus". In: Allgemeine Deutsche Lehrerzeitung 2, 1950, H. 20, S. 301-303.
Wir nehmen Stellung. Kommentare der ADLZ zum Zeitgeschehen. In: Allgemeine Deutsche Lehrerzeitung 2, 1950, H. 22, S. 334.
Abgeordnete des deutschen Bundestages! In: Allgemeine Deutsche Lehrerzeitung 3, 1951, H. 1, S. 1.
Fritz Langkabel: Der Reichsschulgedanke lebt. In: Allgemeine Deutsche Lehrerzeitung 3, 1951, H. 1, S. 5.
Wilhelm Fronemann: Theodor Seidenfaden zum 65. Geburtstag (14.1.1951). In: Allgemeine Deutsche Lehrerzeitung 3, 1951, H. 2, S. 26.
Wir nehmen Stellung. Kommentare der ADLZ zum Zeitgeschehen. In: Allgemeine Deutsche Lehrerzeitung 3, 1951, H. 5, S. 66-67.
Hans Tegtmeyer: Selbstkritik – anders gesehen. In: Allgemeine Deutsche Lehrerzeitung 3, 1951, H. 5, S. 67-69.
Neues Leben aus Ruinen! Betrachtungen über das Leben in den Lehrervereinen. In: Allgemeine Deutsche Lehrerzeitung 3, 1951, H. 8, S. 105-109.
Wir treiben ein Werk, laßt es uns in Einheit treiben, damit es gedeih! In: Allgemeine Deutsche Lehrerzeitung 3, 1951, H. 10, S. 129.
Scholz: Endlich ist es soweit. Das Gesetz zu Art. 131 BGG auch im Bundesrat angenommen. In: Allgemeine Deutsche Lehrerzeitung 3, 1951, H. 11, S. 147-148.
Eugen Bautz: Das Alte stürzt, es ändert sich die Zeit! Voraussetzungen schulpolitischer Gegenwartsarbeit. In: Allgemeine Deutsche Lehrerzeitung 3, 1951, H. 18, S. 243-244.
Mißbrauchte Jugend. In: Allgemeine Deutsche Lehrerzeitung 4, 1952, H. 21, S. 298.
Die Bundesregierung ist dagegen. In: Allgemeine Deutsche Lehrerzeitung 4, 1952, H. 21, S. 299-300.
Wir nehmen Stellung. Kommentare der ADLZ zum Zeitgeschehen. In: Allgemeine Deutsche Lehrerzeitung 5, 1953, Sonderausgabe.
Wir nehmen Stellung. Kommentare der ADLZ zum Zeitgeschehen. In: Allgemeine Deutsche Lehrerzeitung 5, 1953, H. 4, S. 42-43.
Wir nehmen Stellung. Kommentare der ADLZ zum Zeitgeschehen. In: Allgemeine Deutsche Lehrerzeitung 5, 1953, H. 9, S. 106.
Wir nehmen Stellung. Kommentare der ADLZ zum Zeitgeschehen. In: Allgemeine Deutsche Lehrerzeitung 5, 1953, H. 14, S. 182.

Martin Wolf: Das Bundesentschädigungsgesetz und die Wiedergutmachung für die Angehörigen des öffentlichen Dienstes. In: Allgemeine Deutsche Lehrerzeitung 5, 1953, H. 16, S. 215–217.

Wir nehmen Stellung. Kommentare der ADLZ zum Zeitgeschehen. In: Allgemeine Deutsche Lehrerzeitung 5, 1953, H. 19, S. 258–259.

Arno Klönne: Jugendbewegung als Vorspann der Reaktion. In: Allgemeine Deutsche Lehrerzeitung 5, 1953, H. 19, S. 265–268.

Erwin Klimaschka: Wir und die Jugendbewegung. Gedanken zu Arno Klönne's „Jugendbewegnug als Vorspann der Reaktion". In: Allgemeine Deutsche Lehrerzeitung 6, 1954, H. 3, S. 29.

Wir nehmen Stellung. Kommentare der ADLZ zum Zeitgeschehen. In: Allgemeine Deutsche Lehrerzeitung 6, 1954, H. 18, S. 246–247.

Wir nehmen Stellung. Kommentare der ADLZ zum Zeitgeschehen. In: Allgemeine Deutsche Lehrerzeitung 6, 1954, H. 19, S. 262.

H. Vagts: Von der deutschen Jugendbewegung bis zur Jugend von heute. In: Allgemeine Deutsche Lehrerzeitung 7, 1955, H. 3, S. 39–40.

Karl O. Paetel: Zur Steuer der Wahrheit: Was war die deutsche Jugendbewegung? In: Allgemeine Deutsche Lehrerzeitung 7, 1955, H. 3, S. 40–42.

Wir nehmen Stellung. Kommentare der ADLZ zum Zeitgeschehen. In: Allgemeine Deutsche Lehrerzeitung 7, 1955, H. 10, S. 188.

Mut zur Mitverantwortung. In: Allgemeine Deutsche Lehrerzeitung 7, 1955, H. 12, S. 227.

Willi Henkel: „Wiedergutmachung" ist keine Wiedergutmachung. In: Allgemeine Deutsche Lehrerzeitung 7, 1955, H. 22, S. 431–433.

Wir nehmen Stellung. Kommentare der ADLZ zum Zeitgeschehen. In: Allgemeine Deutsche Lehrerzeitung 8, 1956, H. 2, S. 24.

Arno Klönne: Die Jugend und ihre Organisation im Dritten Reich. In: Allgemeine Deutsche Lehrerzeitung 8, 1956, H. 2, S. 26–28.

Elwe: „Wiedergutmachung" ist keine Wiedergutmachung. In: Allgemeine Deutsche Lehrerzeitung 8, 1956, H. 2, S. 29–30.

Willi Henkel: Wiedergutmachung im öffentlichen Dienst wurde verbessert. In: Allgemeine Deutsche Lehrerzeitung 8, 1956, H. 4, S. 70–71.

Wir nehmen Stellung. Kommentare der ADLZ zum Zeitgeschehen. In: Allgemeine Deutsche Lehrerzeitung 8, 1956, H. 5, S. 84–85.

Karl Bungardt: Wo ist dein Bruder? In: Allgemeine Deutsche Lehrerzeitung 8, 1956, H. 6, S. 103.

Wie ist es mit der Schule? In: Allgemeine Deutsche Lehrerzeitung 8, 1956, H. 6, S. 107.

Richard Kirn: Der eiserne Kreis des Schweigens. Elf Jahre nach Kriegsende. In: Allgemeine Deutsche Lehrerzeitung 8, 1956, H. 6, S. 109.

Wir nehmen Stellung. Kommentare der ADLZ zum Zeitgeschehen. In: Allgemeine Deutsche Lehrerzeitung 8, 1956, H. 9, S. 164.

Wir nehmen Stellung. Kommentare der ADLZ zum Zeitgeschehen. In: Allgemeine Deutsche Lehrerzeitung 8, 1956, H. 11, S. 204.

Wir nehmen Stellung. Kommentare der ADLZ zum Zeitgeschehen. In: Allgemeine Deutsche Lehrerzeitung 8, 1956, H. 13, S. 244–245.

Wir nehmen Stellung. Kommentare der ADLZ zum Zeitgeschehen. In: Allgemeine Deutsche Lehrerzeitung 8, 1956, H. 14, S. 264–265.

Wir nehmen Stellung. Kommentare der ADLZ zum Zeitgeschehen. In: Allgemeine Deutsche Lehrerzeitung 8, 1956, H. 15, S. 285.

Wir nehmen Stellung. Kommentare der ADLZ zum Zeitgeschehen. In: Allgemeine Deutsche Lehrerzeitung 8, 1956, H. 16, S. 304.

Der Schwur von gestern – Verpflichtung von heute! In: Allgemeine Deutsche Lehrerzeitung 8, 1956, H. 16, S. 310–311.

Hand in Hand mit der deutschen Jugend. Die Entschließung des Deutschen Bundesjugendringes. In: Allgemeine Deutsche Lehrerzeitung 8, 1956, H. 16, S. 310–311.

Wir nehmen Stellung. Kommentare der ADLZ zum Zeitgeschehen. In: Allgemeine Deutsche Lehrerzeitung 9, 1957, H. 4, S. 65.

Wir nehmen Stellung. Kommentare der ADLZ zum Zeitgeschehen. In: Allgemeine Deutsche Lehrerzeitung 9, 1957, H. 8, S. 144.

Schulrat Fritz Thiele. In: Allgemeine Deutsche Lehrerzeitung 9, 1957, H. 19, S. 374.

Der braune Schwamm. In: Allgemeine Deutsche Lehrerzeitung 9, 1957, H. 20, S. 402.
Wir nehmen Stellung. Kommentare der ADLZ zum Zeitgeschehen. In: Allgemeine Deutsche Lehrerzeitung 9, 1957, H. 10, S. 185.
Willi Lausen: Wo sind die Grenzen des Erlaubten? In: Allgemeine Deutsche Lehrerzeitung 9, 1957, H. 12, S. 234-235.
Wir nehmen Stellung. Kommentare der ADLZ zum Zeitgeschehen. In: Allgemeine Deutsche Lehrerzeitung 9, 1957, H. 14, S. 264.
Wir nehmen Stellung. Kommentare der ADLZ zum Zeitgeschehen. In: Allgemeine Deutsche Lehrerzeitung 9, 1957, H. 16, S. 309.
Hans Thies: Wo sind die Grenzen des Erlaubten? (s. ADLZ Nr. 12/1957, S. 234 f.). In: Allgemeine Deutsche Lehrerzeitung 9, 1957, H. 17, S. 340.
Arno Klönne: Über einige Schwerpunkte zeitgeschichtlicher Unterrichtung. In: Allgemeine Deutsche Lehrerzeitung 9, 1957, H. 20, S. 400-402.
Heinrich Hoffmann: Tatsachen und Ursachen. (Ein Beitrag zum Kapitel „Schwerpunkte zeitgeschichtlicher Unterrichtung", s. ADLZ Nr. 20/57). In: Allgemeine Deutsche Lehrerzeitung 9, 1957, H. 22, S. 440-441.
Wir nehmen Stellung. Kommentare der ADLZ zum Zeitgeschehen. In: Allgemeine Deutsche Lehrerzeitung 10, 1958, H. 2, S. 24.
Dem Erzübel zu Leibe rücken: der Scheinheiligkeit und Unwahrhaftigkeit. In: Allgemeine Deutsche Lehrerzeitung 10, 1958, H. 4, S. 74-75.
Wir nehmen Stellung. Kommentare der ADLZ zum Zeitgeschehen. In: Allgemeine Deutsche Lehrerzeitung 10, 1958, H. 5, S. 85.
Josef Guntermann: Kleine Beiträge zur Diskussion. Leserbrief zum Diskussionsbeitrag „Dem Erzübel zu Leibe rücken". In: Allgemeine Deutsche Lehrerzeitung 10, 1958, H. 6, S. 111-113.
Heinz M. Murr: Kleine Beiträge zur Diskussion. Auf den Diskussionsbeitrag „Dem Erzübel zu Leibe rücken". In: Allgemeine Deutsche Lehrerzeitung 10, 1958, H. 7, S. 128.
„Restauration und Reaktion" in einem Geschichtsbuch für die Volksschulen der Bundesrepublik. In: Allgemeine Deutsche Lehrerzeitung 10, 1958, H. 8, S. 143-145.
Kleine Beiträge zur Diskussion. Auf den Diskussionsbeitrag „Dem Erzübel zu Leibe rücken". In: Allgemeine Deutsche Lehrerzeitung 10, 1958, H. 8, S. 147-148.
H. Leichtle: Kleine Beiträge zur Diskussion. Die Irrenden bessern, nicht töten. In: Allgemeine Deutsche Lehrerzeitung 10, 1958, H. 8, S. 148-149.
Liegt die Vergangenheit hinter uns? In: Allgemeine Deutsche Lehrerzeitung 10, 1958, H. 9, S. 155.
Wir nehmen Stellung. Kommentare der ADLZ zum Zeitgeschehen. In: Allgemeine Deutsche Lehrerzeitung 10, 1958, H. 9, S. 156-157.
Fichtner: Kleine Beiträge zur Diskussion. Auf den Diskussionsbeitrag „Dem Erzübel zu Leibe rücken". In: Allgemeine Deutsche Lehrerzeitung 10, 1958, H. 10, S. 164.
Erich Sawatzki: Tut Buße! In: Allgemeine Deutsche Lehrerzeitung 10, 1958, H. 10, S. 183-184.
Kleine Beiträge zur Diskussion. Tatsachen fehlen. In: Allgemeine Deutsche Lehrerzeitung 10, 1958, H. 12, S. 217-218.
Lenk: Kleine Beiträge zur Diskussion. Zum Diskussionsbeitrag „Restauration und Reaktion" in einem Geschichtsbuch für die Volksschulen in der Bundesrepublik. In: Allgemeine Deutsche Lehrerzeitung 10, 1958, H. 14, S. 252.
In der Entscheidung gibt es keine Umwege. In: Allgemeine Deutsche Lehrerzeitung 10, 1958, H. 19, S. 336-337.
Warum ließ man Zind fliehen? In: Allgemeine Deutsche Lehrerzeitung 10, 1958, H. 22, S. 397.
Wir nehmen Stellung. Kommentare der ADLZ zum Zeitgeschehen. In: Allgemeine Deutsche Lehrerzeitung 11, 1959, H. 5, S. 68-69.
Ein Versprechen ist einzulösen. In: Allgemeine Deutsche Lehrerzeitung 11, 1959, H. 6, S. 87.
Friedrich Karl: Hitler regierte von 1933-1945. In: Allgemeine Deutsche Lehrerzeitung 11, 1959, H. 13, S. 208-210.
Arno Klönne: Über das Verhältnis der heutigen Jugend zu Zeitgeschichte und Zeitgeschehen. In: Allgemeine Deutsche Lehrerzeitung 11, 1959, H. 19, S. 306-307.
Politische Bildung ernst nehmen! Aus einem Artikel von Professor Dr. Ernst Schütte, Hessischer Minister für Erziehung und Volksbildung. In: Allgemeine Deutsche Lehrerzeitung 12, 1960, H. 1, S. 103.

Christine Teßmer: Erziehung ohne Widerstand? In: Allgemeine Deutsche Lehrerzeitung 12, 1960, H. 2, S. 21.

Was auf dem Spiele steht. In: Allgemeine Deutsche Lehrerzeitung 12, 1960, H. 3, S. 35.

Im Gedenken an Max Traeger. In: Allgemeine Deutsche Lehrerzeitung 12, 1960, H. 3, S. 38–40.

Behandlung der jüngsten Vergangenheit im Geschichts- und gemeinschaftskundlichen Unterricht in den Schulen. Beschluß der Kultusminister-Konferenz vom 11./12.2.1960. In: Allgemeine Deutsche Lehrerzeitung 12, 1960, H. 7, S. 102–103.

H. Vagts: Was Dummheit anrichten kann. (Nachgewiesen am verhängnisvollen Irrgang der Antisemiten). In: Allgemeine Deutsche Lehrerzeitung 12, 1960, H. 8, S. 120–121.

Wir nehmen Stellung. Kommentare der ADLZ zum Zeitgeschehen. In: Allgemeine Deutsche Lehrerzeitung 12, 1960, H. 8, S. 224–225.

Wir nehmen Stellung. Kommentare der ADLZ zum Zeitgeschehen. In: Allgemeine Deutsche Lehrerzeitung 12, 1960, H. 12, S. 84–85.

Kritik unerwünscht? In: Allgemeine Deutsche Lehrerzeitung 12, 1960, H. 16, S. 263.

Blut für Ware – Juden für Lastwagen. Die Wahrheit über Eichmann – Joel Brand über seine Begegnung mit dem Henker. In: Allgemeine Deutsche Lehrerzeitung 12, 1960, H. 18, S. 313–314.

Werner Hohlfeld: Politische Bildung ist notwendig. In: Allgemeine Deutsche Lehrerzeitung 12, 1960, H. 20, S. 350.

Im Konflikt mit Gott und der Welt. In: Allgemeine Deutsche Lehrerzeitung 13, 1961, H. 2, S. 21.

Helmut Clemens: Kleine Beiträge zur Diskussion. Eine notwendige Besinnung. In: Allgemeine Deutsche Lehrerzeitung 13, 1961, H. 3, S. 42–44.

H. Enderwitz: Probleme der Zeit im Spiegel der Zeitschriften. Wie hältst Du's mit dem Nationalsozialismus? In: Allgemeine Deutsche Lehrerzeitung 13, 1961, H. 5, S. 68–69.

Friedrich Karl: Wir nehmen Stellung. Kommentare der ADLZ zum Zeitgeschehen. In: Allgemeine Deutsche Lehrerzeitung 13, 1961, H. 5, S. 68–69.

Klaus v. Sichart: Hitler und wir. In: Allgemeine Deutsche Lehrerzeitung 13, 1961, H. 5, S. 71–73.

Emanuel Bernart: Kleine Beiträge zur Diskussion. Zum Beitrag „Eine notwendige Besinnung". In: Allgemeine Deutsche Lehrerzeitung 13, 1961, H. 5, S. 76–78.

Herbert Kupfer: Kleine Beiträge zur Diskussion. Deutsches Ostlandschicksal. In: Allgemeine Deutsche Lehrerzeitung 13, 1961, H. 6, S. 91–92.

Heinrich Rodenstein/Anna Mosolf/Erich Frister: Erklärung. In: Allgemeine Deutsche Lehrerzeitung 13, 1961, H. 8, S. 115.

Heinrich Rodenstein: Vor dem Richter. In: Allgemeine Deutsche Lehrerzeitung 13, 1961, H. 8, S. 118.

Erler Rudolf: Kleine Beiträge zur Diskussion. Zu „Eine notwendige Besinnung". In: Allgemeine Deutsche Lehrerzeitung 13, 1961, H. 8, S. 122–123.

Ernst Jänicke: Kleine Beiträge zur Diskussion. Zum Thema „Ostkunde". In: Allgemeine Deutsche Lehrerzeitung 13, 1961, H. 8, S. 123.

Wir nehmen Stellung. Kommentare der ADLZ zum Zeitgeschehen. In: Allgemeine Deutsche Lehrerzeitung 13, 1961, H. 10, S. 148–149.

E. Loewy: Der verwaltete Mord. In: Allgemeine Deutsche Lehrerzeitung 13, 1961, H. 11, S. 170–171.

Wilhelm Leonhardt: Auf gemeinsamen Wegen mit Max Traeger. Zur Erinnerung an unseren am 10.1.1960 verstorbenen 1. Vorsitzenden. In: Allgemeine Deutsche Lehrerzeitung 13, 1961, H. 13, S. 6–8.

Friedrich Karl: „… und das habt Ihr alles geglaubt und mitgemacht?". In: Allgemeine Deutsche Lehrerzeitung 13, 1961, H. 15, S. 234–235.

Gertraude Steckhan: So wird die Vergangenheit nicht bewältigt! In: Allgemeine Deutsche Lehrerzeitung 13, 1961, H. 19, S. 310–312.

Kleine Beiträge zur Diskussion. Unbewältigte Vergangenheit. In: Allgemeine Deutsche Lehrerzeitung 13, 1961, H. 21, S. 342–343.

Kleine Beiträge zur Diskussion. Die Mitschuldigen sind überall! In: Allgemeine Deutsche Lehrerzeitung 13, 1961, H. 21, S. 343–344.

H. G. Lachmann: Kleine Beiträge zur Diskussion. Zu dem Diskussionsbeitrag: So wird die Vergangenheit nicht bewältigt! In: Allgemeine Deutsche Lehrerzeitung 13, 1961, H. 21, S. 343.

Wilhelm Leonhardt: Auf gemeinsamen Wegen mit Max Traeger. Aufgezeichnete Aussprüche und Gedanken unseres am 10.1.1960 verstorbenen 1. Vorsitzenden. In: Allgemeine Deutsche Lehrerzeitung 14, 1962, H. 1, S. 6–7.

Wir nehmen Stellung. Kommentare der ADLZ zum Zeitgeschehen. In: Allgemeine Deutsche Lehrerzeitung 14, 1962, H. 2, S. 20.

Wir nehmen Stellung. Kommentare der ADLZ zum Zeitgeschehen. In: Allgemeine Deutsche Lehrerzeitung 14, 1962, H. 2, S. 20-21.

W. Mommsen: Einige Probleme der Hochschulreform. In: Allgemeine Deutsche Lehrerzeitung 14, 1962, H. 3, S. 40-43.

Gertraude Steckhan: Kleine Beiträge zur Diskussion. zu: „Die Mitschuldigen sind überall". In: Allgemeine Deutsche Lehrerzeitung 14, 1962, H. 3, S. 44.

Wir nehmen Stellung. Kommentare der ADLZ zum Zeitgeschehen. In: Allgemeine Deutsche Lehrerzeitung 14, 1962, H. 5, S. 68-69.

Heinrich Hoffmann: Kleine Beiträge zur Diskussion. Unbewältigte Vergangenheit. In: Allgemeine Deutsche Lehrerzeitung 14, 1962, H. 5, S. 75.

Wir nehmen Stellung. Kommentare der ADLZ zum Zeitgeschehen. In: Allgemeine Deutsche Lehrerzeitung 14, 1962, H. 8, S. 120.

Karl Bäuerle: Kleine Beiträge zur Diskussion. Man kann das „Gestern" nicht ignorieren. In: Allgemeine Deutsche Lehrerzeitung 14, 1962, H. 9, S. 145.

W. Schadow: Kleine Beiträge zur Diskussion. Unbewältigte Bewältigung. In: Allgemeine Deutsche Lehrerzeitung 14, 1962, H. 12, S. 198-199.

Friedrich Karl: Macht ohne Moral. Betrachtungen zu einer Schallplattendokumentation über Heinrich Himmler und die SS. In: Allgemeine Deutsche Lehrerzeitung 14, 1962, H. 18, S. 310-311.

Hajo Knebel: Pädagogischer Widerstand 1933-1945. In: Allgemeine Deutsche Lehrerzeitung 14, 1962, H. 22, S. 370-372.

Dönitz in der Schule. In: Allgemeine Deutsche Lehrerzeitung 15, 1963, H. 4, S. 53.

Erich Blohm: DRP nicht verboten. In: Allgemeine Deutsche Lehrerzeitung 15, 1963, H. 7, S. 101.

Erwin Loewy: Wir nehmen Stellung. Kommentare der ADLZ zum Zeitgeschehen. In: Allgemeine Deutsche Lehrerzeitung 15, 1963, H. 10, S. 148-149.

Friedrich Karl: Von 46 Schülern starben 43. In: Allgemeine Deutsche Lehrerzeitung 15, 1963, H. 11, S. 169-172.

Scharfe jüdische Kritik am deutschen Geschichtsbuch. Wie wird der Jugend das Schicksal des jüdischen Volkes geschildert? - Der Antisemitismus hat keine „zwei Seiten". In: Allgemeine Deutsche Lehrerzeitung 16, 1964, H. 2, S. 28.

Ja, aber... In: Allgemeine Deutsche Lehrerzeitung 16, 1964, H. 3, S. 37.

Walter Scherwinsky: Und Goebbels war ein ehrenwerter Mann. In: Allgemeine Deutsche Lehrerzeitung 16, 1964, H. 8, S. 124-125.

Hitler und die Lehrerfrage. In: Allgemeine Deutsche Lehrerzeitung 16, 1964, H. 8, S. 125.

Kurt Warner: Der 20. Juli 1944 und die Dolchstoßlegende von 1964. In: Allgemeine Deutsche Lehrerzeitung 16, 1964, H. 14, S. 223-225.

Heinrich Rodenstein: Unser Verband und seine Geschichte. In: Allgemeine Deutsche Lehrerzeitung 17, 1965, H. 2, S. 22-23.

Eugen Bautz: Schulpolitik im Umbruch. In: Allgemeine Deutsche Lehrerzeitung 17, 1965, H. 4, S. 61-63.

Periodika – Die Deutsche Schule
(chronologisch geordnet)

Elmar Peter: Das Ermächtigungsgesetz vom 24.3.1933. In: Die Deutsche Schule 53, 1961, S. 15-20.

Rudolf Raasch: Deutsche Geschichte von 1789 bis 1945 in mitteldeutschen Geschichtsbüchern. In: Die Deutsche Schule 53, 1961, S. 315-337.

Rolf-Joachim Sattler: Deutsche Geschichte des 19. und 20. Jahrhunderts in Schulgeschichtsbüchern der Bundesrepublik. In: Die Deutsche Schule 53, 1961, S. 338-353.

Rudolf Raasch: Der mitteldeutsche Geschichtsunterricht als westdeutsches Problem. In: Die Deutsche Schule 53, 1961, S. 353-370.

Wolfgang Hochheimer: Zur Psychologie von Antisemitismus und Möglichkeiten seiner Überwindung. In: Die Deutsche Schule 56, 1964, S. 257-282.

Hermann Glaser: Historismus und Moral. Bemerkungen zur Zukunft der Demokratie in der Bundesrepublik. In: Die Deutsche Schule 58, 1966, S. 255–262.

Bodo Braeuer/Erich Frister: Über die Reaktion von Schülern auf Thesen der NPD-Propaganda. In: Die Deutsche Schule 60, 1968, S. 194–203.

Heinrich Rodenstein: 25 Jahre GEW. In: Die Deutsche Schule 66, 1974, S. 313–316.

Erich Frister: Vom gehorsamen Diener zum kritischen Mitarbeiter. Der langwierige Prozeß, das Beamtenrecht zu demokratisieren. In: Die Deutsche Schule 66, 1974, S. 317–324.

Ernst Reuter: Vom Standesverband zur Gewerkschaft. In: Die Deutsche Schule 66, 1974, S. 325–331.

Annelies Hoppe: Von den unerträglichen zu den unzureichenden Arbeitsbedingungen. In: Die Deutsche Schule 66, 1974, S. 353–358.

Ernst-Ulrich Hoster/Herbert Schweiger: Die „vergessene" Einheitsschule. Schulpolitik in Hessen zwischen Neuordnung und Restauration 1945–1951. In: Die Deutsche Schule 71, 1979, S. 740–758.

Chaim Seeligmann: ‚Wissenschaftlicher' Neonazismus. In: Die Deutsche Schule 73, 1981, S. 325–327.

Roland Erlebach/T. Kissenkötter/R. Krieger/D. Wacker: Nationalsozialismus – Kenntnisse und Meinungen von Abiturienten 1961 und 1979. In: Die Deutsche Schule 73, 1981, S. 539–544.

Rainer Brämer: Naturwissenschaft als Kriegspropädeutik. Zur Geschichte der gymnasialen Physikdidaktik im „Dritten Reich". In: Die Deutsche Schule 73, 1981, S. 577–588.

Peter Dudek: KZ-Gedenkstättenbesuche als Teil antifaschistischer Jugendarbeit. In: Die Deutsche Schule 73, 1981, S. 651–655.

Anneliese Knoop: Jugendopposition im Dritten Reich. Willi Graf und die „Weiße Rose". In: Die Deutsche Schule 75, 1983, S. 124–138.

Luise Wagner-Winterhager: Hitler als „Superman"? In: Die Deutsche Schule 75, 1983, S. 391–405.

Karl-Heinz Füssl/Christian Kubina: Probleme der Schulreform nach 1945. Der „Sonderfall" Berlin. In: Die Deutsche Schule 76, 1984, S. 295–309.

Wolfgang Keim: Peter Petersens Rolle im Nationalsozialismus und die bundesdeutsche Erziehungswissenschaft. Kritische Anmerkungen zu Peter Kaßners Beitrag in diesem Heft. In: Die Deutsche Schule 81, 1989, S. 133–145.

Hans-Werner Johannsen: Peter Petersen und der Nationalsozialismus. Anmerkungen zur Petersen-Kontroverse. In: Die Deutsche Schule 81, 1989, S. 362–365.

Ulrich Herrmann: Geschichtsdeutung als Disziplinpolitik? Anmerkungen zur Kontroverse über das Verhältnis von Pädagogik und Nationalsozialismus. In: Die Deutsche Schule 81, 1989, S. 366–373.

Wolfgang Keim: Noch einmal: Worum es eigentlich geht. In: Die Deutsche Schule 81, 1989, S. 373–376.

Harald Scholtz: Reformpädagogik unterm Hakenkreuz. Nutzung und Aushöhlung ihrer Motive. In: Die Deutsche Schule 84, 1992, S. 224–234.

Jürgen Oelkers: "Pädagogischer Realismus". Peter Petersens erziehungspolitische Publizistik 1930–1950. In: Die Deutsche Schule 84, 1992, S. 481–501.

Peter Kaßner: Widerstand im Dritten Reich. Der Pädagoge Adolf Reichwein. In: Die Deutsche Schule 86, 1994, S. 388–405.

Frank Bösch: „Zum neubau des schulwesens" nach 1945. In: Die Deutsche Schule 88, 1996, S. 435–454.

Hans-Georg Herrlitz: Vergangenheitsbewältigungen. In: Die Deutsche Schule 89, 1997, S. 134–136.

Barbara Siemsen: „In der Entscheidung gibt es keine Umwege". Zwei Pädagogen reagieren auf ihre Amtsenthebung 1933: Erich Weniger und Adolf Reichwein. In: Die Deutsche Schule 89, 1997, S. 137–157.

Klaus Mollenhauer: Legenden und Gegenlegenden. Ein kritischer Kommentar zum Beitrag von Barbara Siemsen. In: Die Deutsche Schule 89, 1997, S. 158–160.

Barbara Siemsen: Entgegnung. In: Die Deutsche Schule 89, 1997, S. 160–162.

Kurt-Ingo Flessau: Gegen Vorverurteilungen in der wissenschaftlichen Diskussion. In: Die Deutsche Schule 89, 1997, S. 485–489.

Theodor Schulze: Erich Weniger, Pädagogik und Nationalsozialismus. In: Die Deutsche Schule 89, 1997, S. 489–496.

Dietrich Hoffmann: Gegen eine Renazifizierung Erich Wenigers. In: Die Deutsche Schule 89, 1997, S. 497–504.

Klaus-Peter Horn/Heinz-Elmar Tenorth: Biographieforschung vs. Disziplingeschichte. In: Die Deutsche Schule 89, 1997, S. 505–512.

Schreiner Günter: Weder voreilige Verurteilungen noch einfühlsame Entschuldigungen helfen weiter. In: Die Deutsche Schule 89, 1997, S. 513–514.
Dieter Wunder: Diese Vergangenheit lässt uns nicht los. In: Die Deutsche Schule 89, 1997, S. 515–518.
Dieter Wunder: Adolf Reichwein. Pädagogik aus politischer Absicht. In: Die Deutsche Schule 91, 1999, S. 282–298.
Sich der Geschichte stellen und Perspektiven entwickeln. In: Die Deutsche Schule 100, 2008, S. 4–9.
Andreas Hoffmann-Ocon: „Die Deutsche Schule" im Nationalsozialismus. Ein dunkles Kapitel wird beleuchtet. In: Die Deutsche Schule 100, 2008, S. 190–205.

Periodika – Die Bayerische Schule
(chronologisch geordnet)

Wiederverbeamtung. In: Die Bayerische Schule 2, 1949, H. 5, S. 188–189.
Der Fall Dr. Burgard. In: Die Bayerische Schule 4, 1951, H. 5, S. 65–69.
Max Braun: Ist rechttun so schwer? In: Die Bayerische Schule 4, 1951, H. 10, S. 153–155.
Zwei wichtige Landtagsbeschlüsse. In: Die Bayerische Schule 4, 1951, H. 13, S. 212–213.
Dr. Friedrich Nüchter. In: Die Bayerische Schule 4, 1951, H. 19, S. 313–317.

Periodika – DDS – Zeitschrift der GEW. Landesverband Bayern

Schorsch Wiesmaier: „History is unwirtten". Umgang der GEW mit der eigenen Geschichte. In: DDS. Zeitschrift der Gewerkschaft Erziehung und Wissenschaft. Landesverband Bayern, 2017, H. 10, S. 14–15.
Schorsch Wiesmaier: Entnazifizierung – Niemand hat das Recht zu gehorchen. Vom Umgang der GEW mit der eigenen Geschichte, Teil 2. In: DDS. Zeitschrift der Gewerkschaft Erziehung und Wissenschaft. Landesverband Bayern, 2017, H. 11, S. 22.

Periodika – Erziehung & Wissenschaft
(chronologisch geordnet)

Dieter Schuster: Die deutsche politische Emigration 1933–1945. Zu einer Ausstellung im Schloß Oberhausen. In: Erziehung und Wissenschaft 24, 1972, H. 3, S. 16.
Erich Frister: Von der Grenze der Toleranz. Über die Notwendigkeit, sich mit Kommunisten in der GEW auseinanderzusetzen. In: Erziehung und Wissenschaft 26, 1974, H. 4, S. 3–4.
Dieter Boßmann: Wissensfriedhof Nationalsozialismus. In: Erziehung und Wissenschaft 29, 1977, H. 11, S. 7–9.
Hans Clauser: Konsequenzen aus der Geschichte. GEW-Delegation in Israel. In: Erziehung und Wissenschaft 29, 1977, H. 5, S. 18.
Gerd Köhler: Harmloser Hitlerismus? Folgerungen für den Unterricht. In: Erziehung und Wissenschaft 29, 1977, H. 11, S. 10–11.
Bodo v. Maydell: Das Versäumte nachholen. Leserzuschrift. In: Erziehung und Wissenschaft 29, 1977, H. 12, S. 34.
40 Jahre nach der „Reichskristallnacht". Erziehung für die demokratische Gesellschaft. In: Erziehung und Wissenschaft 30, 1978, H. 9, S. 25.
Kristallnacht – 40 Jahre danach fast vergessen. In: Erziehung und Wissenschaft 30, 1979, H. 3, S. 16.
David Frankfurter: Wie konnte es geschehen? In: Erziehung und Wissenschaft 30, 1979, H. 3, S. 34.
Siegfried Vergin: Lehrerschaft – Teil der Gewerkschaftsbewegung. In: Erziehung und Wissenschaft 31, 1979, H. 7, S. 23–24.
Arno Klönne: Geschichtsbetrachtung in der das Volk nicht vorkommt. In: Erziehung und Wissenschaft 30, 1979, H. 11, S. 16–17.
Werner Hohlfeld: Max Traeger zum Gedächtnis. In: Erziehung und Wissenschaft 32, 1980, H. 1, S. 34.

Ruth Rothstein: Deutschland im Auge des jungen Israeli. In: Erziehung und Wissenschaft 32, 1980, H. 2, 18; 23.

Nationalsozialismus im Unterricht. In: Erziehung und Wissenschaft 32, 1980, H. 3, S. 16.

Günther Schwarberg: Die Kinder vom Bullenhuser Damm. In: Erziehung und Wissenschaft 32, 1980, H. 4, S. 40-41.

Erich Frister: Heinrich Rodenstein. Proletarier unter den Lehrern. In: Erziehung und Wissenschaft 33, 1981, H. 2, S. 16.

Gerhard Lein: „Integrierte-differenzierte Gesamtfeier". In: Erziehung und Wissenschaft 33, 1981, H. 5, S. 34-35.

Henner Pingel-Rollmann: Machtergreifung in der Schule. In: Erziehung und Wissenschaft 35, 1983, H. 1, S. 16-17.

Gerd Böhmer: Wie war es hier bei uns? In: Erziehung und Wissenschaft 35, 1983, H. 1, S. 17-18.

Ohnmächtige Opfer. In: Erziehung und Wissenschaft 35, 1983, H. 1, S. 19-20.

Volrad Döhmer: „Säuberung". In: Erziehung und Wissenschaft 35, 1983, H. 4, S. 22.

Kirsten Schäfer: „Zeugen der Zeit". In: Erziehung und Wissenschaft 35, 1983, H. 5, S. 16.

Stephanie F. Czerwinski: Gegendarstellung unnötig. In: Erziehung und Wissenschaft 35, 1983, H. 6, S. 36.

Friedrich Söchtig: Demagogie. In: Erziehung und Wissenschaft 36, 1983, H. 6, S. 36.

„Pädagogische Linke aus Verkrustung befreien". In: Erziehung und Wissenschaft 36, 1984, H. 11, S. 34-35.

Hans Mommsen: Thesen gegen die Wende. In: Erziehung und Wissenschaft 37, 1985, H. 4, S. 10.

Doppelte Befreiung. In: Erziehung und Wissenschaft 37, 1985, H. 5, S. 6-11.

Helga Kreibig: Juden in Geschichtsbüchern. In: Erziehung und Wissenschaft 40, 1988, H. 3, S. 23.

Frank Hantke: Die Geschichte des 1. Mai. In: Erziehung und Wissenschaft 40, 1988, H. 4, S. 30.

Kurt Pöndl: Am Anfang war der politische Wille... In: Erziehung und Wissenschaft 40, 1988, H. 10, S. 10-12.

Erich Frister: Wie aus untertänigen Beamten selbstbewußte Demokraten wurden. In: Erziehung und Wissenschaft 40, 1988, H. 10, S. 33-37.

Dieter Wunder: Linke Tradition und gewerkschaftliche Verankerung. Anmerkungen zur Geschichte der GEW. In: Erziehung und Wissenschaft 40, 1988, H. 10, S. 41-43.

Fritz Rodewald: Die wilden Jahre. In: Erziehung und Wissenschaft 40, 1988, H. 10, S. 44-46.

Herbert Enderwitz: Erinnerung – Brücke in die Zukunft. In: Erziehung und Wissenschaft 40, 1988, H. 10, S. 48-50.

Helga Kreibig: Zu vergessen ist keinem erlaubt... In: Erziehung und Wissenschaft 40, 1988, H. 11, S. 32.

Valentin Senger: Die Juddeschul. In: Erziehung und Wissenschaft 45, 1993, H. 11, S. 22-23.

Jutta Wilhelmi: Als „Unpolitischer" zwischen allen Stühlen. In: Erziehung und Wissenschaft 45, 1993, H. 12, S. 24.

Charlotte Delbo: Keine von uns wird zurückkehren. In: Erziehung und Wissenschaft 47, 1995, H. 2, S. 17-18.

Micha Brumlik: Erziehung nach Mölln oder im Gedenken unterweisen. In: Erziehung und Wissenschaft 47, 1995, H. 4, S. 6-10.

Eckaet Krause: Verschwörung des Schweigens. In: Erziehung und Wissenschaft 47, 1995, H. 4, S. 12-13.

Matthias Heyl: Betroffenheit ist kein Lernziel. In: Erziehung und Wissenschaft 47, 1995, H. 4, S. 14-15.

Spurensuche. In: Erziehung und Wissenschaft 47, 1995, H. 4, S. 17.

Wir können uns nicht nur den Fakten annähern. In: Erziehung und Wissenschaft 47, 1995, H. 9, S. 32-33.

Inge Traxler: Ein vergessenes jüdisches Landschulheim. Erinnerungen an Caputh. In: Erziehung und Wissenschaft 47, 1995, H. 11, S. 27-28.

Dieter Wunder: Ganz gewöhnliche Deutsche. In: Erziehung und Wissenschaft 48, 1996, H. 10, S. 48.

Ich gebe die Frage fassungslos zurück. In: Erziehung und Wissenschaft 48, 1996, H. 11, S. 34-36.

Valentin Senger: Oj wej, wird das Zores geben! In: Erziehung und Wissenschaft 49, 1997, H. 11, S. 21.

Jörg Schlömerkemper: „Vergangenheit" der Erziehungswissenschaft. In: Erziehung und Wissenschaft 50, 1998, H. 2, S. 30-31.

Peter Körfgen: Erziehung unter der Nazi-Diktatur. In: Erziehung und Wissenschaft 50, 1998, H. 5, S. 21–22.
Peter Körfgen: Reputation der Republik. In: Erziehung und Wissenschaft 50, 1998, H. 5, S. 20–21.
Theodor Weißenborn: Nachruf auf meinen Vater. In: Erziehung und Wissenschaft 50, 1998, H. 11, S. 25.
Hans D. Baroth: Als Skatfreunde Brandstifter wurden. In: Erziehung und Wissenschaft 50, 1998, H. 11, S. 26.
„Auschwitz – Schädlich für das Nationalbewusstsein". In: Erziehung und Wissenschaft 51, 1999, H. 1, S. 29–31.
Jutta Roitsch: Bildung gegen Barbarei. Das Bürgerrecht auf Bildung steht nicht mehr auf der Tagesordnung. In: Erziehung und Wissenschaft 51, 1999, H. 5, S. 2.
Bernhard Winters: Unglaublich. E&W 1/99, Seite 29: Offener Brief von Benjamin Ortmeyer an die GEW. In: Erziehung und Wissenschaft 51, 1999, H. 5, S. 42.
Ilse Henneberg: Von den Flammen verzehrt. Erinnerungen einer ungarischen Jüdin. In: Erziehung und Wissenschaft 51, 1999, H. 11, S. 20–21.
Peter Körfgen: Wir waren damals alle taub. Nachfrage an die GEW nach 1945. In: Erziehung und Wissenschaft 51, 1999, H. 11, S. 22–23.
Erziehung nach Auschwitz. In: Erziehung und Wissenschaft 52, 2000, H. 1, S. 5.
Moritz J. Herrmann: Taubmacher. In: Erziehung und Wissenschaft 52, 2000, H. 1, S. 41.
Gerda Freise: Erinnerung. In: Erziehung und Wissenschaft 52, 2000, H. 1, S. 42.
Günter Grawe: Wie es damals wirklich war. Zum Beitrag „Wir waren damals alle taub" in E&W 11/99. In: Erziehung und Wissenschaft 52, 2000, H. 3, S. 36.
Benjamin Ortmeyer: Schulnamen. Über das Verhältnis der GEW zu ehemaligen Nazis hinaus reicht die Diskussion um die Erziehungswissenschaft im sogenannten Dritten Reich. In: Erziehung und Wissenschaft 52, 2000, H. 3, S. 36.
Rudolf Garmatz: Widerspruch. In: Erziehung und Wissenschaft 52, 2000, H. 3, S. 40.
Paul Saupe: Neue Länder. In: Erziehung und Wissenschaft 52, 2000, H. 3, S. 40.
Matthias Arning: Kein Entwicklungsland der Erinnerungskultur mehr. GEW denkt über „Erziehung nach Auschwitz" nach. In: Erziehung und Wissenschaft 52, 2000, H. 4, S. 22–24.
Annegret Ehmann: Aufklärung immunisiert nicht zwangsläufig. Pädagogische Auseinandersetzung mit Rechtsextremen. In: Erziehung und Wissenschaft 52, 2000, H. 11, S. 21–22.
Erziehung nach Auschwitz. Literaturtipps. In: Erziehung und Wissenschaft 53, 2001, H. 3, S. 22.
Wigbert Benz: Isoliertes Phänomen. In: Erziehung und Wissenschaft 53, 2001, H. 5, S. 42.
Friedrich W. Usbeck: Nachdenken. In: Erziehung und Wissenschaft 53, 2001, H. 5, S. 43.
Loewy Hanno: Jüdische Existenz in Deutschland. Noch keine Rückkehr zur „Normalität". In: Erziehung und Wissenschaft 53, 2001, H. 5, S. 29–30.
Esther Schapira: „Ich bin kein Antisemit, aber…". Der 9. November, Israel und das deutsche Gedenken. In: Erziehung und Wissenschaft 54, 2002, H. 11, S. 22–23.
Aufgewühlt. Anlass für heftige Kritik: Esther Schapiras Artikel „Ich bin kein Antisemit, aber…". In: Erziehung und Wissenschaft 54, 2002, H. 12, S. 34.
Georg Seeßlen: Wie viel Zucker für die bittere Medizin der Erinnerung? Zum Gedenken an den 9. November 1938: Auschwitz und die populäre Kultur. In: Erziehung und Wissenschaft 55, 2003, H. 11, S. 24–25.
Perspektivwechsel: Nicht nur eine Opfergeschichte. E&W-Interview mit dem jüdischen Historiker Georg Heuberger. In: Erziehung und Wissenschaft 57, 2005, H. 2, S. 30.
Menschenwürde verpflichtet. Die Lehre aus Buchenwald. In: Erziehung und Wissenschaft 57, 2005, H. 5, S. 21.
Micha Brumlik: Holocaust und Krieg: Wie gehen wir mit den Opfern um? Über die Schwierigkeiten eines gemeinsamen Erinnerns – ein Essay von Micha Brumlik. In: Erziehung und Wissenschaft 57, 2005, H. 5, S. 22–23.
Karl-Heinz Heinemann: Peter Petersens Weg zu Hitler. Entzauberung eines reformpädagogischen Mythos'. In: Erziehung und Wissenschaft 62, 2010, H. 11, S. 22–23.
Diethelm Krause-Hotopp: Immer noch ein Vorbild. Vor 30 Jahren starb Heinrich Rodenstein. In: Erziehung und Wissenschaft 62, 2010, H. 12, S. 35.
Kontroverse zu Peter Petersen. In: Erziehung und Wissenschaft 63, 2011, H. 1, S. 27.

Johannes Radke: Braune Schatten über Jena. Neonazis schalten sich in die Peter-Petersen-Kontroverse ein – Morddrohung gegen Ortmeyer. In: Erziehung und Wissenschaft 63, 2011, H. 3, S. 34.

Ulrich Thöne: Morddrohungen unerträglich – Nazis vor Gericht stellen. In: Erziehung und Wissenschaft 63, 2011, H. 3, S. 34.

Gerhard Dilger: Pakt des Schweigens in Bariloche. Deutsche Schule mit Nazi-Vergangenheit. In: Erziehung und Wissenschaft 63, 2011, H. 10, S. 32–33.

Canan Topçu: „Du Jude". Wie gehen Pädagogen mit Antisemitismus in der Schule um? In: Erziehung und Wissenschaft 63, 2011, H. 11, S. 40.

Forschungsliteratur

Ralf Ahrens: Von der „Säuberung" zum Generalpardon: Die Entnazifizierung der westdeutschen Wirtschaft. In: Jahrbuch für Wirtschaftsgeschichte / Economic History Yearbook 51, 2010, H. 2, S. 25–46.

Wilma R. Albrecht: Entnazifizierung. Der verfehlte politische Neubeginn in Westdeutschland nach dem zweiten Weltkrieg. München 2008.

Tobias Arand: „Nach wie vor steht die deutsche Geschichte im Mittelpunkt". Die inhaltliche und organisatorische Neuorientierung des Geschichtslehrerverbands ab 1949. In: Wolfgang Hasberg (Hrsg.): Modernisierung im Umbruch. Geschichtsdidaktik und Geschichtsunterricht nach 1945 (Geschichtsdidaktik in Vergangenheit und Gegenwart, Bd. 6). Berlin/Münster 2008, S. 217–244.

Frank Bajohr: Die Reihen fest geschlossen? Zur Erosion der „Volksgemeinschaft" 1943–1945. In: Kriegsende in Deutschland (GEO). Hamburg 2005, S. 194–205.

Frank Bajohr: „Arisierung" in der Öffentlichkeit, oder: Was haben der FC St. Pauli, der FC Schalke 04, die GEW Hamburg und die Freie Hansestadt Hamburg gemeinsam? In: Forschungsstelle für Zeitgeschichte in Hamburg (Hrsg.): Forschungsstelle für Zeitgeschichte in Hamburg 1997–2007. Hamburg 2007, S. 80–93.

Michele Barricelli: Didaktische Räusche und die Verständigung der Einzelwesen. Georg Eckerts Beitrag zur Erneuerung des Geschichtsunterrichts nach 1945. In: Wolfgang Hasberg/Manfred Seidenfuß (Hrsg.): Modernisierung im Umbruch. Geschichtsdidaktik und Geschichtsunterricht nach 1945 ; [Tagung an der Universität Köln im Jahre 2007 (Geschichtsdidaktik in Vergangenheit und Gegenwart, Bd. 6). Berlin 2008, S. 261–290.

Ursula Basikow: „Auf einmal hörte alles auf…". Informelle Netzwerke von Pädagoginnen und Pädagogen in der Zeit des Nationalsozialismus am Beispiel von Nachlässen aus dem Archiv der Bibliothek für Bildungsgeschichtliche Forschung. Ein Quellenbericht. In: Christian Ritzi/Ulrich Wiegmann (Hrsg.): Behörden und pädagogische Verbände im Nationalsozialismus. Zwischen Anpassung, Gleichschaltung und Auflösung. Bad Heilbrunn 2004, S. 237–261.

Arnd Bauerkämper: Das umstrittene Gedächtnis. Die Erinnerung an Nationalsozialismus, Faschismus und Krieg in Europa seit 1945. Paderborn/München 2012.

Riccardo Bavaj: Der Nationalsozialismus. Entstehung, Aufstieg und Herrschaft (Schriftenreihe, Band 1749). Bonn 2016.

Hans Bender: Willst du nicht beitreten? In: Marcel Reich-Ranicki (Hrsg.): Meine Schulzeit im Dritten Reich. Erinnerungen deutscher Schriftsteller. Köln 1988, S. 31–39.

Wolfgang Benz (Hrsg.): Wie wurde man Parteigenosse? Die NSDAP und ihre Mitglieder. Frankfurt am Main 2009.

Wolfgang Benz: Zum Umgang mit nationalsozialistischer Vergangenheit in der Bundesrepublik. In: Jürgen Danyel (Hrsg.): Die geteilte Vergangenheit. Zum Umgang mit Nationalsozialismus und Widerstand in den beiden deutschen Staaten (Zeithistorische Studien, Bd. 4). Berlin 1995, S. 47–60.

Wolfgang Benz: Der deutsche Widerstand gegen Hitler (C. H. Beck Wissen). München 2014.

Nicolas Berg: Zwischen Legende und Erfahrung: Die „Stunde Null". In: Kriegsende in Deutschland (GEO). Hamburg 2005, S. 206–213.

Hans Bergemann/Simone Ladwig-Winters: Der Prozess der „Gleichschaltung" der Lehrerverbände sowie die Diskriminierung und Verfolgung Berliner Lehrkräfte im Nationalsozialismus. Abschlussbericht. Berlin 2016.

Stefan Berger (Hrsg.): Gewerkschaftsgeschichte als Erinnerungsgeschichte. Der 2. Mai 1933 in der gewerkschaftlichen Erinnerung und Positionierung nach 1945 (Veröffentlichungen des Instituts für Soziale Bewegungen, Schriftenreihe A, Darstellungen, Band 60). Essen 2015.

Werner Bergmann: Antisemitismus in öffentlichen Konflikten. Kollektives Lernen in der politischen Kultur der Bundesrepublik 1949–1989 (Schriftenreihe des Zentrums für Antisemitismusforschung Berlin, Bd. 4). Frankfurt am Main 1997.

Jörg Berlin: ro19 – Arisierung in Hamburg? Zum Streit um das Haus Rothenbaumchaussee 19 („Ro19"); eine Kritik der Thesen von Bernhard Nette. Norderstedt 2011.

Frank Biess: Republik der Angst. Eine andere Geschichte der Bundesrepublik. Reinbek bei Hamburg 2019.

Anja Bilski: Die Entnazifizierung des Düsseldorfer Höheren Schulwesens nach 1945. Demokratisierung und personelle Säuberung im Umfeld von Wiederaufbau und Reorganisation des Schulwesens einer Großstadt in der britischen Zone (Düsseldorfer Schriften zur neueren Landesgeschichte und zur Geschichte Nordrhein-Westfalens, Bd. 87). Essen 2016.

Matthias Bode/Corine Defrance/Dieter Dowe/Eckhardt Fuchs/Ulrich Sand/Hans-Peter Harstick/Gerhard Himmelmann/Horst-Rüdiger Jarck/Thomas Keller/Jürgen Kocka/Wolfgang Kopitzsch/Hans-Ulrich Ludewig/Heike C. Mätzing/Ulrich Mayer/Ulrich Pfeil/Klaus E. Pollmann/Steffen Sammler/Thomas Strobel: Georg Eckert. Grenzgänger zwischen Wissenschaft und Politik (Eckert. Die Schriftenreihe, Band 146). Göttingen 2017.

Günther Böhme/Christine Hamann: Schulalltag zwischen Ideologie und Wirklichkeit. Erinnerungen an die Schulzeit im Nationalsozialismus und ihr historischer Hintergrund. Idstein 2001.

Marcel Bois: Volksschullehrer zwischen Anpassung und Opposition. Die „Gleichschaltung" der Gesellschaft der Freunde des vaterländischen Schul- und Erziehungswesens in Hamburg (1933–1937). Weinheim/Basel 2020.

Rainer Bölling: Zur Entwicklung und Typologie der Lehrerorganisation in Deutschland. In: Manfred Heinemann (Hrsg.): Der Lehrer und seine Organisation (Veröffentlichungen der Historischen Kommission der Deutschen Gesellschaft für Erziehungswissenschaft). Stuttgart 1977, S. 23–37.

Rainer Bölling: Volksschullehrer und Politik (Kritische Studien zur Geschichtswissenschaft, Bd. 32). Göttingen 1978.

Frank Bösch/Andreas Wirsching (Hrsg.): Hüter der Ordnung. Die Innenministerien in Bonn und Ost-Berlin nach dem Nationalsozialismus (Schriftenreihe / Bundeszentrale für Politische Bildung, Band 10295). Bonn 2018.

Bodo von Borries: Vernichtungskrieg und Judenmord in den Schulbüchern beider deutscher Staaten seit 1949. In: Michael T. Greven (Hrsg.): Der Krieg in der Nachkriegszeit. Der Zweite Weltkrieg in Politik und Gesellschaft der Bundesrepublik. Opladen 2000, S. 215–236.

Birgit Braun: Umerziehung in der amerikanischen Besatzungszone. Die Schul- und Bildungspolitik in Württemberg-Baden von 1945 bis 1949. Münster 2004.

Hans Braun/Uta Gerhardt/Everhard Holtmann (Hrsg.): Die lange Stunde Null. Gelenkter sozialer Wandel in Westdeutschland nach 1945. Baden-Baden 2007.

Hans Braun/Uta Gerhardt/Everhard Holtmann: Die „lange Stunde Null". Exogene Vorgaben und endogene Kräfte im gesellschaftlichen und politischen Wandel nach 1945. In: Hans Braun/Uta Gerhardt/Everhard Holtmann (Hrsg.): Die lange Stunde Null. Gelenkter sozialer Wandel in Westdeutschland nach 1945. Baden-Baden 2007, S. 7–26.

Wolfgang Brenner: Zwischen Ende und Anfang. Nachkriegsjahre in Deutschland. München 2016.

Wilfried Breyvogel: Die staatliche Schul- und Lehrpolitik und die Lehrervereine als Interessenorgane der Volksschullehrer. In: Manfred Heinemann (Hrsg.): Sozialisation und Bildungswesen in der Weimarer Republik (Veröffentlichungen der Historischen Kommission der Deutschen Gesellschaft für Erziehungswissenschaft, Bd. 1). Stuttgart 1976, S. 281–290.

Wilfried Breyvogel: Volksschullehrer und Faschismus – Skizze zu einer sozialgeschichtlichen Erforschung ihrer sozialen Lage. In: Manfred Heinemann (Hrsg.): Der Lehrer und seine Organisation

(Veröffentlichungen der Kommission der Deutschen Gesellschaft für Erziehungswissenschaft). Stuttgart 1977, S. 317–343.

Wilfried Breyvogel: Die soziale Lage und das politische Bewusstsein der Volksschullehrer (Monographien, Bd. 20). Königstein 1979.

Wilhelm Brinkmann: Die Berufsorganisationen der Lehrer und die „pädagogische Selbstrolle". Zur Professionalisierungs- und Deutungsfunktion der Gewerkschaft Erziehung und Wissenschaft und des Deutschen Philologenverbandes 1949–1974. In: Manfred Heinemann (Hrsg.): Der Lehrer und seine Organisation (Veröffentlichungen der Historischen Kommission der Deutschen Gesellschaft für Erziehungswissenschaft). Stuttgart 1977, S. 393–408.

Gisela Brodesser: Spuren der Diktatur. Studie über das politische Schicksal und das Verhalten von Karlsruher Gymnasiallehrern während des Dritten Reiches und die Ergebnisse ihrer Entnazifizierung. Karlsruhe 2000.

Micha Brumlik/Benjamin Ortmeyer (Hrsg.): Max Traeger – kein Vorbild. Person, Funktion und Handeln im NS-Lehrerbund und die Geschichte der GEW. Weinheim 2017.

Bundesministerium der Finanzen: Kalendarium zur Wiedergutmachung von NS-Unrecht. Gesetzliche und außergesetzliche Regelungen sowie Richtlinien im Bereich der Wiedergutmachung nationalsozialistischen Unrechts. Berlin 2012.

Karl-Ernst Bungenstab: Umerziehung zur Demokratie? Re-education-Politik im Bildungswesen der US-Zone 1945–1949. Düsseldorf 1970.

Edith Burgard/Herbert Diercks/Rose-Marie Zahrndt: Rudolf Klug, ein Lehrer paßt sich nicht an (Hamburger im Widerstand gegen Hitler, Bd. 2). Hamburg 1982.

Jürgen Burger: Vom Lehrerverein zur Bildungsgewerkschaft 1826–2016. Eine kurze Geschichte der Bremer GEW und ihrer Vorgängerorganisationen. Bremen 2019.

Maren Büttner/Sabine Horn (Hrsg.): Alltagsleben nach 1945. Die Nachkriegszeit am Beispiel der Stadt Göttingen. Göttingen 2010.

Hildegard Caspar: Der Deutsche Lehrerverein in der Weltwirtschaftskrise 1930–1933. In: Dietfrid Krause-Vilmar (Hrsg.): Lehrerschaft, Republik und Faschismus. Beiträge zur Geschichte der organisierten Lehrerschaft in der Weimarer Republik (Erziehung und Bildung). Köln 1978, S. 145–211.

Eckart Conze/Norbert Frei/Peter Hayes/Moshe Zimmermann (Hrsg.): Das Amt und die Vergangenheit. Deutsche Diplomaten im Dritten Reich und in der Bundesrepublik. München 2010.

Stefan Creuzberger/Dominik Geppert (Hrsg.): Die Ämter und ihre Vergangenheit. Ministerien und Behörden im geteilten Deutschland 1949–1972 (Schriftenreihe / Bundeszentrale für Politische Bildung, Band 10320). Bonn 2018.

Albin Dannhäuser (Hrsg.): Erlebte Schulgeschichte 1939 bis 1955. Bayerische Lehrerinnen und Lehrer berichten. Bad Heilbrunn 1997.

Jürgen Danyel (Hrsg.): Die geteilte Vergangenheit. Zum Umgang mit Nationalsozialismus und Widerstand in den beiden deutschen Staaten (Zeithistorische Studien, Bd. 4). Berlin 1995.

Sibylle Deffner: Die Nachkriegswirren im bayerischen Volksschulwesen 1945–1954 unter besonderer Berücksichtigung der amerikanischen Re-educationbemühungen. Dargestellt anhand konkreter Verhältnisse und Geschehnisse bevorzugt im bayerischen Franken. Erlangen/Nürnberg 2001.

Friedrich Dickmann/Hanno Schmitt: Kirche und Schule im nationalsozialistischen Marburg (Marburger Stadtschriften zur Geschichte und Kultur, Bd. 18). Marburg 1985.

Reinhard Dithmar/Wolfgang Schmitz (Hrsg.): Schule und Unterricht im Dritten Reich (Interdisziplinäre Forschung und fächerverbindender Unterricht, Bd. 7). Ludwigsfelde 2. Aufl. 2003.

Tobias Dittrich/Maren Thiemer: Ausbildung von Volksschullehrern im Nationalsozialismus unter besonderer Berücksichtigung von Überfüllung und Mangel. München 2014.

Marianne Doerfel: Der Griff des NS-Staates nach Elite-Schulen. Stätten klassischer Bildungstradition zwischen Anpassung und Widerstand. In: Vierteljahrshefte für Zeitgeschichte 37, 1989, H. 3, S. 401–455.

Anselm Doering-Manteuffel: Deutsche Zeitgeschichte nach 1945. Entwicklungen und Problemlagen der historischen Forschung zur Nachkriegszeit. In: Vierteljahrshefte für Zeitgeschichte 41, 1993, H. 1, S. 1–30.

Nicole Dombrowski: Die Entnazifizierung in der SBZ unter besonderer Berücksichtigung des Lehrkörpers an Schulen und Universitäten. München 2014.

Dieter Dowe/Eckhardt Fuchs/Heike C. Mätzing/Steffen Sammler (Hrsg.): Georg Eckert. Grenzgänger zwischen Wissenschaft und Politik (Eckert, Band 146). Göttingen 2017.

Marco Dräger: „Also lautet ein Beschluss, dass der Mensch was lernen muss." – Der Wiederbeginn des schulischen Lebens in Göttingen nach dem Zweiten Weltkrieg. In: Maren Büttner/Sabine Horn (Hrsg.): Alltagsleben nach 1945. Die Nachkriegszeit am Beispiel der Stadt Göttingen. Göttingen 2010, S. 57–97.

Klaus Drobisch: Deutsche Lehrer in der antifaschistischen Front. In: Kommission für deutsche Erziehungs- und Schulgeschichte der Akademie der Pädagogischen Wissenschaften der Deutschen Demokratischen Republik (Hrsg.): Lehrer im antifaschistischen Widerstandskampf der Völker. Studien und Materialien (Monumenta paedagogica, Bd. 5). Berlin 1974, S. 252–260.

Peter Dudek/Thilo Rauch/Marcel Weeren: Pädagogik und Nationalsozialismus. Bibliographie pädagogischer Hochschulschriften und Abhandlungen zur NS-Vergangenheit in der BRD und DDR 1945–1990. Wiesbaden 1995.

Bernd Dühlmeier: Und die Schule bewegte sich doch (Klinkhardt Forschung). Bad Heilbrunn 2004.

Wilhelm Ebert: Mein Leben für eine pädagogische Schule. Im Spannungsfeld von Wissenschaft, Weltanschauung und Politik : Band 1/2. Bad Heilbrunn 2009.

Jörg Echternkamp: Die Bundesrepublik Deutschland 1945/49–1969. Paderborn/München/Wien/Zürich 2013.

Rolf Eilers: Die nationalsozialistische Schulpolitik. eine Studie zur Funktion der Erziehung im totalitären Staat. Bonn 1962.

Jessica Erdelmann: „Persilscheine" aus der Druckerpresse? Die Hamburger Medienberichterstattung über Entnazifizierung und Internierung in der britischen Besatzungszone (Hamburger Zeitspuren, Bd. 11). München 2016.

Willi Feiten: Der Nationalsozialistische Lehrerbund. Entwicklung und Organisation (Beiträge zum Aufbau und zur Organisationsstruktur des nationalsozialistischen Herrschaftssystems). Weinheim 1981.

Joachim Fest: Glückliche Jahre. In: Marcel Reich-Ranicki (Hrsg.): Meine Schulzeit im Dritten Reich. Erinnerungen deutscher Schriftsteller. Köln 1988, S. 188–200.

Jürgen Finger: Konkurrenzkampf und Richtungsstreit im Prozess der „Gleichschaltung". Der Nationalsozialistische Lehrerbund (NSLB) in Bayern 1933/34. In: Andreas Wirsching (Hrsg.): Das Jahr 1933. Die nationalsozialistische Machteroberung und die deutsche Gesellschaft (Dachauer Symposium zur Zeitgeschichte Dachauer Symposien zur Zeitgeschichte) 2009, S. 250–277.

Jürgen Finger: Eigensinn im Einheitsstaat. NS-Schulpolitik in Württemberg, Baden und im Elsass 1933–1945. Baden-Baden 2016.

Torben Fischer/Matthias N. Lorenz (Hrsg.): Lexikon der „Vergangenheitsbewältigung" in Deutschland. Debatten- und Diskursgeschichte des Nationalsozialismus nach 1945 (Histoire, Bd. 53). Bielefeld 3. Aufl. 2015.

Jörg Fligge: Lübecker Schulen im „Dritten Reich". Eine Studie zum Bildungswesen in der NS-Zeit im Kontext der Entwicklung im Reichsgebiet. Lübeck 2014.

Forschungsstelle für Zeitgeschichte in Hamburg (FZH): Forschungsstelle für Zeitgeschichte in Hamburg 1997–2007. Hamburg 2007.

Erik K. Franzen: Konträre Erinnerung? Krieg und Kriegsende im öffentlichen und privaten Gedächtnis seit 1945. In: Kriegsende in Deutschland (GEO). Hamburg 2005, S. 214–219.

Norbert Frei: Vergangenheitspolitik. Die Anfänge der Bundesrepublik und die NS-Vergangenheit. München 2. Aufl. 2003.

Norbert Frei/Christina Morina/Franka Maubach/Maik Tändler: Zur rechten Zeit. Wider die Rückkehr des Nationalismus. Berlin 2. Aufl. 2019.

Renate Fricke-Finkelnburg (Hrsg.): Nationalsozialismus und Schule. Amtliche Erlasse und Richtlinien 1933–1945. Wiesbaden 1989.

Erich Frister: Heinrich Rodenstein. Lehrer und Gewerkschafter 1902–1980. Frankfurt am Main 1988.

Claudia Fröhlich: Rückkehr zur Demokratie – Wandel der politischen Kultur in der Bundesrepublik. In: Peter Reichel/Harald Schmid/Peter Steinbach (Hrsg.): Der Nationalsozialismus. Die zweite Geschichte. Überwindung, Deutung, Erinnerung. München 2009, S. 105–126.

August Fryen: Vom Lehrerverein im alten Regierungsbezirk Osnabrück zur Gewerkschaft Erziehung und Wissenschaft. 1837–1979 (Regionale Schulgeschichte, Bd. 1). Oldenburg 1988.

Karl-Heinz Füssl: Die Umerziehung der Deutschen. Jugend und Schule unter den Siegermächten des Zweiten Weltkriegs 1945–1955 (Sammlung Schöningh zur Geschichte und Gegenwart). Paderborn/München 2. Aufl. 1995.

Walter Gagel: Der lange Weg zur demokratischen Schulstruktur. Politische Bildung in den fünfziger und sechziger Jahren. In: Aus Politik und Zeitgeschichte, 2002, 45/2002, S. 6–16.

Ilse Gahlings: Die Volksschullehrer und ihre Berufsverbände. Ein Beitrag zur Verbandssoziologie und zur Soziologie d. Lehrerschaft (Schule in Staat und Gesellschaft). Neuwied am Rhein/Berlin 1967.

Hans-Jochen Gamm (Hrsg.): Führung und Verführung. Pädagogik des Nationalsozialismus (List Bibliothek). München 3. Aufl. 1990.

Torsten Gass-Bolm: Das Gymnasium 1945–1980 (Moderne Zeit, Bd. 7). Göttingen 2005.

Gert Geißler: Schulgeschichte in Deutschland. Von den Anfängen bis in die Gegenwart. Frankfurt am Main 2. Aufl. 2013.

Dominik Geppert: Die Ära Adenauer (Geschichte kompakt: Neuzeit). Darmstadt 2002.

Vorwärts. Nicht vergessen. Was die GEW bewegt. Bremen 2013.

Martin H. Geyer: Die Nachkriegszeit als Gewaltzeit. Ausnahmezustände nach dem Ende des Zweiten Weltkrieges. In: Aus Politik und Zeitgeschichte 70, 2020, 4–5, S. 39–46.

Ralph Giordano: Die zweite Schuld. In: Kriegsende in Deutschland (GEO). Hamburg 2005, S. 6–23.

Manfred Görtemaker/Christoph Safferling: Die Akte Rosenburg. Das Bundesministerium der Justiz und die NS-Zeit. Bonn 2017.

Constantin Goschler: Wiedergutmachungspolitik – Schulden, Schuld und Entschädigung. In: Peter Reichel/Harald Schmid/Peter Steinbach (Hrsg.): Der Nationalsozialismus. Die zweite Geschichte. Überwindung, Deutung, Erinnerung. München 2009, S. 62–84.

Neil Gregor: Das Schweigen nach 1945 und die Spuren der ‚Volksgemeinschaft': Zu den Grenzen eines Forschungskonzepts. In: Dietmar v. Reeken/Malte Thießen (Hrsg.): „Volksgemeinschaft" als soziale Praxis. Neue Forschungen zur NS-Gesellschaft vor Ort (Nationalsozialistische Volksgemeinschaft, Bd. 4). Paderborn/München 2013, S. 341–352.

Michael Grüttner: Biographisches Lexikon zur nationalsozialistischen Wissenschaftspolitik (Studien zur Wissenschafts- und Universitätsgeschichte) 2004.

Michael T. Greven (Hrsg.): Der Krieg in der Nachkriegszeit. Der Zweite Weltkrieg in Politik und Gesellschaft der Bundesrepublik. Opladen 2000.

Michael Grüttner: Brandstifter und Biedermänner. Deutschland 1933–1939 (Schriftenreihe / Bundeszentrale für Politische Bildung, Band 1651). Bonn 2015.

Hilke Günther-Arndt: Volksschullehrer und Nationalsozialismus. Oldenburgischer Landeslehrerverein und Nationalsozialistischer Lehrerbund in den Jahren der politischen und wirtschaftlichen Krise 1930–1933 (Oldenburger Studien, Bd. 24). Oldenburg 1983.

Ulrike Gutzmann: Von der Hochschule für Lehrerbildung zur Lehrerbildungsanstalt (Schriften des Bundesarchivs, Bd. 55). Düsseldorf 2000.

Katrin Hammerstein: Deutsche Geschichtsbilder vom Nationalsozialismus. In: Aus Politik und Zeitgeschichte, 2007, H. 3, S. 24–30.

Johannes Hampel (Hrsg.): Der Nationalsozialismus. Machtergreifung und Machtsicherung 1933–1935 (Bd. 1). München 3. Aufl. 1994.

Christian Hartmann/Thomas Vordermayer/Othmar Plöckinger/Roman Töppel (Hrsg.): Hitler, Mein Kampf. Eine kritische Edition. München/Berlin 2016.

Wolfgang Hasberg (Hrsg.): Modernisierung im Umbruch. Geschichtsdidaktik und Geschichtsunterricht nach 1945 (Geschichtsdidaktik in Vergangenheit und Gegenwart, Bd. 6). Berlin/Münster 2008.

Wolfgang Hasberg: Siegfried Kawerau (1886–1936). In: Michael Fröhlich (Hrsg.): Die Weimarer Republik. Portrait einer Epoche in Biographien. Darmstadt 2002, S. 293–304.

Irmgard Hauff: Der Wunsch nach Frieden brachte den Tod: Marianne Grunthal – gemordet am 2. Mai '45. In: Mecklenburg-Magazin, Regionalbeilage der Schweriner Volkszeitung, 2005, S. 23.

Manfred Heinemann (Hrsg.): Der Lehrer und seine Organisation (Deutsche Gesellschaft für Erziehungswissenschaft Historische Kommission Veröffentlichungen der Historischen Kommission der Deutschen Gesellschaft für Erziehungswissenschaft). Stuttgart 1977.

Manfred Heinemann (Hrsg.): Erziehung und Schulung im Dritten Reich. Teil 1: Kindergarten, Schule, Jugend, Berufserziehung (Veröffentlichungen der Historischen Kommission der Deutschen Gesellschaft für Erziehungswissenschaft). Stuttgart 1980.

Georg Hensel: Der Sack überm Kopf. In: Marcel Reich-Ranicki (Hrsg.): Meine Schulzeit im Dritten Reich. Erinnerungen deutscher Schriftsteller. Köln 1988, S. 109–125.

Henning Heske: Und morgen die ganze Welt. Erdkundeunterricht im Nationalsozialismus. Norderstedt 2015.

Gerhard Himmelmann: Georg Eckert, Heinrich Rodenstein und die Braunschweiger Lehrerbildung. In: Dieter Dowe/Eckhardt Fuchs/Heike C. Mätzing/Steffen Sammler (Hrsg.): Georg Eckert. Grenzgänger zwischen Wissenschaft und Politik (Eckert, Band 146). Göttingen 2017, S. 67–84.

Gerhard Hoch: „Defaitistische Gedanken". Der „Fall" des Gewerbeoberlehrers Gustav Holler. In: Reiner Lehberger/Hans-Peter d. Lorent (Hrsg.): „Die Fahne hoch". Schulpolitik und Schulalltag in Hamburg unterm Hakenkreuz (Ergebnisse, Bd. 35). Hamburg 1986, S. 179–182.

Dierk Hoffmann: Nachkriegszeit. Deutschland 1945–1949 (Kontroversen um die Geschichte). Darmstadt 2011.

Brigitte Hohlfeld: Die Neulehrer in der SBZ/DDR 1945–1953. Ihre Rolle bei der Umgestaltung von Gesellschaft und Staat. Weinheim 1992.

Werner Hohlfeld: Geschichte der Lehrerbewegung in Niedersachsen. Von 1945–1976 (Bd. 2). Hannover 1979.

Christine Hohmann: Dienstbares Begleiten und später Widerstand (Klinkhardt Forschung). Bad Heilbrunn 2007.

Stefan Holm: Die Transformation des Schulsystems in der SBZ/DDR während der Nachkriegszeit. Erziehung als Staatsangelegenheit. München 2003.

Klaus-Peter Horn (Hrsg.): Pädagogische Zeitschriften im Nationalsozialismus. Selbstbehauptung, Anpassung (Bibliothek für Bildungsforschung, Bd. 3). Weinheim 1996.

Klaus-Peter Horn/Jörg-W. Link (Hrsg.): Erziehungsverhältnisse im Nationalsozialismus. Totaler Anspruch und Erziehungswirklichkeit. Bad Heilbrunn 2011.

Isa Huelsz: Schulpolitik in Bayern zwischen Demokratisierung und Restauration in den Jahren 1945 bis 1950 (Geistes- und sozialwissenschaftliche Dissertationen, Bd. 1). Hamburg 1970.

Götz Hütt: Eine deutsche Kleinstadt nach dem Nationalsozialismus. Zur Geschichte und Nachgeschichte der NS-Zeit in Duderstadt und im Untereichsfeld. Norderstedt 2017.

Harald Jähner: Wolfszeit. Deutschland und die Deutschen 1945–1955. Berlin 2019.

Horst-Rüdiger Jarck/Günter Scheel (Hrsg.): Braunschweigisches biographisches Lexikon. Braunschweig 1996.

Albert Jeloschek: Freiwillige vom Kaukasus. Georgier, Armenier, Aserbaidschaner, Tschetschenen u. a. auf deutscher Seite. Der „Sonderverband Bergmann" unter Theo Oberländer. Graz/Stuttgart 2003.

Michael H. Kater: Hitlerjugend und Schule im Dritten Reich. In: Historische Zeitschrift 228, 1979, H. 1, S. 572–623.

Josef Kaufhold/Klaus Klattenhoff (Hrsg.): Entnazifizierung der Lehrerschaft in Ostfriesland (Regionale Schulgeschichte, Bd. 10.5). Oldenburg 2016.

Wolfgang Keim (Hrsg.): Pädagogen und Pädagogik im Nationalsozialismus- Ein unerledigtes Problem der Erziehungswissenschaft (Studien zur Bildungsreform). Frankfurt am Main 3. Aufl. 1991.

Jan Kellershohn: Biographische Illusionen und (Vor)Bilder. Max Traeger und die Aufarbeitung der GEW-Vergangenheit. In: Hamburg macht Schule – Zeitschrift für Hamburger Lehrkräfte und Elternräte, 2017, H. 3, S. 52–53.

Heidemarie Kemnitz/Frank Tosch: Zwischen Indoktrination und Qualifikation – Höhere Schule im Nationalsozialismus. In: Klaus-Peter Horn/Jörg-W. Link (Hrsg.): Erziehungsverhältnisse im Nationalsozialismus. Totaler Anspruch und Erziehungswirklichkeit. Bad Heilbrunn 2011, S. 109–134.

Ian Kershaw: Das Ende. Kampf bis in den Untergang – NS-Deutschland 1944/45. München 2014.

Wolfgang Klafki: Die fünfziger Jahre – eine Phase schulorganisatorischer Restauration. Zur Schulpolitik und Schulentwicklung im ersten Jahrzehnt der Bundesrepublik. In: Dieter Bänsch (Hrsg.): Die fünfziger Jahre. Beiträge zu Politik und Kultur (Deutsche Textbibliothek, Bd. 5). Tübingen 1985, S. 131–162.

Wolfgang Klafki/Johanna-Luise Brockmann/Herman Nohl: Geisteswissenschaftliche Pädagogik und Nationalsozialismus. Herman Nohl und seine „Göttinger Schule" 1932–1937. Eine individual-

und gruppenbiografische, mentalitäts- und theoriegeschichtliche Untersuchung (Beltz-Pädagogik). Weinheim 2002.
Klaus Klattenhoff/Gerhard Schäfer/Helmut Sprang/Paul Weßels (Hrsg.): Beiträge zur Schulgeschichte Ostfrieslands (Regionale Schulgeschichte, Bd. 10,3). Oldenburg 2007.
Marion Klewitz: Lehrersein im Dritten Reich. Analysen lebensgeschichtlichen Erzählungen zum beruflichen Selbstverständnis (Materialien). Weinheim 1987.
Thomas Köcher: „Aus der Vergangenheit lernen – für die Zukunft arbeiten!"? Die Auseinandersetzung des DGB mit dem Nationalsozialismus in den fünfziger und sechziger Jahren (Schriftenreihe / Hans-Böckler-Stiftung). Münster 2004.
Gerhard Kock: „Der Führer sorgt für unsere Kinder ..." – die Kinderlandverschickung im Zweiten Weltkrieg. Paderborn/München 1997.
Jürgen Kocka: Arbeiten an der Geschichte. Gesellschaftlicher Wandel im 19. und 20. Jahrhundert (Kritische Studien zur Geschichtswissenschaft, Band 200). Göttingen 2. Aufl. 2012.
Svea Koischwitz: Der Bund Freiheit der Wissenschaft in den Jahren 1970–1976 (Kölner Historische Abhandlungen, Band 52). Köln/Weimar/Wien 2017.
Kommission für deutsche Erziehungs- und Schulgeschichte der Akademie der Pädagogischen Wissenschaften der Deutschen Demokratischen Republik (Hrsg.): Lehrer im antifaschistischen Widerstandskampf der Völker. Studien und Materialien (Monumenta paedagogica, Bd. 5). Berlin 1974.
Barbara König: Die verpaßte Chance. In: Marcel Reich-Ranicki (Hrsg.): Meine Schulzeit im Dritten Reich. Erinnerungen deutscher Schriftsteller. Köln 1988, S. 134–145.
Wolfgang Kopitzsch: Gewerkschaft Erziehung und Wissenschaft 1947–1975 (Max-Traeger-Stiftung. Forschungsberichte, 15). Heidelberg 1983.
Wolfgang Kopitzsch: Die Gründung der Arbeitsgemeinschaft deutscher Lehrerverbände (AGDL) 1945 bis 1949 und die Entstehung der GEW (ADLLV). In: Dieter Dowe/Eckhardt Fuchs/Heike C. Mätzing/Steffen Sammler (Hrsg.): Georg Eckert. Grenzgänger zwischen Wissenschaft und Politik (Eckert, Band 146). Göttingen 2017, S. 53–66.
Hermann Korte: Eine Gesellschaft im Aufbruch. Die Bundesrepublik Deutschland in den sechziger Jahren. Wiesbaden 2009.
Andreas Kraas: Lehrerlager 1932–1945. Politische Funktion und pädagogische Gestaltung. Bad Heilbrunn 2004.
Dietfrid Krause-Vilmar: Einführung: Der aufziehende Faschismus und die Lehrerschaft in Deutschland. In: Dietfrid Krause-Vilmar (Hrsg.): Lehrerschaft, Republik und Faschismus. Beiträge zur Geschichte der organisierten Lehrerschaft in der Weimarer Republik (Erziehung und Bildung). Köln 1978, S. 7–24.
Kriegsende in Deutschland (GEO). Hamburg 2005.
Wolf-Arno Kropat: Amerikanische oder deutsche Schulreform? Die hessische Schulpolitik unter Kultusminister Erwin Stein von 1947 bis 1951. In: Nassauische Annalen 112, 2001, S. 541–568.
Horst Krüger: Das Grunewald-Gymnasium. In: Marcel Reich-Ranicki (Hrsg.): Meine Schulzeit im Dritten Reich. Erinnerungen deutscher Schriftsteller. Köln 1988, S. 40–49.
Günter Kunert: Die Tortur. In: Marcel Reich-Ranicki (Hrsg.): Meine Schulzeit im Dritten Reich. Erinnerungen deutscher Schriftsteller. Köln 1988, S. 219–228.
Hans-Werner Laubinger: Beamtenorganisationen und Gesetzgebung. Die Beteiligung der Beamtenorganisation bei der Vorbereitung beamtenrechtlicher Regelungen. Speyer/Mainz 2004.
Reiner Lehberger: Der „Umbau" der Hamburger Volksschule: eine Dokumentation schulpolitischer Maßnahmen in der Frühphase der NS-Zeit. In: Reiner Lehberger/Hans-Peter d. Lorent (Hrsg.): „Die Fahne hoch". Schulpolitik und Schulalltag in Hamburg unterm Hakenkreuz (Ergebnisse, Bd. 35). Hamburg 1986, S. 15–33.
Reiner Lehberger: Fachunterricht und politische Erziehung: Beispiele aus Hamburger Volksschullehrbüchern. In: Reiner Lehberger/Hans-Peter d. Lorent (Hrsg.): „Die Fahne hoch". Schulpolitik und Schulalltag in Hamburg unterm Hakenkreuz (Ergebnisse, Bd. 35). Hamburg 1986, S. 49–69.
Reiner Lehberger: „Frei von unnötigem Wissen". Die Ausbildung Hamburger Volksschullehrer in der NS-Zeit. In: Reiner Lehberger/Hans-Peter d. Lorent (Hrsg.): „Die Fahne hoch". Schulpolitik und Schulalltag in Hamburg unterm Hakenkreuz (Ergebnisse, Bd. 35). Hamburg 1986, S. 132–145.
Reiner Lehberger: „Hamburg: Schule unterm Hakenkreuz". Zu einem regionalgeschichtlichen Projekt von Lehrergewerkschaft und Universität. In: Wolfgang Keim (Hrsg.): Pädagogen und Pädagogik

im Nationalsozialismus. Ein unerledigtes Problem der Erziehungswissenschaft (Studien zur Bildungsreform). Frankfurt am Main 3. Aufl. 1991, S. 147-160.

Reiner Lehberger/Hans-Peter d. Lorent (Hrsg.): „Die Fahne hoch". Schulpolitik und Schulalltag in Hamburg unterm Hakenkreuz (Ergebnisse, Bd. 35). Hamburg 1986.

Marc-Simon Lengowski: Herrenlos und heiß begehrt. Der Umgang mit dem Vermögen der NSDAP und des Deutschen Reiches in Hamburg nach 1945 (Forum Zeitgeschichte, Bd. 27). München/Hamburg 2017.

Volker Lenhart: Geschichte der Lehrerbewegung in Baden 1926-1976. Offenburg/Bühl/Baden 1977.

Jörg-W. Link: „Erziehungsstätte des deutschen Volkes" – Die Volksschule im Nationalsozialismus. In: Klaus-Peter Horn/Jörg-W. Link (Hrsg.): Erziehungsverhältnisse im Nationalsozialismus. Totaler Anspruch und Erziehungswirklichkeit. Bad Heilbrunn 2011, S. 79-106.

Jörg-W. Link: „Erziehung zum Führervolk " – Zur Volksschule im Nationalsozialismus. In: Historia Scholastica, 2015, S. 17-30.

Jörg-W. Link/Wilfried Breyvogel: Die Volksschullehrer und ihr Verhältnis zur nationalsozialistischen ‚Volksgemeinschaft'. In: Dietmar v. Reeken/Malte Thießen (Hrsg.): „Volksgemeinschaft" als soziale Praxis. Neue Forschungen zur NS-Gesellschaft vor Ort (Nationalsozialistische Volksgemeinschaft, Bd. 4). Paderborn/München 2013, S. 241-253.

Erik Lommatzsch: Hans Globke (1898-1973). Beamter im Dritten Reich und Staatssekretär Adenauers. Frankfurt am Main 2009.

Hans-Peter d. Lorent: Hamburger Schulen im Krieg. Aus Konferenzprotokollen, Festschriften und Chroniken Hamburger Schulen von 1939-1945. In: Reiner Lehberger/Hans-Peter d. Lorent (Hrsg.): „Die Fahne hoch". Schulpolitik und Schulalltag in Hamburg unterm Hakenkreuz (Ergebnisse, Bd. 35). Hamburg 1986, S. 351-369.

Hans-Peter d. Lorent: „Laßt hinter Euch die Welt des Intellekts". Der Nationalsozialistische Lehrerbund. In: Reiner Lehberger/Hans-Peter d. Lorent (Hrsg.): „Die Fahne hoch". Schulpolitik und Schulalltag in Hamburg unterm Hakenkreuz (Ergebnisse, Bd. 35). Hamburg 1986, S. 119-124.

Hans-Peter d. Lorent: Schulalltag unterm Hakenkreuz. Aus Konferenzprotokollen, Festschriften und Chroniken Hamburger Schulen von 1933-1939. In: Reiner Lehberger/Hans-Peter d. Lorent (Hrsg.): „Die Fahne hoch". Schulpolitik und Schulalltag in Hamburg unterm Hakenkreuz (Ergebnisse, Bd. 35). Hamburg 1986, S. 91-117.

Hans-Peter d. Lorent: Max Traeger. Biografie des ersten Vorsitzenden der Gewerkschaft Erziehung und Wissenschaft (1887-1960) (Beiträge zur Geschichte der GEW). Weinheim/Basel 2017.

Hans-Peter d. Lorent: Täterprofile. Die Verantwortlichen im Hamburger Bildungswesen unterm Hakenkreuz (Bd. 1). Hamburg 2017.

Hermann Lübbe: Vom Parteigenossen zum Bundesbürger. Über beschwiegene und historisierte Vergangenheiten. Paderborn/München 2007.

Hans-Christian Maner: Die Kulturpolitik in der französischen Besatzungszone. Erste Ansätze zur Umerziehung in Schulen und ersten Geschichtsbüchern. In: Jahrbuch für westdeutsche Landesgeschichte 34, 2008, S. 697-722.

Bernd Martin: Die deutschen Gewerkschaften und die nationalsozialistische Machtübernahme. von der Anpassungspolitik während der Präsidialkabinette zur Selbstausschaltung im totalitären Staat. In: Geschichte und Wissenschaft im Unterricht 36, 1985, S. 605-632.

Ulrich Mayer: Demokratischer Geschichtsunterricht. Georg Eckerts Beitrag zur Geschichtsdidaktik nach 1945. In: Dieter Dowe/Eckhardt Fuchs/Heike C. Mätzing/Steffen Sammler (Hrsg.): Georg Eckert. Grenzgänger zwischen Wissenschaft und Politik (Eckert, Band 146). Göttingen 2017, S. 151-176.

Hans-Georg Meyer: Skizze zur Geschichte der GEW. In: Rainer Zech (Hrsg.): Individuum und Organisation (Projekt Kollektive-Autobiografie-Forschung. Gesellschaftliche Widersprüche und Subjektivität, Bd. 3). Hannover 1990, S. 152-192.

Renate Morell: Organisierte Volksschullehrerbewegung vom Ende des Zweiten Weltkriegs bis zur Konstituierung der „Gewerkschaft Erziehung und Wissenschaft". Marburg 1977.

Saskia Müller/Benjamin Ortmeyer: Die ideologische Ausrichtung der Lehrkräfte 1933-1945. Herrenmenschentum, Rassismus und Judenfeindschaft im Nationalsozialistischen Lehrerbundes. Eine dokumentarische Analyse des Zentralorgans des NSLB. Weinheim/Basel 2016.

Winfried Müller: Schulpolitik in Bayern im Spannungsfeld von Kultusbürokratie und Besatzungsmacht 1945-1949 (Quellen und Darstellungen zur Zeitgeschichte, Bd. 36). München 1995.

Wolfram Müller: Sprechchöre, Goebbels-Reden und Flaggenappelle. Die „Feierpraxis" in den höheren Schulen Hamburgs 1933–1939. In: Reiner Lehberger/Hans-Peter d. Lorent (Hrsg.): „Die Fahne hoch". Schulpolitik und Schulalltag in Hamburg unterm Hakenkreuz (Ergebnisse, Bd. 35). Hamburg 1986, S. 34–48.

Anne C. Nagel: Hitlers Bildungsreformer. Das Reichsministerium für Wissenschaft, Erziehung und Volksbildung 1934–1945 (Die Zeit des Nationalsozialismus, Bd. 19425). Frankfurt am Main 2. Aufl. 2013.

Gerhard Nestler (Hrsg.): Die Pfalz in der Nachkriegszeit. Wiederaufbau und demokratischer Neubeginn (1945–1954) (Beiträge zur pfälzischen Geschichte, Bd. 22). Kaiserslautern 2004.

Bernhard Nette/Stefan Romey: Die Lehrergewerkschaft und ihr „Arisierungserbe". Die GEW, das Geld und die Moral. Hamburg 2010.

Bernhard Nette/Stefan Romey: Perspektive Hamburg: „Es ist Zeit für die ganze Wahrheit". In: Micha Brumlik/Benjamin Ortmeyer (Hrsg.): Max Traeger – kein Vorbild. Person, Funktion und Handeln im NS-Lehrerbund und die Geschichte der GEW. Weinheim 2017, S. 72–157.

Lutz Niethammer: Entnazifizierung in Bayern. Säuberung und Rehabilitierung unter amerikanischer Besatzung. Frankfurt am Main 1972.

Lutz Niethammer/Alexander v. Plato/Dorothee Wierling: Die volkseigene Erfahrung. Eine Archäologie des Lebens in der Industrieprovinz der DDR. 30 biographische Eröffnungen. Berlin 1991.

Heiner Nitzschke: Lehrer im Kampf gegen Arbeitslosigkeit und Mehrarbeit. In: Sozialistisches Büro Offenbach (Hrsg.): Rationalisierung, Arbeitslosigkeit, Gegenwehr. Analysen, Materialien und Erfahrungen (Reihe Betrieb und Gewerkschaften). Offenbach 1978, S. 86–90.

Armin Nolzen: Die NSDAP und die deutsche Gesellschaft im Zweiten Weltkrieg. In: Kriegsende in Deutschland (GEO). Hamburg 2005, S. 186–193.

Armin Nolzen/Marnie Schlüter: Das Reichsministerium für Wissenschaft, Erziehung und Volksbildung im nationalsozialistischen Herrschaftssystem. In: Klaus-Peter Horn/Jörg-W. Link (Hrsg.): Erziehungsverhältnisse im Nationalsozialismus. Totaler Anspruch und Erziehungswirklichkeit. Bad Heilbrunn 2011, S. 341–355.

Alexander Nützenadel (Hrsg.): Das Reichsarbeitsministerium im Nationalsozialismus. Verwaltung – Politik – Verbrechen (Schriftenreihe / Bundeszentrale für Politische Bildung, Band 10147). Bonn 2018.

Benjamin Ortmeyer, Schicksale jüdischer Schülerinnen und Schüler in der NS-Zeit – Leerstellen deutscher Erziehungswissenschaft?, Witterschlick/Bonn 1998.

Benjamin Ortmeyer: Die GEW und die Nazi-Zeit. „Die GEW muss ihre eigene Tätigkeit kritisch überprüfen": offener Brief an die Bundesvorsitzende der GEW und den Hauptvorstand der GEW anlässlich des 60. Jahrestages des Novemberpogroms 1938. Witterschlick 1999.

Benjamin Ortmeyer: Schulzeit unterm Hitlerbild. Analysen, Berichte, Dokumente. Frankfurt am Main 2000.

Benjamin Ortmeyer (Hrsg.): Berichte gegen Vergessen und Verdrängen. Von 100 überlebenden jüdischen Schülerinnen und Schülern über die NS-Zeit in Frankfurt am Main. Frankfurt am Main 4. Aufl. 2016.

Benjamin Ortmeyer: Rassismus und Judenfeindschaft in der NSLB-Zeitschrift „Deut-sches/Nationalsozialistisches Bildungswesen". 1933–1943. Frankfurt am Main 2016.

Benjamin Ortmeyer: Rassismus und Judenfeindschaft in der Zeitschrift „Weltanschauung und Schule". 1936–1944. Frankfurt am Main 2016.

Benjamin Ortmeyer: NS-Ideologie in der NSLB-Zeitschrift „Die Deutsche Volksschule" 1934–1944. Eine dokumentarische Analyse (Die schulspezifische ideologische Ausrichtung der Lehrkräfte in der NS-Zeit, Teil 2). Frankfurt am Main 2018.

Ottwilm Ottweiler: Die nationalsozialistische Schulpolitik im Bereich des Volksschulwesens im Reich. In: Manfred Heinemann (Hrsg.): Erziehung und Schulung im Dritten Reich. Teil 1: Kindergarten, Schule, Jugend, Berufserziehung (Veröffentlichungen der Historischen Kommission der Deutschen Gesellschaft für Erziehungswissenschaft). Stuttgart 1980, S. 193–215.

Günter Pakschies: Umerziehung in der Britischen Zone 1945–1949 (Studien und Dokumentationen zur deutschen Bildungsgeschichte, Bd. 9). Weinheim, Basel 1979.

Otto Peters: Meine Lehrer im „Dritten Reich". Versuch einer autobiografischen Rekonstruktion (Erinnerungen, Bd. 7). Münster/New York 2007.

Geert Platner (Hrsg.): Schule im Dritten Reich, Erziehung zum Tod. Eine Dokumentation. Bonn 4. Aufl. 2005.

Thomas Rahlf (Hrsg.): Deutschland in Daten. Zeitreihen zur historischen Statistik. Bonn 2015.

Erwin Ratzke: Die Stellung des Lehrerverbandes Niedersachsen (Gewerkschaft Erziehung und Wissenschaft) in der niedersächsischen Schulpolitik 1946–1954 (Europäische Hochschulschriften / European University Studies / Publications Universitaires Européennes, Bd. 120). Frankfurt am Main 1982.

Cornelia Rauh: Die Entnazifizierung und die deutsche Gesellschaft. In: Archiv für Sozialgeschichte 35, 1995, S. 35–70.

Peter Reichel: Die Bundesrepublik Deutschland nach der Hitler-Diktatur. Zur Frühzeit der zweiten Geschichte des Nationalsozialismus. In: Jahrbuch Menschenrechte 2007.

Peter Reichel: Vergangenheitsbewältigung in Deutschland. Die Auseinandersetzung mit der NS-Diktatur in Politik und Justiz (Beck'sche Reihe, Bd. 1416). München 2. Aufl. 2007.

Peter Reichel/Harald Schmid/Peter Steinbach (Hrsg.): Der Nationalsozialismus. Die zweite Geschichte. Überwindung, Deutung, Erinnerung. München 2009.

Marcel Reich-Ranicki (Hrsg.): Meine Schulzeit im Dritten Reich. Erinnerungen deutscher Schriftsteller. Köln 1988.

Marcel Reich-Ranicki: Geliehene Jahre. In: Marcel Reich-Ranicki (Hrsg.): Meine Schulzeit im Dritten Reich. Erinnerungen deutscher Schriftsteller. Köln 1988, S. 50–66.

Stefanie Rönnau: Zwischen Tradition und Neuerung. Die Einrichtung des allgemeinbildenden Schulwesens in Schleswig-Holstein nach dem Zweiten Weltkrieg (1946–1951). Kiel 2004.

Heidi Rosenbaum: „Und trotzdem war's 'ne schöne Zeit". Kinderalltag im Nationalsozialismus. Frankfurt am Main/New York 2014.

Beate Rosenzweig: Erziehung zur Demokratie? (Beiträge zur Kolonial- und Überseegeschichte, Bd. 69). Stuttgart 1998.

Hubert Roser: Parteistatthalter in Badens NS-Kaderschmiede. Wilhelm Seiler, NSDAP-Kreisleiter von Heidelberg. In: Michael Kißener (Hrsg.): Die Führer der Provinz. NS-Biographien aus Baden und Württemberg (Karlsruher Beiträge zur Geschichte des Nationalsozialismus, Bd. 2). Konstanz 1997, S. 655–681.

Karl-Heinz Rothenberger: Hungerjahre. Die pfälzische Nachkriegsgesellschaft als Zwei-Klassen-Gesellschaft. In: Gerhard Nestler (Hrsg.): Die Pfalz in der Nachkriegszeit. Wiederaufbau und demokratischer Neubeginn (1945–1954) (Beiträge zur pfälzischen Geschichte, Bd. 22). Kaiserslautern 2004, S. 31–53.

Angelika Ruge-Schatz: Umerziehung und Schulpolitik in der französischen Besatzungszone 1945–1949 (Sozialwissenschaftliche Studien, Bd. 1). Frankfurt am Main/Bern/Las Vegas 1977.

Martin Sabrow: Die „Stunde Null" als Zeiterfahrung. In: Aus Politik und Zeitgeschichte 70, 2020, S. 31–38.

Steffen Sammler: Georg Eckert und die internationale Schulbucharbeit in Braunschweig (1946 bis 1974). In: Dieter Dowe/Eckhardt Fuchs/Heike C. Mätzing/Steffen Sammler (Hrsg.): Georg Eckert. Grenzgänger zwischen Wissenschaft und Politik (Eckert, Band 146). Göttingen 2017, S. 223–236.

Fritz Schäffer: Ein Volk – ein Reich – eine Schule. Die Gleichschaltung der Volksschule in Bayern 1933–1945 (Miscellanea Bavarica Monacensia, Bd. 175) 2001.

Helmut Wilhelm Schaller: Der Nationalsozialistische Lehrerbund. Geschichte nationale und internationale Zielsetzungen. In: Archiv für Geschichte von Oberfranken, 2002, H. 82, S. 329–362.

Axel Schildt: Die Sozialgeschichte der Bundesrepublik Deutschland bis 1989/90 (Enzyklopädie deutscher Geschichte). Berlin/Boston 2007.

Uwe Schmidt: Lehrer im Gleichschritt. Der Nationalsozialistische Lehrerbund Hamburg. Hamburg 2006.

Uwe Schmidt: Hamburger Schulen im „Dritten Reich". Hamburg 2010.

Michael Schneider: Unterm Hakenkreuz. Arbeiter und Arbeiterbewegung 1933 bis 1939 (Geschichte der Arbeiter und der Arbeiterbewegung in Deutschland seit dem Ende des 18. Jahrhunderts, Bd. 12). Bonn 1999.

Michael Schneider: Erinnerungskulturen der Gewerkschaften nach 1945. Bestandsaufnahme und Perspektiven. Arbeitspapier aus der Kommission „Erinnerungskulturen der sozialen Demokratie". Düsseldorf 2018.

Hermann Schnorbach (Hrsg.): Lehrer und Schule unterm Hakenkreuz. Dokumente des Widerstands von 1930 bis 1945. Bodenheim 1995.

Harald Scholtz: Schule unterm Hakenkreuz. In: Reinhard Dithmar/Wolfgang Schmitz (Hrsg.): Schule und Unterricht im Dritten Reich (Interdisziplinäre Forschung und fächerverbindender Unterricht, Bd. 7). Ludwigsfelde 2003, S. 17–38.

Harald Scholtz: Erziehung und Unterricht unterm Hakenkreuz 2009.

Bruno Schonig: Lehrerinnen und Lehrer im Nationalsozialismus: Lebensgeschichtliche Dokumente – kritische Verstehensversuche. In: Wolfgang Keim (Hrsg.): Pädagogen und Pädagogik im Nationalsozialismus. Ein unerledigtes Problem der Erziehungswissenschaft (Studien zur Bildungsreform). Frankfurt am Main 1991, S. 89–111.

Christopher Schwarz: Zwischen Abendland und Arbeitswelt: Richtlinien und Lehrpläne für den Geschichtsunterricht an der Volksschule nach 1945. In: Wolfgang Hasberg/Manfred Seidenfuß (Hrsg.): Modernisierung im Umbruch. Geschichtsdidaktik und Geschichtsunterricht nach 1945 (Geschichtsdidaktik in Vergangenheit und Gegenwart, Bd. 6). Berlin 2008, S. 153–167.

Chaim Seeligmann: Vorläufer des Nationalsozialistischen Lehrerbundes (NSLB). In: Manfred Heinemann (Hrsg.): Der Lehrer und seine Organisation (Veröffentlichungen der Historischen Kommission der Deutschen Gesellschaft für Erziehungswissenschaft). Stuttgart 1977, S. 305–316.

Werner Seidler: Die Hildesheimer Gymnasien im „Dritten Reich". Ein Beitrag zur Ideologisierung von Bildung und Erziehung (Schriftenreihe des Stadtarchivs und der Stadtbibliothek Hildesheim, Bd. 33). Hildesheim 2013.

Franz Sonnenberger: Der neue „Kulturkampf". Die Gemeinschaftsschule und ihre historischen Voraussetzungen. In: Anton Grossmann/Elke Fröhlich-Broszat (Hrsg.): Bayern in der NS-Zeit. Studien und Dokumentationen (Bd. 3): Berlin/Boston 2018, S. 235–327.

Sozialistisches Büro Offenbach (Hrsg.): Materialien zur Geschichte der politischen Lehrerbewegung I (1789–1933). Arbeitsgruppe „Geschichte der Lehrerbewegung" (Marburg) (Reihe Roter Pauker, Bd. 7). Offenbach 1973.

Mareike Speck: Erziehung im Nationalsozialismus. Hamburg 2015.

Hartwin Spenkuch: Preußen – eine besondere Geschichte. Staat, Wirtschaft, Gesellschaft und Kultur 1648–1947. Göttingen 2019.

Kathrin Stern: Ländliche Elite und Volksgemeinschaft – Ostfrieslands Volksschullehrkräfte im „Dritten Reich". In: Totalitarism and Democracy 10, 2013, H. 1, S. 17–36.

Bernd Stöver: Die Bundesrepublik Deutschland (Kontroversen um die Geschichte). Darmstadt 2002.

Helmut Stubbe-da Luz: Emmy Beckmann. Hamburgs einflussreichste Frauenrechtlerin. In: Zeitschrift des Vereins für Hamburgische Geschichte, 1987, H. 73, S. 97–138.

Dietmar Süß: Tod aus der Luft. Kriegsgesellschaft und Luftkrieg in Deutschland und England (Schriftenreihe / Bundeszentrale für Politische Bildung, Bd. 1151). Bonn 2011.

Ulrich Thöne: Die Verantwortung aber bleibt. 40 Jahre deutsch-israelische Seminare: Anstösse und Anregungen für die Konfrontation mit dem Holocaust in Erziehung, Unterricht und Fortbildung. Frankfurt am Main 2008.

Lutz van Dick: Oppositionelles Lehrerverhalten 1933–1945. Biographische Berichte über den aufrechten Gang von Lehrerinnen und Lehrern (Veröffentlichungen der Max-Traeger-Stiftung, Bd. 6). Weinheim/München 1988.

Lutz van Dick: Oppositionelles Verhalten einzelner Lehrerinnen und Lehrer zwischen Nonkonformität und Widerstand in Deutschland 1933 bis 1945. In: Wolfgang Keim (Hrsg.): Pädagogen und Pädagogik im Nationalsozialismus. Ein unerledigtes Problem der Erziehungswissenschaft (Studien zur Bildungsreform). Frankfurt am Main 1991, S. 113–128.

Burkhard Voigt: Spanisch im Hamburger Oberbau – ein Fach im ideologischen Aufwind? In: Reiner Lehberger/Hans-Peter d. Lorent (Hrsg.): „Die Fahne hoch". Schulpolitik und Schulalltag in Hamburg unterm Hakenkreuz (Ergebnisse, Bd. 35). Hamburg 1986, S. 76–90.

Clemens Vollnhals (Hrsg.): Entnazifizierung. Politische Säuberung und Rehabilitierung in den vier Besatzungszonen 1945–1949. München 1991.

Hermann Weber/Andreas Herbst: Deutsche Kommunisten. Biographisches Handbuch 1918 bis 1945. Berlin 2004.

Nikolai Wehrs: Protest der Professoren. Der Bund Freiheit der Wissenschaft in den 1970er Jahren (Geschichte der Gegenwart). Göttingen 2014.

Björn Weigel: „Märzgefallene" und Aufnahmestopp im Frühjahr 1933. Eine Studie über den Opportunismus. In: Wolfgang Benz (Hrsg.): Wie wurde man Parteigenosse? Die NSDAP und ihre Mitglieder. Frankfurt am Main 2009, S. 91–109.

Edgar Weiß/Elvira Weiß: Pädagogik und Nationalsozialismus. Das Beispiel Kiel. Kiel 1997.

Dieter Wellershoff: Ein Allmachtstraum und sein Ende. In: Marcel Reich-Ranicki (Hrsg.): Meine Schulzeit im Dritten Reich. Erinnerungen deutscher Schriftsteller. Köln 1988, S. 146–160.

Ingeborg Wiemann-Stöhr: Die pädagogische Mobilmachung (Klinkhardt Forschung). Bad Heilbrunn 2018.

Michael Wildt: Geschichte des Nationalsozialismus (Grundkurs neue Geschichte, Bd. 2914). Göttingen 2008.

Norbert Wolf: Der Remer-Prozess. In: Forschungsjournal Soziale Bewegungen, 2015, H. 4, S. 197–207.

Edgar Wolfrum: Die Anfänge der Bundesrepublik, die Aufarbeitung der NS-Vergangenheit und die Fernwirkungen für heute. In: Solidargemeinschaft und Erinnerungskultur im 20. Jahrhundert, 2009, S. 363–377.

Marie-Luise Worster/Monika Gühne: Grundzüge der nationalsozialistischen Schulpolitik in Thüringen von 1930 bis 1933. In: Dietfrid Krause-Vilmar (Hrsg.): Lehrerschaft, Republik und Faschismus. Beiträge zur Geschichte der organisierten Lehrerschaft in der Weimarer Republik (Erziehung und Bildung). Köln 1978, S. 212–256.

Hinrich Wulff: Schule und Lehrer in Bremen 1945–1965. Geschichte des Vereins Bremer Lehrer und Lehrerinnen in der Gewerkschaft Erziehung und Wissenschaft. Ein Beitrag zur Sozial- und Geistesgeschichte des Lehrerstandes in unserer Zeit. Bremen 1966.

Hinrich Wulff: Geschichte der bremischen Volksschule. Bad Heilbrunn 1967.

Rainer Zech (Hrsg.): Individuum und Organisation (Projekt Kollektive-Autobiografie-Forschung. Gesellschaftliche Widersprüche und Subjektivität, Bd. 3). Hannover 1990.

Hannes Ziegler: Von alten Mächten umerzogen. Schulbeginn und Schulentwicklung nach dem Zweiten Weltkrieg. In: Gerhard Nestler (Hrsg.): Die Pfalz in der Nachkriegszeit. Wiederaufbau und demokratischer Neubeginn (1945–1954) (Beiträge zur pfälzischen Geschichte, Bd. 22). Kaiserslautern 2004, S. 263–291.

Internetdokumente

DGB-Bundesvorstand: Frühere GBV-Mitglieder. www.dgb.de/uber-uns/bewegte-zeiten/fruhere-gbv-mitglieder (zuletzt abgerufen am 16.04.2019).

Thomas Fricke: Landesarchiv Baden-Württemberg, Abt. Hauptstaatsarchiv Stuttgart – Findbuch Q 1/21: Nachlass Theodor Bäuerle, Kultminister, CDU-Politiker (* 1882 + 1956) – Vorwort. www2.landesarchiv-bw.de/ofs21/olf/einfueh.php?bestand=6722 (zuletzt abgerufen am 06.05.2019).

Gewerkschaft Erziehung und Wissenschaft: Bildung ist MehrWert! Die GEW stellt sich vor. www.gew.de/index.php?eID=dumpFile&t=f&f=27728&token=95f0d5e956752401b-f69759e2d600d53f654f4c2&sdownload=&n=GEW-Selbstdarstellung_web.pdf (zuletzt abgerufen am 28.04.2020).

Rüdiger Hachtmann: Polykratie – Ein Schlüssel zur Analyse der NS-Herrschaftsstruktur? http://docupedia.de/zg/Hachtmann_polykratie_v1_de_2018 (zuletzt abgerufen am 28.04.2020).

Hartmut Häger: Rezension zu: Micha Brumlik, Benjamin Ortmeyer: Max Traeger – kein Vorbild. Person, Funktion und Handeln im NS-Lehrerbund und die Geschichte der GEW. Beltz Juventa (Weinheim und Basel) 2017. www.socialnet.de/rezensionen/23416.php (zuletzt abgerufen am 28.04.2020).

Arne Jost: Die Kameradschaftshilfe ehemaliger Internierter und der Entnazifizierungsgeschädigten Landesverband Hessen e.V. http://lernen-aus-der-geschichte.de/Lernen-und-Lehren/content/12573 (zuletzt abgerufen am 04.10.2019).

Jochem Kotthaus: Reeducation in den besetzten Zonen – Schul-, Hochschul- und Bildungspolitik. www.zukunft-braucht-erinnerung.de/reeducation-in-den-besetzten-zonen-schul-hochschul-und-bildungspolitik/ (zuletzt abgerufen am 01.11.2017).

Gisela Miller-Kipp: Rezension zu: de Lorent, Hans-Peter: Max Traeger. Biografie des ersten Vorsitzenden der Gewerkschaft Erziehung und Wissenschaft (1887–1960). Weinheim 2017. / Brumlik, Micha; Benjamin Ortmeyer (Hrsg.): Max Traeger – kein Vorbild. Person, Funktion und Handeln im NS-Lehrerbund und die Geschichte der GEW. Weinheim 2017. www.hsozkult.de/publicationreview/id/reb-26702 (zuletzt abgerufen am 28.04.2020).

Kai Riedel: documentArchiv.de. Die Verfassung des Deutschen Reichs („Weimarer Reichsverfassung") vom 11. August 1919. www.documentarchiv.de/wr/wrv.html (zuletzt abgerufen am 28.02.2018).

Kai Riedel: dokumentArchiv.de. Gesetz zur Wiederherstellung des Berufsbeamtentums vom 7. April 1933. www.documentarchiv.de/ns/beamtenges.html (zuletzt abgerufen am 09.05.2018).

Fritz Schäffer: Nationalsozialistischer Lehrerbund (NSLB) 1929–1943 – Historisches Lexikon Bayerns. www.historisches-lexikonbayerns.de/Lexikon/Nationalsozialistischer_Lehrerbund_ (NSLB),_1929-1943 (zuletzt abgerufen am 23.06.2017).

Christiane Schlötzer: Verfolgt vom bleiernen Schatten. www.sueddeutsche.de/politik/die-raf-legende-vom-verraeter-verfolgt-vom-bleiernen-schatten-1.884752 (zuletzt abgerufen am 19.12.2019).

Gerhard E. Sollbach: Der große Abschied. Die erweiterte Kinderlandverschickung (KLV). www.historicum.net/themen/bombenkrieg/themen-beitraege/aspekte/artikel/der-grosse-absch/ (zuletzt abgerufen am 22.10.2018).

Michael Wildt: Verdrängung und Erinnerung. www.bpb.de/izpb/151963/verdraengung-und-erinnerung?p=all (zuletzt abgerufen am 01.11.2017).